Otmar Schäuffelen

DIE LETZTEN GROSSEN SEGELSCHIFFE

Delius Klasing Verlag

Die Deutsche Bibliothek – CIP-Einheitsaufnahme

Die **letzten grossen Segelschiffe** / Otmar Schäuffelen. –
9., aktualisierte Aufl. – Bielefeld: Delius Klasing, 1997
ISBN 3-7688-0483-6

9. aktualisierte Ausgabe
ISBN 3-7688-0483-6

Copyright by Delius, Klasing & Co., Bielefeld
Schutzumschlaggestaltung: Ekkehard Schonart
Titelfoto: Franco Pace

Fotos:
Beken of Cowes Maritime Services, Isle of Wight:
Seiten 36 oben, 112, 119, 128, 132, 141, 149, 150, 152, 159, 162, 166, 167, 181 oben, 248, 293, 296
Herbert H. Böhm, Hamburg:
Seiten 51, 77 oben, 95, 100, 106, 107, 108, 146, 156, 269, 270
Arved Fuchs, Bad Bramstedt:
Seite 79
Richard de Jonge, Sneek:
Seite 233 unten
Theo Kampa, Vågåmo:
Seiten 230 oben, 233
Monika Kludas, Hamburg:
Seiten 76, 84, 87, 97
F. und G. Köhler, Weinheim:
Seite 48
Pieter Nijdeken, Amsterdam:
Seite 246 oben
Franco Pace, Triest:
Seiten 60, 85, 136, 177, 179 unten, 199, 336, 377
Wolfhard Scheer, Bremerhaven:
Seite 268
Malcolm J. Wood & Associates, Antibes:
Seite 208
YPS / Seefotografie, Hamburg:
Seiten 74, 205
Zeichnungen: Kerstin Bartlmae

Druck: Kunst- und Werbedruck, Bad Oeynhausen
Printed in Germany 1997

Alle Rechte vorbehalten! Ohne ausdrückliche Erlaubnis des Verlages darf das Werk, auch nicht Teile daraus, weder reproduziert, übertragen noch kopiert werden, wie z.B. manuell oder mit Hilfe elektronischer und mechanischer Systeme inklusive Fotokopieren, Bandaufzeichnung und Datenspeicherung.

Inhalt

Vorwort 8

Wie dieses Buch entstand .. 9

Die großen Segelschiffe ... 10

Schiffsvermessung und
Schiffsabmessung 15

Segelschiffstypen 17

Die Besegelung 18

Antigua **24**
   Anny 24

Argentinien **25**
   Libertad 25
   Presidente Sarmiento ... 26
   Uruguay 27

Australien **28**
   Alma Doepel 28
   Amity 29
   Bounty III 30
   Challenge of
   Outward Bound 31
   Endeavour 31
   Falie 32
   Golden Plover 32
   James Craig 33
   Lady Nelson 33
   Leeuwin 34
   One and All 35
   Our Svanen 36
   Pacific Swift 36
   Polly Woodside 37
   Solway Lass 38
   South Passage 39
   Windeward Bound 39
   Young Endeavour 40

Bahamas **41**
   Concordia 41
   Wind Star/Wind Song/
   Wind Spirit 42

Belgien **43**
   Mercator 43
   Nausikaa 44
   Ragnborg 45

Bermuda **46**
   Creole 46
   Shenandoah 47

Bulgarien **48**
   Kaliakra 48
   Patriot 48
   Veslets 48

Chile **49**
   Esmeralda 49
   Huascar 50
   La Sirena 50

Dänemark **51**
   Aaron 51
   Bonavista 52
   Brita Leth 53
   Carene Star 54
   Danmark 54
   Den Store Bjørn 56
   Elinor 56
   Freia 57
   Fulton 58
   Fylla 59
   Georg Stage 60
   Halmø 61
   Havet 62
   Isefjord 62
   Jens Krogh 63

Jylland 64
Lilla Dan 65
Madonna 66
Marilyn Anne 67
Midsommer 67
Nordboen 68

Deutschland **69**
   Albatros 70
   Albin Köbis 70
   Alexander von
   Humboldt 71
   Amphitrite 72
   Aquarius 73
   Arny Maud 73
   Aschanti IV
   of Vegesack 74
   Astarte 75
   Atalanta 75
   Atlantic Tramp 76
   Birgitte 77
   Blue Sirius 77
   Carmelan 78
   Carola 78
   Dagmar Aaen 79
   Dora av Raa 80
   Elbe 3 80
   Elbe 3 (FS Weser) ... 80
   Falado 81
   Freedom 81
   Fridtjof Nansen 82
   Friederike 83
   Fulvia af Anholt 83
   Gesine von Papenburg .. 84
   Gorch Fock II 84
   Greif 86
   Grönland 87
   Großherzogin Elisabeth . 88
   Hansekogge - Kiel 89
   Jachara 90
   Johann Smidt 90
   Jola 91
   Lili Marleen 92

Lilleholm 93
Mary-Anne 93
Neptun Baroness/
Neptun Princess 94
Nobile 94
Norden 95
Passat 96
Rakel 97
Rickmer Rickmers 98
Roald Amundsen 99
Sælør 100
Schulschiff
Deutschland 100
Seute Deern 102
Seute Deern II 103
Solvang 104
Thor Heyerdahl 104
Ubena von Bremen ... 105
Undine 106
Valdivia 107
Vegesack BV2 108
Vidar 109
White Shark 109
Wyvern von Bremen .. 110
Zuversicht 111

Ecuador **112**
   Guayas 112

Finnland **113**
   Albanus 113
   Helena 113
   Linden 114
   Pommern 115
   Sigyn 116
   Suomen Joutsen 117
   Tradewind 118

Frankreich **119**
   Bel Espoir II 119
   Belem 120
   Club Med I/
   Club Med II 121

Duchesse Anne 122
La Belle Poule und
L'Etoile 123
La Recouvrance 124
Rara Avis 124

Griechenland 125
Carita 125
Eugenios Eugenides . . . 125

Großbritannien 127
Activ 128
Adix 128
Astrid 129
Baboon 130
Carrick 131
Carrie 132
Centurion 132
Cutty Sark 133
Discovery 134
Eye of the Wind 136
Fantome III 137
H M S Gannet 138
Glenlee 138
Golden Hinde 139
Great Britain 140
Helga 141
Jean de la Lune 142
Ji Fung 143
Julia 143
Kaskelot 144
Kathleen & May 144
Lord Nelson 145
Malcolm Miller 146
Mandalay 147
Matthew 148
Phoenix 149
Polynesia II 150
Queen Galadriel 151
Raphaelo 151
Result 152
Return of Marco Polo . . 153
Ring-Andersen 154
Royalist 154
Saint Kilda 155
Sir Winston
Churchill 156
Søren Larsen 157
Spirit of Winestead 158
St. Barbara Ann 158
Stina 159
H M S Trincomalee 160
H M S Unicorn 161
Unicorn 162
H M S Victory 162
H M S Warrior 164

Yankee Clipper 165
Yankee Trader 165
Zamoura 166
Zebu 167

Honduras 168
Flying Cloud 168
Sir Francis Drake 169

Indien 170
Tarangini 170
Varuna 171

Indonesien 172
KRI Arung Samudera . . 172
KRI Dewarutji 173

Irland 174
Asgard II 174

Israel 175
L'Amie 175

Italien 176
Amerigo Vespucci 176
Croce del Sud 178
Palinuro 178
Puritan 179

Japan 180
Akogare 180
Belle Blonde 181
De Liefde 181
Kaisei 182
Kaiwo Maru II 183
Kanku Maru 184
Kanrin Maru 184
Meiji Maru 185
Nippon Maru I und
Kaiwo Maru I 186
Nippon Maru II 187
Prins Willem 188
San Juan Bautista 189
Unyo Maru 190

Kanada 191
Bluenose II 191
Hector 192
Nonsuch 192
Pacific Swift 193

Pathfinder 194
Robertson II 195
Spirit of
Chemainus 196
St. Lawrence II 196
St. Roch 197

Kolumbien 199
Gloria 199

Kroatien 200
Jadran 200

Luxemburg 201
Star Clipper/
Star Flyer 201

Malaysia 202
Tunas Samudera 202

Malta 203
Atlantis 203
Black Pearl 204
Charlotte Louise 204
Sea Cloud 205

Mexiko 207
Cuauhtémoc 207

Monaco 208
Xarifa 208

Neuseeland 209
Breeze 209
Edwin Fox 210
R. Tucker Thompson . . 211
Spirit of Adventure 212
Spirit of
New Zealand 212
Tui 214

Niederlande 215
Albert Johannes 216
Amazone 216
Amsterdam 217
Antigua 218
Aphrodite 218
Atlantis 219
Bartele Rensink 219

Batavia 220
Bisshop von Arkel 221
Bonaire 222
Brabander 222
Eendracht II 223
Elizabeth 224
Elisabeth Louw 225
Elisabeth Smit 225
Europa 226
Frisius van Adel 226
Frya 227
Grootvorst 228
Hendrika Bartelds 228
Hoop doet Leven 229
Horizon 230
Ide Min 230
Jacob Meindert 231
Jantje 231
Linde 232
Loth Loriën 232
Maartinus 233
Mare Frisium 233
Minerva 234
Mon Desir 234
Mondrian 235
Nil Desperandum 236
Noorderlicht 236
Oosterschelde 237
Pedro Doncker 238
Pollux 239
Rainbow Warrior 240
Regina Chatarina 241
Regina Maris 241
Rembrandt van Rijn . . . 242
Sir Robert
Baden-Powell 242
Stedemaeght 243
Store Baelt 244
Swaensborgh 244
Swan fan Makkum . . . 245
Tecla 246
Thalassa 246
Tsjerk Hiddes 247
Urania 247
Vrouwe Geertruida
Magdalena 248
Willem Barentsz 249
Wytske Eelkje/Willem . 249
Zeelandia 250

Norwegen 251
Anna Kristina 251
Christian Radich 252
Christiania 253
Fram 254
Johanna 255
Sørlandet 256

Statsraad Lehmkuhl ... 257
Svanen 259

Oman 260
Shabab Oman 260

Polen 261
Dar Mlodziezy 261
Dar Pomorza 262
Fryderyk Chopin 263
General Zaruski 264
Henryk Rutkowski 264
Iskra II 265
Oceania 266
Pogoria 266
Zawisza Czarny II 267

Portugal 268
Boa Esperança 268
Creoula............ 268
D. Fernando II
e Gloria............ 270
Leão Holandês 271
Sagres II 272

Rumänien 274
Mircea 274

Rußland 275
Alevtina & Tuy....... 275
Alpha 276
Courier 276
Elena Maria Barbara .. 277
Horisont 278
Kronwerk 279
Kruzenshtern 280
Meridian/Sekstant/
Tropik............. 281
Mir 282
Nadeshda 283
Pallada 284
Sedov 285
Sviatitel Nikolai 286
Yunyi Baltiets........ 287
Zarja............... 288

Schweden 289
Af Chapman........ 289
Älva 290
Amorina 291
Baltic Beauty 291

Blå Marité af Pripps... 292
Blue Clipper......... 293
Falken/Gladan....... 294
Götheborg III 295
Gratia of Gothenburg.. 295
Gratitude of
Gothenburg......... 296
Gretel 296
Hamlet 297
Jarramas 297
Lady Ellen 298
Lady Ellen IV........ 299
Najaden 299
Najaden 300
Shalom 300
Vida of Anglian
Water 301
Viking............. 301
Wasa.............. 303

Spanien 305
America II 305
Don Juan de Austria... 306
Gefion............. 307
Juan Sebastian
de Elcano.......... 308
Niña 309
Pinta 309
Santa Maria 310

St. Vincent/
Grenadines 312
Peace 312

Ukraine............ 313
Druzhba 313
Khersones.......... 314
Towarischtsch....... 314

Uruguay........... 316
Capitan Miranda..... 316

USA 317
Adventure.......... 318
Alvei............... 319
America III.......... 320
Ariel............... 321
Balclutha 321
Barba Negra 322
Beaver II........... 323
Bill of Rights 324
Black Pearl......... 324
Bounty II 325

Bowdoin............ 326
C. A. Thayer 327
Californian 328
Caribee 328
Carthaginian II 329
Charles W. Morgan ... 330
Clipper City 331
Constellation 332
Constitution 333
Corwith Cramer 335
Eagle............... 336
Elissa 337
Falls of Clyde........ 338
Gazela of
Philadelphia 339
Half Moon 339
Jamestown-Schiffe
(Repliken).......... 340
Joseph Conrad 341
L. A. Dunton......... 342
Lady Maryland....... 343
Lady Washington 344
Le Pelican........... 345
Lettie G. Howard 345
Mary Day 346
Maryland Dove 347
Mayflower II 347
Moshulu 348
Natalie Todd........ 350
New Way 350
Niagara............ 351
Ocean Star 352
Peking............. 352
Perseus 354
Pioneer 354
Polynesia 355
Pride of Baltimore II .. 356
Providence 357
Regina Maris 358
Rose 359
Sea Lion 360
Shenandoah 360
Star of India 361
Swift of Ipswich...... 362
Tabor Boy.......... 363
Te Vega............ 364
Timberwind 364
Tole Mour.......... 365
Unicorn............ 366
Victory Chimes 366
Wavertree.......... 367
Wawona 368
Westward 369
Young America...... 370

Venezuela 371
Simon Bolivar 371

Anhang........... 372
Glossar 372
Museumshafen
Oevelgönne 376
Die Sail Training
Association (STA) 377
Pamir und Passat 378
Die freundlichen
Helfer 379
Die Fotografen...... 381
Schiffsregister 383

Vorwort

Als erstes möchte ich mich beim Verlag für die neue Auflage bedanken, vor allem aber dafür, daß die Segelschiffe in ihrer ganzen Schönheit jetzt weitgehend farbig vorgeführt werden können. Bei vielen Schiffen ist die Farbgebung, wo auch immer, auch ein wichtiger Teil ihrer Identität.

Zwei Jahre Arbeit waren nötig, um das Material für die neuen Schiffe zu sammeln und für die Neuauflage auszuarbeiten.

Das Buch kann und will nicht für sich in Anspruch nehmen, in allen Positionen auf dem neuesten Stand zu sein. Dafür ändert sich laufend zu vieles. Auf Grund von Kommunikationsschwierigkeiten, die nicht unbedingt beim Autor zu suchen sind, war es auch bei manchen Schiffen nicht möglich, alle Daten zu bekommen.

Bei der Abgrenzung der Schiffsgröße nach unten bittet der Autor um Verständnis, wenn manche Schiffstypen nur stellvertretend erscheinen. Der Rahmen würde sonst absolut gesprengt werden.

Neu ist die Aufnahme von Schiffen, die exemplarisch die Entwicklung der Besegelung zeigen, wie zum Beispiel der Nachbau der Koggen.

Ein neues Kapitel »Segelschiffskonstruktion« hat die Computertechnik aufgeschlagen. Dabei wurde, was vor allem die Takelage anbelangt, der traditionelle Segelschiffbau vollkommen verlassen. Beispiele sind CLUB MED I und WIND SONG. Automatisch betriebene Maschinen bedienen die Segel. Ein Computer bestimmt die Segelstellung und die Segelfläche. Die gemeinsame Arbeit, sei es an Deck oder in der Takelage, die das Bearbeiten eines Großseglers so anziehend macht, gibt es hier nicht mehr.

Als mir vor fast dreißig Jahren die Idee kam, dieses Buch zu erarbeiten, war noch längst nicht abzusehen, welche Renaissance die Großsegelschiffahrt in den inzwischen vergangenen Jahren erleben würde. Die Rentabilität von Frachtseglern spielte damals keine Rolle mehr, weil Motorschiffe seit langem den Frachtverkehr bestimmten.

Die Segelschulschiffe der Marinen waren zum Teil altgediente Fahrzeuge. Neubauten auf diesem Gebiet waren eher die Ausnahme. Diese Umstände haben Autor und Verlag veranlaßt, dem Buch den etwas wehmütigen Titel zu geben.

Die Großseglerflotte der Welt ist inzwischen bedeutend gewachsen. Die Absicht, diese vielbeachteten Schiffe wenigstens literarisch zu einem großen Stelldichein zu vereinigen, ist die gleiche geblieben, und damit auch bei der vorliegenden neuen Auflage des Titels.

Bei den Neu- und Umbauten der letzten Jahre handelt es sich nur teilweise um reine Schulschiffe. Der Verwendungszweck der übrigen Schiffe ist sehr vielfältig. Wir finden Abenteuerschulschiffe, Kreuzfahrtsegler, Charterschiffe, große Privatsegler, Forschungsschiffe und Segelschiffe, die in der Sozialpädagogik verwendet werden.

Die politischen Veränderungen der letzten Jahre haben es möglich gemacht, daß Segler jedweder Flagge in allen Häfen der Welt selbstverständliche Besucher geworden sind. Wer hätte je daran geglaubt, daß es möglich sein wird, sich als zahlender Gast auf einem russischen Segelschulschiff einzuschiffen?

Die Angaben in diesem Buch sind authentisch. Das bedeutet, daß aus allen Teilen der Welt die Informationen erbeten werden mußten. Die Hilfsbereitschaft war großenteils ohne Beispiel. Dafür möchte ich mich an dieser Stelle ganz herzlich bedanken. Besonderen Dank verdienen Mr. Erik Christian Abranson vom Mariners International Club Ltd., London, Herr Hans-Joachim Gersdorf und Herr Reinhard Nerlich, beide Hamburg. Sie haben, oft in ganz spontaner Weise, viel dazu beigetragen, daß die neue Auflage in erheblich erweiterter Form vorgelegt werden kann.

Dr. Otmar Schäuffelen

Wie dieses Buch entstand

»Die beiden Viermastbarken PAMIR und PASSAT sind zu ihrer ersten Nachkriegsreise nach Südamerika ausgelaufen.« Das war eine kleine Notiz, die 1952 in einer Tageszeitung erschien. Sie weckte Interesse. Kurze Fahrtberichte der Segler tauchten gelegentlich wieder auf und wurden gesammelt. Der tragische Verlust der PAMIR am 21. September 1957 brachte eine Fülle von Bildberichten in allen Zeitungen und Illustrierten. Die Texte zeugten oft von einer erschreckenden Unkenntnis der Probleme. Ohne genau zu informieren, wurde häufig nur mit großem Pathos auf die Gefährlichkeit und Nutzlosigkeit der Segelschiffahrt verwiesen.

Was hatte sich damals wirklich zugetragen? Welches waren und sind die Voraussetzungen für eine zeitgemäße Ausbildung auf Segelschulschiffen? Wie viele große Segler gibt es denn überhaupt noch, und wem gehören sie?

Diese Nachforschungen machten allmählich aus einem »nur Interessierten« einen »Ship-Lover«, wie es die Engländer so treffend ausdrücken.

Zuerst entstand eine kleine Liste mit einer Handvoll Segelschiffe, die aber kaum mehr als die üblichen Angaben enthielt.

Zur Auswertung standen einige Fachbücher zur Verfügung. Aber je größer die Bücherzahl wurde, desto mehr häuften sich Unstimmigkeiten und Widersprüche. Ganz besonders betraf das die Abmessungen und die Frage, ob das betreffende Schiff noch vorhanden war und wem es gehörte. Nur der jeweilige Eigner oder Besitzer des Seglers konnte hier wirklich aushelfen. Der erste Brief mit einem vorbereiteten Fragebogen ging an die berühmte Fregatte CONSTITUTION in Boston. Es vergingen kaum zehn Tage, bis die Antwort kam. Sie enthielt mehr Bildmaterial und Informationen als erbeten worden waren. Solches wiederholte sich fast regelmäßig.

Das machte Mut; um so mehr, als im Laufe der Zeit direkte Kontakte in allen Teilen der Welt entstanden. Oft waren für die Anschrift nur Schiffsname und Heimathafen oder Liegeplatz bekannt. Durch Querverbindungen gingen Details von Schiffen ein, die andernorts gerade dem Namen nach bekannt waren. Eines Tages kam eine Rückantwort aus Südamerika mit der Gegenfrage, wann und wo das fertige »Buch« einmal zu bekommen sei.

Diese neue Idee (an ein Buch hatte bisher niemand gedacht) brachte den Stein ins Rollen. Das vorhandene Material bot sich dazu an. Für wenige Schiffe waren noch kleine Ergänzungen nötig, deren Beschaffung jetzt keine Schwierigkeiten mehr bot. Mit Fortgang der weiteren Arbeit halfen Länder, die für solche Zwecke noch nie technische Angaben in dieser Ausführlichkeit zur Verfügung gestellt hatten.

So entstand im Laufe einiger Jahre eine darstellende Zusammenfassung der letzten großen Segelschiffe, die anfangs nur für private Zwecke angelegt worden war, und zwar so, daß die Schiffe unmittelbar miteinander verglichen werden konnten. Der Verlag hat in dankenswerter Weise diese Grundkonzeption übernommen und ein Buch daraus gemacht, das sicher manche offenen Fragen beantwortet.

Die großen Segelschiffe

Der Besuch eines Großseglers in einem Hafen irgendeines Gastlandes ist heute ein Ereignis ersten Ranges. Presse und Fernsehen berichten ausführlich darüber, und selbst Zeitungen tief im Binnenland bringen Berichte über das Schiff und seine Besatzung. Das allgemeine Interesse geht so weit, daß Tageszeitungen auch dann über einen Segler schreiben, wenn das Schiff nicht dem eigenen Land angehört und der Besuch in einem anderen Kontinent stattfindet. Viele der großen Schulschiffe sind sehr bekannt, und ihr Weg durch die Weltmeere wird aufmerksam verfolgt.

Beim Aufenthalt eines Großseglers in einem Gasthafen besteht für die Bevölkerung meist die Möglichkeit, das Schiff zu besichtigen. Wie begeistert diese freundliche Geste immer wieder aufgenommen wird, zeigt ein Beispiel. Als im Sommer 1963 das neugebaute argentinische Segelschulschiff LIBERTAD Europa besuchte, kamen während des 15 Tage dauernden Aufenthaltes in Hamburg 30000 Besucher an Bord.

Die Literatur, vor allem die englischsprachige, weist eine Fülle von Spezialwerken über die großen Segelschiffe auf. Dabei stehen nicht die Bücher im Vordergrund, die erzählend von der ruhmvollen Epoche der Rahschiffe berichten, sondern es sind vor allem wissen-

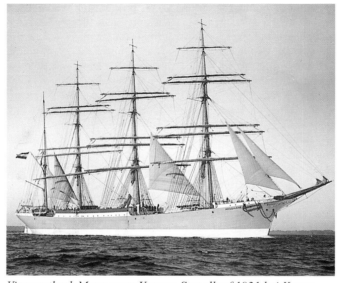

Viermastbark MAGDALENE VINNEN, Stapellauf 1921 bei Krupp-Germania.

schaftliche Arbeiten über die Geschichte dieser Schiffe, über die Konstruktion, die Takelarten und die verschiedenen Besegelungsformen, daneben aber auch Analysen der oft sehr langen Reisen.

Woher kommt das starke Interesse für diese Schiffe, das man auch in Personenkreisen findet, die nie oder nur sehr selten mit eigenen Augen einen Großsegler überhaupt, geschweige denn »in Aktion«, also unter Segeln, sehen können?

Das Segel ist eines der ältesten Werkzeuge des Menschen. In seiner mehr als 6000jährigen Geschichte hat sich das Segelschiff in so gleichmäßiger und folgerichtiger Weise entwickelt, wie wir es bei kaum einem anderen technischen Hilfsmittel des Menschen kennen. Viele mobile Apparate haben eine sehr lange Geschichte, wie etwa der Wagen. Aber die treibenden Kräfte, die das Gerät in Bewegung hielten, wurden ständig verändert. Das mußte zu sprunghaften Entwicklungen führen.

Für einen Segler ist die fortbewegende Kraft, der Wind, immer die gleiche geblieben. Die Konstrukteure und die Werften nutzten zwar technische Neuerungen und besseres Material, aber immer nur unter dem Aspekt, bei den gleichen Bedingungen des Natur-Antriebs ein noch besseres, noch schnelleres Schiff zu Wasser zu bringen. Daß hierbei das Wort »schnell« für »elegant« und damit auch für »schön« stehen kann, beweisen die Segler selbst. Es gibt wenige Beispiele, bei denen ein Werkzeug des Menschen von solchen Dimensionen, das zudem so stark von Fragen der Wirtschaftlichkeit abhängig war, einen derartigen ästhetischen Reiz und eine solche Schönheit gewann, wie es bei den großen Segelschiffen der Fall ist. Das mag einer der Hauptgründe sein, warum man sich der Faszination dieser Schiffe nicht entziehen kann und warum sie einst und erst recht heute im Blickpunkt der Öffentlichkeit stehen.

Die Großsegler erreichten ihre Blütezeit in den achtziger und neunziger Jahren des vergangenen Jahrhunderts. Damals schon war die Epoche ihrer schönsten Vertreter, der eigentlichen Klipper, vorüber. Mit der raschen Entwicklung der Dampfmaschine und des Motors kam das Ende der Rahsegler. Ein Dampfer imponierte zwar durch die Kraft seiner Maschinen, der optische Reiz eines eleganten Schiffes aber war verschwunden. Die Verbesserung des Eigenantriebes war zunächst mehr wert als die Form des Rumpfes und seiner Aufbauten, die man anfangs glaubte vernachlässigen zu können. Erst die Schiffsbauten der jüngeren Zeit zeigen, daß auch der Rumpf eines Motorschiffes schön und harmonisch sein kann. Diese starken Schiffe sind in ihrer Leistungsfähigkeit ebenfalls von der Beeinflussung durch Wind und Wasser abhängig. Wenn das beim Entwurf und bei der Konstruktion beachtet wird, können eigentlich nur ästhetische Formen entstehen.

Es ist gerade sieben Jahrzehnte her, da lagen in den Häfen der Welt Segelschiffe in so großer Zahl, daß von einem »Mastenwald« gesprochen wurde. Es waren ausschließlich Handels- und Passagierschiffe. Kombinierte Schul- und Frachtsegler fuhren schon wenig später, aber reine Schulsegler, wie wir sie heute haben, kannte man nur wenige.

Was den Seeverkehr und den Hafenbetrieb angeht, so hat sich von damals bis heute im Prinzip nicht allzuviel verändert. Die Frachter kommen und gehen, wenn auch in hastiger Eile, denn Zeit kostet viel Geld. Aber die Ware, die sie bringen, ist in den meisten Fällen die gleiche wie einst. Zum Löschen und Beladen eines Schiffes stehen heute moderne, schnell arbeitende Einrichtungen bereit, durch deren Arbeitsweise der Hafenaufenthalt eines Frachters auf ein Mindestmaß beschränkt werden kann.

Auch die Menschen, die jetzt die Schiffe bearbeiten, haben sich in ihrem Grundwesen natürlich nicht gewandelt. Den entscheidenden Umbruch hat das Werkzeug der Matrosen, sein Schiff, gebracht. Auch wenn wir heute noch eine stattliche Reihe von Rahschiffen in aller Welt bewundern können – einen echten großen Frachtsegler, der seine Mannschaft unerbittlich erzog und prägte, gibt es nicht mehr. Das Verschwinden der Großsegler und des Menschentyps,

Vollschiff GROSSHERZOGIN ELISABETH, erster Bau des »Deutschen Schulschiff-Vereins« (Stapellauf 1901 bei Tecklenborg/Geestemünde)

der auf ihnen das Brot verdiente, hat zumindest bei der Handelsflotte zur Bildung einer ganz neuen Berufsgruppe geführt. Es besteht jetzt ein Arbeitsverhältnis, das in mancher Beziehung einem Beruf an Land gleicht. Im Vordergrund steht die gesundheitliche und soziale Sicherheit, die mit Recht gefordert wird und die einem Fahrensmann das Leben an Bord einigermaßen anziehend macht.

Das soll aber keineswegs heißen, daß Segelschiffe ganz allgemein die Gesundheit der Seeleute gefährdet hätten. Ganz im Gegenteil! Viele Erkältungs- und Infektionskrankheiten kannte man an Bord eines Seglers auf hoher See überhaupt nicht. Aber schon die Lebensmittel-Konservierung war damals, ohne Kühlanlagen, ein Problem.

Gleichzeitig mit der Entwicklung von Dampfmaschine und Motoren wurde auch das private Leben durch die fortschreitende Technisierung immer angenehmer und einfacher. Allein die Tatsache, daß durch die sicheren und pünktlichen Transportmittel Zeitpläne im Lebenslauf des Einzelnen aufgestellt und eingehalten werden konnten, brachte entscheidende Veränderungen. Das Nachrichtensystem erlaubt heute, stets und nach überallhin kurzfristig Verbindungen herzustellen.

Verständlich genug, daß sich ganz besonders die Schiffahrt sofort der technischen Neuerungen bediente. Das Berufsrisiko sank dadurch für den Seemann ganz erheblich. Er kennt den Fahrplan des Schiffes, weiß, wann er wieder zu Hause ist, hat Anspruch auf Urlaub, und es lohnt sich für ihn, auch an Land eine Existenz aufzubauen. Sein Arbeitsplatz gleicht einem schwimmenden Maschinenraum mit entsprechender Werkstatt. Das nasse Logis der Segelschiffe mit all seinen Unbequemlichkeiten ist verschwunden.

An dessen Stelle sind bequeme, helle Kabinen und Kojen getreten. Die modernen Navigationsinstrumente garantieren einen verhältnismäßig sicheren Verlauf der Reise. Ohne diese Einrichtungen und viele andere Bequemlichkeiten würde heute kein Matrose mehr auf einem Schiff anheuern. Das Bild des Seemannes hat sich dadurch aber entscheidend verändert. Seine Bindung zum Schiff ist nur mehr gering, weil die lebensnotwendige gegenseitige Abhängigkeit zwischen Mensch und Schiff, wie wir sie von den großen Segelschiffen kennen, fast ganz verschwunden ist. Maschinen und zuverlässige Automaten helfen dem Menschen heute auf dem Schiff.

Wenn ein Seemann auf einem großen Frachtsegler anmusterte, wußte er genau, daß er sich einer Ordnung zu unterwerfen

Viermastbark PARMA: Die Wache beim Auslegen auf einer Rah.

hatte, wie sie in Berufen an Land kein Beispiel fand – auch nicht beim Militär, wenigstens in Friedenszeiten nicht. Die Dienstzeit war beendet, wenn das Schiff sein Ziel erreicht hatte, und das konnte oft länger als ein halbes Jahr dauern. Auch die strengsten Dienstvorschriften und die härteste Ausbildung dienten letzten Endes der Sicherheit des Schiffes und seiner Besatzung. Ordnung als Selbstzweck hatte auf diesen Seglern nichts zu suchen. Nur wenn jeder seinen Platz kannte, wenn alles richtig aufgeklart war, konnte in jeder Situation, besonders aber nachts, ein Segelmanöver schnell und sicher durchgeführt werden.

Trotz der Belastungen und Entbehrungen gegenüber dem Leben an Land fanden gute Schiffe immer ihre Mannschaft. Gerade die schnellen, ehrgeizigen Segler hatten dabei keine Schwierigkeiten. An Bord eines ehemaligen Großseglers war die gesamte Arbeit für das Schiff Handarbeit. Beim Bedienen der Segel bedeutete das, daß die menschliche Kraft in der Lage sein mußte, riesige Segelflächen und tonnenschwere Rahen zu bewegen. Das wurde zwar durch Taljen und manchmal auch durch Dampfwinden erleichtert, konnte aber auch dann nicht von einem Einzelnen geschafft werden. Nur eine Gemeinschaft, in der jeder wußte, daß der Erfolg am Ende direkt von ihm abhing, in der sich jeder auf den anderen verlassen konnte, war imstande, ein solches Schiff zum Leben zu erwecken.

Großsegler sind auf ihre Art Lebewesen. Nichts ist starr auf ihnen, alles zeigt Dynamik. Das ganze Schiff wirkt wie ein Körper, der anatomisch zerlegt werden kann. Bestechend daran ist, daß nichts verborgen bleibt. Alle Organe sind zu erkennen. Zentral steht das Skelett der Masten, Stengen und Rahen. Wie lineares Filigran wirkt das überaus vielfältige System der zahllosen Taue und Leinen, die einerseits Stützfunktionen haben, vor allem aber dazu dienen, die an Deck ansetzenden Kräfte auf Rahen und Segel zu übertragen. Überzeugend wird die Körperlichkeit eines Großseglers besonders dann, wenn die gewaltigen Segeltürme Vollzeug gesetzt haben.

So ein komplizierter Organismus kann sich nur dann sinnvoll fortbewegen, wenn er zentral gesteuert wird. Die Führung wird von der Mannschaft unterstützt, die alle Anforderungen und Befehle gewissenhaft zu befolgen und auszuführen hat. Ist das eine wie das andere nicht der Fall, gerät das Schiff wie die ganze Besatzung in schwere Gefahr. Durch die Wechselbeziehung zwischen Mensch und Schiff und durch die gegenseitige Abhängigkeit entstand auf Segelschiffen eine Gemeinschaft, wie wir sie anderswo nicht finden. Das Schiff diente dem Menschen, die Menschen dem Schiff, und sie liebten es. Sie waren stolz auf »ihren« Segler, wenn er nach schneller Fahrt in bestem Trimm an der Pier lag und die Zeitungen über die gute Reise berichteten. Jeder war an dem Erfolg beteiligt.

Die meisten Segelschiffe hatten nicht nur ihren Namen, der sie identifizierte, sondern sie trugen liebevoll gepflegte Galionsfiguren, die in irgendeiner Beziehung zum Schiffsnamen standen. Diese Figuren gaben dem Schiff sein eigentliches Gesicht. Das Außergewöhnliche ihrer Schiffe war den Fahrensleuten durchaus bewußt. Es ist bemerkenswert, daß ein reines Werkzeug des Menschen von seinen Benutzern schon während der Verwendungszeit diese Anerkennung und Beachtung erfuhr. Meist geschieht dies von ganz anderer Seite und erst dann, wenn dieser Gegenstand schon geschichtliche Bedeutung hat. Auch die vielen Bilder und Modelle, die Kapitäne und Matrosen von ihren Seglern malten und bastelten, zeigen, wie sehr diese Menschen mit den Schiffen verbunden waren.

Noch bei den beiden letzten deutschen Handels-Schulschiffen PAMIR und PASSAT sollten sich die Jungen bei Bootsmanövern nicht nur mit den Rettungsmöglichkeiten vertraut machen. Die Kapitäne legten Wert darauf, daß die angehenden Offiziere auf offener See ihr Schiff in sei-

Seemannsalltag beim Kalfatern...

ner ganzen Schönheit sehen konnten. Für die meisten war das sicher ein unvergeßliches Erlebnis. Es sollte ein Gefühl der Zugehörigkeit wecken und hat das auch bestimmt bei vielen Jungen getan.

Heute sind alle großen Frachtsegler von den Weltmeeren verschwunden. Dampfer und Motorschiffe haben sie in hartem Konkurrenzkampf verdrängt. Nach den jetzigen Richtlinien der Rentabilität von Seeschiffen war die Zahl der Besatzung im Verhältnis zum Bruttoraum bei der klassischen Art der Segelbedienung zu groß. Dabei war nicht die Segelfläche entscheidend, sondern die Zahl der Masten. Bei vielen Manövern müssen die Segel möglichst gleichzeitig bedient werden, damit das Schiff nicht zuviel Fahrt und Seeraum verliert oder in Gefahr kommt. Das bedeutet aber, daß für jeden Mast eine bestimmte Anzahl Seeleute gebraucht wird. Die größten Rahschiffe hatten fünf Masten, lagen aber alle unter 6000 BRT. Das ist für einen Motorfrachter nicht besonders viel. Für einen Rahsegler, wie das Fünfmast-Vollschiff PREUSSEN, waren aber 48 Personen Besatzung notwendig. Hätte man den Bruttoraum der Segler vergrößern wollen, wären daraus Sechs- und Siebenmaster geworden. Solche Schiffe hat es zwar gegeben, sie waren aber aus technischen und wirtschaftlichen Gründen nicht mehr vertretbar.

Motorschiffe fahren heute nach Zeitplänen, die sie auch weitgehend einhalten können. Der kommerzielle Wettbewerb verlangt, daß die Ware möglichst schnell und pünktlich angelandet wird. Frachtsegler fuhren zwar auf manchen Routen mit einer erstaunlichen Gleichmäßigkeit. Für die einzelnen Reisen konnte das aber nicht im voraus zugesichert werden. Flauten oder Stürme hatten einen zu großen Einfluß auf das Segelschiff.

Unter gewissen Voraussetzungen könnten auch heute noch Großsegler mit Gewinn arbeiten. Aber das Geschäftsrisiko auf lange Sicht ist zu groß. Das herkömmliche Material von Segeln und Tauwerk behält nur dann seine Festigkeit und Elastizität, wenn es ständig in Gebrauch ist. Geht dann noch in einem Sturm ein Stell Segel verloren, so überschreitet der Schaden bei einem großen Schiff die Hunderttausend-Mark-Grenze erheblich. Im Gegensatz zum Motorschiff setzt der Segler seine empfindlichsten Teile immer den zerstörenden Einflüssen von Wind und Wetter aus. Nur wenige Schiffseigner

Bekleiden des Tauwerks auf der PASSAT.

könnten es sich leisten, ihr Schiff mit Perlon-Tauwerk und Chemiefaser-Segeln auszurüsten.

Heute befahren ausschließlich Schul- und Luxus-Segler die Weltmeere. Einige der letzten Frachtsegler liegen in verschiedenen Häfen als Museumsschiffe fest vor Anker. Es ist zu wünschen, daß es gelänge, wenigstens diese Schiffe für die Zukunft zu erhalten. Sie müssen selbstverständlich einem Zweck dienen, um lebendig zu bleiben. Die großen Räume unter Deck bieten genügend Platz für die verschiedensten Einrichtungen.

Die letzten frachtfahrenden Schulsegler überhaupt waren die beiden deutschen Viermastbarken PAMIR und PASSAT. Bei ihnen wurde versucht, die erheblichen Unterhaltungskosten durch den Frachtgewinn einigermaßen auszugleichen. Die Segler konnten zum Schluß nur noch dadurch in Fahrt gehalten werden, daß 40 deutsche Reeder die »Stiftung Pamir und Passat« bildeten und damit zum Träger des ganzen Unternehmens wurden. Der tragische Verlust der PAMIR im September 1957 hatte dann auch die Fahrenszeit der PASSAT beendet.

Reine Segelschulschiffe gibt es bei der Handelsflotte erst seit Anfang dieses Jahrhunderts. Für die Ausbildung des Offiziers-Nachwuchses der deutschen Handelsmarine war der »Deutsche Schulschiff-Verein« wegweisend gewesen. Sein erstes Schiff, das Vollschiff GROSSHERZOGIN ELISABETH, lief 1901 vom Stapel. Es war als reines Schulschiff gebaut worden. Auch die nachfolgenden Segler des »Schulschiff-Vereins« fuhren keine Fracht.

Die Segelschulschiffe lebten und leben aus einer ganz anderen Situation als die

…und dem Auswechseln der Planken.

Schulschiff Deutschland lief 1927 als Vollschiff vom Stapel.

Frachtsegler. Es spielt dabei keine Rolle, ob es sich um ein Schulschiff der Handels- oder der Kriegsflotte handelt. Sie sind wirtschaftlich unabhängig. Ihnen steht ein jährlicher Etat zur Verfügung, der ausreicht, um die laufenden Kosten zu decken, und der es möglich macht, die Schiffe ständig in optimaler Betriebssicherheit zu halten. Wie oft geriet früher ein Frachtsegler in schwere Gefahr, weil an falscher Stelle gespart worden war!

Das gilt ganz besonders für die Stabilität. Sie ermöglicht es dem Schiff, sich bei Schräglagen verschiedenen Grades wieder aufzurichten. Bei Segelschiffen mit ihrer hohen und schweren Takelage ist dieses Problem viel schwieriger als bei Motorschiffen. Die langen Hebelarme der Masten wirken den stabilisierenden Kräften im Schiffsrumpf viel stärker entgegen als die niederen Aufbauten eines Motorschiffes. Früher wurde die Stabilität durch die Ladung und beim leeren Schiff durch Ballast garantiert, der vor dem Beladen wieder herausgenommen wurde. Die heutigen Schulsegler sind immer »stabil«. Der notwendige Ballast besteht meist aus Eisenbeton und ist fest im Schiffskörper eingesetzt. Dabei bleibt in der eigentlichen Last noch genügend Platz für Unterrichts- und Wohnräume.

Mit dem finanziellen Rückhalt können bei Schulschiffen Einzelteile viel früher ausgetauscht werden, als dies tatsächlich nötig wäre. Die Gesundheit der jungen Menschen steht über allem. So erklären sich auch die nur ganz selten vorkommenden Unfälle auf Großseglern. Neben der materiellen Sicherheit erlaubt auch die große Zahl der Besatzung, das Schiff immer im besten Trimm zu halten. Nicht überall findet die Segelschiffs-Ausbildung der angehenden Schiffsoffiziere vorbehaltlose Zustimmung. Immer wieder sind Stimmen zu hören, die sich gegen diese Art der Erziehung wenden. Dabei soll von der angeblichen »Gefährlichkeit« dieser Ausbildung gar nicht die Rede sein. Das Hauptargument der Gegner ist, daß im Zeitalter moderner Motorschiffe die Fahrenszeit auf einem Schulsegler überholt und überflüssig sei. Als demonstratives Beispiel heißt es oft, ein Autofahrer benütze doch auch keine Pferdekutsche als Übungsgefährt. Dazu kommen Schlagworte wie »Romantik« und »Abenteuerlust«, um die Nutzlosigkeit sinnfällig zu machen.

Der Dienst auf einem Großsegler ist alles andere als romantisch. Gerade wenn die jungen Leute mit großer Begeisterung bei der Sache sind, so zeigen sie, daß sie ihrem Beruf nüchtern, ehrlich und ohne falsches Pathos gegenüberstehen. Die Seemanns-Lehre duldet keine Mitläufer und Träumer. Jeder hat sich von Anfang an voll für seine Aufgabe einzusetzen. Das ist für das Wohl des Schiffes und der Kameraden unerläßlich. Daß in unserer technisierten und nüchternen Welt noch Platz für Seefahrzeuge ist, die in ihrer Einrichtung nicht nur höchst zweckmäßig, sondern auch schön sind, sollte man mit Freude vermerken.

Alle Argumente gegen die Verwendung von Segelschulschiffen beweisen, daß ihre Verfechter nicht wissen, um was es bei dieser Ausbildung überhaupt geht. Die jungen Menschen sollen gar nicht lernen, ein Segelschiff zu bedienen oder zu führen. Obwohl die meisten von ihnen Offiziersanwärter sind, sollen sie an Bord des Schiffes nicht einmal lernen, Menschen zu führen. Das Grundziel ist zunächst, die jungen Leute daran zu gewöhnen, sich in eine große Gemeinschaft, die auf engem Raum zusammenlebt, einzuordnen. Bei dieser Lebens- und Arbeitsweise sind Rücksichtnahme, Kameradschaft und Hilfsbereitschaft so dringend nötig, daß sie in kurzer Zeit jedem selbstverständlich werden.

Daß die Arbeit hoch droben in den Masten und auf den Rahen Mut, Entschlossenheit und Besonnenheit erfordert, versteht sich von selbst. Allein durch das Zusammenleben auf dem Schiff und durch den täglichen Segeldienst ergeben sich so viele Möglichkeiten, den Charakter zu bilden und zu entwickeln, wie es eigentlich nur auf einem Großsegler möglich ist. Neben den Arbeiten in der Takelage spielt sich auch der übrige Dienst auf einem Segelschulschiff fast ausschließlich an Deck ab. Es kann sich dabei selbstverständlich ein viel engeres Verhältnis zu Wetter und See entwickeln, als dies auf einem Motorschiff möglich wäre. Die genaue Kenntnis der Natur-Elemente ist auch heute noch unerläßlich für die sichere Handhabung eines Schiffes, gleich welcher Größe. In neuester Zeit haben sich schwere Schiffskatastrophen ereignet – nicht obwohl den Schiffen modernste Navigationshilfen zur Verfügung standen, sondern weil man sich auf sie verlassen hatte.

Neben der erzieherischen Aufgabe haben die großen Segelschulschiffe noch eine weitere Verwendung. Fast alle diese Schiffe sollen bei Auslandsbesuchen ihre Nation vertreten. Sie tun dies in bemerkenswerter und nachhaltiger Weise, und sicher ist es besser, dafür ein vielbewundertes Segelschiff zu verwenden als ein waffenstarrendes Kriegsschiff.

Schiffsvermessung und Schiffsabmessung

Solange es für den Menschen nötig war (und solange er dazu in der Lage war), seine Werkzeuge und sein Arbeitsgerät selbst herzustellen, blieb er unabhängig von Konstrukteuren, Werkstätten, Kaufpreisen und anderen Wirtschaftsfragen. Das galt natürlich auch für Schiffe und Boote, ganz besonders für kleinere Jagdfahrzeuge. Die Größe dieser Schiffe auf irgendeine Art zu errechnen, war nicht nötig – auch dann nicht, wenn es sich um Fahrzeuge handelte, die in Gemeinschaftsarbeit hergestellt wurden. Die Schiffe dienten dem Eigenbedarf. Der Verwendungszweck, die Fertigkeit der Erbauer und das zur Verfügung stehende Material bestimmten die Größe. Noch heute werden bei einigen Völkern Schiffe und Boote von den jeweiligen Benützern selbst gebaut. Erst die Entstehung von Werften, bei denen Schiffe im Auftrag und gegen Bezahlung gebaut werden, machte eine genauere Größenangabe nötig, um den Kaufpreis festlegen zu können. Sollte das Schiff als Kauffahrer selbst Geld verdienen, so mußte zudem bekannt sein, wie groß seine Ladefähigkeit war.

Für den modernen Schiffsverkehr wurde die Größenvermessung eines Schiffes zur zwingenden Notwendigkeit. Aus der Größe eines Schiffes ergeben sich Versicherungsprämien, Kanal- und Hafengebühren und so weiter. In stark befahrenen Häfen kann kein Liegeplatz angewiesen werden, wenn nicht Länge, Breite und Tiefgang des zu erwartenden Schiffes genau bekannt sind.

Im Laufe der Zeit entstanden verschiedene Meßmethoden, die allerdings auch heute noch häufig Unklarheiten aufkommen lassen. So wird oft nicht angegeben, ob ein Maß dem Dezimalsystem oder den englischen Maßeinheiten entspricht. Auch Längenangaben können differieren, weil die Bezugspunkte verschieden angenommen werden. So kann z. B. die Angabe »Länge über alles« eines Schiffes, besonders eines Segelschiffes, in der Literatur ganz verschiedene Werte aufweisen, je nachdem, was damit gemeint ist. Dabei scheint doch gerade dieses Maß schon vom Namen her ganz eindeutig festgelegt.

Ein sehr altes Maß für die Ladefähigkeit und damit auch ungefähr für die Größe des Schiffes war die Frachten-Weintonne. Dieses Maß wurde im Mittelalter viel verwendet. Die Tonne (= Faß) war damals allein ein Raummaß. Erst später wurde unglücklicherweise daraus ein Gewichtsmaß. Im metrischen System ergeben 1000 kg eine Tonne (t). Der englischen Tonne (t, ts; hier: »long ton«) entsprechen 2240 Pfund (lbs) zu 453,6 g = 1016 kg. Zu einer internationalen Maßeinheit für die Raumvermessung der Schiffe wurde dann die Registertonne (RT). Sie entstand aus 100 englischen Kubikfuß. Das entspricht 2,832 Kubikmetern.

Die Möglichkeiten, Größe und Nutzbarkeit eines Schiffes anzugeben, sind hier im einzelnen aufgeführt.

Registertonne – Veraltete Maßeinheit für die Schiffsvermessung: 1 RT = 100 englische Kubikfuß = 2,832 Kubikmeter (Oslo-Vermessung). An die Stelle des Raummaßes Registertonne ist die dimensionslose → Raumzahl getreten

Bruttoraumgehalt = Bruttotonnage (Bruttotonnen, BT) – Hierfür werden alle Räume, die unterhalb des Hauptdecks oder des Vermessungsdecks liegen, vermessen. Dazu kommen die Aufbauten, die von Bord zu Bord reichen. Die Bruttotonnage wird in Bruttoregistertonnen (BRT) angegeben. Nach neueren Bestimmungen wird dafür die Bruttoraumzahl (BRZ) angegeben.

Nettoraumgehalt – Früher der um die Maschinen-, Wohn- und Betriebsräume reduzierte, in Registertonnen vermessene Raumgehalt eines Schiffes.
Heute ist das Meßverfahren ein anderes und die Registertonne als Maßeinheit überholt. Der Nettoraumgehalt wird mit der Nettoraumzahl (NRZ) angegeben.

Raumzahl – Die Raumzahl (BRZ bzw. NRZ) hat mit Inkrafttreten des Internationalen Schiffsvermessungs-Übereinkommens von 1969 (London-Vermessung) im Jahre 1982 und nach einer Übergangsfrist von 1982 bis 1994 endgültig die Registertonne als Vermessungsgröße abgelöst. Die Raumzahl (engl. Gross Tonnage) ist im Gegensatz zur Registertonne oder Kubikmeter eine dimensionslose Zahl und kein Raummaß, basiert aber auf dem in Kubikmetern vermessenen Schiffsraum.
Der neue Wert für die Raumerfassung wird durch die Formel $BRZ = k \cdot V$ ermittelt. V ist das Gesamtvolumen in Kubikmetern, k ein von der Schiffsgröße abhängiger Faktor zwischen 0,22 und 0,32.
Die Nettoraumzahl ergibt sich nicht mehr im Abzugsverfahren aus BRZ, sondern aus einer komplizierten Formel, in der Laderäume, Anzahl der Passagiere und weitere Faktoren als Parameter auftreten.

Tragfähigkeit – Die gewichtsmäßige Menge der Ladung, die ein Schiff bis zum zulässigen Höchst-Tiefgang laden kann.

Ladefähigkeit – Die raummäßige Menge der Ladung, die ein Schiff laden kann. Meist angegeben in Registertonnen.

Deadweight (Totgewicht) = dw (Tonnen-Deadweight, tdw oder ts dw) – Die Tragfähigkeit eines Schiffes, eingerechnet der Bunkerinhalt und die Schiffsvorräte. Die Angabe kann in Tonnen (t) zu 1000 kg oder in tons (long tons, ts) zu 1016 kg erfolgen.

Wasserverdrängung = Verdrängung = Deplacement – Die Wassermenge, die das Schiff mit seinem Unterwasserteil verdrängt. Die Verdrängung wird im metrischen System in Kubikmetern angegeben, das Gewicht der verdrängten Wassermenge in Tonnen (t) zu 1000 kg oder, häufiger, in tons (ts) zu 1016 kg.

Deplacement-Tonnen = ts Deplacement – Wasserverdrängung eines Schiffes und seine Gewichtsangabe.

Schiffsgewicht – Unterwasserteil des Schiffes in Kubikmetern (= verdrängte Wassermenge), multipliziert mit dem spezifischen Gewicht des befahrenen Wassers.

Thames Measurement = Themse-Vermessung – Vermessungsformel besonders für Sportfahrzeuge, die in ähnlicher Form von der Britischen Admiralität bereits im 14. Jahrhundert verwendet wurde:

$$\text{T.M. Tonnen} = \frac{(L-B) \times B \times \tfrac{1}{2} B}{94}$$

Die Tonnage ergibt sich aus $\frac{\text{Länge} \times \text{Breite} \times \text{Seitenhöhe}}{100}$.
Heute wird an der Stelle der Seitenhöhe die halbe Breite eingesetzt und durch 94 dividiert.

Kriegsschiffe werden fast ausschließlich nach ihrer Wasserverdrängung in ts zu 1016 kg vermessen. Dabei erscheinen oft zwei durch einen Bruchstrich getrennte Angaben. Die Zahl über dem Strich gibt die Verdrängung des voll ausgerüsteten Schiffes ohne Brennstoff an, die Zahl darunter die Mehrverdrängung durch gebunkerten Brennstoff. Bei Kriegsschiffen wird die Verdrängung auch häufig mit »Tonnen-Standardrechnung« (ts Stdd) angegeben, die Tonne zu 1016 kg.

Bis zum 17. Jahrhundert hinein war die Schiffbaukunst ein Handwerk, das allein auf der Erfahrung und dem Können des Meisters beruhte. Weder für die Konstruktion noch für den Bau standen Pläne zur Verfügung. Doch gelegentlich konnte sich der Auftraggeber eines Schiffes anhand eines Modelles eine ungefähre Vorstellung vom Aussehen des fertigen Schiffes machen, verbindlich war das aber niemals. Welche endgültigen Abmessungen ein Schiff haben würde, konnte erst am gebauten Fahrzeug festgestellt werden. Allmählich verstand man es, vor dem Bau Konstruktionszeichnungen zu machen. Die Anforderungen an die verschiedenen Schiffsarten wurden größer. Zudem nahmen die Schiffe an Größe immer mehr zu. Für seegehende Schiffe wurden Pläne entworfen und für die Werft auch gezeichnet. Der Schiffbau war damit zu einem technischen Vorgang ersten Ranges geworden. Zum Hauptpunkt der Konstruktion des Rumpfes wurde die Projektion der drei Hauptebenen, den Rissen:

1. Längsriß

2. Horizontalriß (Sentenriß, Wasserlinienriß)

3. Querriß (Spantenriß)

In diesem dreidimensionalen Koordinatensystem kann jeder Punkt und jede Linie des Rumpfes festgelegt werden. Ein Markstein in der zeichnerisch-konstruktiven Vorbereitung für einen Schiffsbau wurde das Werk »Architectura Navalis Mercatoria« des schwedischen Schiffbauers Frederik Henrik af Chapman, das 1768 in Stockholm erschien.
Für die Konstruktion selbst sowie für die Berechnung der Schiffsgröße überhaupt sind einige Abmessungen des Rumpfes von großer Bedeutung. Abgesehen davon geben sie auch die Möglichkeit, sich von der Größe und ungefähren Form eines Schiffes eine Vorstellung zu machen. Die Bezugspunkte für die Abmessungen liegen fest in der Linienführung des Rumpfes und in dessen Begrenzungen. Bei Segelschiffen kommt dazu, daß, ganz abgesehen von Masten und Rahen, der Rumpf allein nicht die Gesamtgröße des Schiffes ausmacht. Bugspriet und Besanbaum müssen auch berücksichtigt werden.
Der Wasserlinienriß eines Schiffes baut sich von der Basislinie, dem Schiffsboden aus, auf. Die Wasserlinien (WL) liegen dabei waagerecht übereinander. Eine dieser Wasserlinien ist die Konstruktionswasserlinie (KWL, CWL, LWL [loaded waterline], DWL [designed waterline]). Es ist die Linie oder Ebene, auf der das Schiff bei der Entwurfsrechnung in beladenem (bei den Schul- und Kriegsschiffen in ausgerüstetem) Zustand schwimmt. Man muß allerdings berücksichtigen, daß bei Frachtschiffen die Schwimmwasserlinie mit der KWL nicht identisch zu sein braucht. Das spezifische Gewicht des Wassers verändert sich bei verschiedenem Salzgehalt und bei wechselnden Temperaturen. Dadurch variiert der Tiefgang des Schiffes und damit seine Schwimmwasserlinie.
Auf der Basislinie senkrecht geführte Schnitte querschiffs ergeben insgesamt den Spantenriß. Bei großen Segelschiffen mit senkrechtem Achtersteven liegt die Achterkante des Achterstevens auf der ersten, achtern gelegenen Schnittebene, bei Schiffen mit Motorantrieb ist es die Vorderkante des Rudersstevens. Der vorderste und damit letzte dieser zahlreichen Schnitte schneidet den Vorsteven in der KWL. Es entstehen somit auf der Basislinie zwei festgelegte Senkrechte, die Lote – das achtere und das vordere Lot. Der Abstand dieser beiden Linien gibt die »Länge zwischen den Loten«, eines der Hauptmaße zur Vermessung eines Schiffes.
Bei kleineren Schiffen, bei denen der Achtersteven nicht senkrecht zur Basislinie steht, schneidet das achtere Lot den Achtersteven in der KWL. Die Form und Länge des Ruderblattes wird bei der Messung der Länge zwischen den Loten nicht berücksichtigt. Liegt die Angabe »Länge der Wasserlinie« vor, dann ist in vielen Fällen das Ruderblatt mitgemessen worden.
Die Angabe »Länge Rumpf« gibt die Länge des Rumpfes an, gemessen von der Bugzier bzw. Galionsfigur bis zur Heckreling. Hierfür steht oft »Länge über alles«. Dieses Maß muß aber auch bei Segelschiffen für die Gesamtlänge des Schiffes stehen, vom Ende des Klüverbaumes bzw. des Bugspriets bis zum Ende des Besanbaumes oder, wenn dieser den Schiffskörper nicht überragt, bis zur Heckreling.
Die »Größte Breite« gibt die Gesamtbreite des Rumpfes an. Sie wird über die Planken gemessen. Bei alten Segel-Kriegsschiffen lag die größte Breite meist auf halber Höhe der Seitenhöhe des Rumpfes, weil der Schiffskörper sich nach oben zum Schanzkleid hin stark verjüngte. Man wollte damit, falls man im Gefecht Seite an Seite ging, das Entern erschweren und die Geschütze aktionsfähig halten.
Die »Seitenhöhe« wird mittschiffs gemessen. Sie erstreckt sich von der Waagerechten durch die Unterkante Spantwinkel (bei Stahlschiffen) beziehungsweise Außenkante Kielsponung (bei Holzschiffen) bis zur Oberkante Decksbalken des obersten durchlaufenden Decks an der Bordwand. Die »Raumtiefe« gibt die Höhe des zur Nutzung verfügbaren Schiffsraumes an. Sie wird von der Oberkante Bodenwrange bis zur Oberkante oberster Decksbalken mittschiffs gemessen. Bei alten mehrdeckigen Kriegsschiffen wird mit der Raumtiefe nur der unterste freie Raum angegeben, die Höhe zwischen Bodenwrange und Oberkante Decksbalken des untersten Decks.
Der »Tiefgang« eines Schiffes ist der Abstand der Schwimmwasserlinie von der Unterkante des Kiels. Bei größeren Schiffen befinden sich Tiefgangs-Skalen, die Ahmings, an Vor- und Achtersteven. Die Angabe erfolgt in Dezimetern oder englischen Fuß mit römischen Ziffern.

Segelschiffstypen

In dieser kurzen Beschreibung der einzelnen Segelschiffstypen sind nur die Grundformen berücksichtigt worden, die noch heute zu finden sind und die in diesem Buch dargestellt werden.

Rahgetakelte Schiffe werden unterschieden nach der Zahl der Masten und nach der Art der Rahen-Aufteilung. Zur klassischen Form wurde das Dreimast-Vollschiff oder Vollschiff. Bei diesem Segler sind alle drei Masten »voll« getakelt; jeder Mast trägt einen vollen Satz Rahsegel. Diese Schiffsart wurde so sehr zum Inbegriff eines Großseglers, daß in der englischen Sprache dafür einfach das Wort »ship« verwendet wird. Größere Typen waren die Viermast-Vollschiffe, das größte jemals gebaute Vollschiff der Fünfmaster PREUSSEN mit 5081 BRT.

Da die Besatzung eines Vollschiffes im Verhältnis zur Wirtschaftlichkeit des Seglers immer sehr groß sein mußte, bevorzugten die Reedereien bei der Handelsschiffahrt die Bark. Bei ihr führt der letzte Mast, der Besanmast, ausschließlich Schratsegel, meist Gaffelsegel, die beim Manöver von wenigen Männern bedient werden konnten. Daneben spielt auch eine Rolle, daß eine Bark mit den Segeln des Besanmastes leichter zu steuern ist. Beim Steuern und Stützen wirken sie ähnlich wie das Seitenruder eines Flugzeuges. Die Marine brauchte sich den Einschränkungen der Besatzungszahl nicht zu unterwerfen. Die Mannschaften waren immer groß genug, Vollschiffe zu bearbeiten (CONSTITUTION, Seite 333; VICTORY, Seite 162). Neben den (Dreimast-) Barken, für die der Name »Bark« gebräuchlich ist, waren es vor allem die großen Viermast-Barken, die zu Ende des vergangenen Jahrhunderts den Welthandel förderten und enge Verbindungen zwischen den Kontinenten knüpften. Großen Anteil daran hatte die mächtige Flotte der »Flying-P-Liner« der Hamburger Reederei Ferdinand Laeisz. Ihr letzter Zeuge in deutschem Besitz ist die Viermast-Bark PASSAT (Seite 96), die heute in Travemünde liegt.

Das größte jemals gebaute Segelschiff war die Fünfmast-Bark FRANCE II der Reederei Antonin Dominique Bordes in Bordeaux mit 5633 BRT.

Fährt ein Segelschiff einen vollgetakelten Fockmast und wenigstens zwei weitere Masten mit Schratsegeln, so wird es als Barkentine oder Schonerbark bezeichnet.

Nicht allzu häufig anzutreffen waren Viermast-Barkentinen, doch es gab sogar Sechsmast-Barkentinen, wie die E. R. STIRLING (1883). Diese unförmige Takelung nahm den Schiffen allerdings jegliche Eleganz. Zu den kleineren rahgetakelten Seglern gehörte die zweimastige Brigg, bei der beide Masten voll getakelt waren. Ist nur der Fockmast voll getakelt, so spricht man von einer Brigantine oder Schonerbrigg. Leider sind die schnittigen Briggs heute von den Weltmeeren weitgehend verschwunden.

Neben den Rahseglern stellten die Schoner die zweite große Gruppe der Großsegler. Allen Schonern gemeinsam sind Schratsegel an jedem Mast. Diese können Gaffelsegel, Stagsegel oder Bermudasegel sein. Der Grundtyp des Schoners ist ein zweimastiges Fahrzeug, bei dem der größere Mast hinten steht und das Großsegel fährt.

Um achterlichen Wind besser nutzen zu können, fährt ein Teil der Schoner am Fockmast, an Stelle der Schrat-Toppsegel, Rahsegel, die aber auch in diesem Fall als Toppsegel bezeichnet werden. Diese Schiffe werden dann Rahschoner oder Toppsegel-Schoner genannt. Der Hauptunterschied zwischen einem Rahschoner und einer Barkentine oder Schonerbark liegt darin, daß die Barkentine am Fockmast kein Schratsegel fährt. Dieses Segel heißt bei den Schonern nur für den Fockmast »Schonersegel«.

Die entsprechenden Segel an den anderen Masten werden nach den Mast-Namen benannt, also Großsegel, Kreuzsegel und Besansegel. Der größte jemals gebaute Gaffelschoner war der Siebenmaster THOMAS W. LAWSON mit 5218 BRT, der von nur 16 Mann bearbeitet worden war. Das ist ein wichtiger Vorteil des Schoners, daß auch bei großer Segelfläche nur eine verhältnismäßig kleine Mannschaft zur Bedienung der Segel nötig ist, weil fast alles von Deck aus gehandhabt werden kann. Für die Wirtschaftlichkeit von Handelsseglern war das von großer Bedeutung. Die heutigen Schulsegler sind aber fast alle rahgetakelt, weil die Zahl der Besatzung keine Rolle spielt und weil für die Ausbildung und Erziehung ja möglichst viele Arbeitsplätze vorhanden sein sollen. Eine Breitfock wird bei den verschiedenen Schonern oft als zusätzliches Rahsegel gefahren. Sie ist dann meist tiefer geschnitten als ein normales Focksegel.

Stagsegel-Schoner fahren die Stagsegel nur an den Unterstagen, und zwar meist mit Baum. Im dreieckigen Raum zwischen Unterstag und jeweils vorstehendem Mast werden die Treisegel gesetzt. Der polnische 3-Mast-Stagsegelschoner ZAWISZA CZARNY zeigt eine bemerkenswerte Takel-Besonderheit. Die beiden Treisegel stehen zwischen jeweils zwei gebogenen Gaffeln. Damit bekommen diese Segel die günstigste Kurvenstellung. Man bezeichnet dieses Rigg auch als »Wishbone-Rigg«, weil es wahrscheinlich vom früheren brasilianischen Marine-Schulschiff ALBATROSS (ex WISHBONE) gefahren wurde. Die Idee stammte ursprünglich aus den USA.

Bei einer Ketsch steht der kleinere Mast, der Besanmast, hinten. Um die Beschreibung der einzelnen Schiffsarten zu ergänzen, wird im folgenden für jede Form auf ein bestimmtes, im Buch gezeigtes Schiff hingewiesen, das die Hauptmerkmale der jeweiligen Takelungsart in der Abbildung besonders deutlich zeigt.

Vollschiff: GEORG STAGE
Viermastbark: KRUZENSHTERN
Bark: GORCH FOCK
Viermast-Barkentine: ESMERALDA
Dreimast-Barkentine: PALINURO
Brigg: ROYALIST
Brigantine: GREIF
Viermast-Toppsegelschoner: JUAN SEBASTIAN DE ELCANO
Dreimast-Toppsegelschoner: EUGENE EUGENIDES
Toppsegelschoner: LA BELLE POULE
Dreimast-Bermudaschoner: ÄLVA
Dreimast-Gaffelschoner: BELLE ESPOIR
Gaffelschoner: FALKEN
Dreimast-Stagsegelschoner: ZAWISZA CZARNY
Ketsch: SEUTE DEERN II
Lateinersegel: MAYFLOWER II

Die Besegelung

Die älteste bekannte Segeldarstellung stammt aus dem 4. Jahrtausend v. Chr.; sie befindet sich auf einer ägyptischen Tonurne. Als sicher darf man aber annehmen, daß es den Menschen schon viel früher gelungen ist, den Wind als Antriebsmittel für Boote oder Flöße zu nutzen. Beobachtungen an schwimmenden Gegenständen, die der Wind vor sich hertrieb, haben wahrscheinlich zur Konstruktion eines entsprechenden Windfanges geführt. Ein Segel in unserem Sinne war es bestimmt nicht. Erst die Erfindung des Tuchgewebes ließ die Anfertigung eines richtigen Segels zu. Aber dichtbelaubte Zweige, große Blätter, Häute oder Matten haben den ersten Anforderungen wohl genügt. Diese einfachen Wasserfahrzeuge segelten vor dem Wind, also mit dem Wind im Rücken. Im Laufe der Zeit gelang es dann, durch Veränderung der Segelstellung auch den seitlich einfallenden Wind auszunutzen.

Der Urtyp des Segels ist das Rah- oder Vierkantsegel, ein Segel, das an einer horizontal aufgehängten, quer zur Schiffslängsachse stehenden Spiere, der Rah, angeschlagen ist. In dieser Grundstellung bietet es dem Wind eine große Widerstandsfläche, die das Schiff bei achterlicher Windrichtung leicht vorantreibt.

Durch Änderung der Querstellung, dem Brassen, kann auch bei seitlich von hinten oder seitlich von vorn einfallendem Wind gesegelt werden. Bis etwa in die Mitte des 5. Jahrhunderts n. Chr. fuhren alle Schiffe mit Rahsegeln. Wir finden sie bei nordländischen Schiffen ebenso wie bei den Schiffen der ägyptischen Königin Hatschepsut, den Dromonen der Phönizier, den griechischen Triremen und den römischen Kriegs- und Handelsschiffen. Bei Kriegsschiffen wurde im Gefecht aber weitgehend auf das Segel verzichtet, weil die Schiffe durch Riemenantrieb viel schneller und manövrierfähiger waren.

Während die Weiterentwicklung der nordländischen Schiffbaukunst weitgehend bekannt ist, fehlen für den Mittelmeerraum vom 5. bis zum 9. Jahrhundert n. Chr. fast alle Hinweise. Um so erstaunlicher ist es, wenn von diesem Zeitpunkt an in diesem Gebiet Schiffsabbildungen auftauchen, die eine völlig neue Segelart erkennen lassen – das Lateinersegel. Dieses Segel stammt zweifellos aus dem Mittelmeerraum. Wer es aber erfunden hat, ist nicht bekannt. Im Gegensatz zum viereckigen Rahsegel hat das Lateinersegel eine dreieckige Form. Es wird an einer schräg aufgehängten, in der Schiffslängsachse stehenden Spiere, der Rute, angeschlagen. Das Lateinersegel war das erste Schratsegel. Aus ihm entwickelten sich alle Segel, die in der Längsachse des

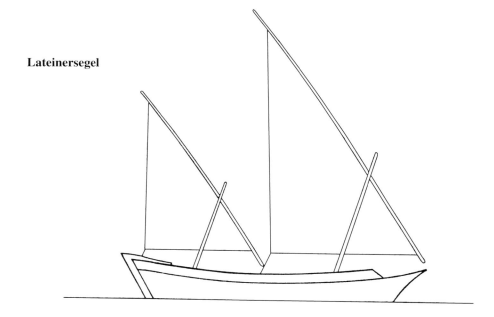

Lateinersegel

Schiffes gefahren werden. Klassische Beispiele für die Lateinertakelung sind die Galeeren und Galeassen des 15. und 16. Jahrhunderts, die Karavellen des Kolumbus sowie heute noch die großen arabischen Dhauen.

Vom 14. Jahrhundert an setzt sich auch im Mittelmeergebiet wieder das Rahsegel durch. Am Ende dieses Jahrhunderts wurden im Norden wie im Süden beide Segelarten miteinander kombiniert, und zwar immer so, daß die vorderen Masten Rahsegel trugen und die hinteren Lateinersegel. Zu Beginn des 15. Jahrhunderts war diese Besegelungsart allgemein üblich.

Die Niederlande entwickelten sich im 16. Jahrhundert zur bedeutendsten Seefahrtsnation. Die bekanntesten Schiffbauer dieser Zeit brachten hier den Schiffsbau zu einer außerordentlichen Hochblüte. Eine der wichtigsten Neuerungen der Besegelung der Schiffe war die Erfindung des Stagsegels, das anfangs nur als Stagfock am Vorstag gefahren wurde, allmählich aber auch an den Stagen und Stengestagen der anderen Masten auftrat. Die Klüversegel gehören ebenfalls zu dieser Gruppe. Etwa von 1660 an fuhren alle großen Segler Stagsegel.

Seit der Mitte des 17. Jahrhunderts sind Gaffelsegel im Gebrauch. Das Segel ist hier an einer Spiere angeschlagen, die mit ihrem Fuß an den Mast stößt. Dieses Ende ist zur Sicherung der Stellung gabelartig ausgearbeitet, was der Spiere den Namen »Gaffel« gegeben hat. Gaffelsegel waren schon im 17. Jahrhundert zu Hauptsegeln schneller Schiffe, besonders der Yachten, geworden. Derart getakelte Segler konnten hoch an den Wind gebracht werden, sie waren damit von der Windrichtung weitgehend unabhängig.

Neben den zahlreichen mehrmastigen Gaffelschonern der Handelsschiffahrt des 19. und angehenden 20. Jahrhunderts fuhren fast alle Sportsegler zu Beginn dieses Jahrhunderts Gaffelsegel. Inzwischen hat sich aber bei Sportfahrzeugen fast ausschließlich das gaffellose Hoch- oder Bermudasegel durchgesetzt. Trotzdem finden sich auch heute noch auf allen Meeren Segelschiffe, welche die verschiedenen Besegelungsarten, die überhaupt entwickelt wurden, zeigen.

Da die Schiffsgröße im Laufe der Zeit immer mehr zunahm, mußte auch die Segelfläche vergrößert werden. Selbst bei mehrmastigen Schiffen wurden die Rahsegel so groß, daß sie bei schwerem Wetter nur mühsam bedient werden konnten. Mehrfache Reffmöglichkeiten und auch die am Fußliek des Rahsegels anschlagbaren Segeltuchstreifen (Bonnets) genügten nicht, diese Schwierigkeiten zu beheben. Es mußten zusätzliche Rahsegel aufgebracht werden. Die SANTA MARIA des Kolumbus ist eines der ersten Schiffe, von dem wir sicher wissen, daß es über dem Großsegel ein Topp- oder Marssegel gefahren hat.

Der Segelturm wuchs. Dem Marssegel folgte das Bramsegel, und in der zweiten Hälfte des 18. Jahrhunderts tauchten die ersten Royalsegel auf. Den Abschluß bildeten im 19. Jahrhundert noch Skysegel und ganz vereinzelt Mondsegel, die aber kaum mehr praktische Bedeutung hatten. In den sechziger Jahren des letzten Jahrhunderts wurden dann die Marssegel geteilt in Unter- und Obermarssegel, wenig später auch die Bramsegel. Ein voll getakelter Mast konnte somit im günstigsten Fall fahren: Untersegel, Unter-, Obermarssegel, Unter-, Oberbramsegel, Royalsegel, Skysegel, Mondsegel.

Sicher wurden neben den Stagsegeln auch genauso lange schon Leesegel verwendet. Es sind dies Rahsegel an Spieren, die zu beiden Seiten der entsprechenden Rah ausgefahren werden konnten. Sie fanden vor allem in windarmen Zonen viel Verwendung. Kriegsschiffe, die beim Angriff oder auf der Flucht jede kleine Brise nutzen mußten, führten fast immer Leesegel.

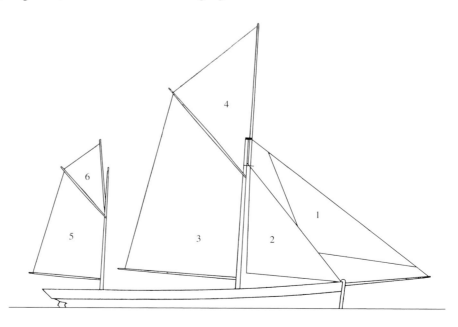

Ketsch (Anderthalbmaster)

1 Klüver
2 Vor-Stagsegel (= Stagfock)
3 Großsegel
4 Groß-Gaffeltoppsegel
5 Besansegel
6 Besan-Gaffeltoppsegel

Dreimast-Schoner

1 Außenklüver
2 Klüver
3 Binnenklüver
4 Vor-Stagsegel
5 Schonersegel
6 Vor-Gaffeltoppsegel
7 Groß-Stengestagsegel
8 Großsegel
9 Groß-Gaffeltoppsegel
10 Besan-Stengestagsegel
11 Besansegel
12 Besan-Gaffeltoppsegel

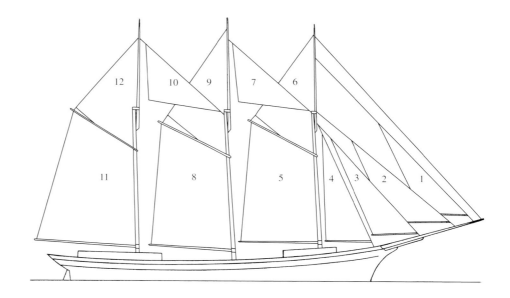

Dreimast-Stagsegelschoner

1 Außenklüver
2 Klüver
3 Vor-Stagsegel
4 Vor-Treisegel
5 Groß-Stagsegel
6 Groß-Treisegel
7 Besan-Stagsegel
8 Besansegel

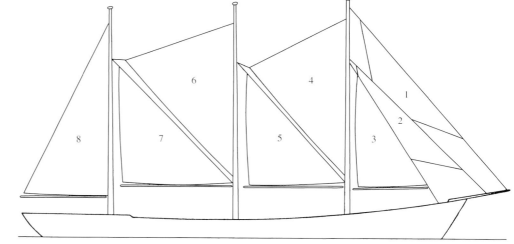

Dreimast-Toppsegelschoner

1 Außenklüver
2 Klüver
3 Binnenklüver
4 Vor-Stagsegel
5 Schonersegel
6 Vor-Marssegel (Toppsegel)
7 Vor-Bramsegel (Toppsegel)
8 Groß-Stengestagsegel
9 Großsegel
10 Groß-Gaffeltoppsegel
11 Besansegel
12 Besan-Gaffeltoppsegel

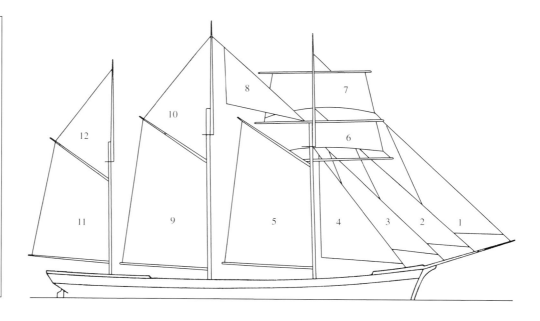

Brigantine

1. Flieger
2. Außenklüver
3. Klüver
4. Binnenklüver
5. Vor-Stagsegel
6. Focksegel
7. Vor-Untermarssegel
8. Vor-Obermarssegel
9. Vor-Bramsegel
10. Vor-Royal
11. Groß-Stagsegel
12. Groß-Mittelstagsegel
13. Groß-Stengestagsegel
14. Groß-Bramstagsegel
15. Großsegel
16. Groß-Gaffeltoppsegel

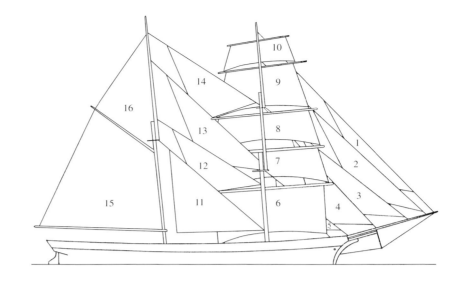

Brigg

1. Flieger
2. Außenklüver
3. Binnenklüver
4. Vor-Stengestagsegel
5. Focksegel
6. Vor-Untermarssegel
7. Vor-Obermarssegel
8. Vor-Bramsegel
9. Vor-Royal
10. Groß-Stengestagsegel
11. Groß-Bramstagsegel
12. Groß-Royalstagsegel
13. Großsegel
14. Groß-Untermarssegel
15. Groß-Obermarssegel
16. Groß-Bramsegel
17. Groß-Royal
18. Besansegel

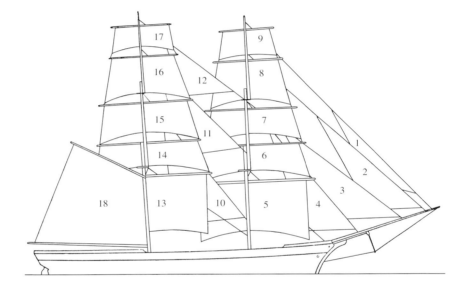

Barkentine

1. Flieger
2. Außenklüver
3. Binnenklüver
4. Vor-Stengestagsegel
5. Focksegel
6. Vor-Untermarssegel
7. Vor-Obermarssegel
8. Vor-Unterbramsegel
9. Vor-Oberbramsegel
10. Groß-Stagsegel
11. Groß-Stengestagsegel
12. Groß-Bramstagsegel
13. Großsegel
14. Groß-Gaffeltoppsegel
15. Kreuz-Stengestagsegel
16. Kreuzsegel
17. Kreuz-Gaffeltoppsegel
18. Besan-Stengestagsegel
19. Besansegel
20. Besan-Gaffeltoppsegel

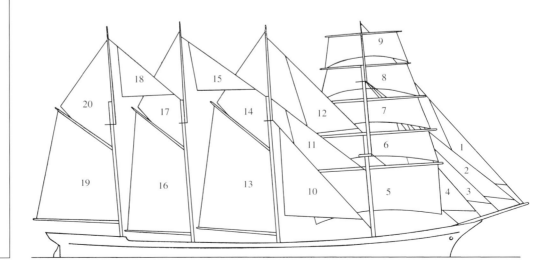

Bark

1. Außenklüver
2. Klüver
3. Binnenklüver
4. Vor-Stengestagsegel
5. Focksegel
6. Vor-Untermarssegel
7. Vor-Obermarssegel
8. Vor-Bramsegel
9. Vor-Royal
10. Groß-Stengestagsegel
11. Groß-Bramstagsegel
12. Groß-Royalstagsegel
13. Großsegel
14. Groß-Untermarssegel
15. Groß-Obermarssegel
16. Groß-Bramsegel
17. Groß-Royal
18. Besan-Stagsegel
19. Besan-Stengestagsegel
20. Besan-Bramstagsegel
21. Unterbesan
22. Oberbesan
23. Besantoppsegel

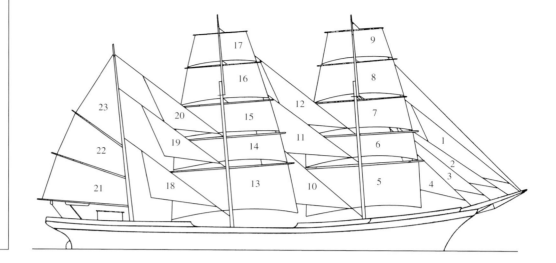

Vollschiff (Idealbesegelung)

1. Flieger
2. Außenklüver
3. Klüver
4. Binnenklüver
5. Vor-Stagsegel
6. Focksegel
7. Vor-Untermarssegel
8. Vor-Obermarssegel
9. Vor-Bramsegel
10. Vor-Royal
11. Groß-Stagsegel
12. Groß-Stengestagsegel
13. Groß-Bramstagsegel
14. Groß-Royalstagsegel
15. Großsegel
16. Groß-Untermarssegel
17. Groß-Obermarssegel
18. Groß-Bramstagsegel
19. Groß-Royal
20. Groß-Skysegel
21. Groß-Spencer
22. Kreuz-Stengestagsegel
23. Kreuz-Mittelstagsegel
24. Kreuz-Bramstagsegel
25. Kreuz-Royalstagsegel
26. Kreuzsegel
27. Kreuz-Untermarssegel
28. Kreuz-Obermarssegel
29. Kreuz-Bramsegel
30. Kreuz-Royal
31. Besansegel

Vollschiff (CHRISTIAN RADICH)

1 Außenklüver	10 Groß-Stengestagsegel	17 Groß-Royal	a Bugspriet	g Pardunen
2 Klüver	11 Groß-Bramstagsegel	18 Kreuz-Stengestagsegel	b Galionsfigur	h Wanten
3 Binnenklüver	12 Groß-Royalstagsegel	19 Kreuz-Bramstagsegel	c Bug	i Stag
4 Vor-Stengestagsegel	13 Großsegel	20 Kreuz-Royalstagsegel	d Ruder	k Fockmast
5 Focksegel	14 Groß-Untermarssegel	21 Kreuz-Untermarssegel	e Heck	l Großmast
6 Vor-Untermarssegel	15 Groß-Obermarssegel	22 Kreuz-Obermarssegel	f Heckreling	m Kreuzmast
7 Vor-Obermarssegel	16 Groß-Bramsegel	23 Kreuz-Bramsegel		
8 Vor-Bramsegel		24 Kreuz-Royal		
9 Vor-Royal		25 Besansegel		

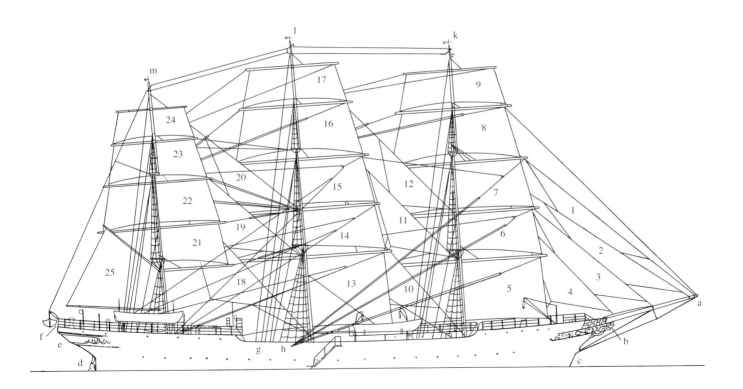

Antigua

Anny

Anny

ex RINGÖ
ex KURT BOTH
ex HANNA
ex ANNY

Art: 3-Mast-Gaffelschoner, Eisen

Nation: Antigua

Eigner: Simba Yachting Company Ltd., St. John's, Antigua

Heimathafen: St. John's

Baujahr: 1914

Werft: C. Lühring, Hammelwarden, Unterweser

Vermessung: 242 ts Deplacement; 124 BRT; 43 NRT

Abmessungen:
Länge über alles	38,00 m
Länge Rumpf	32,27 m
Länge zwischen den Loten	28,40 m
Breite	6,95 m
Raumtiefe	2,95 m
Tiefgang	2,35 m

Segelfläche: 520 qm

Besegelung: 12 Segel, einschl. Breitfock

Masten: Höhe Großmast über Deck 24 m

Hilfsmotor: 6-Zyl.-Deutz-Diesel, 280 PS

Besatzung: 5 Personen Stammbesatzung, 10 Gäste

Verwendung: Yacht

Das abenteuerliche Leben der ANNY von Hamburg hätte fast bei einer Abwrackfirma geendet, wenn sie nicht rechtzeitig von ihren jetzigen Eignern entdeckt worden wäre.
ANNY wurde als Frachtsegler im Auftrag von Kapitän Diedrich Hasseldiek aus Nordenham gebaut. Insgesamt verließen acht Schoner mit den gleichen eleganten Linien die Werft. Die erste Reise führte nach Petersburg. Dort wurde das Schiff nach Ausbruch des Ersten Weltkrieges sofort beschlagnahmt. Erst nach Kriegsende kehrte der Rumpf nach Deutschland zurück. 1925 wurde das Schiff bei der Werft Ernst Harms in Harburg wieder aufgebaut. Es erhielt dabei u. a. eine verkleinerte Takelage, seinen ersten Motor und den neuen Namen HANNA. Der damalige Eigner, Kapitän Walter Richter aus Hamburg, verkaufte 1936 sein Schiff an Kapitän Max Both aus Glückstadt. Von nun an hieß es KURT BOTH. Bis zum Ausbruch des Krieges transportierte der Motorschoner Zement für den Festungsbau nach Helgoland. Später ging es in die Trampfahrt nach Skandinavien. 1940 erfolgte der Umbau in einen Anderthalbmaster.
1950 wurde KURT BOTH in Hamburg-Wilhelmsburg um 8 m verlängert. Nachdem 1952 auch das Bugspriet entfernt worden war, verwandelte sich der ehemalige Schoner in ein reines Motorschiff.
1957 kaufte die schwedische Reederei Oscar Abrahamson aus Edshullshall das Schiff und gab ihm den Namen RINGÖ. Schließlich erwarb es Paul Grönquist aus Borga, Finnland. Bis 1979 war das Schiff als Sandfrachter in Finnland im Einsatz. 1980 fanden Angehörige der Germania Schiffahrt GmbH aus Hamburg das Schiff teilausgebrannt in Karlskrona, Schweden. Da sich kein Käufer mehr finden ließ, sollte es abgewrackt werden. Auf eigenem Kiel kam der Rumpf nach Hamburg. Als ANNY wurde das Schiff für die nächsten Jahre im Hamburger Schiffsregister geführt.
Eine Grundüberholung war notwendig geworden. Dabei wurde auch die Verlängerung zurückgenommen. Nach Originalplänen erhielt ANNY wieder ihr altes Rigg. Großen Wert legte man auf die Inneneinrichtungen. Im Laderaum entstanden neben einem Repräsentationsraum 5 Doppelkabinen mit jeweils einem WC/Duschbad. Die Achterkajüte für den Kapitän sowie das Logis für die Crew unter der Back wurden sorgfältig im Stil der Zeit erneuert. Im November 1982 waren die Restaurationsarbeiten dieses prächtigen Schiffes beendet. Seit 1987 fährt ANNY unter der Flagge Antiguas in der Karibik, wird aber nach wie vor von der Germania Schiffahrt bereedert.

Argentinien

Libertad • Presidente Sarmiento • Uruguay

Libertad

Art: Vollschiff, Stahl

Nation: Argentinien

Eigner: Kriegsflotte, Argentinische Kriegsmarine

Heimathafen: Buenos Aires

Baujahr: 1953/56; Kiellegung 11. Dezember 1953, Stapellauf 30. Mai 1956

Indienststellung: 28. Mai 1960
Werft: A.F.N.E. Astilleros Navales (Argentinische Staatswerft), Rio Santiago

Vermessung:
$\frac{3765}{2740}$ ts Deplacement

Abmessungen:
Länge über alles 103,00 m
Länge Rumpf 91,75 m
Länge zwischen den Loten 80,00 m
Breite 13,80 m
Seitenhöhe 11,00 m
Tiefgang (voll ausgerüstet) 6,65 m

Segelfläche: 2643 qm

Besegelung: 27 Segel; 5 Vorsegel, Doppel-Marssegel, einfache Bramsegel, Royals

Masten: Alle Masten mit einer Stenge; Höhe Fockmast 48,66 m, Großmast 49,80 m, Kreuzmast 43,17 m

Hilfsmotor: Zwei Sulzer-Dieselmotoren, je 1200 PS; Antrieb einer Welle über eine Vulcan-Hydraulik-Kupplung; Geschwindigkeit mit Maschine 13,5 kn

Besatzung: Insgesamt 351 Personen; 24 Offiziere, 49 Kadetten, 39 »aspirantes« der Marine-Maschinenbau-Schule; 239 Unteroffiziere und Mannschaften

Verwendung: Schulschiff unter Segeln

Die genaue Bezeichnung dieses bemerkenswerten Schulschiff-Neubaus lautet »Fragata A.R.A. LIBERTAD« (A.R.A. = Armada Republica Argentina). Im Sommer 1963 legte der Segler zu seiner sechs Monate dauernden Jungfernreise in Buenos Aires ab. Die Hauptstationen dieser Reise waren San Juan, Bermudas, Lissabon, Le Havre, Hamburg, London, Cadiz, Dakar. Bei seinem 15tägigen Aufenthalt in Hamburg kamen etwa 30000 Besucher an Bord.

Die LIBERTAD wurde den heutigen Erfordernissen einer Schulschiffs-Ausbildung angepaßt. Sie hat ein Glattdeck und zwischen Fock- und Großmast eine Motorschiffbrücke mit Nocken. Zwischen Großmast und Kreuzmast steht der Schornstein. Neben den Hauptmotoren fährt das Schiff zwei Generatoren von 500 kVA, 380 V und einen Hilfsgenerator von 85 kVA, 380 V.

An Beibooten befinden sich an Bord: Zwei Schaluppen aus Holz mit einer Doppelkabine aus Metall (ausgerüstet mit einem 4-Zyl.-Thornycroft-Motor zu 40 PS; jede faßt 15 Mann). Eine Landungs-Schaluppe aus Holz mit einem 4-Zyl.-Thornycroft-Motor zu 40 PS (sie kann 30 Mann aufnehmen), ein Boot mit Segeln und Riemen und ein Boot mit Segeln. Außerdem natürlich mehrere automatische Rettungsflöße.

Da die Segel nicht sehr tief geschnitten sind, kann sie der Wind nicht stark ausbuchten; deshalb und weil die drei Masten auf dem langen Rumpf weit auseinanderstehen, sind Tausendbeine an den Stagen, die das Schamfilen verhindern sollen, nicht nötig.

Anfangs war das argentinische Marinewappen am Heck der einzige Schmuck des Schiffes. Später wurde auch eine Galionsfigur angebracht. Sie stellt eine weibliche Figur dar.

LIBERTAD hat sich immer wieder als schneller Segler erwiesen. 1966 wurden bei einer Reise als Höchstgeschwindigkeit 18,5 Knoten geloggt. 1976 hatte sie beim Regattastart zum U.S. Bicentennial Tall Ships Race nach New York eine spektakuläre Havarie mit der spanischen JUAN SEBASTIAN DE ELCANO.

Presidente Sarmiento

Staatliche Segelschulschiffe bilden nicht nur den Marinenachwuchs aus, sondern ihnen fällt auch in einem ganz besonderen Maße die Aufgabe zu, den Staat im Ausland zu vertreten. Dieses »showing the flag« macht sie zu Botschaftern einer Nation. Nur wenige Schulschiffe dieser Art haben dies so gründlich und lange getan wie die argentinische PRESIDENTE SARMIENTO während ihrer dreiundsechzigjährigen aktiven Dienstzeit. Lief sie einen fremden Hafen an, dann waren Kaiser, Könige und Präsidenten Gäste an Bord. Sie war bei den Krönungsfeierlichkeiten für Eduard VII., Georg V. von England und Alfons XIII. von Spanien, ebenso bei den Amtseinführungen der Präsidenten Taft von Amerika, Alessandri von Chile und Alvaro de Obregon von Mexiko.

Im Jahre 1894 machte der argentinische Kapitän zur See D. Martin Rivadavia der Regierung und dem Präsidenten den Vorschlag, für die Ausbildung des argentinischen Marineoffiziers-Nachwuchses ein Segelschulschiff nach modernen Gesichtspunkten bauen zu lassen. Von 1884 bis 1891 wurde für denselben Zweck schon einmal ein

Art: Vollschiff (Fregatte), Stahl

Nation: Argentinien

Eigner: Kriegsflotte, Marine-Museumsschiff; (Buque-Museo Fragata A.R.A. »Presidente Sarmiento«); A.R.A. = Armada Republica Argentina

Liegehafen: Buenos Aires

Baujahr: 1897; Stapellauf 31. August 1897, Indienststellung 20. Juli 1898

Werft: Camell Laird, Birkenhead (bei Liverpool, England)

Vermessung: 2750 ts Deplacement

Abmessungen:
Länge über alles 85,05 m
Länge Rumpf 76,50 m
Länge zwischen den
Loten 72,60 m
Breite 13,32 m
Seitenhöhe 7,32 m

Segelfläche: 3358 qm (mit Leesegeln)

Besegelung: 23 Segel, dazu 12 Leesegel; 4 Vorsegel; typisches Marine-Rigg; einfache Marssegel (sehr tief), einfache Bramsegel, Royals Fock- und Großmast: anstelle der Stengestagsegel Gaffelsegel (Spencer) ohne Baum

Masten, Spieren: Höhe Großmast über Deck 49,80 m; Bugspriet mit Klüverbaum und Außenklüverbaum

Hilfsmotor: Dampfmaschine, 4 Kessel, 2800 PS, Geschwindigkeit mit Maschine 15 kn

Besatzung: Unter Segeln bis zu 400 Personen

Bewaffnung: 2 7,6-cm-Geschütze (Nordenfeldt), 2 5,7-cm-Geschütze (Nordenfeldt), 4 4,7-cm-Geschütze (Hotchkiss), 4 12,0-cm-Geschütze (Armstrong), 3 Torpedorohre

Verwendung: Museumsschiff

Segelschiff verwendet, es war die in Triest gebaute Korvette LA ARGENTINA. Allerdings hatte dieses Schiff während der Zeit nur fünf Reisen gemacht. Nach einer Entscheidung des Präsidenten Luis Sáenz Peña setzte sich 1895 eine Kommission aus Marine-Offizieren zusammen, die den Neubau eines Segelschulschiffes vorbereitete. Eine englische Werft wurde mit dem Bau beauftragt. Das Schiff bekam den Namen des Präsidenten D. Domingo Faustino Sarmiento (13. Februar 1811 – 12. September 1888, Präsident von 1868 – 1874). Dieser Präsident hatte sich ganz besonders für den Nachwuchs der argentinischen Marine eingesetzt und war auch der Gründer der Marine-Akademie. Nach seinem Tode sollte das größte Schiff der Flotte, der Kreuzer LOS ANDES, seinen Namen bekommen. Er fiel aber dann doch dem Schulschiff-Neubau zu. PRESIDENTE SARMIENTO entspricht dem Typ der großen Dampf-Korvetten des 19. Jahrhunderts. Die Heckgalerie, die nur von den Offiziers-Wohnräumen aus zugänglich ist, unterstreicht diese Typisierung. Ebenso kennzeichnend sind die barocken Bug- und Heckornamente. Für die Unterbringung der großen Besatzung wurde die Poop bis weit zur Schiffsmitte vorgezogen. Auch die Back ist verlängert und reicht bis hinter den Fockmast. Der Rumpf besteht zwar aus Stahl, ist aber mit einer Teakholz-Schicht ummantelt, die im Unterwasserteil noch mit einer Kupferhaut (Wurmhaut) überzogen ist. Eines der Torpedorohre öffnet sich im Vorsteven, knapp über der Wasserlinie. Am 20. Juli 1898 wurde zum ersten Mal an Bord die argentinische Flagge gesetzt. Leutnant zur See D. Enrique Thorne hatte das Kommando bei der Überfahrt nach Argentinien. Am 10. September 1898 lief PRESIDENTE SARMIENTO in Buenos Aires ein.

Die erste große Reise dauerte vom 12. Januar 1899 bis zum 30. September 1900. Sie führte über 49 500 Seemeilen rund um die Erde. Das Kommando führte damals Fregattenkapitän D. Onofre Betbeder. Bis Dezember 1938 machte das Schiff 37 große Reisen mit einer Gesamtlänge von 576 770 Seemeilen. Während dieser Zeit wurden an Bord mehr als 1500 Kadetten für den Offiziers-Dienst vorbereitet. Jeweils die Kadetten des letzten Jahrganges der Marine-Akademie kamen auf den Segler. 1938 war für PRESIDENTE SARMIENTO der erste Abschnitt des Schuldienstes abgeschlossen. Von da an wurden außer zwei großen Reisen nur noch kleinere Ausbildungsreisen unternommen. Neben den Kadetten waren jetzt auch Matrosen-Anwärter an Bord. Am 26. Januar 1961 wurde das Schiff aus dem aktiven Schuldienst entlassen. Insgesamt hat es 1 100 000 Seemeilen zurückgelegt. Seine Nachfolger sind heute das Vollschiff A.R.A. LIBERTAD und der Kreuzer LA ARGENTINA. Heute liegt PRESIDENTE SARMIENTO als Staats- und Kulturdenkmal im Hafen von Buenos Aires. Sie wurde für das argentinische Volk nicht ohne Grund zur »reliquia histórica«.

Uruguay

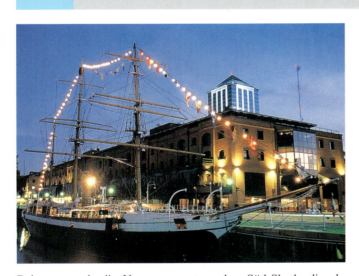

Art: Korvette (Barktakelung), Eisen

Nation: Argentinien

Eigner: Kriegsflotte, Marine-Museumsschiff

Liegehafen: Buenos Aires, Puerto Madero

Baujahr: 1873

Werft: Laird, Birkenhead, England

Vermessung: 550 ts Deplacement

Abmessungen:	
Länge über alles	46,36 m
Breite	7,63 m
Seitenhöhe	5,40 m
Tiefgang	3,50 m

Hilfsmotor: Dampfmaschine (2 Kessel), 475 PS

Bewaffnung: 4 7inch-Geschütze auf eisernen Lafetten

Besatzung: 14 Offiziere, 100 Unteroffiziere und Mannschaften

Verwendung: Museumsschiff

Bekannt wurde die URUGUAY durch die Rettung der schwedischen Nordenskjöld-Expedition (Otto Nordenskjöld) im Jahre 1903. Diese Expedition war 1901 mit dem für diesen Zweck umgebauten Walfänger ANTARCTIC ex CAP NOR aufgebrochen, um die geologischen Verhältnisse im Südwesten der Süd-Shetlandinseln zu untersuchen. Die ANTARCTIC ging am 12. Februar 1902 im Staueis verloren. Nach einer spektakulären Überwinterung in getrennten Lagern brachte die zur Hilfe eilende URUGUAY alle Expeditionsteilnehmer zu den Falklandinseln zurück.

Die URUGUAY diente bis 1930 als Vermessungsschiff. Nach ihrer Ausmusterung verwendete sie die argentinische Marine noch als Depotschiff. Seit etwa 1982 liegt die Bark als Museumsschiff ohne Maschine in Buenos Aires. Sie wird von der argentinischen Marine betreut. Eine Sonderausstellung im Schiff erinnert an die Rettungstat im südlichen Eismeer. Eine Besonderheit des Schiffes ist der mit Teakholz beplankte eiserne Rumpf. Der Unterwasserbereich ist zusätzlich mit Zinkplatten versehen.

Australien

Alma Doepel	Golden Plover	Pacific Swift
Amity	James Craig	Polly Woodside
Bounty III	Lady Nelson	Solway Lass
Challenge of Outward Bound	Leeuwin	South Passage
Endeavour	One and All	Windeward Bound
Falie	Our Svanen	Young Endeavour

Alma Doepel

Art: 3-Mast-Toppsegelschoner, Holz

Nation: Australien

Eigner: Sail & Adventure Ltd., Victoria

Heimathafen: Hobart

Baujahr: 1903, Stapellauf 10. Oktober 1903

Werft: Bellingen, N.S.W.

Vermessung: 150,69 BRT

Abmessungen:
Länge über alles	45,20 m
Länge Rumpf	35,90 m
Länge zwischen den Loten	31,60 m
Breite	8,00 m
Raumtiefe	2,30 m
Seitenhöhe	2,50 m
Tiefgang	2,20 m

Segelfläche: 557 qm

Besegelung: 10 Segel; keine Breitfock

Masten: Höhe Großmast über Deck 31 m

Hilfsmotor: LC3 Gardner-Diesel, 247 PS

Besatzung: 11 Personen, 40 Kadetten

Verwendung: Schulschiff unter Segeln

ALMA DOEPEL, die ihren Namen nach der Tochter des Erbauers Frederick Doepel erhalten hat, war der letzte frachtfahrende Rahsegler Australiens. Durch ein vorn und achtern angebrachtes Mittelschwert konnte das verhältnismäßig flachgehende Schiff auch durch die Untiefen der Küstengewässer kreuzen. Als Frachtsegler hat sie mit Rekordreisen oft von sich reden gemacht.

1917 wurde der Schoner an die Marmeladenfabrik Henry Jones Ltd. verkauft. Zwischen Hobart, Tasmanien und dem australischen Kontinent machte er als Teil der »Moskito-Flotte« weiterhin schnelle Reisen. 1937 wurde das Schiff abgetakelt und ab 1947 als Motorschiff von der amerikanischen für die australische Armee in Neuguinea als »AK 82« in Dienst gestellt.

Nach dem Krieg erfolgte eine Neutakelung als Pfahlmastschoner. Wieder war es die Strecke zwischen Tasmanien und Melbourne, die von der ALMA DOEPEL als Frachter befahren wurde. In den sechziger Jahren transportierte sie Kalkstein zwischen Southport und Electrona, Tasmanien. Dort lag sie auch 1976 ohne Beschäftigung, als sie die Sail & Adventure Ltd. erwarb, um sie für ihre Zwecke zu restaurieren. Der Umbau war umfassend, selbst ein neuer Kiel wurde eingezogen.

Heute steht sie der Jugend Australiens (Jungen und Mädchen) als Ausbildungsschiff mit allen Vorteilen, die ein Schulsegler bieten kann, zur Verfügung, ohne daß dabei die Ausbildung für den seemännischen Nachwuchs im Vordergrund stünde.

 # Amity

Art: Brigg, Nachbau, Holz

Nation: Australien

Eigner: Stadt Albany, Western Australia

Liegeplatz: Albany

Baujahr: 1976

Werft: An ihrem trockenen Liegeplatz gebaut

Vermessung: 100 ts Deplacement; 142 BRT

Abmessungen:
Länge über alles	35,3 m
Länge Rumpf	24,3 m
Länge zwischen den Loten	22,9 m
Breite	6,5 m
Raumtiefe	3,5 m
Seitenhöhe	3,9 m
Tiefgang	3,3 m

Segelfläche: 545 qm

Besegelung: 15 Segel

Masten: Höhe Großmast über Deck 22,8 m

Besatzung: Ursprünglich 8 Personen Stammbesatzung

Die Brigg ist der authentische Nachbau eines Handelsfahrers gleichen Namens, der am 25. Dezember 1826 die ersten britischen Siedler nach Western Australia brachte. Dieses Schiff war auch als Forschungsschiff, Tiertransporter und Walfänger eingesetzt worden. Es ging 1845 in einem Sturm nördlich von Tasmanien verloren. Der jetzige Nachbau ist in der Region zu einem Nationaldenkmal geworden. Er wurde auf einem massiven Steinfundament errichtet.

Da die Brigg nicht ins Wasser kommt, mußten besondere statische Gegebenheiten beim Bau des Rumpfes berücksichtigt werden.

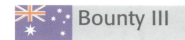 Bounty III

Art: Vollschiff, Holz (Stahl) (Nachbau eines Handelsfahrers des 18. Jahrhunderts)

Nation: Australien

Eigner: Mr. Bruce Reid, »Bounty Cruises«, Sydney

Heimathafen: Sydney

Baujahr: 1978/79

Werft: in Whangarei, Neuseeland

Vermessung: 387 ts Deplacement; 247 BRT; 168 NRT

Abmessungen:
Länge über alles	42,0 m
Länge Rumpf	28,0 m
Länge zwischen den Loten	26,0 m
Breite	8,0 m
Raumtiefe	4,6 m
Tiefgang	3,9 m

Segelfläche: 743 qm

Besegelung: 18 Segel

Hilfsmotor: 2 Kelvin-Diesel (8 Zyl. Turbo), 2 x 415 PS

Besatzung: 14 Personen Stammbesatzung

Verwendung: Tagestouren im Hafengebiet von Sydney

Zur Geschichte der BOUNTY siehe auch BOUNTY/USA.
Die Original-BOUNTY war 1783 mit Namen BETHIA am Humber in Nordostengland als Kohlentransporter gebaut worden. Die britische Marine übernahm das Schiff vier Jahre später, um es als Expeditionsschiff auszurüsten. Die Galionsfigur blieb dabei am Schiff. Sie stellte die Frau des ersten Eigners, Lady Bethia, dar.

Die Admiralität fürchtete um die Moral ihrer Matrosen und Seesoldaten, weil bekannt war, daß die Bewohner der Südseeinseln nur spärlich bekleidet waren. Um den Eingeborenen zu zeigen, wie man sich im »zivilisierten« England verhält, wurde der Galionsfigur ein züchtiges Reitkleid »angezogen«.

Der Rumpf dieses Nachbaus ist eine Stahlkonstruktion, die über Wasser mit Holz verkleidet wurde. Für die Verwendung als Filmschiff waren entsprechende Einrichtungen konstruiert worden. Das Schiff wurde mit aller Technik zum schwimmenden Filmstudio. Mit Hilfe seitlich angebrachter Ballasttanks konnte z. B. eine stärkere Krängung erreicht werden. 1986 wurde BOUNTY an die Bounty Voyages Ltd., Sydney, verkauft und in England registriert. Es folgten weitere Filmbeschäftigungen.

Für eine Dokumentarserie über die Reisen Kapitän Cooks kehrte das Schiff nach Tahiti zurück. Nach der Teilnahme an den Feierlichkeiten zur 200-Jahr-Feier Australiens segelte BOUNTY in polynesischen Gewässern. Das Kommando führte Kapitän Bligh-Ware. Genau 200 Jahre nach der berühmten Meuterei übergab er an der gleichen Stelle das Schiff symbolisch seinem Steuermann Gerry Christian, einem Nachkommen Fletcher Christians. 1991 erwarb der jetzige Eigner das Schiff.

Challenge of Outward Bound

ex SHA NIJMA

Art: 3-Mast-Gaffelschoner, Holz

Nation: Australien

Eigner: Australian Outward Bound Foundation

Heimathafen: Sydney

Baujahr: ca. 1974

Werft: in Thailand

Vermessung: 85 BRT

Abmessungen:
Länge über alles 30,7 m
Länge Rumpf 23,7 m
Breite 5,3 m
Seitenhöhe 2,3 m
Tiefgang 2,0 m

Besegelung: 5 Segel

Masten: Höhe Großmast über Deck 16,4 m

Hilfsmotor: Detroit-Diesel, 175 PS

Besatzung: 4 Personen Stammbesatzung, 20 Trainees

Verwendung: Schulschiff unter Segeln

Der Schoner, mit seiner typisch asiatischen Rumpfform, war als Fischereifahrzeug gebaut worden. Mit einhundert Flüchtlingen an Bord kam er in den frühen achtziger Jahren nach Darwin. Dort wurde das Schiff als Schoner getakelt. Seit 1993 gehört es zur Australian Outward Bound Foundation.

Den ersten Outward-Bound-Kurs hatte 1941 Kurt Hahn in Schottland abgehalten. Neben der Ausbildung auf dem Schiff, als schwimmendem Klassenzimmer, werden auch Bergtouren mit Kletterkursen unternommen. Die Kurse werden nach Altersgruppen unterteilt. Auch Erwachsene können daran teilnehmen.

 # Endeavour

Art: Vollschiff, Holz
Nachbau ENDEAVOUR, 18. Jahrhundert

Nation: Australien

Eigner: HM Bark Endeavour Foundation Pty. Ltd.

Heimathafen: Sydney, Australien

Baujahr: Kiellegung Oktober 1988, Stapellauf 9. Dezember 1993, Indienststellung 16. April 1994

Werft: Mews Road, Fremantle

Abmessungen:
Länge über alles 43,70 m
Länge Rumpf 30,92 m
Länge zwischen den Loten 33,53 m
Breite 9,25 m
Raumtiefe 3,35 m

Seitenhöhe 6,39 m
Tiefgang 3,40 m

Segelfläche: 1461 qm, davon Leesegel 531 qm

Besegelung: 25 Segel, Bugspriet mit zwei Blinden

Masten: Höhe Großmast über Deck 28 m

Hilfsmotor: Caterpillar (2x 3406 B), 404 PS

Besatzung: 14 Personen Stammbesatzung, 32 Trainees, 10 Gäste

Verwendung: Segelndes Museumsschiff

Das Schiff ist der Nachbau der HM Bark ENDEAVOUR, mit der James Cook (1728 – 1779) zwischen 1758 und 1779 seine aufsehenerregenden Forschungsreisen unternommen hat. Die Bezeichnung »Bark« war die damalige offizielle Bezeichnung. Das Schiff fährt eine Vollschifftakelung.

Das Original war 1764 als

Kohlenschiff mit Namen EARL OF PEMBROKE in Whitby, Yorkshire gebaut worden. 1768 wurde es von der Britischen Admiralität gekauft und erhielt den Namen H. M. Bark ENDEAVOUR. Neben anderen Reisen kommandierte James Cook das Schiff auch bei der Weltumsegelung von 1768 bis 1770. Cook verlor sein Leben auf Hawaii bei einer Auseinandersetzung mit den Eingeborenen. Sein Schiff endete als Walfänger in Newport, Rhode Island. Der Nachbau besticht durch seine solide Bauweise und prächtige Ausstattung. Als einer der besten Navigatoren seiner Zeit wäre Cook sicher begeistert über die Navigationshilfen unserer Zeit, die der Schiffsführung zur Verfügung stehen. Nach einer Umsegelung Australiens mit zahlreichen Hafenbesuchen segelte die ENDEAVOUR 1996 von Fremantle nach London. Dabei wird wiederum eine Weltumsegelung unternommen.

 Falie

ex HOLLANDS FROUW

Art: 2-Mast-Gaffelschoner, Stahl

Nation: Australien

Eigner: FALIE Project Ltd.

Heimathafen: Port Adelaide

Baujahr: 1919

Werft: Richter uit den bog Aarot, Maassluis, Niederlande

Vermessung: 244 ts Deplacement; 227 BRT; 115 NRT

Abmessungen:
Länge über alles 45,70 m
Länge Rumpf 36,50 m
Breite 6,70 m
Tiefgang 3,10 m

Segelfläche: 595 qm

Besegelung: 7 Segel

Masten: Höhe Großmast über Deck 30,10 m

Hilfsmotor: National-5-Zyl.-Turbodiesel, 250 PS

Besatzung: 9 Personen Stammbesatzung, 20 Gäste

Verwendung: Charterschiff

Bis 1923 befuhr der ehemalige Frachtsegler europäische Gewässer. Die neue Heimat wurde dann Australien mit Heimathafen Port Adelaide. Getreide, Holz und Kunstdünger waren meist die Ladungen, die das Schiff neunundfünfzig Jahre lang an den Küsten Australiens transportierte. Während des Zweiten Weltkrieges beanspruchte die Royal Australian Navy das Schiff. FALIE lag als Wachschiff am Eingang zum Hafen von Sydney. Zeitweilig diente sie als Vorratsschiff in den Gewässern Neuguineas.

Nach dem Krieg lieferte das Schiff fünfzehn Jahre lang Sprengstoff an alle Staaten des Kontinents. Erst 1982 trat es als Handelsfahrer aus dem Dienst. Die Regierung kaufte anschließend das altgediente Schiff. Zwei Jahre dauerte die Restaurierung, die durch private Zuwendungen großzügig unterstützt wurde.
1986 war FALIE Flaggschiff bei den Veranstaltungen zur 150-Jahrfeier Südaustraliens. Neben der Verwendung als Charterschiff ist der Segler auch Schaustück bei vielen Hafenbesuchen.

Golden Plover

ex PLOVER

1910 war die jetzige Brigantine als Dampfschlepper, der auch Fracht fahren konnte, gebaut worden. Mehrere Jahre lag sie auf Grund im Maribyrnong River in Melbourne. Nach ihrer Hebung begann eine deutsche Familie mit den Umbauarbeiten und der Takelung. GOLDEN PLOVER, wie sie von da an hieß, machte eine Reise nach Europa und war danach im Chartergeschäft in Queensland beschäftigt. 1982 war sie zum Verkauf ausgeschrieben.

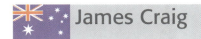
James Craig

ex CLAN MACLEOD

Art: Bark, Eisen

Nation: Australien

Eigner: Sydney Maritime Museum

Liegeplatz: Sydney

Baujahr: 1874

Werft: Bertram, Haswell & Co., Sunderland, England

Vermessung: 646 Registertonnen

Abmessungen:
Länge 54,70 m
Breite 9,70 m
Seitenhöhe 5,30 m

Verwendung: Museumsschiff nach Neutakelung

Als Frachtsegler wurde die Bark als erstes Schiff der bekannten »Clan«-Segler gebaut, die damals Thomas Dunlop für sich fertigen ließ. Viele Jahre fuhr sie auf den Welthandelsstraßen und machte dabei gute Reisen.

1887 kam sie zur Fa. Russell & Co. nach Glasgow. Später ging die Bark nach Neuseeland, deren neue Eigner sie in JAMES CRAIG umtauften. 1912 wurde sie zur Hulk, aus Mangel an Schiffsraum aber zu Beginn des Ersten Weltkrieges wieder aufgeriggt. In den zwanziger Jahren war sie wiederum ohne Beschäftigung. Als Kohlenhulk kam sie nach Hobart, Tasmanien, wo sie nach einiger Zeit auf Grund ging. Mehr als dreißig Jahre lag sie dort, bis man sie hob und notdürftig abdichtete. 1981 kam JAMES CRAIG im Schlepp nach Sydney.

Jetzt liegt das Schiff in einem Schwimmdock im Darling Hafen von Sydney. Es wird grundüberholt, restauriert und neu getakelt.

Lady Nelson

Die heutige LADY NELSON ist der genaue Nachbau eines Schiffes gleichen Namens, das 1798 in Deptford, England gebaut worden war. Die kleinen Abmessungen brachten der Brigg bald den Spitznamen »HMS Tinderbox« (Zunderbüchse) ein. Ihr geringer Tiefgang, der durch ein Mittelschwert ausgeglichen werden konnte, machte den Einsatz in flachen Küstengewässern und Flüssen möglich. 1799 kaufte die Admiralität das Schiff. Es machte bei der Erforschung und Erstbesiedlung von Australien, Tasmanien und Neuseeland Geschichte. Die Brigg wurde zum wichtigsten Schiff in der frühen Geschichte Australiens. Zwischen 1800 und 1825 war LADY NELSON an zahlreichen Unternehmen beteiligt, wobei sie nicht nur Forschungsschiff war, sondern

Art: Brigg, Holz	Werft: Ray Kemp, Woodbridge, Tasmanien	Abmessungen: Länge über alles 25,76 m	Hilfsmotor: Dieselmotor
Nation: Tasmanien (Australien)	Konstruktion: Robert Sexton, Brom Knoop	Länge Rumpf 16,00 m Breite 5,34 m	Besatzung: 3 Personen Stammbesatzung, für 12–14 Trainees Übernachtungsmöglichkeiten, 25–30 Trainees bei Tagestouren
Eigner: Tasmanian Sail Training Association	Vermessung: 60 ts Deplacement	Tiefgang 2,74 m Besegelung: 9 Segel	
Heimathafen: Hobart		Masten: Höhe Großmast über Wasserlinie 17,45 m	Verwendung: Schulschiff unter Segeln (Abenteuerschulschiff)
Baujahr: 1985-87			

auch Siedler und Transportgüter an Bord hatte. Ganz besonders ist sie mit der Geschichte Tasmaniens verbunden. 1803 und 1804 segelte sie von Australien aus zur großen Insel, wobei auch Flüsse befahren und erkundet wurden. Damals entstanden die ersten Siedlungen auf Tasmanien, wie Hobart und Port Dalrymple. Ihr Ende fand sie 1825 bei der Insel Baba bei Neukaledonien. Die Besatzung wurde wegen ihres herausfordernden Verhaltens von den Eingeborenen ermordet. Das Schiff strandete und verbrannte. Die jetzige LADY NELSON soll die Erinnerung an die Geschichte wachhalten, gleichzeitig aber der Jugend Tasmaniens die Gelegenheit bieten, auf einem kleinen Großsegler das faszinierende Erlebnis der Segelschiffahrt zu erfahren.

 Leeuwin

LEEUWIN fährt für die Sail Training Association of Western Australia. Das Schiff wurde kieloben gebaut. Beim Stapellauf erfolgte die Drehung des Rumpfes. LEEUWIN steht allen Bewohnern Westaustraliens zur Verfügung. Voraussetzungen sind Gesundheit und das Mindestalter von sechzehn Jahren.

Den Namen hat das Schiff nach der holländischen Galeone LEEUWIN (Löwin) bekommen. Diese umrundete 1622 das südwestliche Kap Australien, das später den Namen Kap Leeuwin bekommen hat. Die »II« des jetzigen Namens bezieht sich nicht auf die Galeone, sondern auf eine Yacht, die im australischen Schiffsregister bereits diesen Namen führt. Auf der Barkentine wurde die Crew des japanischen Schulschiffes KAISEI ausgebildet.

Art: Barkentine, Stahl	Werft: Australian Shipbuilding Industries Pty. Ltd., South Coogee, W.A.	Segelfläche: 810 qm	
Nation: Australien		Besegelung: 14 Segel	
		Masten: Höhe Großmast 33 m	
Eigner: The Leeuwin Sail Training Foundation Ltd., Fremantle	Vermessung: 236 BRT	Hilfsmotor: 2x Detroit NA6,671, 6-Zylinder-Diesel	
	Abmessungen:		
Heimathafen: Fremantle	Länge über alles 55,00 m	Besatzung: 5 Personen Stammbesatzung, 8 Freiwillige, 40 Trainees	
	Länge Rumpf 41,50 m		
Baujahr: 1986, Stapellauf 2. August 1986	Länge in der Wasserlinie 33,40 m		
	Breite 9,00 m	Verwendung: Schulschiff unter Segeln	
	Tiefgang 3,40 m		

One and All

Es sind vor allem Schulen, die das Schiff als Ausbildungs- und Erziehungshilfe chartern. ONE AND ALL war gerade rechtzeitig zur 150-Jahrfeier der südaustralischen Erstbesiedelung fertig geworden.

Ein typisches Merkmal des Seglers ist das fast dreizehn Meter lange Bugspriet.

Art: Brigantine, Holz	Baujahr: Stapellauf 1. 12. 1985, Indienststellung 5. 4. 1987	Länge in der Wasserlinie 26,50 m	Masten: Höhe Großmast über Deck 27 m
Nation: Australien		Breite 8,20 m	
	Werft: W. G. Porter & Son, Port Adelaide	Tiefgang, Mittelschwert oben 2,60 m	Hilfsmotor: Volvo-6-Zyl.-Diesel, 400 PS
Eigner: Sailing Ship Trust of South Australia		Mittelschwert unten 3,90 m	
	Vermessung: 206 BRT; 36 NRT		
Heimathafen: Port Adelaide		Segelfläche: 451 qm	Besatzung: 10 Personen Stammbesatzung, 29 Trainees
	Abmessungen:		
	Länge über alles 42,60 m	Besegelung: 12 Segel	Verwendung: Schulschiff unter Segeln
	Länge Rumpf 29,80 m		

Our Svanen

ex SVANEN
ex H. C. ANDERSEN
ex PACIFIC
ex MATHILDE

Art: Barkentine, Holz

Nation: Australien

Eigner: Laurie Kalnin, Sydney

Heimathafen: Sydney

Baujahr: 1922

Werft: K. Andersen, Frederikssund, Dänemark

Vermessung: 100 BRT; 250 tdw

Abmessungen:
Länge über alles 39,60 m
Länge Rumpf 27,40 m
Breite 7,20 m
Tiefgang 3,00 m

Segelfläche: 550 qm

Hilfsmotor: 1x 250-PS-Caterpillar-Diesel

Verwendung: Passagierfahrten

Das Schiff lief unter dem Namen MATHILDE als 3-Mast-Gaffelschoner für den Ostseehandel vom Stapel. Häufige Eigner- und Namenswechsel folgten. Die erste Maschine erhielt das Schiff 1938. Mehrere Jahre lang war es im Malztransport für die Tuborg-Brauerei in Kopenhagen beschäftigt.

Der Kauf durch das kanadische Ehepaar Havers in den frühen 70er Jahren beendete die Zeit als Frachtfahrer. OUR SVANEN, wie sie jetzt hieß, wurde in Dänemark zur Barkentine umgeriggt und 1977 in Stornoway auf den Hebriden registriert. Bis 1985 war das Schiff privat gesponsertes Schulschiff für Kadetten beiderlei Geschlechts der Royal Canadian Sea Cadets. Danach erfolgte der Verkauf an die Sail Pacific Charters Ltd. aus Vancouver. Das Schiff nahm an der 200-Jahr-Feier des australischen First Fleet Re-enactment teil und segelte mit anderen Schiffen von England nach Australien.

Nach Beendigung der Feierlichkeiten wurde es von der Sail Training Association von Neusüdwales erworben, als Ersatz für deren Barkentine NEW ENDEAVOUR, die 1987 abgewrackt worden war.

Aus wirtschaftlichen Gründen kaufte im Mai 1990 Laurie Kalnin, ein Geschäftsmann aus Sydney, die OUR SVANEN, um sie bei Hafenrundfahrten in Sydney und zur Walbeobachtung einzusetzen.

Pacific Swift

ex BARMNES
ex SANSIBAR
ex TERJE VIKEN

Art: Brigantine, Stahl

Nation: Australien

Eigner: Cees Koeman, Thredbo Village, Australien

Heimathafen: keine Angaben

Baujahr: 1904

Werft: in Alesund bei Trondheim, Norwegen

Vermessung: keine Angaben

Abmessungen:
Länge über alles 39,00 m
Länge Rumpf 31,00 m
Breite 5,20 m

Segelfläche: 600 qm

Besegelung: 12 Segel

Hilfsmotor: Normo-Diesel, 210 PS

Verwendung: Privatschiff, Charterschiff

Unter ihren ersten Namen war die als Schoner gebaute Brigantine unter norwegischer Flagge in der Fischerei und als Küstenfrachter beschäftigt. Schon vor Ausbruch des Ersten Weltkrieges wurde der Segler zum reinen Motorschiff mit entsprechenden Aufbauten. 1985 kaufte Cees Koeman das Schiff. Auf einer holländischen Werft erfolgte der aufwendige Umbau zur Brigantine. Dabei erhielt sie auch einen Klipperbug.

Polly Woodside

ex RONA
ex POLLY WOODSIDE

Art: Bark, Eisen

Nation: Australien

Eigner: Melbourne Maritime Museum

Liegeplatz: Graving Dock, Yarra River, Melbourne

Baujahr: 1885

Werft: Workman, Clark & Co. Ltd., Belfast

Vermessung: 694 BRT; 610 NRT

Abmessungen:
Länge über alles 70,00 m
Länge Rumpf 61,10 m
Länge zwischen den Loten 58,40 m
Breite 9,10 m
Seitenhöhe 5,20 m
Raumtiefe 4,90 m

Besegelung: 20 Segel; wahrscheinlich Doppel-Marssegel, einfache Bramsegel, Royals

Masten: Höhe Großmast über Deck 33,50 m

Hilfsmotor: Kein Hilfsmotor

Besatzung: 11 bis 15 Personen (mit Decksjungen)

Verwendung: Museumsschiff

Viele große Segelschiffe hätten ohne großen Aufwand unverändert als Museumsschiffe erhalten bleiben können. Wirtschaftliche Erwägungen brachten aber fast allen Frachtenseglern das Ende. In letzter Minute versuchen jetzt Schiffsfreunde, das Wenige noch zu retten – auch wenn es sich, wie bei der POLLY WOODSIDE, nur um eine mastenlose Hulk handelte. Australien, das in der Großsegel-Schiffahrt eine so bedeutende Rolle gespielt hat, besitzt als einen der letzten großen Segler eben diese POLLY WOODSIDE. So war es nicht verwunderlich, daß der Plan, das Schiff zu restaurieren, in weiten Kreisen auf große Begeisterung stieß.

Die Bark wurde für den Reeder W. J. Woodside (The Barque Polly Woodside Co. Ltd.), Glasgow, gebaut. Man sagt ihr nach, sie sei das schönste Fahrzeug gewesen, das jemals in Belfast vom Stapel lief. Viele Jahre fuhr sie für ihren Eigner Fracht aller Art.

Nach einer Grundberührung vor Neuseeland im Jahre 1903 wurde sie von der Firma A. H. Turnbull & Co. aus Littleton, Neuseeland, gekauft und in RONA umgetauft. (Ihren neuen Namen bekam sie nach Miss Rona Munro, deren Vater Marine-Superintendent der »Canterbury Steamship Company«, Neuseeland, gewesen war.) Sie fuhr jetzt als Frachtsegler zwischen Neuseeland, den pazifischen Inseln und Australien. Auf einer Reise nach den USA während des Ersten Weltkriegs verlor sie bei einer Kollision im Hafen von San Francisco Galionsfigur und Bugspriet.

Nach dem Krieg erwarb die Reederei G. H. Scales aus Wellington die Bark. 1921 strandete sie am Barratt's Riff vor der Hafeneinfahrt von Wellington. Seitdem führte das Schiff keine Masten mehr. Als Hulk ging RONA 1923 in den Besitz der Adelaide Steamship Company über, die sie bis 1925 in Sydney und anschließend bis 1953 in Melbourne als Kohlenleichter verwendete. Ihre letzten Eigner, die sie weiterhin als Kohlenschiff benutzten, waren Messrs. Howard Smith, Melbourne. Im Dezember 1967 schenkte die Firmenleitung das Schiff dem National Trust of Australia (Victoria). Inzwischen hatte sich ein Komitee gebildet, das die Restauration vorbereitete, die schließlich 1974 begann, als POLLY WOODSIDE ins Trockendock kam und die ersten neuen Decksplatten verlegt wurden. Heute sind auch die Takelarbeiten weit fortgeschritten.

Seit Ostern 1977 ist das Schiff für Besucher freigegeben. Die Bark kann ihren jetzigen Liegeplatz nicht mehr verlassen, weil im Unterstrom des Yarra eine Brücke gebaut worden ist.

Solway Lass

ex TUI-NA-SAVU SAVU
ex LAWEDUA
ex SUNDEVED
ex BENT
ex SOLWAY LASS
ex ADOLF
ex STINA

Art: 2-Mast-Toppsegelschoner, Stahl

Nation: Australien

Eigner: Tim & Jillian Lloyd, Sydney (Matilda Cruises)

Heimathafen: Sydney

Baujahr: 1902

Werft: Bodewes-Werft, Martenshoek, Niederlande

Vermessung: 115 ts Deplacement; 104 BRT

Abmessungen:
Länge über alles 38,00 m
Länge Rumpf 31,90 m
Breite 5,92 m
Tiefgang 2,50 m

Segelfläche: 510 qm

Besegelung: 10 Segel; Fockmast mit Mars- und Bramsegel

Masten: Höhe Großmast über Deck 27 m

Hilfsmotor: Caterpillar 3306, 6-Zyl.-Diesel, 189 PS

Besatzung: 5 Personen Stammbesatzung, bis zu 60 Gäste

Verwendung: Charterschiff für hohe kulinarische Ansprüche im Hafengebiet von Sydney

Ein Schiff von über 95 Jahren kann auf eine lange Geschichte zurückblicken. Die für deutsche Rechnung gebaute STINA versorgte, als Ketsch getakeltes, reines Segelschiff, von 1902 bis 1905 die Insel Helgoland mit Lebensmitteln und Handelsgütern. Mit Namen ADOLF folgten bis 1913 Handelsfahrten in der Nord- und Ostsee. Zu Beginn des Ersten Weltkrieges verlor der dritte Eigner sein Schiff an die Engländer. Als Prise wurde es zum Hilfskreuzer umgebaut und war zur U-Boot-Beobachtung eingesetzt.

Zwischen 1919 und 1937 erfolgte erneut der Einsatz als Handelsfahrer unter britischer Flagge. 1924 war das Schiff im Solway Firth beheimatet. Damals erhielt es zum ersten Mal den Namen SOLWAY LASS (»Mädchen vom Solway«). Inzwischen war auch ein Dieselmotor eingebaut worden. 1938 wechselte das Schiff unter dänische Flagge.
Während des Zweiten Weltkrieges war der Segler auch als Eisbrecher unter deutschem Kommando eingesetzt. Ein Minentreffer setzte ihn in flachem Wasser auf Grund. Nach dem Krieg wurde das Schiff wieder in der Handelsfahrt beschäftigt. So erhielt es unter dänischer Flagge die Namen BENT und SUNDEVED. 1972 wurde SUNDEVED nach Suva (Fidschiinseln) verkauft. Unter britischer Flagge passierte sie den Panama-Kanal und begann in der Südsee den Dienst als Koprafrachter. Dort bekam sie auch den neuen Namen TUI-NA-SAVU SAVU (»Lord of Savu Savu«). Inzwischen war sie als Toppsegelschoner getakelt worden. 1983 übernahm der jetzige Eigner das Schiff. In dreijähriger Arbeit wurde es in Sydney für die neue Verwendung umgebaut. Am 17. November 1985 erfolgte die Freigabe für die Gästefahrt. Das Schiff ist zu einem Schmuckstück im Hafen von Sydney geworden.

South Passage

Art: 2-Mast-Gaffelschoner, Aluminium

Nation: Australien

Eigner: Queensland Sail Training Association Inc.

Heimathafen: Brisbane, Queensland

Baujahr: 1993, Stapellauf 23. September 1993

Werft: John Gilbert

Vermessung: 64 ts Deplacement; 52 BRT; 16 NRT

Abmessungen:
Länge über alles 30,50 m
Länge Rumpf 25,00 m
Länge zwischen den
Loten 20,00 m
Breite 5,78 m
Raumtiefe 2,30 m
Seitenhöhe 3,57 m
Tiefgang 2,30 m

Segelfläche: 270 qm

Besegelung: 4 Segel

Masten: Höhe Großmast über Deck 23,5 m

Hilfsmotor: AIFO-Fiat-Diesel, 93 kW

Besatzung: 6 Personen Stammbesatzung, 24 Trainees

Verwendung: Schulschiff unter Segeln

Bevorzugtes Segelrevier des privat geführten Schoners sind die Moreton Bay und der Küstenbereich von Queensland. Auch behinderte Jugendliche können an den Ausbildungsfahrten teilnehmen. Eine Meerjungfrau (Vollfigur) schmückt den aus geschweißtem Aluminium gefertigten Rumpf.

Windeward Bound

Art: Brigantine, Holz

Nation: Australien

Eigner: Windeward Bound Trust, Hobart, Tasmanien

Heimathafen: Hobart

Baujahr: Stapellauf März 1996

Werft: Ein großes Lagerhaus am Pavillion Point in Hobart

Vermessung: 100 ts Deplacement

Abmessungen:
Länge über alles 33 m
Breite 6 m
Tiefgang 3,2 m

Masten: Höhe Großmast über Deck 24,5 m

Hilfsmotor: keine Angaben

Besatzung: 12 Personen Stammbesatzung, 10 Trainees

Verwendung: Schulschiff unter Segeln

Der Bau dieses Schiffes ist die Idee einer Privatinitiative. Es wurden keine öffentlichen Mittel verwendet. Privatleute, Firmen, Rotary- und Lions Club unterstützten nachhaltig das Vorhaben finanziell. Viele benachteiligte Jugendliche konnten mitarbeiten und in einem entsprechenden Beruf ausgebildet werden. Abgesehen vom Rumpf, der aus neuem Holz besteht, wurde sehr viel Holz von abgebrochenen Häusern und alten Schiffen verwendet. Die Masten stammen von dem 1987 abgewrackten Schoner NEW ENDEAVOUR.

Young Endeavour

Art: Brigantine, Stahl

Nation: Australien

Eigner: Royal Australian Navy

Heimathafen: Sydney

Baujahr: 1987,
Stapellauf 2. Juni 1987

Werft: Brooke Yachts International, Lowestoft, England

Konstruktion: Colin Mudie

Vermessung:
239 ts Deplacement; 175 BRT; 51 NRT

Abmessungen:
Länge über alles 44,00 m
Länge Rumpf 35,00 m
Länge in der Wasserlinie 28,30 m
Breite 7,80 m
Seitenhöhe 5,60 m
Tiefgang 4,00 m

Segelfläche: 511 qm

Besegelung: 10 Segel

Masten: Höhe Großmast über Deck 32 m

Hilfsmotor: 2x Perkins-Diesel V8 M200 TI, 2x 165 PS

Besatzung: 10 Personen Stammbesatzung, 30 Trainees

Verwendung: Schulschiff unter Segeln

Das Schiff ist ein Geschenk Englands an Australien zur Feier der 200jährigen Erstbesiedelung des Landes. Die Reise nach Australien im Sommer 1987 führte über Rio de Janeiro, Tristan da Cunha und die Antarktis.
YOUNG ENDEAVOUR ist ein Schwesterschiff zur malaysischen TUNAS SAMUDERA, die vom selben Konstrukteur und bei der selben Werft gebaut wurde.

Normalerweise werden im Jahr zwanzig Zehntagestörns entlang der australischen Küste durchgeführt. Dabei werden einige Reisen auch für behinderte Jugendliche organisiert.

Bahamas

Concordia   Wind Star/
                         Wind Song/
                         Wind Spirit

Concordia

Art: Barkentine, Stahl

Nation: Bahamas

Eigner: West Island College International Inc., Montreal, Calgary

Heimathafen: Nassau

Baujahr: 1992,
Stapellauf 26. April 1992

Werft: Colod Ltd., Szczecin (Stettin), Polen

Vermessung: 495 ts Deplacement; 413 BRT

Abmessungen:
Länge über alles   57,50 m
Breite   9,00 m
Tiefgang   4,20 m

Segelfläche: 900 qm

Besegelung: 15 Segel

Masten: Höhe Großmast über Wasserlinie 35 m

Hilfsmotor: MAN-Diesel, 600 PS

Besatzung: 16 Personen Stammbesatzung, 48 Trainees

Verwendung: Schulschiff unter Segeln

Die Privathochschule »West Island College« wurde 1974 von Mr. Terry Davies gegründet. Beide Schulen in Montreal und Calgary haben zusammen sechshundert Studenten. Jährlich wird mit der schuleigenen CONCORDIA eine Weltumsegelung unternommen.
Die Hochschüler können sich auf ihr einschreiben.
Auf dem Schiff werden während der Reise vor allem Politik, Naturwissenschaften und Anthropologie gelehrt. Nicht zuletzt lernen die 16–19jährigen Studenten auch die Probleme der angelaufenen Länder kennen.

Wind Star / Wind Song / Wind Spirit

Art: 4-Mast-Stagsegelschoner, Stahl

Nation: Bahamas

Eigner: Carnival Cruise Line (Holland America Line Company)

Heimathafen: Nassau

Baujahr: 1986, 1987, 1988

Werft: Ateliers et Chantiers du Havre, Frankreich

Abmessungen:
Länge über alles 134,00 m
Breite 15,80 m
Tiefgang 4,10 m

Segelfläche: 2000 qm

Besegelung: 6 Segel

Masten: Höhe der Masten über Wasserlinie 62 m

Hilfsmotor: dieselelektrisch

Besatzung: 10 Offiziere, 12 Marine-Crew, 160 Passagiere

Verwendung: Kreuzfahrtschiffe

Diese mächtigen Schiffe haben mit den klassischen Großseglern fast nichts mehr gemein, weil die gemeinschaftliche Arbeit bei der Handhabung der Segel vollkommen fehlt. Ein höchst effektiver Computer ersetzt die menschliche Beurteilung der Wind- und Wetterverhältnisse vollkommen. Innerhalb einer Minute können alle Segel gesetzt oder geborgen werden.

Das pulsierende Leben eines Rahseglers ist der stillen und ruhigen Atmosphäre eines schwimmenden Nobelhotels gewichen.

Belgien

Mercator   Nausikaa   Ragnborg

Mercator

Art: Barkentine, Stahl

Nation: Belgien

Eigner: Handelsflotte »Association Maritime Belge«

Liegeplatz: Ostende – »Mercator-Dock«

Baujahr: 1932; Übergabe 7. April 1932

Werft: Ramage & Ferguson, Ltd., Leith

Konstruktion: G. L. Watson & Co, Glasgow

Vermessung: 770 BRT; 159 NRT

Abmessungen:
Länge über alles 78,50 m
Länge Rumpf 68,00 m
Länge zwischen den Loten 57,90 m
Breite 10,60 m
Raumtiefe 5,10 m

Segelfläche: 1260 qm

Besegelung: 15 Segel; 4 Vorsegel; Fockmast: Doppel-Marssegel, einfaches Bramsegel; Groß-, Besanmast: Gaffelsegel, Gaffel-Toppsegel

Masten: Höhe Großmast über Kiel 39,00 m; Fockmast: Mars- und Bramstenge; Groß-, Besanmast: 1 Stenge

Hilfsmotor: Dieselmotor, 500 PS

Besatzung: Ehemals in Fahrt etwa 100 Personen, davon rund 45 Jungen

Verwendung: Museumsschiff

Bevor MERCATOR gebaut wurde, besaß die ehemals private, aber vom Staat subventionierte »Association Maritime Belge, S.A.« als Schulschiff die Viermastbark L'AVENIR, dazu noch das stationäre Ausbildungsschiff COMTE DE SMET NAEYER, ex LINLITHGOWSHIRE. Trotzdem ließ die belgische Regierung die staatseigene MERCATOR bauen. Die »Association« verlor dadurch ihre Zuwendungen und damit weitgehend ihre Existenzgrundlage. Beide Segler mußten verkauft werden. L'AVENIR kam zur Flotte Gustaf Eriksons nach Mariehamn.
MERCATOR war ursprünglich als Toppsegelschoner getakelt: Fockmast mit einer Stenge, Focksegel, Schonersegel, einfaches Marssegel, einfaches Bramsegel. Die Überfahrt nach Ostende bei ihrer Fertigstellung verlief nicht sehr glücklich. Durch Grundberührung entstanden Schäden an der Takelage und Wassereinbruch im Vorschiff. Das Schiff wurde bei einer Werft in der Normandie als Barkentine neu getakelt.
Vor dem Zweiten Weltkrieg machte MERCATOR sieben Jahre lang ausgedehnte Fahrten in alle Teile der Erde. Bei einer großen Reise, die von 1934 bis 1935 dauerte, brachte sie für belgische und französische Museen mehrere der berühmten Monolith-Skulpturen von der Osterinsel mit.

1936 fuhr die Barkentine den Amazonas bis Manaos hinauf, das sind mehr als 1200 Flußkilometer von der Mündung entfernt.
Von Februar 1940 an befand sie sich auf einer Reise nach Westindien und Südamerika. Bei der Heimfahrt wurde das Schiff wegen des Krieges vor der westafrikanischen Küste zurückgehalten. Die Jungen kehrten mit anderen Schiffen heim. Man verwendete die Barkentine eine Zeitlang für hydrographische Arbeiten. In Boma, im ehemaligen Belgisch-Kongo, wurde sie am 11. Januar 1943 der britischen Marine übergeben. Sie segelte als britisches Schiff nach Freetown (Sierra Leone), wo

sie als U-Boot-Depotschiff eingesetzt war. Die Rückgabe an Belgien erfolgte 1948.
Am 20. Januar 1951 lief MERCATOR nach großangelegter Überholung und Modernisierung zu ihrer ersten Nachkriegsreise aus. An den Kosten für die Arbeiten beteiligte sich auch die Royal Navy als Anerkennung für den während des Krieges geleisteten Dienst. Das Schiff wurde wieder von der »Association Maritime Belge« übernommen und betreut.

Seit 1961 war MERCATOR aufgelegt. Nach Überholungsarbeiten kam sie 1963 als Museumsschiff nach Ostende. 1967 war sie drei Monate lang zu Besuch in Rotterdam. Am 28. Juli 1967 kehrte sie nach Ostende zurück. Das alte »Zweite Handelsdock« wurde ihr zur Ehren in »Mercator-Dock« umbenannt. 1993 machte sie unter Segeln erstmals wieder eine Kurzreise von Ostende nach Antwerpen. Seit Oktober 1996 ist MERCATOR belgisches Nationaldenkmal.

Nausikaa

VANESSA war in Portugal als reines Küstenmotorschiff gebaut worden. Auch in der Fischereifahrt nach Island wurde sie eingesetzt. 1983 ging sie in belgische Hände über. Der Versuch, sie in einen 3-Mast-Gaffelschoner umzubauen, scheiterte an finanziellen Schwierigkeiten. Fünf Jahre lang lag das Schiff in einem Trockendock in Antwerpen. 1990 kauften es zwei Genter, die es zum völligen Umbau nach Gdansk zur Top-Sel-Werft brachten. Dieser Umbau und die Neutakelung wurden schließlich in Rostock abgeschlossen. Seit 1992 fährt NAUSIKAA in der Charterfahrt.

ex VANESSA

Art: 3-Mast-Bermudaschoner, Stahl

Nation: Belgien

Eigner: walk about nv, Deerlijk

Heimathafen: Ostende

Baujahr: nicht bekannt

Werft: in Portugal

Vermessung: 320 ts Deplacement; 244 BRT; 75 NRT

Abmessungen:
Länge über alles 54,30 m
Länge Rumpf 45,00 m
Länge zwischen den Loten 35,55 m
Breite 7,30 m
Seitenhöhe 3,43 m
Tiefgang 3,50 m

Segelfläche: 650 qm

Besegelung: 6 Segel

Masten: Höhe Großmast über Deck 28 m

Hilfsmotor: Detroit-Diesel, 380 PS

Besatzung: 4 Personen Stammbesatzung, 36 Gäste

Verwendung: Charterschiff

Ragnborg

Bis 1970 fuhr der Schoner als Holztransporter. Danach ging er als Yacht mit stark verkleinertem Segelplan in private Hände über. 1987 kaufte die »Vent Debout«-Organisation das Schiff. Die langwierigen Umbauarbeiten waren 1996 noch nicht abgeschlossen. Möglicherweise wird es als Toppsegelschoner getakelt.
Der Segler wird in erster Linie Mädchen und Jungen mit sozialen Problemen zur Verfügung stehen.

Art: 3-Mast-Gaffelschoner, Holz

Nation: Belgien

Eigner: A. S. B. L. »Vent Debout«, Lüttich

Heimathafen: Lüttich

Baujahr: 1948

Werft: in Sibbo, Finnland

Vermessung: 160 ts Deplacement; 300 BRT; 140 NRT

Abmessungen:
Länge über alles 42,40 m
Länge Rumpf 33,00 m
Länge zwischen den Loten 30,00 m
Breite 8,05 m
Raumtiefe 3,15 m
Tiefgang vorn 1,45 m
achtern 2,80 m

Segelfläche: 516 qm

Besegelung: 12 Segel

Masten: Höhe Großmast über Deck 27 m

Hilfsmotor: General Motors-Diesel, 250 PS

Besatzung: 20 Personen Stammbesatzung, 12 Trainees

Verwendung: Schulschiff unter Segeln

Bermuda

Creole   Shenandoah

Creole

Art: 3-Mast-Stagsegel-Schoner Kompositbau

Nation: Bermuda

Eigner: Gucci, Italien

Heimathafen: Hamilton, Bermuda

Baujahr: 1927; Stapellauf Oktober 1927

Werft: Camper & Nicholsons Ltd., Gosport

Konstruktion: Charles E. Nicholson

Vermessung: 697 ts Deplacement; 433,91 BRT; 272,06 NRT

Abmessungen:
Länge über alles   65,30 m
Länge Rumpf   57,80 m
Länge zwischen den
Loten   50,80 m
Breite   9,40 m
Raumtiefe   5,00 m
Tiefgang   5,60 m

Segelfläche: 2040 qm (total)

Besegelung: 10 Segel (total); 3 Vorsegel (dazu Spinnaker); Fockmast: Treisegel; Großmast: Stagsegel, Treisegel; Besanmast: Besansegel (Hochsegel)

Masten: Höhe Großmast über Deck 39,50 m; alle Masten einteilig

Hilfsmotor: Zwei Dieselmotoren, zusammen 3000 PS

Besatzung: 25 Personen; Wohnräume für weitere zehn Personen als Privatyacht

Verwendung: Privatyacht

Die CREOLE gehört zu den schönsten und größten Hochsee-Yachten, die jemals gebaut worden sind. Die Werft legte sie für Alex Smith Cochrane auf Kiel. Sie gehörte aber nach ihrer Fertigstellung Major Maurice Pope und Sir Connop Guthrie.

Während des Zweiten Weltkrieges wurde der Schoner von der Britischen Admiralität beschlagnahmt und kreuzte als Hilfsschiff in schottischen Gewässern. Nach dem Kriege wurde CREOLE außer Dienst gestellt und kehrte zu ihrer Werft zurück. Dort lag sie bis 1951, als sie der griechische Reeder Stavros Niarchos kaufte.

Für die Großsegler-Regatta 1956, von Torbay nach Lissabon, lieh Niarchos sein Schiff einer britischen Mannschaft. CREOLE nahm auch unter britischer Flagge an dem Rennen teil.

Der Rumpf des Schoners besteht aus Stahl-Spanten und 10 cm starken Teak-Planken. Unterhalb der Wasserlinie ist der Schiffskörper mit einer Kupferhaut beschlagen.

1980 wurde das Schiff an die Seefahrtschule in Nyborg/Dänemark verkauft. Von dort aus erfolgten Ausbildungsreisen.

Das Schiff erhielt für kurze Zeit den Namen MISTRAL, der zugunsten des Erstnamens wieder aufgegeben wurde. Für den Schulbetrieb verlor das Schiff seine elegante Yachteinrichtung. Eine Stammbesatzung von zwölf Personen betreute 38 Trainees, unter denen auch schwererziehbare Jugendliche waren.

Nach Ende der Zeit unter dänischer Flagge war der Schoner in einem recht desolaten Zustand.

1983 kaufte der italienische Modeschöpfer Maurizio Gucci den Schoner. Zwei Millionen Pfund kostete die Grundüberholung und der erneute Ausbau zur Luxusyacht.

CREOLE liegt derzeit in Mallorca. Dort erfolgt eine Grundüberholung, die zwei Jahre dauern wird und zwei Millionen Pfund Sterling kosten soll.

Shenandoah

ex ATLANTIDE
ex SHENANDOAH
ex LASCA II
ex SHENANDOAH

Art: 3-Mast-Gaffelschoner, Eisen

Nation: Bermuda

Eigner: japanischer Geschäftsmann

Heimathafen: keine Angaben

Baujahr: 1902

Werft: Townsend & Downey, Shooters Island, New York, USA

Konstrukteur: T. E. Ferris

Vermessung: 280 BRT; 225 NRT

Abmessungen:
Länge über alles 44,20 m
Länge in der Wasserlinie 30,48 m
Breite 8,17 m
Tiefgang 4,11 m

Segelfläche: 613 qm

Hilfsmotor: 2x 6-Zyl. Volvo-Penta TAMD 120 B Diesel, 2x 750 PS

Besatzung: 10 Personen

Verwendung: Privatyacht

Der Schoner hat große Ähnlichkeit mit der Yacht METEOR III, die für Kaiser Wilhelm II. auf der gleichen Werft gebaut worden war. Erster Eigner war der amerikanische Finanzier Gibson Fahnestock.

1912 erwarb Landrat Walther von Brüning das Schiff. Mit neuem Namen LASCA II wurde Kiel sein Heimathafen. Bei Ausbruch des Ersten Weltkrieges lag der Schoner gerade in Cowes. Die Engländer konfiszierten ihn sofort als Prise.

Nach mehreren Eignerwechseln gelangte er in den späten zwanziger Jahren in die Hände von Prinz Spado Veralli, dem damaligen Gouverneur von Rom. Das Schiff bekam jetzt den neuen Namen ATLANTIDE. Weitere Eignerwechsel folgten.

1972 kaufte der französische Kugelschreiberfabrikant Baron Bich den Schoner und gab ihm seinen ersten Namen zurück. 1974 erfolgte eine Grundüberholung. Dabei erhielt er modernste Navigationseinrichtungen und alle erdenklichen Bequemlichkeiten. 1986 wurde der Schweizer Geschäftsmann Phillippe Bommer Eigner der SHENANDOAH. Schließlich ging sie 1990 in japanische Hände über. Achtmal hat sie in ihrem langen Leben bisher den Eigner gewechselt.

Eines der größten Projekte der letzten Zeit auf der Werft McMullen & Wing in Auckland, Neuseeland, war die vollständige Restaurierung der SHENANDOAH. Dabei wurden die hölzernen Masten und das Rigg aus England geliefert.

Bulgarien

Kaliakra Patriot Veslets

Kaliakra

Art: Barkentine, Stahl	Abmessungen:
	Länge über alles 48,50 m
Nation: Bulgarien	Länge Rumpf 43,20 m
	Breite 8,20 m
Eigner: Navigation Maritime Bulgare	Tiefgang 3,30 m
	Segelfläche: 1000 qm
Heimathafen: Varna	
	Hilfsmotor: Diesel, 310 PS
Baujahr: 1984; Stapellauf 28. Februar 1984	Besatzung: 45 Personen
Werft: Stocznia Gdańska (Danziger Werft), Gdansk	Verwendung: Schulschiff unter Segeln
Vermessung: 386 ts Deplacement; 299 BRT	

Vorbild und Schwesterschiff der KALIAKRA ist die polnische POGORIA. Typisch für diese neu konstruierten Segler ist das Plattheck.
Die Galionsfigur ist eine Frauengestalt. Sie stellt die bulgarische Nationalheldin Kaliakra dar, die sich im 14. Jahrhundert in den Tod stürzte, um nicht in türkische Hände zu fallen.
Trotz der langen Anfahrtstrecke aus dem Schwarzen Meer ist das Schiff häufiger Gast bei Großseglertreffen. Wirtschaftlich bedingt war KALIAKRA 1990 und 1991 aufgelegt. Bei der Kolumbusregatta 1992 war sie wieder dabei.

Patriot

ex N. I. VAPTSAROV, ex GORIANIN

Seit Gründung der bulgarischen Marine im Jahre 1879, nach dem Unabhängigkeitskrieg gegen die Türken, waren fünf Segelschulschiffe im Dienst: die eiserne Brigantine ASSEN (1891–1904), die hölzerne Yawl STRELA (1906–1941), der stählerne Gaffelschoner ASSEN II (1927–1956), der hölzerne Schoner VESLETS (1949–1972) und der hölzerne 3-Mast-Gaffelschoner N. I. VAPTSAROV (1951–1959). Die beiden letzteren existieren noch heute und sollen wieder in Dienst gestellt werden. Der 3-Mast-Schoner wurde 1943 in Tsarevo (jetzt Michurin) gebaut und fuhr anfangs als Handelssegler. 1951 erfolgte der Umbau in ein Schulschiff. 1959 wurde das Schiff abgetakelt und tat weiterhin als Schulschiff Dienst. 1981 übergab man die PATRIOT, wie sie von jetzt an hieß, der bulgarischen Jugendorganisation.

Veslets

ex VOLA, ex MILKA

Der Schoner wurde 1942 im griechischen Kavalla für den bulgarischen Reeder Todo Szeliabov als Handelsfahrer gebaut. 1949 kaufte ihn die bulgarische Marine und baute ihn zum Segelschulschiff für die Marineschule in Varna um. 1959 wurde VESLETS ziviles Schulschiff, bis sie 1972 aus Kostengründen aufgelegt werden mußte. Seit 1977 ist sie stationäres Clubschiff. An ihrer Restaurierung wird gearbeitet.

Chile

Esmeralda Huascar La Sirena

Esmeralda

Im Salpeterkrieg von 1879 gegen Bolivien und Peru führte das chilenische Kriegsschiff ESMERALDA siegreiche Gefechte mit der gegnerischen Flotte. Nach diesem Schiff hat das jetzige chilenische Segelschulschiff seinen Namen bekommen. Die Barkentine wurde 1946 als JUAN D'AUSTRIA für die spanische Marine auf Kiel gelegt. Während des Baues zerstörte Feuer einen großen Teil des Schiffes. Deshalb konnte es erst 1952 vom Stapel gelassen werden.

Die chilenische Marine hat 1954 das Schiff unter dem Namen ESMERALDA für die Ausbildung ihres Offiziers-Nachwuchses übernommen. Die Barkentine fährt wie ihre fast gleiche Schwester JUAN SEBASTIAN DE ELCANO, die alte, originale Schonertakelung, d. h. alle Gaffeln werden vorgeheißt und niedergeholt. Die Segel laufen mit Legeln am Mast. Die grundlegenden Unterschiede zum Schwesterschiff bestehen in der Takelart des Fockmastes und in den Rumpfaufbauten.

ESMERALDA fährt kein Schonersegel und muß deshalb als Barkentine bezeichnet werden. Die Rahsegel werden zu den Rahnocken aufgegeit und nicht zur Rahmitte wie beim Schwesterschiff. Die Poop reicht bis zum Kreuzmast, die sehr lange Back bis fast zum Großmast. Das etwa mittschiffs gelegene Deckshaus trägt auf seinem Dach eine kleine Navigationsbrücke.

ESMERALDA verfügt über modernste Navigationsinstrumente. Neben den Beibooten in Davits und Klampen sind acht fertig ausgerüstete

ex Juan D'Austria

Art: 4-Mast-Barkentine, Stahl

Nation: Chile

Eigner: Kriegsflotte, Armada De Chile, Buque Escuela »Esmeralda«

Heimathafen: Valparaiso

Baujahr: 1946 Kiellegung, 1952 Stapellauf, 1954 Indienststellung

Werft: Messrs. Echevarrieta y Larrinaga, Cadiz

Vermessung: 3500 ts Deplacement (ausgerüstet)

Abmessungen:
Länge über alles 113,00 m
Länge Rumpf 94,00 m
Länge zwischen den Loten 79,00 m
Breite 13,00 m
Raumtiefe 8,70 m
Tiefgang 6,00 m

Segelfläche: 2852 qm

Besegelung: 21 Segel; 6 Vorsegel; Fockmast: Fock, Doppel-Marssegel, einfaches Bramsegel, kein Schonersegel; Großmast: Gaffelsegel, Gaffel-Toppsegel, Stagsegel, Stengestagsegel, Bramstagsegel; Kreuzmast, Besanmast: Gaffelsegel, Gaffel-Toppsegel, Bramstagsegel

Masten: Besan-Untermast dient zur Ableitung der Auspuffgase; Höhe Großmast über der Wasserlinie 48,50 m

Hilfsmotor: 6-Zyl.-Fiat-Dieselmotor, 1500 PS; Geschwindigkeit mit Maschine 12 kn

Bewaffnung: Vier 5,7 cm Schnellfeuerkanonen

Besatzung: 332 Offiziere, Unteroffiziere, Seefähnriche, Kadetten, Jungmänner und Mannschaften

Verwendung: Schulschiff unter Segeln

Schlauchboote über dem Schanzkleid und über der Reling an die Unterwanten gelascht. Ein mächtiger, schön bemalter Kondor, den chilenischen Wappenschild in den Fängen, ziert den Bug.

Esmeralda gehört zu den Segelschiffen mit den durchschnittlich größten Reisemeilen pro Jahr.

Huascar

Dieses als Brigg getakelte Dampfschiff, Baujahr 1865, wurde als Kriegsschiff gebaut und machte von sich reden, als sie 1877 unter der Flagge der peruanischen Rebellen die chilenische Esmeralda besiegte. Nach diesem Schiff hat das jetzige chilenische Segelschulschiff Esmeralda seinen Namen bekommen. Bei nachfolgenden Kämpfen wurde die Huascar von chilenischen Einheiten aufgebracht. Heute gehört sie zum großen chilenischen Marine-Museum in Talcahuano.

La Sirena

In Puerto Montt liegt das weitgehend abgetakelte Vollschiff La Sirena, ex Allerton. Das 2088 BRT große Schiff wurde 1884 von der Werft Oswald, Mordaunt Co. in Southampton für die Reederei R. W. Leyland & Co. gebaut. Es war eines der großen Frachtschiffe seiner Zeit.

Abmessungen: Länge Rumpf 83,1 m, Breite 12,3 m.

Dänemark

Aaron
Bonavista
Brita Leth
Carene Star
Danmark
Den Store Bjørn
Elinor
Freia

Fulton
Fylla
Georg Stage
Halmø
Havet
Isefjord
Jens Krogh
Jylland

Lilla Dan
Madonna
Marylin Anne
Midsommer
Nordboen

Aaron

Art: 2-Mast-Gaffelschoner, Holz

Nation: Dänemark

Eigner: Kristian Lund, Svendborg

Heimathafen: Svendborg

Baujahr: 1906

Werft: L. J. Bager jun., Marstal

Vermessung: 100 ts Deplacement; 61,26 BRT; 39 NRT

Abmessungen:
Länge über alles 32,50 m
Länge Rumpf 21,22 m
Breite 5,65 m
Raumtiefe 2,10 m
Tiefgang 2,65 m
Segelfläche: 320 qm (max. 400 qm)

Besegelung: 12 Segel (Breitfock)

Masten: Höhe Großmast über Deck 22 m

Hilfsmotor: Gardner-Diesel, 110 PS

Besatzung: 2 Personen Stammbesatzung, 12 Gäste

Verwendung: Charterschiff

AARON gehört zu den berühmten »Marstal-Schonern«, die sich in der dänischen Handelsschiffahrt unter Segeln außerordentlich bewährten.
Erst 1968 wurde sie aus der Handelsfahrt genommen und von ihrem jetzigen Eigner zum Charterschiff umgebaut. Kristian Lund bekam im Jahre 1976 die Auszeichnung vom dänischen Veteranenschiffsclub für das am besten bewahrte und restaurierte Schiff des Jahres.

Bonavista

ex Syveren
ex Thomas
ex Bonavista

Art: 2-Mast-Gaffelschoner, Holz

Nation: Dänemark

Eigner: Per K. Thuesen, Holte

Heimathafen: Rungsted

Baujahr: 1914, Stapellauf 6. Mai 1914

Werft: C. L. Johansen, Marstal, Ærø

Vermessung: 150 ts Deplacement; 97 BRT; 46 NRT

Abmessungen:
Länge über alles	35,0 m
Länge Rumpf	25,6 m
Länge zwischen den Loten	23,8 m
Breite	7,2 m
Tiefgang	2,6 m

Segelfläche: 450 qm

Besegelung: 9–11 Segel

Masten: Höhe Großmast über Deck 23,5 m

Hilfsmotor: Scania-Vabis-Dieselmotor, 230 PS

Besatzung: 3 Personen Stammbesatzung, Tagestouren 47 Gäste, Wochentouren 20 Gäste

Verwendung: Charterschiff

Der Schiffsname Bonavista stammt von einem kleinen Hafen an der Westküste Neufundlands, von dem aus seinerzeit viel Stockfisch nach Europa verschifft wurde. Die Neufundlandfahrt – Stockfisch nach Portugal, Salz von Portugal nach Neufundland – war eine Domäne der dänischen Frachtsegler. Auch der Schoner Bonavista ist für die Neufundlandfahrt sehr kräftig gebaut worden. Allerdings setzte der Ausbruch des Ersten Weltkriegs der Neufundlandfahrt ein Ende.
Die Schiffe wurden dann in der Trampfahrt auf Nord- und Ostsee eingesetzt, bis sie ein solches Alter erreichten, daß sie nur noch in der kleinen Küstenfahrt eingesetzt wurden. 1926 erhielt das Schiff den ersten Hilfsmotor. 1972 war für das Schiff die Frachtfahrt vorbei.
Aus kulturhistorischem Interesse blieb es erhalten. Es folgte ein umfangreicher Umbau und die Einrichtung für die jetzige Verwendung.

Brita Leth

ex Hilfred
ex M. A. Flyvbjerg
ex Brita

Art: 2-Mast-Gaffelschoner, Holz

Nation: Dänemark

Eigner: Otto Bjørn Leth, Århus

Heimathafen: Århus

Baujahr: 1910–1911

Werft: J. Ring-Andersen, Svendborg

Vermessung: 87 BRT; 44 NRT

Abmessungen:
Länge über alles 33,0 m
Länge Rumpf 22,0 m
Breite 6,5 m
Tiefgang 2,6 m

Segelfläche: 420 qm

Besegelung: 13 Segel (Breitfock)

Masten: Höhe Großmast über Deck 23 m

Hilfsmotor: Scania-Vabis-Diesel, 230 PS

Besatzung: 3–4 Personen Stammbesatzung, 12 Trainees, 30 Gäste bei Tagesfahrten

Verwendung: Charterschiff, Schulschiff unter Segeln, Filmschiff

Der Schoner ist wie die meisten der heute noch fahrenden dänischen Segelschiffe als Frachter gebaut worden. Umfangreiche Umbauten waren notwendig, um ihn für die heutige Verwendung nutzen zu können.

Höchst dramatisch verlief ein Unfall im Jahre 1941. Ein Orkan riß die Takelage fort und der Rumpf sprang an mehreren Stellen Leck. Die Besatzung versuchte das Schiff bei Samsø auf den Strand zu setzen, dabei verlor ein Leichtmatrose der dreiköpfigen Besatzung sein Leben. Das Schiff ging in 22 Meter Tiefe auf Grund. Es wurde gehoben und instand gesetzt. Mit großer Maschine und dem neuen Namen M. A. Flyvbjerg arbeitete es erneut als Frachter. 1972 kam das Schiff in die Hände der Familie Leth.

Carene Star

Das Ausbildungsprogramm für die Jungen und Mädchen besteht nicht nur aus der Tätigkeit zur Bedienung des Schiffes, sondern ganz besonders auch aus Unterricht in verschiedenen Fächern der Schulausbildung. Großer Wert wird auf die Betätigung in verschiedenen Sportarten, einschließlich Bergsteigen, gelegt.

ex LARS
ex MONA
ex HANNE HANSEN
ex KARNA
ex ARGUS
ex CARENE
ex MISTRALEN

Art: 3-Mast-Toppsegelschoner, Holz

Nation: Dänemark

Eigner: Amba Thomas Brocklebank

Heimathafen: Nyborg

Baujahr: 1945

Werft: J. Ring-Andersen, Svendborg

Vermessung: 119 BRT; 36 NRT

Abmessungen:
Länge über alles 40,84 m
Länge Rumpf 30,18 m
Länge zwischen den Loten 26,70 m
Breite 7,04 m
Seitenhöhe 2,92 m
Tiefgang 3,00 m

Segelfläche: 540 qm

Besegelung: 13 Segel; Fockmast (Breitfock), einfaches Mars-, einfaches Bramsegel

Masten: Höhe Großmast über Deck 24 m

Hilfsmotor: Scania-Vabis-Diesel, 230 PS

Besatzung: 5 Personen Stammbesatzung, 10 Trainees, 3 Gäste

Verwendung: Schulschiff unter Segeln für Jugendliche mit Sozialproblemen

Danmark

Nach dem Verkauf der VIKING und nach dem tragischen Verlust der KØBENHAVN im Dezember 1928 ließ die dänische Regierung das staatseigene Vollschiff DANMARK bauen. Es wurde ein Schulschiff für Offiziersanwärter der Handelsmarine. Zunächst konnten 120 Jungen aufgenommen werden. Nach der Modernisierung im Jahre 1959 wurde diese Zahl auf 80 zurückgesetzt. Ein Teil der Jungen, die im Alter von 15 bis 18 Jahren an Bord kommen, stammt von dem Vollschiff GEORG STAGE. DANMARK zeigt die Linien des klassischen Handelsseglers. Hohe Aufbauten fehlen, und die beiden Deckshäuser treten nur wenig in Erscheinung. Das Schiff fährt beiderseits

Art:	Vollschiff, Stahl
Nation:	Dänemark
Eigner:	Handelsflotte (staatseigen); Ministerium für Handel, Seefahrt und Industrie, Kopenhagen
Heimathafen:	Kopenhagen
Baujahr:	Stapellauf 19. November 1932; Indienststellung Juni 1933
Werft:	Nakskov Skibs, Nakskov, (Lolland); Konstruktion: Aage Larsen
Vermessung:	790 BRT; 216 NRT; 150 tdw

Abmessungen:
Länge über alles	77,00 m
Länge Rumpf	64,00 m
Länge zwischen den Loten	54,50 m
Breite	10,00 m
Raumtiefe	5,20 m
Tiefgang	4,20 m

Segelfläche: 1636 qm

Besegelung: 26 Segel; 4 Vorsegel, Doppel-Marssegel, einfache Bramsegel, Royals

Masten, Spieren: Alle Masten Mars- und Bramstenge; Bugspriet mit Klüverbaum; Höhe Großmast über Wasserlinie: 39,60 m; Länge Großrah: 20,10 m

Hilfsmotor: Dieselmotor, 486 PS; Geschwindigkeit mit Maschine $9^{1}/_{2}$ kn

Besatzung: Neben Stamm-Mannschaft und Ausbildern 80 Jungen und Mädchen

Verwendung: Schulschiff unter Segeln

Stockanker. Sechs Rettungsboote hängen in Davits, zwei davon besitzen einen Motor. Dazu kommen automatische Schlauchboote und Rettungsflöße. Die Stammbesatzung schläft in Kojen, die Jungen schlafen in Hängematten. Moderne Navigationsgeräte stehen der Ausbildung zur Verfügung. DANMARK wird von der Poop aus, vor dem Kartenhaus, mit einem Doppelrad gesteuert. Hinter dem Kartenhaus steht die Notruderanlage.

Bis zum Zweiten Weltkrieg wurden regelmäßig Ausbildungsreisen unternommen. 1939 fuhr DANMARK zur Weltausstellung nach New York. Dort wurde sie vom Krieg überrascht. Die Schiffsleitung bekam Weisung, wegen des Risikos nicht zurückzukehren. Das Schiff lag einige Zeit in Jacksonville (Florida), bis es bei Eintritt Amerikas in den Krieg der amerikanischen Regierung zur Verfügung gestellt wurde. Als Schulschiff der U. S. Coast Guard in New London (Connecticut) tat DANMARK Dienst bis zum Ende des Krieges. Insgesamt wurden während dieser Zeit 5000 Kadetten ausgebildet.

Die Verwendung der DANMARK als Schulschiff veranlaßte die Coast Guard nach dem Krieg, die EAGLE ex HORST WESSEL in ihren Dienst zu stellen. Heute erinnert eine Tafel an Bord der DANMARK mit Danksagung an die U.S.C.G. an diese Zeit. Am 13. November 1945 kehrte der dänische Segler nach Hause zurück. Schon im nächsten Jahr waren wieder dänische Jungen an Bord. Auch Mädchen sind heute eine Selbstverständlichkeit. Seither ist das Schiff regelmäßig in Fahrt.

1990 wurde das Schiff zu einem Drittel grundüberholt. Das Ausbildungsprogramm wurde inzwischen eingeschränkt. Weil der Ausbildungsvertrag mit der Reederei A. P. Møller, die die Segelschiffsausbildung ihres Offiziersnachwuchses aufgegeben hat, nicht verlängert wurde, wird jetzt nur noch eine Ausbildungsreise pro Jahr durchgeführt. Das bedeutet, daß die DANMARK nur noch eine feste Stammbesatzung fährt.

Den Store Bjørn

ex Feuerschiff Nr. 18

Art: 3-Mast-Gaffelschoner, Holz

Nation: Dänemark

Eigner: The Small School, The Sailors (Småskolen Fremtidens Danmark/Søfolkene)

Heimathafen: Nyborg

Baujahr: 1902

Werft: F. N. Hansen, Odense

Vermessung: 420 ts Deplacement; 169 BRT; 53 NRT

Abmessungen:
Länge über alles 47,0 m
Breite 6,5 m
Tiefgang 3,6 m

Segelfläche: 525 qm

Besegelung: 10 Segel

Masten: Höhe Großmast über Deck 31,5 m

Hilfsmotor: Alpha-Diesel, 210 PS

Besatzung: 8 Personen Stammbesatzung (darunter 3 Lehrer), 12 Trainees

Verwendung: Schulschiff unter Segeln

Als Feuerschiff hatte die DEN STORE BJØRN (Der große Bär) einen sehr starken Rumpf bekommen. Sie gehörte zu den größten Schiffen dieser Verwendung in dänischen Gewässern. In Hobro wurde das Schiff nach seiner Außerdienststellung als Schoner getakelt. Es steht jetzt den ältesten Jahrgängen der »Small School« als Ausbildungsschiff zusätzlich zum Lehrplan zur Verfügung. Die Jugendlichen bleiben drei Jahre an dieser Schule.

Elinor

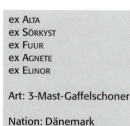

ex Alta
ex Sörkyst
ex Fuur
ex Agnete
ex Elinor

Art: 3-Mast-Gaffelschoner

Nation: Dänemark

Eigner: Sejlskibskomanditselskabet ALTA, Gentofte, Dänemark

Heimathafen: Kopenhagen

Baujahr: 1906

Werft: Otto Hansen, Stubbekøbing

Vermessung: 71,48 BRT; 38,37 NRT; ca. 120 ts Deplacement

Abmessungen:
Länge über alles 36,00 m
Länge Rumpf 25,00 m
Länge zwischen den Loten 23,00 m
Breite 6,00 m
Raumtiefe 2,20 m
Seitenhöhe 2,50 m
Tiefgang 2,10 m

Segelfläche: 450 qm

Besegelung: 15 Segel

Masten: Höhe Großmast über Deck 22,40 m

Hilfsmotor: 8 Zyl. Deutz-Diesel, 155 PS

Besatzung: 4–6 Personen Stammbesatzung, 12 Gäste

Verwendung: Charterschiff

Als Handelsfahrer verdiente die junge ELINOR ihr Geld im Neufundlandhandel. Die meiste Zeit fuhr sie aber im skandinavischen Küstenhandel. Sie wurde dabei mehr und mehr zum Motorschiff. Nach dem Ersten Weltkrieg arbeitete sie als norwegischer Walfänger unter Grönland, kam aber wenig später nach Dänemark zurück. Die jetzigen Eigner kauften sie 1967 und ließen sie wieder in ihren Originalzustand auftakeln. ELINOR steht für Charterreisen zur Verfügung, wobei auch die Karibik besucht wird. Auch schwer erziehbare Jugendliche werden an Bord genommen.

Freia

Art: 2-Mast-Gaffelschoner, Stahl

Nation: Dänemark

Eigner: David und Kirsten Thomas, Svendborg, Dänemark

Heimathafen: Svendborg

Baujahr: 1897

Werft: Bornholms Maskinfabrik, Rønne

Vermessung: 110 tdw; 72 BRT; 48 NRT

Abmessungen:
Länge über alles 32,30 m
Länge Rumpf 23,80 m
Länge in der Wasserlinie 21,00 m
Breite 5,90 m
Raumtiefe 2,20 m
Tiefgang 2,10 m

Segelfläche: 310 qm

Besegelung: 8 Segel; 4 Vorsegel; Schonermast: Schonersegel, Schoner-Toppsegel; Großmast: Großsegel, Groß-Toppsegel

Masten: Höhe Großmast über der Wasserlinie 25,80 m. Beide Masten mit Marsstengen

Hilfsmotor: Hundested-2-Zyl.-Glühkopf-Dieselmotor, 90 PS

Besatzung: Kapitän, Bootsmann (Koch), 10 Gäste

Verwendung: Charterschiff

FREIA gehört zu den typischen Baltic-Tradern. Als Schnellsegler mit Klipperbug, die berühmte CUTTY SARK stand bei der Rumpfkonstruktion Pate, fuhr sie den größten Teil ihres Lebens Fracht in der Ost- und Nordsee. Mehrfach wurde der Eigner gewechselt. Der Name blieb, und immer war Rønne der Heimathafen. 1921 bekam der Schoner die erste Maschine. 1935 wurde er zur Galeas niedergerigt. Seit 1978 segelt FREIA mit Gästen.

1987 erwarben sie ihre jetzigen Eigner. Während der folgenden zwei Jahre wurde sie in der Werft J. Ring-Andersen in Svendborg nach den strengen Vorschriften der dänischen Seeberufsgenossenschaft generalüberholt und mit Radar und perfekter Sicherheitsausrüstung versehen. Alle Törns gehen ab und an Kiel-Holtenau.

Fulton

Art: 3-Mast-Gaffelschoner, Holz

Nation: Dänemark

Eigner: National Museet, Skibshistorisk Laboratorium, Roskilde

Heimathafen: Marstal

Baujahr: 1915; Stapellauf 26. März 1915

Werft: C. L. Johansen, Marstal

Vermessung: 98 BRT; 35 NRT

Abmessungen:
Länge über alles	34,70 m
Länge Rumpf	26,44 m
Länge zwischen den Loten	25,10 m
Breite	6,90 m
Raumtiefe	2,50 m
Tiefgang	2,50 m

Segelfläche: 483 qm

Besegelung: 13 Segel

Masten: Höhe Großmast über Deck 23,20 m

Hilfsmotor: Scania Vabis-Diesel, 6 Zyl., 200 PS

Besatzung: 11 Personen Stammbesatzung, 30 Jungen oder Mädchen

Verwendung: Sozialpädagogisches Schulschiff unter Segeln

Als Frachtschoner fuhr das Schiff Zement und Getreide nach Neufundland und kam mit einer Ladung Fisch zurück. Später fand FULTON auch in der schwedischen Küstenfahrt Verwendung, wobei auf die Segel weitgehend verzichtet wurde. Die letzte Fracht fuhr FULTON im Herbst 1969 von Nakskov nach Århus. Seit Mai 1970 gehört sie dem dänischen Nationalmuseum. Es sind vor allem Jugendliche, die im Rahmen einer sozialen Rückgliederung auf dem Schiff zusammengeführt werden, wobei Jungen und Mädchen gleichen Anteil haben.

Fylla

ex POLAR FREEZE
ex ARTIC FREEZER
ex FYLLA
ex FYN

Art: 3-Mast-Gaffelschoner, Holz

Nation: Dänemark

Eigner: Fyns Amtskommune, Svendborg

Heimathafen: Odense

Baujahr: 1922/23

Werft: Drejer, Nyborg

Vermessung: 122 BRT; 88 NRT

Abmessungen:
Länge über alles 42,00 m
Länge Rumpf 28,30 m
Länge zwischen den
Loten 24,00 m
Breite 7,50 m
Seitenhöhe 2,90 m
Tiefgang 2,50 m

Segelfläche: 480 qm

Besegelung: 11 Segel

Masten: Höhe Großmast über Deck 26 m

Hilfsmotor: Scania-Diesel, 234 PS

Besatzung: 3 Personen Stammbesatzung, 33 Gäste bzw. Schüler

Verwendung: Charterschiff. Segelndes Schullandheim.

FYLLA ist als Frachtsegler FYN gebaut worden und war in Marstal registriert. 1932 kaufte sie Kapitän H. P. Rasmussen aus Svendborg. Bereits ein Jahr später erwarb sie die Firma Den Kongelige Grønlandske Handel. Mit neuem Namen POLAR FREEZE transportierte der Schoner in grönländischen Gewässern Schafe, Fisch und Rentiere.
1979 kaufte die Fyns Amtskommune das Schiff und ließ es für den jetzigen Verwendungszweck umbauen und einrichten. Es sind in erster Linie Schulklassen, die der Schoner an Bord hat. Gesegelt wird zwischen den dänischen Inseln.

Georg Stage

Im Jahre 1882 gründete der dänische Reeder Carl Frederik Stage die Stiftung »Georg Stage's Minde« und schenkte ihr das vollständig ausgerüstete Vollschiff GEORG STAGE. Den Namen erhielten Stiftung und Schiff nach dem einzigen verstorbenen Sohn des Reeders. 1935 wurde das Schiff durch den etwas größeren Neubau GEORG STAGE II ersetzt. (Die erste GEORG STAGE lebt heute noch unter dem Namen JOSEPH CONRAD.)

Besonderheiten der jetzigen GEORG STAGE: zwei durchlaufende Decks. Fünf Querschotts. Doppelboden. 145 t Festballast (Eisen, Steine). Raum für 23 t Wasserballast. 4 Rettungsboote in Davits außenbords, 1 Motorboot, 1 Dingi. Stockanker steuerbords, Patentanker backbords. Anker-Gangspill auf der Back. Beleuchtung durch Öllampen. Heizung durch Öfen. Büste Georg Stages als Galionsfigur.

Fock- und Großsegel sowie Besan können gerefft werden. Die Jungen schlafen in Hängematten, die tagsüber, gerollt, in Schanzkleidnetzen verstaut werden.

Art: Vollschiff, Stahl

Nation: Dänemark

Eigner: Handelsflotte, Georg-Stage-Stiftung, Kopenhagen (»Georg Stage's Minde«)

Heimathafen: Kopenhagen

Baujahr: 1934/35; Indienststellung April 1935

Werft: Frederikshavn's Vaerft & Flydedok A/S, Frederikshavn

Vermessung: 298 BRT; 185 NRT

Abmessungen:
Länge Rumpf 41,00 m
Länge zwischen den Loten 37,60 m
Breite 8,40 m
Tiefgang 3,80 m

Segelfläche: 860 qm

Besegelung: 20 Segel; 3 Vorsegel, Doppel-Marssegel, einfache Bramsegel, Royals

Masten, Spieren: Alle Masten Mars- und Bramstenge; Untermasten, Unterrahen und Marsrahen: Stahl; Stengen sowie alle übrigen Rahen und Spieren: Holz; Höhe Großmast über Wasserlinie 30 m

Hilfsmotor: Dieselmotor, 122 PS; Geschwindigkeit mit Maschine ca. 5 kn

Besatzung: Kapitän, 1., 2. und 3. Offizier, Zahlmeister, Maschinist, Funker, Steward, Arzt (nur für Atlantikreisen), 4 Unteroffiziere, 80 Jungen

Verwendung: Schulschiff unter Segeln

Halmø

Im Februar jeden Jahres werden die Jungen für die kommende Ausbildungszeit vom Stiftungs-Direktorium ausgesucht. Der größte Teil bezahlt für die Saison umgerechnet etwa 220 DM. (Der Jahresetat des gesamten Schiffes beträgt z. Zt. ungefähr 160000 DM). Ein Teil der Jungen wird unterstützt. Ihr Alter liegt zwischen 15 bis 18 Jahren. Um eine gewisse Gleichheit in der Behandlung zu erreichen, werden die Jungen an Bord nur mit einer Nummer gerufen. Die Ausbildung beginnt jeweils im April.

Anfangs geht das Schiff jede Nacht vor Anker. Die Fahrten werden dann immer ausgedehnter. Traditionsgemäß besucht GEORG STAGE während des Sommers Häfen in Schweden, Norwegen und Schottland. Normalerweise kehrt sie bis Anfang September nach Kopenhagen zurück. Dort wird sie von den Jungen als Teil der Ausbildung selbst abgetakelt. Den Winter über bleibt das Schiff in der Königlich Dänischen Marinewerft in Kopenhagen aufgelegt. Hier wird es im Frühjahr wieder aufgetakelt. Die Jungen wechseln noch im Herbst auf Motorschiffe über. Etwa 30 Jungen werden jährlich vom Staatsschulschiff DANMARK übernommen.

An den Windjammer-Regatten nimmt das Vollschiff nur teil, wenn das Ausbildungsprogramm dieses ermöglicht. Die erste Atlantiküberquerung führte 1989 in die Karibik und von dort die US-Ostküste nach Norden hinauf bis Mystic Seaport, in dem die erste GEORG STAGE, heute JOSEPH CONRAD, liegt. 1992 segelte sie die Kolumbus-Regatta.

ex MARIE AF SÆBY
ex HALMØ

Art: 2-Mast-Gaffelschoner, Holz

Nation: Dänemark

Eigner: Freddy und Bent Jörgensen

Heimathafen: Kopenhagen

Baujahr: 1900

Werft: Rasmus Møller, Fåborg, Dänemark

Vermessung: 120 ts Deplacement; 58 BRT; 16 NRT

Abmessungen:
Länge über alles 32,00 m
Länge Rumpf 21,00 m
Breite 6,00 m

Segelfläche: 258/353 qm

Besegelung: 7/11 Segel

Masten: Höhe Großmast über Wasserlinie 22,00 m

Hilfsmotor: Alpha-Diesel 343 90/110 PS

Besatzung: 3 Personen Stammbesatzung, 12 Kojenplätze, 28 Decksgäste

Verwendung: Charterschiff

HALMØ bekam ihren Namen nach einer kleinen Insel in der Nähe von Marstal. Bis 1930 fuhr sie als Frachtsegler in der Ostsee. 1927 bekam sie die erste Maschine und wurde als Galeasse getakelt. Von 1930 bis 1970 fuhr das Schiff unter dem Namen MARIE als Kümo in der Linienfahrt zwischen Sæby und Kopenhagen.

1974 kaufte sie ihr jetziger Eigner. Nach elf Jahre dauernden Umbau- und Restaurierungsarbeiten wurde der Schoner 1986 seiner neuen Bestimmung übergeben.

HALMØ zeigt wieder das typische Aussehen eines Marstalschoners.

Havet

ex EDVORD HANSEN

Art: Galeasse, Holz

Nation: Dänemark

Eigner: Svend + Gitte Hansen, Helsingør

Heimathafen: Helsingør

Liegeplatz: Marstal

Baujahr: 1953

Werft: Holbæk Skibs- & Bådebyggeri, Holbæk

Vermessung: »über« 100 BRT

Abmessungen:
Länge über alles 37,5 m
Breite 7,1 m
Tiefgang 2,6 m

Segelfläche: 480 qm

Hilfsmotor: 142 PS

Besegelung: 5 Segel, dazu zwei Toppsegel

Verwendung: Charterschiff

HAVET (Die See) war für die Grönlandfahrt bestimmt. Unter ihrem ersten Namen fuhr die Galeasse Frachtgüter, vor allem Getreide und Viehfutter, auf der Route Kopenhagen–Bornholm.
Die Stadt Kopenhagen erwarb den Segler 1972 und setzte die HAVET in der Passagierfahrt ein. 1991 wurde das Schiff in Marstal grundüberholt und original aufgeriggt.

Isefjord

ex MINNA
ex SKAGEN

Art: 2-Mast-Gaffelschoner, Holz

Nation: Dänemark

Eigner: Baron Erik Gyldenkrone-Rysensteen

Heimathafen: Kopenhagen

Baujahr: 1874

Werft: H. V. Buhl's Skibsvaerft, Frederikshavn

Vermessung: BRZ 30; 16 NRT

Abmessungen:
Länge über alles 25,0 m
Länge Rumpf 17,5 m
Breite 4,3 m
Tiefgang 1,9 m

Segelfläche: 300 qm

Besegelung: 9 Segel

Masten: Höhe Großmast über Deck 17,5 m

Hilfsmotor: Bukh-Diesel, 65 PS

Besatzung: 2 Personen Stammbesatzung, 24 Gäste

Verwendung: Charterschiff

In Kopenhagen lädt die ISEFJORD täglich zweimal zu einer mehrstündigen Fahrt in dänische Gewässer ein. Der hölzerne 2-Mast-Gaffelschoner wurde 1874 als SKAGEN in Frederikshavn gebaut. Als Frachter brachte das Schiff Fisch von Nordjütland nach Kopenhagen und transportierte Stückgut nach Jütland zurück. Im Sommer gingen die Segelfahrten auch nach Norwegen, Schweden und Island. 1937 lief MINNA, wie das Schiff seit 1920 hieß, auf eine Sandbank und sank. Der Taucher Valdemar Jensen aus Lynæs hob den Schoner und gab ihm den Namen ISEFJORD. Während des letzten Krieges half ISEFJORD der Widerstandsbewegung und transportierte Munition von Schweden nach Dänemark. Viele Juden konnten sich mit ihr über den Øresund nach Schweden in Sicherheit bringen.
Seit 1971 gehört das Schiff Erik Gyldenkrone-Rysensteen aus Kopenhagen. Mit großem Aufwand ließ er den Schoner für seinen jetzigen Verwendungszweck umbauen und einrichten. Seine Gäste können beim Navigieren, Steuern und Segelsetzen mithelfen.

Jens Krogh

ex Ulla Vita
ex Ida
ex Jens Krogh

Art: Ketsch, Holz

Nation: Dänemark

Eigner: FDF Ålborg Søkreds (Ålborg Seepfadfinder)

Heimathafen: Ålborg

Baujahr: 1899,
Stapellauf 22. Juni 1899

Werft: H. V. Buhl's Werft (jetzt Danyard), Frederikshavn

Vermessung: 59 ts Deplacement; 34,4 BRT

Abmessungen:
Länge über alles 24,2 m
Länge Rumpf 18,6 m
Länge zwischen den
Loten 16,4 m
Breite 5,0 m
Tiefgang 2,2 m

Segelfläche: 215 qm

Besegelung: 7 Segel

Masten: Höhe Großmast über Deck 21 m

Hilfsmotor: Gardner Marinediesel 6LX, 170 PS

Besatzung: 3 Personen Stammbesatzung, 16 Trainees

Verwendung: Schulschiff unter Segeln (auch für Kinder)

Gebaut für zwei Händler und einen Kapitän, wurde die JENS KROGH 1907 in Frederikshavn registriert.
Meist unter Segeln ging die Ketsch viele Jahre lang in der Nordsee und im Kattegat auf Fang. Von 1912 bis 1957 war sie in Esbjerg registriert. Später wurden Grenå und Sæby ihre Heimathäfen. 1973 kaufte eine Jugendorganisation den Segler und baute ihn in dreijähriger Arbeit zum Schulschiff um. Von April bis Oktober ist das Schiff unterwegs, dabei werden vor allem viele Auslandsbesuche unternommen.

Jylland

Art: Dampf-Fregatte (Vollschiff), Holz

Nation: Dänemark

Eigner: Stadt Ebeltoft »Stiftung Fregatte Jylland«

Liegehafen: Ebeltoft (Jütland)

Baujahr: 1857; Kiellegung 11. Juni 1857; Stapellauf 20. November 1860

Werft: Orlogsværft Nyholm, Kopenhagen

Vermessung: 2450 ts Deplacement

Abmessungen:
Länge über alles ca. 95,00 m
Länge zwischen den
Loten 64,10 m
Breite 13,20 m
Tiefgang 6,00 m

Segelfläche: 1881 qm

Besegelung: Ursprünglich 18 Segel (ohne Leesegel); 4 Vorsegel, einfache Marssegel, Doppel-Bramsegel (Royals), Gaffelsegel an allen Masten, Leesegel an Vor-, Mars- und Unterbramrahen; später fehlen zeitweise die Bramsegel und Leesegel

Masten, Spieren: Höhe Großmast von Wasserlinie bis Flaggenkopf 54,00 m; Großrah mit gesetzten Leesegelspieren ca. 42,50 m; Großrah ca. 28,00 m; Groß-Marsrah ca. 24,00 m; Groß-Bramrah ca. 14,00 m

Hilfsmotor: 2-Zyl.-Dampfmaschine (liegend) von Baumgarten & Burmeister; 400 PS (nominell); 1300 PS (indiziert); Geschwindigkeit mit Maschine ca. 12 kn

Besatzung: 437 Mann

Bewaffnung: 44 Geschütze (glattläufig); Batteriedeck 30 30-Pfd., Oberdeck 14 30-Pfd.; Kaliber 16,2 cm. Nach Umbau 1863–64 auf dem Oberdeck 8 18-Pfd. und 4 12-Pfd. (gezogene Läufe), später auch einige gezogene Hinterlader

Verwendung: Museumsschiff

Drei Schlachtschiffe der dänischen Flotte trugen vor der Fregatte JYLLAND den gleichen Namen (1704, 1739, 1760). Die Fregatte wurde bei der berühmten Marinewerft auf der Insel Nyholm in Kopenhagen gebaut. Für den Bau mußten etwa 1600 120- bis 200jährige Eichen gefällt werden. Zum erstenmal im dänischen Schiffsbau wurde bei diesem Schiff für das stehende Gut Drahttauwerk verwendet. Die schöne Galionsfigur symbolisiert mit Hirtenstab, Netz, Ähren und Muscheln die Fruchtbarkeit Jütlands und seiner Küsten. Diesen Vorstellungen entsprechend wurde auch die reiche Heckzier ausgeführt.

Die erste Kommandoübernahme erfolgte am 15. Mai 1862. Anfangs war die Fregatte ein reines Kadettenschiff. Vor dem Ausbruch des Krieges mit Preußen und Österreich wurde das Schiff im Winter 1863–64 für den Kriegsfall ausgerüstet.

Die Kriegserklärung folgte am 1. Februar 1864. Am 9. Mai 1864 bestritt JYLLAND im dänischen Geschwader unter dem Geschwader-Kommandeur Admiral Suenson bei Helgoland ein erfolgreiches Gefecht gegen das preußisch-österreichische Geschwader (Dampf-Fregatte FÜRST FELIX SCHWARZENBERG unter Tegetthoff).

Nach dem Krieg machte das Schiff häufig Reisen in europäische Gewässer. 1874 fuhr König Christian IX. mit der Fregatte nach Island, 1876 nach St. Petersburg. Die letzte große Reise führte 1886–87 nach Westindien. Damals befand sich Prinz Karl, der spätere König Haakon VII. von Norwegen, als freiwilliger Kadett an Bord.

Im Jahre 1892 wurde JYLLAND Übungs- und Kasernenschiff. Am 14. Mai 1908 wurde sie ausgemustert. Die Schlepper einer deutschen Abwrackfirma waren bereits nach Kopenhagen gekommen, als man sich entschloß, die Fregatte doch noch zu erhalten. Leider waren zu diesem Zeitpunkt schon alle Masten und Rahen verschwunden. Man behalf sich von da an mit der etwas zu schwachen Korvetten-Takelage der ausgemusterten DAGMAR. In den nächsten Jahren wurde JYLLAND als Ausstellungsschiff mit verschiedenen Ausstellungen an Bord von Hafenstadt zu Hafenstadt gebracht.

Im August 1912 kaufte der Gutsbesitzer E. Schou das Schiff und brachte es nach Juelsminde. Dort wurde am 9.

Lilla Dan

Mai 1914 der 50. Jahrestag des Gefechtes bei Helgoland gefeiert. Während des Ersten Weltkrieges fand die Fregatte noch für kurze Zeit als Kasernenschiff Verwendung. Bis zum Tode Schous blieb sie in Juelsminde. Danach, 1925, wurde sie nach Holmen geschleppt. 1926 kam es zur Gründung des »Komitéen til Fregatten Jylland's Bewarelse«. Anschließend begannen Restaurationsarbeiten, die dann allerdings später durch den Krieg unterbrochen wurden. 1935 war das Schiff nach Kopenhagen gebracht worden. Von 1944–45 wohnten deutsche Flüchtlinge an Bord, danach auch englische Soldaten.

Durch eine Leckage ging das Schiff im Dezember 1947 auf Grund. Nach dem Kriege wurden die Restaurationsarbeiten fortgesetzt. Seit 1957 beteiligt sich auch das Nationalmuseum daran.

Mehrere Städte Jütlands bewarben sich um die JYLLAND. Die Stadt Ebeltoft bekam schließlich die Zusage. Ohne Masten wurde die Fregatte am 20. September 1960 dorthin geschleppt.

Die Restaurierungsarbeiten beginnen 1984. Am 11. August 1984 fährt das Schiff auf eigenem Kiel in das extra geschaffene Dock, das anschließend leer gepumpt wird. Am 24. März 1994 wird die fertigrestaurierte und neu getakelte Fregatte der Öffentlichkeit übergeben.

An Bord der LILLA DAN erlernen die Schüler der Seefahrtsschule von Kogtved praktische Seemannschaft. Ursprünglich war das Schiff für die Reederei J. Lauritzen, Kopenhagen, als Ausbildungs-Segler für den eigenen Offiziersnachwuchs gebaut worden. 1967 übernahm die Kogtved Seefahrtsschule das Schiff. Die Ausbildungsreisen führen in erster Linie in die Gewässer um Fünen. Im eigentlichen Lastraum befindet sich der Wohn- und Schlafraum der Jungen. Auf beiden Seiten sind je acht Kojen eingerichtet. Im Achterschiff liegen der Salon und der Kapitänswohnraum.

Hinter dem Großmast steht ein Deckshaus, in dem der Karten- und Navigationsraum untergebracht sind. Daran schließt sich das erhöhte Quarterdeck an. Der mit Rundbug und Spiegelheck gebaute Rumpf wurde aus dänischer Eiche gebaut. Zwei Rettungsboote hängen in Davits auf dem Quarterdeck, ein Dingi hängt querschiffs über dem Heck. Die Gaffelsegel fahren mit Legeln am Mast, die Gaffeln selbst werden gefiert. 10 t Blei und 2 t Steine geben dem Schiff die nötige Stabilität. Die Jungen werden an Bord an allen modernen Navigationsinstrumenten ausgebildet.

Anfangs waren an jedem Bug als Wappen die Initialen der Reederei Lauritzen angebracht. Diese Wappen wurden nach der Übernahme durch die Seefahrtsschule abgenommen und befinden sich jetzt in der Sammlung von Galionsfiguren und Namensbrettern der Werft J. Ring-Andersen in Svendborg. Nur auf dem Untermarssegel der LILLA DAN ist das Lauritzen-Wappen heute noch aufgemalt.

Seit 1996 findet das Schiff zunehmend Verwendung als Charterschiff sowie für Tagesfahrten. Die Seefahrtsschule von Kogtved hat den Schulbetrieb mit dem Segler weitgehend aufgegeben.

Art: 2-Mast-Toppsegelschoner, Holz	Vermessung: 95 BRT; 12 NRT; 140 tdw	Gaffelsegel, Gaffel-Toppsegel, Stengestagsegel
Nation: Dänemark	Abmessungen: Länge über alles 32,50 m Länge Rumpf 25,80 m Länge in der Wasserlinie 23,90 m Breite 6,30 m Seitenhöhe 3,10 m Raumtiefe 2,40 m Tiefgang ca. 2,50 m	Masten: Höhe Großmast über der Wasserlinie 23 m; beide Masten mit Marsstenge
Eigner: Handelsflotte, »Kogtved Søfartsskole«, Kogtved bei Svendborg (Fünen)		Hilfsmotor: Alpha-2-Zyl.-Dieselmotor, 90/100 PS; Geschwindigkeit mit Maschine 7,5 kn
Heimathafen: Kogtved		
Baujahr: 1950; Kiellegung Mai 1950, Stapellauf 28. Oktober 1950	Segelfläche: 280 qm	Besatzung: Kapitän, Steuermann, 16 Jungen
Werft: J. Ring-Andersen, Svendborg	Besegelung: 10 Segel; 4 Vorsegel; Fockmast: Doppel-Marssegel, Schonersegel; Großmast:	Verwendung: Schulschiff unter Segeln, Charterschiff

Madonna

ex Else Dorothea Bager
ex Mercantic II
ex Jacqueline
ex Talata
ex Karis

Art: 3-Mast-Toppsegelschoner, Holz

Nation: Dänemark

Eigner: Tuborg-Brauerei, Kopenhagen

Heimathafen: Tuborg-Hafen, Kopenhagen

Baujahr: 1942

Werft: J. Ring-Andersen, Svendborg

Vermessung: 104 BRT; 31 NRT; 180 ts Deplacement

Abmessungen:
Länge über alles 40,40 m
Länge Rumpf 29,37 m
Länge zwischen den Loten 27,80 m
Breite 7,17 m
Raumtiefe 3,06 m
Seitenhöhe 3,54 m
Tiefgang 2,85 m

Segelfläche: 405 qm

Besegelung: 14 Segel

Masten: Höhe Großmast über Deck 24,4 m

Hilfsmotor: Detroit-Diesel, 240 PS

Besatzung: 4 Personen Stammbesatzung, 12/40 Gäste

Verwendung: Marketing und repräsentative Aufgaben

Die ehemalige frachtfahrende Motorgaleasse Karis bekam den Namen Talata und wurde 1974 an den Reeder Per Henriksen verkauft. Dieser ließ das Schiff als Toppsegelschoner auftakeln. 1977 wurde das Schiff in Mercantic II umgetauft. Aus steuerlichen Gründen wurde der Segler 1985 nach San Francisco verkauft und erhielt den Namen Jacqueline.

1991 stand das Schiff wieder zum Verkauf. Per Hendriksen machte von seinem Vorkaufsrecht Gebrauch und holte diesen Schoner nach Dänemark zurück. Nach einer Generalüberholung bei Ring-Andersen wurde er 1992 wieder in Fahrt gebracht unter dem Namen Else Dorothea Bager, benannt nach der Mutter des Reeders.

1996 kaufte die Brauerei Tuborg das Schiff und benutzt es seither für Werbezwecke. Weil in Dänemark ein Flaschenöffner häufig als »Madonna« bezeichnet wird, erhielt der Schoner diesen Namen.

Marilyn Anne

ex VEST
ex VESTVÅG
ex FREM

Art: 3-Mast-Gaffelschoner, Holz

Nation: Dänemark

Eigner: Herning-Holstebro Kommuner & Ringkjøbing Amtskommune

Heimathafen: Struer

Baujahr: 1919; Stapellauf 7. Juni 1919
Werft: E. Eriksen, Marstal, Dänemark

Vermessung: 280 ts Deplacement; 136 BRT; 40 NRT

Abmessungen:
Länge über alles 38,16 m
Länge Rumpf 29,16 m
Länge zwischen den Loten 26,30 m
Breite 7,60 m
Seitenhöhe 3,31 m
Tiefgang 2,70 m

Segelfläche: 480 qm

Besegelung: 11 Segel

Masten: Höhe Großmast über Deck 25,8 m

Hilfsmotor: Scania-Diesel, 256 PS

Besatzung: 4 Personen Stammbesatzung, 16 Trainees, 20 Gäste (ohne Trainees 36)

Verwendung: Schulschiff unter Segeln

Für die Neufundlandfischerei war dieser Marstal-Schoner einst gebaut worden. 1939 wurde das Schiff nach Schweden verkauft und erhielt den Namen VESTVÅG. Als Küstensegler transportierte der Schoner jetzt Zement, Kohle und Holz. 1958 kehrte er mit neuem Namen VEST nach Dänemark zurück, um 1968 mit dem Namen MARYLIN ANNE nach Los Angeles verkauft zu werden. 1978 erwarb die Stadt Struer das Schiff. Der Name wurde nicht mehr geändert. Schließlich waren 1985 die Umbauarbeiten zum Schulschiff abgeschlossen. Vor allem Schulkinder lernen auf dem Segler das Leben auf See kennen.

Midsommer

ex HELGE
ex JOHANNA JACOBA

Art: 2-Mast-Gaffelschoner, Stahl

Nation: Dänemark

Eigner: Michael Kiersgaard

Heimathafen: Troense

Baujahr: 1910

Werft: Gebr. van der Windt, Vlaardingen, Holland

Vermessung: 94 BRT

Abmessungen:
Länge über alles 35,50 m
Länge Rumpf 27,00 m
Breite 6,10 m
Tiefgang 3,00 m

Segelfläche: 550 qm

Besegelung: 7 Segel

Hilfsmotor: Diesel, 150 PS

Besatzung: 3 Personen Stammbesatzung

Verwendung: Charterschiff

Mit 15 Mann an Bord fischte der Heringslogger JOHANNA JACOBA meist östlich von Schottland. In den 30er Jahren lohnte diese Art der Fischerei nicht mehr und das Schiff wurde wie viele andere auch ins Ausland verkauft. Mit Namen HELGE kam dieser Logger dann nach Dänemark. Abgetakelt und völlig heruntergewirtschaftet lag das Schiff zuletzt in Odense. 1979-81 wurde der scharf geformte Seglerrumpf von seinem jetzigen Eigner in Troense zur Schoneryacht umgebaut, Fahrtgebiet sind meist die dänischen Inseln.

Nordboen

Art: 2-Mast-Gaffelschoner, Holz

Nation: Dänemark

Eigner: Lilli und Kapitän Ivan Olsen

Heimathafen: Skagen

Baujahr: 1933

Werft: in Svendborg

Vermessung: 38,61 BRT

Abmessungen:
Länge über alles   28,30 m
Länge Rumpf   21,00 m
Breite   5,30 m
Tiefgang   3,10 m

Segelfläche: 405 qm

Besegelung: 7 Segel

Hilfsmotor: Diesel

Besatzung: 2 Personen Stammbesatzung, 5 Kojen

Verwendung: Charterschiff

NORDBOEN (= Nordlandbewohner) wurde als schneller Fischtransporter zu den Lofoten verwendet. 1970 kaufte sie ihr jetziger Eigner und richtete sie für die Charterfahrt ein.

Deutschland

- Albatros
- Albin Köbis
- Alexander von Humboldt
- Amphitrite
- Aquarius
- Arny Maud
- Aschanti IV of Vegesack
- Astarte
- Atalanta
- Atlantic Tramp
- Blue Sirius
- Birgitte
- Carmelan
- Carola
- Dagmar Aaen
- Dora av Raa
- Elbe 3
- Elbe (FS Weser)
- Falado
- Freedom
- Fridtjof Nansen
- Friederike
- Fulvia af Anholt
- Gesine von Papenburg
- Gorch Fock II
- Greif
- Grönland
- Großherzogin Elisabeth
- Hansekogge – Kiel
- Jachara
- Johann Smidt
- Jola
- Lili Marleen
- Lilleholm
- Mary-Anne
- Neptun Baroness/ Neptun Princess
- Nobile
- Norden
- Passat
- Rakel
- Rickmer Rickmers
- Roald Amundsen
- Sælør
- Schulschiff Deutschland
- Seute Deern
- Seute Deern II
- Solvang
- Thor Heyerdahl
- Ubena von Bremen
- Undine
- Valdivia
- Vegesack BV2
- Vidar
- White Shark
- Wyvern von Bremen
- Zuversicht

Albatros

ex ESTHER LOHSE
ex DAGMAR LARSSEN
ex IRITHY

Art: 3-Mast-Toppsegelschoner, Holz

Nation: Deutschland

Eigner: CLIPPER – Deutsches Jugendwerk zur See e. V.

Heimathafen: Bremerhaven

Baujahr: 1942

Werft: K. A. Tommerup, Hobro, Dänemark

Vermessung: 109 BRT; 58 NRT

Abmessungen:
Länge über alles 35,70 m
Länge zwischen den Loten 24,90 m
Breite 6,90 m
Tiefgang 3,40 m

Segelfläche: 292 qm

Besegelung: 7 Segel; Fockmast; keine Breitfock, Marssegel

Masten: Höhe Großmast über Deck 24,50 m

Hilfsmotor: Alpha-Diesel, 120 PS

Besatzung: 5 Personen, daneben Platz für 22 Gäste

Verwendung: Vereinsschiff

Bevor das »Deutsche Jugendwerk zur See« die ESTHER LOHSE übernahm – den Namen hat sie nach der Frau des damaligen Eigners bekommen –, beförderte sie von den frühen fünfziger Jahren bis 1973 Fracht nach Island. Es folgte ein Umbau für Charter- und Filmzwecke, u. a. für die »Onedin-Line«.

Ein Auszug aus der CLIPPER-Satzung erklärt die Aufgaben des heutigen Eigners: »Der Zweck des Vereins ist, allen an der Segelschiffahrt interessierten Jugendlichen Gelegenheit zu geben, auf geeigneten Segelschiffen unter fachkundiger und pädagogischer Leitung traditionelle Seemannschaft kennenzulernen.«

Albin Köbis

Diese Gaffelketsch entstand von 1985 bis 1990 aus dem Umbau eines Fischkutters, dessen Riß bereits 1936 gezeichnet wurde. Ursprünglich als Schleppnetzfischer mit Hilfsbesegelung und kleinem Hilfsmotor geplant, zeichnen scharfe Linien den Eichenrumpf aus.
Als Fischkutter »Typ D« sollen von 1947 bis 1952 auf 17 Werften Mecklenburg-Vorpommerns und auf einer Werft in Berlin davon über 360 Bauten entstanden sein, über 230 gingen dann als Reparationsleistung in die UdSSR.
Der Rumpf der ALBIN KÖBIS ist offensichtlich der einzige dieses Kuttertyps, der weiterhin unter Segeln gefahren wird. Alle Rundhölzer sind aus Lärche, die Stenge des Großmastes und der Klüverbaum können weggenommen werden.

Art: Gaffelketsch, Holz

Nation: Deutschland

Eigner: Verein Gaffelketsch Albin Köbis e. V., Kiel

Heimathafen: Kiel

Baujahr: 1948

Werft: Schiffswerft Sanitz, Barth / Vorpommern

Vermessung: 38 BRT

Abmessungen:
Länge über alles 24,00 m
Länge Rumpf 18,00 m
Länge zwischen den Loten 15,00 m

Breite 5,00 m
Tiefgang 2,20 m

Segelfläche: 240 qm

Besegelung: 7 Segel; 3 Vorsegel; Großmast: Großsegel, Toppsegel; Besanmast: Besansegel, Besanstagsegel

Masten: Höhe Großmast über Wasserlinie 22,0 m

Hilfsmotor: 6-Zyl.-Cummins-Diesel, 140 PS

Besatzung: 2 Personen Stammbesatzung, 10 - 12 Gäste

Verwendung: Vereinsschiff, Charterreisen in der Ostsee

Alexander von Humboldt

ex CONFIDENTIA
ex FS KIEL
ex FS RESERVE HOLTENAU
ex FS RESERVE SONDERBURG

Art: Bark, Stahl

Nation: Deutschland

Eigner: Deutsche Stiftung Sail Training, Bremerhaven

Heimathafen: Bremerhaven

Baujahr: Stapellauf 10. September 1906

Werft: Werft AG »Weser«, Bremen, Bau-Nummer 155

Vermessung: 829 ts Deplacement, BRZ/GT 396

Abmessungen:
Länge über alles	62,50 m
Länge Rumpf	54,00 m
Länge zwischen den Loten	46,60 m
Breite	8,00 m
Seitenhöhe bis Manöverdeck	7,70 m
Tiefgang, beladen	4,80 m

Segelfläche: 1035 qm

Besegelung: 25 Segel; 5 Vorsegel; Großmast: Großsegel, Doppel-Marssegel, Einfaches Bramsegel, Royalsegel, Skysegel; Besanmast: Unterbesan, Oberbesan, Besantoppsegel

Masten: Höhe Großmast über Wasserlinie 32,0 m

Hilfsmotor: 8-Zylinder-4-Takt MAN-Diesel, 375 kW

Besatzung: 20 Personen Stammbesatzung, 35 Trainees

Verwendung: Schulschiff unter Segeln, »Windjammer für die Jugend«

Stationäre Feuerschiffe müssen noch mehr der See trotzen können als ihre fahrenden Schwestern. Das bedeutet, daß sie eine Rumpfform bekommen, die sich bewährter Segelschiffstradition anschließt. Die scharfen Unterwasserformen und der elegante, schneidend wirkende Klippersteven machen dies sehr deutlich.

Diese Rumpfform war ausschlaggebend dafür, daß das ehemalige Feuerschiff KIEL nach seiner Ausmusterung im Jahre 1986 zum Rahsegler umgebaut werden sollte. Das Feuerschiff war während seiner langen Dienstzeit als »Reserveschiff« auf vielen Stationen in der Nord- und Ostsee. Seine letzte Position war bis zum 21. Mai 1986 die Station Deutsche Bucht.

Am 30. September 1986 konnte die »Sail Training Association Germany« das Schiff übernehmen. Während einer kurzen Fahrt von Wilhelmshaven nach seinem neuen Heimathafen Bremerhaven trug es den Namen CONFIDENTIA.

Nach Plänen des bekannten polnischen Segelschiffkonstrukteurs Zygmunt Choren begann der Umbau zur Bark im Motorenwerk GmbH in Bremerhaven. Zwischen der Poop und dem Mittschiffsaufbau wurde ein durchgehendes Manöverdeck eingezogen. Neben der Umgestaltung der Innenräume für eine größere Besatzung erhielt das Schiff eine moderne Einrichtung an ruder-, funk- und navigationstechnischen Anlagen.

Besonders hervorzuheben ist die Abwasserkläranlage. 100 Tonnen einbetonierter Eisenballast geben dem Schiff die nötige Stabilität. Die Abgasleitungen der Dieselmotoren werden durch den Besanmast geführt. Ein Bugstrahlruder unterstützt die Arbeit des Ruderblattes.

Das Grün des Rumpfes und der Kunstfasersegel erinnert an die traditionelle Farbe der Rickmers-Reederei Bremerhavens.

Amphitrite

ex DOLORES
ex JOY FARER
ex HINEMOA

Art: 3-Mast-Gaffelschoner, Holz

Nation: Deutschland

Eigner: CLIPPER – Deutsches Jugendwerk zur See e. V.

Heimathafen: Bremen, Sommer: Travemünde

Baujahr: 1887

Werft: Camper & Nicholsons, Gosport, England

Vermessung: 110,84 BRT; 61,60 NRT

Abmessungen:
Länge über alles	44,33 m
Länge in der Wasserlinie	29,00 m
Breite	5,70 m
Tiefgang	3,70 m

Segelfläche: 534 qm

Besegelung: 10 Segel; 4 Vorsegel, 2 Gaffelsegel, 1 Breitfock, 1 Spitzbesan, 2 Toppsegel

Masten: Höhe Großmast über Deck 28 m. Alle Masten mit einer Stenge

Hilfsmotor: 2 Mercedes-Dieselmotoren, je 180 PS, 2 Schrauben

Besatzung: 29 Kojen

Verwendung: Jugendreisen in der Ostsee

Nach AMPHITRITE, der Gemahlin Poseidons, hat der Schoner seinen jetzigen Namen bekommen. Da sich das Schiff fast immer in Privathand befand – es war auch als Barkentine getakelt – und die Tagebücher nicht mehr vorhanden sind, ist von der Geschichte nur wenig bekannt. Als Zweimastschoner lief die HINEMOA für den Vizekönig von Indien, Colonel MacGregor, 1887 vom Stapel, 600 m² Segelfläche wurden damals gemessen. 1892 an den Herzog von Harewood verkauft, hieß der Schoner nun AMPHITRITE. Der Herzog von Arran erwarb 1930 den Schoner und takelte ihn zur Barkentine um, Segelfläche nun 765 m². 1965 ging diese an den Schweden Hans Ostermann, 1969 an den Franzosen François Spoerry (Segelschule), 1970 an die Horst-Film GmbH, Berlin und seit 1971 an die Amphitrite-Schiffahrts-KG, Berlin. Seit 1974 ist CLIPPER – Deutsches Jugendwerk zur See der Eigner.

Der Segler wurde 1971/72 auf der französischen Marinewerft Toulon und in Travemünde generalüberholt. Die Inneneinrichtung zeugt vom erlesenen Geschmack der Vorbesitzer. Den Gast empfängt Mahagoni-Atmosphäre.

Erstaunlich der Kontrast zur perfekten technischen Ausrüstung unserer Zeit. Das Schiff fährt: Radar, Echolot, Funkanlage, hydraulische Ruderanlage, Telefon, Sichtfunk-Peilgerät, Wetterkartenschreiber. Dazu kommen Klimaanlage, vollgekachelte Duschanlagen, elektrisch betriebene WC-Anlagen, Decksduschen und eine vollautomatische Küche. Die Seenotausrüstung umfaßt mehr Einheiten, als das Schiff eigentlich bräuchte. Es sind modernste Rettungsgeräte an Bord. Bekannt wurde das Schiff durch die Fernsehserie »Graf Luckner« und »Das Geheimnis der Mary Celeste«. CLIPPER bietet Jungen und Mädchen die Gelegenheit, auf seinen Segelschiffen die Bordgemeinschaft mit allen Erfahrungsmöglichkeiten kennenzulernen. Ein weiteres Hauptziel der Fahrten ist auch die Förderung der Völkerverständigung.

Aquarius

ex Te Quest
ex Black Douglas

Art: 3-Mast-Stagsegelschoner, Stahl

Nation: Deutschland

Eigner: unbekannt
(will nicht genannt werden)

Heimathafen: unbekannt

Baujahr: 1930

Werft: Bath Iron Works, Bath, Maine

Vermessung: 500 ts Deplacement, 371 BRT, 232 NRT

Abmessungen:
Länge über alles 62,50 m
Länge Rumpf 48,00 m
Länge zwischen den Loten 39,50 m
Breite 9,70 m
Tiefgang 3,60 m

Segelfläche: 1059 qm

Besegelung: 8 Segel; 3 Vorsegel; Fockmast: Trysegel; Großmast: Trysegel, Stagsegel; Besanmast: Stagsegel, Hochsegel

Masten: Höhe Großmast über Deck 39,20 m; alle Masten einteilig

Hilfsmotor: 2 Volvo Penta TAMD 120B, 2x 360 PS

Besatzung: 22 Mädchen, 33 Jungen (als Te Quest)

Verwendung: Privatyacht

Als Privatyacht wurde Te Quest für Mr. Robert Roebling gebaut. Er segelte mit ihr sogar rund Kap Hoorn. Das erste Wort Te bedeutet soviel wie ein besonders hervorgehobenes, lobendes Prädikat. Später ging das Schiff in Staatseigentum über und diente dem Fischerei-Department. Während des Zweiten Weltkrieges gehörte es der U.S. Navy. Die Bullaugen wurden geschlossen und das gesamte Rigg weggenommen. An Deck standen große Geschütze. Aus der Yacht war ein Kriegsschiff geworden.
Von 1972 bis 1982 gehörte das Schiff der »Flint School« in Sarasota, Florida. An Bord wurden Zöglinge der Schule ausgebildet und unterrichtet. 1982 ging der Segler in deutsche Hände über. Bei der Werft Abeking & Rasmussen wurde er in eine Luxusyacht umgebaut.

Arny Maud

ex Finkampen
ex Laksen
ex Arny Maud

Art: 2-Mast-Stagsegelschoner, Holz

Nation: Deutschland

Eigner: Laurenz A. Schettler

Heimathafen: Kappeln

Baujahr: 1904

Werft: in Dajord bei Bergen, Norwegen

Vermessung: keine Angaben

Abmessungen:
Länge über alles 28,35 m
Länge Rumpf 18,26 m
Breite 5,85 m
Tiefgang 3,00 m

Segelfläche: 210 qm

Besegelung: 6 Segel

Hilfsmotor: Normo-Semi-Diesel, 140 PS/103 kW

Verwendung: Privatschiff, Törns mit Schulklassen und Jugendrandgruppen

Das aus norwegischer Kiefer auf Eichenspanten gebaute Schiff fuhr als Frachter in norwegischen Küstengewässern. Als Robbenfänger erreichte es auch die grönländische Küste und Spitzbergen. 1924 erhielt der Schoner seinen ersten Motor, der heute noch in Betrieb ist. Anders Kolbenshavn, der erste Eigner, verkaufte sein Schiff 1953 an Stainar Berge, der ihm den Namen Laksen gab. Die Verwendung als Frachter blieb dieselbe. Ein weiterer Eignerwechsel erfolgte 1974. Das Schiff bekam von seinem neuen Eigner den Namen Finkampen. Eine neunköpfige Eignergemeinschaft kaufte 1979 den Segler. Er war inzwischen in einen beklagenswerten Zustand geraten. 1980 ging er in die Hände des jetzigen Eigners über. In jahrelanger Eigenarbeit hat er das Schiff wieder in ein seetüchtiges Fahrzeug verwandelt.

Aschanti IV of Vegesack

ex Aschanti of Saba
ex Marie Pierre
ex Afaneti
ex Aschanti IV

Art: 2-Mast-Stagsegelschoner, Stahl

Nation: Deutschland

Eigner: nicht bekannt

Heimathafen: Vegesack

Baujahr: 1954

Werft: Ernst Burmester, Bremen-Burg
Konstruktion: Henry Gruber

Vermessung: 135 ts Deplacement; 177,79 BRT; 140,94 NRT

Abmessungen:
Länge über alles 31,40 m
Länge Rumpf 31,40 m
Länge in der
Wasserlinie 22,00 m
Breite 6,38 m
Tiefgang 4,20 m

Segelfläche: 550 qm

Besegelung: 8 Segel, Großsegel 194 qm

Masten: Höhe Großmast über der Wasserlinie 34,60 m

Hilfsmotor: MTU-Diesel, 504 PS

Besatzung: 7 Personen Stammbesatzung, 8 Gäste

Verwendung: Charter (weltweit)

Aschanti IV of Vegesack, mit ihren rassigen Linien, wurde als Regattaschoner von Ernst Burmester gebaut und beteiligte sich zehn Jahre lang mit großem Erfolg an internationalen Regatten. Von 1954 bis 1967 fungierte sie als Präsidentenyacht bei der Kieler Woche. Nach dem Tode Burmesters kam sie zweimal in französische Hände, wobei der Innenausbau gründlich verändert wurde. Seit 1984 gehörte das Schiff britischen Eignern. Vor dem Einsatz als Charterschiff erfolgte ein weiterer Innenumbau, der dem Schoner den Charakter einer Luxusyacht brachte. Jedes Jahr nahm das Schiff an Segelveranstaltungen in Nordamerika teil, wie zum Beispiel am Great Schooner Race in Maine und in Gloucester, sowie an den Classic-Regatten in Newport und Antigua. Den Namen hat der Schoner nach dem Volk der Sudaniden im zentralen Süd-Ghana bekommen, das durch seine kostbaren Goldschmiedearbeiten berühmt wurde.

Ein Bremer Bauunternehmer erwarb den Schoner und ließ ihn 1994 auf der Lürssen-Werft in Bremen-Vegesack vollständig überholen. Dabei wurde die Yacht mit modernen Materialien, aber im traditionellen Stil, neu ausgerüstet.

Astarte

Art: Gaffelkutter, Holz

Nation: Deutschland

Eigner: Schiffergilde Bremerhaven e. V.

Heimathafen: Bremerhaven (Alter Hafen)

Baujahr: 1903

Werft: August Albers, Finkenwerder

Vermessung: 36,84 BRT; 11,52 NRT

Abmessungen:
Länge über alles 36,84 m
Länge Rumpf 28,80 m
Länge zwischen den Loten 17,51 m
Breite 6,05 m
Raumtiefe 2,20 m
Tiefgang 2,08 m

Segelfläche: 234 qm

Besegelung: 7 Segel

Masten: Höhe Großmast über Deck 19,5 m

Hilfsmotor: DAF-Diesel, 150 PS

Besatzung: 4 Personen Stammbesatzung; Gäste: Tagesfahrten 20, Törns 12

Obwohl die ASTARTE nicht zu den wirklich großen Segelschiffen zu rechnen ist, soll sie vorgestellt werden als original getakelter Hochseekutter. Diese Fahrzeuge fischten zu Beginn des Jahrhunderts in großer Zahl in der Nordsee. Ihre Seetüchtigkeit und die Härte ihrer Fahrensleute waren berühmt. Schon 1912 erhielt ASTARTE – sie hat ihren Namen nach der phönizischen Mondgöttin erhalten – einen Hilfsmotor von 12 PS. Noch bis 1952 fischte ihr damaliger Eigner Külper in der Nordsee, der Kutter war dann in Schulau an der Elbe beheimatet. Der Kutter wurde schließlich an das Senckenberg-Institut nach Wilhelmshaven verkauft. Als Fischereiforschungsschiff tat er weiterhin Dienst.
1978 kaufte die Schiffergilde Bremerhaven e. V. das Schiff als letztes seiner Art. In den folgenden Jahren erfolgte der Umbau, u. a. auf der Hapag-Lloyd-Werft, in den ursprünglichen Zustand.
Die technische Ausrüstung der ASTARTE entspricht dem heutigen Stand. Sie verfügt über moderne Seenotrettungsmittel.
Das Schiff segelt vor allem mit Jugendlichen in der Deutschen Bucht, auf Weser und Elbe. Besonders gepflegt werden Verbindungen zur Sail Training Association, die zu einer wertvollen Einrichtung der Völkerverständigung geworden ist. Auf deutscher Seite hat dabei die Stadt Bremerhaven mit ihren traditionellen Schiffen der Schiffergilde einen wesentlichen Anteil daran.

Atalanta

Der Hamburger Senat besaß um die Jahrhundertwende sechs Lotsenschoner, wie sie uns durch die ATALANTA überliefert sind. Die zukünftigen Elblotsen mußten als Lotsenknechte auf diesen Schiffen Dienst tun und unter härtesten Bedingungen die eigentlichen Lotsen mit Ruderbooten auf die ein- und auslaufenden Handels- und Passagierschiffe übersetzen.
Nach 28jährigem Einsatz als Lotsenschoner wurde die damalige CUXHAVEN an einen Berliner Industriellen verkauft. 1929 erfolgte bei der Schlichting-Werft in Travemünde der Umbau in eine Hochseeyacht. Seit dieser Zeit führt das Schiff den Namen ATALANTA. Nach Konkurs des Berliner Eigners ging die Yacht 1931 in den Besitz des Hauses Rosenthal über. Mitte der 30er Jahre wurde sie an den Hochseesportverband Glücksburg verkauft. Ab 1950 war die ATALANTA im Besitz der »Alferra«, deren Muttergesellschaft das Bankhaus M. M. Warburg, Brinckmann, Wirtz & Co. in Hamburg war.

Seit 1993 kümmert sich der Förderverein Schoner ATALANTA e. V. um das Schiff. Der Segler wird im Zuge mehrerer ABM-Projekte von Grund auf überholt. 1999 sollen die Arbeiten abgeschlossen sein.

ex CUXHAVEN (Lotsenschoner Nr. 1)	Werft: Junge, Wewelsfleth	Besegelung: 7 Segel; 3 Vorsegel, Gaffelsegel, Gaffeltoppsegel
Art: 2-Mast-Gaffelschoner, Holz	Vermessung: 86,11 BRT; 49,93 NRT	Masten: Höhe Großmast über Deck 21 m
Nation: Deutschland	Abmessungen:	
Eigner: Förderverein Schoner ATALANTA e. V., Wismar	Länge über alles 36,10 m Länge Rumpf 24,63 m Breite 6,18 m	Hilfsmotor: Deutz-Diesel (F8M: 716), 200 PS
Liegeplatz: Wismar, Alter Hafen	Tiefe im Raum 3,16 m Tiefgang 3,20 m	Besatzung: in Fahrt 5 Personen Stammbesatzung, 12 Gäste
Baujahr: 1900	Segelfläche: 479 qm (am Wind 333 qm)	Verwendung: Traditions- und Museumsschiff

Atlantic Tramp

Art: Gaffelketsch, Stahl

Nation: Deutschland

Eigner: Harald Hans

Heimathafen: Bremen-Vegesack

Baujahr: 1871

Werft: Norddeutsche Schiffbau AG, Kiel-Gaarden

Vermessung: keine Angaben

Abmessungen:
Länge über alles 29 m
Breite 5,10 m
Tiefgang 3,20 m

Segelfläche: 245 qm

Besegelung: 7 Segel

Hilfsmotor: Deutz-Diesel, 118 kW

Besatzung: 2 Personen Stammbesatzung, 10 Mitsegler

Verwendung: Privatschiff

Die Ketsch wurde als Frachtsegler für Transporte in der Ostsee gebaut. 1952 erfolgte der Umbau zum Seewassertankschiff. 1982 erwarb sie ihr jetziger Eigner, der sie als Segelschiff für die neue Verwendung umbaute.

Birgitte

Art: Galeasse, Holz

Nation: Deutschland

Eigner: Eignergemeinschaft Berns, Stein, Warkocz

Heimathafen: Hamburg

Baujahr: 1957

Werft: Andersen-Werft, Vildsund, Dänemark

Vermessung: 40-Tonnen-Kutter

Abmessungen:
Länge über alles 22,65 m
Breite 5,36 m
Tiefgang 2,50 m

Segelfläche: 200 qm

Besegelung: 7 Segel

Hilfsmotor: Perkins 6-Zyl.-Diesel, 110 kW

Besatzung: 4 Personen Stammbesatzung, 6 Mitsegler

Das Schiff war als Fischereifahrzeug für die Nordsee gebaut worden. Die Fanggebiete lagen auf der Doggerbank und in grönländischen Gewässern. 1981 erwarb es die jetzige Eignergemeinschaft. Bei den Werften H. Behrens in Hamburg-Finkenwerder und bei H. Hatecke in Freiburg an der Elbe wurde anschließend das Schiff in Eigenarbeit zum Segler für die jetzige Verwendung umgebaut.

Seit 1984 gehört BIRGITTE zur S.T.A.G. (Sail Training Association Germany). Besonders jungen Menschen soll die Gelegenheit gegeben werden mitzusegeln, darunter sollen auch junge Behinderte sein.

Blue Sirius

Art: 2-Mast-Gaffelschoner, Holz

Nation: Deutschland

Eigner: M. Beil

Heimathafen: Lübeck

Baujahr: 1907

Werft: Björn Alvdal, Brekke, Norwegen

Abmessungen:
Länge über alles 29,0 m
Breite 5,00 m
Tiefgang 2,90 m

Segelfläche: 260 qm

Besegelung: 4 Segel

Masten: Höhe Großmast über Deck 21 m

Verwendung: Privatschiff

Das Schiff wurde als Frachtsegler gebaut und hat u. a. zwischen England und Norwegen Salz gefahren. Später wurde es in der Fischerei eingesetzt. Anfang der 70er Jahre wurde der Rumpf von einem deutschen Geschäftsmann aus Bergen geholt und als Charterschiff ausgebaut. Nach zweimaligem Besitzerwechsel und vielen Umbauten wird der Schoner heute privat genutzt.

Carmelan

ex ENE
ex KRISTIAN

Art: Gaffelketsch (Skagen-Galeasse), Holz

Nation: Deutschland

Eigner: Hagen und Ute Weihe, Alt-Duvenstedt

Heimathafen: Flensburg (im Winter Rendsburg)

Baujahr: 1927

Werft: Hjørne & Jacobsen, Frederikshavn

Vermessung: 34 BRT

Abmessungen:
Länge über alles 25,50 m
Länge Rumpf 18,80 m
Länge in der
Wasserlinie 16,80 m
Breite 4,80 m
Raumtiefe 1,90 m
Tiefgang 2,30 m

Segelfläche: 254 qm

Besegelung: 8 Segel

Masten: Höhe Großmast über Deck ca. 24 m

Hilfsmotor: 6-Zyl.-Scania-Diesel, 180 PS / 132,48 kW

Besatzung: 2 Personen, 10–12 Jugendliche

Verwendung: Sozialtherapeutisches Segeln

Der ehemalige dänische Fischkutter wurde 1979 für den jetzigen Verwendungszweck umgebaut, getakelt und eingerichtet. Neben privater Nutzung wird das Schiff in der sozialpädagogischen Tätigkeit der Eigner genutzt. Das Fahrtgebiet sind Norwegen, Schweden und die dänischen Gewässer. »Carmelan« ist ein guter Wassergeist.

Carola

CAROLA war als Frachtsegler gebaut worden. Sie gehört zu den Marstal-Schonern, deren Name von den berühmten Werften in Marstal auf Ærø zeugt. Bis weit in dieses Jahrhundert hinein waren diese besonders seetüchtigen Schiffe in der Fracht- und Fischereifahrt in nordeuropäischen Gewässern beschäftigt.
1975 kaufte Hans Edwin Reith, Inhaber der Orion Schiffahrts-Gesellschaft, das Schiff und ließ es zu einem Trainingssegler umbauen. Es erhielt einen starken Motor, das Ladungsgewicht wurde durch einen neun Tonnen schweren Ballastkiel ersetzt. Eine weitere Grundüberholung erfolgte 1986. Im Sommer 1996 ging CAROLA für ihren jetzigen Eigner zur ersten »Ostsee-Rund-Begegnungsreise« auf Kurs.

ex FORTUNA
ex RAUNA
ex ANNEMARIE GRENIUS

Art: Galeasse – Gaffel-Ketsch, Holz

Nation: Deutschland

Eigner: Verein Jugendsegeln e. V., Plön (Nordelbisches Jugendwerk)

Heimathafen: Kiel

Baujahr: 1900

Werft: Randers, Nykøbing

Vermessung: 53 BRT; ca. 120 ts Deplacement

Abmessungen:
Länge über alles 25,00 m
Länge zwischen den
Loten 18,20 m
Breite 5,00 m
Raumtiefe 1,80 m
Tiefgang 2,40 m

Segelfläche: 290 qm (einschließlich Stag- und Breitfock)

Hilfsmotor: Volvo Penta, 150 PS

Besatzung: 12 Personen

Verwendung: Schiff für internationale Jugendbegegnung. Projektschiff für die Jugendarbeit

Dagmar Aaen

Der dänische Reeder Mouritz Aaen ließ das Schiff für das Frachtgeschäft bauen. Er benannte es nach seiner Frau. Der Umbau zum Expeditionsschiff unter Arved Fuchs fand auf der dänischen Werft Skibs & Bådbyggeri in Gråsten statt. Die Ausrüstung für die Expedition umfaßte eine lange Liste von Maschinen, Instrumenten, Geräten, Funk-, Schutz- und Tauchausrüstungen. Besondere Beachtung fanden natürlich die Navigations- und Rettungseinrichtungen. Selbst ein Flugboot war an Bord. Aus der Kombination Schlauchboot und Ultraleicht-Flugzeug ergab sich das Flugboot »Polaris«.

Die Expedition verläßt Hamburg am 19. April 1991. Sie führt über die russische Hocharktis zum Jenissei. Eisbarrieren zwingen zur Umkehr. Über Grönland wird die Nordwestpassage erreicht und durchfahren. DAGMAR AAEN passiert die Behringstraße und erreicht nach Abstechern über den Nord- und Südpazifik am 27. Dezember 1995 Kap Hoorn. Am 11. Juli 1996 endet die Reise in Hamburg. Während der Reise mußte viermal überwintert werden. Insgesamt wurden 52 857 Seemeilen zurückgelegt.

Art: Haikutter, Holz

Nation: Deutschland

Eigner: Arved Fuchs

Heimathafen: Hamburg (Auslaufhafen zur Expedition)

Baujahr: 1931

Werft: N. P. Jensen, Esbjerg, Dänemark

Vermessung: keine Angaben

Abmessungen:
Länge Rumpf 18 m
Breite 4,80 m
Tiefgang 2,60 m

Segelfläche: 220 qm

Besegelung: 8 Segel (einschließlich Trysegel und Sturmfock)

Hilfsmotor: 3-Zylinder-Callesen-Diesel 425 CO, 180 PS

Besatzung: wechselnd bei Expeditionen (6 Personen)

Verwendung: Expeditionsschiff

Dora av Raa

Art: Gaffelkutter, Holz

Nation: Deutschland

Eigner: Heinrich Kramer

Heimathafen: Flensburg

Baujahr: 1887

Werft: in Raa, Schweden

Vermessung: keine Angaben

Abmessungen:
Länge über alles 21,00 m
Breite 6,00 m
Tiefgang 2,46 m

Segelfläche: 230 qm

Besegelung: 6 Segel
Neben Gaffel- und Gaffeltoppsegel Unterrahsegel und Marssegel

Hilfsmotor: Ford-Diesel, 58 kW

Besatzung: 2 Personen Stammbesatzung, 8 Mitsegler

Verwendung: Privatschiff, Schulschiff unter Segeln

Der ehemalige Zollkutter kassierte im Öresund viele Jahre lang die Wegezölle für den schwedischen Fiskus. In den siebziger Jahren erfolgte in Bremen der Umbau für die jetzige Verwendung. Bei vielen Regatten bewies das unverwechselbare Schiff seine bemerkenswerte Schnelligkeit.

Elbe 3

Das Schiff wurde für die Königliche Wasserbau-Inspektion in Tönning gebaut. Es lag damals als Stationsschiff in der Eidermündung. Das älteste Feuerschiff dieser Station war eine hölzerne, rundbauchige Galiot gewesen. Nach ihr wurden auch ihre Nachfolger als »Eiderlotsengaliot« bezeichnet. Dieser Name entspricht natürlich nicht dem Schiffstyp der ELBE 3. Sie ist ein echtes Segelschiff mit Klipperbug und Rundheck. Im Gegensatz zu später gebauten Feuerschiffen besaß die ELBE 3 nie einen Hilfsmotor. Im Falle eines Kettenbruchs konnte es sich nur mit Hilfe der Segel, die in erster Linie Sturmsegel waren, in Sicherheit bringen. Während des Zweiten Weltkrieges lag das Schiff als Positionsfahrzeug in der Ostsee. Von 1945–1966 war es als Stammfeuerschiff der Position Elbe 3 in der Elbmündung verankert. Seit 1967 liegt ELBE 3 als Museumsschiff in Bremerhaven.

FS BÜRGERMEISTER ABENDROTH

Art: Feuerschiff, »Eiderlotsengaliot«, Stahl

Nation: Deutschland

Eigner: Deutsches Schiffahrtsmuseum Bremerhaven

Liegeplatz: Bremerhaven (Alter Hafen)

Baujahr: 1909

Werft: Eiderwerft AG, Tönning

Vermessung: 450 BRT

Abmessungen:
Länge über alles 44,00 m
Breite 7,00 m
Tiefgang 2,70 m

Besatzung: 16 Personen

Elbe 3 (FS Weser)

ex FS WESER

Art: Feuerschiff, Stahl

Nation: Deutschland

Eigner: Museumshafen Oevelgönne e. V.

Liegeplatz: Hamburg/Oevelgönne

Baujahr: 1880

Werft: Johann Lange, Vegesack

Vermessung: 612 ts Deplacement

Abmessungen:
Länge über alles 45,10 m
Breite 7,20 m
Tiefgang 3,95 m

Hilfsmotor: MWM 6-Zylinder, 300 PS

Verwendung: Museumsschiff

Als Dreimastschoner für die Station Weser wurde das Schiff unter diesem Namen in Dienst gestellt. 1900 erhielt es den Namenszusatz »1«. 1925 erfolgte die erste Modernisierung. Das Schiff wurde elektrifiziert und erhielt unter anderem einen Funkfeuersender. Eine weitere Grunderneuerung erfolgte 1936/37 bei der Seebeck-Werft in Bremerhaven-Geestemünde. Während des Zweiten Weltkrieges lag das Schiff auf der Station Bremen. 1943 wurde es wegen der Fliegergefahr eingeholt und durch eine Leuchttonne ersetzt. Als ELBE 3 versah es schließlich ab 1966 wieder seinen Dienst auf Position. 1977 wurde das Schiff außer Dienst gestellt. Eine automatische Großtonne hat seinen Platz eingenommen.

Einer rührigen Gruppe von Mitgliedern des Museumshafens Oevelgönne ist es zu verdanken, daß ELBE 3 als maritimes Denkmal erhalten bleibt. Besonders zu bemerken ist, daß der Einsatz von »Jugend in Arbeit« erheblich dazu beigetragen hat, daß das Schiff bei der Jöhnk-Werft restauriert werden konnte.

Falado

Art: Brigantine, Holz

Nation: Deutschland

Eigner: »Brigantine FALADO von Rhodos« e. V., Paderborn, Schloß Neuhaus

Heimathafen: Schleswig; Liegeplatz: Kiel (KYC)

Baujahr: 1968, Stapellauf November 1968

Werft: Mastro Petros Xalkidos, Rhodos, Griechenland

Vermessung: 25,4 BRT; 21,1 NRT

Abmessungen:
Länge über alles 22,00 m
Länge Rumpf 16,00 m
Breite 4,90 m
Tiefgang 2,60 m

Segelfläche: 210 qm

Besegelung: 12 Segel

Masten: Höhe Großmast über Deck 23 m

Hilfsmotor: 6-Zyl.-MTU-Diesel, 99 kW

Besatzung: insgesamt 12 Personen

Verwendung: Jugendsegelschiff

Die FALADO wurde als Kutter gebaut und Anfang 1969 zur Brigantine umgeriggt. Von Anfang an bestand die Absicht, das Schiff als Jugendschiff zu fahren. Der Eigner, Dr. Herbert Hörhager, sammelte Jugendgruppen der bündischen Jugend, die nach seinem Tod 1972 das Schiff übernahmen und über den Verein »Brigantine FALADO von Rhodos« finanzieren. Im September 1977 kollidierte FALADO im Öresund mit einem dänischen Kümo. Sie wurde dabei schwer beschädigt und ging auf Grund. Es folgte eine kostenaufwendige Reparatur.

Im Juni 1988 begann die erste Weltumsegelung der Brigantine, die drei Jahre gedauert hat. Mehr als 450 Jugendliche konnten etappenweise an dieser Reise teilnehmen. Ein Delphin, der Sage nach ein von Dionysos verzauberter Seeräuber, ziert den schnittigen Bug. Im Juli 1993 konnte die Besatzung dabei helfen, das auf Grund gelaufene schwedische Schulschiff GARCIA im Öresund zu bergen.

Freedom

ex GDYNIA 16

Art: 2-Mast-Toppsegelschoner, Stahl (Gaffelschoner)

Nation: Deutschland

Eigner: nicht bekannt

Heimathafen: Rostock

Baujahr: 1959 (als Heringslogger)

Werft: Gdansk, Umbau 1985 in Kolobrzeg (Kolberg)

Vermessung: 210 BRT

Abmessungen:
Länge über alles 35,60 m
Länge in der Wasserlinie 24,00 m
Breite 6,80 m
Tiefgang 3,80 m

Segelfläche: 560 qm

Besegelung: 8 Segel

Masten: Höhe Großmast über der Wasserlinie 26,00 m

Hilfsmotor: 6-Zylinder-Leyland-Diesel, 160 PS

Besatzung: 6 Personen Stammbesatzung, 10 Passagiere – Trainees

Verwendung: Charterreisen weltweit, Jugend- und Gruppenreisen, Ausbildungsreisen für die Seekadetten der Seefahrtsschule Szczecin (Stettin)

Fridtjof Nansen

ex Edith
ex Frederik Fischer
ex Gertrud II
ex Fridtjof Nansen

Art: 3-Mast-Toppsegelschoner, Stahl (Jackass-Bark/Polka-Bark)

Nation: Deutschland

Eigner: »Verein Segelschiff F. Nansen e. V.«, Wolgast

Heimathafen: Wolgast

Baujahr: 1919

Werft: Kalundborg Skibsvaerft, Dänemark

Vermessung:
ca. 360 ts Deplacement;
247 BRT; 74 NRT

Abmessungen:
Länge über alles   51,00 m
Länge Rumpf   43,33 m
Länge zwischen den
Loten   37,52 m
Breite   6,85 m
Seitenhöhe   3,00 m
Tiefgang   2,80 m

Segelfläche: 850 qm

Besegelung: 15 Segel; Fockmast (Breitfock) und Großmast mit Mars- und Bramsegel

Masten: Höhe Großmast über Deck 32 m; Untermasten aus Stahl, Stengen und Spieren aus Holz

Hilfsmotor: Callesen-Diesel, 240 PS

Besatzung: 8 Personen Stammbesatzung, 36 Trainees

Verwendung: Schulschiff unter Segeln (Jugendreisen)

Der jetzige Schoner war als Frachtmotorsegler gebaut worden. 1991 wurde er in einem desolaten Zustand nach Wolgast geschleppt.
Auf der Peene-Werft begann, im Rahmen des ABM-Projektes »Fridtjof Nansen«, die Restaurierung des Schiffes und der Umbau zum Toppsegelschoner der besonderen Art. Der Stapellauf war am 25. März 1992.

Das Schiff ist in seinem Aufbau bewußt einfach gehalten, aber auch mit allen modernen Sicherheitseinrichtungen und Kommunikationsmitteln ausgestattet worden. Strom und Wärme werden nach dem Prinzip der Wärmekraftkopplung von einem 44 kW starken Hilfsaggregat erzeugt. Der Schiffskörper besteht aus genietetem Stahl und hat einen festen Außenballast von 80 Tonnen in einem sehr tief liegenden Kiel. Für Krankheitsfälle steht ein Hospital zur Verfügung.

Friederike

Art: Brigg, Holz

Nation: Deutschland

Eigner: Stadt Papenburg (Heimatverein Papenburg)

Liegeplatz: Papenburg

Werft: Meyerwerft, Papenburg

Baujahr: 1986

Vermessung: 75 Commerzlasten = 225 RT

Abmessungen:
Länge über alles	38,28 m
Länge Rumpf	29,74 m
Länge in der Wasserlinie	25,68 m
Breite über Rüsten	6,74 m
Raumtiefe	2,72 m
Tiefgang	2,23 m

Masten: Höhe Großmast über Deck 23,78 m

Verwendung: Museumsschiff, Tagungsschiff

1865 wurde bei der Werft H. W. Meyer in Papenburg die Brigg BERGE gebaut. Sie ist 1871 mit einer Ladung Holz auf der Fahrt von Quebec nach Falmouth verschollen. Nach den noch vorhandenen Plänen wurde die FRIEDERIKE in verkleinertem Maßstab gebaut. Das Schiff soll an die lange Schiffahrtstradition der Stadt Papenburg erinnern.

Fulvia af Anholt

ex ALLAN JUEL
ex GUDRUN
ex ANNA ELISABETH

Art: Galeasse, Holz

Nation: Deutschland

Eigner: Jörn Eckermann

Heimathafen: Hamburg

Baujahr: 1898

Werft: J. Koefoed, Fakse Ladeplads, Dänemark

Vermessung: 31,87 BRT; 22,16 NRT

Abmessungen:
Länge über alles	22,10 m
Länge Rumpf	17,10 m
Breite	5,30 m
Tiefgang	2,00 m

Segelfläche: 280 qm

Besegelung: 10 Segel (Breitfock)

Hilfsmotor: 6-Zylinder-Ford-Marine-Diesel, 110 PS / 80,96 kW

Besatzung: 2 Personen Stammbesatzung, 8 Mitsegler

Verwendung: Privatschiff

Als Post- und Passagierschiff zwischen Grenå und der Insel Anholt verdiente die Galeasse viele Jahre lang ihr Geld. Auch Holz wurde transportiert. Daran erinnert noch heute eine Ladepforte im Bugbereich. 1919 erhielt sie ihren ersten Motor. Weitgehend ohne Rigg arbeitete sie in den vierziger Jahren als Steinfischer. 1975 wurde das Schiff bei Ring-Andersen in Svendborg vollständig restauriert. Dabei erhielt sie wieder die Originaltakelung. 1982 erwarb der jetzige Eigner die Galeasse. Sie bekam nun den neuen Namen FULVIA. Mehrfach hat sie bei Regatten ihre hervorragenden Segeleigenschaften bewiesen.

Gesine von Papenburg

Art: Friesische Schmack, Stahl

Nation: Deutschland

Eigner: Heimatverein Papenburg e. V.

Heimathafen: Papenburg

Baujahr: 1985

Werft: Meyer-Werft, Papenburg

Abmessungen:
Länge über alles 18,50 m
Breite 5,10 m
Tiefgang 1,55 m

Segelfläche: 242 qm

Besegelung: Großmast mit Breitfock und Marssegel

Hilfsmotor: MAN 6-Zylinder, 146 kW

Besatzung: 2 Personen Stammbesatzung, 10 Mitsegler

Verwendung: Traditionsschiff

Schmacken, mit Plattboden und Seitenschwertern, waren einst viel verwendete Frachtfahrzeuge im Wattenmeer. Ihr geringer Tiefgang erlaubte es, Tidehäfen anzulaufen. Als Baumaterial diente stets heimisches Holz.

GESINE wurde als Lehrlingsprojekt nach Modellen rekonstruiert. 25 Tonnen Ballast sorgen für die Gewichtsstabilität. Das bemerkenswerte Schiff mit seinen beiden Rahsegeln repräsentiert in auffälliger Weise ein Stück ostfriesische Schiffahrtsgeschichte.

Gorch Fock II

Die Erkenntnisse und Erfahrungen, die beim Bau und bei den Fahrten der drei Segelschulschiffe der ehemaligen Kriegsmarine, GORCH FOCK, HORST WESSEL und ALBERT LEO SCHLAGETER, gewonnen worden waren, wurden auch beim Bau der neuen GORCH FOCK berücksichtigt. Alle Schiffe wurden praktisch nach denselben Rissen gebaut. Lediglich in den Abmessungen unterschieden sie sich etwas. Größtmögliche Sicherheit war erste Forderung bei der Konstruktion. Durch entsprechende Stauung von Fest-Ballast wurde eine überragende Stabilität erreicht. Zusammen mit der damals für Rumänien gebauten MIRCEA sind heute noch alle vier Schiffe des gleichen Typs in Fahrt, dazu als fünfter Segler die GORCH FOCK II.

Den Namen bekam die Bark nach dem See-Schriftsteller Johann Kinau, der unter dem Pseudonym »Gorch Fock« schrieb. Er ist 1916 am Skagerrak gefallen.

Das Deckshaus der GORCH FOCK ist mit der Back verbunden. Steuerbords wird ein Patentanker gefahren, an Backbord ein Stockanker. Das Ankerlichten kann sowohl mit Maschinenkraft als auch durch Gangspill-Arbeit erfolgen. Damit die Anwärter möglichst oft am Ruder stehen können, wird das Hauptruder mit drei großen Rädern bedient. Es steht auf der Poop vor dem Kartenhaus. Insgesamt fährt die Bark vier Beiboote – zwei in Davits auf der Poop, zwei auf dem Deckshaus gelascht –, davon ist eines eine Motorbarkasse. Dazu kommen mehrere automatische Rettungsinseln.

Jährlich werden zwei bis drei Ausbildungsreisen gemacht. Die kleineren führen meist zu Häfen der Nordseeküste, die großen in den Atlantik (Kanaren, Bermudas, Antillen, New York usw.). Während der Wintermonate liegt das Schiff in Kiel aufgelegt.

Während einer halbjährigen Werftliegezeit in Kiel wurde die GORCH FOCK 1985 grundlegend modernisiert.

Besonders hervorzuheben ist dabei der Einbau einer Kläranlage, einer Müllpresse und eines leistungsstarken Frischwassererzeugers. Weitere Verbesserungen betrafen die Wasch- und Toiletteneinrichtungen.

Das Backschafterwesen wurde ersetzt durch eine Cafeteria.

Seit 1989 befinden sich auch junge Frauen (Sanitätsoffiziers-Anwärterinnen) unter den bis dahin ausschließlich männlichen Lehrgangsteilnehmern.

Art: Bark, Stahl

Nation: Deutschland

Eigner: Deutsche Marine

Heimathafen: Kiel

Baujahr: 1958; Stapellauf 23. August 1958, Indienststellung 17. Dezember 1958

Werft: Blohm & Voss, Hamburg

Vermessung:
1760 ts Deplacement

Abmessungen:
Länge über alles	89,30 m
Länge Rumpf	81,20 m
Länge zwischen den Loten	70,20 m
Breite	12,00 m
Seitenhöhe	7,30 m
Tiefgang	5,00 m

Segelfläche: 2037 qm

Besegelung: 23 Segel; 4 Vorsegel, Doppel-Marssegel, einfache Bramsegel, Royals; Besanmast: Unterbesan, Oberbesan, Besan-Toppsegel

Masten: Höhe Fock- und Großmast über KWL 45,30 m; Höhe Besanmast über KWL 40 m

Hilfsmotor: Deutz-MWM-Diesel BV6M628, 1660 PS

Besatzung: 269 Personen; Kommandant, 9 Offiziere, Arzt, Meteorologe, 36 Unteroffiziere, 21 Mannschaften, 200 Offiziers- und Unteroffiziers-Anwärter

Verwendung: Schulschiff unter Segeln

Greif

ex Wilhelm Pieck

Art: Brigantine, Stahl

Nation: Deutschland

Eigner: Hansestadt Greifswald, Gemeinnützige GmbH

Heimathafen: Greifswald

Baujahr: Kiellegung 27. Februar 1951, Stapellauf 26. Mai 1951, Indienststellung 2. August 1951

Werft: Warnow-Werft, Warnemünde

Vermessung: 290 ts Deplacement; 179,2 BRT

Abmessungen:
Länge über alles 41,00 m
Länge Rumpf 35,00 m
Länge zwischen den Loten 32,00 m
Breite 7,40 m
Tiefgang 3,60 m
Segelfläche: 570 qm

Besegelung: 13 Segel; 4 Vorsegel; Fockmast: Einfaches Marssegel, Einfaches Bramsegel, Royal, Skyesegel; Großmast: Gaffelsegel, Gaffel-Toppsegel, Stagsegel, Stengestagsegel, Bramstagsegel

Masten: Beide Masten mit einer Stenge; Höhe Großmast über der Wasserlinie 32 m

Hilfsmotor: MTU-Marine-Diesel, 171 kW

Besatzung: 8 Personen Stammbesatzung, bis zu 35 Mitsegler

Verwendung: Seefahrten mit Jugendlichen, Charterfahrten

Das Schiff ist die letzte echte Brigantine, die gebaut wurde, und eine der ganz wenigen, die heute noch fahren. Dieser schnelle und scharf gesegelte Schiffstyp war im 19. Jahrhundert bei der Küsten-Schmuggelei sehr beliebt und selbstverständlich auf der anderen Seite auch das wichtigste Fahrzeug des Küstenschutzes. Die Segelbesatzung konnte klein gehalten werden, und es blieben deshalb genügend Hände für die Geschützbedienung.

Seinen ex-Namen trug der Segler nach dem ersten Präsidenten der ehemaligen DDR. Das Deckshaus auf dem Hauptdeck umschließt in erster Linie die Kombüse, daneben noch kleinere Vorratsräume. Vor dem Kartenhaus auf dem erhöhten Quarterdeck steht das Hauptruderrad mit dem Kompaß. Die Patent-Anker werden nur mit dem Gangspill auf die Back gehievt. Neben automatischen Rettungsflößen führt das Schiff zwei Dienstboote in Davits.

Das Großstagsegel wird an einem Baum gefahren. Bei ihren Reisen befährt die Brigantine hauptsächlich die Ostsee.

Das ehemalige Schulschiff der »Gesellschaft für Sport und Technik« (DDR) wurde durch die Treuhand am 31. Januar 1991 an die Stadt Greifswald übergeben. Am 25. Februar 1991 gründete die Stadt den Verein »Museumshafen Greifswald e. V.«.

Grönland

Art: Nordische Jagt, Holz

Nation: Deutschland

Eigner: Stiftung Deutsches Schiffahrtsmuseum – Bremerhaven

Heimathafen: Bremerhaven

Baujahr: 1867/68

Werft: Tolleff Tolleffsen und Helge Johannsen in Skonevig, Norwegen

Vermessung: 85 ts Deplacement; 48,05 BRT; 29,53 NRT

Abmessungen:
Länge über alles 29,30 m
Länge Rumpf 19,70 m
Länge zwischen den Loten 18,10 m
Breite 6,06 m
Raumtiefe 2,30 m
Tiefgang 2,20 m

Segelfläche: 283 qm

Besegelung: 7 Segel (zwei Rahsegel)

Masten: Höhe Mast über Deck 19,84 m

Hilfsmotor: Deutz-Diesel, 6 Zyl., 120 PS

Besatzung: 12 Personen

Verwendung: Segelndes Museumsschiff

Obwohl die GRÖNLAND nicht zu den »großen« Segelschiffen gehört, soll sie erwähnt werden, denn sie hat Geschichte gemacht: 1868 war sie das Schiff der ersten deutschen Nordpolarexpedition des Gothaer Geographen Dr. Petermann und seines Expeditionsleiters Kapitän K. Koldewey.

Großherzogin Elisabeth

ex ARIADNE
ex SAN ANTONIO
ex BUDDI
ex SANTONI
ex SAN ANTONIO

Art: 3-Mast-Toppgaffelschoner, Stahl

Nation: Deutschland

Eigner: Schulschiffverein Großherzogin Elisabeth e. V.

Heimathafen: Elsfleth

Baujahr: 1909

Werft: Jan Smit, Alblasserdam, Niederlande

Vermessung: 463 BRT; 267 NRT

Abmessungen:
Länge über alles 66,00 m
Länge zwischen den Loten 46,00 m
Breite 8,30 m
Seitenhöhe 4,00 m
Tiefe im Raum 2,80 m
Tiefgang 3,00 m

Segelfläche: 1000 qm

Besegelung: 12 Segel; 4 Vorsegel, alle Masten, Gaffelsegel und Gaffeltoppsegel

Masten: Höhe Großmast über Deck 30,50 m, Masten mit einer Stenge

Hilfsmotor: Caterpillar Dieselmotor, 400 PS

Besatzung: 62 Personen

Verwendung: Schulschiff unter Segeln

GROSSHERZOGIN ELISABETH wurde als Dreimastschoner für holländische Rechnung gebaut. Ihren jetzigen Namen erhielt sie 1982 nach dem 1901 gebauten Vollschiff GROSSHERZOGIN ELISABETH des ehemaligen Deutschen Schulschiff-Vereins. Als erstes Segelschiff erhielt sie anstatt einer Dampfmaschine einen Dieselmotor. Als Frachtsegler fuhr der Schoner dreißig Jahre lang zwischen Nord- und Westafrika. In den vierziger Jahren wurde das Schiff abgeriggt und fuhr unter schwedischer Flagge mit Namen BUDDI in der Küstenfahrt.

1973 fand Kapitän H. Paschburg das aufgelegte Schiff in einem kleinen schwedischen Hafen. Mit Unterstützung Hamburger Reeder und Kaufleute wurde die ARIADNE, so hieß sie von da an, nach Originalplänen umgebaut und ihrem Aussehen als ehemaliger Segler angepaßt. Sie erhielt ein vollständig neues Rigg. Ihr Name erinnerte an die kretische Königstochter, die Theseus aus dem Labyrinth half. Das Schiffsinnere wurde als Privatschiff für Passagierkreuzfahrten eingerichtet, Flaggenstaat war zu dieser Zeit Panama.

Während dieser Zeit führten die Segeltörns zu den Inseln und Schären der Ostsee, ins Mittelmeer und in die Karibik. Dem deutschen Admiral's Cup-Team diente sie 1977 als Hauptquartier bei den Regatten vor Cowes.
Seit 1982 dient der Schoner mit neuem Namen der Seemannsschule in Elsfleth im Winterhalbjahr als Internat für Seefahrtsschüler.
Heute schmückt die Namensgeberin als Galionsfigur den Bug des Schiffes. Die alte Galionsfigur befindet sich im Museum von Skillinge in Schweden.

Hansekogge – Kiel

Art: Kogge, Nachbau von 1380, Holz

Nation: Deutschland

Eigner: Verein »Jugend in Arbeit Kiel e. V.«

Heimathafen: Kiel

Baujahr: 1987–1989; Stapellauf 30. Oktober 1989

Werft: Bootswerft Rathje, Kiel

Vermessung: Schiffsgewicht 60 t; Ballast 26 t; 86 ts Deplacement

Abmessungen:
Länge über alles	23,27 m
Kiellänge	15,60 m
Breite	7,62 m
Seitenhöhe	3,14 m
Tiefgang	2,25 m

Segelfläche: 200 qm

Besegelung: 1 Segel (3 Bonnets)

Masten: 1 Mast; Höhe über Deck 25 m

Hilfsmotor: 2x Volvo-Penta-Diesel TAMD 41 HD, 145 PS, treiben 2x Schottel-Pumpjets, Typ SPJ 22, an

Besatzung: 10 Personen Stammbesatzung, bis 35 Gäste bei Tagesfahrten

Verwendung: Fahrten auf den Routen der alten Hanse im Ostseeraum vor allem mit Jugendlichen zur Völkerverständigung und Exkursionen mit Schulklassen

Die Kogge war das Hauptschiff der Deutschen Hanse. Ab dem 13. Jahrhundert waren diese bauchigen Handelssegler mit Rahsegel und Heckruder im Einsatz. Die Abbildungen auf den Stadtsiegeln von Elbing (1242) und Kiel (1365) geben einen guten Eindruck vom Aussehen dieser Schiffe. Nach den Wikingerschiffen taucht erstmals das Rahsegel in Nordeuropa auf. Die Segelfläche konnte damals durch Anheften von Tuchstreifen (Bonnets) vergrößert oder verkleinert werden. Es war dies der Anfang der Rahsegelentwicklung. Die Vergrößerung der Segelfläche machte eine Unterteilung notwendig, die damit endete, daß bei den Schnellseglern des 19. und 20. Jahrhunderts bis zu sieben Segel (Skysegel) übereinander standen.

Im Oktober 1962 fand man bei Baggerarbeiten im ehemaligen Weserbett bei Bremen Schiffsplanken, die, wie sich herausstellte, zu einer Kogge gehörten. An Steuerbord war sie vom Kiel bis zum Handlauf des Achterkastells fast vollständig erhalten.

Der Nachbau verkörpert das klassische Bild der Kogge. Es ist keine hypothetische Rekonstruktion – in Form und Bauweise ist alles authentisch. Typische Merkmale des Rumpfes sind eine gerade, flache Kielplanke und gerade Vor- und Achtersteven. Die Kielplanke und die Steven sind durch Stevenknie miteinander verbunden. Die Rumpfschale wurde im Boden karweel und an den Seiten klinker beplankt. Die Klinkernähte der Seitenplanken sind durch Nägel mit flach-rechteckigem Querschnitt (Spieker) miteinander verbunden. Die Plankennähte waren vorwiegend mit Werg kalfatert, das mit Leisten in die Fugen gepreßt, und dann mit krampenförmigen Klammern (Senteln) befestigt wurde.

In Zusammenarbeit mit dem Deutschen Schiffahrtsmuseum in Bremerhaven wurde der Nachbau im Rahmen einer Arbeitsbeschaffungsmaßnahme (ABM) durchgeführt, wobei die jungen Mitarbeiter zu qualifizierten Fachkräften herangebildet wurden.

Jachara

ex SKARVHOLMEN

Art: 2-Mast-Gaffelschoner, Holz

Nation: Deutschland

Eigner: Nordelbische Gesellschaft für Diakonie

Heimathafen: Eckernförde

Baujahr: 1951

Werft: Bardset, Nordmøre, Norwegen

Vermessung: BRZ 49,93

Abmessungen:
Länge über alles 28,20 m
Länge Rumpf 22,2 m
Breite 5,79 m
Tiefgang 2,52 m

Segelfläche: 230 qm

Besegelung: 5 Segel

Hilfsmotor: GM Detroit, 230 PS

Besatzung: 3 Personen Stammbesatzung, 10 Jugendliche

Verwendung: Pädagogisches Schulschiff

Die jetzige JACHARA (= viel Glück, viel Freude) ist die Nachfolgerin eines Schiffes gleichen Namens, das als griechischer Schwammtaucher 1943 gebaut und aus Altersgründen 1979 verkauft werden mußte. Auch als kleineres Segelschiff soll die JACHARA erwähnt werden, weil sie als Segler ein pädagogisches Hilfsmittel bei der Erziehung körperlich und geistig behinderter sowie verhaltensgestörter Jugendlicher ist. Das Diakonische Werk Schleswig-Holstein verwendet sie für Jugendliche aus den eigenen Einrichtungen.

Johann Smidt

ex EENDRACHT

Art: 2-Mast-Gaffelschoner, Stahl

Nation: Deutschland

Eigner: CLIPPER – Deutsches Jugendwerk zur See e. V.

Heimathafen: Bremen

Baujahr: 1974, Stapellauf 1. Juni 1974

Werft: Cammenga, Amsterdam

Vermessung: 174,84 BRT; 101 NRT

Abmessungen:
Länge über alles 35,94 m
Länge Rumpf 32,39 m
Länge zwischen den Loten 27,24 m
Breite 8,03 m
Seitenhöhe 4,94 m
Tiefgang 3,64 m

Segelfläche: 548 qm

Besegelung: 8 Segel (mit Breitfock)

Masten: Höhe Großmast über Deck 34 m

Hilfsmotor: G. M. Detroit Diesel, 400 PS

Besatzung: 6 Personen Stammbesatzung, 31 Schüler

Verwendung: Schulschiff unter Segeln

Der Schoner gehörte bis zum Oktober 1989 der niederländischen Vereinigung Stichting Het Zeilende Zeeschip. EENDRACHT sollte vor allem jungen Holländern die Möglichkeit bieten, Seefahrt unter Segeln kennenzulernen. Bei vielen S.T.A.-Regatten hat das Schiff seine guten Segeleigenschaften bewiesen. Während der SAIL '80 in Amsterdam war es Flaggschiff der Parade. 1989 erfolgte der Ankauf durch den jetzigen Eigner. EENDRACHT ist in Holland durch den 3-Mast-Gaffelschoner EENDRACHT II ersetzt worden. Wegen der jetzigen Verwendung sei auf den 3-Mast-Toppsegelschoner ALBATROS verwiesen. Das Schiff wurde nach dem Bremer Bürgermeister Johann Smidt benannt.

Jola

ex OUTLAW

Art: Brigantine, Holz

Nation: Deutschland

Eigner: derzeit nicht bekannt

Liegehafen: derzeit Bremerhaven

Baujahr: 1946

Werft: Astilleros Naviera Mallorquina, Palma de Mallorca, Spanien

Vermessung: 171,29 BRT

Abmessungen:
Länge über alles 39,6 m
Länge Rumpf 33,5 m
Länge in der Wasserlinie 29,9 m
Breite 8,0 m
Tiefgang 3,2 m

Segelfläche: 800 qm

Hilfsmotor: 6 Zylinder Deutz-Diesel, 200 PS

Besatzung: 8 Personen Stammbesatzung, 16 Jugendliche

Verwendung: derzeit keine

Nach ihrer Zeit als Handelsfahrer wurde die damalige OUTLAW 1978 vom Verein »Jugendschiff Corsar e. V.« in Beverstedt übernommen. Viele Jahre lang waren Jugendliche für eine sozialpädagogische Betreuung an Bord. Mit ähnlichen Aufgaben lag sie anschließend als Wohnschiff in Bremen.
Seit 1995 liegt sie mit neuem Namen JOLA ohne Verwendung in Bremerhaven. Angeblich soll sie nach Frankreich verkauft worden sein.

Lili Marleen

Art: Barkentine, Stahl

Nation: Deutschland

Eigner: SSD Segelschiffahrtsgesellschaft Deilmann GmbH & Co.

Heimathafen: Neustadt in Holstein

Baujahr: 1994; Stapellauf 28. Mai 1994

Werft: Elsflether Werft AG

Vermessung: BRZ 704; NRZ 243

Abmessungen:
Länge über alles	73,98 m
Länge Rumpf	65,00 m
Länge zwischen den Loten	56,46 m
Breite	9,50 m
Raumtiefe	5,50 m
Seitenhöhe	4,35 m
Tiefgang	3,90 m

Segelfläche: 1200 qm

Besegelung: 15 Segel; Fockmast: Focksegel, Doppel-Marssegel, einfaches Bramsegel, Royalsegel

Masten: Höhe Großmast über Deck 35,00 m

Hilfsmotor: MAN D 2842 LYE, 660 kW

Besatzung: 25 Personen Stammbesatzung, 50 Gäste (25 Passagierkabinen)

Verwendung: Segelfahrgastschiff

Der Name des Segelkreuzfahrtschiffes nach dem gleichnamigen, von Norbert Schulze vertonten Gedicht von Hans Leip steht für den Reeder Peter Deilmann gleichbedeutend für die »Sehnsucht in aller Welt nach Frieden«. Der amerikanische Literaturnobelpreisträger John Steinbeck bekannte, daß für ihn »Lili Marleen« das schönste Liebesgedicht aller Zeiten sei.
Im Wettstreit damit lagen offensichtlich auch die Konstrukteure des Schiffes. Die Barkentine ist ein Segler der Sonderklasse geworden. Auf dem Schiff befinden sich alle Annehmlichkeiten eines modernen Kreuzfahrers. Selbstverständlich genügen auch die Sicherheitseinrichtungen allen Anforderungen. Die Gäste können auf Wunsch nach Unterweisung an der Schiffsbedienung teilnehmen und schließlich auch bei Segelmanövern mit Hand anlegen. Bevorzugte Segelreviere und Reiseziele sind das Mittelmeer und die Karibik.

Lilleholm

ex MARTANA
ex MARTIN
ex FREMAD
ex DOROTHEA

Art: 2-Mast-Stagsegelschoner, Holz

Nation: Deutschland

Eigner: Eignergemeinschaft Lilleholm

Heimathafen: Lübeck

Baujahr: 1893

Werft: Hansen, Marstal, Ærø, Dänemark

Abmessungen:
Länge über alles 21 m
Breite 5 m
Tiefgang 2,40 m

Segelfläche: keine Angaben

Besegelung: 5 Segel

Hilfsmotor: 6-Zylinder-Ford-Diesel, 150 PS, 110,40 kW

Verwendung: Privatschiff der Eignergemeinschaft

Für deutsche Rechnung wurde der Marstal-Schoner mit dem charakteristischen Spiegelheck gebaut. Unter deutscher Flagge und auch nach mehreren Eignerwechseln unter dem Danebrog fuhr das Schiff mit verschiedensten Ladungen als Frachtsegler vornehmlich in der Ostsee. In den sechziger Jahren spielte der Segelantrieb kaum noch eine Rolle, weil ein Hilfsmotor eingebaut worden war. Mit Namen LILLEHOLM gelangte das Schiff 1965 wieder in deutsche Hände. Der Umbau zum Passagierschiff der gehobenen Klasse erfolgte in Frankfurt/Main, brachte den neuen Eigner allerdings in wirtschaftliche Schwierigkeiten. Das Schiff mußte verkauft werden. Da es viel Wasser machte, mußten die jetzigen Eigner mit großem Aufwand und mit viel Eigenarbeit grundüberholen. Der Rumpf erhielt eine zweite Haut aus Ferrozement. 1993 bekam LILLEHOLM einen neuen Kiel.

Mary-Anne

Art: Barkentine, Stahl

Nation: Deutschland

Eigner: Segeltouristik Meyer zur Heyde GmbH & Co. KG, Laboe

Heimathafen: Kiel

Baujahr: 1995/96; Stapellauf 1995

Werft: Radunia, Danzig und Gebrüder Friedrich, Kiel

Konstrukteur: Herward W. A. Oehlmann, Travemünde

Vermessung:
480 ts Deplacement; BRZ 404; 150 NRT

Abmessungen:
Länge über alles 65,85 m
Länge Rumpf 53,60 m
Länge zwischen den
Loten 43,20 m
Breite 7,95 m
Seitenhöhe 5,50 m
Tiefgang 4,40 m

Segelfläche: 960 qm

Besegelung: 16 Segel; Fockmast: Focksegel, Doppel-Marssegel, einfaches Bramsegel, Royalsegel

Masten: Höhe Großmast über Deck 34 m

Hilfsmotor: Klöckner-Humboldt-Deutz-Diesel, Bf 8M 816, 660 PS

Besatzung: 12 Personen

Stammbesatzung, 50 Gäste bei Belegung aller Kojen, 120 Gäste bei Tagesfahrten

Verwendung: Club-Segelschiff des Vereins Segelschiff »Mary-Anne« e. V., Gästefahrten

Gebaut nach dem Vorbild der schnellen Klipper der Jahrhundertwende, die sich durch besonders gute Segeleigenschaften auszeichneten, bietet die Barkentine mit ihren rassigen Linien und der luxuriösen Einrichtung für alle Veranstaltungen an Bord einen außergewöhnlichen Rahmen. Auf Wunsch können die Gäste beim Segelsetzen, Navigieren und Rudergehen teilnehmen. Zierbretter (trailboards) am Bug mit dem Namenszug geben dem Schiff eine persönliche Note.

Neptun Baroness/Neptun Princess

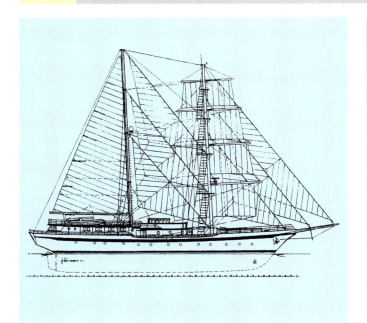

Art: Brigantinen, Stahl	Segelfläche: 1080 qm
Nation: Deutschland	Besegelung: 11 Segel; Fockmast: Focksegel, einfaches Marssegel, einfaches Bramsegel, Royal
Eigner: Neptun Sailing	
Heimathafen: Rostock	
Baujahr: 1996	Hilfsmotor: 2x MTU-Marine-Diesel, Typ 8V183TE62, 2x 330 kW
Werft: Abeking & Rasmussen, Lemwerder	
Vermessung: BRZ 499	Besatzung: 14 Personen Stammbesatzung, 36 Passagiere
Abmessungen:	
Länge über alles 55,50 m	Verwendung: Passagierfahrt
Länge über Deck 48,80 m	
Länge in der Wasserlinie 39,90 m	
Breite 9,98 m	
Tiefgang (leer) 3,50 m	

Die beiden Brigantinen gehören nach der LILI MARLEEN zu den ersten Großseglerneubauten in Deutschland. Der Bau der Rümpfe erfolgte bei Abeking & Rasmussen in Lemwerder, der weitere Auf- und Ausbau sowie die Takelung bei der Neptun Industrie Rostock GmbH.

Die Werften beschreiben ihre Schiffe so: »Die Schiffe in ihren klaren und traditionellen Linien wecken Erinnerungen an längst vergangene Großseglerzeiten, ohne daß der Gast auf einen erstklassigen Komfort verzichten muß. Das ausgewogene Verhältnis von Rumpf und Rigg verleiht den Schiffen gute Segeleigenschaften und ein großes Geschwindigkeitspotential.

Die 36 Passagiere in anspruchsvollen, klimatisierten Zwei-Bett-Kabinen, mit Toilette und Dusche, werden von einer 14köpfigen Besatzung betreut, Restaurant und Bar runden die Ausstattung ab.

Entsprechen die Schiffe in ihren Linien auch den traditionellen Vorstellungen, so sind sie doch mit der Technik unserer Zeit ausgestattet und garantieren den höchsten Sicherheitsstandard der nationalen und internationalen Vorschriften.«

Nobile

ex KATHLEEN	
ex JØDNAFJELL	
Art: Gaffelkutter, Stahl	Abmessungen:
	Länge über alles 38,50 m
	Länge Rumpf 26,00 m
Nation: Deutschland	Länge zwischen den Loten 24,30 m
	Breite 5,60 m
Eigner: Stadt Wolgast	Seitenhöhe 3,40 m
	Tiefgang 2,9 bis 6,1 m (Schwert)
Heimathafen: Wolgast/Kröslin	
Baujahr: 1919 (Umbau 1994)	Segelfläche: 500 qm, 950 vor Wind (Spinnaker)
Werft: Oulton Broad, Lowestoft, England	Besegelung: 5 Segel + Spinnaker
Vermessung: 80,14 BRT; 40,34 NRT	Masten: Höhe Großmast über Kiel 36,00 m
Hilfsmotor: Caterpillar-Turbo-Diesel, 300 PS	
Besatzung: 6 Personen Stammpersonal, 14 Trainees, 25 Gäste bei Tagesfahrten	
Verwendung: Jugendsegler (Ostsee/Nordsee) (LebenLernen auf Segelschiffen e. V., Projekt »Umberto Nobile«)	

Es mag verwunderlich erscheinen, ein einmastiges Segelschiff zu den »Großen« zu zählen, aber mit 950 qm Segelfläche ist NOBILE dabei. Mit Namen KATHLEEN wurde sie als Zweimaster gebaut. 1947 erfolgte der Verkauf nach Norwegen. Haugessund wurde der Heimathafen. Auch nach der Verlegung nach Kristiansund war JØDNAFJELL, wie sie als Norwegerin hieß, im Fischfang beschäftigt – jetzt allerdings ohne Masten. 1985 wurde Trondheim der neue Heimathafen. Das Schiff

wurde fortan als Dynamitfrachter eingesetzt. Im Juli 1993 begann der Umbau zum Rennkutter nach dem Vorbild traditioneller America's Cupper in ABM durch »Leben-Lernen auf Segelschiffen« e. V. in Wolgast. Seit Januar 1995 ist die Stadt Wolgast Eigentümerin des Seglers.
Seinen Namen hat er nach dem italienischen Polarforscher und Luftfahrtingenieur Umberto Nobile (1885 – 1978) bekommen. 1926 hat Nobile mit dem Luftschiff »Norge« zusammen mit Roald Amundsen und Lincoln Ellsworth den Nordpol überfahren.

Die rassigen Unterwasserlinien und die sehr große Segelfläche verleihen der NOBILE eine erstaunliche Geschwindigkeit. Schon bei Windstärken von knapp Beaufort 4 wurden $8^{1}/_{2}$ Knoten geloggt. Zur Kursstabilität dient ein 8 Tonnen schweres, drehbar gelagertes Schwert, das mit Hilfe der handbetriebenen Schwertwinde im mittschiffs gelegenen Schwertkasten bewegt wird. Die Mitfahrgelegenheiten stehen jedermann offen.

Norden

NORDEN, eine robuste kleinere Schwester der GRÖNLAND, transportierte während ihrer Zeit als Frachtsegler vorwiegend Holz und gesalzenen Klippfisch. Zeitweilig war sie auch im Liniendienst zwischen Bergen und den Lofoten eingesetzt worden. Am Ende ihrer Frachtfahrt fuhr sie nur noch mit Motor, das Rigg war abgenommen worden. 1978 wurde das Schiff in Bremerhaven zum Segler zurückgebaut, dabei erhielt es einen 28,5 m hohen Mast.
1988 kaufte der jetzige Eigner die Jagt. Sein Motto, und zugleich Anreiz für die Gäste: »Heute segeln wie gestern«.

Art: Nordische Jagt, Holz

Nation: Deutschland

Eigner: Peter Fleck

Heimathafen: Lübeck

Baujahr: 1870

Werft: in Skonevig, Norwegen

Vermessung: ca. 30 ts Deplacement

Abmessungen:
Länge über alles 28,5 m
Breite 5,95 m
Tiefgang 2,4 m

Segelfläche: 259 qm

Besegelung: 5 Segel

Hilfsmotor: Deutz-Diesel, 150 PS

Besatzung: 6 Personen, bis zu 16 Passagiere

Verwendung: Privatschiff, Charterschiff

Passat

PASSAT wurde für den Reeder F. Laeisz, Hamburg, als Baunummer 206 bei Blohm & Voss (zusammen mit dem Schwesterschiff PEKING, Baunummer 205) gebaut. Der Preis betrug 680 000 Mark. Im Januar 1912 lief PASSAT zur ersten Reise nach Chile aus. Bis zum Ersten Weltkrieg machte sie weitere fünf Reisen in der Salpeterfahrt. Bei Kriegsbeginn lag sie mit anderen Seglern in Iquique. Die Heimreise mit 4700 t Salpeter an Bord konnte erst am 27. Mai 1921 angetreten werden – Marseille for order. Das Schiff mußte an Frankreich abgeliefert werden.

Die Franzosen hatten aber damals gar keine Verwendung für die große Viermastbark. Deshalb kaufte Laeisz im Dezember 1921 sein Schiff für 13 000 Pfund zurück. Die deutsche Mannschaft ging am 3. Januar 1922 an Bord. Nach ihrer Instandsetzung in Hamburg wurde PASSAT erneut in der Salpeterfahrt verwendet. 1927 folgte die Einrichtung als frachtfahrendes Schulschiff.

Bei einer Kollision mit dem französischen Dampfer DAPHNE im August 1928 im Kanal sank der Dampfer nach wenigen Minuten. Eine weitere Kollision im Kanal mit dem britischen Dampfer BRITISH GOVERNOR im Juni 1929 verursachte erheblichen Schaden an der PASSAT.

Bei beiden Kollisionen mußte sie für die Reparaturen Rotterdam anlaufen. 1932 wurde sie für 6500 Pfund an den finnischen Reeder Gustaf Erikson aus Mariehamn verkauft. Unter finnischer Flagge fuhr das Schiff bis zum Zweiten Weltkrieg in der Australienfahrt.

Während des Krieges lag es zunächst aufgelegt in Mariehamn. Am 6. Juli 1944 wurde PASSAT im Schlepp nach Stockholm gebracht und dort bis 1946 als Getreidespeicher verwendet. Die erste Reise nach dem Krieg führte nach Südafrika und Australien. Die Ladung bei der Heimreise bestand aus 56000 Sack Weizen, der für England bestimmt war. PASSAT und PAMIR lagen dann einige Zeit in Penarth bei Cardiff ohne Beschäftigung. Im Januar 1951 wurde bekannt, daß beide Schiffe an belgische Abwrackfirmen verkauft werden sollten.

Kapitän Helmut Grubbe setzte sich zusammen mit dem Reeder Heinz Schliewen für den Rückkauf beider Segler ein. Dies gelang gerade noch rechtzeitig. Der neue Eigner war Schliewen, der Heimathafen Lübeck.

Am 20. Juni 1951 traf PASSAT in Travemünde ein. Es folgte eine gründliche Überholung und Modernisierung bei den Kieler Howaldt-Werken. Die Kosten dafür betrugen 2,7 Millionen Mark (Hilfsmotor, wasserdichte Schotts, zwei

Art: Viermastbark, Stahl	Vermessung: 3180,61 BRT; als Segler ohne Motor 2870 NRT, 4750 t Tragfähigkeit; als Schulschiff mit Motor 2593 NRT, 4223 t Tragfähigkeit
Nation: Deutschland	
Eigner: Sportamt Lübeck (Stadt Lübeck, Verein »Rettet die Passat«)	
Liegeplatz: Travemünde, Am Priwall	
Baujahr: 1911; Kiellegung 2. März 1911, Stapellauf 20. September 1911, seefertig 25. November 1911	
Werft: Blohm & Voss, Hamburg (Helgen I der Alten Werft zur Norderelbe)	

Abmessungen:
Länge über alles	115,00 m
Länge Rumpf	106,40 m
Länge zwischen den Loten	96,01 m
Breite	14,40 m
Raumtiefe	8,08 m
Tiefgang (Salpeterladung)	6,70 m

Segelfläche: 4100 qm

Besegelung: 34 Segel; 4 (5) Vorsegel, Doppel-Marssegel, Doppel-Bramsegel, Royals Besanmast: Unterbesan, Oberbesan, Besan-Toppsegel

Masten: Höhe Großmast über Deck 52 m, Vor-, Groß-, Kreuzmast mit einer Stenge: Besanmast einteilig

Hilfsmotor: 6 Zylinder Krupp-Dieselmotor, 900 PS (seit Umbau 1951); Geschwindigkeit mit Maschine 6,5 kn; als Höchstgeschwindigkeit unter Segeln wurden 16,4 kn geloggt

Besatzung: Nach Umbau 1951: insgesamt 80 bis 90 Personen, davon etwa 50 bis 55 Jungmänner und Deckjungen

Verwendung: Veranstaltungen mit Übernachtungsmöglichkeiten. Ausstellung über die große Zeit der Rahsegler.

Deckshäuser, Laufbrücken, Braß- und Fallwinden aufs Hochdeck u. a.). Die Klassifizierung durch den Germanischen Lloyd ergab + 100 A 4, also das beste Ergebnis. Am 12. Februar 1952 segelte PASSAT mit Zement nach Brasilien und Argentinien. Ende Juni kehrte sie dann mit Getreide zurück. Die zweite Reise begann bereits im Juli 1952. Sie führte ebenfalls nach Südamerika. Von Februar 1953 bis Juni 1955 lag das Schiff in Travemünde aufgelegt. Schliewen hatte seine Zahlungen einstellen müssen. Die Schleswig-Holsteinische Landesbank setzte Kapitän Grubbe als Treuhänder für PAMIR und PASSAT ein.

In der zweiten Hälfte des Jahres 1954 bildeten etwa 40 deutsche Reeder die »Stiftung Pamir und Passat«. Beide Schiffe führten nun die Kontorflagge der Firma Zerssen & Co. des Korrespondentreeders Konsul Thomas Entz in Rendsburg. PASSAT macht bis 1957 noch fünf Reisen nach Südamerika unter dem Kommando von Kapitän Grubbe. Bei der letzten Reise ging die Schüttladung (Gerste) über. Es entstand dadurch eine gefährliche Krängung. Die mit Weizen gefüllten Ballast-Tieftanks mußten geflutet werden. In Lissabon wurde das Schiff geleert, um diese Tanks räumen zu können. Am 8. Dezember 1957 kehrte der Segler mit voller Ladung nach Hamburg zurück. Die letzte große Reise dauerte vom 18. Juli 1957 bis 8. Dezember 1957. Nach zweijähriger Liegezeit in Hamburg verkaufte die Stiftung PASSAT an die Stadt Lübeck. Am 5. Januar 1960 wurde sie durch den Nord-Ostsee-Kanal nach Travemünde geschleppt. Am Priwall diente sie der »Landesausbildungsstätte für seemännischen Nachwuchs« als Wohn- und Ausbildungsschiff. 1965 wurde PASSAT bei den Lübecker Flender-Werken gedockt. Im gleichen Jahr hat die Schule das Schiff der Stadt Lübeck zurückgegeben. PASSAT steht jetzt verschiedenen Segler- und Sportlehrgängen zur Verfügung.

Im Ausstellungsbereich wird das Groß-Untermarssegel gezeigt, das 1936 für die damalige KOMMODORE JOHNSEN gemacht wurde. Es ist ein Geschenk der SEDOV. 1997/98 erfolgten aufwendige Überholungsarbeiten bei den Flender-Werken in Lübeck.

Rakel

Art: Gaffelketsch, Holz	
Nation: Deutschland	
Eigner: Falk Pfau	
Heimathafen: Bremerhaven	
Baujahr: 1896	
Werft: Colin Archer, Larvik, Norwegen	
Vermessung: keine Angaben	

Abmessungen:
Länge über alles	27 m
Breite	5,30 m
Tiefgang	2,60 m

Segelfläche: 211 qm

Besegelung: 7 Segel

Hilfsmotor: 6-Zylinder-MWM-Diesel, 112 kW

Besatzung: 2 Personen Stammbesatzung, 10 Mitsegler

Verwendung: Privatschiff, Charterschiff

Für Laurits S. Larsen aus Alesund hatte der berühmte norwegische Schiffbauer Colin Archer die RAKEL gebaut. Das Schiff, mit seinem typisch spitz zulaufenden Heck erwies sich auch unter härtesten Bedingungen als außerordentlich seetüchtig. Selbst als Eisbrecher wurde es in späteren Jahren eingesetzt. RAKEL war in norwegischen Gewässern jahrzehntelang als Fischereifahrzeug im Einsatz. Stärkere Motoren verdrängten zunehmend den Segelantrieb. 1977 kaufte Petter Kjølleberg aus Borhaug das Schiff und setzte es zum Fang von Kabeljau ein, den er als Stockfisch nach Nigeria verkaufte. 1980 erwarb der jetzige Eigner die RAKEL. Nach Originalplänen aus dem Osloer Seefahrtsmuseum wurde das Schiff restauriert und neu getakelt. Die Arbeiten dauerten vier Jahre. Die Segelreviere sind heute die Nord- und Ostsee, aber auch Langtörns können unternommen werden.

Rickmer Rickmers

ex SANTO ANDRÉ
ex SAGRES I
ex FLORES
ex MAX
ex RICKMER RICKMERS

Art: Bark, Stahl

Nation: Deutschland

Eigner: Verein »Windjammer für Hamburg e. V.«

Liegehafen: Hamburg

Baujahr: 1896

Werft: R. C. Rickmers, Geestemünde (Bremerhaven)

Vermessung: 3067 ts Deplacement; 1980 BRT

Abmessungen:
Länge über alles	97,00 m
Länge Rumpf	86,00 m
Länge zwischen den Loten	79,00 m
Breite	12,20 m
Raumtiefe	7,70 m
Tiefgang	6,00 m

Segelfläche: 3500 qm

Besegelung: 24 Segel; 4 Vorsegel, Doppel-Marssegel, Doppel-Bramsegel, Royals; Besanmast: Besansegel, Besan-Toppsegel

Masten: Fock- und Großmast mit Mars- und Bramstenge; Besanmast mit einer Stenge

Hilfsmotor: 2 Krupp-Diesel-Motoren, je 350 PS; Geschwindigkeit mit Maschine ca. 10 kn

Besatzung: Als Schulschiff 12 Offiziere, 22 Unteroffiziere, 140 Mannschaften, bis zu 200 Kadetten

Verwendung: Museumsschiff

Die Reederei Rickmers ließ 1896 die RICKMER RICKMERS als Vollschiff bauen. Sie wurde hauptsächlich als Handelsfahrer in der Ostasienfahrt beschäftigt. Bei der Ausreise hatte das Schiff meist Kohle geladen, bei der Heimreise Reis und den damals sehr begehrten Bambus. Schließlich fuhr es auch noch in der Salpeterfahrt. Nachdem 1905 bei einem Sturm schwere Schäden an der Takelage entstanden waren, mußte der Segler aus wirtschaftlichen Gründen als Bark getakelt werden. Am Rumpf ist bemerkenswert, daß die Oberkante des sehr hohen Schanzkleides fast auf gleicher Höhe mit dem Back- und Poopdeck verläuft. Das Schiff erhält dadurch einen geschmeidigen Sprung und ein sehr elegantes Aussehen.

1912 verkaufte Rickmers die Bark mit dem neuen Namen MAX an die Reederei C. Krabbenhöft & Bock in Hamburg. Sie fuhr ab da ausschließlich in der Salpeterfahrt. Als 1916 Portugal gegen Deutschland in den Krieg eintrat, befand sie sich mit einer Ladung Salpeter auf der Heimreise im portugiesischen Hafen Horta auf den Azoren. MAX wurde portugiesische Prise. Unter dem Namen FLORES fuhr der Segler dann bis Kriegsende Kriegsmaterial über den Atlantik. 1924 erfolgte der Umbau zum Schulschiff SAGRES der portugiesischen Kriegsmarine. Die Galionsfigur, die Rickmers darstellte, wurde durch den Infanten Heinrich der Seefahrer ersetzt. Alle Rahsegel sowie das Besansegel erhielten ein großes rotes Kreuz mit weißem Feld.

Die hohe Zahl der Stammbesatzung erklärt sich dadurch, daß auf dem Schiff in allen nautischen und militärischen Disziplinen unterrichtet wurde. Die Befehle wurden teilweise über Lautsprecher erteilt. Alle modernen Navigationsinstrumente standen der Ausbildung zur Verfügung. 1931 wurden zwei Hilfsdiesel-Motoren eingebaut. S.T.A.-Regattenteilnahme: 1956 und 1958. 1962 wurde SAGRES I durch SAGRES II ex GUANABARA ex ALBERT LEO SCHLAGETER ersetzt.

RICKMER RICKMERS lag viele Jahre als Versorgungs- und Depotschiff im Hafen von Alfeite (Portugal). Durch Vermittlung des Marineattachés der Deutschen Botschaft in Lissabon gelang es 1983 dem Verein »Windjammer für Hamburg«, im Tausch gegen einen kleineren Segler, die teilweise abgetakelte Bark zu erwerben. Gerade noch rechtzeitig zum 794. Hafengeburtstag kam die ehemalige RICKMER RICKMERS im Schlepp nach Hamburg. Nach mehrjähriger und sehr sorgfältiger Restaurierung liegt das Schiff jetzt als Hafenwahrzeichen in Hamburg. RICKMER RICKMERS ist Museums- und Restaurantschiff geworden.

Roald Amundsen

ex VILM

Art: Brigg, Stahl

Nation: Deutschland

Eigner: Stadt Wolgast; Betreiber: LebenLernen auf Segelschiffen e. V., Hamburg

Heimathafen: Wolgast

Baujahr: 1952

Werft: Roßlauer Werft, Elbe

Vermessung: BRZ 252

Abmessungen:
Länge über alles 50,20 m
Länge Rumpf 41,00 m
Länge zwischen den Loten 37,60 m
Breite 7,20 m
Seitenhöhe 4,40 m
Tiefgang 4,20 m

Segelfläche: 850 qm

Besegelung: 18 Segel; 4 Vorsegel, 3 Stagsegel zwischen den Masten, Besansegel; Masten: Untersegel, Doppel-Marssegel, einfaches Bramsegel, Royalsegel

Masten: Höhe Großmast über Kiel 34,00 m

Hilfsmotor: Buckau-Wolff-Diesel, 300 PS

Besatzung: 14 Personen Stammbesatzung, 26 Trainees, 50 Gäste bei Tagesfahrten

Verwendung: Jugendsegler, Schulschiff unter Segeln

Dieses Schiff wurde an der Elbe als Logger zum Fischfang in Auftrag gegeben. Noch während des Baues bestimmte die damalige NVA die Einrichtung als Tanklogger, ein mit großen Tankkapazitäten ausgestattetes Schiff. Er bekam als Projekt 235 den Namen VILM. Das Fahrzeug diente dann viele Jahre als Tank- und Versorgungsschiff und versorgte Marineeinheiten mit Treibstoff, Wasser und Ausrüstung. Ständiger Stützpunkt war Peenemünde.
In den 70er Jahren wurde das Schiff zum Bilgenwassertransporter umgebaut. In regelmäßigen Abständen besuchte es die Standorte der Volksmarine, um dort Bilgenwasser aus den jeweiligen Schiffen abzupumpen, um es dann zu einer zentralen Sammelstelle zur Aufbereitung zu bringen. Zum Jahreswechsel 1989 wurde dieser Dienst eingestellt.

Das Schiff wurde nach einem Jahr Aufliegen nach Neustadt in Holstein geschleppt und diente im Marinestandort Neustadt als Wohnschiff für die Wachmannschaft. Aus der Verkaufsmasse der »Verwertungsstelle für Bundeseigentum« in Frankfurt/M. ersteigerten der Bootsbaumeister Detlev Löll und Kapitän Hanns Temme im Dezember 1991 das Schiff. In Wolgast erfolgte dann im Rahmen eines ABM-Projektes der Umbau zur Brigg, wobei 208 Personen Arbeit fanden. Im Juli 1993 wurde das Schiff in Dienst gestellt.

Der Verein »LebenLernen auf Segelschiffen« e. V. wurde 1989 in Hamburg mit dem Ziel gegründet, erlebnispädagogische Jugendarbeit auf traditionellen Segelschiffen durchzuführen (s. auch FRIDTJOF NANSEN). Auf Luxus wurde bewußt verzichtet. Die Sicherheitsausstattung befindet sich jedoch auf dem neuesten Stand.

Sælør

SÆLØR wurde als Frachtsegler gebaut. Ihren Namen, zu deutsch »Seehundsinseln«, bekam sie nach der Inselgruppe, die südlich von Farsund liegt. Sie transportierte vor allem Baumaterial in südnorwegischen Gewässern und den Fjorden. In den dreißiger Jahren fuhr sie mit Namen BYGDA als Kümo. 1946 erfolgte eine Grundüberholung. Bis Ende der sechziger Jahre war das Schiff weiter in der Frachtfahrt beschäftigt. Seit 1980 trägt es wieder seinen Taufnamen.

In den Jahren 1981 bis 1983 wurde das Schiff völlig überholt, erhielt einen neuen Kiel sowie ein neues Kielschwein aus Eiche und im gesamten Unterwasserbereich eine Kupferbeplattung. Nach Plänen aus dem Schiffahrtsmuseum in Oslo wurde es wieder als Galeasse getakelt. Seither segelt SÆLØR als Charterschiff in den Gewässern von Nord- und Ostsee.

ex BYGDA
ex SÆLØR

Art: Galeasse, Holz

Nation: Deutschland

Eigner: Uwe Landschoof

Heimathafen: Heikendorf-Möltenort

Baujahr: 1917

Werft: in Kragerö, Südnorwegen

Vermessung: keine Angaben

Abmessungen:
Länge über alles   25 m
Breite   6,60 m
Tiefgang   2,60 m

Segelfläche: 260 qm

Hilfsmotor: Volvo-Schiffsdiesel, 206 PS

Verwendung: Charterfahrt

Schulschiff Deutschland

Nach dem Ersten Weltkrieg mußte der 1900 gegründete Deutsche Schulschiff-Verein seinen Schulsegler PRINZESS EITEL FRIEDRICH an Frankreich abgeben. Der Ersatz für dieses Schiff wurde dann 1927 der Neubau SCHULSCHIFF DEUTSCHLAND. Aus Traditionsgründen waren alle Schulschiffe des Vereins in Oldenburg registriert. Der ehemalige Großherzog von Oldenburg hatte sich des Vereins besonders angenommen und war einer seiner großen Förderer und Gönner.

S.S. DEUTSCHLAND ist als reines Schulschiff ohne Fracht entworfen worden. Kennzeichnend für die große Besatzungszahl mit dem entsprechenden Anteil an Ausbildern für die Jungen ist die lange Poop. Die Back ist mit dem Deckshaus verbunden. Ursprünglich war der Rumpf weiß gemalt. Das Schiff hat zwei durchlaufende Decks sowie sechs wasserdichte Schotts. An Festballast wurden 560 t gefahren.

Die erste große Reise dauerte von September 1927 bis Februar 1928 und führte nach Südamerika. Bis 1939 gingen die Sommerreisen regelmäßig in die Ostsee, die Winterreisen nach Nord-, Mittel- und Südamerika sowie nach Südafrika. Kurz vor Ausbruch des Zweiten Weltkrieges kehrte das Schiff zurück. Im Winter 1939/40 lag es in Elsfleth. Die Ausbildung ging trotz des Krieges weiter. Im April 1940 wurde der Segler in die Ostsee verlegt und lag im folgenden Winter in Stettin. Auch im Sommer 1941 wurden bei kleineren Fahrten in der Ostsee Lehrgänge an Bord durchgeführt. Während des Winters 1941/42 lag das Schiff in Lübeck. In Kiel erhielt es

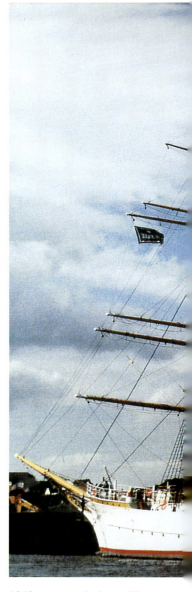

1942 magnetischen Eigenschutz gegen Minen. Es folgte ein weiterer Winter in Lübeck. 1943 segelte S.S. DEUTSCHLAND wieder in der Ostsee. Die letzte Sommerreise führte 1944 in das Gebiet um Bornholm. Im Winter 1944/45 lag sie wieder in Lübeck. Noch vor Ende des Krieges wurde sie Lazarettschiff. Dadurch blieb der Segler bei der Besetzung verschont. Die Verwundeten verließen das Schiff bereits im

Art:	Vollschiff, Stahl
Nation:	Deutschland
Eigner:	Handelsflotte, Deutscher Schulschiff-Verein, »Seemannsschule Bremen«
Liegeplatz:	Bremen-Vegesack, Lesum-Mündung
Baujahr:	1927; Stapellauf 14. Juni 1927
Werft:	J. C. Tecklenborg, Geestemünde (Bremerhaven)
Vermessung:	1257 BRT; 770 NRT

Abmessungen:
Länge über alles	88,20 m
Länge Rumpf	73,50 m
Länge zwischen den Loten	65,20 m
Breite	11,96 m
Raumtiefe	6,30 m
Tiefgang	5,00 m

Segelfläche: 1900 qm

Besegelung: 25 Segel; 3 Vorsegel, Doppel-Marssegel, Doppel-Bramsegel, Royals

Masten: Nur Bramstenge; Höhe Fockmast 50,00 m; Höhe Großmast 52,00 m; Höhe Kreuzmast 48,00 m
Hilfsmotor: Kein Hilfsmotor

Besatzung: Als Schulschiff in Fahrt 6 Offiziere, 1 Arzt, 1 Zahlmeister, 12 Unteroffiziere, etwa 120 Jungen

Verwendung: Stationäres Schulschiff, Veranstaltungsstätte

Juni 1945. Von da an lag es bis August 1946 ohne Verwendung in Lübeck. Anschließend kam S.S. DEUTSCHLAND im Schlepp nach Cuxhaven. Bis zum 1. Januar 1948 diente sie als Wohnschiff für den deutschen Minensuchverband. Danach erhielt der Deutsche Schulschiff-Verein sein Schiff zurück. Im Sommer 1948 kam es nach Bremen und lag dort von März 1949 an als Jugendherberge im Europa-Hafen.

Am 1. April 1952 wurde sie als Schiffsjungenschule stationäres Ausbildungsschiff des Vereins. Seit 1956 gehört sie zur Seemannsschule Bremen (Berufsschule). An Bord befinden sich 114 Ausbildungsplätze. Für die Ausbildung sorgen drei Offiziere (Kapitänspatent A 6), zwei Ausbildungsbootsleute und ein Kapitän als Schulleiter. Die Stammbesatzung der GORCH FOCK II und der indonesischen Barkentine DEWA-RUTJI wurden auf dem Vollschiff ausgebildet.

Nach einer Totalrenovierung bei der Bremer Vulkan-Werft wurde das Vollschiff mit wieder weiß gemaltem Rumpf am 14. Juni 1996 in einer Paradefahrt an seinen jetzigen Liegeplatz geschleppt.

S.S. DEUTSCHLAND ist die einzige erhalten gebliebene Seemannsschule Deutschlands, und damit ein besonderes Stück maritimer Geschichte der Freien Hansestadt Bremen.

Seute Deern

ex Pieter Albrecht Koerts
ex Seute Deern
ex Bandi (Viermastschoner)
ex Elisabeth Bandi (Viermastschoner)

Art: Bark, Holz

Nation: Deutschland

Eigner: Deutsches Schiffahrtsmuseum Bremerhaven

Liegehafen: Bremerhaven, »Alter Hafen«

Baujahr: 1919

Werft: Gulfport Shipbuilding Company, Gulfport (Mississippi)

Vermessung Schoner: 767 BRT; 648 NRT

Abmessungen:
Länge zwischen den
Loten   54,40 m
Breite   11,03 m
Raumtiefe   4,57 m

Vermessung Bark: 1025 ts Deplacement; 815 BRT; 690 NRT

Abmessungen:
Länge über alles   75,50 m
Länge zwischen den
Loten   55,08 m
Breite   11,08 m
Raumtiefe   4,57 m

Segelfläche: Als Bark 1486 qm

Besegelung: 23 Segel; 4 Vorsegel, Doppel-Marssegel, einfache Bramsegel, Royals; Besanmast: Unterbesan, Oberbesan, Besan-Toppsegel

Masten, Spieren: Bugspriet, Klüverbaum, Besanbaum aus Holz, alles andere Stahl; Fock- und Großmast mit Bramstenge

Hilfsmotor: Kein Hilfsmotor

Besatzung: Als Schulschiff etwa 30 Personen

Verwendung: Museumsschiff, Gaststättenschiff

Das Schiff wurde 1919 für die »Marine Coal Company«, New Orleans, als Viermastschoner Elisabeth Bandi gebaut. Es war meist in der Holzfahrt beschäftigt. Schon bei der ersten Reise hatte der Schoner starken Wassereinbruch durch Bohrmuschelfraß. Das Schiff besaß keine Außenhaut aus Kupferplatten (»Wurmhaut«). Es gab noch weitere Schwierigkeiten auf dieser ersten Reise. Der Kapitän verschwand spurlos auf See, und die Mannschaft desertierte.
Nach der Rückkehr kam der Schoner zur Reparatur in Philadelphia ins Dock. Trotzdem zeigten sich bei weiteren Reisen immer wieder Wassereinbrüche. 1925 waren die Reparaturkosten zu hoch geworden. Das Schiff wurde an die Firma Walter E. Reid in Bath (Maine) verkauft. 1931 kaufte der finnische Reeder W. Uskanen aus Sotkoma den Schoner, änderte den Namen in Bandi und beschäftigte ihn fast ausschließlich in der Holzfahrt von Finnland nach England. Das kalte Wasser der Ostsee hatte die Bohrmuscheln bald vertrieben. 1935/36 wurde Bandi an die finnische Reederei Yrjänen & Kumpp in Raumo verkauft. Sie blieb weiterhin in der Holzfahrt.
Im November 1938 erwarb sie der Hamburger Reeder John T. Essberger. Bei Blohm & Voss in Hamburg erfolgte der Umbau in eine Bark. Am 15. Mai 1939 waren die Arbeiten beendet. Unter ihrem neuen Namen Seute Deern wurde sie frachtfahrendes Schulschiff der Reederei John T. Essberger. Der Umbau brachte wesentliche Veränderungen mit sich: weißes Pfortenband, eine Mädchengestalt als Galionsfigur, 70 t festen Ballast; Unterwanten und Pardunen wurden auf das Schanzkleid geführt, mit Püttingseisen außenbords. Die Back und das Deckshaus sind miteinander verbunden. Patentanker in Klüsen. Der Rumpf wurde unterhalb der Wasserlinie mit Platten umkleidet. Schon bald nach dem Umbau vergrößerte man den Segelplan durch Verbreiterung aller vier Marssegel sowie der Bramsegel.
Nach kurzem Aufenthalt in der Ostsee fuhr Seute Deern ihre erste Ladung unter deutscher Flagge nach Finnland. Während der Heimreise mit Holz kam der Kriegsausbruch. Die Bark suchte einen dänischen Hafen auf und blieb dort bis zum Ende des Krieges mit Polen. In den ersten Kriegsjahren wurden noch kleinere Handelsfahrten (Salz, Holz) in der Ostsee unternommen. Im Winter war das Schiff in Lübeck oder Stolpmünde aufgelegt.
Reeder Essberger bildete während der Reisen den Nachwuchs für seine eigene

Seute Deern II

ex Noona Dan
ex Havet

Art: Gaffelketsch, Holz

Nation: Deutschland

Eigner: CLIPPER – Deutsches Jugendwerk zur See e. V.

Heimathafen: Travemünde

Baujahr: 1939

Werft: J. Ring-Andersen, Svendborg

Vermessung: 425 ts Deplacement; 105,36 BRT; 25,72 NRT

Abmessungen:
Länge über alles	36,20 m
Länge Rumpf	29,90 m
Länge zwischen den Loten	26,25 m
Breite	7,15 m
Seitenhöhe	2,90 m
Raumtiefe	2,20 m
Tiefgang	3,05 m

Segelfläche: 332 qm

Besegelung: 7 Segel; 3 Vorsegel; Groß-, Besanmast: Gaffelsegel, Gaffel-Toppsegel

Masten: Beide Masten mit einer Stenge; Höhe Großmast über der Wasserlinie 26,25 m

Hilfsmotor: Alpha-Diesel, 165 PS

Besatzung: 8 Personen Stammbesatzung, 24 Schüler, 2 Lehrer

Verwendung: Schulschiff unter Segeln

Flotte aus. Zur Besatzung gehörten jeweils 10 bis 12 Leichtmatrosen und 10 bis 12 Jungen. Ende September 1944 wurde SEUTE DEERN nach Lübeck verlegt. Dort befand sie sich auch bei Kriegsende. Die Stengen und Rahen waren damals abgenommen worden. Nach der alliierten Besetzung wurde sie vorübergehend englisches Wachlokal. 1946 ging sie im Schlepp nach Travemünde, wo sie bei der Schlichting-Werft neu getakelt wurde. Von 1947–1954 war sie dann in Hamburg als Hotel- und Restaurantschiff an der Fähre VII festgemacht. Anfang 1954 wurde das Schiff an den aus Holland stammenden Amerikaner A. J. Koerts verkauft. Dieser schenkte SEUTE DEERN, jetzt unter dem neuen Namen PIETER ALBRECHT KOERTS, seiner Vaterstadt Delfzijl als Jugendherberge. Am 19. April 1954 verließ sie im Schlepp Hamburg.

Im Dezember 1964 kaufte die Emdener Gastronomin E. Hardisty die Bark, um sie wieder in ein Gaststättenschiff umbauen zu lassen. Am 3. Dezember wurde die Bark von Delfzijl nach Emden geschleppt. Die Pläne zerschlugen sich jedoch. Inzwischen hatte der Helgoländer Hotelbesitzer H. Richartz das Schiff gekauft, um es für den gleichen Zweck in Bremerhaven einzurichten. Bei der Schröder-Werft in Emden wurde der Segler gründlich überholt und für seinen neuen Verwendungszweck vorbereitet. Von 1966 an lag die Bark unter ihrem alten Namen SEUTE DEERN dann als Gaststättenschiff in Bremerhaven. Seit 1972 gehört sie nun dem Deutschen Schiffahrtsmuseum.

Die dänische Werft baute die jetzige SEUTE DEERN als Galeas HAVET. Nach dem Zweiten Weltkrieg wurde sie von der Reederei Lauritzen, Kopenhagen, gekauft. Sie bekam dabei den Namen NOONA DAN. 1961 brachte das Schiff eine dänische Expedition zu den Salomon-Inseln und an die australische Küste. Kurz nach seiner Rückkehr kaufte es der Deutsche Schulschiff-Verein zusammen mit der »Stiftung für Ausbildungsschiffe«. Es folgten umfangreiche Umbauarbeiten für Ausbildungszwecke. In Erinnerung an das ehemalige Schulschiff SEUTE DEERN der Reederei John T. Essberger erhielt die Ketsch den gleichen Namen.

Die offizielle Indienststellung erfolgte am 22. Juli 1964. Das Schiff unternahm damals während der warmen Jahreszeit wöchentliche Reisen von Travemünde aus in die westliche Ostsee. Dabei wurde den Schülern der Seefahrtsschulen Bremen, Bremerhaven, Elsfleth, Hamburg, Leer und Lübeck die Möglichkeit gegeben, die theoretisch erworbenen Kenntnisse durch praktische Seemannschaft zu vervollständigen. Auch die Schüler des SCHULSCHIFF DEUTSCHLAND nahmen an Reisen teil.

Seit 1973 gehört SEUTE DEERN zu CLIPPER – Deutsches Jugendwerk zur See e. V. Auch jetzt führen die Reisen mit jungen Leuten in die Ostsee, wobei Auslandsbesuche mit auf dem Programm stehen.

Solvang

»Solvang« bedeutet im Altnorwegischen »Sonneplatz«. Das Schiff wurde als Frachtsegler gebaut. Während des Zweiten Weltkrieges war es von der britischen Marine requiriert worden und diente als Kommandoboot auf den Shetlandinseln. Von 1945 bis 1979 führ SOLVANG als Kümo auf der Route Haugesund – Lofoten. Das Schiff wurde inzwischen gründlich restauriert und fährt die Originaltakelung.

Art: Galeasse, Holz

Nation: Deutschland

Eigner: Werner Muffler, Wigand Frhr. v. Salmuth

Heimathafen: Lübeck

Baujahr: 1939

Werft: Aasheim, Sagvaag, Norwegen

Vermessung: keine Angaben

Abmessungen:
Länge über alles 35,50 m
Länge Rumpf 24,41 m
Breite 5,86 m
Tiefgang 3,92 m

Segelfläche: 316 qm

Besegelung: 8 Segel

Hilfsmotor: DAF-Diesel, 300 PS

Besatzung: 4 Personen Stammbesatzung, 9 Mitsegler, 30 Tagesgäste

Verwendung: Charterschiff, Schulschiff unter Segeln

Thor Heyerdahl

1930 in Holland als Motorschiff mit Hilfsbesegelung gebaut, war die damalige TINKA in Hamburg beheimatet, später hieß sie MARGA HENNING und SILKE. 1951 wurde der Rumpf mittschiffs um einige Meter verlängert, was die Tragfähigkeit auf 300 Tonnen erhöhte. Ende der 70er Jahre gab man die Frachtschiffahrt auf. Zwei deutsche Schiffsliebhaber bauten das heruntergekommene Kümo zum Dreimast-Toppsegelschoner um; 1982 erfolgte die Instandsetzung unter neuem Namen. Am 7. Mai 1983 lief das Schiff mit seinem norwegischen Taufpaten Thor Heyerdahl zur Probefahrt aus. Inzwischen hat das Schiff schon weite Reisen gemacht, bis in die Karibik. In der Arbeit mit Jugendgruppen findet der ehemalige Frachter heute eine neue Verwendung. Die Unterbringung an Bord erfolgt in Doppel- und Mehrbettkabinen. Besonders durch seine zusätzlichen Sporteinrichtungen zeichnet sich der Schoner aus.

Seinen Namen hat das Schiff nach dem norwegischen Forscher Thor Heyerdahl bekommen, der besonders durch seine Fahrt mit dem Floß KON-TIKI von Südamerika nach Polynesien weltweites Aufsehen erregte.

ex MINNOW
ex SILKE
ex MARGA HENNING
ex TINKA

Art: Dreimast-Toppsegelschoner, Eisen genietet

Nation: Deutschland

Eigner: »Thor Heyerdahl e. V.«, Kiel

Heimathafen: Kiel

Baujahr: 1930

Werft: Smidt & Sohn, Westerbroek, Niederlande

Vermessung: 211,21 BRT

Abmessungen:
Länge über alles 49,83 m
Breite 6,52 m
Tiefgang 2,25 m

Segelfläche: ca. 730 qm

Besegelung: 12 Segel; Flieger, Außenklüver, Innenklüver, Stagfock, 3 Gaffelsegel, 2 Gaffeltopp-, Großstengestag-, Mars-, Bramsegel

Masten: Holz. Höhe Großmast über Deck 26,50 m

Hilfsmotor: 6-Zyl.-Deutz-Diesel, 215 PS, Bauj. 1951; daneben drei weitere Hilfsdiesel für den Bordbetrieb

Besatzung: Ca. 8 Personen, 36 Plätze für Mitsegler

Verwendung: Charterschiff

Ubena von Bremen

Art: Kogge, Nachbau von 1380, Holz

Nation: Deutschland

Eigner: Hanse-Koggewerft e. V., Bremerhaven

Heimathafen: Bremerhaven

Baujahr: 1989/90

Werft: Hanse-Koggewerft, Bremerhaven

Vermessung:
120 ts Deplacement

Abmessungen:
Länge über alles 23,23 m
Kiellänge 15,60 m
Breite 7,62 m
Seitenhöhe 3,14 m
Tiefgang 2,25 m

Segelfläche: 150–200 qm

Besegelung: 1 Segel (2 Bonnets)

Masten: 1 Mast; Höhe über Deck 22,9 m

Hilfsmotor: MWM-Deutz-V8-Diesel, 204 kW (reduziert)

Besatzung: 10 Personen Stammbesatzung, bis zu 35 Gäste bei Tagesfahrten

Verwendung: Fahrten auf den Routen der alten Hanse; Völkerverständigung auf historisch maritimen Grundlagen

Im Sommer 1991 verließ die Kogge zum ersten Mal ihren Heimathafen für eine Reise auf der traditionellen Route der ehemaligen Hanseschiffe. Der Name ist gewählt worden, weil die Gewürzfirma Ubena das Projekt mit einer namhaften Summe unterstützt hat. Der Name UBENA hat unmittelbar mit dem Gewürzhandel zu tun und bezeichnet einen ostafrikanischen Volksstamm, der im heutigen Tansania lebt. Die Deutsche Ostafrika-Linie taufte alle ihre Schiffe auf ostafrikanische Stammesnamen. Die erste UBENA, gebaut in den zwanziger Jahren, ging Anfang des Jahres 1945 als eines der Schiffe in die Geschichte ein, die insgesamt 2 Millionen Flüchtlinge aus dem damaligen Ostpreußen von der Danziger Bucht aus in westliche Häfen brachten. Auf sieben Fahrten wurden allein durch die UBENA 27 000 Menschen gerettet. Alle Kinder, die während dieser Fahrten auf dem Schiff geboren wurden, erhielten als Zweitnamen den Namen Ubena. Zum Bau der Kogge siehe auch HANSEKOGGE – KIEL.

Undine

ex Nordstrand 1
ex Gerd-Ute
ex Annelies
ex Palmyra
ex Franziska

Art: 2-Mast-Gaffelschoner, Stahl

Nation: Deutschland

Eigner: Joachim Kaiser, Wewelsfleth

Heimathafen: Hamburg

Baujahr: 1931

Werft: Gebr. Niestern, Delfzijl, Niederlande

Vermessung:
130 ts Deplacement (leer);
BRZ 99; NRZ 38

Abmessungen:
Länge über alles 37,70 m
Länge Rumpf 28,80 m
Länge zwischen den Loten 25,00 m
Breite 5,80 m
Raumtiefe 2,40 m
Tiefgang (leer) 2,10 m

Segelfläche: 420 qm

Besegelung: 9 Segel

Masten: Höhe Großmast über Deck 25 m

Hilfsmotor: »Deutsche Werke« Typ 4 M 36, Baujahr 1937, 120 PS

Besatzung: 4 Personen Stammbesatzung (einschl. 2 Pädagogen), 8 Jugendliche

Verwendung: Frachttragendes Segelschulschiff, soziale Gruppenarbeit

Anfangs als Anderthalbmaster, nach Verlängerung des Rumpfes im Jahre 1949 als Motorschiff, fuhr UNDINE bis 1980 als Frachter. Von 1940 bis 1945 verpflichtete die Kriegsmarine die damalige FRANZISKA samt ihrem Eigner zu Versorgungsfahrten zwischen Kiel und Norwegen. Im Frühjahr 1945 brachte Kapitän Werner Mehl sie in das damals schon von russischen Truppen besetzte Königsberg. Auf dem Rückweg nahm er 100 Flüchtlinge an Bord und brachte sie unversehrt nach Kiel. Die Vielzahl der ex-Namen zeigt an, wie oft das Schiff den Eigner gewechselt hat. Seit 1980 wurde in Glückstadt durch den jetzigen Eigner die Restaurierung und Neutakelung zum Schoner durchgeführt.

Seit 1984 wird der Segler als frachttragendes Segelschulschiff für die Arbeit mit randständigen Jugendlichen eingesetzt. Träger ist der Hamburger Verein »Sozialarbeit und Segeln e. V.«. Neben anderen Gütern wurde auch Meersalz aus Frankreich und Portugal für die Nahrungsmittelindustrie transportiert.

Die Jugendlichen bleiben für ein halbes Jahr an Bord, um sich auf eine geregelte Berufsausbildung vorzubereiten, die durchaus mit einem Seefahrtsberuf zu tun haben kann.

Valdivia

ex Vanadis

Art: 2-Mast-Gaffelschoner, Holz

Nation: Deutschland

Eigner: Uwe Kutzner, Hamburg

Heimathafen: Hamburg

Liegeplatz: Museumshafen Oevelgönne, Altona

Baujahr: 1868

Werft: Södra Varvet, Stockholm

Vermessung:
50 ts Deplacement; 27,21 BRT

Abmessungen:
Länge über alles 29,00 m
Länge Rumpf 20,00 m
Breite 5,10 m
Tiefgang 2,80 m

Segelfläche: 283 qm

Besegelung: 7 Segel

Masten: Höhe Großmast über Wasserlinie 21,00 m

Hilfsmotor: Daimler Benz-Diesel, Typ OM 352

Besatzung: 8 Einzelkojen, 1 Doppelkoje

Verwendung: Charterschiff

Schoner mit der rassigen Form, wie VALDIVIA sie hat, wurden besonders für den Fischfang in den Gewässern um Neufundland gebaut. Sie waren unter dem Namen »Neufundlandschoner« bekannt geworden. Daher ist es etwas Besonderes, daß dieses Schiff mit dem damaligen Namen VANADIS als Privatyacht für einen schwedischen Fabrikanten in Auftrag gegeben worden war. Der Eigner stiftete später sein Schiff der schwedischen Marine. Eine Expedition wurde durchgeführt und dabei 1898/99 auch die Welt umsegelt. Danach soll VANADIS als Kurier-, Lotsenschoner und als Schmuggeljäger gefahren sein.

Um 1914 war sie Yacht der schwedischen Marine. Nach Umbau gehörte das Schiff 1925 dann dem Königlich-Schwedischen Yachtclub.

Im Winter 1939/40 kam der Schoner wieder in private Hände und verdiente als Charterschiff sein Geld.

Nach dem Krieg wurde das Schiff in die Bundesrepublik verkauft und in Hamburg registriert. Es bekam den Namen VALDIVIA. Seit 1975 gehört es dem jetzigen Eigner. Nach gründlicher Reparatur, Umbau und Modernisierung steht VALDIVIA seit 1982 für Charterzwecke zur Verfügung. Die Reisen führen vorwiegend in die Gewässer der Ostsee.

Vegesack BV2

ex Nostra
ex Monika Harssen
ex Lilli
ex Lili
ex BV2 Vegesack

Art: Gaffelketsch, Eisen

Nation: Deutschland

Eigner: Maritime Tradition Vegesack Nautilus e. V., Bremen

Heimathafen: Bremen-Vegesack

Baujahr: 1895

Werft: Bremer Vulkan

Vermessung: BRZ 75

Abmessungen:
Länge über alles 35,40 m
Breite 5,40 m
Tiefgang 2,50 m

Segelfläche: 430 qm

Besegelung: 6 Segel

Hilfsmotor: Volvo-Penta-Diesel, 108 PS

Besatzung: 3 Personen Stammbesatzung, 25 Tagesgäste

Verwendung: Charterschiff

Vegesack (BV steht für Bremen-Vegesack) war das erste Schiff, das beim Bremer Vulkan gebaut worden war. Die Taufe erfolgte am 29. April 1895. Bis zum Ersten Weltkrieg ging das Schiff mit Treibnetzen auf Heringsfang in die Nordsee. Den Krieg verbrachte sie in Vegesack. 1921 wurde ein Motor eingebaut. Bis zum Verkauf nach Schweden im Jahre 1939 verdiente das Schiff sein Geld in der Großen Küstenschiffahrt. Mit neuem Namen Nostra blieb es weiterhin in der Frachtfahrt beschäftigt. Ab 1966 gehörte der Segler einige Jahre zur Seefahrtsschule Härnösand in Nordschweden. 1979 wurde Nostra an eine Eigentümergemeinschaft aus Hamburg verkauft.
Das Schiff wurde auch nach einem erneuten Eignerwechsel in der Jugendarbeit eingesetzt. Seit 1989 gehört die Ketsch dem Verein in Bremen.

Vidar

Art: 3-Mast-Gaffelschoner, Holz

Nation: Deutschland

Eigner: Wilhelm Ehlers, Büsum

Liegeplatz: Büsum

Baujahr: 1877

Werft: Johann Selsvik, Hardangerfjord, Norwegen

Abmessungen:
Länge über alles 40,00 m
Breite 7,00 m
Tiefgang 3,00 m

Segelfläche: 560 qm

Besegelung: 13 Segel

Masten: Masthöhe 27,5 m (alle Masten gleich hoch)

Hilfsmotor: MB 846 Mercedes-Diesel, 320 PS

Besatzung: 6–8 Personen Stammbesatzung, 30 Kojen

Verwendung: Restaurantschiff, maritimes Denkmal

VIDAR wurde als Schaluppe (einmastiges Frachtschiff) gebaut. 1898 erhielt sie eine Galeas-Takelung. Sie transportierte in europäischen Gewässern Fisch, Holz und Stückgut. 1919 wurde der erste Motor eingebaut. Seit 1922 gehörte sie Alfred Synnevag aus Florvag. Im Zweiten Weltkrieg transportierte das Schiff Sand für den Bau deutscher U-Boot-Bunker.
1949 wurde VIDAR völlig umgebaut und auf die heutige Größe verlängert. 1978 verkaufte Alfred Synnevag sein Schiff an Wilhelm Ehlers in Büsum. Bis 1982 dauerte der Umbau zum Clubschiff. VIDAR erhielt dabei auch ihre jetzige Takelage.
Starke Schäden am Holz des Rumpfes zwangen dazu, das Schiff aus der Fahrt zu nehmen. Um das ehrwürdige Schiff zu retten und schwimmfähig zu halten, wurde eine eigenwillige, aber sehr dauerhafte Konservierung vorgenommen. Der gesamte Rumpf erhielt von außen eine Schale aus Spritzbeton, die zur Stabilisierung mit zwei Lagen Bewehrung versehen ist. Die Schalendicke beträgt im Durchschnitt etwa 7 Zentimeter. Allein durch das Ausbauen der gesamten Inneneinrichtung und des Motors wurden insgesamt 40 t Gewicht eingespart. VIDAR liegt heute als schwimmendes Restaurant im Hafen von Büsum.

White Shark

ex T/W EMS
ex P8
ex FS AUSSENJADE

Art: 3-Mast-Gaffelschoner, Stahl

Nation: Deutschland

Eigner: Willi Bolsmann

Heimathafen: Hamburg

Baujahr: 1902

Werft: J. L. Meyer Werft, Papenburg; Umbauwerften: Rostock, Stralsund, Danzig, Motorenwerke, Bremerhaven

Vermessung: 560 ts Deplacement; BRZ 370; 149 NRT

Abmessungen:
Länge über alles 57,00 m
Länge Rumpf 47,20 m
Breite 8,20 m
Tiefgang 3,00 m

Segelfläche: 650 qm

Masten: Höhe Vormast 31,0 m; Großmast 32,0 m; Besan 31,0 m

Hilfsmotor: 2 DMW-Deutz-Diesel, je 45 PS

Besatzung: 18 Personen Stammbesatzung

Vewendung: Charterschiff

Das Schiff lag viele Jahre auf dem P-Tonnen-Weg als Seezeichen und Feuerschiff P 8 zur Westansteuerung in die Deutsche Bucht auf Station. Am 15. November 1972 wurde der Standort verlegt zur Ansteuerung in die Ems. Die neue Erkennung wurde T/W EMS. Zu den seezeichentechnischen Anlagen gehörten Leuchtfeuer, Funkfeuer, Luft-Nebelschallsender und Radarantwortbake, sowie, als optisches Zeichen bei Tage, der rote Rumpf. Die Besatzungsstärke betrug damals zweimal 14 Personen (Törn 1 und Törn 2), die sich alle 14 Tage ablösten. 1987 wurde das Feuerschiff außer Dienst gestellt und ab 1989 vom neuen Eigner Willi Bolsmann zu einem Segler für etwa 80 Personen umgebaut.

Die weiße Farbe sowie die Ähnlichkeit des eigenwilligen Stevens und der großen Ankerklüse mit dem »Weißen Hai« gaben dem Schiff den Namen WHITE SHARK.

Wyvern von Bremen

Art: Gaffelketsch, Stahl

Nation: Deutschland

Eigner: Stiftung für Ausbildungsschiffe, Lübeck

Heimathafen: Bremen

Baujahr: 1992

Werft: Bremer Vulkan, Bremen-Vegesack

Vermessung: 59,45 ts Deplacement

Abmessungen:
Länge über alles 24,60 m
Länge in der Wasserlinie 16,35 m

Breite 5,45 m
Tiefgang 3,00 m
Segelfläche: 270 qm

Besegelung: 8 Segel (mit Genua)

Masten: Höhe Großmast über Deck 24 m

Hilfsmotor: Daimler-Benz-Diesel, 175 kW

Besatzung: 11 Kojen

Verwendung: Aus- und Fortbildungsschiff von Schiffsführern für Traditionsschiffe, Jugendarbeit

Die Ketsch ist der Stahlnachbau der Ende des letzten Jahrhunderts von dem Konstrukteur Colin Archer (1832–1921) gebauten hölzernen Segelyacht WYVERN. Das Original gehört dem Schiffahrtsmuseum Stavanger und segelt noch immer. Archers Ruhm begründete sich besonders durch die Konstruktion seiner Rettungsketschen, die auch bei schlechtesten Wetterverhältnissen zuverlässig im Einsatz waren. »Wyvern« ist ein geflügelter Drache aus der englischen Mythologie.

Dieser Nachbau aus Stahl war ein gemeinsames Projekt der Bremer Schiffbau- und Schiffbauzuliefer-Industrie unter Verantwortung des Arbeiter-Bildungs-Centrum (ABC) in Bremen. Die Baupläne lieferte der Yachtkonstrukteur Horst E. Glacer.

Zuversicht

ex LEO

Art: 2-Mast-Gaffelschoner, Holz

Nation: Deutschland

Eigner: Christliches Jugenddorfwerk Deutschland e. V., Göppingen

Heimathafen: Eckernförde

Baujahr: 1904

Werft: Kirsgard & Nielson, Troense, Dänemark

Vermessung: 58 BRT

Abmessungen:
Länge über alles 30,00 m
Länge Rumpf 22,00 m
Breite 5,60 m
Tiefgang 2,10 m

Segelfläche: 274 qm

Besegelung: 7 Segel

Masten: Höhe Großmast über Deck 21 m

Hilfsmotor: Volvo-Penta-Diesel, 270 PS

Besatzung: 4 Personen Stammbesatzung, 12 Personen Gastbesatzung

Verwendung: Jugendsegelschoner

ZUVERSICHT ist nach allen Bedingungen und gesetzlichen Vorschriften der See-Berufsgenossenschaft ausgerüstet worden. Das Schiff hat nicht die Aufgabe, Erholungsfahrten durchzuführen. Es ergänzt die Arbeit des Jugenddorfes Eckernförde. Dort vollziehen sich alle Vorbereitungs- und Ergänzungsmaßnahmen. Zu den Programmpunkten des Jugenddorfwerkes gehören: Intensivkurse zur Persönlichkeitsbildung und zur Arbeitsmotivierung – Sozialpädagogische und therapeutische Programme – Aus- und Weiterbildung von Mitarbeitern.

Ecuador

Guayas

Guayas

Art: Bark, Stahl

Nation: Ecuador

Eigner: Armada del Ecuador

Heimathafen: Guayaquil

Baujahr: Stapellauf 22. Oktober 1976, Indienststellung 23. Juli 1977

Werft: Astilleros y Talleres Celaya »Astace«, Bilbao, Spanien

Vermessung: 1300 ts Deplacement

Abmessungen:
Länge über alles	78,40 m
Länge Rumpf	62,40 m
Länge zwischen den Loten	56,10 m
Breite	10,16 m
Seitenhöhe	6,60 m
Raumtiefe	4,40 m
Tiefgang	4,40 m

Segelfläche: 1410 qm

Besegelung: 23 Segel; Doppel-Marssegel, einfache Bramsegel, Royals

Masten: Höhe Großmast über Deck 38 m

Hilfsmotor: General Motors-Diesel, 700 PS

Besatzung: 60 Personen Stammbesatzung, 84 Kadetten

Verwendung: Schulschiff unter Segeln

Drei Gründe führten zur Namensgebung GUAYAS für das mit einem Kondor als Galionsfigur geschmücktem Segelschulschiff der ecuadorianischen Marine.

1. Guayas war ein Häuptlingsname. Er gehörte zum Stamm der Huancavilca, die in der Nähe der Hafenstadt Guayaquil lebten.
2. Guayas ist der größte Fluß von Ecuador.
3. GUAYAS war das erste Dampfschiff, das bei der Werft von Guayaquil im 19. Jahrhundert gebaut wurde.

GUAYAS und die kolumbianische GLORIA sind Schwesterschiffe.

Von ihr ist sie durch ihre offene Flying Bridge anstelle des geschlossenen Ruderhauses zu unterscheiden.

Finnland

Albanus	Linden	Suomen Joutsen
Helena	Pommern	Tradewind
	Sigyn	

Albanus

Art: Galeas (Anderthalbmaster), Holz

Nation: Finnland

Eigner: The Albanus Association

Heimathafen: Mariehamn

Baujahr: 1987; Stapellauf 24. Juli 1988

Werft: Albanus-Werft, Mariehamn

Vermessung: 80 ts Deplacement

Abmessungen:
Länge über alles 30,00 m
Länge Rumpf 21,70 m
Breite 6,20 m
Tiefgang 1,90 m

Segelfläche: 303 qm

Besegelung: 8 Segel

Masten: Höhe Großmast über Deck 25 m

Hilfsmotor: Volvo Penta TAMD 71, 230 PS

Besatzung: 2–4 Personen Stammbesatzung, 20 Trainees

Verwendung: Schulschiff unter Segeln

Vorbild für den Neubau war ein Frachtsegler gleichen Namens, der 1904 gebaut worden war. Auf der jetzigen ALBANUS werden vor allem Schulkinder und Jugendgruppen in die traditionelle Segelschiffahrt mit all ihren Ausbildungsmöglichkeiten unterwiesen.

Helena

Art: 2-Mast-Stagsegelschoner, Stahl

Nation: Finnland

Eigner: Sail Training Association Finland

Heimathafen: Uusikaupunki

Baujahr: 1992; Stapellauf 7. Juli 1992

Werft: Uusikaupunki Shipyard

Vermessung: 110 ts Deplacement; 79 BRT; 49 NRT

Abmessungen:
Länge über alles 38,70 m
Länge Rumpf 31,00 m

Länge zwischen den
Loten 23,30 m
Breite 6,50 m
Seitenhöhe 2,60 m
Tiefgang 3,10 m

Segelfläche: 530 + 250 + 340 = 1120 qm

Besegelung: 10 Segel (Vollzeug)

Masten: Höhe Großmast über Deck 29,5 m

Hilfsmotor: SACM UD-19, 6-Zyl.-Diesel, 320 PS

Besatzung: 4 Personen Stammbesatzung, 24 Trainees

Verwendung: Schulschiff unter Segeln

Das Segelrevier im Sommer ist die Ostsee. Im Winter wird die Karibik aufgesucht.

Linden

Art: 3-Mast-Gaffelschoner, Holz

Nation: Finnland (Åland-Inseln)

Eigner: Rederi AB LINDEN

Heimathafen: Mariehamn

Baujahr: 1992; Stapellauf August 1992

Werft: LINDEN-Varvet, Mariehamn

Vermessung: 353 ts Deplacement; 277 BRT; 111 NRT

Abmessungen:
Länge über alles 49,00 m
Länge Rumpf 36,00 m
Länge zwischen den
Loten 32,30 m
Breite 8,70 m
Seitenhöhe 4,30 m
Tiefgang 3,00 m

Segelfläche: 630 qm

Besegelung: 11 Segel

Masten: Höhe Großmast über Deck 31,5 m

Hilfsmotor: Volvo TAMD 161, 550 PS

Besatzung: 9 Personen Stammbesatzung, 30 Gäste bei Übernachtung, 75 Gäste bei Tagesfahrten

Verwendung: Charterschiff

LINDEN gehört zu den schönsten hölzernen Großseglerneubauten der letzten Jahre. Bestimmend dafür ist der außerordentlich feine Sprung des Decks und die Ästhetik der Farbgebung. Die Wanten sind in traditioneller Manier mit Püttingseisen außenbords festgesetzt. Vorbild für den Neubau war ein ähnlicher Frachtschoner, der 1920 in Mariehamn vom Stapel lief.

Pommern

ex MNEME

Art: Viermastbark, Stahl

Nation: Finnland

Eigner: Stadt Mariehamn, Åland-Inseln, Ålands Sjöfartsmuseum

Liegehafen: Mariehamn

Baujahr: 1903

Werft: J. Reid & Co Ltd., Glasgow, Whiteinch

Vermessung: 2413 BRT; 2266 NRT

Abmessungen:
Länge über alles 106,50 m
Länge Rumpf 96,00 m
Länge zwischen den Loten 87,50 m
Breite 13,20 m
Raumtiefe 7,50 m
Tiefgang ca. 6,50 m

Besegelung: 27 Segel; 4 Vorsegel, Doppel-Marssegel, Doppel-Bramsegel, keine Royals (Baldheader); Besanmast: Besansegel, Besan-Toppsegel

Masten, Spieren: Alle rahgetakelten Masten sind gleich hoch, Höhe Großmast über Deck 46,30 m, Länge Großrah 27,70 m, Länge Groß-Oberbramrah 17,70 m

Hilfsmotor: Kein Hilfsmotor

Verwendung: Museumsschiff

Die Viermastbark wurde 1903 in Glasgow als MNEME (griechisch: Gedächtnis) für die Reederei B. Wencke, Söhne in Hamburg gebaut, aus Ersparnisgründen als »Baldheader«, ohne Royals; außerdem waren die Rahen untereinander austauschbar. Das Schiff bekam kein Hochdeck, es entstand so, zwischen Poop und Back, eine sehr ausgedehnte Decksfläche, wie das bei den Handelsseglern des 19. Jahrhunderts allgemein üblich war. Das große Deckshaus steht zwischen Fock- und Großmast. In ihm sind neben dem Mannschaftslogis auch die

Küche und der Dampfkesselraum untergebracht. Ein kleineres Deckshaus steht zwischen Kreuzmast und Poop. Dieses ist mit dem Poopdeck durch eine kurze Laufbrücke verbunden. Der Segler wurde in der klassischen Manier von der Poop aus gesteuert, dabei war der Rudergänger durch kein Ruderhaus geschützt. Den Bug ziert eine volle Galionsfigur. Sie personifiziert die griechische Muse.

1906 kaufte die »Rhederei Actiengesellschaft von 1896« das Schiff. Im Jahre 1907 übernahm es die Reederei F. Laeisz, Hamburg. Als »P-Liner« erhielt das Schiff den neuen Namen POMMERN. Bis zum Ersten Weltkrieg fuhr POMMERN in der Salpeterfahrt nach Südamerika. In Valparaiso erlebte sie den Ausbruch des Krieges. Erst 1921 kehrte sie zusammen mit anderen Seglern nach Europa zurück und wurde in Delfzijl entlöscht. Als Reparationsleistung mußte sie an Griechenland abgeliefert werden. Dort hatte man allerdings keine Verwendung für das Schiff.

1923 kaufte der Reeder Gustaf Erikson aus Mariehamn, Åland-Inseln, die POMMERN. Sie fuhr von da an bis zum Zweiten Weltkrieg meist in der Getreidefahrt nach Australien. Während des Krieges war sie anfangs in Mariehamn aufgelegt. Später wurde sie in Stockholm als Getreidespeicher verwendet. Nach Kriegsende kehrte sie nach Mariehamn zurück, ohne wieder in Fahrt gesetzt zu werden.

1952 schenkte die Reederei Gustaf Erikson das Schiff der Stadt Mariehamn. Seither gehört POMMERN zum »Ålands Sjöfartsmuseum«. Sie liegt in unmittelbarer Nachbarschaft dieses Museums im Hafen von Mariehamn.

Sigyn

Art:	Bark, Holz
Nation:	Finnland
Eigner:	»Sjöhistoriska Museet vid Åbo Akademi«
Liegeplatz:	Åbo, Aura-Kai
Baujahr:	1887
Werft:	»Gamla Varvet«, Göteborg
Vermessung:	359 BRT; 301 NRT; 550 ts Deadweight

Abmessungen:
Länge über alles	55,00 m
(als Bark ursprüngl.)	59,00 m
Länge Rumpf	47,50 m
Länge zwischen den Loten	42,50 m
Breite	9,30 m
Raumtiefe	3,80 m
Tiefgang (voll beladen)	ca. 4,00 m

Segelfläche: Als Bark ursprünglich ca. 800 qm

Besegelung: Als Bark 20 Segel; als Barkentine 16 Segel; 3 Vorsegel, Doppel-Marssegel, einfaches Bramsegel, Royal, Gaffelsegel, Gaffel-Toppsegel

Masten, Stengen und Spieren: Pitchpine; Fockmast: Mars- und Bramstenge; Groß- und Besanmast mit einer Stenge; Höhe Großmast über Deck: 30 m (als Bark 32 m); Bugspriet mit Klüverbaum

Hilfsmotor: Kein Hilfsmotor

Besatzung: Als Bark 11 Personen; als Barkentine 8 bis 9 Personen; dazu jeweils 2 bis 4 Jungen

Verwendung: Museumsschiff

Nur wenige Schiffe haben während ihres Lebens so häufig den Besitzer gewechselt wie die SIGYN. Sie wurde 1887 als hölzerne Bark für A. Landgrens Enka aus Göteborg gebaut. 1905 kaufte sie Anders Svensson aus Halmstad (Schweden), der sie 1918 an die Firma C. T. Jonasson & Salsakers Angsags AB in Råå (Schweden) weiterverkaufte. Seit 1921 gehörte sie Salsakers Angsags allein. Im Jahre 1925 kaufte Siegfried Ziegler aus Råå das Schiff, der es dann 1927 wieder an Arthur Lundqvist aus Wardö, Åland, verkaufte. 1935 wurde SIGYN Eigentum von Fredrik Eriksson aus Wardö. Seit 1939 gehört sie dem Seehistorischen Museum der Åbo-Akademie (Sjöhistoriska Museet vid Åbo Akademi).

Seine erste Reise machte das Schiff nach China; es fuhr dann jahrelang als Frachtsegler auf allen Meeren. Während eines Sturmes riß sich SIGYN 1913 an der norwegischen Küste bei Kristiansand von der Ankerkette los und wurde beim Stranden schwer beschädigt. Sie konnte repariert werden, wurde aber als Barkentine neu getakelt.

Im Ersten Weltkrieg machte sie mehrere Reisen über den Atlantik. Die letzte führte 1916 von Pensacola (Florida) nach Kopenhagen. Bis 1937 fuhr SIGYN hauptsächlich in der Ostsee. Im Herbst 1937 segelte sie zum letztenmal als Frachtsegler von Frederikssund (Dänemark) nach Wardö (Åland). Danach wurde sie aufgelegt.

Die Åbo-Akademie kaufte die Barkentine im Frühjahr 1939, um sie als Museumsschiff weiter zu erhalten. Noch einmal ging SIGYN unter Segel, als sie von August bis September 1954 für Filmaufnahmen Verwendung fand. Seither liegt sie wieder als Museumsschiff am Aura-Kai in Åbo.

Suomen Joutsen

ex OLDENBURG
ex LAENNEC

Art: Vollschiff, Stahl

Nation: Finnland

Eigner: Handelsflotte, Seemannsschule Turku

Liegeplatz: Turku, Aura-Kai

Baujahr: 1902; Stapellauf 16. Oktober 1902

Werft: Chantiers et Ateliers de Saint-Nazaire

Vermessung: 2900 ts Deplacement; 2260 BRT

Abmessungen:
Länge über alles 96,00 m
Länge Rumpf 88,70 m
Länge zwischen den Loten 80,00 m
Breite 12,29 m
Tiefgang 5,15 m

Segelfläche: 2250 qm

Besegelung: 27 Segel; 4 Vorsegel; Fockmast, Großmast: Doppel-Marssegel, Doppel-Bramsegel, Royal; Kreuzmast: Doppel-Marssegel, einfaches Bramsegel, Royal

Masten, Spieren: Alle Masten mit Mars- und Bramstenge; Höhe Großmast über Wasserlinie 52 m; am Kreuzmast keine Gaffel, dafür an der Saling kleine Flaggengaffel

Hilfsmotor: Zwei Skandia-Dieselmotoren, je 200 PS; Geschwindigkeit mit Maschine ca. 6 kn

Besatzung: Als stationäres Schulschiff heute 150 Personen (mit Jungen)

Verwendung: Stationäres Schulschiff

Als LAENNEC war das Vollschiff für die Societé Anonyme des Armateurs Nantais gebaut worden. Das Schiff fuhr damals neben anderen Frachten auch Salpeter. Schon bei ihrem ersten Eigner war LAENNEC in mehrere, zum Teil schwere Havarien verwickelt. Dies wiederholte sich während ihrer gesamten Fahrenszeit. Weil keine günstigen Frachten mehr zu bekommen waren, mußte das Schiff 1921 von der Gesellschaft in La Martinière bei Nantes aufgelegt werden. 1923 kaufte die Reederei Hans Hinrich Schmidt, Hamburg, den Segler, nannte ihn OLDENBURG und baute ihn zum frachtfahrenden Schulschiff um. OLDENBURG wurde damals hauptsächlich in der Salpeterfahrt beschäftigt.

1928 kaufte die Bremer Segelschiffsreederei »Seefahrt« das Schiff. Ohne Namensänderung fuhr der Segler weiterhin als frachtfahrendes Schulschiff. 1931 wurde OLDENBURG an die finnische Regierung verkauft. Sie bekam den neuen Namen SUOMEN JOUTSEN (»Schwan von Finnland«) und wurde zum Schulschiff der finnischen Marine umgebaut.

Im Zwischendeck entstanden Wohnräume für 80 bis 90 Kadetten. Bullaugen wurden in die Seiten geschnitten. Das Schiff bekam durch die Umbauarbeiten einen wesentlich höheren Freibord. Die Hauptveränderung aber war der Einbau von zwei Hilfsmaschinen.

Bis zum Zweiten Weltkrieg machte das Schiff regelmäßig Ausbildungsreisen. Während des Krieges diente der Segler, abgetakelt, als Kasernenschiff. Nach dem Krieg folgten noch einige Reisen. Heute dient SUOMEN JOUTSEN der finnischen Handelsmarine als stationäres Schulschiff.

Eine Besonderheit des Decksplanes stellte von Anfang an die Verbindung der langen Back mit dem vorderen Deckshaus dar. Die Poop wurde über das hinter dem Großmast gelegene Deckshaus mit dem vorderen Deckshaus und der Back durch eine Laufbrücke verbunden. Die Mannschaft wohnte damals im vorderen Deckshaus. In diesem war sogar, neben Kombüse und Donkey-Boiler, eine für die damalige Zeit äußerst ungewöhnliche Mannschaftsmesse eingerichtet.

Tradewind

ex AALTJE EN WILLEM
ex SOPHIE THERESIA

Art: 2-Mast-Toppsegelschoner, Stahl

Nation: Finnland

Eigner: Christian Johansson, Helsinki

Heimathafen: Helsinki

Baujahr: 1911

Werft: Van Wijk-Werft, Capelle a/d IJssel

Vermessung: 99 BRT; 52 NRT

Abmessungen:
Länge über alles 35,00 m
Länge Rumpf 27,00 m
Breite 6,80 m
Tiefgang 2,90 m

Segelfläche: 600 qm

Besegelung: 11 Segel; Fockmast: Focksegel, Mars-, Bramsegel

Masten: Höhe Großmast über Deck 30,3 m, je eine Stenge

Hilfsmotor: Industrie-Diesel, 130 kW

Besatzung: 8 Personen Stammbesatzung, 20 Passagiere (40 bei Tagesfahrten)

Verwendung: Charterschiff

Als motorloser Frachtsegler kreuzte SOPHIE THERESIA unter holländischer Flagge in der Nord- und Ostsee. 1952 wurde der erste Motor eingebaut. Als mastenloses Küstenmotorschiff arbeitete sie bis 1972 im Englischen Kanal und an der holländischen Küste. Weil das Frachtgeschäft unrentabel geworden war, wurde das Schiff ausgemustert und diente fortan als Wohnschiff in einem Amsterdamer Kanal. Während dieser Zeit hieß es AALTJE EN WILLEM.

1981 erwarben drei begeisterte Holländer den ehemaligen Segler und begannen mit dem Rückbau zu einem Schoner. Ein neuer Eigner, der Neuseeländer Mark Hammond, beendete diese Arbeit 1986. TRADEWIND, wie sie jetzt hieß, machte Karriere. Nach ihrer Reise nach Neuseeland war sie Hauptdarstellerin in mehreren Filmen.

Die verhältnismäßig große Segelfläche und die scharf geschnittenen Unterwasserlinien machen den Schoner zu einem sehr schnellen Schiff, das bei Regatten schon viele Konkurrenten weit hinter sich gelassen hat. So gewann er zum Beispiel die »Tall Ship Regatta« von Sydney.
1992 war TRADEWIND Flaggschiff bei den Kolumbus-Feierlichkeiten. Seit 1993 gehört sie ihrem jetzigen Eigner. Das Schiff ist mit allen erdenklichen Annehmlichkeiten und technischen Sicherheitseinrichtungen ausgestattet.

Frankreich

Bel Espoir II
Belem
Club Med I/
 Club Med II

Duchesse Anne
La Belle Poule und
 L'Etoile

La Recouvrance
Rara Avis

Bel Espoir II

ex PRINCE LOUIS II
ex PEDER MOST
ex ANETTE S.
ex NETTE S.

Art: 3-Mast-Toppsegelschoner, Holz

Nation: Frankreich

Eigner: Les Amis de Jeudi-Dimanche, Paris

Heimathafen: Brest

Liegeplatz: L'Aber Wrac'h

Baujahr: 1944

Werft: J. Ring-Andersen, Svendborg, Dänemark

Vermessung: 189 BRT; 79,75 NRT

Abmessungen:
Länge über alles	35,50 m
Länge Rumpf	27,40 m
Breite	7,00 m
Raumtiefe	2,10 m
Tiefgang	2,60 m

Segelfläche: 465 qm (ohne Breitfock)

Besegelung: 9 Segel; 3 Vorsegel; Fockmast: Schonersegel, Gaffel-Toppsegel (Breitfock); Großmast: Gaffelsegel, Gaffel-Toppsegel; Besanmast: Gaffelsegel

Masten: Alle Masten mit einer Stenge; Höhe Großmast über Deck 24,50 m

Hilfsmotor: Dieselmotor, 170 PS

Besatzung: Kapitän, Lehrer, Bootsmann, Maschinist, Koch, 24 Trainees

Verwendung: Schulschiff unter Segeln

Die dänische Reederei A. C. Sørensen gab 1944 die NETTE S. in Auftrag. Das Schiff war anfangs für die Ostsee- und Neufundlandfahrt bestimmt. Mit neuem Namen PEDER MOST wurde es zum Viehtransporter und entsprechend eingerichtet. Auf den Fahrten zwischen Kopenhagen und Hamburg beförderte es jeweils bis zu 200 Rinder.
Der Schoner hat den typisch skandinavischen Rundbug und ein Rundheck. Die Segel laufen mit Legeln am Mast. Alle Gaffeln werden gefiert. Das bei Seglern dieser Art oft gesehene Beiboot über dem Heck außenbords steht bei diesem Schiff in Klampen querschiffs auf dem Achterdeck hinter dem Ruderhaus.
1955 kaufte der Outward Bound Trust, London, das Schiff als Ersatz für die ausgemusterte PRINCE LOUIS I. Der Outward Bound Trust besitzt mehrere Schulen in England. Die Jungen sollen nicht ausdrücklich zu angehenden Seeleuten erzogen werden. Das jeweilige Schulschiff dieser Organisation ist in erster Linie ein Mittel, Kameradschaft, Anpassungsfähigkeit, Mut usw. zu fördern.
Neben dem Innenausbau erhielt der Schoner damals ein neues Deck, weil die großen Luken geschlossen werden mußten. Am 30. Juni 1955 wurden in Glasgow, in Anwesenheit von H. R. H. Prinz Philip, feierlich die Flagge und der Name gewechselt.
PRINCE LOUIS II gehörte viele Jahre zur Outward Bound »Moray Sea School« in Burghead, Elgin (Schottland). 1967 wurde sie nach Dartmouth (Devon) verlegt. Das Schiff war für den Schulbetrieb zu klein geworden. Deshalb wurde es am 9. Mai 1968 an die französische Gesellschaft »Les Amis de Jeudi-Dimanche« verkauft. Der Schoner hat danach den Namen BEL ESPOIR bekommen.
Diese französische Jugendorganisation fördert Erholungsmöglichkeiten für Schulkinder. Der Name entstand dadurch, weil die französischen Kinder den halben Donnerstag und natürlich auch am Sonntag frei haben. Die BEL ESPOIR soll Kindern aus bescheideneren Verhältnissen die Möglichkeit bieten, in Gemeinschaft die offene See und fremde Länder kennenzulernen.
1993/94 erfolgte in Camaret und Brest eine umfangreiche Grundüberholung. Das Schiff wurde neu beplankt, erhielt neue Masten und ein neues Stell Segel.

Belem

Das Schiff wurde als Bark BELEM (= Bethlehem) für die Reederei Denis Crovan & Co gebaut. Die Hauptfracht waren damals Kakaobohnen, die der Segler für eine Pariser Schokoladenfabrik von Para (= Belem, Brasilien) nach Nantes brachte. Später fuhr BELEM unter der Flagge von H. Fleuriot & Co (Societé des Armateurs Coloniaux). 1913 wurde das Schiff für 1500 Pfund an den Herzog von Westminster verkauft. Dieser ließ die Bark in eine seegehende Yacht umbauen. Dabei blieb der Name weiter bestehen. Als wesentliche Veränderungen kamen Hilfsmotor, elektrisches Licht und die Vergrößerung des Deckshauses hinzu. Die eiserne Poopreling wurde durch eine etwas schwerfällige Teak-Balustrade ersetzt. Das weiße Pfortenband blieb zwar erhalten, wurde aber jetzt nach englischer Manier unterhalb der Deckslinie gemalt. Für neue Decks und Deckseinrichtungen war ausschließlich Teakholz verwendet worden.

1921 wurde BELEM an Sir A. E. Guinness verkauft. Unter dem neuen Namen FANTOME II fuhr sie wiederum als Yacht. Nach dem Tode des Eigners im Jahre 1950 kam sie zum Verkauf. 1951 wurde sie von der italienischen Stiftung »Giorgio Cini« in Venedig übernommen, deren Namen sie auch erhielt. Es folgte die Umtakelung in eine Barkentine; allerdings wurden die Rahsegel nicht gefahren. Für die Ausbildung standen moderne Navigationsinstrumente zur Verfügung. Das Schiff fährt eine Ankerwinsch auf der Back, Boote in Davits und Patentanker. Ein zentral gelegenes Deckshaus trägt als Aufsatz das kleinere Kartenhaus. Das Dach des Deckshauses wurde an beiden Seiten bis zum Schanzkleid vorgezogen. Es entstand dadurch eine Art Hochdeck. Das Schiff wurde damals von hier aus gesteuert. Auf der Poop steht das Notruder.

Club Med I / Club Med II

ex GIORGIO CINI
ex FANTOME II
ex BELEM

Art: Bark, Stahl

Nation: Frankreich

Eigner: Fondation BELEM, Paris

Heimathafen: Nantes (Cherbourg)

Baujahr: 1896

Werft: A. Dubigeon, Nantes

Vermessung: 562 BRT; 611 ts TM

Abmessungen:
Länge über alles	58,00 m
Länge Rumpf	51,00 m
Länge in der Wasserlinie	48,00 m
Breite	8,80 m
Raumtiefe	4,60 m
Tiefgang	3,50 m

Besegelung als Bark: 21 Segel

Besegelung als Barkentine: 13 Segel; 2 Vorsegel, Fockmast: Focksegel, Doppel-Marssegel, einfaches Bramsegel, Royal; Großmast: Großsegel, Groß-Toppsegel, Groß-Stagsegel, Groß-Stengestagsegel, Groß-Bramsegel; Besanmast: Besansegel (kein Besantoppsegel – Auspuff)

Masten, Spieren: Untermasten, Besanstenge, Bäume: Stahl; Rahen, Vor-, Großstenge und alle anderen Spieren: Holz; Besanuntermast leitet Auspuffgase ab; Groß-Gaffel wird gefiert

Hilfsmotor: 2 Fiat-Dieselmotoren zu je 300 PS

Verwendung: Schulschiff unter Segeln

Die Stiftung betreute in erster Linie Waisen von Seeleuten und Fischern. Dabei blieb es den Jungen freigestellt, ob sie später einmal bei der Seefahrt bleiben wollen. Die Schüler trugen Uniformen, ähnlich denen der italienischen Marine. Während dieser Zeit hatte das Schiff seinen Liegeplatz unmittelbar vor den Schulgebäuden auf der Insel San Giorgio in Venedig. Am 20. Januar 1979 übernahm die französische Organisation »Association pour la sauvegarde et la conservation des anciens navires francais« die Barkentine und gab ihr den alten Namen BELEM zurück. Nach einer Schleppfahrt von 34 Tagen traf sie am 17. September 1979 in Brest ein. Sie wurde wieder als Bark getakelt.

Für die Reise nach Paris mußte das Schiff vorübergehend wieder vollständig abgetakelt werden. Diese Verlegung erfolgte nicht problemlos, weil verschiedene Häfen der Bretagne nicht mit dem neuen Liegeplatz Paris einverstanden waren. BELEM ist der letzte echte französische Großsegler.
1985 verließ BELEM wieder Paris. In Le Havre und Caen wurde das Schiff für die erneute Fahrt unter Segeln vorbereitet. Die ersten Trimmfahrten fanden im gleichen Jahr statt. Die Bark ist heute regelmäßig unter Segeln in Fahrt. 1996 hatte sie ihren 100. Geburtstag.

Diese Schiffe haben die klassische Konstruktion eines Großseglers verlassen. Nicht mehr Seemannschaft ist gefragt, sondern das angenehme Reisen auf einem schwimmenden Luxushotel mit einem Großangebot an Freizeitgestaltungsmöglichkeiten. Die Schiffe haben eine computergesteuerte Rollvorrichtung für die Segel. Damit kann das Tuch in Minutenschnelle gesetzt oder geborgen werden. Bei Fahrt können Segel und Motoren kombiniert werden. Zur Ausrüstung der Schiffe, die in acht Decks unterteilt sind, gehören neben je einem Bug- und Heckstrahlruder auch eine Krängungsausgleichsanlage und Flossenstabilisatoren. Sämtliche 196 Außenkabinen und die fünf Suiten der mit zwei Swimmingpools und zwei landungsbootähnlichen Tendern ausgestatteten Schiffe verfügen über Satellitentelefonanschlüsse.

Art: Fünfmaster, Bermudatakelung, Stahl (kombinierte Segel-Motorschiffe)

Nation: Frankreich

Eigner: Club Mediterranée et Societé Havraise Services et Transports

Heimathafen: Nassau

Baujahr: 1989 bzw. 1992

Werft: Ateliers et Chantiers du Havre

Vermessung: BRZ 14754

Abmessungen:
Länge über alles	187,00 m
Breite	20,00 m
Tiefgang	5,00 m

Segelfläche: 2500 qm

Besegelung: 7 Segel

Masten: Höhe der Masten über Deck 50 m

Hilfsmotor: 4x 3000-PS-Wärtsilä-Diesel; 2x 280-kW-Wechselstromgeneratoren (dieselelektrischer Antrieb)

Besatzung: 222 Personen Stammbesatzung, 410 Passagiere

Verwendung: Kreuzfahrtschiffe

Duchesse Anne

ex GROSSHERZOGIN ELISABETH

Art: Vollschiff, Stahl

Nation: Frankreich

Eigner: Stadt Dünkirchen

Liegehafen: Dünkirchen

Baujahr: 1901; Stapellauf März 1901

Werft: J. C. Tecklenborg, Geestemünde (Bremerhaven)

Vermessung: 1260 BRT; 721 NRT

Abmessungen:
Länge über alles   ca. 92,00 m
Länge Rumpf   ca. 80,00 m
Länge zwischen den
Loten   69,00 m
Breite   11,90 m
Raumtiefe   6,30 m

Besegelung: 24 Segel; 3 Vorsegel, Doppel-Marssegel, einfache Bramsegel, Royals

Masten, Spieren: Höhe Großmast über Deck 40,00 m, Länge Großrah 22,00 m, Länge Großroyalrah 11,50 m, Bugspriet mit Klüverbaum

Hilfsmotor: Kein Hilfsmotor

Besatzung: Unter Segeln insgesamt 180 bis 200 Personen

Verwendung: Museumsschiff

Der im Jahre 1900 gegründete Deutsche Schulschiff-Verein besaß bis zum Ende des Ersten Weltkrieges drei Segelschulschiffe, die alle im Auftrag des Vereins gebaut worden waren. Diese Schiffe waren reine Schulsegler, fuhren also keine Fracht. Ihre Namen haben sie nach Angehörigen des Hauses Oldenburg bekommen, dessen Großherzog sich in großzügiger Weise der Ausbildung des seemännischen Nachwuchses auf Segelschulschiffen angenommen hatte. Das erste dieser Schiffe war die GROSSHERZOGIN ELISABETH (heute DUCHESSE ANNE), die 1901 vom Stapel lief. Ihr folgten 1909 die PRINZESS EITEL FRIEDRICH (heute DAR POMORZA) und 1914 die GROSSHERZOGIN FRIEDRICH AUGUST (heute STATSRAAD LEHMKUHL).

GROSSHERZOGIN ELISABETH gehörte mit zu den ersten nicht-frachtfahrenden Segelschulschiffen. Bewußt wurden jene Segler für eine sehr große Zahl von Jungen eingerichtet, um diese, neben anderen Notwendigkeiten, an das Zusammenleben auf engem Raum zu gewöhnen. Die deutschen Segelschulschiffe waren nach einem allen gemeinsamen Farbschema bemalt. Den weißen Rumpf begrenzten nach oben eine hell ockerfarbene Poop und Back. Der Rumpf wirkte dadurch außerordentlich elegant, weil der gleichmäßige Sprung scheinbar durch nichts unterbrochen wurde. Bei der jetzigen GORCH FOCK wurde diese Farbgebung beibehalten.

GROSSHERZOGIN ELISABETH diente als Schulschiff insgesamt 44 Jahre. Die kleineren Reisen führten im Sommer meist in Nord- und Ostsee, während die Ziele im Winter meist Südafrika, Südamerika und vor allem die westindischen Gewässer waren.

Durch ein Feuer, das in der Segellast ausbrach, wurde das Schiff 1928 erheblich beschädigt. Ein weiterer Zwischenfall ereignete sich 1931, als der Segler mit dem lettischen Segelschiff EVERMORE kollidierte. Beide Schiffe erlitten Schäden über der Wasserlinie. Kurz vor dem Zweiten Weltkrieg wurde GROSSHERZOGIN ELISABETH ohne Namensänderung an die Deutsche Seemannsschule in Hamburg abgegeben. 1945 mußte sie als Reparationsleistung Frankreich überlassen werden.

Anfangs schien es, als würde sie unter dem neuen Namen DUCHESSE ANNE weiter im Schuldienst bleiben. Später wurden Pläne laut, daß sie als stationäres Schulschiff in Lorient (Bretagne) verwendet werden soll. Doch auch dieses Vorhaben scheiterte.

1946 wurde das Schiff bis auf die Untermasten abgetakelt und blieb bis 1951 ohne rechte Nutzung. Ende des Jahres 1951 kam DUCHESSE ANNE im Schlepp nach Brest. Dort lag sie viele Jahre als Kasernenschiff der französischen Marine. Nach ihrer Ausmusterung wurde sie zum Atlantikhafen Lorient geschleppt, wo sie, ungepflegt, einer unsicheren Zukunft entgegensah. Die Stadt Dünkirchen hat sich für ihre Erhaltung eingesetzt. Dort wurde sie wieder restauriert und neu getakelt, um zu einer Touristenattraktion im Hafen zu werden.

La Belle Poule und L'Etoile

Art: 2-Mast-Toppsegelschoner, Holz

Nation: Frankreich

Eigner: Kriegsflotte, Marine Nationale Ecole Navale, Lanvéoc-Poulmic/Brest

Heimathafen: Brest

Baujahr: 1932, Stapellauf Januar 1932

Werft: Chantiers Naval de Normandie, Fécamp

Vermessung:
227/275 ts Deplacement

Abmessungen:
Länge über alles 37,50 m
Länge zwischen den Loten 25,30 m
Breite 7,20 m
Tiefgang 3,60 m

Segelfläche: 424 qm

Besegelung: 9 Segel; 3 Vorsegel (+ Außenklüver); Fockmast: Schonersegel, einfaches Marssegel; Großmast: Gaffelsegel, Toppsegel, Stengestagsegel

Masten: Höhe Großmast über der Wasserlinie 32,50 m; beide Masten mit Marsstenge

Hilfsmotor: Sulzer-Diesel, 300 PS

Besatzung: 3 Offiziere, 5 Unteroffiziere, 12 Mannschaften, 30 Kadetten

Verwendung: Schulschiffe unter Segeln

LA BELLE POULE ist das vierte Schiff der französischen Marine, das diesen Namen trägt. Die Vorgänger waren Fregatten des 18. und 19. Jahrhunderts. Der exhumierte Leichnam Napoleons wurde am 15. Oktober 1840, zwanzig Jahre nach dem Tod des Kaisers, an Bord der Fregatte LA BELLE POULE nach Frankreich gebracht. Ein berühmtes Kaperschiff, das der Marine in Bordeaux gute Dienste leistete, gab den Namen.

Zusammen mit dem Schwesterschiff L'ETOILE wurde der Schoner speziell für die Seefahrtsschule gebaut. Als Vorbild dienten die Schoner von Paimpol, die bei Island fischten.

Das tiefe Marssegel wird mit Hilfe eines Rollreffs geborgen. Die Gaffeln werden gefiert. Dadurch können sämtliche Segel von Deck aus bedient werden. Beide Gaffelsegel sowie das Toppsegel laufen mit Legeln am Mast. Ein Deckshaus steht hinter dem Fockmast, ein zweites hinter dem Großmast. Das Mützenband der Jungen trägt die Aufschrift »Ecole des Mousses«. L'ETOILE ist seit 1622 das fünfzehnte Schiff der französischen Flotte, das diesen Namen trägt.

Beide Schiffe haben in der Zeit von 1940 bis 1944 verschiedene Reisen in englischen Gewässern unternommen. Dabei wurde LA BELLE POULE in Kriegshandlungen verwickelt, bei denen es Verletzte an Bord gegeben hat. Die regelmäßigen Ausbildungsreisen führen heute meist in europäische Gewässer.

La Recouvrance

Art: 2-Mast-Toppsegelschoner (Aviso-Goélette), Holz

Nation: Frankreich

Eigner: Association Goélette La Recouvrance

Heimathafen: Brest

Baujahr: 1992; Stapellauf 14. Juli 1992

Werft: Chantier du Guip, l'Ile-aux-Moines, Brest

Vermessung: 130 ts Deplacement

Abmessungen:
Länge über alles 41,60 m
Länge Rumpf 24,90 m
Breite 6,40 m
Raumtiefe 3,22 m
Tiefgang 3,60 m

Segelfläche: 430 qm

Besegelung: 9 Segel; Fockmast (Breitfock), Mars- und Bramsegel

Masten: Höhe Großmast über Deck 28 m

Hilfsmotor: Diesel, 320 PS

Besatzung: 5 Personen Stammbesatzung + 5–6 Helfer, 20 Trainees bei längeren Fahrten, 30 Trainees bei Kurzfahrten

Verwendung: Charterschiff, Empfangsschiff

Der französische Marineingenieur Jean-Baptiste Hubert (1781 – 1845) zeichnete 1817 die Pläne für einen schwerbewaffneten Toppsegelschoner. Das erste Schiff, das danach gebaut wurde, war die IRIS. Sie führte als Bewaffnung sechs vierundzwanzigpfündige Caronaden. Dieser Schiffstyp hatte sich so bewährt, daß innerhalb von dreißig Jahren etwa weitere sechs Schoner dieser Bauart auf Kiel gelegt wurden. Diese Schiffe waren wegen ihrer außerordentlich scharfen Linien und der großen Segelfläche sehr schnell und wendig. Sie wurden deshalb besonders gegen den Sklavenhandel im Golf von Guinea und zum Schutz der französischen Handelswege von Afrika bis Westindien eingesetzt. An Bord dieser Schiffe waren bis zu siebzig Matrosen und Seesoldaten.

Der jetzige Nachbau einer dieser Schoner gehört zu den eindrucksvollen Schiffsbauten der letzten Jahre. Oft schon hat das Schiff seine von ihm erwartete Schnelligkeit demonstriert und seine Seetüchtigkeit bewiesen.

»Recouvrance« bedeutet »glückliche Rückkehr«. Bezeichnenderweise hat auch ein Stadtteil von Brest diesen Namen. Dort wohnten und wohnen viele Seeleute.

Auf die Bewaffnung wurde natürlich verzichtet. Lediglich die gemalten Geschützpforten erinnern an die Kampfkraft der Vorbilder. Ein typisches Merkmal für einen schnellen Segler ist der Fall der Masten. Eine Frauenbüste mit wallendem Haar schmückt als Galionsfigur den rasanten Bug.

Rara Avis

Art: 3-Mast-Bermudaschoner, Stahl

Nation: Frankreich

Eigner: Les Amis de Jeudi-Dimanche, Paris

Heimathafen: Toulon

Baujahr: 1957

Werft: in Terneuzen, Holland, fertiggestellt bei Groves & Guttridge, Cowes, England

Vermessung: 147 ts Deplacement; 198 BRT

Abmessungen:
Länge über alles 30,00 m
Länge Rumpf 26,00 m
Breite 7,00 m
Tiefgang 1,50–4,00 m
(Mittelschwert)

Segelfläche: 500 qm

Hilfsmotor: 2x 220 General Motors-Diesel

Besatzung: 8 Personen Stammbesatzung, 30 Trainees oder Gäste

Verwendung: Schulschiff unter Segeln, sozialtherapeutisches Segeln, Charterschiff

Auffallend am Rumpf der RARA AVIS ist der veränderbare Tiefgang. Das Schiff war als Privatyacht für Flachwasserzonen konstruiert worden. Drei axial angeordnete Mittelschwerter verhindern bei Fahrten in tieferen Gewässern das Abdriften. 1972 ging das Schiff in die Hände der jetzigen Eigner über. Bis dahin gehörte es dem Kaufhausbesitzer Hamon. Im Sommer befährt RARA AVIS die Küstengewässer Südfrankreichs, im Winter die Karibik.

Griechenland

Carita   Eugenios Eugenides

Carita

Art: 3-Mast-Stagsegelschoner, Stahl

Nation: Griechenland

Eigner: Messrs. A. Lusi Ltd., London

Heimathafen: Piräus

Baujahr: 1959; Stapellauf April 1959

Werft: Amsterdamsche Scheepswerf, G. de Vries Lentsch Jr., Amsterdam

Vermessung: 485 ts Deplacement; 336,18 BRT; 154,42 NRT

Abmessungen:
Länge über alles   51,90 m
Länge zwischen den
Loten   36,90 m
Breite   8,50 m
Seitenhöhe   6,00 m
Raumtiefe   4,60 m
Tiefgang   4,70 m

Segelfläche: 870 qm (Großsegel 230 qm)

Besegelung: 7 Segel; 2 (3) Vorsegel; Fockmast: Focksegel (Hochsegel); Großmast: Großstagsegel, Großsegel (Hochsegel); Besanmast: Besansegel (Hochsegel)

Masten, Spieren: Höhe Großmast über Wasserlinie 40,20 m; Vorstagsegel und Großstagsegel mit Baum; kein Bugspriet

Hilfsmotor: Zwei Davey-Paxman-Dieselmotoren, je 597 PS

Besatzung: 14 Personen

Verwendung: Privatyacht

Eugenios Eugenides

Für Lord Brassey wurde 1874 die berühmte Yacht SUNBEAM gebaut. Seit 1922 gehörte sie Sir Walter Runciman, dem späteren Lord Runciman von Shoreston. Als der Kompositbau wegen Überalterung ausgemustert und abgewrackt werden mußte, ließ Lord Runciman 1929 für sich die stählerne SUNBEAM II bauen. Die Yacht war zunächst genau wie ihre Vorgängerin als reiner Dreimastschoner getakelt, doch schon während der Erprobungszeit bekam der Fockmast Mars- und Bramrahe. Das Schiff blieb bis zum Zweiten Weltkrieg Privatyacht seines Eigners. Bei Beginn des Krieges übernahm die britische Admiralität den Schoner und verwendete ihn bis Kriegsende für verschiedene Zwecke.

ex FLYING CLIPPER
ex SUNBEAM
ex SUNBEAM II

Art: 3-Mast-Toppsegelschoner, Stahl

Nation: Griechenland

Eigner: Handelsmarine, Nationale Handelsmarine-Akademien

Heimathafen: Piräus

Baujahr: 1929; Stapellauf August 1929

Werft: Messrs. W. Denny Brothers, Dumbarton; Konstruktion: Messrs. G. L. Watson & Co, Glasgow

Vermessung: 1300 ts Deplacement; 634,34 BRT; 225,71 NRT

Abmessungen:
Länge über alles 59,40 m
Länge zwischen den Loten 49,60 m
Breite 9,10 m
Seitenhöhe 6,00 m
Tiefgang 5,30 m

Segelfläche: 1540 qm

Besegelung: 12 Segel; 3 Vorsegel; Fockmast: Schonersegel, einfaches Marssegel, einfaches Bramsegel; Großmast: Großsegel, Groß-Toppsegel, Groß-Stengestagsegel; Besanmast: Besansegel, Besan-Toppsegel, Besan-Stengestagsegel

Masten, Spieren: Höhe Großmast über Deck 39,95 m, alle Masten mit einer Stenge; Untermasten, Bugspriet: Stahl; Stengen, Rahen, Gaffeln: Holz

Hilfsmotor: Polar-Dieselmotor, Typ M34M, 400 PS

Besatzung: 22 Personen Stammbesatzung, 70 Kadetten

Verwendung: Schulschiff unter Segeln

1945 wurde SUNBEAM II an die Abraham-Rydberg-Stiftung in Stockholm verkauft, die entgegen ihren seitherigen Gepflogenheiten das neue Schiff nicht nach dem Stiftungsgründer benannte, sondern ihm den alten Namen beließ. Nach entsprechendem Umbau für den neuen Verwendungszweck wurde die ehemalige Yacht Schulschiff der Stiftung. Sie war Nachfolgerin der 1942 verkauften Viermastbark ABRAHAM RYDBERG. Die Ausbildungsreisen führten hauptsächlich in europäische Gewässer. Bei einer Langreise nach Westindien im Jahre 1949 hatte das Schiff erhebliche Sturmschäden in der Takelage.

1955 kaufte die Einar Hansen's Clipper-Linie in Malmö das Schulschiff für die Ausbildung ihres eigenen Nachwuchses. Der neue Name wurde FLYING CLIPPER. Nach Überholungsarbeiten in Karlskrona nahm sie 1956 am »Tall Ships Race« von Torbay nach Lissabon teil. Auch beim Rennen 1958 war sie wieder dabei. Seit 1960 fuhr das Schiff hauptsächlich im Mittelmeer. Dort wurden auch 1961/62 die Aufnahmen für den Film »Flying Clipper« gedreht. In der Verfilmung von Joseph Conrads »Lord Jim« sieht man sie ebenfalls.

Während der zehn Jahre unter der Flagge der Clipper-Linie wurden mehr als 200 Kadetten für die Decksoffiziers-Laufbahn, 60 Ingenieur-Anwärter und 27 Anwärter für die Küchen- und Verpflegungslaufbahn auf dem Segelschiff ausgebildet.

Am 4. Juni 1965 wurde das Schiff an das griechische Handelsmarine-Ministerium verkauft. Unter dem neuen Namen EUGENIOS EUGENIDES segelte es am 12. Juni nach Piräus. Eugenios Eugenides war ein griechischer Reeder, der 1954 starb. Seine Nachfolger stifteten ihm zu Ehren eine Schenkung für den Fundus der griechischen Marineausbildung. Aus diesem Fundus stammten auch die Mittel für den Kauf des Schulschiffes.

Die einzelnen Akademien der griechischen Handelsmarine sind über weite Teile des Landes verteilt. Von diesen Schulen kommen die Kadetten zur weiteren Ausbildung auf die EUGENIOS EUGENIDES. Der Lehrplan umfaßt Unterricht für Decksoffiziere, Marine-Ingenieure und Funkoffiziere. Obwohl das Schiff der Handelsmarine gehört, ist die Ausbildung streng militärisch ausgerichtet. Im Sommer unternimmt das Schiff eine dreimonatige Ausbildungsreise, während im Winter nur kurze Reisen durchgeführt werden.

Großbritannien

Activ	Ji Fung	Saint Kilda
Adix	Julia	Sir Winston Churchill
Astrid	Kaskelot	
Baboon	Kathleen & May	Søren Larsen
Carrick	Lord Nelson	Spirit of Winestead
Carrie	Malcolm Miller	St. Barbara Ann
Centurion	Mandalay	Stina
Cutty Sark	Matthew	HMS Trincomalee
Discovery	Phoenix	
Eye of the Wind	Polynesia II	HMS Unicorn
Fantome III	Queen Galadriel	Unicorn
HMS Gannet	Raphaelo	HMS Victory
Glenlee	Result	HMS Warrior
Golden Hinde	Return of Marco Polo	Yankee Clipper
Great Britain		Yankee Trader
Helga	Ring-Andersen	Zamoura
Jean de la Lune	Royalist	Zebu

Activ

ex SVENDBORG
ex MONA

Art: 3-Mast-Toppsegelschoner, Holz

Nation: Großbritannien

Eigner: Baltic Schooner Company Ltd., Guernsey

Heimathafen: London

Baujahr: 1951, Stapellauf Dezember 1951

Werft: J. Ring-Andersen, Svendborg (Dänemark); Umbau + Aufriggen 1980: Werft Michael Kiersgaard, Troense

Vermessung: 116,80 BRT; 74,99 NRT

Abmessungen:
Länge über alles 42,00 m
Länge Rumpf 27,30 m
Breite 7,08 m
Raumtiefe 2,35 m
Tiefgang 3,00 m

Segelfläche: 536 qm

Besegelung: 13 Segel; Fockmast: Fock, Marssegel, doppeltes Bramsegel

Masten: Höhe Großmast über Deck 27 m

Hilfsmotor: Saab-Scania, 230 PS, 6 Zylinder

Besatzung: Keine feste Zahl, 8–18 Kojen

Verwendung: Private Nutzung, teilweise Film-Charter

Als letztes Schiff einer großen Serie gleichartiger Schoner wurde die ACTIV als MONA im Winter 1951/52 in Dänemark gebaut. Sie erhielt lediglich eine 1½-mastige Takelung für Stützsegel, da sie von Anfang an für den Grönlandhandel mit einem Motor ausgerüstet worden war. Für die arktischen Gewässer war der Rumpf teilweise mit Eisenplatten beschlagen.

Als MONA befuhr das Schiff 20 Jahre lang die Grönland-Route und beförderte Fracht zwischen grönländischen Hafenplätzen. Nach 6jähriger Liegezeit erfolgte 1980 die Neutakelung als Toppsegelschoner, einem Rigg, das hervorragend zum Rumpf paßt. Diese »Baltic Schooner« befuhren einst als Frachtsegler in großer Zahl die Ostsee.

Adix

ex XXXX
ex JESSICA

Art: 3-Mast-Gaffelschoner, Stahl

Nation: Großbritannien

Eigner: Ocean Sailing Adventures Ltd., Guernsey

Heimathafen: Guernsey

Baujahr: 1983

Werft: Astilleros de Mallorca S. A., Mallorca

Vermessung: 370 tdw

Abmessungen:
Länge über alles 64,50 m
Länge Rumpf 56,00 m
Länge in der Wasserlinie 42,40 m
Breite 8,60 m
Tiefgang 4,80 m

Segelfläche: 1720 qm

Hilfsmotor: 540 PS MAN

Besatzung: 14 Personen Stammbesatzung, 7 Passagiere

Verwendung: Privatyacht

Der Argentinier Sr. Carlos Perdomo war Auftraggeber für den Bau der auffallend rassig gestalteten Yacht JESSICA, die den Namen seiner Frau bekam. Das Schiff war anfangs als Toppsegelschoner getakelt. Das traditionell gehaltene Rigg verriet nicht, daß moderne Deckseinrichtungen, wie zum Beispiel elektrisch betriebene Winschen, die Segelmanöver erleichterten. Auch die Inneneinrichtungen des Schiffes entsprachen höchsten Ansprüchen. Die Segeleigenschaften haben sich als überragend erwiesen. 1988 ging der Schoner in das Eigentum des Australiers Alan Bond über. Der etwas nüchterne Name XXXX, den das Schiff jetzt bekam, zeigte lediglich an, daß es für die Produkte einer australischen Brauerei dieses Namens warb. Nachdem die Australier den America's Cup nicht gewonnen hatten, wurde er zum Verkauf angeboten und ging 1990 in spanische Hände über. Der nun folgende Umbau glich einem Neubau. Das Heck wurde verlängert, die Raumaufteilung neu gestaltet, und die neuen Aluminium-Masten erhielten eine reine Gaffeltakelung. Der jetzige Name ADIX erinnert noch an den vorangegangenen Namen: »Add X«.

Astrid

ex WUTA

Art: Brigg, Eisen

Nation: Großbritannien

Eigner: Astrid Trust, Weymouth, Dorset

Heimathafen: Weymouth, Dorset

Baujahr: 1918, Indienststellung 1921

Werft: Greg van Leeuwin, Scheveningen, Holland

Vermessung: 271 ts Deplacement; 170 BRT; 120 NRT

Abmessungen:
Länge über alles	42,00 m
Länge Rumpf	32,90 m
Länge zwischen den Loten	30,80 m
Breite	6,70 m
Raumtiefe	2,40 m
Seitenhöhe	3,30 m
Tiefgang	2,50 m

Segelfläche: 488 qm

Besegelung: 17 Segel; Doppel-Marssegel, Doppel-Bramsegel

Masten: Höhe Großmast über Deck 23,00 m

Hilfsmotor: Scania-Diesel, 290 PS

Besatzung: 9 Personen Stammbesatzung, 25 Trainees oder Gäste

Verwendung: Schulschiff unter Segeln, Charterschiff

Das Schiff wurde als Frachtlogger mit Schonertakelung gebaut. Ein typisches Merkmal der in Holland gebauten Fahrzeuge dieser Art ist der fast senkrechte Vordersteven. Der erste Name WUTA bedeutete »Wacht uw tijd af« (= »Geduld, auf bessere Zeiten warten«). Siebzehn Jahre lang fuhr WUTA unter holländischer Flagge im Frachtgeschäft.
1937 kaufte sie der Schwede John Jeppson und gab ihr den Namen ASTRID. Die Hauptladungen waren Weizen, Gerste und Rapssamen für Skandinavien, während des Krieges auch Kohle und Holz zwischen Polen und Schweden. 1957 wurde das Schiff abgetakelt und fuhr weiter als Kümo.
1976 erfolgte der Verkauf in den Libanon an die Firma Karim Ahmed & Shafsack Mohammed Bassam. Das Schiff fuhr jetzt zwischen Nahost und Nordeuropa. Wegen Verdacht auf Drogenschmuggel wurde es am 15. Juli 1977 auf der Höhe von Dungeness vom britischen Zoll zum Beidrehen gezwungen. Dabei setzte die Crew das Schiff in Brand und sprang über Bord. Zwei Besatzungsmitglieder ertranken. ASTRID kam im Schlepp nach Newhaven und lag dort einige Jahre, ohne daß sich jemand um sie gekümmert hätte.
1984 begann der neu gegründete Astrid Trust, das Schiff zu restaurieren und als Brigg neu zu takeln. Der eiserne Rumpf war in einem ausgezeichneten Zustand geblieben. 80 Tonnen Ballast (Eisenbahnschienen) geben dem Segler die nötige Stabilität. Von Herbst bis Frühjahr jeden Jahres macht ASTRID für junge Leute Schulreisen in die USA. Während der übrigen Zeit wird sie als Charterschiff verwendet.

 # Baboon

Art:	3-Mast-Toppsegelschoner, Stahl
Nation:	Großbritannien
Eigner:	Drusberg Investments Ltd.
Heimathafen:	Hamilton, Bermudas
Baujahr:	1991
Werft:	Marstrand, Schweden
Vermessung:	444 BRT; 134 NRT

Abmessungen:
Länge über alles	60,20 m
Länge zwischen den Loten	43,06 m
Breite	8,40 m
Seitenhöhe	4,88 m
Tiefgang	4,20 m

Segelfläche: 950 qm

Besegelung: 13 Segel

Masten: Holz

Hilfsmotor: Caterpillar, 2000 PS

Besatzung: 14 Personen Stammbesatzung, 14 Gäste

Verwendung: für firmeneigene Zwecke

BABOON gehört zu den modernst ausgerüsteten Luxusyachten, die auf den Weltmeeren kreuzen. Die Einrichtungen für die Gäste erinnern an ein Hotel erster Klasse. Zentralheizung, Klimaanlage sowie Bequemlichkeiten verschiedenster Art sind selbstverständlich.

Carrick

ex CITY OF ADELAIDE

Art: Ehemals Klipper-Vollschiff, Kompositbau

Nation: Großbritannien

Eigner: Scottish Maritime Museum

Liegeplatz: Irvine

Baujahr: 1864

Werft: William Pile, Sunderland, England

Vermessung: 791 BRT

Abmessungen:
Länge zwischen den
Loten   53,70 m
Breite   10,10 m
Raumtiefe   5,70 m

Besegelung: Ursprünglich Doppel-Marssegel, Doppel-Bramsegel, Royals

Masten: Mars- und Bramstengen

Hilfsmotor: Kein Hilfsmotor

Verwendung: Museumsschiff

Aus der großen Ära der Klipper sind uns nur zwei Komposit-Klipper erhalten geblieben. In London liegt die CUTTY SARK und in Glasgow die CARRICK ex CITY OF ADELAIDE. Obwohl der bekannte englische Großsegel-Kenner H. A. Underhill dem Rumpf der CARRICK mehr Eleganz zuschreibt, können sich die beiden Schiffe heute nicht mehr messen. CUTTY SARK zeigt die ganze Schönheit ihrer Takelage, während CARRICK zur Hulk geworden ist. Kein Bugspriet vollendet mehr die rassige Linie ihres Bugs. Ein wenig schönes Deck, besser Dach, das außerdem Poop- und Backdeck überragt, verwischt vollends die Form. Der ehemals als Vollschiff getakelte Segler wurde für die Australien-Passagier-Linie Devitt & Moore gebaut. Vor fast hundert Jahren fuhren auf diesem Schiff vorwiegend Auswanderer nach Australien. In der Rekordzeit von 65 Tagen segelte sie einmal von London nach Adelaide.

Als die Passagierfahrten nichts mehr einbrachten, weil Dampfschiffe bevorzugt wurden, verwendete die Reederei ihr Schiff in der Woll-Fahrt. Kurz vor dem Ersten Weltkrieg übernahm die britische Marine den Klipper. Aus der CITY OF ADELAIDE wurde HMS CARRICK, benannt nach der südwestschottischen Landschaft gleichen Namens. Während des Krieges war sie wahrscheinlich Lazarett-Schiff. Danach wurde sie als Depot- und Schulschiff verwendet.

Bis 1947 lag sie dann im äußeren Hafen von Greenock, anfangs als »Naval Gunnery School HMS Carrick«, später als Hauptquartier-Schiff der »Greenock Sub-Division«. 1946 suchte die Royal Naval Volunteer Reserve (R.N.V.R.) eine geeignete Unterkunft für ihren Offiziers-Club. Ein Jahr später wurde CARRICK für diesen Zweck ausgesucht und entsprechend eingerichtet. Lange Jahre lag sie für diesen Zweck im Clyde in Glasgow, wobei sie mehrmals auf Grund ging.

Inzwischen ist das Schiff nach Irvine geschleppt worden. Dort soll untersucht werden, ob es weiterhin als schwimmendes Museum erhalten werden kann, oder ob die Unterbringung in einem Trockendock notwendig ist.

Carrie

ex KENAVO

Art: 2-Mast-Gaffelschoner, Holz

Nation: Großbritannien

Eigner: Square Sail, Bristol

Heimathafen: Bristol

Baujahr: 1947

Werft: M. Cornec, Camaret, Frankreich

Abmessungen:
Länge über alles 27,30 m
Breite 6,00 m
Tiefgang 2,60 m

Segelfläche: 232 qm

Hilfsmotor: Baudouin-Diesel, 120 PS

Verwendung: Charterschiff, Filmschiff

Der Schoner ist ein ehemaliges Fischereifahrzeug, das zum Langustenfang an den atlantischen Küsten eingesetzt wurde.

Centurion

Das als Luxusyacht gebaute Schiff ist keine Brigantine der traditionellen Art. Die Rahen sind fest angebracht. Alle Segel werden beim Wegnehmen eingerollt, die Rahsegel durch ein Rollreff unter der Rah, die Stagsegel um das Stag selbst. Eine Person kann alle Segelmanöver alleine durchführen.

Das Deck beherrscht ein sehr großes Deckshaus. Den Bug schmückt die Figur einer tahitianischen Prinzessin.

Art: Brigantine, Aluminium

Nation: Großbritannien

Eigner: J. H. Millar

Heimathafen: in Bermuda registriert

Baujahr: 1983

Werft: Palmer Johnson, Sturgeon Bay, Wisconsin

Vermessung: 109 ts Deplacement

Abmessungen:
Länge über alles 33,53 m
Länge Rumpf 27,43 m
Länge in der Wasserlinie 23,47 m
Breite 6,40 m
Tiefgang 3,50 m

Besegelung: 8 Segel

Hilfsmotor: Caterpillar-Diesel, 215 PS

Besatzung: 4–6 Personen Stammbesatzung, 4–6 Eigner und Gäste

Verwendung: Privatyacht

Cutty Sark

Damit die chinesischen Tee-Ernten immer rascher nach Europa, besonders nach England, gebracht werden konnten, forderten die Tee-Kaufleute noch schnellere Schiffe. Das konnte damals mit Dampfschiffen nicht erreicht werden, sondern nur mit den scharf geschnittenen und eleganten Klippern, den »Rennpferden der Meere«. 1869 ließ der Reeder und Kapitän John Willis aus London den Klipper CUTTY SARK bauen, um die ein Jahr ältere THERMOPYLAE bei den »Teerennen« zu schlagen. Der Name CUTTY SARK ist schottischen Ursprungs und bedeutet »Kurzes

ex MARIA DO AMPARO
ex FERREIRA
  (= EL PEQUINA CAMISOLA)
ex CUTTY SARK

Art: Vollschiff, Kompositbau

Nation: Großbritannien

Eigner: Cutty Sark Preservation Society, London

Liegeplatz: Greenwich (Trockendock)

Baujahr: 1869; Stapellauf 23. November 1869

Werft: Scott & Linton, Dumbarton/Clyde. Fertiggebaut durch Denny Bros., Leven

Vermessung: 2100 ts Deplacement; 963 BRT; 921 NRT

Abmessungen:
Länge über alles   85,10 m
Länge Rumpf   70,50 m
Länge zwischen den
Loten   64,70 m
Länge Kiel   61,80 m
Breite   10,90 m
Raumtiefe   6,40 m
Tiefgang (Schwergut)   6,00 m

Segelfläche: 2970 qm

Besegelung: 34 Segel; 4 Vorsegel, alle Masten: Doppel-Marssegel, einfache Bramsegel, Royals; Großmast: Skysegel, Fock-, Großmast: Leesegel

Masten, Spieren: Bugspriet u. Klüverbaum 18,20 m; Fockmast: von Deck bis Mastknopf 39,40 m; Fockrah 23,70 m; Fockroyalrah 11,50 m; Großmast: von Deck bis Mastknopf 44,40 m; Großrah 23,70 m; Großroyalrah 11,50 m; Skyrah 10,30 m; Kreuzmast: von Deck bis Mastknopf 33,10 m; Kreuzrah 20,20 m; Kreuzroyalrah 10,00 m; Besanbaum 15,80 m

Besatzung: Maximal 28 Personen, meist 23–24 Personen. (das Schiff wurde auch von 19 Personen bearbeitet)

Verwendung: Museumsschiff

Hemd«. Er bezieht sich auf ein Kleidungsstück der Hexe Nannie in dem Gedicht »Tam O'Shanter« von Burns. Bis 1877 fuhr das Vollschiff fast ausschließlich als Teeklipper in der China-Fahrt. Häufig erzielte es Rekordreisen. Dabei wurden oft Geschwindigkeiten bis zu 17 kn gemessen. Von 1877 an war CUTTY SARK besonders in der Woll-Fahrt von Australien beschäftigt. 1880 wurde die Segelfläche erheblich verkleinert, die Untermasten dabei um 3 m gekürzt. Die nächsten Jahre fuhr das Schiff als Tramp (Kohle, Kistenöl, Eisen, Stückgut etc.). Von 1885 bis 1895 holte der Segler unter dem Kommando von Kapitän Woodget wieder hauptsächlich Wolle aus Australien. 1895 wurde er an die Firma J. A. Ferreira in Lissabon verkauft. Der Name änderte sich in FERREIRA. Meist sprach man aber von EL PEQUINA CAMISOLA.

Über die Verwendung durch die Portugiesen ist wenig bekannt. 1916 entmastete ein Sturm das Schiff wegen falscher Kohle-Stauung. Der Klipper lief Kapstadt als Nothafen an und wurde dort als Barkentine neu getakelt. 1920 verkaufte die Firma Ferreira ihr Schiff an die »Cia de Navegacao de Portugal« in Lissabon. Die Reisen unter dieser Flagge brachten jedoch nichts ein. Vergeblich bot man das bekannte Schiff in England zum Kauf an. Als MARIA DO AMPARO ging es schließlich nach Gibraltar. 1922 kaufte Kapitän Wilfred Dowman aus Falmouth das Schiff. Mit großem Aufwand wurde CUTTY SARK, wie sie jetzt wieder hieß, restauriert und erneut als Vollschiff getakelt. Als stationäres Schulschiff lag sie bis zum Tode Dowmans im Jahre 1936 in Falmouth. Seine Frau schenkte 1938 das Schiff dem »Nautical Training College Worcester« in London. Im Juni 1938 trat CUTTY SARK im Schlepp die letzte Reise über offenes Wasser nach London an. Sie wurde in Greenhithe neben der WORCESTER festgemacht. Während des Krieges war sie bis auf die Untermasten abgetakelt. 1951 erfolgte eine gründliche Untersuchung im Trockendock von Millwall. Der Zustand des Schiffes erwies sich als einwandfrei. 1952 entwickelte das National Maritime Museum in Greenwich Pläne, das Schiff zu restaurieren und als bleibendes Denkmal an die große Zeit der Segelschiffahrt zu erhalten.

1953 war die Schulschiff-Zeit zu Ende. Die »Cutty Sark Preservation Society« wurde gegründet. Die nötigen Überholungsarbeiten wurden im East India Dock vorgenommen. Am 10. Juli 1954 wurde CUTTY SARK zu ihrem Trocken-Liegeplatz nach Greenwich geschleppt. Die Königin übergab am 25. Juni 1957 das Schiff der Öffentlichkeit. Die Galionsfigur wurde früher schon nachgeschnitzt. Das genaue Aussehen des Originals ist nicht bekannt. Die Figur stellt die Hexe Nannie dar.

Im Stauraum ist jetzt ein Museum mit zahlreichen Galionsfiguren eingerichtet. Daneben dient der Raum auch für Unterrichtszwecke.

Discovery

Das besondere Interesse beim Internationalen Geographischen Kongreß, der 1899 in Berlin abgehalten wurde, galt der Erforschung der Antarktis. Die Teilnehmer einigten sich auf eine verstärkte internationale Zusammenarbeit. Für die geplante britische Expedition, die »Royal Antarctic Expedition«, wurde von der Royal Geographical Society der Bauauftrag für die DISCOVERY erteilt. Die Besatzung bestand aus Angehörigen der Royal Navy, meist Freiwilligen. Das Kommando bekam im Juni 1900 Commander Robert Falcon Scott, auch er Offizier der britischen Marine.

Um den besonderen Ansprüchen der Eismeerfahrt zu genügen, waren Spezialpläne für die DISCOVERY entworfen worden. Das Schiff bekam eine Doppelhaut. Wegen der Gefahr, die beim Einfrieren des Rumpfes entstehen konnte, wurden keine Kimmkiele angebracht. Der Nachteil war, daß das Schiff gegen Roll- und Schlingerbewegungen nicht sonderlich geschützt war. Der Vordersteven wurde zum Eisbrechen mehr geneigt. Das weit ausladende Heck schützte Ruderblatt und Schraube vor Eiseinwirkungen. Ein Reserve-Ruderblatt konnte auf See von Deck aus ausgewechselt werden. Bei Gefahr war es auch möglich, die Schraube abzunehmen und in einem senkrechten Schacht nach oben zu bergen. Rahen und Segel der beiden vorderen Masten waren untereinander austauschbar. Die Wanten und Pardunen wurden mit Taljereeps auf Rüsten außenbords gesetzt. Das Schiff hatte bei seiner großen Fahrt 5 Walboote (8 m) und 2 Norweger-Prahme an Bord. Im Topp des Großmastes hing eine Eistonne. Der einzige Schmuck war schön geschnitztes Rankenwerk am Bug, das vom britischen Wappenschild gekrönt wurde. Das Schiff konnte Ausrüstung und Proviant für zwei Jahre laden. Am 31. Juli 1901 verließ DISCOVERY London. Neben der Besatzung waren noch fünf Wissenschaftler an Bord.

Unter Segeln erwies sich das Schiff als nicht sehr schnell, da die Segelfläche bewußt klein gehalten worden war. Die Expedition dauerte bis September 1904. Anschließend wurde das Schiff an die Hudson Bay Company verkauft. Es versah dort den Versorgungsdienst der Gesellschaft zwischen Europa und Nordamerika.

Von 1912 bis 1914 war die Bark aufgelegt. 1914 wurde sie an die französische Regierung für den Transport von Munition nach Rußland verchartert. Zwischen den Jahren 1920 bis 1923 war sie erneut aufgelegt. 1923 kaufte das »Discovery Committee« den Segler und ließ ihn wieder für die Südpolarfahrt ausrüsten. Von 1925 bis 1927 diente DISCOVERY Forschungszwecken in den Walgründen um Süd-Georgien und die Süd-Orkneys.

1928 wurde das Schiff erneut für eine große Polarfahrt ausgerüstet. Sir Douglas Mawson unternahm bis 1931 mit ihm seine Südpolar-Expedition. Von 1931 bis 1937 lag die Bark ohne Verwendung im East India Dock in London. 1937 wurde sie der Boy Scouts Association als sta-

Art: Bark, Holz

Nation: Großbritannien

Eigner: The Maritime Trust, London

Liegeplatz: Dundee, DISCOVERY Point, DISCOVERY Quay

Baujahr: 1901; Stapellauf 21. März 1901

Werft: Dundee Shipbuilder's Company, Steven's Yard, Dundee (Schottland); Entwurf: W. C. Smith, Naval Architect

Vermessung: 1620 ts Deplacement; 736 BRT

Abmessungen:
Länge zwischen den Loten	52,20 m
Breite	10,30 m
Tiefgang	4,80 m

Segelfläche: 1144 qm

Besegelung: 18 Segel; 3 Vorsegel, Doppel-Marssegel, einfache Bramsegel, Royals (der Segelplan war nicht immer gleich)

Masten, Spieren: Fock-, Großmast: Mars- und Bramstenge; Besanmast: 1 Stenge; Bugspriet mit Klüverbaum

Hilfsmotor: Dreifach-Expansions-Dampfmaschine, 450 PS

Besatzung: Bei der Scott-Expedition ohne Wissenschaftler, 38 Personen

Verwendung: Museumsschiff

tionäres Schulschiff übergeben. Ab 1955 war DISCOVERY Übungsschiff der London Division, Royal Naval Volunteer Reserve, ab 1. November 1958 der Royal Naval Reserve. Gleichzeitig war sie Royal Naval Recruiting Headquarters und Scott-Museum.
1979 wurde das Schiff dem Maritime Trust übergeben. Längere Zeit lag DISCOVERY dann zur Grundüberholung im St. Katherine's Dock unterhalb der Tower Bridge. Im Mai 1985 wurde sie dort auch wieder als Bark geriggt. Nach Abnahme der Rahen bugsierten Schlepper das Schiff bei höchstmöglichem Wasserstand am 27. März 1986 aus dem Dock. Nach wenigen Tagen Aufenthalt in der Themse brachte der Spezialtransporter HAPPY MARINER im »Huckepack«-System (= halbgefluteter Transporter) die DISCOVERY in zwei Tagen nach Dundee, wo sie dann endgültig getakelt wurde.

Eye of the Wind

ex MERRY
ex ROSE MARIE
ex MERRY
ex SAM
ex FRIEDRICH

Art: Brigantine, Eisen

Nation: Großbritannien

Eigner: »Adventure Under Sail« Syndicate, Annandale, NSW, Australien

Heimathafen: Faversham

Baujahr: 1911

Werft: C. Lühring, Hammelwarden, Unterweser

Vermessung: 149,96 BRT; 115,06 NRT

Abmessungen:
Länge über alles	40,00 m
Länge Rumpf	33,00 m
Länge zwischen den Loten	29,00 m
Breite	7,00 m
Raumtiefe	2,40 m
Seitenhöhe	3,60 m
Tiefgang	2,70 m

Segelfläche: 650 qm

Besegelung: 14 Segel; Doppel-Marssegel, einfaches Bramsegel

Masten: Höhe Großmast über Deck 26 m

Hilfsmotor: Gardner-Diesel, 8L3B, 230 PS

Besatzung: 8–9 Personen Stammbesatzung, 18 Gäste

Verwendung: Charterschiff, Schulschiff unter Segeln, Filmschiff

Bevor EYE OF THE WIND 1973 von ihren jetzigen Eignern übernommen worden war, fuhr sie als Toppsegelschoner in der Handelsfahrt. Bis zum Beginn des Ersten Weltkrieges segelte sie zwei Reisen pro Jahr von Hamburg zum Rio de la Plata. Auf der Hinreise nahm sie Stückgut mit, auf der Heimreise brachte sie Rinderhäute nach England und cornische Tonerde nach Deutschland. Ein schwerer Brand in den späten sechziger Jahren hatte sie fast vollständig zerstört. Das Schiff hat seit seiner neuen Verwendung zweimal die Erde umsegelt. Als Flaggschiff der »Operation Drake« waren über 400 junge Leute aus 27 Nationen nacheinander an Bord, die von Wissenschaftlern, Ärzten und Armeeangehörigen betreut wurden.

Fantome III

ex FLYING CLOUD

Art: 4-Mast-Stagsegelschoner, Stahl

Nation: Großbritannien (British Virgin Islands)

Heimathafen: Nassau, Bahamas

Eigner: Windjammer Barefoot Cruises, Miami Beach

Baujahr: 1927

Werft: Ansaldo S.A., Livorno

Vermessung: 1722 ts Deplacement; 1260 BRT; 688 NRT

Abmessungen:
Länge über alles   80,00 m
Länge Rumpf   67,00 m
Länge zwischen den
Loten   55,20 m
Breite   11,64 m
Tiefgang achtern   5,42 m
Tiefgang vorne   4,02 m

Segelfläche: 1900 qm

Besegelung: 16 Segel

Masten, Spieren: alle Masten mit einer Stenge; Höhe der Masten über der KWL 39 m; Gaffelsegel von Fock- und Kreuzmast ohne Baum

Hilfsmotor: Zwei Atlas-Polar-Dieselmotoren, je 787 PS; zwei Schrauben; Geschwindigkeit mit Maschine ca. 12 kn

Besatzung: 45 Personen Stammbesatzung, 126 Wohnplätze für Gäste

Verwendung: Charterschiff für Kreuzfahrten (Windjammer Barefoot Cruises, Miami Beach)

Mehrere Jahre lang war die außerordentlich große Luxusyacht FANTOME eine der Hauptattraktionen von Seattle. Dort lag sie von 1939 bis 1949 in der Portage Bay. Ihr damaliger Eigner, der Engländer Lord A. E. Guinness, war mit ihr nach Vancouver gefahren, um der Einweihung der großen Brücke durch das englische Königspaar beizuwohnen. Wegen des Kriegsbeginns konnte er sein Schiff nicht mehr nach Europa zurückbringen.

Die Yacht war als FLYING CLOUD für den Herzog von Westminster gebaut worden. Sie befuhr hauptsächlich das Mittelmeer. (Auch die italienische Barkentine GIORGIO CINI gehörte einst diesem Herzog. Die barocke Poop-Balustrade erinnert noch heute bei beiden Schiffen an diese Gemeinsamkeit.) 1932 ließ der neue Eigner, Nelson B. Warden aus Philadelphia, die jetzigen, stärkeren Dieselmotoren einbauen.

1937 fuhr die Yacht wieder unter britischer Flagge. Ihr Heimathafen war Southampton, der Eigner H. J. P. Bomford. Ende 1937 kaufte A. E. Guinnuess den Viermaster und änderte den Namen in FANTOME. Es war das dritte Schiff, das bei ihm diesen Namen führte. FANTOME II war die ehemalige Bark und heutige Barkentine BELEM ex GIORGIO CINI. Der Schoner erfuhr eine umfassende Erneuerung, besonders der Inneneinrichtungen. Dort, wo der Herzog von Westminster eine Kuh für Frischmilch untergebracht hatte, entstand jetzt die Empfangshalle.

Auch die technische Ausrüstung wurde verbessert und erweitert. Das Mobiliar wurde im Geschmack der Zeit aus Edelhölzern hergestellt. Die acht Doppelkabinen für die Gäste bekamen alle ihr eigenes Bad. Unter Motorkraft wird das Schiff von der Brücke aus gesteuert, die hinter dem Fockmast steht; unter Segeln, mit einem großen Handrad, von der Poop aus. Ein großer goldener Adler schmückt den Bug. Über dem Bett des Eigners befindet sich in der Decke ein Kompaß. So können von hier aus alle Bewegungen und Kursänderungen beobachtet werden.

Lord Guinnuess starb 1948 in Irland. Aus seinem Nachlaß ging FANTOME in amerikanische Hände über. 1956 kaufte die Omiros Maritima SA. das Schiff; 1956 und später erfolgte ein Umbau bei den Kieler Howaldt-Werken. Das Äußere veränderte sich besonders dadurch, daß hinter dem Kreuzmast das Deckshaus mit dem Schornstein entfernt wurde. Dreizehn Jahre lang lag der Schoner ohne Verwendung bei den Kieler Howaldt-Werken.

Im Oktober 1969 kaufte ihn die Windjammer Cruises, Inc. aus Florida. Im Schlepp verließ die FANTOME Kiel. In Skagen, Dänemark, wurde dann das Schiff vor seiner Weiterfahrt nach Spanien flottgemacht. Dort wurde es für seine spätere Verwendung als Passagiersegler umgebaut. Es ist das größte Schiff der Windjammer Cruises und segelt in den Gewässern der Bahamas.

HMS Gannet

HMS GANNET, ex HMS PRESIDENT, ex HMS MERCURY, ex HMS GANNET, wurde 1878 auf der Sheerness Werft gebaut. Sie hat eine Wasserverdrängung von 1130 ts bei einer Länge zwischen den Loten von 51,70 m und einer Breite von 11 m. Die eisernen Spanten sind mit Teakholz beplankt (Kompositbauweise). Das Schiff besaß ursprünglich eine Dampfmaschine und eine Bewaffnung von 2 17,5-Pfund Hinterladergeschützen und 4 64-Pfündern. Das Kriegsschiff ist ein typischer Vertreter aus der Mitte der viktorianischen Zeit. Allmählich verdrängte damals die Dampfmaschine den Segelantrieb, wobei bei vielen Schiffen beide Antriebsarten kombiniert verwendet wurden.

1888 entsetzte HMS GANNET die Hafenstadt Suakin am Roten Meer, in der die Engländer mehr als drei Monate lang belagert worden waren, durch Beschuß der feindlichen Stellungen. Von 1904 an diente sie in London der Royal Naval Reserve als Übungsschiff. Von 1916 bis 1968 lag sie als stationäres Schulschiff im Hamble River bei Southampton. Heute liegt das Schiff als Hulk in Portsmouth. Sie gehört dem Maritime Trust. Es besteht die Absicht, HMS GANNET neu zu takeln und zu restaurieren.

Glenlee

ex GALATEA
ex CLARASTELLA
ex ISLAMOUNT
ex GLENLEE

Art: Bark, Stahl

Nation: Großbritannien

Eigner: The Clyde Maritime Trust

Liegeplatz: Yorkhill Quay, Glasgow

Baujahr: 1896; Stapellauf Dezember 1896

Werft: Anderson Rodger & Co., Glasgow

Vermessung: 2700 ts Deplacement; 2800 BRT

Abmessungen:	
Länge über alles	94,57 m
Länge Rumpf	83,07 m
Länge zwischen den Loten	74,87 m
Breite	11,41 m
Raumtiefe	7,45 m
Tiefgang	
Vorschiff	5,20 m
Achterschiff	6,20 m

Segelfläche: 2800 qm

Besegelung: 21 Segel, 5 Vorsegel; Doppel-Marssegel, Doppel-Bramsegel, keine Royals (Baldheader); Besanmast: Besansegel, Besan-Toppsegel

Masten, Spieren: Höhe Großmast über Deck 42,70 m; langes Bugspriet mit Klüverbaum; 3 Sprietnetze hintereinander

Hilfsmotor: 2 Zweitakt-Vierzylinder »Diesel Polar«-Motoren, zusammen 1360 PS

Besatzung: unter Segeln 75 Personen Stammbesatzung, 150 Jungen

Verwendung: Museumsschiff

Im Jahre 1896 wurde das Schiff als Frachtsegler GLENLEE für Sterling & Co. aus Port Glasgow gebaut. 1899 erfolgte der erste Eignerwechsel; als ISLAMOUNT wurde die Bark auf R. Ferguson & Co. aus Dundee übertragen. Der Reeder verkaufte 1905 den Segler an die Flint Castle Shipping Company in Liverpool. Bis 1918 fuhr das Schiff unter dieser Flagge. Wie viele andere Segler kam auch ISLAMOUNT wegen des Krieges unter staatliche Kontrolle.
Nach dem Krieg wurde der Segler an die Societa Italiana Di Navigazione »Stella d'Italia« verkauft. Nachdem das Schiff vollkommen modernisiert worden war, mit Einbau von zwei Hilfsmotoren, elektrischem Licht und neuzeitlichen Navigationsinstrumenten, wurde es 1920 als CLARASTELLA mit Heimathafen Genua registriert. Am 29. März 1922 folgte der Verkauf an Spanien. Vorher war CLARASTELLA bei der Werft Cantiere Navale Triestino in Monfalcone (Triest) als Schulschiff eingerichtet worden.
Mit dem neuen Namen GALATEA wurde sie Schulschiff für Matrosen (Escuela de Maniobra) der spanischen Marine. An Deck ist seit ihrer Zeit als Frachtsegler viel verändert worden. Zwischen Vor- und Großmast wurde ein großes Deckshaus errichtet. Achter dem Großmast steht das Schachthaus des Maschinenraumes, auf dessen Dach Boote gelascht sind. Vor dem Besanmast wurde eine kleine Brücke gebaut, von der aus das Schiff gesteuert wird. Das ehemalige Hauptsteuerrad auf der Poop diente nur noch zur

Notsteuerung. Im Zwischendeck befinden sich die Wohn- und Unterrichtsräume für die Jungen und die Werkstätten.
Bis 1969 tat GALATEA Dienst als Schulschiff der spanischen Marine, dann wurde sie bis 1992 in Sevilla aufgelegt. Am 30. Juni 1992 wurde das Schiff bei einer Auktion vom »Clyde Maritime Trust« erworben. Am 1. Juni 1993 begann der neun Tage dauernde Schlepp nach Greenock.

Unter ihrem Erstnamen GLEN-LEE wird die Bark in Glasgow grundüberholt und neu getakelt. Sie hat dann wieder das Aussehen des ehemaligen Frachtseglers. 1999 soll das Schiff fertig restauriert sein.

Golden Hinde

Mit dem Segen und einem Kaperbrief seiner Königin, Elizabeth I. von England versehen, startete Sir Francis Drake im Jahre 1577 mit der GOLDEN HINDE (»Goldene Hirschkuh«) zu seiner dreijährigen Weltumsegelung.
Drake war eine der schillerndsten Figuren seiner Zeit: Pirat, Seeheld, Forscher, Imperialist und nicht zuletzt hervorragender Seemann. Sein Schiff repräsentierte den Typ eines kleineren Kriegsschiffes von 18 Kanonen aus der Mitte des 16. Jahrhunderts. Vom Original ist uns nur ein Stuhl überliefert, der aus dem Holz seiner Planken gebaut wurde. Er ist heute noch in der Buckland Abbey zu sehen. Drake betrat am 17. Juni 1579 als erster Weißer kalifornischen Boden. Er nannte das Land Nova Albion. Damit hatte die englische Krone Anspruch auf die Gebiete rund um das heutige San Francisco. Im 18. Jahrhundert beendete dann die spanische Kolonisation diesen Zustand.
Dieser Aufenthalt Drakes in Kalifornien brachte die Idee, einen Nachbau seines berühmten Schiffes zu schaffen. Mit größter Sorgfalt wurden alle verfügbaren Quellen genutzt, die Konstruktion so original wie möglich zu gestalten. Zeichnungen, Gemälde und Manuskripte dienten vor allem als Vorlage. Baupläne hat es zur damaligen Zeit noch nicht gegeben. Die

Schiffbauer konnten nur auf die eigene Erfahrung und auf Überlieferungen zurückgreifen.
Das Ergebnis der jetzigen GOLDEN HINDE ist überzeugend und bestechend. Selbst die Inneneinrichtung und die Gerätschaften entsprechen den Vorbildern der damaligen Zeit. Eiche, Ulme und Kiefer wurden als Bauholz verwendet. Die Geschütze sind eisengegossen und eignen sich zum Salutschießen. Die Baukosten betrugen etwa 1,5 Millionen Mark.
Vor seiner ersten Reise, die durch den Panamakanal zu seinen amerikanischen Eignern nach San Francisco führen sollte, lag das Schiff einige Wochen an der Tower-Pier in London. Dort wurde es von 200 000 Menschen besichtigt. 1978 segelte GOLDEN HINDE über Hawaii nach Japan, wo sie in dem Film »Shogun« mitwirkte. Über Hongkong kehrte sie 1980 nach England zurück. 1984 ging sie in britische Hände über. Das Schiff hat sich als außerordentlich seetüchtig erwiesen. Bei vielen Hafenbesuchen war es eine nicht alltägliche Attraktion.
Heute liegt GOLDEN HINDE als Museumsschiff im Hafen von London.

Art: Galeone, Holz (Nachbau eines Kriegsschiffes des 16. Jahrhunderts)

Nation: Großbritannien

Eigner: Golden Hinde Ltd., Salisbury

Liegeplatz: St. Mary Overie Dock, London

Baujahr: Kiellegung 30. September 1971, Stapellauf 5. April 1973

Werft: J. Hinks & Son, Appledore, Devon/England

Vermessung: 305 ts Deplacement

Abmessungen:
Länge über alles	37,00 m
Länge Rumpf	31,00 m
Länge in der Wasserlinie	23,00 m
Breite	6,10 m
Tiefgang	2,70 m

Segelfläche: 386 qm

Besegelung: 6 Segel; Bugspriet: Sprietsegel (Blinde); Fock- und Großmast: Untersegel, Toppsegel; Besanmast: Lateinersegel

Masten: Höhe Großmast 26 m über Kiel

Hilfsmotor: Dieselmotor, 140 PS

Verwendung: Museumsschiff, Filmcharter

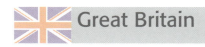 Great Britain

Art: Schoner, Eisen, mit Dampfmaschine, 1848: 6 Masten, 1853: 4 Masten, danach 3 Masten (Rahsegler)

Nation: Großbritannien

Eigner: S. S. »Great Britain« Project, Bristol

Liegeplatz: Great Western Dock, Bristol

Baujahr:
Stapellauf: 19. Juli 1843

Werft: Messrs. Patterson and Sons, Bristol; Konstruktion: Isambard Kingdom Brunel

Vermessung: 3675 ts Deplacement

Abmessungen:
Länge Rumpf	97,90 m
Länge Kiel	87,80 m
Breite	15,30 m
Seitenhöhe	9,70 m
Tiefgang	5,50 m

Segelfläche: 1400 qm (1865 als Dreimaster, Vollschiff)

Besegelung: 16 Segel als Sechsmaster

Masten: Großmast (Gesamtlänge ohne Stenge) 22,50 m, Gewicht: 20 t

Hilfsmotor: 1865: Vierzylinder-Dampfmaschine, 500 PS

Verwendung: Museumsschiff

Alle drei großartigen Schiffskonstruktionen des genialen Isambard Kingdom Brunel waren Meilensteine der Schiffbaukunst und ihrer Zeit weit voraus (GREAT WESTERN, GREAT BRITAIN, GREAT EASTERN). Brunel verwendete erstmalig die Schiffsschraube anstatt des Schaufelrades bei Transatlantikdampfern. Die GREAT BRITAIN wies dabei gleich mehrere Rekorde auf. Sie war das erste schraubengetriebene Transatlantikschiff. Sie war das größte bis dahin gebaute Schiff mit wasserdichten Schotten, doppeltem Boden und Balanceruder. Und das, bevor die hölzernen Wollklipper ihren Höhepunkt erreicht hatten. Gebaut wurde das Schiff für die Atlantik-Passagierfahrt. Allein an Lebendproviant konnten gefahren werden: 160 Schafe, 40 Schweine und mehrere hundert Hühner. Für 600 Passagiere war Platz auf dem Schiff. Etwa fünfzehn Tage dauerte eine Fahrt von England nach New York.

Bei ihrer fünften Reise lief GREAT BRITAIN an der nordirischen Küste auf Grund. Erst nach mehr als einem Jahr gelang es, sie freizubekommen. Nach dreijährigem Dockaufenthalt fuhr sie ab 1851 in der Australienfahrt. Während dieser Jahre wurde mehrfach das Rigg geändert, bis aus dem ursprünglichen Sechsmastschoner ein Dreimastrahsegler wurde. (Die sechs Masten wurden nach den Wochentagen Montag bis Samstag benannt.)

Während des Krimkrieges war das Schiff als Truppentransporter eingesetzt. 44000 Mann fuhren in dieser Zeit in beiden Richtungen. Nach dem Krieg war wieder Australien das Hauptziel, wobei noch einmal Truppen gegen die Meuterei in Indien eingeschifft wurden. Nach 1880 wurde die Maschine ausgebaut. GREAT BRITAIN fuhr von nun an als reiner Segler in der Australien-Paketfahrt.

Während eines Sturmes erlitt sie bei Kap Hoorn 1886 schwere Schäden. Es gelang ihr, die Falklandinseln anzulaufen, wurde aber dort als Totalverlust erklärt. In Port Stanley diente sie bis 1937 als Woll-Lagerschiff.

Dreißig Jahre lang lag sie danach in Sparrow Cove, in der Nähe von Port Stanley, auf Grund gesetzt. Dr. Ewan Corlett, einem Schiffbauingenieur, ist es zu verdanken, daß die Rettungsaktion eingeleitet wurde. Unter schwierigen technischen Bedingungen wurde das Schiff 1970 auf einem Ponton verladen, von drei Schleppern nach Bristol »heimgebracht«. Im gleichen Dock, in dem GREAT BRITAIN gebaut wurde, gehen nun die Restaurierungsarbeiten zügig voran.

 # Helga

Art: 2-Mast-Toppsegelschoner, Holz

Nation: Großbritannien

Eigner: Patrick E. Keen

Heimathafen: London

Baujahr: 1908

Werft: J. Hugerman, Viken, Malmöhuslän, Schweden

Vermessung: 53 BRT; 29 NRT

Abmessungen:
Länge über alles 24,7 m
Länge Rumpf 19,3 m
Breite 5,9 m
Tiefgang 2,4 m

Segelfläche: 280 qm

Besegelung: 7 Segel

Hilfsmotor: Scania Diesel, 125 PS

Besatzung: 2 Personen Stammbesatzung

Verwendung: Privatschiff, Charterschiff

HELGA war lange Zeit Frachtsegler auf den schwedischen Vänern- und Vätternseen. Der Löffelbug und das Spiegelheck zeigen typisch schwedische Linienführung. 1959 wurde das Rigg abgenommen. Der Schonermast diente nur noch als Ladegeschirr. Zehn Jahre lang fuhr sie anschließend als Motorfrachter. Nach einer Verwendung als Hausboot kam das Schiff 1975 nach England. Nach langjährigen Arbeiten entstand wieder ein Segelschiff für den Fahrgastbetrieb. Das Rahtoppsegel am Schonermast wird mit einem Rollreff bedient.

Jean de la Lune

Art: Brigantine, Holz

Nation: Großbritannien

Eigner: John Reid

Heimathafen: Leith, Schottland

Baujahr: 1957

Werft: Chantiers Navales de Cornouille, L'Orient, Frankreich

Vermessung: 160 ts Deplacement; 80 BRT; 53 NRT

Abmessungen:
Länge über alles	32,0 m
Länge Rumpf	24,0 m
Breite	6,4 m
Raumtiefe	3,1 m
Seitenhöhe	3,9 m
Tiefgang	3,3 m

Segelfläche: 400 qm

Besegelung: 10 Segel

Masten: Höhe Großmast über Deck 23,3 m
Hilfsmotor: Scania DSI-Diesel, 300 PS

Besatzung: 6 Personen Stammbesatzung, 14 Trainees oder 12 Gäste

Verwendung: Schulschiff unter Segeln, Charterschiff

Ihr Leben begann die Brigantine – der Name geht auf einen französischen Kinderreim zurück – als Thunfischfänger in den Gewässern um die Azoren. In den späten siebziger Jahren erfolgte der Umbau zum Stagsegelschoner. 1983 wurde das Schiff für Sporttauchereinsätze eingerichtet.

1988 kaufte der jetzige Eigner den Segler und baute ihn für Schulschiffzwecke um. Es entstand schließlich im Jahre 1993 ein Toppsegelschoner. Die Betreiber sind stolz darauf, den einzigen schottischen Rahsegler in Fahrt zu haben.

 ## Ji Fung

Art: Brigantine, Holz

Nation: Großbritannien

Eigner: Outward Bound Trust of Hong Kong Ltd.

Heimathafen: Hong Kong

Baujahr: Stapellauf November 1980, Indienststellung März 1981

Werft: Kong and Halvorsen

Vermessung: 196 ts Deplacement; 174 BRT; 74 NRT

Abmessungen:
Länge über alles 40,20 m
Länge Rumpf 28,80 m
Breite 7,60 m
Raumtiefe 3,70 m
Seitenhöhe 5,10 m
Tiefgang 3,90 m
Segelfläche: 598 qm

Besegelung: 10 Segel; Großmast mit Bermudasegel

Masten: Höhe Großmast über Deck 30,50 m

Hilfsmotor: Gardner 8-Zylinder-Diesel, 230 PS

Besatzung: 5 Personen Stammbesatzung, 40 Trainees

Verwendung: Schulschiff unter Segeln

Der Name JI FUNG bedeutet »Göttlicher Wind«. Die Jungen und Mädchen der Schulbesatzung stammen vor allem aus chinesischen Großunternehmen.

 ## Julia

Seit 1864 wurde im südlichen Dänemark ein ganz besonderer Schiffstyp gebaut. Wichtige Merkmale dieser Segelschiffe, die als Frachter im Einsatz waren, sind das herzförmige Heck, der runde Steven und die eleganten Linien. Als »Marstal-Schoner« waren sie weithin bekannt.

JULIA war ursprünglich ein 3-Mast-Toppsegelschoner. 1976 erfolgte in Skagen der Umbau zum Segelschulschiff, danach, 1982, die Restaurierung für Gästereisen auf der Ostsee. Das Schiff ist besonders für den »sanften« Tourismus gedacht.

ex JETTE JAN
ex FRAENNENAES
ex JÜTLANDIA

Art: 2-Mast-Toppsegelschoner, Holz

Nation: Großbritannien

Eigner: Bambina Ltd.

Heimathafen: Dänemark (ohne festen Ort)

Baujahr: 1938

Werft: Rasmus Møller, Fåborg

Abmessungen:
Länge über alles 38,00 m
Länge Rumpf 27,00 m
Breite 7,00 m
Raumtiefe 2,50 m
Tiefgang 2,30 m

Segelfläche: 500 qm

Besegelung: 10 Segel

Masten: Höhe Großmast über Deck 25 m

Hilfsmotor: Alpha-Diesel, 120 PS

Besatzung: 3 Personen Stammbesatzung, 10 Gäste

Verwendung: Segeln für WWF und Greenpeace, Gästereisen

Kaskelot

ex ANNE-MARIE GRENIUS
ex ANNE-MARIE
ex ARCTIC EXPLORER
ex KASKELOT

Art: Bark, Holz

Nation: Großbritannien

Eigner: Square Sail, Bristol (Mr. Robin Davies)

Heimathafen: Bristol

Baujahr: 1948

Werft: J. Ring-Andersen, Svendborg, Dänemark

Vermessung: 450 ts Deplacement; 226 BRT

Abmessungen:
Länge über alles 46,50 m
Breite 7,60 m
Tiefgang 3,60 m

Segelfläche: 883 qm

Besegelung: 17 Segel. Je nach Verwendung einfache oder doppelte Marssegel

Masten: Höhe Großmast über Deck 31,00 m

Hilfsmotor: B & W Alpha-Diesel, 375 PS

Besatzung: 14 Personen Stammbesatzung, 12 Passagiere

Verwendung: Schulschiff unter Segeln, Charterschiff, Filmschiff

KASKELOT (= »Pottwal«) war als ketschgetakeltes Motorschiff für die Royal Greenland Trading Company gebaut worden. Als Handels- und Hospitalschiff versorgte sie die Siedlungen an der grönländischen Küste.
1983 kauften sie die jetzigen Eigner. Sie wurde zu einer der größten noch fahrenden hölzernen Barken umgebaut und fand von nun an als Filmschiff Verwendung. In zahlreichen Filmen spielte sie eine »Hauptrolle«, wobei sie jeweils den notwendigen neuen Namen bekam, wie zum Beispiel TERRA NOVA, FRAM, JOHN HOWARD und SARACEN.

Kathleen & May

KATHLEEN & MAY ist der letzte britische Frachtsegler. Ihr erster Eigner, Mr. John Coppack, gab dem Schiff damals den Namen LIZZIE MAY nach seinen beiden Töchtern. Der Schoner beförderte Massengüter rund um die Britischen Inseln. 1908 kaufte Mr. J. Fleming aus Youghal in der Grafschaft Cork das Schiff und gab ihm seinen jetzigen Namen. Auch dies waren die Namen seiner Töchter. 1931 wurde Capt. T. Jewell aus Appledore der neue Eigner. Er verkleinerte das Rigg und baute einen Motor ein. 30 Jahre lang fuhr das Schiff weiterhin als Frachter.
Ab 1970 gehörte KATHLEEN & MAY dem Maritime Trust. Sie wurde restauriert und bekam ihr altes Rigg wieder. Wegen finanzieller Schwierigkeiten mußte die Takelage inzwischen wieder abgenommen werden. Neuer Eigner wurde 1996 der Gloucester Tall Ship Trust. Es ist beabsichtigt, den Schoner unter Segeln wieder in Fahrt zu bringen.

ex LIZZIE MAY

Art: 3-Mast-Toppsegelschoner, Holz

Nation: Großbritannien

Eigner: Gloucester Tall Ships Trust, Gloucester

Liegeplatz: Gloucester Docks

Baujahr: 1900

Werft: Ferguson & Baird, Connah's Quay, bei Chester

Vermessung: 136 BRT; 99 NRT

Abmessungen:
Länge Rumpf 29,80 m
Breite 7,00 m
Tiefgang 3,00 m

Segelfläche: 420 qm

Masten: Höhe Großmast über Deck 24 m

Hilfsmotor: Dieselmotor, 80 PS

Verwendung: Museumsschiff, auch unter Segeln

Lord Nelson

Art: Bark, Stahl

Nation: Großbritannien

Eigner: Jubilee Sailing Trust, London

Baujahr: 1985; Kiellegung: 19. Oktober 1984; Stapellauf: 15. Oktober 1985

Werft: James W. Cook & Co., Ltd., Wivenhoe, Essex, fertiggestellt von Vosper Thornycraft UK Ltd., Southampton; Konstruktion: Colin Mudie

Vermessung: 400 ts Deplacement

Abmessungen:
Länge über alles	52,10 m
Länge Rumpf	43,00 m
Länge in der Wasserlinie	37,20 m
Breite	8,50 m
Tiefgang	4,10 m

Segelfläche: 845 qm

Masten: Höhe Großmast über Wasserlinie 33,50 m

Hilfsmotor: 2x 195-kW-Mitsubishi-Herald-Diesel

Besatzung: Eingerichtet für 40 Jungen und Mädchen, davon 20 Körperbehinderte

Verwendung: Schulschiff unter Segeln

Das Schiff wurde ganz besonders für körperbehinderte Jugendliche eingerichtet, die oft bis zur Hälfte der Schulbesatzung ausmachen. Je ein Behinderter und ein Gesunder arbeiten paarweise zusammen. Sehr breit ist deshalb das Bugspriet ausgelegt. Für Rollstuhlfahrer sind an Bord Sicherheitsschienen befestigt. Alle Stagsegel und Toppsegel können mit Rollreffs von Deck aus bedient werden. Die Kommandobrücke ist allen zugänglich. Es kann sitzend gesteuert werden. Es gibt einen akustischen Kompaß für Blinde, einen Kartentisch für Prothesenträger und einen Radioempfänger mit tastbaren Frequenzschaltern. Das Radar hat einen besonders großen und hellen Schirm für Sehbehinderte. Da die Baukosten bei zwei Millionen Pfund lagen, war der »Jubilee Sailing Trust« auf die Spendenfreudigkeit der gesamten britischen Bevölkerung angewiesen.

Malcolm Miller

Art: 3-Mast-Toppsegelschoner, Stahl

Nation: Großbritannien

Eigner: Sail Training Association (S. T. A.)

Heimathafen: Portsmouth

Baujahr: 1967; Kiellegung 23. März 1967, Stapellauf 5. Oktober 1967, Indienststellung 10. März 1968

Werft: John Lewis & Sons Ltd., Aberdeen
Konstrukteur: Camper & Nicholsons, Southampton

Vermessung: 244 ts Deplacement; 299 ts TM; 219,16 BRT; 40,33 NRT

Abmessungen:
Länge über alles 45,60 m
Länge Rumpf 41,04 m
Länge zwischen den Loten 30,40 m
Breite 8,10 m
Seitenhöhe 5,67 m
Tiefgang 4,73 m

Segelfläche: 660 qm (Arbeitsbesegelung), 817 qm (mit Breitfock)

Besegelung: 14 Segel; 4 Vorsegel; Fockmast: Breitfock, einfaches Marssegel, Mondgucker (Raffee), Schonersegel, Gaffel-Toppsegel; Großmast: Gaffelsegel, Gaffel-Toppsegel, Stengestagsegel; Besanmast: Hochsegel (Bermuda), Stengestagsegel

Masten: Höhe Großmast über Deck 29,80 m, alle Masten einteilig (Alu) und gleich hoch

Hilfsmotor: Zwei Perkins T.6 254 (M)-Dieselmotoren, je 120 PS; Geschwindigkeit mit Maschine 9,5 kn

Besatzung: 7 Personen Stammbesatzung, 40 Jungen (Mädchen)

Verwendung: Schulschiff unter Segeln

Segelschulschiffe dienten und dienen vor allem dazu, den seemännischen Nachwuchs der Kriegs- und Handelsmarinen auszubilden und zu fördern. Um so erstaunlicher war es, daß Großbritannien als alte Seefahrer-Nation viele Jahrzehnte hindurch kein aktives größeres Segelschulschiff unter Kommando hatte.

Der Bau der SIR WINSTON CHURCHILL knüpfte auch nicht unbedingt an die alte Tradition der britischen Segelschulschiffs-Ausbildung an, hat ihr aber doch wieder ganz entscheidende und neue Akzente verliehen. Bekanntlich sieht die »Sail Training Association«, der die beiden Schoner gehören, ihr Hauptziel nicht in der ausdrücklich seemännischen Ausbildung, sondern sie möchte vor allem auf ganz breiter Basis die jugendlichen Kursusteilnehmer erzieherisch beeinflussen.

Das außerordentliche Interesse, das die Kurse auf dem ersten Schoner weckten, und die große Begeisterung, mit der vor allem Jungen, aber auch Mädchen, daran teilnahmen, machten schon ein Jahr später den Bau eines Schwesterschiffes nötig und möglich. Beide Schiffe gleichen sich wie ein Ei dem anderen. Lediglich die Unterkünfte wurden bei MALCOLM MILLER erweitert und verbessert. Auch die Galionsfigur unterscheidet die Schoner. Den roten schottischen Löwen des Neubaues schnitzte der bekannte Galionsfiguren-Bildhauer Jack Whitehead aus Wotton (I. O. W.). Der Löwe hält in seinen Pranken das Wappenschild von Sir James Miller. Dieser war früher Oberbürgermeister von London und Lord Provost von Edinburgh. Eine großmütige Spende der Familie, welche die halben Kosten deckte, ermöglichte den Bau des Schiffes. Die Baukosten betrugen 175 000 Pfund. Nach Malcolm, dem Sohn von Sir James, der 1966 bei einem Autounfall ums Leben kam, hat MALCOLM MILLER ihren Namen erhalten.

Am 10. März 1968 trat der neue Schoner von Leith aus seine Jungfernreise an. Beide Schoner nahmen dann an der S. T. A.-Regatta teil, die im August 1968 von Göteborg zu den Orkneys und zurück nach Kristiansand führte. Außer bei Großsegler-Regatten sieht man die Schwestern selten zusammen. Sie sind an gegenüberliegenden Küsten stationiert.

 Mandalay

ex VEMA
ex HUSSAR

Art: Barkentine, Stahl

Nation: Großbritannien (British Virgin Islands)

Eigner: Hoveton, Ltd.

Heimathafen: Miami Beach, Florida

Baujahr: 1923

Werft: Burmeister & Wain, Kopenhagen

Vermessung: 743 ts Deplacement; 533 BRT; 234 NRT

Abmessungen:
Länge über alles 71,70 m
Länge Rumpf 61,40 m
Länge zwischen den
Loten 56,20 m
Breite 10,00 m
Tiefgang 4,50 m

Segelfläche: 1190 qm

Besegelung: 11 Segel

Masten: Einteilig, Stahl; Höhe Großmast über Deck 42,50 m

Besatzung: 28 Personen Stammbesatzung, 60 Wohnplätze für Gäste

Verwendung: Charterschiff für Kreuzfahrten (Windjammer Barefoot Cruises, Miami Beach)

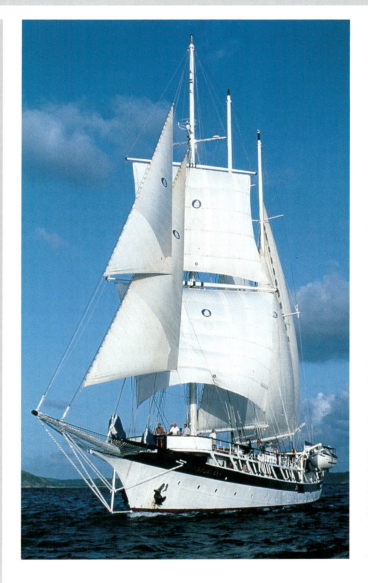

VEMA wurde als Privatyacht HUSSAR für Edward F. Hutton gebaut. Später kaufte Unger Vetlesen das Schiff und taufte es in VEMA um. Als Yacht zeichnete sie sich oft durch ihre Schnelligkeit aus. 1941 wurde sie von der United States Maritime Commission übernommen. Der Schoner wurde zum Schulschiff umgebaut.

Bei Kriegsende verkaufte die US-Regierung den Segler an Kapitän Louis Kennedy aus Neuschottland, der ihn als Charterschiff für Kreuzfahrten verwendete. 1953 erwarb die Columbia Universität in New York das Schiff. Es diente von da an dem Lamont Geological Observatory und seinen Studenten als Forschungsschiff für Ozeanographie. Das Schiff fuhr damals nicht mehr unter Segeln. Nur die Untermasten und der rassige Rumpf erinnerten noch an den schnellen Segler.

Heute gehört das Schiff zur Flotte der »Windjammer Barefoot Cruises«.

Die Decksaufbauten aus der Zeit als Forschungsschiff wurden abgenommen und die gesamten Innenräume luxuriös eingerichtet.

 Matthew

Art: Rahgetakelte Karavelle (Caravella redonda); Nachbau eines Handelsschiffes Ende des 15. Jahrhunderts

Nation: Großbritannien

Eigner: Bristol '96 Ltd.

Heimathafen: Bristol

Baujahr: 1995, Stapellauf 9. September 1995

Werft: Bristol '96 Ltd. (Konstruktion: Colin Mudie, RDI), Redcliffe Quay

Vermessung: 81,3 ts Deplacement

Abmessungen:
Länge über alles	24,00 m
Länge Rumpf	22,30 m
Breite	6,20 m
Raumtiefe	2,13 m
Tiefgang	1,83 m

Segelfläche: 202 qm

Besegelung: 4 Segel

Masten: Höhe Großmast über Deck 17,68 m

Hilfsmotor: Diesel, 170 PS

Besatzung: 18 Personen Stammbesatzung, 12 Gäste

Verwendung: Fahrendes Museumsschiff

Mit einem Schiff dieser Art hat der Italiener John Cabot (Giovanni Caboto), der im Dienst König Heinrich VII. stand, Neufundland wiederentdeckt, das 500 Jahre zuvor von Leif Erikson gefunden worden war. Cabot sollte einen westlichen Seeweg nach China erkunden.

Es ist dies der besondere Verdienst des bekannten britischen Schiffskonstrukteurs Colin Mudie, sich eines solchen Nachbaus anzunehmen. (Weitere Mudie-Konstruktionen: ROYALIST, VARUNA, LORD NELSON, YOUNG ENDEAVOUR, TUNAS SAMUDERA).

Karavellen waren wichtige Bindeglieder zwischen den Schiffen der Normannen und den erheblich größeren Seglern der Elisabethanischen Zeit. Die Schiffe der damaligen Epoche wurden nicht nach Plänen gebaut. Die Erfahrung spielte die wichtigste Rolle. Nur zeitgenössische Beschreibungen und Abbildungen geben uns Kenntnis vom Aussehen dieser Fahrzeuge. Historisch ist der Nachbau nur äußerlich. Modernstes Navigations- und Rettungsgerät stehen selbstverständlich zur Verfügung.

Phoenix

ex Gabriel
ex Adella
ex Skibladner
ex Karma
ex Jørgen Peter
ex Palmeto
ex Anna

Art: Brigantine, Holz

Nation: Großbritannien

Eigner: Square Sail, Bristol

Heimathafen: Bristol

Baujahr: 1929

Werft: Hjørne & Jacobsen, Frederikshavn, Dänemark

Vermessung: 151 ts TM; 78 BRT; 58 NRT

Abmessungen:
Länge über alles 31,00 m
Länge Rumpf 26,50 m
Breite 6,60 m
Tiefgang 2,00 m

Besegelung: 14 Segel; Doppel-Marssegel, einfaches Bramsegel, Royal

Masten: Höhe Großmast über Wasserlinie 22 m

Hilfsmotor: Volvo-Diesel, 240 PS

Besatzung: Ca. 6 Personen Stammbesatzung, 18 Gäste

Verwendung: Charterschiff, Filmschiff

PHOENIX war als Handelsschoner gebaut worden. Die Reisen führten nach Island und in die Nord- und Ostsee. 1970 schied sie aus der Handelsfahrt aus, wurde zur Brigantine umgetakelt und erhielt ihren jetzigen Namen. Bei mehreren Regatten zeigte sie ihre guten Segeleigenschaften. 1976 charterte der »Mariners International Club« das Schiff. Nach der Atlantiküberquerung nahm PHOENIX an der Großseglerparade in New York teil. Als Filmschiff fand sie schon damals mehrere Male Verwendung. 1988 wurde das Schiff in sinkendem Zustand vom jetzigen Eigner in Miami übernommen. In Bristol wurde es grundüberholt und für die neue Verwendung vorbereitet.

Polynesia II

ex ARGUS

Art: 4-Mast-Stagsegelschoner, Stahl

Nation: Großbritannien (British Virgin Islands)

Eigner: Bimba Ltd.

Heimathafen: St. Maarten, Leeward Islands

Baujahr: 1938

Werft: De Haan & Oerlmans, Heusden, Holland

Vermessung: 820 ts Deplacement; 696 BRT; 413 NRT

Abmessungen:
Länge über alles	75,40 m
Länge Rumpf	61,70 m
Länge zwischen den Loten	51,60 m
Breite	10,90 m
Tiefgang	5,40 m

Segelfläche: 1323 qm

Besegelung: 13 Segel

Masten: Höhe Kreuzmast über Wasserlinie 55 m

Hilfsmotor: Sulzer-Diesel, 475 PS

Besatzung: 45 Personen Stammbesatzung, 126 Wohnplätze für Gäste

Verwendung: Charterschiff für Kreuzfahrten (Windjammer Barefoot Cruises, Miami Beach)

Bekannt wurde ARGUS als Bank-Schoner Portugals. Damals fuhren auf ihr 72 Fischer mit 53 Dories. Alan Villiers widmete ihr die Biographie »Tausend bunte Segel«, in der er auch das Leben der ganzen Bank-Schonerflotte beschrieb. Seit 1975 gehört das Schiff zur »Windjammer«-Flotte in Florida. Umfangreiche Arbeiten waren notwendig, um aus dem ehemaligen Fischereifahrzeug ein Kreuzfahrerschiff für hohe Ansprüche zu machen. Auf zwei neuen Decks befinden sich jetzt die Kabinen für die Passagiere. Neben der neuen Takelage erhielt der frühere 4-Mast-Gaffelschoner ein komplettes Teak-Oberdeck.
Zur Flotte der »Windjammer Barefoot Cruises« gehören heute u. a. FANTOME III, MANDALAY, FLYING CLOUD und YANKEE CLIPPER.

Queen Galadriel
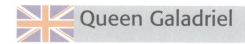

ex ELSE OF THISTED
ex ELSE

Art: Ketsch, Holz

Nation: Großbritannien

Eigner: The Cirdan Trust, Maldon, Essex

Heimathafen: Ipswich

Baujahr: 1937

Werft: J. Ring-Andersen, Svendborg

Vermessung: 122,7 ts Deplacement; 85,4 BRT; 72,35 NRT

Abmessungen:
Länge über alles 31,40 m
Länge Rumpf 22,86 m
Länge zwischen den
Loten 21,34 m
Breite 6,71 m
Seitenhöhe 3,42 m
Tiefgang 2,07 m

Segelfläche: 387 qm

Besegelung: 8 Segel

Masten: Höhe Großmast über Deck 30,50 m

Hilfsmotor: Cummins-Diesel, 190 PS

Besatzung: 4 Personen Stammbesatzung, 17 Trainees

Verwendung: Schulschiff unter Segeln

Kohle und Getreide waren die Hauptgüter, die ELSE in der Ostsee und an der norwegischen Küste entlang transportierte. 1956 wurde sie nach Norwegen verkauft. Sie verwandelte sich in einen reinen Küstenmotorfrachter, wobei der untere Teil des Großmastes zur Anbringung des Ladegeschirrs verwendet wurde. Nach einem kurzen Aufenthalt in den USA kam das Schiff nach England. Versuche, das inzwischen auf Grund gegangene und wieder gehobene Fahrzeug als Segler zu restaurieren, scheiterten an finanziellen Schwierigkeiten. Thisted in Dänemark war der erste Heimathafen. Daher stammt die Erweiterung des Namens auf ELSE OF THISTED. Als der Cirdan Trust das Schiff 1983 übernahm, bekam es den neuen Namen QUEEN GALADRIEL, benannt nach einer Figur aus J. R. R. Tolkiens »Herr der Ringe«. Der Segler steht vor allem Jugendlichen aus Jugendorganisationen zur Verfügung.

Raphaelo

ex TAITU
ex GERLANDO

Art: 3-Mast-Stagsegelschoner, Holz

Nation: Großbritannien

Eigner: Raphaelo Marine Ltd., Isle of Man

Heimathafen: Cannes

Baujahr: 1938–41

Werft: Cantieri Navali Fratelli Benetti, Viareggio, Italien

Vermessung:
435 ts Deplacement; 282 BRT

Abmessungen:
Länge über alles 49,40 m
Länge Rumpf 37,25 m
Länge in der
Wasserlinie 31,58 m
Breite 8,47 m
Tiefgang 3,85 m

Segelfläche: 664–930 qm

Hilfsmotor: Detroit-Diesel, 850 PS

Besatzung: 12 Personen Stammbesatzung, 10 Gäste

Verwendung: Privatyacht

RAPHAELO war einer der letzten italienischen Handelsschoner. Bis Ende der fünfziger Jahre transportierte sie vor allem Marmor aus Carrara in den Mittelmeerraum.
Ursprünglich war sie als Brigantine getakelt. Mit dem Umbau zur Privatyacht im Jahre 1961 wurde das jetzige Rigg aufgebracht. »Taitu« war eine altägyptische Königin.

Result

Art: 2-Mast-Toppsegelschoner, Stahl	Vermessung: 122 BRT
Nation: Großbritannien (Nordirland)	Abmessungen: Länge zwischen den Loten 31,00 m Breite 6,50 m
Eigner: Ulster Folk and Transport Museum, Cultra Manor	Seitenhöhe 2,70 m
Liegeplatz: Belfast	Hilfsmotor: Diesel-Motor, 120 PS
Baujahr: 1892/93	Verwendung: Museumsschiff
Werft: Paul Rodgers, Carrickfergus, Antrim/Nordirland	

RESULT war von 1893 bis 1967 als Handelsschiff tätig. Zuerst als reiner Segler, ab 1914 mit Hilfsmotor. Schließlich fuhr sie als ketschgetakeltes Motorschiff. 1916 war sie bei der U-Boot-Abwehr eingesetzt. 1946 erfolgte eine Grundüberholung, bei der auch ein neuer Motor eingebaut wurde. Sie wird jetzt Zug um Zug überholt und als Museumsschiff neu getakelt.

Return of Marco Polo

ex FYRSKIB XIX

Art: 3-Mast-Gaffelschoner, Holz

Nation: Großbritannien

Eigner: Argyll Smith (The Small School at Winestead Hall, Hull)

Heimathafen: Hull

Baujahr: 1905

Werft: H. V. Buhl, Frederikshavn, Dänemark

Vermessung: 380 ts Deplacement; 116,6 BRT

Abmessungen:
Länge über alles	48,50 m
Länge Rumpf	36,25 m
Breite	6,58 m
Raumtiefe	4,86 m
Seitenhöhe	3,50 m
Tiefgang	3,66 m

Segelfläche: 646,9 qm

Besegelung: 11 Segel

Masten: Höhe Großmast über Deck 28 m

Hilfsmotor: Perkins-Diesel, 450 PS

Besatzung: 5 Personen Stammbesatzung, 15 Trainees

Verwendung: Schulschiff unter Segeln

Die Schüler, die ab dem zwölften Lebensjahr in das Internat aufgenommen werden, erhalten Unterricht in sehr vielen Fächern. Besonderer Wert wird auf Sport und die Ausbildung auf den Segelschulschiffen der Schule gelegt (s. auch SPIRIT OF WINESTEAD). Nach der Winterpause übernehmen die Schüler selbst die umfangreichen Überholungsarbeiten an den Schiffen. Selbst das Takeln wird von ihnen übernommen.

Die Schiffe und ihre Mannschaften sind nach entsprechender Ausbildungszeit jederzeit in der Lage, an den Rennen der Sail Training Association teilzunehmen.
Marco Polo, der die Erdkugel auf den Händen hält, schmückt als Galionsfigur den Bug.

🇬🇧 Ring-Andersen

Art: Baltic Ketsch, Holz	
Nation: Großbritannien	
Eigner: nicht bekannt	
Baujahr: 1948	
Werft: J. Ring-Andersen, Svendborg, Dänemark	
Vermessung: 155 ts Deplacement	

Abmessungen:	
Länge über alles	35,10 m
Länge Rumpf	28,60 m
Länge in der Wasserlinie	24,20 m
Breite	6,50 m
Tiefgang	3,00 m

Segelfläche: 395 qm

Hilfsmotor: Detroit-Diesel 8V71, 300 PS

Verwendung: Privatyacht

Es gibt wenige Schiffe, die den Namen ihrer Bauwerft tragen. RING-ANDERSEN tut es zurecht. Diese verhältnismäßig kleine Werft in Svendborg ist berühmt für den Bau von Frachtseglern, die im Raum Ost- und Nordsee ihr Brot zu verdienen hatten. Typisch für den Rumpf dieser hölzernen Schiffe ist vor allem der außerordentlich elegante Sprung in der Deckslinie. RING-ANDERSEN war viele Jahre lang Frachter und transportierte Zucker, Mehl, Bier, Papierrohmasse, Bordsteine und Weizen. 1962 wurde das Schiff verkauft, umgebaut und im Charterdienst eingesetzt. 1980 kehrte es mit neuem Eigner nach Svendborg zurück. Dort erfolgte dann der großzügige Umbau in eine Privatyacht.

🇬🇧 Royalist

Art: Brigg, Stahl	
Nation: Großbritannien	
Eigner: Sea Cadet Corps	
Heimathafen: Portsmouth	
Baujahr: 1971; Kiellegung: 21. Oktober 1970; Stapellauf: 12. Juli 1971	
Werft: Groves & Gutteridge Ltd., Cowes	
Vermessung: 110 ts TM; 83 BRT; 67 NRT	
Abmessungen:	
Länge über alles	29,50 m
Länge Rumpf	23,20 m
Länge zwischen den Loten	17,80 m
Breite	5,90 m
Tiefgang	2,60 m

Segelfläche: 433 qm

Besegelung: 10 Segel, 2 Vorsegel; Fockmast: Focksegel, Marssegel, Bramsegel; Großmast: Stengestagsegel, Großsegel, Marssegel, Bramsegel, Besansegel

Masten: Höhe Großmast über der Wasserlinie ca. 22 m. Beide Masten einteilig

Hilfsmotor: Zwei Perkins-Dieselmotoren, je 230 PS, Geschwindigkeit mit Maschine 8 kn, Geschwindigkeit unter Segeln 12 kn

Besatzung: 6 Achterleute, 26 Kadetten

Verwendung: Schulschiff unter Segeln

Das Sea Cadet Corps bietet britischen Jungen die Möglichkeit, praktische Einblicke in ihren späteren Seemannsberuf zu bekommen. Die Royal Navy, die Handelsmarine und die Fischereiflotte sehen hier ihren Nachwuchs. Die Ausbildung erfolgte bisher nur auf kleineren Fahrzeugen. Die ROYALIST ermöglicht jetzt Schulfahrten auch für größere Gruppen. Die Kurse sind so aufgeteilt, daß Jahr für Jahr etwa 100 Jungen auf das Schiff kommen können.
Die aufgemalten Geschützpforten sowie die breiten »Gefechtsmarse« erinnern an eine Kriegsbrigg des 19. Jahrhunderts. Die Linienführung des Rumpfes, das Material und die navigatorische Ausrüstung verweisen den Segler aber in die erste Linie moderner Schiffskonstruktionen. Ein Beispiel mehr, daß in unserer Zeit der Supertanker ein Segelschiff auch technisch seinen Platz behaupten kann.
Die Segel bestehen aus Terylene (Trevira). Für das stehende und laufende Gut wurden rostfreier Stahl sowie Chemiefaser-Taue verwendet. Für die Navigation sind alle modernen Instrumente an Bord. Selbstverständlich an Bord sind Zentralheizung, Kühlraum und mehrere Generatoren für die elektrische Versorgung.
Die Reisen dauern jeweils eine oder zwei Wochen, dazu kommen einige Wochenendfahrten für Erwachsene. Sie

führen in die Gewässer um England, wobei in Zielhäfen entsprechend die Kadetten ausgewechselt werden. Aber auch Auslandshäfen werden angelaufen. Das Mindestalter der Jungen ist 14½ Jahre. Auf den meisten Törns werden sechs Kojen für weibliche Kadetten des Girls' Nautical Training Corps reserviert. Einige Kurse stehen nur Mädchen zur Verfügung.

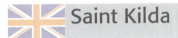 Saint Kilda

ex STARFISH
ex BIELEFELD

Art: 3-Mast-Gaffelschoner, Stahl

Nation: Großbritannien

Eigner: Privateigentum (Eigner will nicht genannt werden)

Heimathafen: St. Peter Port, Guernsey

Baujahr: 1957

Werft: Abeking & Rasmussen, Lemwerder, Bau-Nr. 5169;

Umbau: 1989/90 Werft Scheel & Jöhnk, Hamburg

Vermessung: 296,7 BRT; 152,3 NRT (beide Angaben nicht endgültig)

Abmessungen:
Länge über alles ca. 50,00 m
Länge Rumpf ca. 46,00 m
(wegen Umbau noch nicht endgültig)
Länge zwischen den Loten 40,00 m
Breite 7,90 m
Tiefgang 3,60 m

Segelfläche: 650 qm

Besegelung: 4–5 Segel

Masten: Höhe Großmast über Deck ca. 32 m

Hilfsmotor: KHD-Dieselmotor, 600 PS

Besatzung: 2–4 Personen Stammbesatzung, 4–6 Gäste

Verwendung: Privatyacht

Der Schoner war ehemals ein Heringslogger, der unter dänischer und deutscher Flagge auf Fang ging. Er ist, auf gleicher Werft umgebaut, dem »Greenpeace«-Schiff RAINBOW WARRIOR sehr ähnlich.

Sir Winston Churchill

Art: 3-Mast-Toppsegelschoner, Stahl

Nation: Großbritannien

Eigner: Sail Training Association (S.T.A.)

Heimathafen: Portsmouth (registriert in Hull)

Baujahr: 1965; Kiellegung 21. November 1964; Stapellauf 5. Februar 1966, Indienststellung 3. März 1966

Werft: Richard Dunston (Hessle) Ltd., Haven Shipyard, Hessle (Yorkshire), Baunummer 802; Konstruktion: Camper & Nicholsons Ltd., Southampton

Vermessung: 281 ts Deplacement; 330 ts TM

Abmessungen:
Länge über alles	45,70 m
Länge Rumpf	41,04 m
Länge zwischen den Loten	30,40 m
Breite	8,10 m
Seitenhöhe	5,67 m
Tiefgang	4,73 m

Segelfläche: 817,5 qm; Besan 128 qm, Großsegel 86 qm, Breitfock 117 qm

Besegelung: 14 Segel; 4 Vorsegel; Fockmast: Breitfock, einfaches Marssegel, Mondgucker (Raffee), Schonersegel, Gaffel-Toppsegel; Großmast: Gaffelsegel, Gaffel-Toppsegel, Stengestagsegel; Besanmast: Hochsegel (Bermuda), Stengestagsegel

Masten: Höhe Großmast über Deck 29,80 m; alle Masten einteilig (Aluminium)

Hilfsmotor: Zwei Perkins T. 6354 (M)-Dieselmotoren, je 120 PS; Geschwindigkeit mit Maschine $9^{1}/_{2}$ kn

Besatzung: 6 Personen Besatzung, 40 Jungen (Mädchen)

Verwendung: Schulschiff unter Segeln

Im Jahre 1954 hatte der Engländer Bernard Morgan die Idee, in möglichst regelmäßigen Abständen die großen Segelschiffe zu einer gemeinsamen Regatta, dem »Tall Ships Race«, zusammenzurufen. Dieser Vorschlag fiel in England auf fruchtbaren Boden. 1955 wurde ein Komitee gegründet, das anfangs »The Sail Training Race Committee« hieß und später den Namen »Sail Training Association« (S.T.A.) bekam. Sie war und ist die Trägerin der Großsegler-Regatten, die 1956 mit einem Rennen von der Torbay nach Lissabon begannen.
Alle zwei Jahre werden seither die Regatten ausgetragen.

Teilnahmeberechtigt sind alle Schiffe, deren Besatzung zu wenigstens 50% aus Kadetten oder Jungen (Mädchen) im Alter zwischen 16 und 21 Jahren besteht. England brachte die Idee, übernahm die umfangreichen Vorbereitungen für die Regatten und hatte selbst kein eigenes Groß-Segelschiff mehr in Fahrt. Bei mehreren Regatten wurden deshalb fremde Schiffe gechartert, deren Stammbesatzung meist an Bord blieb und die zusätzlich die notwendige Zahl an englischen Jungen erhielten. Der Wunsch, ein eigenes Schiff zu besitzen, war daher in England immer häufiger zu hören.

1964 gab die S.T.A., deren Schirmherr der Herzog von Edinburgh ist, den Auftrag für den Bau des Schoners SIR WINSTON CHURCHILL. Zahlreiche Firmen und Organisationen des ganzen Landes boten spontan ihre Unterstützung an. Der Hauptzweck des Schulseglers ist, möglichst vielen Jungen und Mädchen aus allen Teilen des Landes und aus allen Bevölkerungsschichten die Gelegenheit zu geben, in einer Gemeinschaft leben zu lernen, in der jede Tätigkeit Zusammenarbeit voraussetzt. Charakterbildung steht im Vordergrund. Es ist dies ein nationales Erziehungsprogramm, wie es seinesgleichen sucht. Dabei ist völlig nebensächlich, ob sich einer der Jungen später für die Marinelaufbahn entscheidet oder nicht. Das Echo unter der britischen Jugend ist so groß, daß die Kurse auf viele Monate im voraus belegt sind. So war es bereits nach einem Jahr Fahrtzeit nötig geworden, ein Schwesterschiff zu bauen, das den Namen MALCOLM MILLER trägt.

Zur Schiffsausrüstung gehören selbstverständlich die modernsten Navigations-Instrumente und eine umfassende Sicherheitsausrüstung. Außerdem besitzt das Schiff eine Zentralheizung für Fahrten während der kalten Jahreszeit.

Ein roter englischer Löwe, der das Wappenschild der »Sail Training Association« mit den Initialen »S.T.A.« hält, ziert den scharf geschnittenen Bug. Der Stapellauf, der ursprünglich für den 9. November 1965 vorgesehen war, verzögerte sich bis Februar 1966, weil das Schiff am 31. Oktober 1965 in einem sehr schweren Sturm auf der Helling umgeworfen worden war. Dabei knickten die Aluminium-Masten ab. Der übrige Schaden hielt sich in Grenzen. Trotz allem wurde der weitere Zeitplan genau eingehalten.

Søren Larsen

Art: Brigantine, Holz

Nation: Großbritannien

Eigner: Square Sail, Bristol (Robin und Tony Davies)

Heimathafen: Bristol

Baujahr: 1949

Werft: Søren Larsen & Sons, Nykøbing Mors, Dänemark

Vermessung: 350 ts Deplacement; 125 BRT

Abmessungen:
Länge über alles 44,00 m
Länge in der Wasserlinie 32,20 m
Breite 7,70 m
Tiefgang 3,00 m

Segelfläche: 627 qm

Besegelung: 13 Segel; 3 Vorsegel; Doppel-Marssegel, einfaches Bramsegel, Royal

Hilfsmotor: B & W Alpha-Diesel, 240 PS

Besatzung: 10 Personen Stammbesatzung

Verwendung: Charterschiff, besonders für Filmzwecke

Die formschöne Brigantine wurde als Motorschoner gebaut. Sie war bis 1969 in der Handelsfahrt beschäftigt. Nach Ankauf durch ihre jetzigen Eigner wurde sie umgetakelt und für den neuen Verwendungszweck eingerichtet. Im Fernsehen war sie in der Serie »Die Onedin Linie« zu sehen. 1982 erhielt das Schiff eine Eisverstärkung für einen neuen Film über Shackleton. Als ENDURANCE, das damalige Expeditionsschiff, mußte sie vorübergehend einen zusätzlichen Besanmast bekommen. 1983 wurde SØREN LARSEN vom »Jubilee Sailing Trust« für drei Jahre gechartert. An Bord befanden sich während dieser Zeit vorwiegend körperlich behinderte Jugendliche. 1987 führte die Brigantine die europäische Flotte an, die zur Feier der 200jährigen Erstbesiedelung Australiens zum fünften Kontinent gekommen war.

Spirit of Winestead

ex DEN LILLE BJØRN
ex CHRISTIAN BACH

Art: Brigantine, Holz

Nation: Großbritannien

Eigner: Argyn Smith (The Small School at Winestead Hall, Hull)

Heimathafen: Hull

Baujahr: 1953

Werft: in Gilleleje, Dänemark

Vermessung: 178,4 ts Deplacement; 115 BRT

Abmessungen:
Länge über alles	36,24 m
Länge Rumpf	28,26 m
Breite	7,00 m
Raumtiefe	3,16 m
Seitenhöhe	2,86 m
Tiefgang	keine Angabe

Segelfläche: 421 qm

Besegelung: 13 Segel; Fockmast: Focksegel, einfaches Mars- und Bramsegel, Royalsegel

Masten: Höhe Großmast über Deck 23 m

Hilfsmotor: Perkins-Diesel, 179 kW

Besatzung: 5 Personen Stammbesatzung; 15 Trainees

Verwendung: Schulschiff unter Segeln

Die Brigantine wurde als Handelsschoner gebaut und 1973–76 in Inverness zum Schulschiff umgebaut. Dabei erhielt sie auch ihr jetziges Rigg. Zur »Small School at Winestead Hall« siehe auch RETURN OF MARCO POLO.

St. Barbara Ann

ex VANESSA ANN

Art: 3-Mast-Toppsegelschoner, Stahl

Nation: Großbritannien

Eigner: Geschwister Kelly (»Kelly-Familie«)

Heimathafen: Lowestoft, England

Baujahr: 1951

Werft: Richard Ironworks, Lowestoft

Vermessung: 316 ts Deplacement; 153,5 BRT; 80,1 NRT

Abmessungen:
Länge über alles	44,20 m
Länge Rumpf	34,14 m
Länge zwischen den Loten	31,39 m
Breite	7,01 m
Raumtiefe	2,70 m
Seitenhöhe	3,40 m
Tiefgang	3,66 m

Segelfläche: 538 qm

Besegelung: 12 Segel

Masten: Höhe Großmast über Deck 27,70 m

Hilfsmotor: Hundested-Diesel, 250 PS

Besatzung: 12 Personen Stammbesatzung

Verwendung: Wohn- und Werbeschiff

Das Schiff ist als Trawler für die »Dalby Steam Fishing Company« gebaut worden. Das Fanggebiet lag in den Gewässern um Island. Dabei war es aktiv im »Kabeljau-Krieg« verwickelt. Bei einer Kollision mit dem isländischen Kanonenboot THOR ist der Segler am Vorschiff erheblich beschädigt worden. Der anschließende Versuch, den eleganten Rumpf in Dänemark, auf englische Rechnung, zu einem Handelssegler für die pazifische Inselwelt umzubauen, scheiterte. 1984 kauften Mr. Reg March und Mr. Jack Scott die VANESSA ANN. In Padstow (Cornwall) entstand der Toppsegelschoner für die Charterfahrt in westindischen Gewässern. Vier Jahre später mußte das Schiff aus wirtschaftlichen Gründen aufgelegt werden. Seit 1994 gehört es der »Kelly-Familie«.

 Stina

Art: 2-Mast-Gaffelschoner, Holz

Nation: Großbritannien

Eigner: Mr. M. J. Michael Lillte, Ltd., Ipswich, England

Heimathafen: Ipswich, Suffolk, England

Baujahr: 1946

Werft: In Sipoo, Finnland

Vermessung: 108 ts TM; 79,52 NRT

Abmessungen:
Länge über alles	32,5 m
Länge Rumpf	22,8 m
Länge KWL	19,7 m
Breite	6,7 m
Tiefgang	1,9 m

Segelfläche: ca. 370 qm

Besegelung: 7 Segel

Hilfsmotor: Gardner-Diesel, 100 PS

Besatzung: 4 Personen, 10 bis 12 Gäste

Verwendung: Schul-, Charter-, Filmschiff

Das Schiff war als Kohle- und Sandfahrer für eine Ziegelei gebaut worden. Zeitweilig fuhr STINA als Alkoholschmuggelschiff und danach als Kirchenschiff zwischen den Ostseeinseln. Bekannt wurde sie durch ihre Mitwirkung in den Filmen »A Break in the Sun« und »The French Lieutenant's Woman«.

HMS Trincomalee

ex HMS FOUDROYANT
ex HMS TRINCOMALEE

Art: Fregatte (Vollschiff), Teakholz; »Fifth Rate, 46 guns«

Nation: Großbritannien

Eigner: Foudroyant Trust

Liegeplatz: Gosport, Southampton

Baujahr: 1817; Kiellegung Mai 1816; Stapellauf 19. Oktober 1817

Werft: Wadia-Werft, Bombay

Vermessung: 1447 ts Deplacement; 1066 BRT

Abmessungen:
Länge über Deck	45,70 m
Länge Kiel	38,20 m
Breite	12,20 m
Tiefe im Raum	3,90 m
Tiefgang (bei der Erbauung mit 30 t Ballast)	
Vorschiff	3,80 m
Achterschiff	4,10 m

Besegelung: Tiefes einfaches Marssegel, Bramsegel

Besatzung: Während der aktiven Dienstzeit etwa 300 Mann

Bewaffnung: Bis 1847 45 Kanonen; von da ab 26 Kanonen; später 24 Kanonen

Verwendung: Museumsschiff

Nach ihrer Fertigstellung in Bombay wurde die Fregatte, die ihren Namen nach der ostceylonesischen Hafenstadt Trincomalee bekommen hat, nach England gesegelt und anschließend 25 Jahre lang in Portsmouth aufgelegt. Erst 1847 erfolgte die offizielle Indienststellung, allerdings mit stark verminderter Bewaffnung. Bis 1852 machte sie Dienst in nordamerikanischen und westindischen Gewässern. Während des Krimkrieges patrouillierte die Fregatte ab Juni 1852 vier Jahre lang im Pazifik. Bis 1861 lag sie wieder aufgelegt in Chatham. Im Januar 1861 wurde TRINCOMALEE Schulschiff der Royal Naval Reserve in Sunderland. 1863 verlegte man sie nach West Hartlepool und anschließend nach Southampton. Am 19. Mai 1897 verkaufte die R. N. R. das Schiff an die Firma J. Read zum Abwracken. Kurz darauf folgte wieder ein Besitzerwechsel: TRINCOMALEE wurde wieder Schulschiff mit dem neuen Namen FOUDROYANT. Mr. Wheatley Cobb hatte ein 74-Kanonen-Schiff FOUDROYANT, einst Flaggschiff Nelsons, restaurieren lassen, um es als Schulschiff für Jungen zu verwenden. Unglücklicherweise ging dieses Schiff 1893 in einem Sturm verloren. Mr. Cobb kaufte deshalb für denselben Zweck die TRINCOMALEE und gab ihr den Namen FOUDROYANT (= »Donnerschlag«).

Bis zum Tode Cobbs lag das Schulschiff im Hafen von Falmouth. Später wurde es nach Portsmouth neben die HMS IMPLACABLE verlegt. Nachdem die IMPLACABLE 1949 mit allen Ehren im Kanal versenkt worden war, übernahm FOUDROYANT deren Ausbildungsaufgaben.

Zwischen den Jahren 1800 und 1830 wurden 32 ähnliche Fregatten gebaut. Neben der FOUDROYANT hat von diesen Schiffen nur noch die UNICORN in Dundee überlebt.

Nach fünfzig Jahren Aufenthalt in Portsmouth wurde die Fregatte 1987 in einem halbgefluteten Transportschiff nach Hartlepool geschleppt. 1990 begannen die Restaurierungsarbeiten. 1995 wurde bereits der Großmast gesetzt. 1997 werden die Takelarbeiten abgeschlossen sein.

 HMS Unicorn

ex HMS Cressy
ex HMS Unicorn II
ex HMS Unicorn

Art: Fregatte (Vollschiff), Holz; »Fifth Rate, 46 guns«

Nation: Großbritannien

Eigner: Kriegsflotte; Royal Naval Reserve »The Unicorn Preservation Society«, Dundee

Liegehafen: Dundee, Victoria Dock

Baujahr: 1794–1824;
Kiellegung 1794;
Stapellauf 30. März 1824

Werft: Marine-Werft Chatham; Entwurf: R. Seppings

Vermessung: 1077 ts Deplacement

Abmessungen:
Länge Rumpf 50,50 m
Länge über Deck 46,10 m
Länge zwischen den Loten 42,80 m
Breite 12,10 m
Raumtiefe 3,80 m
Tiefgang ca. 4,00 m

Besegelung: Tiefe, einfache Marssegel; einfache Bramsegel; Royals

Masten, Spieren: Höhe Großmast über Deck ca. 40,00 m; Großrah 24,00 m; Großroyalrah 8,00 m

Besatzung: Für die aktive Dienstzeit waren 334 Offiziere und Mannschaften vorgesehen

Bewaffnung: Ursprünglich 46 Kanonen

Verwendung: Museumsschiff

Obwohl die Unicorn kein »berühmtes« Schiff ist – sie war nie im aktiven Dienst –, gehört sie, dank ihrer vielseitigen Verwendungsmöglichkeiten, zu den ältesten heute noch gut erhaltenen Segelschiffen. Bis zum Jahre 1554, als die Engländer die schottische Galeere Unicorn kaperten, führten alle Flaggschiffe der schottischen Flotte diesen Namen. Die Engländer gaben ihn immer wieder einem ihrer Kriegsschiffe, so daß die heutige Unicorn das dreizehnte Schiff ist, das diesen Namen führt. Ihr Kiel wurde schon 1794 gestreckt, aber erst im Februar 1822 begann der eigentliche Bau. Seefertig ausgerüstet wurde die Fregatte jedoch nie. Sie blieb von Anfang an Standortschiff, das im Notfalle schnell auslaufbereit gewesen wäre.
1855 wurde sie zur Hulk und diente bis 1862 in Woolwich als Pulvermagazin. Bis 1872 lag Unicorn dann in Sheerness aufgelegt. Im Oktober 1871 bot man sie den Medway-Sanitätsbehörden als Cholera-Hospitalschiff an. Dieser Plan wurde aber nicht verwirklicht, dafür baute man die ehemalige Fregatte in ein Übungsschiff für die Marine-Reserve um (»HMS Unicorn, Headquarters Tay Divisions, Royal Naval Reserve«, wie die offizielle Bezeichnung bis vor kurzer Zeit lautete).
Das Schiff bekam ein festes Dach. Für die Artillerie-Ausbildung standen damals zehn Geschütze zur Verfügung (1x9/, 1x6/, 4x64 Pfd., 4x32 Pfd.). Am 9. November 1873 erreichte die Fregatte im Schlepp das Earl Grey Dock in Dundee. Selbstverständlich wurde das Schiff im Laufe der Zeit immer wieder den Erfordernissen der modernen Ausbildung angepaßt. Auf dem Oberdeck standen noch bis in die jüngste Zeit die Geschütze. Als 1939 ein Flugzeugträger den traditionsreichen Namen Unicorn bekam, führte die Fregatte den offiziellen Namen Unicorn II. Am 20. November 1941 wurde sie dann in Cressy umbenannt. 1959 erhielt sie ihren alten Namen zurück. Der Träger wurde abgewrackt. Während des Zweiten Weltkrieges diente das Schiff als Verwaltungszentrum für den Marinestützpunkt Dundee.
Von April 1946 an war Unicorn wieder im Besitz der RNR. 1962 wurde sie vom Earl Grey Dock zum Camperdown Dock verlegt. Seit dem 17. September 1963 liegt sie im Victoria Dock, weil ihr vorheriger Liegeplatz wegen der neuen Tay-Brücke zugeschüttet werden mußte.
Im Herbst 1968 hat die Royal Naval Reserve ein festes Gebäude an Land bezogen. Unicorn wurde der »Unicorn Preservation Society« übergeben. Sie ist heute Museumsschiff. Es ist nicht ausgeschlossen, daß das Schiff eines Tages wieder aufgetakelt wird.
Erstaunlich ist, daß das Schiff nach fast 150jährigem Aufenthalt im Wasser nahezu vollkommen dicht ist.

Unicorn

ex EENHORN

Art: 2-Mast-Toppsegelschoner, Stahl

Nation: Großbritannien

Eigner: Cocos Island Productions, St. Helier, Jersey

Heimathafen: keine Angaben

Baujahr: 1947

Werft: de Vooruitgang, Gouwsluis, Niederlande

Vermessung: 95,26 BRT; 56,53 NRT

Abmessungen:
Länge über alles 35,05 m
Länge Rumpf 26,70 m
Länge in der Wasserlinie 23,76 m
Breite 6,00 m
Tiefgang 2,59 m

Segelfläche: 900 qm

Hilfsmotor: Henschel-Diesel, 300 PS

Besatzung: 16 Kojen für Besatzung und Passagiere, 60 Gäste bei Tagesfahrten

Verwendung: Charterschiff

Als Motorfahrzeug fischte EENHORN in den Gewässern um Island. 1978 erwarb sie Pieter Kaptein aus Hoorn. Nach völligem Umbau entstand der Toppsegelschoner mit entsprechenden Gästeeinrichtungen. Unnötige und störende Decksaufbauten wurden dabei entfernt. Ein typisches Merkmal ist das steil aufgerichtete Bugspriet mit Klüverbaum.

1986 kaufte sein jetziger Eigner das Schiff und gab ihm den ins Englische übersetzten Namen UNICORN. Es wird vorwiegend in der Charterfahrt eingesetzt. Bei Tagesfahrten können bis zu 60 Personen an Bord genommen werden. Hauptsegelgebiet ist die Karibik. Auch der Amazonas wurde schon befahren.

HMS Victory

HMS VICTORY ist das fünfte Schiff der Royal Navy, das diesen Namen trägt. Die erste VICTORY wurde 1559 gebaut und war das Flaggschiff Sir John Hawkins' im Kampf gegen die spanische Armada. 1758 empfahlen die Minister ihrem König Georg II. den Bau von zwölf großen Kriegsschiffen, an deren Spitze ein 100-Kanonen-Schiff stehen sollte. Die Erfolge im englischen siebenjährigen Krieg, vor allem in Nord-Amerika, waren der besondere Anlaß, auch diesem Schiff den Namen VICTORY zu geben.

Der für England weiter günstige Fortgang des Krieges, auch bei Seegefechten, machte einen überstürzten Bau des Geschwaders unnötig. Normalerweise wurden damals für den Bau eines großen Kriegsschiffes fünf Jahre gebraucht. VICTORY wurde 1759 auf Kiel gelegt und 1765 vom Stapel gelassen. Die Baukosten betrugen 57 748 Pfund. Dreizehn Jahre lang blieb sie ohne besondere Verwendung im Medway vor Anker. Beim Eintritt Frankreichs in den amerikanischen Unabhängigkeitskrieg wurde VICTORY 1778 nach Portsmouth befohlen. Ihr erstes Kommando begann als Flaggschiff der Kanalflotte unter Admiral Keppel. Bei Ushant kam es zu einem unentschiedenen Gefecht mit einem französischen Geschwader.

Nacheinander war VICTORY Flaggschiff der Admirale Hardy, Geary, Hyde Parker und Kempenfelt. Unter Lord Howe nahm sie 1782 an den Gefechten bei Gibraltar und Kap Spartel teil. Nach dem Frieden von Versailles 1783 (amerikanische Unabhängigkeit) wurde das Schiff vorübergehend außer Dienst gestellt. 1793 trat England der ersten Koalition gegen Frankreich bei. Lord Hood auf VICTORY führte einen Verband von 22 Schiffen ins Mittelmeer.

Toulon wurde erobert, mußte aber wegen der heftigen französischen Gegenangriffe unter dem Artillerie-Offizier Napoleon Bonaparte wieder aufgegeben werden. Für die Belagerung von Calvi auf Korsika wurden die Kanonen der VICTORY ausgeschifft. Kapitän Horatio Nelson führte das Artillerie-Kommando. Anschließend kam das Schiff zur Ausbesserung nach Portsmouth.

Admiral Hotham war 1795 mit der VICTORY wieder im Mittelmeer, wo sie im Gefecht bei Kap Hyères bestand und im Februar 1797 unter Admiral Sir John Jervis am Sieg in der Schlacht von St. Vincent beteiligt war. Im November 1797 kehrte das Schiff nach Chatham zurück und wurde bis auf weiteres aus dem Dienst entlassen.

Von 1798 bis 1800 war VICTORY Lazarettschiff für Gefangene. 1801 kam sie für zwei Jahre ins Dock. Eine Grundüberholung war dringend nötig geworden. Dabei wurden neben anderen Veränderungen die offenen Heckgalerien entfernt, die Rüsten weiter nach oben verlegt und die Galionsfigur geändert. Das Schiff erhielt damals sein heutiges Aussehen. Auf Anordnung

Nelsons bekamen alle seine Schiffe ein ockerfarbenes Pfortenband. Die Außenseite der Pfortendeckel blieb schwarz wie der übrige Schiffskörper. Bei geschlossenen Deckeln entstand so das berühmte Schachbrettmuster. (Die Innenseite der Pfortendeckel ist rot.)

Im April 1803 wurde das Schiff wieder zum Dienst befohlen. Unter dem Oberkommando von Lord Nelson war das Flaggschiff VICTORY mit dem Geschwader im Juli 1803 im Mittelmeer. Nach 18monatiger Blockade von Toulon gelang Admiral Villeneuve der Ausbruch des französischen Geschwaders. Nelson verfolgte ihn bis in westindische Gewässer und kehrte nach England zurück, ohne die französischen Schiffe gesehen zu haben. Am 15. September 1805 verließ Nelson mit seinem Verband Portsmouth, um die Blockade von Cadiz zu leiten. Bei Trafalgar kam es am 21. Oktober 1805 zur entscheidenden Schlacht. VICTORY mußte schwerbeschädigt nach Gibraltar eingeschleppt werden. In aller Eile wurde sie dort notdürftig repariert. Am 3. November 1805 kehrte sie mit dem Leichnam Nelsons an Bord nach England zurück.

Nach umfangreichen Reparaturarbeiten bei der Marinewerft in Chatham tat das Schiff ab März 1808 wieder Dienst. 1813 mußte es für Ausbesserungsarbeiten erneut eingedockt werden. Der Ausgang der Schlacht von Waterloo machte eine Indienststellung zunächst nicht nötig. VICTORY blieb bis 1824 in Reserve. Von da an ist sie bis heute, mit Ausnahme der Jahre 1869 bis 1889, Flaggschiff des Portsmouth-Kommandos.

Bis 1922 lag sie im Hafen von Portsmouth vor Anker. Seitdem liegt VICTORY in Portsmouth im ältesten Trockendock der Welt. Mit großem Kostenaufwand wurde sie restauriert und in den Zustand von 1805 gebracht. Diese Arbeiten waren am 17. Juli 1928 abgeschlossen. Um den Rumpf zu schonen, wurden fast alle Kanonen und die schweren Anker durch Holzkopien ersetzt. Die Originale stehen am Rande des Docks. Einer der riesigen Anker liegt am Strand bei Southsea, an der Stelle, an der Nelson zum letzten Mal England verließ. An jedem Jahrestag der Schlacht von Trafalgar findet an Bord des Schiffes eine Gedenkfeier statt. Während umfangreicher Erneuerungsarbeiten in den siebziger Jahren wurde das gesamte Heck aus Teakholz nachgebaut.

Das Foto zeigt VICTORY am 21. Oktober 1995, dem 150. Jahrestag der Seeschlacht von Trafalgar. Es weht aus, das berühmte Flaggensignal Nelsons »England expects every man to do his duty«.

Art: Linienschiff = Dreidecker, Holz; »First-rate, 104 guns, Ship of the Line«

Nation: Großbritannien

Eigner: Kriegsflotte (Flaggschiff des Portsmouth-Kommandos)

Liegeplatz: Portsmouth (Trockendock)

Baujahr: 1759; Kiellegung 23. Juli 1759; Stapellauf 7. Mai 1765; Indienststellung 1778

Werft: Single Dock, Chatham-Medway; Konstruktion: Thomas Slade, Senior Surveyor of the Royal Navy

Vermessung: ca. 3500 ts Deplacement; ca. 4000 ts Depl. voll ausgerüstet; 2162 t Tragfähigkeit (tons burden)

Abmessungen:
Länge über alles ca. 100,00 m
Länge Rumpf 69,00 m
Länge Geschützdeck 56,50 m (gun deck)
Vermessungslänge 46,30 m
Vermessungsbreite 15,30 m
Breite 15,70 m
Breite über alles ca. 60,00 m (mit Leesegeln)
Seitenhöhe ca. 10,00 m
Tiefgang ca. 6,00 m

Besegelung: Vollschiff-Takelung; Untersegel, einfache Marssegel, einfache Bramsegel, Leesegel an Fock- und Großmast

Masten, Spieren: Alle Masten Untermast, Marsstenge, Bramstenge; Höhe der Masten über Wasserlinie: Fockmast 55,00 m, Großmast 62,00 m, Kreuzmast 46,00 m; Bugspriet mit Klüverbaum ca. 35,00 m, Bugsprietrah 19,50 m, Großrah 31,00 m, Groß-Bramrah 14,50 m

Besatzung: Bei Trafalgar 850 Offiziere, Mannschaften und Seesoldaten

Bewaffnung: 104 Kanonen (1805); Unteres Geschützdeck 30 32-Pfd., Mittleres Geschützdeck 28 24-Pfd., Oberes Geschützdeck 30 12-Pfd., Quarterdeck 12 12-Pfd., Back 2 12-Pfd. und 2 68-Pfd.-Carronaden (größte Reichweite der 32-Pfünder etwa 1½ Meilen)

Verwendung: Museumsschiff (als stationäres Flaggschiff noch im Dienst)

HMS Warrior

ex C77
ex HMS VERNON III
ex HMS WARRIOR

Art: Dampf-Fregatte (Vollschiff), Eisen (plattiert)

Nation: Großbritannien

Eigner: WARRIOR Preservation Trust, Portsmouth

Liegeplatz: Victory Gate, H. M. Naval Base, Portsmouth

Baujahr: Kiellegung 25. Mai 1859, Stapellauf 29. Dezember 1860, Indienststellung 1. August 1861

Werft: Thames Ironworks & Shipbuilding Co., Blackwall, London

Vermessung: 9210 ts Deplacement

Abmessungen:
Länge über alles   127,40 m
Breite   17,60 m
Tiefgang   7,90 m

Segelfläche: 3488 qm (ohne Leesegel)

Panzerung: Schutzbeplankung des Mittelabschnittes: 63,9 m lang und 6,6 m hoch; bestehend aus 11,4 cm starken Stahlplatten, in Nut- und Feder-Verlegung, auf 45,7 cm Teakholz

Bewaffnung: Original-Bewaffnung: 26 68-Pfünder Vorderlader-Kanonen, 10 110-Pfünder und 4 40-Pfünder Armstrong-Hinterlader-Kanonen mit gezogenem Lauf

Hilfsmotor: Dampf und Segel; Maschine: Horizontal-Dampfmaschine, entwickelt von John Penn. 1250 PS Nennleistung. Zehn Kessel mit vierzig Brennräumen. (Die heutige Maschinenanlage ist simuliert.)

Besatzung: 706 Mann, davon 50 Offiziere, 93 Unteroffiziere, 441 Seeleute, darunter 66 Heizer und Schiffsjungen, sowie 122 Marinesoldaten

Verwendung: Museumsschiff

Der Bau der HMS WARRIOR war, zusammen mit ihrem Schwesterschiff HMS BLACK PRINCE, die Antwort Britanniens auf die Seerüstung Frankreichs, das mit dem Bau von mehreren großen, hölzernen Kriegsschiffen mit Stahlbeplankung die englische Vormachtstellung auf See brechen wollte. Das erste französische Schiff war die GLOIRE mit 5700 ts Deplacement.

HMS WARRIOR mit ihrem eisernen Rumpf und der Stahlbeplankung war das erste britische Schiff dieser Art, und auch das größte und schnellste Kriegsschiff seiner Zeit. Der Maschinenantrieb war nicht zuletzt für Gefechtsmanöver gedacht.

Napoleon III. nannte den Riesen »Schwarze Schlange unter Kaninchen«. Die Fregatte wurde bereits nach zehn Jahren ausgemustert. Der schnelle technische Fortschritt jener Zeit war über sie hinweggegangen. Es folgte eine Zeit in der Reserveflotte und der Küstenwacht, bis sie 1883 aus dem aktiven Dienst genommen wurde.

Das Schiff wurde 1904 (als HMS VERNON) zu einer Kraftstation der Royal Naval Torpedo School in Portsmouth umgebaut, bis der Rumpf 1929 nach Südwales geschleppt wurde. In Milford Haven tat es als schwimmender Öltank Hulk C77 seinen Dienst, bis es 1979 dem Maritime Trust zur Restaurierung übergeben wurde. Im Juni des gleichen Jahres wurde HMS WARRIOR nach Hartlepool geschleppt, wo man acht Jahre Zeit und neun Millionen Pfund aufwandte, um sie in den Originalzustand von 1861 zu versetzen. Sie ist neben der HMS VICTORY zu einer weiteren Attraktion von Portsmouth geworden. Ein römischer Krieger schmückt als Galionsfigur den Bug mit seinem weit ausladenden Vorgeschirr.

Yankee Clipper

ex CRESSIDA

Art: 2-Mast-Stagsegel-Schoner, Stahl

Nation: Großbritannien (British Virgin Islands)

Eigner: Magnolia Investments, Ltd.

Heimathafen: Fort-de-France, Martinique

Baujahr: 1927

Werft: Fr. Krupp Germaniawerft, Kiel

Vermessung: 600 ts Deplacement; 350 BRT; 180 NRT

Abmessungen:
Länge über alles 59,50 m
Länge zwischen den Loten 52,20 m
Breite 9,10 m
Wohnraumhöhe 3,30 m
Tiefgang 5,10 m

Segelfläche: 950 qm

Besegelung: 7 Segel; 3 (4) Vorsegel; Fockmast: Vor-Treisegel; Großmast: Groß-Stagsegel; Großsegel (hochgetakelt)

Masten: Höhe Großmast über Deck 33,50 m

Hilfsmotor: Zwei General Motors-Diesel, je 280 PS

Besatzung: 23 Personen Stammbesatzung, 70 Wohnplätze für Gäste

Verwendung: Charterschiff für Kreuzfahrten (Windjammer Barefoot Cruises, Miami Beach)

Die große Yacht YANKEE CLIPPER wurde als CRESSIDA für die Familie Vanderbilt gebaut. Sie diente vornehmlich als Luxusyacht für lange Reisen und besonders für Forschungsfahrten. Die Idee der »Windjammer Cruises« stammt von Capt. Mike Burke aus Miami Beach (Florida). Nach dem Zweiten Weltkrieg kaufte er drei außerordentlich große Yachten, die CRESSIDA, die ELK und die CARIBEE. (ELK fährt heute unter dem Namen POLYNESIA). Sie wurden für die Unterbringung einer großen Zahl von Passagieren umgebaut und unternehmen jetzt das ganze Jahr hindurch Ferienreisen für zahlende Gäste zu den Westindischen Inseln und zu den Bahamas. YANKEE CLIPPER segelt zweimal im Monat in die Westindische See (Leeward Islands und Windward Islands).

Während der Hafenaufenthalte dient das Schiff als Hotel. Die Gäste haben die Möglichkeit, bei den Segelmanövern selbst Hand anzulegen.

Yankee Trader

ex HYDROGRAPHER

Art: 2-Mast-Stagsegel-Schoner, Stahl

Nation: Großbritannien (British Virgin Islands)

Eigner: Turtle Dove Enterprise, Ltd.

Heimathafen: Freeport, Bahamas

Baujahr: 1947

Werft: in Norfolk, Virginia, USA

Vermessung: 938 ts Deplacement; 812 BRT; 360 NRT

Abmessungen:
Länge über alles 54,40 m
Länge Rumpf 43,10 m
Länge zwischen den Loten 37,00 m
Breite 9,70 m
Tiefgang 3,90 m

Segelfläche: 579 qm

Besegelung: 4 Segel

Masten: Höhe Großmast über Wasserlinie 42,00 m

Hilfsmotor: Zwei Baldwin-Hamilton-Diesel, je 810 PS. Geschwindigkeit mit Maschine 12 kn

Besatzung: 26 Personen Stammbesatzung, 84 Wohnplätze für Gäste

Verwendung: Charterschiff für Kreuzfahrten (Windjammer Barefoot Cruises, Miami Beach)

Als HYDROGRAPHER war das Schiff für die U.S. Coast & Geodetic Survey gebaut worden. Bekannt wurde es durch seine zahlreichen Forschungsreisen in alle Teile der Welt. Seit 1971 gehört YANKEE TRADER, wie sie von da an hieß, zur »Windjammer-Flotte« in Florida. Auf zwei neu eingezogenen Decks befinden sich jetzt die luxuriös eingerichteten Kabinen für die Passagiere. Jährlich wird eine Weltumsegelung von neunmonatiger Dauer durchgeführt. Daneben segelt das Schiff in der Karibik.

🇬🇧 Zamoura

Art: Barkentine, Eisen

Nation: Großbritannien

Eigner: Schweizer Holding-Gesellschaft

Heimathafen: London

Baujahr: 1927

Werft: nicht bekannt

Vermessung: 250 ts Deplacement

Abmessungen:
Länge über alles	44,00 m
Länge Rumpf	36,00 m
Breite	7,00 m
Tiefgang	2,90 m

Segelfläche: 700 qm

Besegelung: 17 Segel

Masten: Höhe Großmast über Deck 27,4 m

Hilfsmotor: 2 Caterpillar 336 TDAC, 2x 400 PS

Besatzung: 9 Personen Stammbesatzung, 12 Gäste

Verwendung: Privatyacht

Das Schiff, mit genietetem Rumpf, wurde für die Familie Krupp als Luxusyacht gebaut. 1995 erfolgte eine umfangreiche Grundüberholung in Toulon.

# Zebu

ex ZIBA

Art: Brigantine, Holz

Nation: Großbritannien

Eigner: Merseyside Heritage Trust, Liverpool

Heimathafen: Southampton

Baujahr: 1938

Werft: A. B. Holms, Råå, Schweden

Abmessungen:
Länge über alles	31,00 m
Länge Rumpf	21,90 m
Breite	6,10 m
Tiefgang	2,30 m

Segelfläche: 395 qm

Besegelung: 10 Segel

Hilfsmotor: Gardner 6LW, 84 PS

Besatzung: 24 Personen

Verwendung: Charterschiff

ZEBU wurde als Gaffelketsch gebaut. Unter dem Namen ZIBA transportierte sie bis 1972 Salz, Holz und Getreide. Im gleichen Jahr ging sie in englische Hände über. Jetzt als Bermudaketsch getakelt, wurde sie als Charterschiff verwendet. Wenige Jahre später kaufte sie der heutige Eigner. Sie bekam den Namen ZEBU. 1983 erfolgte die Neutakelung als Brigantine. Im Oktober 1984 begann in London eine lange Reise, die das Schiff in vier Jahren rund um den Globus führte. Dabei nahm es an der »Operation Raleigh« teil. 30 Länder wurden besucht und über 300 junge Leute erfuhren das Erlebnis, auf einem Großsegler die Weltmeere zu befahren.

Nach der langen Reise verkaufte der damalige Eigner, Stephen Rodger, das Schiff. Der neue Eigner übergab die Brigantine dem Merseyside Heritage Trust. Unter dessen Regie unternimmt sie, von Southampton aus, Tagesausflüge und kurze Törns.

Honduras

Flying Cloud   Sir Francis Drake

Flying Cloud

ex TUXTLA
ex OISEAU DES ILES

Art: Barkentine, Stahl

Nation: Honduras

Eigner: Didicated Holdings, Ltd.

Heimathafen: Tortola, Virgin Islands

Werft: Chantiers Dubigeon, Nantes

Vermessung: 637 ts Deplacement; 452 BRT; 370 NRT

Abmessungen:
Länge über alles   63,40 m
Länge Rumpf   56,00 m
Länge zwischen den
Loten   49,80 m
Breite   9,70 m
Tiefgang   4,80 m

Segelfläche: 1090 qm

Besegelung: 11 Segel

Hilfsmotor: Cleveland-Diesel, 420 PS

Besatzung: 25 Personen Stammbesatzung, 78 Wohnplätze für Gäste

Verwendung: Charterschiff für Kreuzfahrten (Windjammer Barefoot Cruises, Miami Beach)

Über die Geschichte dieses Schiffes ist nicht allzuviel bekannt. OISEAU DES ILES war französisches Schulschiff.
1955 wurde sie nach Mexiko verkauft und fuhr dort mit Namen TUXTLA zehn Jahre lang als Frachtsegler.
Heute segelt dieses große Schiff mit dem scharfen Klipperbug von Tortola aus als Kreuzfahrer durch die Inselwelt der Virgin Islands.

Sir Francis Drake

ex GODEWIND
ex LANDKIRCHEN

Art: 3-Mast-Sprietsegelschoner, Stahl

Nation: Honduras

Eigner: Ocean Cruising International, Nassau, Bahamas

Heimathafen: Charlotte Amalie, St. Thomas, Virgin Islands

Baujahr: 1917

Werft: C. Lühring, Hammelwarden

Vermessung: 196 BRT; 99 NRT

Abmessungen:
Länge über alles 49,50 m
Länge Rumpf 39,00 m
Länge in der Wasserlinie 33,80 m
Breite 6,90 m
Tiefgang 2,80 m

Segelfläche: 600 qm

Besegelung: 14 Segel

Hilfsmotor: Caterpillar-Diesel, 275 PS

Besatzung: 13 Personen Stammbesatzung, 30 Passagiere

Verwendung: Charterreisen, Passagiersegelschiff

Als LANDKIRCHEN fuhr das Schiff im Frachtgeschäft zwischen Nord- und Ostsee. 1921 wurde der Schoner verlängert. In späteren Jahren begradigte man den Steven.
1981 erfolgte der Umbau in einen modernen Kreuzfahrer für Kurzreisen in der Karibik, Name nun GODEWIND. Die Unterbringung an Bord erfolgt in 12 Zweibett-Kabinen. Als Galionsfigur weist Neptun dem Schiff seinen Weg.

Bis 1988 fuhr der Segler für die Hygrapha GmbH, Hamburg. Mit dem Eignerwechsel erfolgte auch die Umbenennung in SIR FRANCIS DRAKE. Vor der neuen Indienststellung wurde der Schoner in Miami renoviert und erhielt danach die U.S. Coast Guard-Klassifizierung. Neben vier Rettungsinseln bekam er auch eine neue Galionsfigur.

Indien

Tarangini Varuna

Tarangini

Art: Bark, Stahl

Nation: Indien

Eigner: Indische Marine

Heimathafen: Cochin

Baujahr: 1995/96; Stapellauf Dezember 1995

Werft: Goa Shipyard Ltd.

Vermessung:
420 ts Deplacement; 360 BRT

Abmessungen:
Länge über alles 54,00 m
Länge Rumpf 42,80 m
Breite 8,50 m
Tiefgang 4,00 m

Segelfläche: 1035 qm

Besegelung: 18 Segel; Untersegel, einfache Mars- und Bramsegel, Royalsegel

Masten: Höhe Großmast über Deck ca. 30 m

Hilfsmotor: 2 Kirloscar Cummins-Diesel, 2x 300 PS

Besatzung: 15 Personen Stammbesatzung, 45 Trainees

Verwendung: Schulschiff unter Segeln

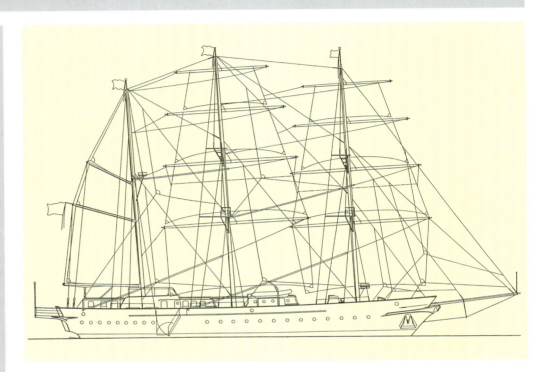

TARANGINI (»Die über die Wogen gleitet«) ist ein weiteres Schiff, das der bekannte britische Schiffskonstrukteur Colin Mudie, diesmal für die indische Marine, entworfen hat (s. auch TUNAS SAMUDERA, YOUNG ENDEAVOUR etc.). Die Ausbildungsreisen führen in erster Linie in indische Gewässer.

Varuna

Art: Brigg, Stahl

Nation: Indien

Eigner: Sea Cadet Council, Bombay, Marine

Heimathafen: Bombay

Baujahr: Stapellauf 27. August 1980; Indienststellung 20. April 1981

Werft: Mazagon Dock Ltd., Bombay

Vermessung:
100 ts Deplacement; 83 BRT; 67 NRT

Abmessungen:
Länge über alles	29,50 m
Länge Rumpf	23,10 m
Länge zwischen den Loten	17,80 m
Breite	6,00 m
Raumtiefe	3,90 m
Tiefgang	3,00 m

Segelfläche: 600 qm

Besegelung: 10 Segel, 2 Vorsegel; Fockmast: Focksegel, Marssegel, Bramsegel; Großmast: Stengestagsegel, Großsegel, Marssegel, Bramsegel, Besansegel

Masten: Höhe Großmast über Deck 22,80 m

Hilfsmotor: 2 Kirloscar Cummins-Diesel, 2x 100 PS

Besatzung: 36 Offiziere und Kadetten

Verwendung: Schulschiff unter Segeln

Das Schwesterschiff der britischen ROYALIST hat seinen Namen nach einem Meeresgott der indischen Mythologie bekommen.

»Ananta Nag«, eine Seeschlange der indischen Mythologie, auf der der Herr der Meere und Winde reitet, schmückt den Bug.

VARUNA dient sowohl der indischen Marine als auch dem Sea Cadet Corps als Ausbildungsschiff.

Indonesien

KRI Arung Samudera KRI Dewarutji

KRI Arung Samudera

ex ADVENTURE

Art: 3-Mast-Gaffelschoner, Stahl

Nation: Indonesien

Eigner: Indonesische Marine

Heimathafen: Jakarta

Baujahr: 1991

Werft: Rumpf: Auckland, Neuseeland; Ausrüstung: Tauranga

Vermessung: 96 BRT

Abmessungen:
Länge über alles 39,40 m
Länge zwischen den Loten 31,63 m
Breite 6,45 m
Tiefgang 2,60 m

Segelfläche: 434 qm

Besegelung: 9 Segel

Masten: Höhe Großmast über Deck 28,2 m; alle Masten gleich hoch

Hilfsmotor: 2 Ford-Diesel MK 2725 E, 2x 108,8 kW

Besatzung: 20 Personen einschließlich Kadetten

Verwendung: Schulschiff unter Segeln

KRI ARUNG SAMUDERA, »Ozean-Überquerer« (auch KRI ARSA), war auf neuseeländische Rechnung als schnelle Luxusyacht gebaut worden. Seit 9. Januar 1996 gehört sie offiziell zur indonesischen Marine.
Die Buchstabenkombination »KRI« steht für »Kapalperang Republik Indonesia« = Kriegsschiff der Republik Indonesien.

KRI Dewarutji

Art: Barkentine, Stahl

Nation: Indonesien

Eigner: Kriegsflotte, indonesische Marine

Heimathafen: Jakarta

Baujahr: 1953; Kiellegung 15. Oktober 1952, Stapellauf 24. Januar 1953

Werft: H. C. Stülcken & Sohn, Hamburg

Vermessung: 886 ts Deplacement

Abmessungen:
Länge über alles	58,27 m
Länge Rumpf	49,66 m
Länge zwischen den Loten	41,50 m
Breite	9,50 m
Seitenhöhe	7,04 m
Tiefgang	4,05 m

Segelfläche: 1100 qm; Fock 108 qm, Großsegel 145 qm

Besegelung: 16 Segel; 4 Vorsegel; Fockmast: Fock, Doppel-Marssegel, einfaches Bramsegel, Royal; Großmast, Besanmast: Gaffelsegel, Gaffel-Toppsegel; Großsegel ohne Baum

Masten: Alle Masten mit einer Stenge (Holz); Höhe Großmast über Deck 35 m

Hilfsmotor: 6-Zyl.-Viertakt-MAN-Dieselmotor, 600 PS; Geschwindigkeit mit Maschine 10,4 kn

Besatzung: Kapitän, 8 Offiziere, 8 Unteroffiziere, Arzt, Bootsmann, Segelmacher, 6 Matrosen, Ingenieur, Koch, 4 Stewards, 78 Kadetten

Verwendung: Schulschiff unter Segeln

Im Jahre 1932 baute die Stülckenwerft in Hamburg für die damalige jugoslawische Marine das Segelschulschiff JADRAN. Ein ähnliches Schiff wollte die indonesische Regierung für die Ausbildung ihrer Seekadetten und beauftragte deshalb diese Werft mit dem Neubau.

»Dewarutji« ist in der indonesischen Sagenwelt der Beherrscher und Beschützer der Meere. Er entspricht etwa Neptun. Die hölzerne Galionsfigur der DEWARUTJI stellt diesen Gott dar.

Die Barkentine besitzt drei Decks. Das oberste, durchgehende Manöverdeck entsteht durch die Verbindung des Poopdecks mit dem Backdeck, das das Mittschiffshaus mit einschließt. Auf dem zweiten Deck befinden sich Poop und Back. Hier wohnt die gesamte Stammbesatzung: in der Poop die Offiziere, im Mittschiffshaus die Unteroffiziere sowie das Personal. Hier ist auch die Kombüse untergebracht.

Im Zwischendeck wohnen und schlafen (Hängematten) in zwei getrennten Räumen die Kadetten. Im hinteren Zwischendeck liegen die tropenfesten Provianträume. Das ganze Schiff wurde wegen der Tropenbestimmung mit großangelegten Lüftungs- und Kühlanlagen ausgerüstet. Im Heckhaus auf der Poop sind Funkraum und Kartenhaus untergebracht. Vor diesem Haus steht das Handruder mit Doppelrad. An Steuerbord liegt ein Stockanker auf einem Schweinsrücken, an Backbord wird ein Patentanker in einer Klüse gefahren.

Die einzige Deckshilfsmaschine ist ein kombiniertes Bugspill (Hand- und elektrischer Betrieb) zur Hebung der Anker. An Beibooten besitzt DEWARUTJI 1 Motorjolle, 3 Kutter, 2 Jollen und 1 Gig (Heck).

Groß- und Besansegel können sowohl durch Heißen und Fieren der Gaffeln als auch durch Geitaue, Aus- und Einholer gesetzt und geborgen werden. Diese beiden Segel laufen mit Rutschern auf T-Schienen an Masten und Gaffeln. Die Toppsegel haben am Vorliek Rundlögel. Damit die Bootsdavits auch beim Segeln bedient werden können, fahren die Brassen der Unterrahen an 2,40 m hohe Braßgalgen. Bei Probefahrten konnte das Schiff bis $5^{1}/_{2}$ Strich an den Wind gehen. 200 t Festballast geben die nötige Stabilität.

Die Ausbildungsreisen führen vorwiegend in ostasiatische Gewässer.

Die Buchstabenkombination »KRI« steht für »Kapalperang Republik Indonesia« = Kriegsschiff der Republik Indonesien.

Irland

Asgard II

Asgard II

Art: Brigantine, Holz

Nation: Republik Irland

Eigner: Regierungseigentum (Irische Marine)

Baujahr: 1981, Indienststellung: 6. März 1981

Werft: Jack Tyrell, Arklow, U. K.

Vermessung: 120 ts Deplacement; 92,67 BRT; 50,06 NRT

Abmessungen:
Länge Rumpf 25,50 m
Länge zwischen den
Loten 21,20 m
Breite 6,40 m
Tiefgang 2,90 m

Segelfläche: 370 qm

Hilfsmotor: Kelvin Marine Diesel, 160 PS

Besatzung: 5 Personen Stammbesatzung, 20 Trainees

Verwendung: Schulschiff unter Segeln

Die erste ASGARD, benannt nach dem nordischen Göttersitz, war eine Colin Archer-Ketsch. Sie wurde 1905 gebaut, und gehörte dem englischen Schriftsteller Erskine Childers (»Das Rätsel der Sandbank«). Er setzte sich für die Sache der irischen Freiheitskämpfer ein, benutzte ASGARD 1914 zum Waffenschmuggel von Hamburg nach Irland und wurde 1922 von politischen Gegnern erschossen. Sein Sohn wurde der erste Premierminister des unabhängigen Irland.

ASGARD A DO, wie sie auf gälisch heißt, wurde ausschließlich für Schulzwecke entworfen und gebaut. Die Galionsfigur stellt Grainne Mhaol dar, eine Kriegerin des 16. Jahrhunderts aus der irisch-englischen Geschichte.

Israel

L'Amie

L'Amie

Art: 2-Mast-Gaffelschoner, Holz

Nation: Israel

Eigner: Eitan Berber; Arie Eliyahu; Azaria Bernitzki; A. B. Services, Eilat

Heimathafen: Eilat

Baujahr: 1951

Werft: A. Nilsen Skibsværft, Holbæk, Dänemark

Vermessung: 99,1 BRT

Abmessungen:
Länge über alles 26,50 m
Breite 6,60 m
Tiefgang 2,80 m

Hilfsmotor: Volvo-Diesel

Verwendung: Privatyacht

Italien

| Amerigo Vespucci | Palinuro | Puritan |
| Croce del Sud | | |

Amerigo Vespucci

Art: Vollschiff, Fregatte, Stahl

Nation: Italien

Eigner: Kriegsflotte, Marina Militare, Accademia Navale, Livorno

Heimathafen: La Spezia

Baujahr: 1930; Kiellegung 12. Mai 1930; Stapellauf 22. Februar 1931

Werft: Ehemalige Königliche Werft in Castellamare di Stabia

Vermessung: 3550/4100 ts Deplacement

Abmessungen:
Länge über alles 101,00 m
Länge über Rumpf 82,00 m
Länge zwischen den Loten 70,00 m
Breite 15,50 m
Seitenhöhe 11,30 m
Raumtiefe 6,90 m
Tiefgang (mittschiffs) 6,50 m
Segelfläche: 2100 qm

Besegelung: 23 Segel; 4 Vorsegel, Doppel-Marssegel, einfache Bramsegel, Royals

Masten, Spieren: Höhe Großmast über Deck 46,00 m; alle Masten mit Mars- und Bramstenge, Bugspriet, Klüverbaum, Außenklüverbaum, Sprietsegelrah

Hilfsmotor: 2x 950 PS Fiat-Marelli Elektro-Diesel auf eine Schraube

Besatzung: 24 Offiziere, 34 Unteroffiziere, 205 Mannschaften, 150 Kadetten, 40 Burschen der Kadetten

Verwendung: Schulschiff unter Segeln

Die italienische Kriegsmarine besaß bis zum Ende des Zweiten Weltkrieges zwei große Segel-Schulschiffe, die 1928 gebaute CRISTOFORO COLOMBO und das Schwesterschiff, die 1930 gebaute AMERIGO VESPUCCI. CRISTOFORO COLOMBO mußte nach Kriegsende an die Sowjetunion abgegeben werden. Die Schiffe entsprechen dem Typ der großen Fregatten des 19. Jahrhunderts. Dies wird besonders unterstrichen durch den sehr hohen Freibord, die Heckgalerie und die gemalten weißen Pfortenbänder. Die Idee für den Bau dieser außergewöhnlichen Schiffe stammte von dem Oberleutnant des Marine-Ingenieurkorps, Francesco Rotundi.

AMERIGO VESPUCCI gehört zur »Accademia Navale« in Livorno. Im Hof dieser Schule stehen zwei voll getakelte Masten mit Bugspriet und entsprechendem Vorgeschirr.

Über einem ebenerdigen »Hauptdeck« erheben sich die Masten in fast natürlicher Höhe. Hier üben die Jungen, durch große, ausgespannte Netze gesichert, bevor sie auf das Schulschiff überwechseln.

Seit ihrer Indienststellung ist AMERIGO VESPUCCI immer für die Ausbildung der Offiziersanwärter der Marineakademie verwendet worden.

Die »Fregatten«-Form entstand dadurch, daß bei einer limitierten Höchstgröße eine maximale Besatzungszahl erreicht werden sollte. Drei durchlaufende Decks liegen über der Wasserlinie. Die Aufbauten, in denen neben anderen Einrichtungen die zahlreichen Navigationsinstrumente untergebracht sind, überragen den Schiffskörper erheblich. Alle Belegstellen an Bord sind durch kleine Messingtafeln namentlich gekennzeichnet. Das auswendige Kennenlernen der einzelnen Leinen und Tampen ist hier für die Gesamtausbildung nicht wesentlich.

Reich geschnitztes, vergoldetes Rankenwerk ziert das Schiff an Bug und Heck. Die Heckgalerie ist nur vom Kommandanten-Salon aus zugängig. Das Dekor und die vornehme Ausstattung der Repräsentations-Räume lassen fast vergessen, daß man sich auf einem Segel-Schulschiff befindet. Eine Vollfigur Amerigo Vespuccis schmückt als Galionsfigur den Bug.

Der Florentiner Amerigo Vespucci unternahm von 1497 bis 1504 vier Entdeckungsreisen nach Südamerika. Seine genauen Beschreibungen der entdeckten Länder, die in ganz Europa verbreitet wurden, machten ihn so bekannt, daß er damals für den eigentlichen Entdecker Amerikas angesehen wurde. Der deutsche, in Radolfzell geborene Kartograph Martin Waldseemüller, benannte 1507 nach Vespuccis Vornamen die neuen Länder »Amerika«.

Das Schwesterschiff der AMERIGO VESPUCCI, die CRISTOFORO COLOMBO, bekam unter sowjetischer Flagge den Namen DUNAY. Sie wurde 1962 aufgelegt und 1971 aus der Marineliste gestrichen. 1972 wurde das Schiff in Odessa abgewrackt.

Croce del Sud

Art: 3-Mast-Gaffelschoner, Stahl

Nation: Italien

Eigner: M. Vela, Italien

Baujahr: 1931

Werft: Martinoli, Lussinpiccolo, Italien (heute Mali Lošinj, Lošinj/Kroatien)

Vermessung: 220 ts Deplacement; 175 BRT

Abmessungen:
Länge über alles	37,70 m
Länge Rumpf	34,90 m
Länge in der Wasserlinie	27,80 m
Breite	7,20 m
Tiefgang	5,00 m

Segelfläche: 436 qm
Besegelung: Besanmast: Bermudasegel

Hilfsmotor: 2x 240 PS Volvo Penta-Diesel

Besatzung: 9 Personen Stammbesatzung

Verwendung: Privatyacht

Palinuro

ex JEAN MARC ALINE
ex COMMANDANT LOUIS RICHARD

Art: Barkentine, Stahl (»Brigantino-Goletta«)

Nation: Italien

Eigner: Kriegsflotte, Marineschule in La Maddalena auf der Insel Maddalena (Sardinien)

Heimathafen: La Maddalena

Baujahr: 1934

Werft: Anciens Chantiers Dubigeon, Nantes

Vermessung: 858 BRT; 1041/1341 ts Deplacement

Abmessungen:
Länge über alles	68,95 m
Länge zwischen den Loten	50,00 m
Breite	10,09 m
Seitenhöhe	5,70 m
Tiefgang (voll ausgerüstet)	
vorn	3,78 m
achtern	4,84 m

Segelfläche: 898,80 qm

Besegelung: 14 Segel; 3 Vorsegel; Fockmast: Doppel-Marssegel, einfaches Bramsegel; Groß-, Besanmast: Gaffelsegel, Gaffel-Toppsegel

Masten: Alle Masten sind Pfahlmasten; Höhe Fockmast 35,00 m; Großmast 34,50 m; Besanmast 30,00 m

Hilfsmotor: Fiat-Diesel, 450 PS

Besatzung: 5 Offiziere, 12 Unteroffiziere, 44 Mannschaften, etwa 50 Jungen

Verwendung: Schulschiff unter Segeln

In Nantes gebaut, fuhr die Barkentine unter französischer Flagge mit den Namen JEAN MARC ALINE und COMMANDANT LOUIS RICHARD.
Wegen der guten nautischen und technischen Eigenschaften kaufte 1951 die italienische Marine das Schiff. In den Jahren 1954 bis 1955 wurde es für die zukünftige Verwendung als Schulschiff umgebaut und modernisiert.
Am 1. Juli 1955 folgte die Indienststellung unter dem neuen Namen PALINURO. (Palinuro war der Steuermann Äneas', als dieser nach Italien

segelte.) In erster Linie werden auf dem Schiff Steuermannsschüler ausgebildet, daneben noch angehendes Personal der Hafenverwaltungen (portuali). Die Poop reicht bis vor den Großmast. Den Rumpf zieren Bug- und Heckornamente sowie eine Galionsfigur. Das weiße Pfortenband verläuft nach englischer Manier unterhalb der Deckslinie. Die Ausbildungsreisen führen meist ins Mittelmeer.

In den frühen 80er Jahren war die Rede davon, sie durch einen Neubau zu ersetzen. Doch der Preisunterschied zwischen Generalüberholung und Neubau entschied zugunsten der PALINURO. Von 1984 bis '86 wurde sie in Messina grundüberholt und anschließend wieder in Dienst gestellt.

Puritan

PURITAN wurde als Luxus- und Rennyacht gebaut. 1979 erfolgte bei der Werft Camper & Nicholsons, Hampshire, eine Grundüberholung. Yachten dieser Art hatten bei Regatten bis zu vierzig Mann an Bord. Das Schiff wurde von dem amerikanischen Yachtbauer John G. Alden konstruiert.

Art: 2-Mast-Gaffelschoner, Stahl

Nation: Italien

Eigner: Arturo Feruzzi

Heimathafen: keine Angaben

Baujahr: 1926

Werft: Electric Boat Co., Groton, CT, USA

Vermessung: 111,44 BRT

Abmessungen:
Länge über alles	38,00 m
Länge Rumpf	31,30 m
Breite	6,90 m
Tiefgang	2,70 m

Segelfläche: 399 qm

Hilfsmotor: General Motors-Diesel, 240 PS

Besatzung: 12 Personen Stammbesatzung

Verwendung: Privatyacht

Japan

Akogare
Belle Blonde
De Liefde
Kaisei
Kaiwo Maru II
Kanko Maru

Kanrin Maru
Meiji Maru
Nippon Maru I
und Kaiwo
Maru I
Nippon Maru II

Prins Willem
Sant Juan Bautista
Unyo Maru

Akogare

Art: 3-Mast-Toppsegelschoner, Stahl

Nation: Japan

Eigner: Stadt Osaka (Sail Osaka)

Heimathafen: Osaka

Baujahr: Stapellauf 24. November 1992; Indienststellung 31. März 1993
Werft: Sumitomo Heavy Industries Ltd., Osaka

Vermessung: 108 ts Deplacement; 362 BRT; 108 NRT

Abmessungen:
Länge über alles 52,16 m
Länge zwischen den Loten 36,00 m
Breite 8,60 m
Seitenhöhe 5,90 m
Tiefgang 3,90 m

Segelfläche: 824 qm

Besegelung: 14 Segel; 3 Rahsegel, 11 Schratsegel

Masten: Höhe Großmast über Deck 30 m

Hilfsmotor: Dieselmotor, 320 PS

Besatzung: 13 Personen Stammbesatzung, 40 Trainees (Passagiere)

Verwendung: Schulschiff unter Segeln

Es ist etwas Besonderes, daß eine Stadt, in diesem Fall Osaka, ein Segelschulschiff baut und es auch unterhält. Der lang gehegte Wunsch in der Einwohnerschaft, ein solches Schiff zu besitzen, drückt sich auch im Schiffsnamen aus: AKOGARE = »Sehnsucht, Verlangen«. Der Segler steht allen Bevölkerungskreisen offen.

Modernste Navigationseinrichtungen gewährleisten eine hohe Sicherheit. Die Galionsfigur stellt den legendären Helden Yamato Takeru dar, dessen Seele sich der Legende nach in einen weißen Vogel verwandelte und nach Osaka flog.

Belle Blonde

ex LV 88

Art: Brigantine, Eisen

Nation: Japan

Eigner: Hokuku Kosan Kabushiki Kaisha, Tokio, Japan

Heimathafen: Tokio

Baujahr: 1906

Werft: New York Shipbuilding Co., Camden, New Jersey, USA

Vermessung: 478 BRT; 276 NRT

Abmessungen:
Länge über alles 50,10 m
Länge Rumpf 41,10 m
Länge in der Wasserlinie 39,30 m
Breite 9,10 m
Tiefgang 4,20 m

Segelfläche: 1300 qm

Hilfsmotor: 1x Washington-Diesel, 350 PS

Besatzung: 12 Personen Stammbesatzung

Verwendung: Charterschiff, Firmenschiff

BELLE BLONDE wurde als Feuerschiff Nr. 88 mit Stagsegeltakelung für die United States Coast Guard gebaut. Eine Dampfmaschine unterstützte die Segelwirkung. Ihr Hauptarbeitsgebiet war Astoria in Oregon. 1962 wurde sie dem Columbia River Maritime Museum in Astoria übergeben. 1982 erwarb sie Kapt. Claude Lacerte aus Kanada und ließ sie zur Brigantine umbauen.

Im März 1988 wurde BELLE BLONDE an eine japanische Gesellschaft für Bauprojekte und Vermögensverwaltung verkauft. Sie wird als Werbemittel eingesetzt.

De Liefde

Art: Nachbau eines holländischen Handelsfahrers des 17. Jahrhunderts, Stahl – Holz

Nation: Japan

Eigner: Nagasaki Holland Village Corporation
Liegeplatz: Oranda Mura bei Nagasaki

Baujahr: 1992

Werft: Merwede-Werft, Rivierdijk, Niederlande

Abmessungen:
Länge über alles 39,00 m
Länge zwischen den Loten 25,80 m
Breite 7,75 m
Raumtiefe 5,00 m
Tiefgang 2,50 m

Besegelung: 6 Segel, Blinde

Verwendung: Stationäres Museumsschiff

DE LIEFDE (»Die Liebe«) ist der Nachbau des ersten niederländischen Handelsschiffes, das im Jahre 1600 nach Japan segelte, um dort Handelsbeziehungen aufzunehmen. Der Rumpf ist aus Stahl und mit Holz beplankt. Erasmus von Rotterdam ziert die lang ausgezogene Galion. Noch heute wird die Originalgalionsfigur in Japan gezeigt. Das Schiff gehört zu den zentralen Ausstellungsstücken im holländischen Dorf bei Nagasaki und wird nicht gesegelt.

Kaisei

ex Zew	Breite	7,56 m
	Seitenhöhe	5,34 m
Art: Brigantine, Stahl	Tiefgang	3,80 m
Nation: Japan	Segelfläche: 780 qm	
Eigner: Kaoru Ogimi, Shogakukan Inc., Yasunori Kobayashi	Besegelung: 15 Segel	
Heimathafen: Miura, Präfektur Kanagawa	Masten: Höhe Großmast über Deck 28,4 m	
Baujahr: 1990; Stapellauf Mai 1989	Hilfsmotor: Schiffsdiesel, 200 PS	
Werft: Interster S. A., Gdansk	Besatzung: 9 Personen Stammbesatzung, dazu 4 freiwillige Trainees, 32 Trainees, 50 Passagiere bei kurzen Tagesfahrten	
Vermessung: 180 BRT; 54 NRT		
Abmessungen:		
Länge über alles 46,00 m	Verwendung: Schulschiff unter Segeln	
Länge Rumpf 35,50 m		
Länge zwischen den Loten 31,00 m		

Die Brigantine war als Toppsegelschoner Zew für die polnische »Sail Training Association« gebaut worden. Der jetzige Name bedeutet »Planet des Ozeans«. Bereits 1991 ging das Schiff in japanische Hände über. Es ist der erste japanische Segler, der über eine private Stiftung für die japanische »Sail Training Association« fährt.

In Gdansk, Polen, und später in Weymouth, England, erfolgte der Umbau und die Neutakelung zur Brigantine.

Die dabei eingesetzten internationalen Arbeitskräfte, und weil bis zur Ankunft in Japan die Trainees immer wieder international ausgetauscht wurden, waren der Grund dafür, daß bei der Kolumbus-Regatta 1992 Kaisei als einziges Schiff die Flagge der Vereinten Nationen führen durfte. Diese Überführung dauerte sechzehn Monate, wobei zahlreiche Häfen angelaufen wurden. Das Schiff steht allen über Sechzehnjährigen zur Verfügung.

Kaiwo Maru II

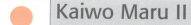

Art: Viermastbark, Stahl

Nation: Japan

Eigner: The Training Ship Education, Support Association, Institute for Sea Training, Tokio

Heimathafen: Tokio

Baujahr: Stapellauf 7. 3. 1989, Indienststellung 16. 9. 1989

Werft: Uraga Dockyard, Sumitomo Heavy Industries Ltd.

Vermessung: 4654,7 ts Deplacement; 2879 BRT; 863 NRT

Abmessungen:
Länge über alles	110,10 m
Länge in der Wasserlinie	86,00 m
Breite	13,80 m
Seitenhöhe	10,70 m
Tiefgang	6,60 m

Segelfläche: 2760 qm

Besegelung: 36 Segel; Doppel-Marssegel, Doppel-Bramsegel, Royal; Besanmast: Unterbesan, Oberbesan, Besan-Toppsegel

Masten: Höhe Großmast über Deck 44,05 m

Hilfsmotor: Diesel, 2x 1500 PS

Besatzung: 69 Personen Stammbesatzung, 130 Kadetten

Verwendung: Schulschiff unter Segeln

Auch die KAIWO MARU II fährt im Gegensatz zu ihrer Vorgängerin eine Galionsfigur. Sie heißt »Konjo« und ist die jüngere Schwester der »Ranjo«, die den Bug der NIPPON MARU II ziert. Sie symbolisiert die Unschuld in klassischer Würde.

Kanko Maru

Die Vorgängerin, nach der die heutige KANKO MARU (Kanko = »Man sieht das Licht«) gebaut wurde, hieß anfangs SOEMBING (Soembing = Berg auf Java). Sie war, mit sechs Kanonen ausgerüstet, ein seit 1875 mit dampfgetriebenen Schaufelrädern angetriebenes Segelschiff der niederländischen Marine und 1850 in Holland gebaut worden. 1855 schenkte König Wilhelm III. Japan das Schiff.

KANKO MARU, wie es jetzt hieß, wurde Schulschiff der Marineschule in Nagasaki. Es war das erste Schulschiff der sich entwickelnden japanischen Marine und damit auch das erste Kriegsschiff Japans. 1868 ging es in den Besitz des Staates über und wurde erst 1876 abgewrackt.

Die auffallend große Breite der heutigen KANKO MARU kommt daher, weil auch bei diesem Nachbau die Radkästen für die ehemaligen Schaufelräder angebracht sind. Eine barbusige Meerjungfrau schmückt als Galionsfigur den Bug.

Art: 3-Mast-Toppsegelschoner, Stahl (Jackass-Bark/Polka-Bark)	Werft: Verolme-Werft, Niederlande	Breite 14,50 m Raumtiefe 3,50 m Seitenhöhe 5,80 m	Masten: Höhe Großmast über Deck 29,0 m
Nation: Japan	Vermessung: 781 ts Deplacement; 353 BRT	Tiefgang 4,20 m	Hilfsmotor: Dieselmotor, 2x 340 PS
Eigner: Industrial Bank of Japan Leasing Co., Ltd.	Abmessungen: Länge über alles 65,80 m	Segelfläche: 650 qm	Besatzung: 14 Personen Stammbesatzung, 300 Gäste bei Tagesfahrten
Heimathafen: Tokio	Länge Rumpf 49,00 m Länge zwischen den	Besegelung: 12 Segel; Fock- und Großmast neben Untersegel, Mars- und Bramsegel	
Baujahr: 1988	Loten 45,00 m		Verwendung: Gästeschiff

Kanrin Maru

Die Entwicklung der japanischen Marine stand in den fünfziger und sechziger Jahren des 19. Jahrhunderts weitgehend unter niederländischem Einfluß. 1856 ließen die Japaner auf einer niederländischen Werft ein Segelkriegsschiff bauen, das den Namen JAPAN erhielt. Das Schiff umrundete bei seiner Überführung das Kap der Guten Hoffnung und erreichte im September 1857 Nagasaki. Dort bekam es den Namen KANRIN MARU (»Kanrin« = etwa »Der Kaiser und seine Umgebung garantieren den Frieden«). Auf den Schiffen KANKO MARU und KANRIN MARU wurde in erster Linie in Holländisch unterrichtet, weil die Ausbilder Niederländer waren.

Erst 1867 endete mit der Meiji-Restauration die Macht der Shogune, und der Tenno konnte nach jahrhundertelangem Schattendasein wieder in seine angestammten Rechte eingesetzt werden. Noch 1868 gelang es der einflußreichen Militärherrscherfamilie Tokugawa, die KANRIN MARU aufzubringen. Bei dem Überfall wurde die gesamte Besatzung getötet.

Das Schiff war 1866 aus dem Militärdienst entlassen worden und diente bis 1867 als

Segelschulschiff. Bis 1870 war der Segler als Frachtschiff beschäftigt, als es in einem Taifun verlorenging.
Die heutige KANRIN MARU wurde nach Originalplänen nachgebaut, die in Amsterdam aufbewahrt werden. Grundidee für den Bau der jetzigen Schiffe KANKO MARU und KANRIN MARU war das Motto »Begegnung zwischen Menschen und Meer«.

Art: 3-Mast-Toppsegelschoner, Stahl (Jackass-Bark/Polka-Bark)

Nation: Japan

Eigner: Industrial Bank of Japan Leasing Co., Ltd.

Heimathafen: Yokohama

Baujahr: 1989/90; Stapellauf Dezember 1989

Werft: Merwede-Werft, Holland

Vermessung: 1050 ts Deplacement; 539 BRT; 238 NRT

Abmessungen:
Länge über alles 65,84 m
Länge Rumpf 52,35 m
Länge zwischen den Loten 47,35 m
Breite 10,50 m
Raumtiefe 4,00 m
Seitenhöhe 6,82 m
Tiefgang 4,50 m

Segelfläche: 1295 qm

Besegelung: 13 Segel; Fock- und Großmast neben Untersegeln, Mars- und Bramsegel

Masten: Höhe Großmast über Deck 29,7 m

Hilfsmotor: Schiffsdiesel, 2x 476 PS

Besatzung: 21 Personen Stammbesatzung, 290 Gäste bei Tagesfahrten, 35 Gäste bei längeren Reisen

Verwendung: Firmen-Gästeschiff

Meiji Maru

Art: Vollschiff, Eisen

Nation: Japan

Eigner: Akademie der Handelsmarine, Tokio

Liegeplatz: Trockendock auf dem Akademiegelände, Tokio

Baujahr: 1874

Werft: Robert Napier, Glasgow, England

Vermessung: 1038 BRT; 457 NRT

Abmessungen:
Länge über alles 86,60 m
Länge Rumpf 76,00 m
Länge zwischen den Loten 73,00 m
Breite 8,50 m
Seitenhöhe 7,60 m

Besegelung: 26 Segel (Vollschiff); Doppel-Marssegel, einfache Bramsegel, Royals

Masten, Spieren: Höhe Großmast über Deck 31 m; Bugspriet mit Klüverbaum

Hilfsmotor: Kolben-Dampfmaschine, 1530 PS

Verwendung: Museumsschiff

Im März 1873 erteilte die japanische Regierung der Werft R. Napier in Glasgow den Auftrag zum Bau eines schonergetakelten, dampfgetriebenen Leuchtturm-Tenders. Meiji (= »Erleuchtete Regierung«) war der Wahlspruch Kaiser Mutsuhitos (1867 bis 1912). Unter seiner Regierung wurde Japan zur Großmacht.
Der Kaiser benützte die MEIJI MARU zweimal für Reisen. Im März 1875 fuhr er auf ihr von Yokosuka nach Yokohama, nachdem er in Yokosuka an der Taufe eines Kriegsschiffes teilgenommen hatte. Im Juli 1876 kehrte er an Bord des Schiffes von einer Inspektionsreise im Norden Japans nach Yokohama zurück. Bis November 1897 unterstand MEIJI MARU der japanischen Leuchtturm-Verwaltung. Dann wurde sie der Marine-Akademie von Tokio übergeben, der Vorgängerin der jetzigen Akademie der Handelsmarine. Es folgten Umbau und Neutakelung in ein Vollschiff. Danach lag der Segler als stationäres Schulschiff der Akademie im Hafen von Tokio. Im August 1927 wurden Maschinen und Kessel herausgenommen. Die Amerikaner beschlagnahmten das Schiff im September 1945 und benützten es als Kantine für ihre Truppen. Die Rückgabe an die Akademie fand 1951 statt.
Kennzeichnend für den Segler sind das durchgehende Glattdeck mit ganz geringem Sprung und die umlaufende offene Reling.
Im März 1964 wurde MEIJI MARU überholt und an ihren jetzigen Liegeplatz gebracht. Es bestehen Pläne, das Schiff in Zukunft als Museum auszubauen.

Nippon Maru I und Kaiwo Maru I

Art: Viermastbark, Stahl

Nation: Japan

Eigner: Handelsflotte, Unyusho (Verkehrsministerium); Betreuung: Kokai-Kunrensho/Tokio (»Institut für seemännische Ausbildung«)

Heimathafen: Tokio

Baujahr: 1930; Stapellauf 27. Januar 1930

Werft: Kawasaki-Werft, Kobe-Hondo

Vermessung: 4343 ts Deplacement; 2285,77 BRT; 743,53 NRT

Abmessungen:
Länge über alles	97,00 m
Länge Rumpf	93,50 m
Länge zwischen den Loten	79,25 m
Breite	12,95 m
Seitenhöhe	7,85 m
Raumtiefe	5,39 m
Tiefgang	6,90 m

Segelfläche: 2397 qm

Besegelung: 32 Segel; 3 Vorsegel, Doppel-Marssegel, Doppel-Bramsegel, Royals; Besanmast: Besan, Besan-Toppsegel

Masten: Höhe Großmast über Deck 44,26 m; Vor-, Groß und Kreuzmast mit einer Stenge; Besanmast einteilig

Hilfsmotor: Zwei 6-Zyl.-Dieselmotoren, je 600 PS

Besatzung: 27 Offiziere, 48 Mannschaften, 120 Kadetten

Verwendung: Schulschiff unter Segeln (jetzt stationär)

Japan ist auf Grund seiner geographischen Lage und Gliederung weitgehend auf den Seehandel angewiesen. Auch der innerstaatliche Handelsverkehr wickelt sich zum großen Teil auf dem Seeweg ab. Um den wachsenden Bedarf an seemännischem Nachwuchs für den zunehmenden Schiffsraum zu sichern, wurden 1930 die beiden Schwesterschiffe NIPPON MARU I und KAIWO MARU I gebaut. Auf ihnen wurden und werden angehende Offiziere der Handelsmarine ausgebildet. Die Jungen erhalten eine dreijährige Vorausbildung auf verschiedenen Seemannsschulen des Landes. Daran schließt sich eine einjährige Fahrenszeit auf einem der großen Segler an. Nach einem weiteren Jahr auf Motor-Schulschiffen können die Kadetten das zweite Steuermannspatent erwerben.

Vor dem Zweiten Weltkrieg kam auf den Seglern zur allgemeinen Ausbildung in Seemannschaft, Navigation und Meteorologie noch militärischer Unterricht an Geschützen und Torpedorohren dazu. Die jungen Offiziere konnten dann im Bedarfsfall in die Marinereserve übernommen werden.

Fast alle japanischen Schiffe der Handelsflotte führen im Namen die Zusatzbezeichnung »Maru«. Sie gilt schlechthin als Kennzeichnung eines Handelsschiffes. »Kaiwo« ist im japanischen Sagenkreis der »König der Meere«.

Die Segler wurden für die Aufnahme einer großen Zahl von Jungen entworfen, und zwar mit dem Bestreben, sämtliche Aufenthalts- und Unterrichtsräume mit Tageslicht zu versorgen. Deshalb ist der Rumpf auffallend hochbordig. Mit dem Schornstein zwischen Groß- und Kreuzmast erinnert er an gutgeschnittene Passagierschiffe.

Ein 65 m langes Sturm- oder Awningsdeck erstreckt sich vom Heck bis zwischen Vor- und Großmast. Die kurze Back dient praktisch nur zur Handhabung des Ankergeschirrs. Zwischen Back und Sturmdeck bleibt lediglich ein sehr kurzes Stück des Hauptdecks frei. Zwischen Vor- und Großmast befindet sich auf dem Sturmdeck eine Navigationsbrücke mit Brückennocken. Auf der Brücke steht offen ein Steuerrad, darunter im Ruderhaus ein zweites. Daneben werden hier auch die Sextanten der Kadetten aufbewahrt.

Hinter dem Kreuzmast steht ein großes Deckshaus, in dem sich weitere Navigationsräume befinden. Das große Doppelrad für die Handsteuerung ist hinter dem Besanmast angebracht. Trotz der zahlreichen Besatzung schlafen alle Kadetten in Kabinen zu acht Kojen. An Bord sind weder Brass- noch Fallwinden. Auch die schweren Arbeiten bei Segelmanövern werden nur mit Hilfe der sechs Gangspills ausgeführt. Eine Dampfkesselanlage liefert die Energie für Winschen, Ankerspill und für die dampfbetriebene Rudermaschine. Sechs Rettungsboote sind in Davits aufgehängt, dazu kommen ein Motorkutter und eine Gig, die auf dem Sturmdeck gelascht sind.

Die gesamte Takelage wurde bei der Erbauung von der Firma Ramage & Ferguson aus Leith geliefert. Sie entspricht der kleineren Statur des Japaners. Deshalb wirkt auch die Segelfläche im Verhältnis zur Schiffsgröße für europäische Begriffe etwas klein. Um dem hochbordigen Rumpf die notwendige Stabilität zu geben, wurden 640 t Kupfer sowie 130 t Eisenbeton als Festballast verstaut. Dazu kommen fünf Ballastwassertanks im Doppelboden. Vor dem Zweiten Weltkrieg machten beide Segler regelmäßig Reisen, meist in pazifische Gewässer.

Bei Kriegsbeginn wurden alle Rahen abgenommen. Die Barken waren nun reine Motorschiffe mit stehenden Masten. Der Schulbetrieb wurde in heimatlichen Gewässern weitergeführt. Nach dem Krieg dienten die Schiffe zur Rückführung japanischer Truppen und Zivilpersonen in ihre Heimat. Beide wurden im Laufe der Nachkriegsjahre neu getakelt und wieder in Fahrt gesetzt, die NIPPON MARU 1952 und die KAIWO MARU 1955. Im Jahre 1954 besuchte NIPPON MARU zum ersten Mal wieder die USA. 1960 vertrat sie ihr Land in New York, wo das 100jährige Jubiläum des ersten Besuches einer japanischen Mission in dieser Stadt gefeiert wurde. Die Ausbildungsreisen beginnen heute gewöhnlich im Mai und führen nach Hawaii und an die Westküste der USA. Dabei fahren die Schiffe fast immer getrennt.

Eine Vorgängerin der beiden Viermaster NIPPON MARU und KAIWO MARU war die Viermastbark TAISEI MARU, die 1904 gebaut worden war. Sie lief 1945 nach Kriegsende im inneren Hafen von Kobe auf eine Grundmine und ging total verloren. Das Motorschiff OTARU MARU, das heute der Kokai Kunrensho (Institut für seemännische Ausbildung) als Schulschiff dient, führt ihren Namen weiter. 1924 wurde als Segelschulschiff die Viermastbarkentine SHINTOKU MARU gebaut. 1943 fing sie nach Fliegerangriffen Feuer und ging in einem kleinen Hafen bei Kobe auf Grund. Nach dem Krieg wurde sie gehoben und tat als Schulschiff Dienst bis 1962. Die Regierung plant, sie als Museumsschiff weiterhin zu erhalten. Ein Motor-Schulschiff des Institutes, das 1964 bei der »Operation Sail« in New York teilnahm, trägt jetzt ihren Namen. Insgesamt verfügt die Kokai Kunrensho über sechs große Schulschiffe, davon zwei Segelschiffe.

Mit dem Bau der Schiffe NIPPON MARU II und KAIWO MARU II hat sich der Schulbetrieb auf diese Neubauten verlagert. Am System hat sich nichts verändert.

Nippon Maru II

Im September 1984 wurde die 1930 gebaute NIPPON MARU I aus dem aktiven Schuldienst entlassen. Sie wird ersetzt durch eine größere Viermastbark mit gleichem Namen.

Durch den stark gestiegenen japanischen Lebensstandard nach dem Zweiten Weltkrieg sind die jungen Japaner erheblich größer als ihre Altersgenossen der 30er Jahre. Das hat zur Folge, daß sich die Dimensionen der Takelage bei der neuen Bark dieser Entwicklung anpassen müssen.

Im Gegensatz zur Vorgängerin fährt NIPPON MARU II eine Galionsfigur. Sie trägt den Namen »Ranjo«. Ihre Eleganz, Sanftheit und Würde symbolisieren die japanische Frau. Literarisch steht der Name auch für das Blau der

Tiefsee. Aus allen Teilen Japans kamen Vorschläge für die Gestaltung dieser Figur. Das Gleiche gilt auch für die Galionsfigur der KAIWO MARU II.

»Maru« als Anhängsel an die meisten japanischen Handelsschiffsnamen bedeutet soviel wie »streben« bzw. »sich bemühen«.

Das Wetterdeck trägt drei Decksaufbauten. Der vorderste wird von der Kommandobrücke überragt. Der zweite Ruderstand auf dem Achterschiff wird unter Segeln besetzt. Das Oberdeck enthält die Offiziersquartiere, die Kombüse, einen großen Ausbildungsraum und einige Mannschaftsunterkünfte. Das Unterdeck beherbergt die Kadettenquartiere – hauptsächlich Achtbettkabinen sowie Unterkünfte für weibliche Kadetten, die Messe und weitere Mannschaftsunterkünfte. Das Zwischendeck wird von einem weiteren Ausbildungsraum, dem Maschinenraum, Tanks und Laderäumen ausgefüllt.

NIPPON MARU I liegt in Yokohama als Museumsschiff.

Art: Viermastbark, Stahl	Abmessungen:
Nation: Japan	Länge über alles 110,10 m
	Länge in der Wasserlinie 86,00 m
Eigner: Ministry of Transport, Institute for Sea Training, Tokio	Breite 13,80 m
	Seitenhöhe 10,70 m
Heimathafen: Tokio	Tiefgang 6,50 m
Baujahr: Stapellauf 15. 2. 1984, Indienststellung 16. 9. 1984	Segelfläche: 2760 qm Besegelung: 36 Segel; Doppel-Marssegel, Doppel-Bramsegel, Royal; Besanmast: Unterbesan, Oberbesan, Besan-Toppsegel
Werft: Uraga Dockyard, Sumitomo Heavy Industries Ltd.	
Vermessung: 4729,9 ts Deplacement; 2891 BRT; 867 NRT	Masten: Höhe Großmast über Deck 44,05 m
	Hilfsmotor: Diesel, 2x 1500 PS
	Besatzung: 70 Personen Stammbesatzung, 120 Kadetten
	Verwendung: Schulschiff unter Segeln

Prins Willem

Vorbild für den jetzigen Nachbau war der Ostindienfahrer PRINS WILLEM, der für die »Verenigde Oost-Indische Compagnie« (V. O. C.) von 1649 bis 1651 in Middelburg gebaut worden war. Dieses Schiff brachte die ersten holländischen Siedler auf die japanische Insel Hirado, die dort Handel treiben durften. Mit vierzig Kanonen bestückt, gehörte es 1652 zur holländischen Kriegsflotte. Nach Beschädigungen im Kampf gegen die Engländer wurde PRINS WILLEM 1653 der Kompanie zurückgegeben. Ohne auf ihre Kanonen zu verzichten, machte sie zwischen 1653 und 1660 mehrere Reisen nach Batavia. Auf der Fahrt von Batavia nach Holland, die am 23. Dezember 1661 begann, ist sie bei der Insel Brandon gesunken.

Zur Erinnerung an die frühen Handelsbeziehungen zwischen den Niederlanden und Japan wurde der Nachbau angefertigt. Im »Nagasaki Holland Village«, das 1983 eröffnet worden war, werden neben dem imposanten Schiff auch Nachbauten niederländischer Häuser und eine Windmühle gezeigt.

Der Rumpf des Nachbaus besteht wegen der größeren Haltbarkeit aus Stahl. Der Überwasserbereich wurde mit hölzernen Planken bekleidet. Höchst eindrucksvoll sind das Geschützdeck und die zahlreichen Schnitzereien an Bord, vor allem aber das barocke Heck mit seinen Skulpturen und Gemälden. Der Transport nach Japan erfolgte mit dem absenkbaren Schwertransporter HAPPY MAMMOTH. Nach sechswöchiger Reise erreichte PRINS WILLEM im Huckepack Mitte August 1985 seinen endgültigen Liegeplatz.

Art: Nachbau eines holländischen Handelsfahrers des 17. Jahrhunderts, Stahl – Holz

Nation: Japan

Eigner: Nagasaki Holland Village Corporation

Liegeplatz: Oranda Mura bei Nagasaki

Baujahr: 1985; Stapellauf Juli 1985

Werft: AMELS B. V., Makkum, Niederlande. Unterstützt durch 21 Zulieferfirmen (Rigg, Holzornamente, Kanonen etc.)

Vermessung: 1000 ts Deplacement

Abmessungen:
Länge über alles	68,00 m
Länge in der Wasserlinie	51,25 m
Breite	14,32 m
Seitenhöhe	5,90 m
Höhe Poopdeck über Kiel	20,50 m
Tiefgang	3,70 m

Masten: Höhe Großmast über Kiel 54,00 m; Bugspriet mit Blinderah, Bugsprietstenge und Oberblinderah

Hilfsmotor: Kein Hilfsmotor

Verwendung: Stationäres Museumsschiff

San Juan Bautista

Art: Nachbau einer Galeone des 17. Jahrhunderts, Holz

Nation: Japan

Eigner: Keicho Diplomatic Mission Ship Association

Heimathafen: Ishinomaki City, Präfektur Miyagi, Japan

Baujahr: Kiellegung 17. April 1992, Stapellauf 22. Mai 1993

Werft: KK. Murakami zosensho (Rumpf), KK. Yaminishi (Takelage)

Vermessung: 665 ts Deplacement; 387 BRT

Abmessungen:
Länge über alles	55,35 m
Länge Rumpf	47,10 m
Längen zwischen den Loten	34,28 m
Breite	10,91 m
Raumtiefe	5,00 m
Seitenhöhe	4,55 m
Tiefgang	3,55 m

Segelfläche: 1059 qm

Besegelung: 6 Segel, Bugspriet mit Blinde

Masten: Höhe Großmast über Kiel 48,12 m; Höhe Großmast über Deck 41,17 m

Hilfsmotor: Kein Hilfsmotor

Besatzung: heute 6 Personen Stammbesatzung, 144 Gäste

Verwendung: Museums- und Repräsentationsschiff unter Segeln

1613 wurde das Original der Galeone, auch SAINT JOHN THE BAPTIST genannt, nach westlichem Vorbild in Sendai, Japan, gebaut. Eine wichtige Aufgabe hatte das bewaffnete Schiff auch als Schutz gegen die Shogune und rivalisierende Protestanten.

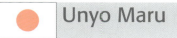

Unyo Maru

Art: Bark, Stahl

Nation: Japan

Eigner: Universität für Fischerei-Wissenschaften, Tokio

Liegeplatz: Universitätsgelände, Tokio

Baujahr: 1909; Stapellauf 2. Februar 1909

Werft: Osaka Iron Factory Co Ltd., Osaka

Vermessung: 448,25 BRT; 197,46 NRT

Abmessungen:
Länge Rumpf 45,90 m
Länge zwischen den Loten 41,00 m
Breite 8,10 m
Seitenhöhe 5,00 m
Raumtiefe 4,50 m
Tiefgang 3,60 m

Segelfläche: 540 qm

Besegelung: 21 Segel; Doppel-Marssegel, einfache Bramsegel, Royals

Besatzung: 25 Personen Stammbesatzung, 15 bis 30 Jungen

Verwendung: Museumsschiff

Diese dampfgetriebene kleine Bark war als Segelschulschiff gebaut worden und unterstand dem Ministerium für Landwirtschaft und Forsten. Nach ihrer Entlassung aus dem Schuldienst unter Segeln lag sie vor dem Zweiten Weltkrieg lange Jahre zusammen mit der MEIJI MARU als stationäres Schiff in Tokio.

»Unyo« bedeutet »Große Wolke« oder »Habicht«. »Maru« ist eine Zusatzbezeichnung fast aller japanischen Handelsschiffe (siehe NIPPON MARU II).

Das Schiff liegt heute als Museumsschiff beim Gelände der Universität für Fischerei-Wissenschaften in Tokio.

Kanada

Bluenose II	Pathfinder	St. Lawrence II
Hector	Robertson II	St. Roch
Nonsuch	Spirit of	
Pacific Swift	Chemainus	

Bluenose II

Art: 2-Mast-Gaffelschoner, Holz

Nation: Kanada

Eigner: Oland & Son Ltd., Halifax, Nova Scotia

Heimathafen: Lunenburg (Nova Scotia)

Baujahr: 1963; Kiellegung 27. Februar 1963; Stapellauf 24. Juli 1963

Werft: Smith & Rhuland Ltd., Lunenburg, Nova Scotia
Konstrukteur: William Roue

Vermessung: 285 ts Deplacement; 191 BRT; 96 NRT

Abmessungen:
Länge über alles   ca. 54,00 m
Länge Rumpf   43,50 m
Länge in der
Wasserlinie   34,00 m
Breite   8,20 m
Seitenhöhe   5,10 m
Tiefgang   4,80 m

Segelfläche: 1012 qm

Besegelung: 8 Segel; 3 Vorsegel; Fockmast: Focksegel, Vor-Gaffeltoppsegel; Großmast: Großsegel, Groß-Gaffeltoppsegel, Fisherman's Stagsegel

Masten: Höhe Großmast über Deck 38,30 m

Hilfsmotor: Zwei Dieselmotoren, je 250 PS, Geschwindigkeit mit Maschine 10 kn

Besatzung: 12 Personen, Kabinenplätze für 12 Gäste

Verwendung: Privatschiff für Passagier-Kreuzfahrten

Im Jahre 1921 wurde der Schoner BLUENOSE gebaut. Er ist der bekannte Typ der berühmten Fischerei-Schoner aus Neuschottland, die zu den Neufundlandbänken auf Kabeljau-Fang fuhren. Aber schon damals ging es nicht mehr allein darum, durch schnelle Heimreisen hohe Marktpreise für den Fang zu erzielen. Die sportlichen Schoner-Rennen zwischen Kanada und den USA standen im Vordergrund (»International Fischermen's Race«). BLUENOSE gelang es mehrmals, den Cup für Kanada zu gewinnen. Sie wurde damit auch zum kanadischen Symbol und auf Briefmarken und Münzen abgebildet. Später mußte das Schiff verkauft werden.

Als Frachtsegler zwischen den Inseln Westindiens geriet es 1946 auf ein Korallenriff und ging total verloren. Um ihr Andenken zu wahren, wurde 1963 die BLUENOSE II genau nach den Original-Plänen und auf der gleichen Werft gebaut. Der einzige Unterschied liegt im Innenausbau. Statt der Stauräume befinden sich jetzt hier bequeme Kabinen für Besatzung und Gäste. Während der Wintermonate fährt der Schoner als Charterschiff für Feriengäste in der Karibischen See. Im Sommer kreuzt er in kanadischen Gewässern.

Der Name BLUENOSE ist ein Spitzname für die Fischer aus Neuschottland, den besonders die Fischer aus Gloucester (Mass.) als ihre Rivalen betrachteten. Zwischen ihnen wurden auch die härtesten Rennen gesegelt.

Solange der Schoner in Halifax ist, unternimmt er täglich drei Zweistundentörns mit bis zu 80 Ausflüglern an Bord.

Hector

Art: Fleute (18. Jahrhundert), Holz, Nachbau

Nation: Kanada

Eigner: Stadt Pictou, Nova Scotia

Heimathafen: Pictou

Baujahr: 1991 (Baubeginn)

Werft: Scotia Trawler Shipyard, Lunenburg, Hector Heritage Quay, Pictou

Vermessung: 200 Tons Tragfähigkeit

Abmessungen:
Länge über alles	37,00 m
Länge Rumpf	25,80 m
Breite	6,80 m
Raumtiefe	2,80 m
Seitenhöhe	3,10 m
Tiefgang	3,40 m

Segelfläche: ca. 550 qm

Besegelung: 17 Segel; Vollschifftakelung, Bugspriet mit Blinde

Masten: Höhe Großmast über Deck 30 m

Verwendung: Museumsschiff

Das Original war damals in Holland gebaut worden. Fleuten waren die wichtigsten holländischen Handels- und Kriegsschiffe. Sie waren dreimastig, hatten ein Rundgatt, waren flachbodig und hatten stark eingezogene, bauchige Seiten. Mit der HECTOR kamen am 15. September 1773 die ersten zweihundert Schotten nach Nova Scotia. Der Nachbau soll an diese Pioniertat erinnern. Wichtige Teile, wie Kiel, Steven und Spanten wurden in Lunenburg in der früheren Werft Smith & Rhuland gebaut. Hier entstanden auch die Fregatte ROSE und der Bankschoner BLUENOSE II.

Der Weiterbau in Pictou erfolgt hauptsächlich während der Touristenzeit. Damit kann zur Finanzierung des Projekts etwas beigetragen werden. Das bedeutet aber auch, daß mit der Vollendung nicht vor dem Jahre 2000 gerechnet werden kann.

Nonsuch

Im Jahre 1668 fuhr das erste Schiff der Hudson Bay Company, die NONSUCH, mit Handelsgütern für die Indianer an Bord, nach Nordamerika. Das Schiff stieß bis zur James Bay vor. Dort überwinterte die Besatzung in einem an Land errichteten Haus. Im folgenden Jahr kehrte NONSUCH mit einer vollen Ladung Biberpelzen nach England zurück. NONSUCH war 1650 bei Mr. Page in Wivenhoe (Essex) gebaut worden. Nach der Rückkehr bewilligte König Karl II. am 2. Mai 1670 offiziell den Handel mit der Hudson Bay.

Für die 300-Jahr-Feier der Hudson Bay Company wurde bei J. Hinks & Son in Appledore (Devon) der genaue Nachbau der NONSUCH in Auftrag gegeben. Diese Werft war deshalb ausgewählt worden, weil dort zum Schiffbau noch der Dexel, eine Art Queraxt, verwendet wird. Mit Hilfe des National Maritime Museum in Greenwich wurden die Pläne sorgfältig vorbereitet. Die Werft fügte das Schiff in klassischer Weise, wobei ausschließlich große Holznägel Verwendung fanden.

Das Ergebnis ist bestechend. Es ist nicht nur ein Schiff der damaligen Zeit mit seiner feinen Linienführung und Ornamentierung entstanden, sondern wir haben ein sprechendes Zeugnis für die Pioniertaten eines Handelsunternehmens vor uns. Natürlich hat es damals viel größere Handelsschiffe gegeben. Aber auch die NONSUCH war ein Frachtschiff, in dessen Kielwasser die Hudson Bay Company ihr Einflußgebiet auf das ganze westliche Hinterland Kanadas ausdehnen konnte, bis ihr Kanada 1869 die Hoheitsrechte abkaufte.

Der bekannte Galionsfiguren-Bildhauer Jack Whitehead aus Wotton (I.O.W.) fertigte die Ornamente, wobei besonders

Art:	Rahgetakelte Ketsch, Holz (Eiche)
Nation:	Kanada
Eigner:	Manitoba Museum of Man and Nature, Winnipeg – Manitoba
Liegeplatz:	Winnipeg
Baujahr:	1968; Stapellauf August 1968
Werft:	J. Hinks & Son, Appledore, Devon – England
Vermessung:	65 ts Deplacement

Abmessungen:
Länge über alles	22,80 m
Länge Rumpf	16,30 m
Länge zwischen den Loten	15,30 m
Breite	4,70 m
Seitenhöhe	2,10 m
Raumtiefe	2,10 m
Tiefgang	2,10 m

Segelfläche: 176 qm

Besegelung: 6 Segel; 2 Vorsegel; Großmast: Großsegel, Toppsegel; Besanmast: Rah-Toppsegel, Lateinersegel

Masten: Höhe Großmast über Deck 22,50 m

Hilfsmotor: Perkins-Dieselmotor, 95 PS

Besatzung: Etwa 12 Personen

Verwendung: Museumsschiff

die Heckzier und die Meerjungfrauen zu erwähnen sind. Diese unterstützen auf beiden Seiten des Bugs als Karyatiden die Kranbalken.

Nach einer ausgedehnten Besuchsreise in die USA in den Jahren 1969 und 1970 wurde das Schiff dem Manitoba Museum in Winnipeg geschenkt. Nach heutigen Begriffen müßte die NONSUCH eher als Brigg bezeichnet werden. Die Bezeichnung »Ketsch« stützt sich auf die Benennungen des 17. Jahrhunderts. Die Baukosten des Nachbaus betrugen 70 000 englische Pfund.

Pacific Swift

Art: 2-Mast-Toppsegelschoner, Holz

Nation: Kanada

Eigner: Sail and Life Training Society, Victoria, B. C.

Heimathafen: Victoria, B. C.

Baujahr: Stapellauf 11. Oktober 1986; Indienststellung Mai 1988

Werft: Vancouver, B. C.

Vermessung: 98 ts Deplacement

Abmessungen:
Länge über alles	33,70 m
Länge Rumpf	24,30 m
Breite	6,20 m
Tiefgang	3,20 m

Segelfläche: 278 qm

Besegelung: 9 Segel

Masten: Höhe Großmast über Deck 25,80 m

Hilfsmotor: Isuzu-Diesel, 160 PS

Besatzung: 5 Personen Stammbesatzung, 30 Trainees

Verwendung: Schulschiff unter Segeln

Während der EXPO '86 wurde der Schoner in aller Öffentlichkeit gebaut. Dreißigtausend Zuschauer beobachteten den Stapellauf. Das Vorbild dieses Schiffes war die Brigg SWIFT aus dem Jahre 1778. Sie war ein Vorläufer der berühmten Baltimore-Klipper. Die scharfen Linien der PACIFIC SWIFT verraten den Schnellsegler. Eine betende Frau schmückt als Galionsfigur den Bug.

Pathfinder

Die Brigantine ist das genaue Schwesterschiff der ST. LAWRENCE II aus Kingston. Lediglich die innere Raumaufteilung unterscheidet sich etwas, weil die PATHFINDER mehr Jungen aufnehmen muß. Die Toronto Brigantine Incorporated ist ein rein ziviles Unternehmen, dem Torontoer Bürger angehören. Alle Jungen und Mädchen zwischen 14 und 18 Jahren können in die Kurse aufgenommen werden. Diese dauern im Sommer gewöhnlich eine Woche, während im Herbst nur noch Tagesfahrten unternommen werden. Im Winter wird das Schiff in Toronto aufgelegt. Alle Fahrten gehen auf den Ontario-See und zu dessen Hafenstädten.

Art: Brigantine, Stahl	Vermessung: $\frac{39}{42}$ ts Deplacement; 36 BRT; 32 NRT	Segelfläche: 231 qm	Besatzung: 30 Offiziere und Kadetten
Nation: Kanada		Besegelung: 8 Segel; 2 (3) Vorsegel; Fockmast: Focksegel, einfaches Marssegel; Großmast: Großsegel, Gaffel-Toppsegel, Großstagsegel, Groß-Stengestagsegel	
Eigner: Toronto Brigantine Incorporated			Verwendung: Schulschiff unter Segeln
Heimathafen: Toronto	Abmessungen:		
	Länge über alles 21,70 m		
	Länge Rumpf 18,10 m		
Baujahr: 1963; Stapellauf 6. Mai 1963	Länge zwischen den Loten 14,60 m	Masten: Höhe Großmast über Wasserlinie 16,10 m	
	Breite 6,60 m		
	Raumtiefe 2,60 m		
Werft: Kingston Shipyards Ltd., Konstruktion: F. A. MacLachlan, Naval Architect	Seitenhöhe 3,30 m	Hilfsmotor: Palmer-Diesel, 110 PS	
	Tiefgang 2,30 m		

🍁 Robertson II

ROBERTSON II ist eines der letzten Fischereifahrzeuge, die in Kanada gebaut wurden. Mit acht Dories fischte das Schiff bis in die siebziger Jahre auf den Bänken vor Neufundland. 1974 kaufte die Quest Star Society den Schoner und verlegte ihn nach Victoria in British Columbia. Dort wurde er zum 3-Mast-Stagsegelschoner umgetakelt und für den Schuldienst der Sail and Life Training Society eingerichtet. 1980 erfolgte eine Grundüberholung, und seit 1982 fährt ROBERTSON II wieder seine ursprüngliche Takelung als schnittiger 2-Mast-Gaffelschoner.

Art: 2-Mast-Gaffelschoner, Holz

Nation: Kanada

Eigner: Sail and Life Training Society, Victoria, B. C.

Heimathafen: Victoria, B. C.

Baujahr: 1940

Werft: In Shelburne, Nova Scotia; Konstruktion: McKay

Vermessung: 180 ts Deplacement; 99 BRT

Abmessungen:
Länge über alles	39,50 m
Länge Rumpf	31,90 m
Länge in der Wasserlinie	26,40 m
Breite	6,70 m
Tiefgang	3,50 m

Segelfläche: 510 qm

Besegelung: 7 Segel

Masten: Höhe Großmast über Deck 30,40 m

Hilfsmotor: General Motors-Diesel, 220 PS

Besatzung: 5 Personen Stammbesatzung, 30 Trainees (Als Fischereifahrzeug 20 Personen, 8 Dories)

Verwendung: Schulschiff unter Segeln

Spirit of Chemainus

Art: Brigantine, Holz

Nation: Kanada

Eigner: Sail and Life Training Society, Victoria, B. C.

Heimathafen: Victoria, B. C.

Baujahr: Stapellauf 14. September 1985; Indienststellung Mai 1986

Werft: in Chemainus, Vancouver Island

Vermessung: 45 ts Deplacement; 35 BRT

Abmessungen:
Länge über alles 28,00 m
Länge Rumpf 20,60 m
Breite 5,40 m
Tiefgang 2,90 m

Segelfläche: 232 qm

Besegelung: 13 Segel

Masten: Höhe Großmast über Deck 19,70 m

Hilfsmotor: Perkins-Diesel, 120 PS

Besatzung: 5 Personen Stammbesatzung, 18 Trainees

Verwendung: Schulschiff unter Segeln

St. Lawrence II

Art: Brigantine, Stahl

Nation: Kanada

Eigner: Brigantine Incorporated, Kingston, Royal Canadian Sea Cadets Corps »St. Lawrence«

Heimathafen: Kingston, Ontario

Baujahr: 1953; Stapellauf 5. Dezember 1953, Offizielle Indienststellung Juli 1957

Werft: Kingston Shipyards Ltd., Konstruktion: F. A. MacLachlan, Naval Architect

Vermessung:
$\frac{39}{42}$ ts Deplacement;
34,30 BRT; 30,87 NRT

Abmessungen:
Länge über alles 21,70 m
Länge Rumpf 18,10 m
Länge zwischen den Loten 14,60 m
Breite 6,60 m
Raumtiefe 2,60 m

Seitenhöhe 3,30 m
Tiefgang 2,30 m

Segelfläche: 231 qm

Besegelung: 8 Segel; 2 Vorsegel; Fockmast: Focksegel, einfaches Marssegel; Großmast: Großsegel, Gaffel-Toppsegel, Großstagsegel, Groß-Stengestagsegel

Masten: Höhe Großmast über Wasserlinie 16,10 m

Hilfsmotor: Dieselmotor, 72 PS

Besatzung: 22 Offiziere und Kadetten

Verwendung: Schulschiff unter Segeln

Das Royal Canadian Sea Cadets Corps »St. Lawrence« besteht seit 1942. Es wird von Zivilstellen und von der Marine betreut. Trotzdem wird auf dem Schiff des Korps nicht nachdrücklich Nachwuchs für die Marine erzogen. Es soll allen 14–18jährigen Jungen die Möglichkeit geben, in einer Gemeinschaft auf kleinem Raum in gegenseitiger Abhängigkeit leben zu lernen. Bis zum Jahre 1964 hatten bereits mehr als 10000 kanadische Jungen die Kurse besucht und waren damit »sea cadets« geworden. 1952 beschloß das Korps, ein eigenes Schulschiff bauen zu lassen. Den Namen bekam das neue Schiff nach dem 112-Kanonen-Dreidecker HMS ST. LAWRENCE, der 1814 von der Marine-Werft Point Frederick in Kingston gebaut worden war.

Die »Stammbesatzung« und die »Unteroffiziere« werden aus den Senior-Kadetten ausgesucht. Sie müssen sich verpflichten, während einer ganzen Segelsaison auf dem Schiff zu bleiben. Je nach Fähigkeit und Eignung verlassen die Jungen mit verschiedenen Rangstufen die meist 15-tägigen Kurse. Für leitende Stellungen an Bord sind mehrere Kurse nötig. Die Brigantine fährt ausschließlich auf dem Ontario-See. An Bord befinden sich drei 3,5-m-Dories, mit denen der Bootsdienst versehen wird. Ein weißes Pfortenband ziert die Seiten. Während der Wintermonate wird der Segler in Kingston aufgelegt.

Im Juli 1964 nahm das Schiff an der »Operation Sail« in New York teil. Abgetakelt fuhr es mit eigener Kraft durch den Oswego-Kanal und den Hudson zur Großsegler-Parade nach New York.

In Verbindung mit der ST. LAWRENCE verwendet das Sea Cadet Corps auf dem Ontario-See die Ketschen MINSTREL, ROSBOROUGH und PRIVATEER.

St. Roch

Taucht der Name Royal Canadian Mounted Police (R.C.M.P.) auf, so denkt man unwillkürlich an rot-uniformierte Reiter mit breitkrempigen Hüten, die wegen ihrer Reit- und Schießkünste weltweit berühmt sind. Daß aber diese Polizeitruppe eine eigene Marineabteilung unterhält, ist wenig bekannt. Bis vor wenigen Jahren erregte die ST. ROCH durch ihre verwegenen Arktisfahrten noch Aufsehen. Der Schoner, speziell für arktische Verhältnisse gebaut, ist das zweite Schiff, das die Nordwest-Passage in West-Ost-Richtung durchfuhr (die dritte Durchfahrt überhaupt bis dahin); er ist das erste Schiff, das die Nordwest-Passage in beiden Richtungen durchfahren hat und schließlich das erste Schiff, das Nordamerika, unter Benützung des Panama-Kanals, vollständig umfahren hat. Die erste dieser großartigen Reisen begann am 23. Juni 1940 in Vancouver und endete 28 Monate später, am 11. Oktober 1942 in Dartmouth, Nova Scotia. 1944 fuhr ST. ROCH, mit einem stärkeren Motor ausgerüstet, in Ost-West-Richtung zurück nach Vancouver. Das Kommando bei diesen Arktisfahrten führte Staff-Sergeant Henry A. Larsen, R.C.M.P. St. Roch ist eine Gemeinde im Wahlkreis von »Quebec East«.

1954 kehrte ST. ROCH endgültig nach Vancouver zurück. Die Stadt Vancouver bekam das Schiff von der Regierung für ihr Seefahrtsmuseum geschenkt. Das Museum hat inzwischen ein zeltförmiges Haus von 36 m Länge, 15 m Breite und 18 m Höhe für den bemerkenswerten Schoner gebaut. Die Masten und die Takelage, die im Laufe der Dienstjahre gekürzt und verändert worden waren, befinden sich jetzt wieder in ihrem ursprünglichen Zustand.

Art: 2-Mast-Gaffelschoner, Holz

Nation: Kanada

Eigner: Maritime Museum, Vancouver, B.C.

Liegeplatz: Vancouver, B.C.

Baujahr: 1928; Stapellauf April 1928

Werft: Burrard Drydock Company Ltd., North Vancouver, B.C.

Vermessung: 323 ts Deplacement; 193,43 BRT; 80,60 NRT

Abmessungen:
Länge zwischen den Loten	31,70 m
Breite	7,50 m
Seitenhöhe	3,90 m
Raumtiefe	3,30 m
Tiefgang (voll ausgerüstet)	3,90 m

Segelfläche: 226 qm

Besegelung: 3 Segel; 1 Vorsegel, je ein Gaffelsegel

Masten: Höhe Großmast über Deck 18,90 m

Hilfsmotor: Union-Dieselmotor, 1928 150 PS, seit 1944 300 PS

Besatzung: 9 Personen

Verwendung: Museumsschiff

Kolumbien

Gloria

Gloria

Art: Bark, Stahl

Nation: Kolumbien

Eigner: Kriegsflotte, Armada De Colombia

Heimathafen: Cartagena

Baujahr: 1967/68; Stapellauf 2. Dezember 1967, Werftübergabe 7. September 1968

Werft: Astilleros y Talleres Celaya, S.A., Bilbao, Spanien

Vermessung: 1300 ts Deplacement

Abmessungen:
Länge über alles	76,00 m
Länge Rumpf	64,60 m
Länge zwischen den Loten	56,10 m
Breite	10,60 m
Seitenhöhe	6,60 m
Raumtiefe	4,20 m
Tiefgang	4,50 m

Segelfläche: 1250 qm

Besegelung: 23 Segel; 5 Vorsegel; Doppel-Marssegel, einfache Bramsegel, Royals; Besanmast: Besansegel, Besan-Toppsegel

Masten: Höhe Großmast über Deck 36,00 m

Hilfsmotor: Naval-Stork-RHO-216, 530 PS, Geschwindigkeit mit Maschine 10 kn

Besatzung: 9 Offiziere, 5 Offiziersausbilder, 30 Unteroffiziere, 80 Kadetten, 12 Mannschaften, 9 Personen Hilfspersonal

Verwendung: Schulschiff unter Segeln

Der Neubau der GLORIA beweist, daß Nationen immer wieder den hohen praktischen Wert der Ausbildung auf Segelschulschiffen erkennen und nützen, auch dann, wenn das betreffende Land keine große Seefahrtstradition besitzt, oder vielleicht sogar gerade deswegen.

Die Bark wurde in ihren Grundzügen nach den Rissen der GORCH FOCK I gebaut. Die Heckform weicht allerdings wesentlich von diesem Grundtyp ab. Unverkennbar ist außerdem der kompakte Brückenaufbau, der den modernen Erfordernissen entspricht und der bereits bei der argentinischen LIBERTAD zu finden ist. Der Entwurf des Schiffes wurde im Windkanal des »National Institute of Technical Aeronautics« in Madrid geprüft.

Die GLORIA hat einen Aktionsradius von 60 Tagen, ist also für diese Zeit unabhängig von jeder Versorgung von außen. Hierfür kann sie 53 Tonnen Frischwasser an Bord nehmen und 23330 Gallonen Brennstoff bunkern, der auch das Bordkraftwerk von 180 kW in Betrieb hält.

Der Galionsfigur hat man besondere Aufmerksamkeit geschenkt. Sie personifiziert die Gloria, eine geflügelte Frauengestalt, die in der einen Hand einen Lorbeerzweig hält und in der anderen die Tafel der Unsterblichkeit.

Die erste große Reise der Bark begann am 3. Januar 1970 in Cartagena. Sie führte rund um die Welt, wobei Sydney ein Hauptziel war. Dort trafen sich damals mehrere Großsegler, um an den Feierlichkeiten zur 200jährigen Wiederkehr der Entdeckung der australischen Ostküste durch Capt. Cook teilzunehmen. Seit ihrer Indienststellung hat GLORIA wiederholt auch europäische Häfen angelaufen. GLORIA ist die erste einer Serie von vier Barken, die in Bilbao für lateinamerikanische Marinen gebaut wurden. Auf sie folgte 1976 GUAYAS für Ecuador, 1979 SIMON BOLIVAR für Venezuela und 1982 CUAUHTEMOC für Mexiko.

Kroatien

Jadran

Jadran

ex MARCO POLO
ex JADRAN

Art: 3-Mast-Toppsegelschoner, Stahl

Nation: Kroatien

Eigner: Kriegsflotte, Marineschule Bakar

Heimathafen: Bakar

Baujahr: 1931/32; Stapellauf 25. Juni 1931; Indienststellung Juni 1933

Werft: H. C. Stülcken & Sohn, Hamburg
Vermessung: 700 ts Deplacement

Abmessungen:
Länge über alles 58,00 m
Länge Rumpf 48,00 m
Länge zwischen den
Loten 41,00 m
Breite 8,90 m
Seitenhöhe 4,55 m
Tiefgang 4,00 m

Segelfläche: 800 qm

Besegelung: 12 Segel; 4 Vorsegel; Fockmast: Breitfock (150 qm), einfaches Marssegel, einfaches Bramsegel, Schonersegel; Großmast, Besanmast: Gaffelsegel, Gaffel-Toppsegel

Masten: Höhe Großmast über Deck 34 m

Hilfsmotor: Linke-Hofmann-Busch-Werke-Dieselmotor, 375 PS; Geschwindigkeit mit Maschine 8 kn

Besatzung: Einrichtungen für Kommandant, 10 Offiziere, 1 Arzt, 20 Offiziersanwärter, 8 höhere Unteroffiziere, 16 niedere Unteroffiziere, 132 Unteroffiziersanwärter

Verwendung: Schulschiff unter Segeln

JADRAN wurde für den damaligen jugoslawischen Flottenverein »Jadranska Straza« gebaut. Der Name des Seglers bedeutet »Adria«. Während der Bauzeit kam es zu einer 19monatigen Einstellung der Arbeiten. In den Hauptabmessungen gleicht das Schiff der 1932 untergegangenen NIOBE der ehemaligen Deutschen Reichsmarine. Das Hauptdeck ist achtern im Bereich der Offizierswohnräume um 50 cm abgesenkt. Das Zwischendeck reicht vom vorderen Maschinenraumschott bis zum Vorsteven. Ein weiteres durchgehendes Deck ist das Manöverdeck, das vom Poopdeck bis zur Back reicht und dabei über das mittschiffs gelegene Deckshaus führt. Wegen der großen Besatzungszahl schlafen Mannschaften und Unteroffiziersanwärter in Hängematten. Damit die Jungen an verschiedenen Segelarten ausgebildet werden können, wurde ein Toppsegelschoner gewählt. Um die seemännischen Arbeiten noch zu erweitern, wurden die Stengen zum Setzen und Streichen eingerichtet, eine Arbeit, die von den Jungen selbst ausgeführt wird.

JADRAN fährt sieben Beiboote: 3 Segelkutter, 1 Jolle, 2 Jollboote und 1 Gig. Fünf dieser Boote hängen ausgeschwungen in Davits. Dadurch entsteht wenig Platzverlust an Deck. Die Auspuffgase des Motors werden durch den hohen Besanmast nach außen geleitet. Wegen des steinigen Grundes der Adriaküste mußte das Ankergeschirr besonders stark konstruiert werden.

Während des Zweiten Weltkrieges war das Schiff von Italien beschlagnahmt und fuhr als MARCO POLO unter italienischer Kriegsflagge. Bei Kriegsende erfolgte die Rückgabe an das damalige Jugoslawien. Die Ausbildungsreisen des Seglers führen hauptsächlich ins Mittelmeer.

Luxemburg

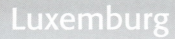

Star Clipper / Star Flyer

Die Rümpfe der beiden Luxussegler (Schwesterschiffe) sind nach den Vorbildern des berühmten Schiffbauers Donald McKay aus dem 19. Jahrhundert gebaut worden. Vier durchlaufende Decks zeichnen die Schiffe aus. Sie fahren Bugstrahlruder und besitzen Schlinkertanks. Die Rahen sind fest montiert. Es gibt keine Webeleinen, lediglich Steighilfen an den Masten. Die Rahsegel können von drei Mann bedient werden. Mit einem Joystick wird die Steuerung der Rollreffanlagen an den Rahen bedient.

Art: 4-Mast-Barkentinen, Stahl

Nation: Luxemburg

Eigner: Reederei White Star Clipper N. V., Brüssel

Heimathafen: Antwerpen

Baujahr: 1991

Werft: Langerbrugge Shipyards, Gent

Vermessung: 2300 BRT

Abmessungen:
Länge über alles 111,50 m
Länge Rumpf 91,40 m
Breite 15,00 m
Tiefgang 6,50 m

Segelfläche: 3365 qm

Besegelung: 16 Segel
Fockmast: Focksegel, Doppel-Marssegel, einfaches Bramsegel, Royalsegel

Masten: Höhe Großmast über Deck 63,0 m

Hilfsmotor: Caterpillar 3512 di/TA, 1015 kW

Besatzung: 70 Personen Stammbesatzung, davon 10 für nautischen Betrieb, max. 170 Passagiere (85 Kabinen)

Verwendung: Charterschiff, Kreuzfahrerschiff

Malaysia

Tunas Samudera

Tunas Samudera

Art: Brigantine, Stahl

Nation: Malaysia

Eigner: Royal Malaysian Navy

Heimathafen: Lumut-Perak, Malaysia

Baujahr: Kiellegung 1988, Stapellauf 4. August 1989

Werft: Brooke Yachts International Ltd., Lowestoft, England; Konstruktion: Colin Mudie

Vermessung: 250 ts Deplacement; 173 BRT; 51 NRT

Abmessungen:
Länge über alles	44,00 m
Länge Rumpf	35,00 m
Länge in der Wasserlinie	28,30 m
Breite	7,80 m
Seitenhöhe	5,60 m
Tiefgang	4,00 m

Segelfläche: 569 qm

Besegelung: 10 Segel

Masten: Höhe Großmast über Deck 32 m

Hilfsmotor: 2x Perkins-Diesel M200 Ti, 2x 185 PS

Besatzung: 16 Personen Stammbesatzung, 36 Trainees

Verwendung: Schulschiff unter Segeln

In Anwesenheit Königin Elizabeth II. von England und H. M. The Yang Di-Pertuan Agong, Sultan Azlan Shah, Oberhaupt der malaysischen Föderation, wurde das Schiff am 16. Oktober 1989 der malaysischen Marine übergeben. Vorgesehen sind zwanzig Ausbildungsreisen im Jahr. Dreizehn davon sind der Marine vorbehalten, während die restlichen für Jugendgruppen zur Verfügung stehen.

TUNAS SAMUDERA ist ein Schwesterschiff zu YOUNG ENDEAVOUR, die vom selben Konstrukteur und bei der selben Werft gebaut wurde. Der Name bedeutet »Sproß des Ozeans«.

Malta

| Atlantis | Charlotte Louise | Sea Cloud |
| Black Pearl | | |

Atlantis

ex FS Bürgermeister Bartels

Art: Barkentine, Stahl

Nation: Malta

Eigner: ATLANTIS Cruise Lines (M) Ltd.; Managing Owner: KG. Segeltouristik Lübeck GmbH & Co.

Heimathafen: Valletta, Malta

Baujahr: 1985 (außer Rumpf), Stapellauf 1905 als Bürgermeister Bartels

Werft: J. N. H. Wichhorst, Hamburg; Umbauwerft: Ship Repair Yard, Szczecin (Stettin), Polen

Vermessung: 299,1 BRT; 191,7 NRT

Abmessungen:
Länge über alles 57,00 m
Länge Rumpf 49,70 m
Länge zwischen den Loten 43,40 m
Breite 7,40 m
Tiefgang 4,70 m

Segelfläche: 742 qm

Besegelung: 15 Segel; 4 Vorsegel; Fockmast: Focksegel, Doppel-Marssegel, einfaches Bramsegel

Masten: Höhe Großmast über der Wasserlinie 33 m

Hilfsmotor: 2x Mercedes-Diesel, 2x 135 kW

Besatzung: 15 Personen, 70 Gäste (ohne Übernachtung)

Verwendung: Passagiersegelschiff

Nachdem das ehemalige Feuerschiff aus dem aktiven Dienst genommen wurde, diente es einige Zeit der Feuerwehr für Löschübungen.
Dank seines eleganten und stabilen Rumpfes sollte es als Rahsegler umgebaut werden. Die Restaurierungs- und Umbauarbeiten wurden zwischen 1984 und 1985 auf der Scheel & Joehnk Werft in Hamburg und in Stettin durchgeführt.

Gästen stehen siebzehn Zweibett-Außenkabinen zur Verfügung. Sie sind wie in einem Hotel untergebracht: mit breiten Doppelbetten, Fernsehgerät, Kühlschrank, Duschbad und Toilette.
ATLANTIS segelt mit Passagieren in allen Revieren der Welt.

Black Pearl

ex AEOLUS
ex BLACK OPAL

Art: Barkentine, Holz

Nation: Malta

Eigner: Vincent Vella
Natal Azzopardi

Liegeplatz: Valletta (trocken)

Baujahr: 1909

Werft: in Pukavik, Schweden

Vermessung: 400 NRT

Abmessungen:
Länge 45,00 m

Segelfläche: 840 qm (als Barkentine)

Masten: Höhe Großmast über Deck 27 m

Besatzung: 16 Personen Stammbesatzung, 40 Gäste (als Charterschiff)

Verwendung: Restaurantschiff

BLACK PEARL ist als Schoner gebaut worden. Für den Einsatz in den im Winter Eis führenden Gewässern der Ostsee wurde der Rumpf mit zwei Lagen Eichenholz beplankt. Das Schiff transportierte 69 Jahre lang Getreide, Kohle und Holz.

1969 erfolgte der Umbau in eine Barkentine mit luxuriöser Inneneinrichtung. Das Schiff hieß jetzt AEOLUS und fuhr mit Gästen zwischen Australien und den pazifischen Inseln. Nachdem die Schiffsbohrmuschel den Rumpf erheblich beschädigt hatte, sollte AEOLUS 1976 nach England zur Reparatur gebracht werden. Im Suezkanal brach Feuer im Maschinenraum aus. Als das Schiff Malta erreicht hatte, sank es im Hafen von Marsamxett.

1979 hoben es die jetzigen Eigner, um es als Filmschiff einzusetzen. In einem schweren Sturm sank die Barkentine ein zweites Mal im Jahre 1981. Sie wurde erneut gehoben, bekam den Namen BLACK PEARL und dient seither als Restaurantschiff.

Charlotte Louise

Der Schoner gehörte ursprünglich der Royal Navy. In den frühen fünfziger Jahren wurde er in Singapur von Piraten gestohlen und 1952 von der Royal Navy zurückerobert. Das Schiff ist der Typ eines kleinen Frachtschoners des neunzehnten Jahrhunderts. Nach gründlichem Umbau und Modernisierung fährt CHARLOTTE LOUISE heute Tagestouren in den Gewässern von Malta. Die Figur eines jungen Mädchens ziert den Bug.

Art: 2-Mast-Toppsegelschoner, Holz	Werft: Frasers Yard, Westschottland	Segelfläche: 485 qm	Hilfsmotor: Ford BSD 666T-Diesel, 360 PS
Nation: Malta	Vermessung: 65 BRT; 19 NRT	Besegelung: 10 Segel; Fockmast: Breitfock, Vormarssegel, Vorbramsegel	Besatzung: 8 Personen Stammbesatzung, 4 Trainees, 75 Tagesgäste
Eigner: Captain Morgan Leisure, Ltd.	Abmessungen: Länge über alles 33,30 m Länge Rumpf 22,25 m	Masten: Höhe Großmast über Deck 18 m. Beide Masten mit einer Stenge	Verwendung: Tagespassagierfahrten
Heimathafen: Valletta	Breite 6,02 m Raumtiefe 2,78 m		
Baujahr: 1942	Tiefgang 2,20 m		

Sea Cloud

Dieses außergewöhnliche Schiff ist nicht nur die vor dem Krieg zuletzt gebaute Viermastbark, sondern auch deshalb einmalig, weil es von Anfang an als reine Yacht geplant und entsprechend konstruiert worden war. Aus diesem Grund gleicht PATRIA außer in der Besegelung kaum einem frachtfahrenden Viermaster oder einem großen Schulschiff. Aber auch hier gibt es eine Besonderheit, fährt sie doch am Großmast über dem Royal noch ein Skysegel. Alles an diesem Schiff ist auf Eleganz und Geschwindigkeit ausgerichtet, vom scharf geschnittenen Bug bis zum weit auslaufenden Heck. Unverkennbar auch die starke Verjüngung der Segeltürme nach oben. Ein großer

ex ANTARNA
ex PATRIA
ex ANGELITA
ex SEA CLOUD
ex HUSSAR II

Art: Viermastbark, Stahl

Nation: Malta

Eigner: Sea Cloud Cruises GmbH, Hamburg

Heimathafen: Valletta, Malta

Baujahr: 1931

Werft: Friedrich Krupp-Germaniawerft, Kiel
Konstrukteure: Gibbs und Cox von Cox & Stevens, New York

Vermessung: 3530 ts Deplacement; 2323 BRT; 1147 NRT

Abmessungen:
Länge über alles 107,50 m
Länge über Rumpf 96,10 m
Länge zwischen den Loten 77,20 m
Breite 14,94 m
Seitenhöhe 8,53 m
Raumtiefe 7,50 m
Tiefgang 5,00 m

Segelfläche: 3160 qm

Besegelung: 31 Segel; 4 Vorsegel; Fock-, Kreuzmast: Doppel-Marssegel, einfaches Bramsegel, Royals; Großmast: Doppel-Marssegel, einfaches Bramsegel, Royal, Skysegel; Besanmast: Besansegel, Oberbesan

Masten: Höhe Großmast über Deck 58,40 m

Hilfsmotor: Vier 8-Zyl.-Enterprise-Dieselmotoren, zusammen 5000 PS

Besatzung: ca. 30 Personen, maximal 80 Passagiere

Verwendung: Charteryacht

Adler ziert den Bug. Unter der Bauaufsicht ihres ersten Kommandanten, Capt. E. W. Lawson, wurde HUSSAR II für Edward F. Hutton, New York, gebaut. Aller erdenkliche Luxus ließ das Schiffsinnere eher einem Hotel erster Klasse als einem seegehenden Fahrzeug gleichen. Die Baukosten lagen um eine Million Dollar. Etwas plumpe Aufbauten mit einem kurzen, dicken Schornstein entsprechen allerdings nicht der Eleganz des übrigen Schiffes.

Einige Jahre vor dem Zweiten Weltkrieg ging der Segler unter dem neuen Namen SEA CLOUD in den Besitz des damaligen amerikanischen Botschafters in Rußland, Joseph E. Davies, über. SEA CLOUD lag während der Amtszeit des Botschafters als schwimmender Palast im Hafen von Leningrad.

Als Davies Botschafter in Belgien wurde, folgte ihm sein Schiff nach Antwerpen. Bis 1942 lag der Segler dann teilweise abgetakelt in Jacksonville. In diesem Jahr überließ Mr. Davies sein Schiff auf unbestimmte Zeit für jährlich einen Dollar der U. S. Coast Guard. Mit stark reduzierter Segelfläche fuhr es anschließend als Patrouillenschiff. Bei Kriegsende wäre beinahe das ganze Stell Segel dem dänischen Vollschiff DANMARK übergeben worden, das damals ebenfalls bei der Coast Guard Dienst tat. Es wurde verhindert, weil Mr. Davies gerade noch rechtzeitig sein Schiff zurückholte.

Trotzdem verschlang die Instandsetzung für die Weiterverwendung als Yacht fast wieder eine Million Dollar.

Der nächste Eigner der SEA CLOUD wurde General Rafael Trujillo, Präsident der Dominikanischen Republik. Das Schiff blieb auch unter Trujillo jr. reiner Familienbesitz, ohne Staatsyacht zu sein. Nach der Tochter des Präsidenten bekam die Viermastbark den neuen Namen ANGELITA.

1963 wurde das Schiff für zwei Millionen Dollar zum Verkauf angeboten. Die Firma Corporation Sea Cruise Inc. in Panama, ein Anwaltsbüro, ließ ANGELITA als PATRIA in das panamaische Schiffsregister eintragen. Der neue Eigner wurde der Amerikaner Mr. John Blue aus Florida.

Von Ende 1967 bis Mitte 1968 lag der Viermaster für Grundüberholungsarbeiten bei einer neapolitanischen Werft, um anschließend wieder unter Segel zu gehen.

1969 ging PATRIA in den Besitz der Antarna Inc. über. Unter dem neuen Namen ANTARNA stand sie für Charterreisen rund um den Globus zur Verfügung. 1978 fand Kapitän Paschburg das Schiff in Colon in einem schlecht gepflegten Zustand. Er überführte SEA CLOUD, wie sie jetzt wieder hieß, nach Europa und ließ sie bei der Werft Scheel & Jöhnk in Hamburg von Grund auf überholen. Seither fährt sie als größte Segelyacht unserer Zeit in der Charterfahrt.

Mexiko

Cuauhtémoc

Cuauhtémoc

Art: Bark, Stahl

Nation: Mexiko

Eigner: Armada de Mejico

Heimathafen: Acapulco

Baujahr: 1982

Werft: Astilleros y Talleres Celaya S. A., Bilbao, Spanien

Vermessung: 1800 ts Deplacement

Abmessungen:
Länge über alles   90,50 m
Breite   12,00 m
Tiefgang   4,80 m

Segelfläche: 2200 qm

Besegelung: 23 Segel; 5 Vorsegel, Doppelmarssegel, einfache Bramsegel, Royals, Besan-Toppsegel

Hilfsmotor: Dieselmotor, 1125 PS

Besatzung: 275 Personen

Verwendung: Schulschiff unter Segeln

Ihren Namen hat die Bark nach dem letzten Aztekenkaiser Cuauhtémoc bekommen, der 1525 nach seiner Gefangennahme auf Befehl des spanischen Conquistadors Hernan Cortes gehängt wurde. Beim Bau des imposanten Schiffes wurde nicht gespart. So besteht z. B. das stehende Gut aus rostfreiem Stahl.

Monaco

Xarifa

Xarifa

ex CAPITONE
ex GEORGETTE
ex CAPITANA
ex L'OISEAU BLANC
ex RADIANT
ex XARIFA

Art: 3-Mast-Gaffelschoner, Stahl

Nation: Monaco

Liegehafen: Monte Carlo

Baujahr: 1928

Werft: White & Co., Cowes, England

Vermessung: 275 BRT

Abmessungen:
Länge über alles	47,20 m
Länge Rumpf	44,20 m
Breite	8,60 m
Tiefgang	4,57 m

Segelfläche: 548 qm

Hilfsmotor: Deutz-Diesel, 230 PS

Verwendung: Privatyacht

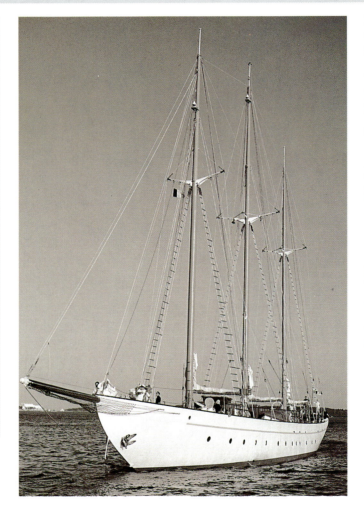

XARIFA (ägyptisch = »Schönes Geschöpf«) wurde für den Industriellen Singer (Nähmaschinen) als Dampfschiff gebaut. Mehrere Weltumsegelungen bestimmten ihren Lebenslauf, bis sie im Kriegsjahr 1939 in Hamburg von Deutschland beschlagnahmt wurde. Sie wurde Kohletransporter.

Nach dem Zweiten Weltkrieg kaufte der Unterwasserforscher Hans Hass das Schiff. XARIFA wurde als Forschungsschiff überall bekannt.

1960 kaufte sie ihr jetziger Eigner. In einer italienischen Werft in La Spezia wurde sie in eine private Luxusyacht umgebaut. Dabei wurden viele Teile der ausgemusterten LIBERTÉ ex BREMEN verwendet.

Neuseeland

Breeze
Edwin Fox
R. Tucker
　Thompson

Spirit of Adventure
Spirit of New
　Zealand
Tui

Breeze

Art: Brigantine, Holz

Nation: Neuseeland

Eigner: Auckland Maritime Museum (Friends of the Breeze)

Heimathafen: Auckland

Baujahr: 1981

Werft: Ralph Sewell, Coromandel, Neuseeland

Vermessung: 25 ts Deplacement

Abmessungen:
Länge Rumpf   18,30 m
Breite   5,00 m
Tiefgang   1,80 m

Segelfläche: 216 qm

Masten: Höhe Großmast 17,50 m

Hilfsmotor: Lister-Diesel, 54 PS

Besatzung: 6 Personen Stammbesatzung, 12 Gästekojen

Verwendung: Schulschiff unter Segeln

Breeze ist das Flaggschiff des Auckland Maritime Museum, dem es seit 1989 gehört. Der Rumpf wurde aus dem Holz des Kauribaumes (Kopalbaum) gebaut.

Die sehr kleine Brigantine ist der getreue Nachbau von Fahrzeugen, die zum Ende des neunzehnten Jahrhunderts die Küstengewässer Neuseelands befuhren.

Edwin Fox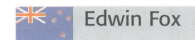

Art: ex-Vollschiff (später Bark), z. Z. Hulk, Holz (Teak)

Nation: Neuseeland

Eigner: »Edwin Fox Restoration Society«, Blenheim, Neuseeland

Liegeplatz: Picton Sound, Mavlborough, Neuseeland

Baujahr: 1853

Werft: In Sulkeali, Bengalen

Vermessung: 891 BRT; 836 NRT

Abmessungen:
Länge zwischen den
Loten   43,90 m
Breite   9,00 m
Seitenhöhe   7,20 m

Hilfsmotor: Kein Hilfsmotor

Verwendung: Museumsschiff

Während der fast einjährigen Belagerung der Festung Sewastopol im Krimkrieg verloren die Westmächte im November 1854 durch einen schweren Sturm zwanzig Transportschiffe, die vor der Festung auf Reede lagen. EDWIN FOX war der einzige Segler, der unbeschädigt davonkam.

Viele Dokumente zur Geschichte dieses Schiffes sind bei Bränden in London und Neuseeland verloren gegangen. Sein Leben war aber so farbig und abwechslungsreich, daß die Spur niemals im Dunkeln bleibt.

EDWIN FOX war zwar von der East India Company in Auftrag gegeben worden, wurde aber noch während des Baues an Sir George Hodgkinson aus Cornhill, London, verkauft. Für den Bau verwendete die Werft ausschließlich bestes Teakholz. Seinen Namen bekam das Schiff nach dem bekannten Quäker aus Southampton.

EDWIN FOX fuhr bei ihrer ersten Reise mit einer Ladung Tee nach London und wurde dort, nach Auflösung der Firma, für den Rekordpreis von 30000 englischen Pfund von dem Reeder Duncan Dunbar ersteigert. Unmittelbar danach charterte die englische Regierung das Schiff und schickte es als Truppentransporter ins Schwarze Meer. Sewastopol wurde belagert. Achtzehn Monate lang fuhr EDWIN FOX im Krimkrieg unter britischer Kriegsflagge. Nach drei anschließenden Ostindien-Reisen charterte die Regierung den Segler erneut, diesmal, um politische Häftlinge nach Westaustralien zu bringen.

Für militärische Zwecke setzte die EDWIN FOX noch einmal Segel, als sie Truppen gegen die große indische Rebellion von 1856–58 an Bord nahm. 1861 war sie wieder in den Händen ihres zivilen Eigners. Eine volle Ladung, die gerade in Bombay übernommen worden war, mußte auf indisches Ersuchen wieder gelöscht werden. Aller verfügbarer Schiffsraum wurde für die Bekämpfung der großen Hungersnot in den Nordwest-Provinzen gebraucht. Sechzehnmal fuhr EDWIN FOX mit Reis an Bord von Bangkok in das Katastrophengebiet. Nach dem Tode Dunbars im Jahre 1862 kaufte die Reederei Gellatly & Co, London, das Schiff. EDWIN FOX wurde nun für viele Jahre Tee-Segler. Ihre etwas gedrungene und rundliche Form brachte ihr bald den Spitznamen »Teatub« ein.

Der nächste Lebensabschnitt ist eng mit der europäischen Besiedelung Neuseelands verbunden. Deshalb soll sie auch in Neuseeland späteren Generationen erhalten bleiben. Die britische Reederei Shaw Savill Lines charterte 1873 das Schiff für Auswanderer-Reisen nach Neuseeland. Schon bei der ersten Ausreise geriet der Segler im Atlantik in einen schweren Sturm, der an Bord mehrere Todesopfer forderte. Im Schlepp des amerikanischen Postdampfers COPERNICUS erreichte EDWIN FOX Brest als Nothafen. Nach vierwöchiger Reparatur konnte die Reise fortgesetzt werden. Auch die zweite Ausreise mit Auswanderern begann mit Sturm, Havarie und Grundberührung. Nur die außerordentlich starke Bauweise hat das Schiff vor dem Totalverlust bewahrt.

Bei den Reisen waren bis zu 259 Auswanderer an Bord. 1878 wurde das Vollschiff zur Bark umgetakelt. Die letzten Kolonisten verließen mit ihr 1880 ihre englische Heimat. Immer mehr machten sich Dampfschiffe bei diesem Geschäft als Konkurrenz bemerkbar. Die Bark wurde deshalb mit Kühlmaschinen zum Gefrierschiff umgerüstet und nach Neuseeland gesegelt. Dort lag sie abwechselnd in Gisborne, Lyttleton, Bluff und Port Chalmers. An einem Tag konnten 500 Schafe eingefroren und insgesamt bis zu 20000 Schafe gelagert werden, die dann mit Kühlschiffen nach England gebracht wurden. 1897 kam EDWIN FOX im Schlepp nach Picton. Sie hatte jetzt nur noch ihre Untermasten. Drei weitere Jahre diente sie in Picton als Gefrierschiff. Bis 1950 verwendete man sie dann dort als Kohle-Hulk.

Seit 1964 bestehen Pläne, die EDWIN FOX zu restaurieren. 1965 kaufte die »Edwin Fox Restoration Society« das Schiff für einen Schilling von der Picton Meat Company. EDWIN FOX wäre das einzige Auswanderer-Segelschiff, das erhalten geblieben ist.

R. Tucker Thompson

Art: 2-Mast-Toppsegelschoner, Stahl

Nation: Neuseeland

Eigner: Tod Thompson, Russell Harris, Opua, Neuseeland

Heimathafen: Whangarei

Baujahr: 1985

Werft: Mangawhai Heads, Neuseeland

Vermessung: 60 ts Deplacement; 45 BRT; 33 NRT

Abmessungen:
Länge über alles	25,80 m
Länge Rumpf	18,20 m
Länge in der Wasserlinie	16,70 m
Breite	4,60 m
Tiefgang	2,40 m

Segelfläche: 280 qm

Besegelung: 11 Segel

Masten: Höhe Großmast über Deck 21,30 m

Hilfsmotor: Ford-Diesel, 120 PS

Besatzung: 6 Personen Stammbesatzung, 8 Kojen, 41 Tagesgäste

Verwendung: Charterschiff

Nach einer Weltumsegelung im Jahre 1986 und der anschließenden Teilnahme an der 200-Jahrfeier Australiens fährt R. TUCKER THOMPSON besonders in den Gewässern der Südsee.

Die rassigen Linien des Stahlrumpfes werden durch schöne Holzarbeiten vom Schanzkleid aufwärts noch hervorgehoben. Deck, Schanzkleid, Masten und Spieren bestehen ebenfalls aus Holz.

1986 wurde das Schiff für einen neuseeländischen Kinderfilm gechartert, in dem es als SEA WOLF auftrat.

Spirit of Adventure

Art: 2-Mast-Toppsegelschoner, Stahl

Nation: Neuseeland

Eigner: Spirit of Adventure Trust

Heimathafen: Auckland

Baujahr: 1973

Werft: Vos and Brijs, Auckland

Vermessung: 120 ts Deplacement; 99,6 BRT, 84,6 NRT

Abmessungen:
Länge über alles 32,00 m
Breite 6,50 m
Tiefgang 3,30 m

Segelfläche: 531 qm

Besegelung: 12 Segel

Masten: Höhe Großmast über Deck 27 m

Hilfsmotor: Cummins NT 355 6-Zyl.-Turbolader-Diesel, 350 PS

Besatzung: 10 Personen Stammbesatzung, 26 Trainees

Verwendung: Schulschiff unter Segeln

Das Schiff steht in erster Linie neuseeländischen Schülerinnen und Schülern zur Verfügung, die während zehn Tagen an Bord bleiben können. Auch Erwachsene können an bestimmten Wochenenden mitsegeln. Zahlreiche Organisationen und Firmen Neuseelands haben durch ihre Unterstützung den Bau des Schoners ermöglicht.

Spirit of New Zealand

Die Barkentine steht in erster Linie neuseeländischen Schülerinnen und Schülern zur Verfügung. Der meist zehntägige Aufenthalt der Jugendlichen auf dem Schiff kann mit unseren Schullandheimen verglichen werden. Ungleich intensiver ist allerdings auf dem Schiff das Zusammenarbeiten und Zusammenfinden.

Gegen Ende des Kurses wählen die Schüler ihre eigene »Schiffsführung«. Bei geringst notwendiger Aufsicht wird dann das Schiff selbst bearbeitet. Auch Erwachsenengruppen steht der Segler zur Verfügung. Viele neuseeländische Firmen und Organisationen ermöglichen den Bau des Schiffes durch Hilfsleistungen verschiedenster Art.

Art: Barkentine, Stahl

Nation: Neuseeland

Eigner: Spirit of Adventure Trust

Heimathafen: Auckland

Baujahr: 1986

Werft: Thackwray Yachts Ltd., Auckland

Vermessung: 244,3 ts Deplacement; 184,4 BRT; 55,3 NRT

Abmessungen:
Länge über alles 45,20 m
Breite 9,10 m
Tiefgang 3,80 m

Segelfläche: 736 qm

Besegelung: 17 Segel

Masten: Höhe Großmast über Deck 31,30 m

Hilfsmotor: Gardner 8L 3B-Diesel, 250 PS

Besatzung: 12 Personen Stammbesatzung, 42 Trainees

Verwendung: Schulschiff unter Segeln

 Tui

In Waitangi, in der Nähe der Stadt Whangarei (Nordinsel), liegt die hölzerne Bark TUI auf dem Trockenen. Sie gehört zum dortigen Shipwreck-Museum. Das Schiff hat einen Plattboden. Die Seiten ziert ein Pfortenband.

Niederlande

- Albert Johannes
- Amazone
- Amsterdam
- Antigua
- Aphrodite
- Atlantis
- Bartele Rensink
- Batavia
- Bisschop van Arkel
- Bonaire
- Brabander
- Eendracht II
- Elisabeth Louw
- Elisabeth Smit
- Elizabeth
- Europa
- Frisius van Adel
- Frya
- Grootvorst
- Hendrika Bartelds
- Hoop doet Leven
- Horizon
- Ide Min
- Jacob Meindert
- Jantje
- Linde
- Loth Loriën
- Maartinus
- Mare Frisium
- Minerva
- Mon Desir
- Mondriaan
- Nil Desperandum
- Noorderlicht
- Oosterschelde
- Pedro Doncker
- Pollux
- Rainbow Warrior
- Regina Chatarina
- Regina Maris
- Rembrandt van Rijn
- Sir Robert Baden-Powell
- Stedemaeght
- Store Baelt
- Swaensborgh
- Swan fan Makkum
- Tecla
- Thalassa
- Tsjerk Hiddes
- Urania
- Vrouwe Geertruida Magdalena
- Willem Barentsz
- Wytske Eelkje / Willem
- Zeelandia

Albert Johannes

ex Martha
ex Eiland

Art: 3-Mast-Gaffelschoner, Stahl

Nation: Niederlande

Eigner: Willem Sligting, Scheveningen

Heimathafen: Scheveningen

Baujahr: 1930

Werft: Diepen-Werft, Niederlande

Vermessung: 128 ts Deplacement; 66 BRT

Abmessungen:
Länge über alles 48,20 m
Länge Rumpf 35,20 m
Breite 5,60 m
Raumtiefe 2,00 m
Seitenhöhe 2,20 m
Tiefgang 1,50 m

Segelfläche: 360 qm

Besegelung: 8 Segel

Masten: Höhe Großmast über Deck 27,00 m

Hilfsmotor: Deutz-Diesel, 120 PS

Besatzung: 2–3 Personen Stammbesatzung, 26 Gäste

Verwendung: Charterschiff

Im Stauraum des ehemaligen Frachtseglers befinden sich heute die Kajüten und der Aufenthaltsraum für die Gäste, die bei der Bearbeitung des Schiffes mithelfen können. Das Schiff kann für Tages- oder Urlaubsreisen gechartert werden.

Amazone

ex Meyert Menno

Art: 2-Mast-Gaffelschoner, Stahl

Nation: Niederlande

Eigner: L. N. Baars & Co.

Heimathafen: Enkhuizen

Baujahr: 1963; Stapellauf 1. März 1963

Werft: Laan & Kooy te Den Oever, Holland

Vermessung: 160 ts Deplacement; 132 BRT; 63 NRT

Abmessungen:
Länge über alles 41,95 m
Länge Rumpf 35,04 m
Länge zwischen den Loten 28,62 m
Breite 6,70 m
Seitenhöhe 3,65 m
Tiefgang 2,74 m

Segelfläche: 440 qm

Besegelung: 5 Segel

Masten: Höhe Großmast über Deck 29,8 m

Hilfsmotor: General Motors-Diesel, 250 PS

Besatzung: 2 Personen Stammbesatzung, 24 Gäste

Verwendung: Charterschiff

Ursprünglich als Fischereifahrzeug gebaut, sind die Segelreviere heute das IJsselmeer, die Nord- und die Ostsee. Die Inneneinrichtungen müssen als luxuriös bezeichnet werden. Alle zehn Kabinen haben Zentralheizung. Die prachtvollen Linien machen das Schiff zu einem schnellen und sicheren Segler.

Amsterdam

Art: Ostindienfahrer, Vollschifftakelung; Nachbau, Holz

Nation: Niederlande

Eigner: N. V. Oostindiëvaarder

Heimathafen: Amsterdam

Liegeplatz: Oosterdock, beim Schiffahrtsmuseum

Baujahr: 1985–1989, Stapellauf: 27. Oktober 1989

Werft: Sonderhelling, Salzhafen, Amsterdam

Vermessung: 1200 ts Deplacement

Abmessungen:
Länge zwischen den Loten	42,45 m
Breite	11,82 m
Seitenhöhe	7,55 m
Raumtiefe	5,30 m
Tiefgang	4,50 m

Segelfläche: 1940 qm

Besegelung: 21 Segel

Masten: Höhe Großmast über Deck 48,45 m

Besatzung: 1750: 203 Seeleute, 127 Seesoldaten; heute: siebzig Rollenspieler im Wechsel von zwölf Personen

Verwendung: Museumsschiff, Ausstellungsschiff

Ostindienfahrer waren vor allem im siebzehnten und achtzehnten Jahrhundert das Rückgrat der niederländischen Handelsflotte (V.O.C. = Verenigde Oost-Indische Compagnie). Sie waren meist schwer bewaffnet und konnten eine große Ladung fahren. Während der genannten Jahrhunderte machten V.O.C.-Schiffe etwa 4800 Reisen von den Niederlanden nach Asien. Nur etwa einhundert Schiffe gingen dabei verloren. Der Verlust der AMSTERDAM war deshalb eher die Ausnahme.

Das Schiff wurde um 1745 in Amsterdam gebaut. (Die Bauzeit für einen Ostindienfahrer dieser Größe betrug etwa eineinhalb Jahre). Bereits die erste Reise nach Asien wurde ihm zum Verhängnis. Die Fahrt begann im Oktober 1748. Zusammen mit weiteren fünf Schiffen wurde der Kanal angesteuert. In einem schweren Sturm und nach Grundberührung verlor AMSTERDAM das Ruder und suchte Schutz in einer Bucht bei Hastings. Innerhalb weniger Tage starben zudem vierzig Seeleute an einer Epidemie. Der Kapitän versuchte, das Schiff an den Strand zu bringen. Das mißlang. AMSTERDAM sank innerhalb kürzester Zeit. Die verbliebene Besatzung konnte sich retten. Nur die Zahlungsmittel, etwa 300 000 Silbergulden, konnten geborgen werden. Die gesamte Ladung ging verloren.

Bei besonders niedrigem Wasserstand ist der Rumpf heute noch bei Hastings sichtbar. Versuche, das Schiff zu bergen, blieben erfolglos. Die Galion der heutigen Replika ziert ein mächtiger Löwenkopf, Merkur und Neptun flankieren den reich verzierten Heckspiegel. Rollenspieler zeigen das Leben der damaligen Zeit an Bord eines derartigen Schiffes.

Antigua

Art: Barkentine, Stahl

Nation: Niederlande

Eigner: F. Goldenbeld, Franeker

Heimathafen: Franeker

Baujahr: 1956

Abmessungen:
Länge über alles 48,00 m
Breite 7,30 m
Tiefgang 3,30 m

Segelfläche: 750 qm

Besegelung: 12 Segel

Hilfsmotor: Dieselmotor, 380 PS

Besatzung: 4 Personen Stammbesatzung, 32/85 Gäste

Verwendung: Charterschiff

ANTIGUA wurde als Motorschiff für die Fischerei gebaut. 1993 bis 1995 erfolgte der Umbau zur Barkentine mit komfortablen Einrichtungen.

Aphrodite

Art: Brigg, Stahl

Nation: Niederlande

Eigner: Kapitän Aent Kingma (Zeilvloot Lemmer-Stavoren)

Heimathafen: Stavoren

Baujahr: 1994, Stapellauf 13. Dezember 1993

Werft: J. M. de Vries, Lemmer

Vermessung: 150 ts Deplacement; 94 BRT

Abmessungen:
Länge über alles 31,00 m
Länge Rumpf 25,00 m
Länge zwischen den
Loten 21,55 m
Breite 6,60 m
Raumtiefe 2,89 m
Tiefgang 1,90 m

Segelfläche: 383 qm

Besegelung: 19 Segel; beide Masten neben Untersegel, Doppel-Marssegel und Doppel-Bramsegel

Masten: Höhe Großmast über Deck 23 m; beide Masten mit zwei Stengen

Hilfsmotor: Iveco-Diesel, 360 PS

Besatzung: 4–6 Personen Stammbesatzung, 16–40 Passagiere

Verwendung: Charterfahrt

Diese Brigg ist ein exklusives Segelschiff. Sie fährt die klassische und traditionelle Takelung eines rahgetakelten Zweimasters. Das Innere ähnelt allerdings mehr einem Klassehotel. Die Gesamtkonzeption für den Neubau stammt vom Eigner selbst. Es entstand die APHRODITE, schön wie ihre Namensgeberin. Ihre Segelreviere sind vor allem das IJsselmeer und das Wattenmeer. Alle acht Doppelkabinen haben Zentralheizung sowie Fußbodenheizung in den Duschen. Optimale nautische Instrumentierung ist natürlich eine Selbstverständlichkeit.

Atlantis

Art: 2-Mast-Gaffelschoner, Stahl

Nation: Niederlande

Eigner: R. J. de Waard (de Zeilvaart Enkhuizen)

Heimathafen: Groningen

Baujahr: 1913

Werft: J. J. Pattje, Waterhuizen, Niederlande

Vermessung: 137 BRT; 93 NRT

Abmessungen:
Länge über alles 38,50 m
Länge Rumpf 31,00 m
Länge zwischen den Loten 26,90 m
Breite 6,66 m
Tiefgang 2,50 m

Segelfläche: 421 qm

Besegelung: 7 Segel

Masten: Höhe Großmast über Deck 26 m

Hilfsmotor: Detroit VF 71, 318 PS

Besatzung: 2–3 Personen Stammbesatzung, 22 Gäste in Kojen

Verwendung: Charterschiff

Der ehemalige Frachtsegler fährt heute besonders in der Ostsee und zu den Kanarischen Inseln.

Bartele Rensink

Als Fischlogger gebaut, nahm LUCHTSTRAAL 1910 ihren Dienst auf. Der Logger war dann 1927 als Frachter GRETA in Hamburg registriert.
1938 kaufte Kapitän Heinrich Behrens aus Moorrege den Motorsegler und ließ ihn als HEINZ HELMUT weiterlaufen. 1952 wurde das Schiff um acht Meter verlängert und modernisiert. Es folgten zwei weitere Eigner- und Namenswechsel, wobei Stade jeweils der Heimathafen war.

Nachdem URSEL BEATE, wie sie zuletzt hieß, 1971 aus dem Register gestrichen worden war, erwarben sie 1978 ihre jetzigen Eigner. Bis 1982 erfolgte der Umbau in den Dreimastschoner BARTELE RENSINK für Charterzwecke. Zwei große Deckshäuser dienen als Messen und Aufenthaltsräume. Die Kammern sind in den ehemaligen Laderäumen untergebracht.

ex URSEL BEATE
ex LOTTE NAGEL
ex HEINZ HELMUT
ex GRETA
ex LUCHTSTRAAL

Art: 3-Mast-Gaffelschoner, Stahl

Nation: Niederlande

Eigner: Frank und Wieke Vlaun, Amsterdam

Heimathafen: Amsterdam

Baujahr: 1910

Werft: Scheepswerf „Industrie", Alphen a/d Rijn

Vermessung: 264 ts Deplacement; 166 BRT; 148 NRT

Abmessungen:
Länge über alles 46,00 m
Länge Rumpf 35,20 m
Breite 6,70 m
Raumtiefe 2,60 m
Seitenhöhe 3,10 m
Tiefgang 2,20 m

Segelfläche: 500 qm

Besegelung: 10 Segel

Masten: Höhe Großmast über Deck 25,40 m

Hilfsmotor: DAF-Diesel, 244 PS

Besatzung: 2–3 Personen Stammbesatzung, 28 Gäste

Verwendung: Charterschiff

Batavia

Art: Ostindienfahrer, 17. Jahrhundert, Vollschifftakelung, Nachbau, Holz

Nation: Niederlande

Eigner: Stichting Nederland bouwt V.O.C. retourschip

Heimathafen: Lelystad, Niederlande

Baujahr: 1985–1995, Kiellegung 4. Oktober 1985, Stapellauf 7. April 1995

Werft: Batavia-Werft, Lelystad

Vermessung: 1200 ts Deplacement; 600 BRT

Abmessungen:
Länge über alles	56,60 m
Länge zwischen den Loten	45,28 m
Breite	10,50 m
Seitenhöhe	5,09 m
Tiefgang	5,10 m

Segelfläche: 1190 qm

Besegelung: 10 Segel

Masten, Spieren: Höhe Großmast über Kiel 53 m; Bugspriet mit Bugsprietstenge und Oberblindenrah

Bewaffnung: Ursprünglich 24 Geschütze (Eisenguß); Gesamtgewicht etwa 30 Tonnen

Hilfsmotor: Kein Hilfsmotor

Verwendung: Museumsschiff unter Segeln, Botschafter unter Segeln

Die Ur-BATAVIA war 1628 in Amsterdam gebaut worden. Der schwerbewaffnete Handelsfahrer der »Vereinigden Oost-Indischen Compagnie« (V.O.C.) ging bereits bei seiner ersten Reise verloren. Er war 1629 an der australischen Westküste auf ein Riff gelaufen. Der niederländische Schiffsbaumeister Willem Vos hatte sich zum Ziel gemacht, dieses Schiff originalgetreu nachzubauen, um damit an die große Zeit holländischen Schiffbaus zu erinnern. Dieser Nachbau ist das Großartigste, was in unserer Zeit auf diesem Gebiet geleistet worden ist. Vom Baumaterial bis zur technischen Ausführung, es stimmt einfach alles. Der Staat unterstützte das Projekt und finanzierte die Ausbildung arbeitsloser Jugendlicher, die heute als Fachleute gesucht sind. Während der zehnjährigen Bauzeit besuchten 1,7 Millionen die Werft. Ihre Eintrittsgelder trugen erheblich zur Finanzierung bei. Krönung der Ornamente sind der rote niederländische Löwe an der Galion und ganz besonders der kunstvoll gestaltete Spiegel und die Heckseiten des Schiffes. Am 7. April 1995 erfolgte die Taufe durch Königin Beatrix.

Seit 1994 wird auf der gleichen Werft an einem weiteren Nachbau gearbeitet. Es ist dies das Flaggschiff des berühmten holländischen Admirals Michiel Adriaansz de Ruyter, die ZEVEN PROVINCIEN (»Sieben Provinzen«).

Anläßlich der Olympischen Spiele, die im Jahre 2000 in Sydney stattfinden, soll die mächtige BATAVIA auf einem noch mächtigeren Transportschiff zu einem Besuch nach Sydney gebracht werden.

Bisshop von Arkel

Das Schiff wurde für deutsche Rechnung in Holland gebaut. 1910 erfolgte der Verkauf an Jakob Noldt aus Hohenhorst. Seit 1943 fährt der Schoner mit Motor. 1945 übernahm die Fa. Junge in Rellingen das Schiff. Von 1953–63 war es mit Namen ANTJE ADELHEIT auf Amrum registriert, von 1963–77 unter gleichem Namen in Husum.

1977 erfolgte schließlich der Verkauf in die Niederlande.

---

ex ADELHEIT VAN ENKHUIZEN
ex ANTJE ADELHEIT
ex ADELHEIT

Art: 2-Mast-Toppsegelschoner, Stahl

Nation: Niederlande

Eigner: Erik Querngester, Harlingen

Heimathafen: Vlieland, Makkum

Baujahr: 1900

Werft: J. J. Pattje & Zoon, Waterhuizen

Vermessung: 66 BRT; 21 NRT

Abmessungen:
Länge über alles 33,00 m
Länge Rumpf 26,00 m
Längen zwischen den Loten 23,00 m
Breite 5,50 m
Raumtiefe 2,50 m
Tiefgang 2,00 m

Segelfläche: 700 qm

Besegelung: 13 Segel

Masten: Höhe Großmast über Deck 24 m

Hilfsmotor: Volvo Penta TD 100, 200 PS

Besatzung: 2 Personen Stammbesatzung, 16 Gäste oder 16 Trainees

Verwendung: Charterschiff und Schulschiff unter Segeln

Bonaire

ex ABEL TASMAN
ex BONAIRE

Art: ehemals Barkentine mit Dampfantrieb, Eisen

Nation: Niederlande

Liegeplatz: Den Helder

Baujahr: 1876

Werft: Nederlandse Stoombootmaatschappij Fijenoord

Abmessungen:
Länge   54,00 m

Segelfläche: 746 qm

Hilfsmotor: Dampfmaschine

Verwendung: Museumsschiff (nach Restaurierung)

BONAIRE ist das älteste noch lebende niederländische Marineschiff. Während ihrer aktiven Dienstzeit kreuzte sie besonders in den Gewässern vor Surinam und den Niederländischen Antillen. 1902 war diese Zeit zu Ende gegangen, sie wurde in Hellevoetsluis Wohnschiff für den Torpedodienst. 1923 verließ das Schiff die Marine. Als Hulk, und mit neuem Namen ABEL TASMAN, war es fortan Internatsschiff der Seefahrtschule Delfzijl. 1995 wurde es für Restaurierungsarbeiten nach Den Helder geschleppt.

Brabander

Art: 2-Mast-Toppsegelschoner, Eisen

Nation: Niederlande

Eigner: Fred & Nell Franssen, Drimmelen

Heimathafen: Drimmelen

Baujahr: 1977, Stapellauf 7. April 1977

Werft: 1980 gerigt bei Spencer's Dockyard, Isle of Wight

Abmessungen:
Länge über alles   36,00 m
Länge Rumpf   23,11 m
Länge zwischen den
Loten   22,00 m

Breite   6,06 m
Raumtiefe   4,04 m
Tiefgang   3,00 m

Segelfläche: 540 qm

Besegelung: 11 Segel; Fockmast: Breitfock, Mars-, Bramsegel

Masten: Höhe Großmast über Deck 28 m. Beide Masten mit einer Stenge, Holz

Hilfsmotor: 2 Deutz-Diesel, 2x 101 PS

Besatzung: 5 Personen Stammbesatzung, 12 Gäste

Verwendung: Privatschiff für Gäste

Den eleganten Rumpf mit seinem scharfgeschnittenen Bug ziert ein Pfortenband. Das Heck hat einen nahezu platten Spiegel. Gäste werden in erster Linie an Bord genommen, um die Unterhaltskosten zu senken.

Eendracht II

Art: 3-Mast-Gaffelschoner, Stahl

Nation: Niederlande

Eigner: Stichting Het Zeilende Zeeschip

Heimathafen: Scheveningen

Baujahr: 1989; Stapellauf Mai 1989

Werft: Damen Shipyards, Gorinchem, Niederlande

Vermessung: 470 ts Deplacement; 606 BRT; 181 NRT

Abmessungen:
Länge über alles	59,40 m
Länge Rumpf	55,00 m
Länge zwischen den Loten	41,90 m
Breite	12,30 m
Seitenhöhe	5,80 m
Tiefgang	5,00 m

Segelfläche: 1047 qm

Besegelung: 9 Segel; Besanmast: Bermudasegel

Masten: Höhe Großmast über Deck 38,70 m

Hilfsmotor: Caterpillar-Diesel, 550 PS (403 kW)

Besatzung: 13 Personen Stammbesatzung, 40 Trainees

Verwendung: Schul- und Charterschiff

EENDRACHT II löst EENDRACHT (I) ab, die seit 1989 mit neuem Namen JOHANN SMIDT dem Verein CLIPPER – Deutsches Jugendwerk zur See e. V. gehört. Durch Aufbringen einer Rah am Fockmast kann das Schiff zum Toppsegelschoner erweitert werden.

Das Schiff ist für jedermann zum Mitsegeln gedacht. Besonders Jugendliche können an Bord ihre Ferien verbringen. Modernste nautische Einrichtungen und hervorragende Unterwasserlinien machen das Schiff zu einem sicheren und schnellen Segler.

EENDRACHT ist eine typische de Vries Lentsch-Yacht: hochbordig, mit starkem Sprung und großen Deckshäusern. Die Brücke mit dem geschlossenen Ruderhaus entspricht einem Motorschiff, die dahinter liegende offene Seglerbrücke steht erhöht, so daß der Rudergänger über das Ruderhaus hinwegsehen kann. Das gesamte Zwischendeck wird von den Wohn- und Sanitärräumen der Crew und der Trainees eingenommen.

Elizabeth

Art: 3-Mast-Gaffelschoner (»Klipper«), Stahl

Nation: Niederlande

Eigner: Jan Bruinsma (Zeilrederij Friesland)

Heimathafen: Lemmer

Baujahr: 1914, Stapellauf 30. April 1914

Werft: De Boer, Rode Vaart

Vermessung: 225 ts Deplacement

Abmessungen:
Länge über alles   51,50 m
Länge Rumpf   39,90 m
Länge zwischen den
Loten   36,50 m
Breite   6,50 m
Raumtiefe   3,10 m
Tiefgang   1,45 m

Segelfläche: 470 qm

Besegelung: 7 Segel

Masten: Höhe Großmast über Deck 27,5 m

Hilfsmotor: Gardner-Diesel, 200 PS

Besatzung: 3 Personen Stammbesatzung, 30 Gäste

Verwendung: Charterschiff

Für die Frachtfahrt in flachen Gewässern, auch in Flüssen, wurde ELIZABETH als Zweimastschoner mit Plattboden und Seitenschwertern gebaut. In den dreißiger Jahren erhielt sie einen Hilfsmotor, um mit der Konkurrenz mithalten zu können. 1960 wurde ein großer Motor eingebaut. Ohne Masten blieb das Schiff dann bis 1990 als reines Motorfrachtschiff beschäftigt. Es folgte unter dem jetzigen Eigner ein umfangreicher Umbau zum Dreimaster mit entsprechenden Luxuseinrichtungen für die Passagierfahrt. Das Hauptsegelrevier ist das IJsselmeer.

Elisabeth Louw

1985 – 1986 baute der jetzige Eigner den ehemaligen Lotsenschoner TONIJN (Thunfisch) zur Charteryacht um. Der genietete Stahlrumpf besitzt vier Schotten. Beim Umbau wurde ein falscher Klipperbug angebracht und das Stahldeck mit Irokoplanken belegt. Hauptruder und Kompaßhaus stehen hinter dem Ruderhaus auf dem erhöhten Achterdeck. Die Masten bestehen aus Lärche, Gaffeln und Rahen aus Aluminium. Beide Rahen bleiben auf Position. Dreiundzwanzig Gästekojen verteilen sich auf acht Kabinen. 1986 bis 1988 wurde der Schoner von einer belgischen Segelschule gechartert, die von der Firma Schweppes gesponsert wurde. Zu diesem Zweck bekam das Schiff neue gelbe Segel.

ex TONIJN

Art: 2-Mast-Toppsegelschoner, Eisen

Nation: Niederlande

Eigner: H. J. Hoogendoorn

Heimathafen: Hoorn

Baujahr: 1910 (umgebaut 1985–86)

Werft: Vigé-Werft, Haarlem

Vermessung: 160 ts Deplacement; 110 BRT; 33 NRT

Abmessungen:
Länge über alles 40,00 m
Länge Rumpf 28,70 m
Länge zwischen den Loten 25,00 m
Breite 6,60 m
Tiefgang 2,70 m

Segelfläche: 520 qm (am Wind 374 qm)

Besegelung: 9 Segel

Masten: Höhe Großmast über Deck 30,5 m

Hilfsmotor: Henschel-Diesel, 300 PS

Besatzung: 3 Personen Stammbesatzung, 23 Passagiere

Verwendung: Charterschiff

Elisabeth Smit

ex Z. S. MARKEN

Art: Barkentine, Holz

Nation: Niederlande

Eigner: Smit Tall Ship B. V.

Heimathafen: Amsterdam

Baujahr: 1938

Werft: Mc.Kinsey

Vermessung: 240 ts Deplacement

Abmessungen:
Länge über alles 52,00 m
Länge Rumpf 35,00 m
Breite 7,50 m
Seitenhöhe 6,00 m
Tiefgang 3,00 m
Segelfläche: 1025 qm

Besegelung: 13 Segel; Fockmast: Doppel-Marssegel, einfaches Bramsegel

Masten: Höhe Großmast über Deck 31 m

Hilfsmotor: Dormann 560 PS-Diesel

Besatzung: 4 Personen Stammbesatzung, 75 Gäste

Verwendung: Segelndes Partyschiff

Das Schiff ist als Minenräumboot gebaut worden.

Europa

Senator Brockes lag von 1911 bis 1914 als Feuerschiff Elbe 4 auf Position. Von 1916 bis 1918 war sie Lotsenstation, um dann von 1918 bis 1936 wieder als Feuerschiff Elbe 3 Dienst zu tun. Ab Oktober 1942 war das Schiff der Kriegsmarine in der Ostsee unterstellt.

Im Juli 1945 wurde es wieder dem Schiffahrtsamt Hamburg übergeben. Bis zur Außerdienststellung im Jahre 1974 folgte dann der Einsatz als Reservefeuerschiff Elbe 2 und Elbe 3.

Nach einer nochmaligen, unbemannten Verwendung in der Deutschen Bucht erwarb der jetzige Eigner 1987 das Schiff. Nach siebenjähriger Umbauzeit und Takelung als Bark konnte Europa, wie sie jetzt hieß, 1993 ihre erste Reise antreten. Ungewöhnlich und sehr selten sind die Leesegel, die das Schiff bei achterlichem Wind fahren kann. Eine üppig gestaltete Frauenfigur schmückt als Galionsfigur den Bug.

ex FS Senator Brockes

Art: Bark, Eisen

Nation: Niederlande

Eigner: Harry Smit (Stichting het vaarend Museumschip)

Heimathafen: Amsterdam

Baujahr: 1910/11

Werft: H. C. Stülcken & Sohn, Hamburg

Vermessung: keine Angaben

Abmessungen:
Länge über alles 55,10 m
Länge Rumpf 45,40 m
Breite 7,50 m
Raumtiefe 5,10 m
Tiefgang 4,00 m

Segelfläche: 1020 qm

Besegelung: 22 Segel; dazu 4 Leesegel; Fock-, Großmast: Doppelmarssegel, Doppelbramsegel

Masten: Höhe Großmast über Deck 36 m

Hilfsmotor: Caterpillar-Diesel, 2x 460 PS

Besatzung: 14 Personen Stammbesatzung (max.), 50 Trainees oder 50 Gäste

Verwendung: Schulschiff unter Segeln, Charterschiff

Frisius van Adel

Der ursprüngliche Frachtsegler mit Plattboden und Seitenschwertern wurde 1971 für Tagestouren umgebaut und eingerichtet. Die Segelgebiete sind das IJsselmeer, das Wattenmeer und Binnenseen. Der Name Frisius van Adel stammt aus der jahrhundertealten Geschichte der Friesen. Sie beginnt bald nach Christi Geburt. Adel war der älteste Sohn von Friso. Bekannt wurde Adel durch das Abhalten von geselligen Gastmahlen.

Art: 3-Mast-Gaffelschoner, Stahl	Vermessung: 300 BRT	Besegelung: 9 Segel
Nation: Niederlande	Abmessungen:	Masten: Höhe Großmast über Deck 29,5 m
Eigner: Jappie Bandstra, Stavoren (Zeilvloot Lemmer-Stavoren)	Länge über alles 46,80 m Länge Rumpf 38,80 m Länge zwischen den Loten 37,60 m Breite 6,10 m Raumtiefe 2,10 m Seitenhöhe 1,90 m Tiefgang 1,40 m	Hilfsmotor: Scania-Diesel, 165 PS
Heimathafen: Stavoren		Besatzung: 3 Personen Stammbesatzung, 75 Tagesgäste
Baujahr: 1906		
Werft: keine Angaben	Segelfläche: 485 qm	Verwendung: Charterschiff für Tagesfahrten

Frya

ex FREIA
ex PETSMO
ex MARIJ
ex OLAF PETERSEN

Art: 3-Mast-Toppsegelschoner, Stahl

Nation: Niederlande

Eigner: Peter de Groote, Amsterdam

Heimathafen: Amsterdam

Baujahr: 1906

Werft: Bondegard & Jespersen, Marstal, Dänemark

Vermessung: 84,49 BRT; 52,25 NRT; 125 ts TM

Abmessungen:
Länge über alles 27,50 m
Länge Rumpf 24,40 m
Länge zwischen den Loten 22,80 m
Breite 5,60 m
Tiefe im Raum 2,60 m
Tiefgang 2,50 m

Segelfläche: 242 qm

Besegelung: 9 Segel (Dacron); 3 Vorsegel, alle Masten: Gaffelsegel, Gaffeltoppsegel

Masten: Höhe Besanmast über Deck 20 m; Bugspriet und Masten: Stahl; Stengen: Holz

Hilfsmotor: Modag-Krupp, 2-Takt-Dieselmotor, 100 PS

Besatzung: 3 Personen Stammbesatzung, 12 Gäste, Schüler

Verwendung: Privatschiff für Passagierkreuzfahrten und Schulschiff unter Segeln

Als erstes Stahlschiff, das die Werft in Marstal verließ, wurde die damalige OLAF PETERSEN vor allem in nördlichen Gewässern gesegelt. Die Reederei gehörte H. M. Petersen und J. C. Albertsen. Das Schiff versah für einige Zeit auch den Postdienst zwischen Island und Spanien. 1910 kaufte es Oerum Wulff aus Kopenhagen. Unter dem Namen MARIJ fuhr der Segler Getreide zwischen Skandinavien und Rußland. Ein kleiner Hilfsmotor half ihm mit lediglich 18 PS.
Ab 1929 segelte der Schoner unter deutscher Flagge mit Namen PETSMO und FREIA. In den fünfziger Jahren wurden alle Masten weggenommen. FREIA war frachtfahrendes Motorschiff geworden. Ihre letzten deutschen Eigner hießen Richard Hübner und bis 1961 Nikolaus Köln aus Burgstaaken auf Fehmarn.
In Burgstaaken entdeckte sie ihr jetziger Eigentümer. In vieljähriger Arbeit entstand eine neue FRYA, die allen Anforderungen eines heutigen Kreuzfahrtenseglers gerecht wird. Das betrifft sowohl die wohnliche Inneneinrichtung als auch die navigatorische Ausrüstung. FRYA segelt nicht nur für zahlende Gäste, sondern steht auch als Segelschulschiff zur Verfügung.

Grootvorst

ex Cornelia
ex Pieternella
ex Leentje
ex Onderneming

Art: 3-Mast-Gaffelschoner, Stahl

Nation: Niederlande

Eigner: C. W. Velthuys

Heimathafen: Enkhuizen

Baujahr: 1895, Stapellauf 15. März 1895

Werft: Bodewes, Martenshoek, Groningen

Vermessung: 160 ts Deplacement; 40 NRT

Abmessungen:
Länge über alles	46,00 m
Länge Rumpf	40,00 m
Länge zwischen den Loten	37,50 m
Breite	6,80 m
Raumtiefe	1,30 m
Seitenhöhe	2,10 m
Tiefgang	1,35 m
mit Seitenschwert	5,00 m

Segelfläche: 500 qm

Besegelung: 10 Segel

Masten: Höhe Großmast über Wasserlinie 29,8 m

Hilfsmotor: General Motors-Diesel (8V7), 250 PS

Besatzung: 2–3 Personen Stammbesatzung, 29 Gäste

Verwendung: Charterschiff

IJsselmeer, Wattenmeer und niederländische Seen sind das Segelrevier dieses großen Schiffes mit Plattboden und Seitenschwertern. Diese Schonerart wird in den Niederlanden auch als Klipper bezeichnet. Als motorloses, zweimastiges Frachtschiff begann Grootvorst ihre Laufbahn, bis sie, nach mehreren Besitzerwechseln, 1985 von ihrem jetzigen Eigner für die gehobene Charterfahrt umgebaut und eingerichtet wurde.

Hendrika Bartelds

Das Schiff wurde 1917 als Fischlogger Johan Last gebaut. Mehrere Eignerwechsel erfolgten im Laufe der Jahre. Nach der Außerdienststellung als Handelsfahrer wurde das Fahrzeug zum Dreimastschoner umgebaut und für den Charterdienst komfortabel eingerichtet. Im Mai 1989 bekam der Schoner seinen jetzigen Namen Hendrika Bartelds und trat seine neue Verwendung an.

ex ELISE
ex DOLFYN
ex JOHAN LAST

Art: 3-Mast-Gaffelschoner, Stahl

Nation: Niederlande

Eigner: Frank und Wieke Vlaun, Amsterdam

Heimathafen: Amsterdam

Baujahr: 1917

Werft: in Leeuwarden

Vermessung: 167 BRT; 87 NRT

Abmessungen:
Länge über alles 49,00 m
Länge Rumpf 36,40 m
Breite 6,60 m
Raumtiefe 2,80 m
Seitenhöhe 3,30 m
Tiefgang 3,00 m

Segelfläche: 643 qm

Besegelung: 13 Segel

Masten: Höhe Großmast über Deck 30,20 m

Hilfsmotor: Caterpillar-Diesel, 385 PS

Besatzung: 3 Personen Stammbesatzung, 70 Gäste bei Tagesfahrten

Verwendung: Charterschiff

Hoop doet Leven

ex JAWEG
ex HERZOGIN ILSE IRENE

Art: 2-Mast-Gaffelschoner, Eisen

Nation: Niederlande

Eigner: A. Valk, Groningen

Heimathafen: Groningen

Baujahr: 1892

Werft: Wed Duivendijk, Papendrecht

Vermessung: 276 ts Deplacement; 158 BRT; 97 NRT

Abmessungen:
Länge über alles 33,00 m
Länge Rumpf 27,90 m
Breite 5,80 m
Tiefgang 1,30 m

Segelfläche: 450 qm

Besegelung: 8 Segel

Masten: Höhe Großmast über Deck 21,5 m

Hilfsmotor: DAF-Diesel, 165 PS

Besatzung: 2 Personen Stammbesatzung, 24 Gäste

Verwendung: Charterschiff

HOOP DOET LEVEN (»Hoffnung macht Leben«), ein Plattbodenklipper mit Seitenschwertern, transportierte in ihren frühen Jahren besonders Kohlen und Kieselsteine. Seit 1982 ist sie in der Charterfahrt beschäftigt. IJsselmeer, Wattenmeer und Binnenseen sind ihre Segelreviere.

Horizon

HORIZON gehört zu den ersten niederländischen Frachtseglern, die für die Passagierfahrt umgebaut und eingerichtet wurden. Die Arbeiten begannen bereits in den 50er Jahren. Ihre Segelreviere sind das IJsselmeer, das Wattenmeer und die niederländischen Binnenseen.

Art: 2-Mast-Tjalk

Nation: Niederlande

Eigner: Wim Patist

Abmessungen:
Länge über alles	21,78 m
Breite	5,12 m
Tiefgang	1,00 m

Besatzung: 2 Personen Stammbesatzung, 14 Passagiere

Verwendung: Charterschiff

Ide Min

ex STANISLAW

Art: 2-Mast-Gaffelschoner, Stahl

Nation: Niederlande

Eigner: Thomas R. de Nijs, Paul M. de Jong

Heimathafen: Amsterdam

Baujahr: 1957

Werft: in Magdeburg

Vermessung: 160 ts Deplacement; 105 BRT; 58 NRT

Abmessungen:
Länge über alles	39,60 m
Länge Rumpf	30,00 m
Länge zwischen den Loten	24,80 m
Breite	6,98 m
Raumtiefe	2,60 m
Seitenhöhe	3,00 m
Tiefgang	2,40 m

Segelfläche: 564 qm

Besegelung: 8 Segel

Masten: Höhe Großmast über Deck 31,50 m

Hilfsmotor: DAF-Diesel 6 Zyl., 260 PS

Besatzung: 3 Personen Stammbesatzung, 26 Gäste oder Trainees

Verwendung: Charterschiff

Die eleganten Linien des heutigen Schoners lassen kaum vermuten, daß das Schiff als reiner Motorschlepper gebaut worden war. Bis 1990 war es als Hafenschlepper einer Baggerflotte in Danzig beschäftigt. Nunmehr unter holländischer Flagge, begann 1991 der Umbau zum Schoner. Alle Stahlarbeiten wurden auf einer kleinen Werft in Danzig ausgeführt, Technik, Innenausbau und Takelage in Harlingen. Das traditionell gehaltene Schiff hat sich als sehr schnell erwiesen.

Jacob Meindert

ex Oldeoog

Art: 2-Mast-Toppsegelschoner, Stahl

Nation: Niederlande

Eigner: Willem F. Sligting

Heimathafen: Makkum (Sommer, Liegeplatz Kiel)

Baujahr: 1952

Werft: Jadewerft Wilhelmshaven; Umbau 1989–1990, Stocnia Wiswa, Gdansk

Vermessung: 96 BRT; 29 NRT

Abmessungen:
Länge über alles	36,50 m
Länge Rumpf	29,00 m
Länge zwischen den Loten	26,50 m
Breite	7,30 m
Seitenhöhe	2,50 m
Tiefgang	2,40 m

Segelfläche: 630 qm

Besegelung: 8 Segel

Masten: Höhe Großmast über Deck 28,3 m

Hilfsmotor: DAF 1160 Turbo-Diesel, 260 PS

Besatzung: 2 Personen Stammbesatzung; Gäste: 27 mehrtätig, 42 Tagestörns

Verwendung: Charterschiff, Passagiersegelschiff

Das Schiff war als Motorschlepper gebaut worden. Wegen seiner guten Unterwasserlinien eignete sich der Rumpf hervorragend für eine Takelung als Schoner. Die eleganten Linien und der Fall der Masten erinnern stark an die berühmten amerikanischen Baltimore Clipper.

JACOB MEINDERT ist ein sehr schneller Segler. Unter Deck entspricht die Ausstattung den neuesten Anforderungen, was Sicherheit und Komfort betrifft.

Jantje

ex Zwarte Rat
ex Johanna Maria
ex Ennie & Appie

Art: 2-Mast-Toppsegelschoner, Stahl

Nation: Niederlande

Eigner: H. Müter, IJmuiden

Heimathafen: IJmuiden

Baujahr: 1929

Werft: van Goor, Monnickendam

Vermessung: 96 ts Deplacement; 54 BRT; 16 NRT

Abmessungen:
Länge über alles	28,00 m
Länge Rumpf	20,00 m
Länge zwischen den Loten	16,50 m
Breite	5,90 m
Raumtiefe	2,40 m
Seitenhöhe	3,10 m
Tiefgang	2,40 m

Segelfläche: 380 qm

Besegelung: 12 Segel, Breitfock

Masten: Höhe Großmast über Deck 21 m

Hilfsmotor: Scania D 11, 180 PS

Besatzung: 3 Personen Stammbesatzung, 12 Trainees oder 12 Gäste

Verwendung: Schulschiff unter Segeln, Charterschiff

Linde

ex RIVAL
ex QUO VADIS

Art: 3-Mast-Gaffelschoner, Stahl

Nation: Niederlande

Eigner: V. O. F. Rederij Fokkelina-Linde

Heimathafen: Stavoren

Baujahr: 1910

Werft: v. d. Adel, Papendrecht

Vermessung: 306 BRT

Abmessungen:
Länge über alles 50,00 m
Länge Rumpf 39,65 m
Breite 6,39 m
Raumtiefe 2,11 m
Tiefgang 1,40 m

Segelfläche: 425 qm

Besegelung: 6 Segel

Masten: Höhe Großmast über Deck 28 m

Antrieb: Scania-Diesel, 296 PS

Besatzung: 3 Personen Stammbesatzung, 30 Passagiere

Verwendung: Charterschiff

Bis 1990 fuhr der Schoner mit Plattboden und Seitenschwertern unter seinen beiden ersten Namen im Frachtgeschäft. Anfangs als einmastiges Schiff, dann auch als reines Motorschiff. In den sechziger Jahren erfolgte eine Verlängerung um sieben Meter. Schließlich wurde das Schiff 1990 zum Dreimaster umgebaut und für die Charterfahrt eingerichtet. Die Segelreviere sind das IJsselmeer, das Wattenmeer und Binnenseen.

Loth Loriën

ex NJORD

Art: 2-Mast-Bermudaschoner, Stahl

Nation: Niederlande

Eigner: Jaap van der Rest

Heimathafen: Amsterdam

Baujahr: 1907
Werft: Asselem & Karsten, Bergen

Vermessung: 148 BRT; 44 NRT

Abmessungen:
Länge Rumpf 37,60 m
Breite 5,80 m
Tiefgang 2,80 m

Segelfläche: 450 qm

Besegelung: 5 Segel
Masten: Höhe Großmast über Deck 30 m

Hilfsmotor: Deutz-Diesel 716, 365 PS

Besatzung: 3 Personen Stammbesatzung, 34 Trainees oder 34 Gäste, 70 Gäste bei Tagesfahrten

Verwendung: Charterschiff

Das Schiff ist als norwegisches Fischereifahrzeug gebaut worden.

Maartinus

Art: 2-Mast-Stagsegelschoner

Nation: Niederlande

Eigner: S. P. M. Ineveld

Heimathafen: Hoorn

Abmessungen:
Länge über alles 20,4 m
Breite 5,4 m
Tiefgang 2,3 m

Besegelung: 5 Segel

Segelfläche: 300 qm

Besatzung: 2 Personen Stammbesatzung, 12 Passagiere

Verwendung: Charterschiff

Das Schiff mit seinen eleganten Linien war als Fischereifahrzeug gebaut worden. 1986 wurde es zum Charterschiff umgebaut. Die Segelreviere sind das IJsselmeer, das Wattenmeer und die niederländischen Binnenseen.

Mare Frisium

ex HELMUT

Art: 3-Mast-Toppsegelschoner, Stahl

Nation: Niederlande

Eigner: Gebrüder Bruinsma (Traditional Sailing Charter, Lemmer)

Heimathafen: Harlingen

Baujahr: 1916

Werft: in Weert, Niederlande

Vermessung: noch nicht bekannt

Abmessungen:
Länge über alles 52,00 m
Länge Rumpf 40,00 m
Länge in der
Wasserlinie 36,00 m
Breite 6,70 m

Segelfläche: 634 qm

Hilfsmotor: 18 Kva Mitsubishi und 28 Kva Perkins

Besatzung: Anzahl der Stammbesatzung noch nicht bekannt, 34 Passagiere in Kojen, 80 Gäste bei Tagesfahrten

Verwendung: Charterschiff

Der Taufname des Schiffes ist nicht bekannt. Es wurde seinerzeit als anderthalbmastiger Fischlogger gebaut, der besonders auf der Doggerbank zum Fang eingesetzt wurde. Ende der vierziger Jahre war dieser Fang nicht mehr rentabel. Das Schiff kam mit Namen HELMUT nach Deutschland. 1960 wurde es auf die heutige Rumpflänge von 40 Metern verlängert. Als Frachtschiff fuhr HELMUT von Hamburg nach Schweden und St. Petersburg. Sie transportierte regelmäßig Holz aus Skandinavien nach Belgien und England. Schließlich wurde sie in Schweden aufgelegt und begann dort zu verrotten.

Seit 1995 arbeiteten die jetzigen Eigner am Umbau zu einem dreimastigen Passagierschiff mit allen Fahrlizenzen. Am 4. April 1997 erfolgte die Indienststellung.

Minerva

ex Uwe Ursula

Art: 3-Mast-Gaffelschoner, Stahl

Nation: Niederlande

Eigner: Resto–Sail B. V., Scheveningen

Heimathafen: Scheveningen

Baujahr: 1935

Werft: C. Lühring, Hammelwarden, Unterweser

Vermessung: 250 ts Deplacement

Abmessungen:
Länge über alles 50,00 m
Länge Rumpf 40,00 m
Länge in der Wasserlinie 37,00 m
Breite 7,10 m
Raumtiefe 2,20 m
Tiefgang 2,20 m

Segelfläche: 900 qm

Besegelung: 9 Segel

Masten: Höhe Großmast über Deck 33 m

Hilfsmotor: MAK-Diesel, 180 PS

Besatzung: 8 Personen Stammbesatzung, 75 Gäste (bei Tagestouren)

Verwendung: Charterschiff

Uwe Ursula wurde für Kapt. Johann Peter Henning aus Wischhafen an der Elbe gebaut. Ihr Heimathafen war damals Hamburg. Mehrfach wechselte das Schiff den Eigner. In der Mitte der 60er Jahre wurde die Takelage abgenommen. Bis 1987 war das Schiff als Kümo eingesetzt. Im gleichen Jahr erfolgte der Verkauf in die Niederlande und der Umbau zum Charterschiff.

Mon Desir

ex Vertrouwen
ex Hoop
ex Berendina
ex Adriana-Johanna

Art: 2-Mast-Gaffelschoner, Stahl

Nation: Niederlande

Eigner: A. van der Cingel, Lemmer

Heimathafen: Akkrum

Baujahr: 1903

Werft: T. v. Duyvendijk, Lekkerkerk

Vermessung: 100 ts Deplacement; 87 BRT; 53 NRT

Abmessungen:
Länge über alles 37,50 m
Länge Rumpf 29,65 m
Länge zwischen den Loten 27,68 m
Breite 5,56 m
Raumtiefe 1,90 m
Tiefgang 1,20 m

Segelfläche: 300 qm

Besegelung: 4 Segel

Masten: Höhe Großmast über Deck 24 m

Hilfsmotor: Gardner-Diesel 6L3B

Besatzung: 3 Personen Stammbesatzung, 25 Gäste bei Tagesfahrten

Verwendung: Charterschiff

Das Plattbodenschiff mit Seitenschwertern diente unter den früheren Namen als Frachter. 1987 erfolgte der Umbau für die jetzige Charterfahrt.

Mondrian

Art: 2-Mast-Gaffelschoner, Stahl

Nation: Niederlande

Eigner: Holmon B. V.

Heimathafen: Middelburg

Baujahr: keine Angaben (der Umbau erfolgte 1995)

Werft: A en van G Jachtbouw (Umbau)

Vermessung: 200 ts Deplacement

Abmessungen:
Länge über alles	44,40 m
Länge Rumpf	36,50 m
Länge zwischen den Loten	30,25 m
Breite	6,65 m
Raumtiefe	2,25 m
Seitenhöhe	3,20 m
Tiefgang	2,65 m

Segelfläche: 650 qm

Besegelung: 8 Segel

Masten: Höhe Großmast über Deck 34,00 m

Hilfsmotor: Detroit-Diesel, 365 PS

Besatzung: 10 Personen Stammbesatzung, 22 Gäste

Verwendung: Charterschiff

Nil Desperandum

Noch bis 1986 fuhr das Plattbodenschiff mit Seitenschwertern Fracht in Holland, Belgien und Deutschland. Dann erfolgte der Umbau zum Charterschiff für gehobene Ansprüche. IJsselmeer, Wattenmeer und die Binnenseen sind die bevorzugten Segelreviere. Das Schiff gehört zur Zeilvloot Lemmer-Stavoren.

(die »ex«-Namen sind nicht bekannt)

Art: 3-Mast-Gaffelschoner, Eisen

Nation: Niederlande

Eigner: Gert van Wijk

Heimathafen: Woubrugge

Baujahr: 1894

Werft: in Duyvendijk

Vermessung: 130 ts Deplacement

Abmessungen:
Länge über alles 45,00 m
Länge Rumpf 35,50 m
Breite 6,25 m
Raumtiefe 1,15 m
Tiefgang 1,15 m

Segelfläche: 435 qm

Besegelung: 8 Segel

Masten: Höhe Großmast über Deck 28 m

Hilfsmotor: General Motors-Diesel, 110 PS

Besatzung: 2 Personen Stammbesatzung, 28 Gäste

Verwendung: Charterschiff

Noorderlicht

ex FS Kalkgrund
ex FS Flensburg

Art: 2-Mast-Gaffelschoner, Stahl

Nation: Niederlande

Eigner: Ribro B. V.

Heimathafen: Enkhuizen

Baujahr: 1910

Werft: Flensburger Schiffbaugesellschaft

Vermessung: 260 ts Deplacement; 140 BRT; 60 NRT

Abmessungen:
Länge über alles 46,50 m
Länge Rumpf 36,50 m
Länge zwischen den Loten 30,00 m
Breite 6,50 m
Seitenhöhe 4,00 m
Tiefgang 3,10 m

Segelfläche: 550 qm

Besegelung: 8 Segel

Masten: Höhe Großmast über Deck 30 m

Hilfsmotor: Caterpillar-Diesel, 320 PS

Besatzung: 4 Personen Stammbesatzung, 20 Gäste

Verwendung: Charterschiff

Als Feuerschiff Kalkgrund wurde das Schiff mit der Baunummer 300 abgeliefert. Die Baukosten betrugen damals 184 000 Mark. 1925 erhält es den neuen Namen Feuerschiff Flensburg. 1953/54 wird das Schiff überholt und modernisiert. Am 11. Juni 1963 wird die Funktion des Feuerschiffes vom Leuchtturm »Kalkgrund« übernommen. 1963 kauft es die Flensburger Firma Holm & Molzen und bringt es im Schlepp an die Pier der Firma im Flensburger Hafen. Das Schiff wird Wohnung für griechische Gastarbeiter. Von 1967 bis 1985 war es Clubheim der Möltenorter Seglerkameradschaft. Die Versuche zweier Holländer, aus dem schnittigen Rumpf ein Segelschiff zu machen, schlugen fehl.
Erst 1991 erfolgt der Umbau zum Zweimaster durch den jetzigen Eigner. Eine weibliche Büste schmückt als Galionsfigur den rassigen Bug. Das Mädchen hat keine besondere Bedeutung. Laut Angaben des Eigners ist es »nur jung und schön«. Im April 1994 war Noorderlicht fertig und segelt jetzt im Sommer bei Spitzbergen und im Winter bei den Kanarischen Inseln.

Oosterschelde

ex Sylvan
ex Fuglen
ex Oosterschelde

Art: 3-Mast-Toppsegelschoner, Stahl

Nation: Niederlande

Eigner: BV Rederij Oosterschelde, Rotterdam

Heimathafen: Veerhaven in Rotterdam

Baujahr: 1918

Werft: Appelo, Zwaartsluis

Vermessung: 226 BRT; 93 NRT

Abmessungen:
Länge über alles 50,00 m
Länge Rumpf 40,12 m

Länge zwischen den
Loten 34,49 m
Breite 7,50 m
Raumtiefe 3,40 m
Seitenhöhe 4,40 m
Tiefgang 3,00 m

Segelfläche: 891 qm

Besegelung: 12 Segel; Fockmast mit Mars- und Bramsegel

Masten: Höhe Großmast über Deck 34 m

Hilfsmotor: Deutz-6 Zyl.-Diesel, 360 PS

Besatzung: 6 Personen Stammbesatzung, 24 Trainees oder 24 Gäste, 120 Gäste bei Tagesfahrten

Verwendung: Schulschiff unter Segeln, Charterschiff

Das Schiff wurde mit dem heutigen Namen als frachtfahrender 3-Mast-Gaffelschoner gebaut. Transportiert wurden vor allem Ton, Steine, Holz und Lebensmittel wie Heringe und Bananen. 1930 wurde das Schiff abgetakelt, mit einem starken Motor ausgerüstet und zum Küstenmotorschiff umgebaut. 1939 folgte der Verkauf nach Dänemark. Mit Namen FUGLEN gehörte das Schiff zu den modernsten Fahrzeugen der dänischen Handelsflotte.

1954 wurde es nach Skärhamn, Schweden, verkauft. Nach einem weiteren Umbau fuhr SYLVAN, wie sie jetzt hieß, als Frachter in der Ostsee.

1988 hat Dick van Andel das Schiff gekauft, um die OOSTERSCHELDE wieder in alter Pracht aufzubauen. Einmal restauriert, sollte der Segler ein letzter übriggebliebener Repräsentant einer großen Flotte von 3-Mast-Toppsegelschonern werden, die zu Anfang dieses Jahrhunderts unter niederländischer Flagge gefahren sind.

Die großangelegten Umbauarbeiten erfolgten in Leeuwarden und Rotterdam. Am 21. August 1992 wurde der Schoner durch Prinzessin Margriet offiziell zur Nutzung freigegeben.

Pedro Doncker

ex MAVERICK

Art: 3-Mast-Stagsegelschoner, Stahl

Nation: Niederlande

Eigner: Reederei Vlaun

Heimathafen: Amsterdam

Baujahr: 1974

Werft: Veldhuis-Werft, Groningen

Vermessung: 242 BRT; 91 NRT

Abmessungen:
Länge über alles	42,00 m
Länge Rumpf	34,00 m
Länge zwischen den Loten	30,66 m
Breite	7,50 m
Raumtiefe	3,85 m
Tiefgang	3,60 m

Segelfläche: 570 qm

Besegelung: 8 Segel

Masten: Höhe Großmast über Deck 34,5 m

Hilfsmotor: Mercedes-Diesel V10, 450 PS

Besatzung: 3–4 Personen Stammbesatzung, 32 Gäste, bei Tagesfahrten 80 Gäste

Verwendung: Charterschiff

Das ehemalige Frachtschiff wurde 1993 für seine jetzige Verwendung umgebaut. Die V & S Charters Holland in Noordwijk betreut die Charterfahrten.

Pollux

Art: Bark, Stahl

Nation: Niederlande

Eigner: Handelsflotte, Matrozen-Institut Amsterdam, Matrozen-Opleidingsschip

Liegehafen: IJmuiden

Baujahr: 1940, Stapellauf April 1940, Indienststellung Januar 1941

Werft: Verschure, Amsterdam

Vermessung: 746,89 BRT; 272,86 NRT

Abmessungen:
Länge Rumpf 61,40 m
Breite 11,03 m
Raumtiefe 3,00 m
Tiefgang 0,60 m

Besegelung: Doppel-Marsrahen, einfache Bramrahen

Masten, Spieren: Höhe Großmast 31,50 m, Fock- und Großmast mit Mars- und Bramstenge, Besanmast mit einer Stenge, Bugspriet mit Klüverbaum 10 m

Besatzung: Commandeur, Bootsmann, 2 Bootsmanns-Maate, Koch, Ausbilder, etwa 80 Jungen

Verwendung: Stationäres Schulschiff

Bereits im Jahr 1849 wurde in Amsterdam eine Schulvereinigung gegründet mit dem Ziel, einen nationalen Matrosenstand zu schaffen. Die Regierung beteiligte sich an dem Vorhaben und stellte den ausgemusterten Truppentransporter Z. M. DORDRECHT zur Verfügung. Mehrere ausgediente Schiffe der Marine wurden nacheinander für diesen Zweck verwendet. Die letzte Einheit war Z. M. POLLUX. Sie tat bis 1940 Dienst.

Der Name POLLUX war für die Handelsschiffahrt zu einem solchen Begriff geworden, daß der Name für ein neues Schiff von vornherein feststand. Als Änderungen im Unterrichtswesen einen anderen Schulnamen nötig machten, erhielt die ganze Schule die Bezeichnung »Grund-Seefahrtsschule Pollux« (Lagere Zeevaartschool Pollux).

Die jetzige POLLUX wurde nur für die Verwendung als stationäres Schulschiff gebaut. Sie hat flachen Boden, kann also gar nicht segeln. Die Raumausnutzung wurde dadurch allerdings sehr günstig. Das Schiff erhielt eine Meerjungfrau als Galionsfigur. Die Jungen kommen im Alter von 14–16 Jahren an Bord. Ihre Ausbildungszeit dauert ein Jahr. Anschließend werden sie von den einzelnen Schiffahrtslinien übernommen. Ein großer Teil erlangt das Steuermannspatent. Die Bezeichnung Commandeur für den Kapitän stammt aus der Zeit der früheren Walfänger.

1943 wurde POLLUX von der deutschen Besatzungsmacht nach IJmuiden geschleppt. Dort tat sie, vollständig abgetakelt, Dienst für die ehemalige Kriegsmarine. 1945 wurde die Bark in einem sehr schlechten Zustand angetroffen. Einige Zeit diente sie noch der britischen und niederländischen Marine als Unterkunft. Im Spätjahr 1945 kehrte POLLUX wieder nach Amsterdam zurück, wurde aber dort zunächst noch nicht am alten Platz festgemacht. Die Dampffahrt-Gesellschaft »Nederland« (Stoomvaart Maatschappij) führte die umfangreichen Restaurationsarbeiten durch.

1993 wurde POLLUX nach IJmuiden gebracht. Sie dient auch dort Ausbildungs- und Übungszwecken, vor allem für Sicherheitseinrichtungen der Ölindustrie.

Rainbow Warrior

ex GRAMPIAN FAME

Art: 3-Mast-Gaffelschoner, Stahl

Nation: Niederlande

Eigner: GREENPEACE e. V., Hamburg

Baujahr: 1957, Umbau 1988/89

Werft: Cochrane Shipbuilders Ltd., Selby, Yorkshire, England
Umbau: Scheel & Jöhnk-Werft, Hamburg

Vermessung: 555 BRT

Abmessungen:
Länge Rumpf	55,50 m
Länge zwischen den Loten	48,90 m
Breite	8,50 m
Tiefgang	3,60 m

Segelfläche: 650 qm

Besegelung: 4 Segel

Masten: Höhe Großmast über Deck 32 m

Hilfsmotor: 2x KHD MWM-Dieselmotoren, 2x 500 PS

Besatzung: 9–13 Personen Stammbesatzung, max. 16 Gäste

Verwendung: Aufgaben von GREENPEACE e. V.

Aus dem ehemals schottischen Fischtrawler GRAMPIAN FAME wurde die RAINBOW WARRIOR, als Nachfolgerin des am 10. Juli 1985 in Neuseeland vom französischen Geheimdienst gesprengten GREENPEACE-Schiffes gleichen Namens. Das Schiff besitzt eine computergesteuerte Segel- und Motorenanlage. Sonnenkollektoren sorgen für das warme Wasser. Eine Kläranlage säubert das Abwasser. Typisch für das Äußere des Schiffes sind das fehlende Bugspriet und die horizontal gefahrenen Gaffeln. Am Besanmast wird ein Bermudasegel gefahren.

Regina Chatarina

ex SPICA
ex FRISK
ex FRI
ex CARLSÖ LL 324
ex DROCHTERSEN
ex DIRK KW 44

Art: 2-Mast-Gaffelschoner, Stahl

Nation: Niederlande

Eigner: Stanford Prop. LMT

Heimathafen: Road Harbour

Baujahr: 1915

Werft: Gebroeders de Windt, Vlaardingen, Niederlande

Vermessung: 155 ts Deplacement; 99,8 BRT; 70,4 NRT

Abmessungen:
Länge über alles   35,00 m
Länge Rumpf   27,00 m
Länge zwischen den
Loten   24,50 m
Breite   6,62 m
Raumtiefe   2,98 m
Tiefgang   2,75 m

Segelfläche: 540 qm

Besegelung: 9 Segel

Masten: Höhe Großmast über Deck 27 m

Hilfsmotor: Cummins-Diesel NTCE 365, 300 PS

Besatzung: 4 Personen Stammbesatzung, 22 Gäste

Verwendung: Charterschiff

Der heutige Schoner wurde als Segel-Fischlogger gebaut. Bis 1930 gehörte er unter dem Namen DIRK – zum Schluß als letztes Segelschiff – zur niederländischen Heringsfischerei-Flotte. Über Deutschland, Schweden und Dänemark kam das Schiff 1978 wieder in die Niederlande.

Anton Jacobsen kaufte das Schiff 1991 und baute es zum Passagierschiff mit Schonertakelage um. Der vollklimatisierte Segler befährt im Winter die Karibik und im Sommer vor allem kanadische Gewässer.

Regina Maris

Art: 3-Mast-Gaffelschoner, Stahl

Nation: Niederlande

Eigner: Martin Duba

Heimathafen: Amsterdam

Baujahr: 1970

Werft: Topsel-Werft, Gdansk (Danzig)

Vermessung: 153 BRT; 84 NRT

Abmessungen:
Länge über alles   48,00 m
Länge Rumpf   36,00 m
Länge zwischen den
Loten   31,00 m
Breite   6,90 m
Raumtiefe   3,20 m
Tiefgang   3,00 m

Segelfläche: 600 qm

Besegelung: 9 Segel

Masten: Höhe Großmast über Deck 29 m

Hilfsmotor: MTU-Diesel, 500 PS

Besatzung: 3 Personen Stammbesatzung, 36 Gäste (70 bei Tagesfahrten)

Verwendung: Charterschiff

Nach umfangreichen Umbauarbeiten fährt der Schoner seit 1991 in der Charterfahrt. Großzügige Räumlichkeiten stehen den Passagieren zur Verfügung.

Rembrandt van Rijn

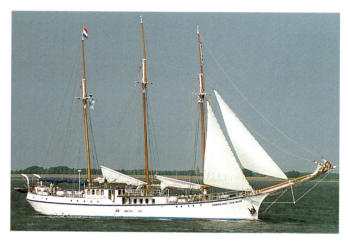

Der ehemalige Frachtschoner war für deutsche Rechnung, wahrscheinlich 1924, in Holland gebaut worden. Bis 1962 fuhr er unter deutscher Flagge, danach wurde er dänisch, mit Namen MINDE. Auch der vorletzte Namenswechsel, diesmal KLAUS D., erfolgte unter dänischer Flagge.

Von 1990 bis 1993 wurde das Schiff vollständig restauriert und zum luxuriösen Gaffelschoner für die Passagierfahrt eingerichtet. Nur etwa zwanzig Prozent des Rumpfes konnten dabei weiterverwendet werden.

ex KLAUS D.
ex MINDE
ex ANNA MARTA (MARTHA)

Art: 3-Mast-Gaffelschoner, Stahl

Nation: Niederlande

Eigner: Balder Nieuwland

Heimathafen: Middelburg

Baujahr: »nach dem Ersten Weltkrieg«

Werft: Gebroeders Boot, Leiderdorp, Niederlande

Vermessung: 400 ts Deplacement

Abmessungen:
Länge über alles 56,00 m
Länge Rumpf 45,00 m
Länge zwischen den Loten 39,90 m
Breite 6,75 m
Raumtiefe 2,20 m
Seitenhöhe 3,20 m
Tiefgang 2,85 m

Segelfläche: 654 qm

Besegelung: 12 Segel

Masten: Höhe Großmast über Deck 32,00 m

Hilfsmotor: Cummins-Diesel, 2x 370 PS

Besatzung: 12 Personen Stammbesatzung, 36 Passagiere in Kojen, 120 Passagiere bei Tagesfahrten

Verwendung: Charter- und Passagierschiff

Sir Robert Baden-Powell

ex ROBERT

Art: 2-Mast-Toppsegelschoner, Stahl

Nation: Niederlande

Eigner: Karsten Börner (Zeilvloot Lemmer-Stavoren)

Heimathafen: Lemmer

Baujahr: 1957

Werft: in Magdeburg

Vermessung: 250 BRT

Abmessungen:
Länge über alles 42,00 m
Länge Rumpf 36,00 m
Breite 6,50 m
Raumtiefe 2,50 m
Seitenhöhe 2,00 m
Tiefgang 2,40 m

Segelfläche: 600 qm

Besegelung: 10 Segel; Fockmast mit Mars- und Bramsegel

Masten: Höhe Großmast über Deck 29 m

Hilfsmotor: Mitsubishi-Diesel, 300 PS

Besatzung: 4–5 Personen Stammbesatzung, 22 Gäste

Verwendung: Charterschiff

Der Schoner wurde als Seeschlepper ROBERT für den Export nach Polen gebaut. 1991 kaufte der jetzige Eigner das Schiff und baute es außen und innen völlig um. Aus dem Schlepper wurde ein Toppsegelschoner. Vorbild beim Neuaufbau waren die Baltimore Clipper mit traditionellem Rigg. Benannt nach Sir Robert Baden-Powell, dem von 1857 bis 1941 lebenden Begründer der weltweiten Pfadfinderbewegung, fährt der Segler seit März 1993 hauptsächlich im Mittelmeer und Roten Meer. Modernste technische Ausrüstung ist Selbstverständlichkeit.

Stedemaeght

ex ALF
ex BENT FLINOT
ex A. FABRICIUS
ex CITO
ex VISKAN
ex GALEON (1957)
ex KINNEKULLE (1952)
ex GRIBB II
ex POOL
ex POL IV

Art: Bark, Stahl

Nation: Niederlande

Eigner: Hanzestad Compagnie B V, Kampen

Baujahr: 1926

Werft: Nylands Verksted, Oslo

Vermessung: 340 ts Deplacement; 298,13 BRT; 108 NRT
Abmessungen:
Länge über alles   58,90 m
Länge Rumpf   44,10 m
Breite   7,05 m
Raumtiefe   2,90 m
Tiefgang   keine Angabe

Segelfläche: 900 qm

Besegelung: 19 Segel

Masten: Höhe Großmast über Deck 32 m

Hilfsmotor: Volvo-Diesel, 450 PS

Besatzung: 4 Personen Stammbesatzung, 10 Stewards, 150 Gäste bei Tagesfahrten

Verwendung: Charterschiff

Die jetzige Bark, das größte niederländische Segelschiff, stammt aus einer Serie von zehn Walfängern, die in Oslo gebaut wurden. 1949 wurde das Schiff in Halmstad, Schweden, zum Frachter umgebaut. 1957 erfolgte in Wilhelmshaven die Verlängerung des Rumpfes um 7,5 m. ALF war der letzte Name als Frachtschiff.
1991 kauften die Niederländer Toon Slurink und Gerard Veldhuizen das Fahrzeug. Der auf Schnelligkeit gebaute Rumpf eignete sich hervorragend zum Umbau als Großsegler. Da alle Rahsegel über Rollreffs festgemacht werden können, sind nur wenige Personen für den nautischen Dienst notwendig. »Stedemaeght«, Schirmfrau von Kampen, stand ehemals auf einer Brücke über die IJssel.
Die stilvolle und luxuriöse Ausstattung läßt vergessen, daß man sich auf einem großen Segelschiff befindet.

Store Baelt

ex DRITTURA

Art: 2-Mast-Gaffelschoner, Stahl

Nation: Niederlande

Eigner: J. Baaijens & V. Roos, Amsterdam

Heimathafen: Monnickendam

Baujahr: 1928

Werft: Vos, Groningen

Vermessung: 190 BRT

Abmessungen:
Länge über alles 43,00 m
Länge Rumpf 34,50 m
Breite 6,25 m
Seitenhöhe 3,10 m
Tiefgang 2,10 m

Segelfläche: 407 qm

Besegelung: 5 Segel

Masten: Höhe Großmast über Deck 28,5 m

Hilfsmotor: Mercedes-Diesel, 325 PS

Besatzung: 2 Personen Stammbesatzung, 40 Gäste (32 Kojen)

Verwendung: Charterschiff (Holland Zeilcharters)

Obwohl der heutige Schoner als Motorschiff gebaut wurde, hat er die Linien eines Segelschiffes mitbekommen. Die Frachtrouten führten von und zur Ostsee. 1994 erfolgte der Umbau zum luxuriösen Schoner. Das hohe Schanzkleid und die Decksoberfläche von 200 qm machen ihn sehr komfortabel und besonders geeignet für jugendliche Segler. Ein sehr langes Bugspriet kennzeichnet den schnellen Schoner.

Swaensborgh

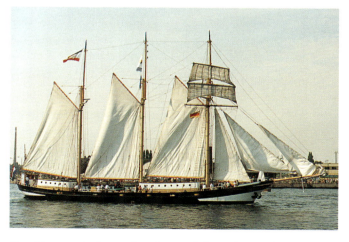

ex MIRA II
ex ADELE RAAP
ex ELEONORE
ex ANNA

Art: 3-Mast-Toppsegelschoner, Stahl

Nation: Niederlande

Eigner: Claes Tolman, Monnickendam

Heimathafen: Monnickendam

Baujahr: 1907

Werft: J. Jacobs, Moorrege

Vermessung: 275,3 ts Deplacement; 165 BRT; 78 NRT

Abmessungen:
Länge über alles 47,00 m
Länge Rumpf 41,00 m
Länge zwischen den Loten 37,15 m
Breite 5,85 m
Raumtiefe 2,56 m
Seitenhöhe 3,26 m
Tiefgang 2,30 m

Segelfläche: 500 qm

Besegelung: 11 Segel

Masten: Höhe Großmast über Deck 29,5 m

Hilfsmotor: Deutz BF 12M 716, 380 PS

Besatzung: 3 Personen Stammbesatzung, 30 Gäste, 60 Gäste bei Tagesfahrten

Verwendung: Charterschiff

Der Toppsegelschoner ist als Heckschiff mit zwei Masten für die Elbe-, Weser- und Wattfahrt gebaut worden. 1950 wurden die Masten entfernt, ein Motor eingebaut und das Schiff um fünf Meter verlängert und erhöht. 1957 erfolgte eine weitere Verlängerung um fünf Meter.
1990 kaufte der jetzige Eigner das Schiff. Mit neuer Takelage und den Einrichtungen für die Passagierfahrt versieht es seither seinen Dienst als Charterschiff für gehobene Ansprüche.

Swan fan Makkum

Das Schiff gehört zu den größten Brigantinen, die jemals die Weltmeere befuhren. Es wurde nach historischem Vorbild gebaut und mit modernster Technik und viel Komfort ausgestattet. 18 Doppelkabinen und großzügige Salons stehen den Passagieren zur Verfügung. Die Hauptsegelreviere sind im Sommer Ostsee und Nordsee, im Winter die Karibik. Ein mächtiger weißer Schwan ziert als Galionsfigur den Bug.

Art: Brigantine, Stahl

Nation: Niederlande

Eigner: Swan-Compagnie-Holland

Heimathafen: Makkum

Baujahr: 1993

Werft: REF-Werft, Gdansk (Danzig)

Vermessung: 404 BRT; 147 NRT

Abmessungen:
Länge über alles 61,00 m
Länge Rumpf 51,00 m
Länge zwischen den Loten 39,67 m
Breite 9,20 m
Tiefgang 3,70 m
Segelfläche: 1300 qm

Besegelung: 14 Segel; Fockmast: Focksegel, Doppel-Marssegel, einfaches Bramsegel, Royalsegel

Masten: Höhe Großmast über Deck 44,6 m

Hilfsmotor: Caterpillar-Diesel, 480 PS

Besatzung: 10 Personen Stammbesatzung, 36 Passagiere, 120 Gäste bei Tagesfahrten

Verwendung: Charterschiff

Tecla

Art: Gaffelketsch

Nation: Niederlande

Eigner: Jaap Vreeken, Jenny Pierik

Heimathafen: Enkhuizen

Baujahr: 1915

Besatzung: 2 Personen Stammbesatzung, 20 Passagiere, 39 Gäste bei Tagesfahrten

Verwendung: Charterschiff

Der ehemalige Heringslogger wurde 1989 für seine jetzige Verwendung umgebaut. Die Segelreviere sind das IJsselmeer, das Wattenmeer und europäische Küstengewässer.

Thalassa

ex HD 99-Relinquenda
ex Theodore

Art: Barkentine, Stahl

Nation: Niederlande

Eigner: Barketyn V. O. F. (Zeilvaart Enkhuizen)

Heimathafen: Harlingen

Baujahr: 1980

Werft: Haak-Werft, Zaandam

Vermessung: 350 ts Deplacement; 282 BRT; 116 NRT

Abmessungen:
Länge über alles 48,00 m
Länge Rumpf 38,00 m
Länge zwischen den Loten 32,60 m
Breite 8,00 m
Seitenhöhe 4,44 m
Tiefgang 4,00 m

Segelfläche: keine Angabe

Besegelung: 15 Segel

Masten: Höhe Großmast über Deck 36 m

Hilfsmotor: General Motors-Diesel, 650 PS

Besatzung: 5 Personen Stammbesatzung, 36 Passagiere, 80 Gäste bei Tagesfahrten

Verwendung: Charterschiff

Der ehemalige Tiefsee-Trawler wurde 1995 zur Barkentine umgebaut und für die Passagierfahrt eingerichtet.

Tsjerk Hiddes

ex Linquenda
ex Avontuur

Art: 3-Mast-Gaffelschoner, Eisen

Nation: Niederlande

Eigner: F. Bruinsma (de Zeilvaart Enkhuizen)

Heimathafen: Franeker

Baujahr: 1881

Werft: Kinderdyk

Vermessung: 240 ts Deplacement

Abmessungen:
Länge über alles 50,00 m
Länge Rumpf 40,00 m
Breite 6,30 m
Raumtiefe 2,70 m
Tiefgang 1,60 m

Segelfläche: 540 qm

Besegelung: 7 Segel

Masten: Höhe Großmast über Deck 27 m

Hilfsmotor: General Motors-Diesel, 240 PS

Besatzung: 2 Personen Stammbesatzung, 30 Gäste

Verwendung: Charterschiff

Der ehemalige, plattbodige Frachter wurde 1993 für seine jetzige Verwendung umgebaut und eingerichtet. Seinen Namen hat das Schiff nach einem friesischen Seehelden bekommen. Seine Segelreviere sind besonders das IJsselmeer und das Wattenmeer.

Urania

ex Tromp

Art: Ketsch, Stahl

Nation: Niederlande

Eigner: Kriegsflotte, Koninklijk Instituut voor de Marine, Den Helder

Heimathafen: Den Helder

Baujahr: 1928

Werft: Haarlemse Scheepsbouw Mij.

Vermessung: 38 ts Deplacement; 50,96 BRT; 38,36 NRT

Abmessungen:
Länge über alles 23,75 m
Länge Rumpf 19,00 m
Länge zwischen den Loten 16,50 m
Breite 5,50 m
Tiefgang 3,20 m
Freibord 1,40 m

Segelfläche: 234,5 qm (am Wind); dazu Genua (136 qm), Spinnaker (260 qm), Aap (105 qm)

Besegelung: 4 Segel (am Wind); 2 Vorsegel, Großsegel (Bermuda), Besansegel (Bermuda)

Masten: Höhe Vormast über Deck 23,50 m; Höhe Besanmast über Deck 19,50 m

Hilfsmotor: Dieselmotor, 65 PS

Besatzung: 17 Personen, 3 Offiziere, 2 Matrosen, 12 Kadetten

Verwendung: Schulschiff unter Segeln

URANIA wurde 1928 als Schoneryacht TROMP für den Holländer Nierstrasz gebaut. Am 23. April 1938 übernahm das Königliche Marine-Institut (Koninklijk Instituut voor de Marine) das Schiff. Es erhielt den neuen Namen URANIA. Seither dient URANIA als Segelschulschiff der Ausbildung von Seekadetten.
Während des Zweiten Weltkrieges war der Schoner nach Deutschland gebracht worden und wurde nach seiner Rückkehr als Ketsch (torenkits) neugetakelt. Das Schiff nimmt regelmäßig an Hochsee-Regatten teil und wird dabei in die R.O.R.C.-Klasse I eingeteilt (Royal Ocean Racing Committee). Die Segelnummer lautet HB-31.

Vrouwe Geertruida Magdalena

ex FLEVO
ex WESER NR. 3

Art: 2-Mast-Gaffelschoner, Stahl

Nation: Niederlande

Eigner: Berend P. Groen

Heimathafen: keine Angaben

Baujahr: 1910

Werft: Bodewes, Groningen, Niederlande

Vermessung: 128 BRT (vor Umbau 1992)

Abmessungen:
Länge über alles 37 m
Breite 6,2 m
Tiefgang 3,2 m

Segelfläche: 550 qm

Hilfsmotor: Caterpillar-Diesel, 375 PS

Besatzung: 4 Personen Stammbesatzung, 14 Mitsegler, 35 Tagesgäste

Verwendung: Charterschiff

Das anfänglich in Kompositbauweise hergestellte Schiff wurde durch Aufbringung einer Stahlhaut zum reinen Stahlschiff. Es hatte zuerst für die Lotsen von Texel gearbeitet und war dann nach Deutschland verkauft worden. 1943 wurde das Schiff als Vorpostenkutter für Wetter- und Flugzeugbeobachtung in der Deutschen Bucht in Dienst gestellt. In den 70er Jahren baute der jetzige Eigner das Schiff wieder zum Schoner um. Es folgten viele Jahre in der Charterfahrt. Von 1991 bis Mai 1992 wurde VROUWE GEERTRUIDA MAGDALENA, wie sie seit 1976 heißt, in Zaandam grundüberholt und für Luxuscharter umgebaut. Dabei wurde auch die originale Heckform wiederhergestellt, die den Rumpf um einiges verlängert. Das Schiff hat heute einen weißen Rumpf.

Willem Barentsz

EX MARIA BECKER
EX LANDSORT FA DE VRIENDSCHAP

Art: 3-Mast-Gaffelschoner, Stahl

Nation: Niederlande

Eigner: Zeilvaart Enkhuizen

Heimathafen: Enkhuizen

Baujahr: 1931

Werft: Visseryhaven

Vermessung: 230 ts Deplacement; 166 BRT; 110 NRT

Abmessungen:
Länge über alles   49,70 m

Länge Rumpf   39,70 m
Breite   6,10 m
Tiefgang   1,80 m

Segelfläche: 460 qm

Besegelung: 11 Segel

Masten: Höhe Großmast über Deck 27 m

Hilfsmotor: Mitsubishi-Diesel, 300 PS

Besatzung: 5 Personen Stammbesatzung, bis zu 100 Gäste bei Tagestouren

Verwendung: Charterschiff

Das Schiff kann tageweise gemietet werden. Die Fahrten führen vorwiegend in holländische Küstengewässer. Dabei können sich die Gäste beim Segelsetzen, Steuern und Navigieren beteiligen. WILLEM BARENTSZ ist für große Gesellschaften einschließlich Restaurant eingerichtet.

Wytske Eelkje / Willem

Art: Brigantinen, Stahl

Nation: Niederlande

Eigner: Reederij Vlaun

Heimathafen: Amsterdam

Baujahr: 1968

Werft: in Gdansk (Danzig)

Vermessung: 74 BRT; 51 NRT

Abmessungen:
Länge über alles   29,00 m
Länge Rumpf   19,11 m
Breite   6,10 m

Raumtiefe   2,90 m
Tiefgang   3,10 m

Segelfläche: 430 qm

Besegelung: 8 Segel

Masten: Höhe Großmast über Deck 22 m

Hilfsmotor: DAF-Diesel, 149 PS

Besatzung: 2 Personen Stammbesatzung, 16–24 Gäste mehrtägig, 36 Gäste bei Tagesfahrten

Verwendung: Charterfahrt

Die beiden Brigantinen, die an ihrem gemalten Pfortenband leicht zu erkennen sind, wurden absolut identisch gebaut. Die Absicht war, mit diesen beiden echten Schwesterschiffen »Match Racing« segeln zu können. Der Drang der Segler, Schiff und seglerisches Können mit anderen zu messen, ist so alt wie die Seefahrt selbst.

Zeelandia

ex Oceaan II (Sch 47)

Art: 3-Mast-Gaffelschoner, Stahl

Nation: Niederlande

Eigner: Marnix van der Wel

Heimathafen: Rotterdam

Baujahr: 1931

Werft: Vuyck-Werft, Capelle a/d IJssel

Vermessung: 280 ts Deplacement; 142 BRT; 23 NRT

Abmessungen:
Länge über alles	40,00 m
Länge Rumpf	33,00 m
Länge zwischen den Loten	30,18 m
Breite	7,00 m
Raumtiefe	2,20 m
Seitenhöhe	2,90 m
Tiefgang	2,90 m

Segelfläche: 440–780 qm

Besegelung: 10–15 Segel

Masten: Höhe Großmast über Deck 26 m

Hilfsmotor: Industrie-Diesel 3V06, 120 PS

Besatzung: 2 Personen Stammbesatzung, bis zu 10 Trainees

Verwendung: Privatschiff

Als Ketsch getakelt, fuhr OCEAAN II von Scheveningen aus auf Fischfang in die Nordsee. Aus Rentabilitätsgründen wurden 1967 alle niederländischen Fischereifahrzeuge dieser Art aufgelegt. Mit neuem Namen ZEELANDIA war das Schiff anschließend in der Sportfischerei beschäftigt.

1975 kaufte der jetzige Eigner das fast zur Hulk herabgekommene Fahrzeug. Nach großangelegtem Umbau entstand ein Dreimaster. Durch die damit kleiner gehaltenen Einzelsegel ist es sogar möglich, das beachtlich große Schiff mit »einer Hand« zu segeln.

Norwegen

Anna Kristina
Christian Radich
Christiania

Fram
Johanna
Sørlandet

Statsraad Lehmkuhl
Svanen

Anna Kristina

ex DYRAFJELD

Art: Gaffelgetakelte Toppsegel-Ketsch, Holz

Nation: Norwegen

Eigner: Hans van de Vooren, Hardanger Jakt Sailing Ltd., El Tanque, Teneriffa

Heimathafen: Bergen, Norwegen

Baujahr: 1889

Werft: John Børve, Stangvik, Norwegen

Vermessung: 72 BRT; 51 NRT

Abmessungen:
Länge über alles	32,00 m
Länge Rumpf	23,00 m
Breite	6,40 m
Raumtiefe	2,60 m
Tiefgang	2,90 m

Segelfläche: 402 qm

Besegelung: 10 Segel; Großmast (Rahsegel), Untersegel und Toppsegel

Masten: Höhe Großmast über Deck 24 m

Hilfsmotor: Volvo Penta/ TMD 100, 238 PS

Besatzung: 6 Personen Stammbesatzung, 16 Passagiere

Verwendung: Ein- und Zweiwochen-Kreuzfahrten in den Gewässern der Kanaren (Walbeobachtung)

Etwa 600 ausgesuchte Kiefern brauchte man für den Bau einer Hardanger Jakt wie die ANNA KRISTINA. (Der Hardanger Fjord-Bereich war sehr bekannt für den Bau dieser Schiffe.) Diese stark gebauten Segler transportierten Handelsgüter auf vielen Meeren. Auch als Fischereifahrzeuge wurden sie eingesetzt. DYRAFJELD fand ihren jetzigen Eigner 1977. Dieser ließ das Schiff grundüberholen, neu takeln und für die heutige Verwendung einrichten. Moderne nautische Einrichtungen gehören zur Selbstverständlichkeit. 1987 wurde ANNA KRISTINA für die Teilnahme am First Fleet Re-enactment gechartert, das zur australischen 200-Jahr-Feier von Portsmouth nach Sydney führte. Nach längerem Aufenthalt in der Südsee und Teilnahme an der Kolumbus-Regatta 1992 kehrte das Schiff 1993 wieder in norwegische Gewässer zurück.

Christian Radich

Art: Vollschiff, Stahl

Nation: Norwegen

Eigner: Handelsflotte, Østlandets Skoleskib, Oslo

Heimathafen: Oslo

Baujahr: 1937

Werft: Framnaes Mek. Verksted, Sandefjord

Vermessung: 696 BRT; 207 NRT

Abmessungen:
Länge über alles 72,50 m
Länge Rumpf 62,50 m
Länge zwischen den Loten 53,00 m

Breite 9,70 m
Tiefgang 4,50 m

Segelfläche: 1234 qm

Besegelung: 26 Segel; 4 Vorsegel, Doppel-Marssegel, einfache Bramsegel, Royals

Hilfsmotor: General Motors-Diesel, 450 PS; Geschwindigkeit mit Maschine 8 kn

Besatzung: Kapitän, 1., 2. und 3. Offizier, 6 Ausbilder, Arzt, Maschinen-Ingenieur, Koch, Steward, etwa 100 Jungen

Verwendung: Schulschiff unter Segeln

CHRISTIAN RADICH ist der Ersatzbau für die Brigg STATSRAAD ERICHSEN der damaligen »Kristiania - Schulschiff - Gesellschaft«. Ihren Namen erhielt sie nach einem ihrer Gönner und Förderer. Bis zum Zweiten Weltkrieg machte der Segler zwei größere Reisen. Die letzte führte ihn zusammen mit der dänischen DANMARK zur Weltausstellung nach New York. Ende 1939 verließ CHRISTIAN RADICH New York, DANMARK blieb zurück. Nach ihrer Heimkehr tat sie Dienst bei der norwegischen Marine im Marinestützpunkt von Horten. Im April 1940 wurde sie von deutschen Truppen beschlagnahmt.

Den deutschen Vorschlag, sie unter norwegischer Verwaltung als Schulschiff in der Ostsee einzusetzen, wies die norwegische Regierung entschieden zurück. Bis zum Ende des Krieges war das Schiff U-Boot-Depotschiff.

Bei Kriegsende lag es halb gesunken und ohne Masten und Rahen in Flensburg. Nach der Hebung durch die Alliierten wurde es dem Eigner zurückgegeben. Es folgte eine umfassende Reparatur bei der Bauwerft in Sandefjord. Die Kosten hierfür betrugen 70000 Pfund. Seit 1947 ist CHRISTIAN RADICH erneut im Dienst. 1956/57 wurde mit ihr und auf ihr der Film »Windjammer« gedreht. Die Filmreise führte von Oslo nach Madeira – Trinidad – New York – Boston und zurück nach Oslo.

Im Frühjahr 1963 wurden gründliche Erneuerungsarbeiten bei der Marinewerft (Marinens Hovedverft) in Horten durchgeführt. Das Schiff erhielt eine stärkere Maschine. Die Küche und die Waschräume wurden modernisiert, ebenso das stehende und laufende Gut erneuert. 1983 erfolgte eine erneute Grundüberholung und Modernisierung. Anstelle der Hängematten wurden feste Kojen eingebaut. Das Schiff nimmt auch zahlende Gäste an Bord. Das normale Schulschiffprogramm für junge Frauen und Männer, die Seefahrtsberufe ergreifen wollen, beginnt im August und läuft bis zum folgenden Juni.

1992 nahm das Vollschiff an der Kolumbus-Regatta teil.

Christiania

Beim Umbau und der Einrichtung für den jetzigen Verwendungszweck wurde bei dem ehemaligen Handelssegler (Christiania = ehemaliger Name von Oslo) besonders darauf geachtet, daß das Schiff weitgehend in seinem Originalzustand erhalten geblieben ist. Sein Liegeplatz ist direkt vor dem Osloer Rathaus.

ex HELGA

Art: 3-Mast-Gaffelschoner, Holz

Nation: Norwegen

Eigner: Norway Yacht Charter A/S

Heimathafen: Oslo

Baujahr: 1946, Stapellauf 1948

Werft: Paul Grönquist & Co., Valax, Finnland

Vermessung: 126 BRT; 38 NRT

Abmessungen:
Länge über alles   45,70 m
Länge Rumpf   33,20 m
Breite   7,45 m
Tiefgang   2,61 m

Segelfläche: 550 qm

Besegelung: 10 Segel

Masten: Höhe Großmast über Deck ca. 25 m

Hilfsmotor: Caterpillar-6 Zyl.-Diesel, 365 PS

Besatzung: 5–9 Personen Stammbesatzung, 150 Gäste bei Tagesfahrten

Verwendung: Lunch- und Dinnerkreuzfahrten im Oslofjord

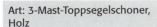

Fram

Art: 3-Mast-Toppsegelschoner, Holz

Nation: Norwegen

Eigner, Liegeplatz: Fram-Museum, Oslo-Bygdøy

Baujahr: 1892

Werft: Colin Archer's Werft, Rekevik bei Larvik; Konstruktion: Colin Archer

Vermessung: 800 ts Deplacement (voll ausgerüstet); 402 BRT; 307 t Tragfähigkeit

Abmessungen:
Länge Rumpf	39,00 m
Länge in der Wasserlinie	34,50 m
Länge Kiel	31,00 m
Breite (ohne Eishaut)	11,00 m
Raumtiefe	5,20 m
Tiefgang (voll ausgerüstet)	4,70 m

Segelfläche: 600 qm

Besegelung: 7 Segel; 2 Vorsegel; Fockmast: Breitfock, einfaches Marssegel, Schonersegel; Groß-, Besanmast: Gaffelsegel

Masten: Fock- und Großmast mit Schnaumast; Großmast mit einer Stenge; Höhe Großmast über Kiel: 40 m

Hilfsmotor: Dreifach-Expansionsmaschine 220 indiz. PS; Geschwindigkeit mit Maschine 6 bis 7 kn

Besatzung: Bei Nansens Polarfahrt insgesamt 13 Personen

Verwendung: Museumsschiff

Obwohl die FRAM (= »Vorwärts«) als Spezialbau und reines Expeditionsschiff nicht zu den eigentlichen Groß-Segelschiffen gerechnet werden kann, gehört sie doch ihrer Takelart nach dazu. Das Schiff ist nur für Fahrten in polaren Gewässern gebaut worden. So erklärt sich auch die geringe Größe und die Form. Alles wurde darauf ausgerichtet, dem zu erwartenden Eisdruck wenig Widerstand zu bieten. Das Längen-Breitenverhältnis ist etwa 3:1. Die Formen sind rund und glatt. So überragt der Kiel die Außenhaut nur um 7 cm. Ganz besonders stark wurde natürlich der Rumpf selbst konstruiert. Eine Vielzahl von Balken, Stützen und diagonalen Streben sollte den zu erwartenden Eisdruck auffangen und verteilen. Die Rumpfbeplankung besteht aus mehreren Schichten und ist 70 bis 80 cm stark. Den äußeren Abschluß bildet die 15 cm dicke Eishaut. Ruder und Schrauben konnten während der Fahrt durch einen Schacht hochgehoben werden, um sie der Eiseinwirkung zu entziehen.

Die Poop ist fast bis zum Großmast vorgezogen. Unter ihrem starken Deck befinden sich die Kajüten für alle Expeditionsteilnehmer. Sämtliche Wände der Wohnräume, auch die Decken und Böden, sind mit zahlreichen Isolierschichten versehen. Das Schiff hatte schon damals elektrisches Licht an Bord. Den Strom lieferte ein Dynamo, der entweder durch die Dampfmaschine oder durch eine große Windmühle auf dem Hauptdeck angetrieben wurde. Insgesamt waren acht Boote an Bord, von denen die beiden größten mit 8,8 m Länge und 2,1 m Breite gebaut worden waren. Die Eistonne im Großmast befand sich ursprünglich ca. 32 m über der Wasserfläche.

Das Schiff wurde berühmt durch die große Polarexpedition des Norwegers Fridtjof Nansen von 1893 bis 1896, für die es gebaut worden war. Es folgte eine zweite Fahrt ins Nordmeer. Von 1910 bis 1912 war FRAM Expeditionsschiff von Roald Amundsen. Bei dieser Antarktis-Expedition erreichte Amundsen 1911 den Südpol.

FRAM ist das Schiff, das am weitesten nach Norden und am weitesten nach Süden vorgedrungen ist. Für FRAM wurde in Oslo-Bygdøy ein eigenes Haus gebaut – das »Fram-Museum«.

Johanna

Art: Brigantine, Holz

Nation: Norwegen

Eigner: Norway Yacht Charter A/S

Heimathafen: Oslo

Baujahr: 1892

Werft: G. Øvrevik, Tustna, Norwegen

Vermessung: 200 ts Deplacement; 115 BRT; 54 NRT

Abmessungen:
Länge über alles 38,10 m
Länge Rumpf 28,30 m
Breite 6,55 m
Seitenhöhe 2,91 m
Tiefgang 3,00 m

Besegelung: ursprünglich 11 Segel (heute meist nur 3 Segel)

Masten: Höhe Großmast über Deck 28 m

Hilfsmotor: Callesen-3 Zyl.-Diesel, 260 PS

Besatzung: 5–6 Personen Stammbesatzung, 200 Gäste bei Tagesfahrten

Verwendung: Lunch- und Dinnerkreuzfahrten im Oslofjord

Die Brigantine gehört zu den ältesten norwegischen Schiffen, die noch in Fahrt sind. Immer unter dem gleichen Namen diente sie in ihrem langen Leben drei Eignern. Viele Jahre fuhr sie als Fischereifahrzeug in den Gewässern Nordnorwegens. Aber auch als Frachter wurde sie eingesetzt.

1992 ging das Schiff in die Hände des Norway Yacht Charter A/S über. Es folgte eine umfangreiche Restaurierung. Kennzeichnend sind vor allem das große Deck und die weiträumigen Salons im Inneren des Schiffes.

Sørlandet

Art: Vollschiff, Stahl

Nation: Norwegen

Eigner: Stiftelsen Fullriggeren Sørlandet, Kristiansand S.

Heimathafen: Kristiansand S.

Baujahr: 1927

Werft: Høivolds Mek. Verksted A/S, Kristiansand S.

Vermessung: 568 BRT

Abmessungen:
Länge über alles	65,00 m
Länge Rumpf	56,80 m
Länge zwischen den Loten	52,30 m
Breite	9,60 m
Raumtiefe	4,80 m

Segelfläche: 1000 qm

Besegelung: 26 Segel; 4 Vorsegel, Doppel-Marssegel, einfache Bramsegel, Royals

Hilfsmotor: Deutz-Diesel 564 PS; bis Winter 1959/60 letztes fahrendes Segelschulschiff ohne Motor

Besatzung: Kapitän, 1., 2. und 3. Offizier, 4 Unteroffiziere, Arzt, Steward, Koch, etwa 85 Jungen

Verwendung: »Abenteuerschulschiff«, Charterschiff

Der Bau dieses Schiffes wurde durch eine Stiftung des norwegischen Reeders A. O. T. Skjelbred ermöglicht, der allerdings zur Auflage machte, daß es als reiner Segler gebaut würde. 1933 besuchte SØRLANDET (»Südland«) die Weltausstellung in Chikago. Die Reise führte über den St. Lorenz-Strom und die großen Seen. Bis zum Zweiten Weltkrieg wurden regelmäßig Ausbildungsreisen gemacht.

Bei Kriegsausbruch übernahm die norwegische Marine das Schiff. In Horten wurde es von der deutschen Besatzung sofort beschlagnahmt. 1942 schleppte man SØRLANDET nach Kirkenes, wo sie als

Militär-Haftanstalt Verwendung fand.

Splitter einer alliierten Bombe beschädigten die Schiffshaut dicht über der Wasserlinie, was schließlich das Schiff zum Sinken brachte. Später wurde es von deutscher Seite gehoben, nach Kristiansand geschleppt und dort bis zum Kriegsende als U-Boot-Depotschiff verwendet. Für diesen Zweck waren alle Masten entfernt und ein zusätzliches großes Haus auf dem Deck errichtet worden.

Das Schiff wurde bei Kriegsende dem Eigner in sehr schlechtem Zustand zurückgegeben. Die umfangreichen Reparatur- und Modernisierungsarbeiten, mit denen sofort begonnen wurde, dauerten bis 1947. Seither war der Segler wieder im regelmäßigen Ausbildungsdienst.

Bis 1973 wurde das Schiff von der Sørlandets Seilende Skoleskibs Institution bereedert, deren Jungen auf dem Segler ausgebildet wurden. Nach mehreren Jahren Liegezeit wurde das Vollschiff grundüberholt (neues Rigg, neue Segel, neuer Motor, neue Wohneinrichtungen etc.). Dabei haben viele Bürger der Stadt Kristiansand in ihrer Freizeit mit Hand angelegt.

1980 übernahm der jetzige Eigner das Schiff.

SØRLANDET steht seit dieser Zeit vielfältigen Verwendungen zur Verfügung. Da sie auch für Charterzwecke eingesetzt wird, kann ein regelmäßiger Schuldienst nicht durchgeführt werden. Die Stadt Kristiansand hat großes Interesse, das Schiff als »Wahrzeichen« des Hafens zu erhalten.

Statsraad Lehmkuhl

Der »Deutsche Schulschiff-Verein« ließ 1914 zu seinen beiden Schulschiffen GROSSHERZOGIN ELISABETH und PRINZESS EITEL FRIEDRICH die Bark GROSSHERZOG FRIEDRICH AUGUST (von Oldenburg) bauen. Durch den Ausbruch des Ersten Weltkrieges konnten jedoch keine größeren Fahrten mehr unternommen werden. Nach Kriegsende kam die Bark als Reparationsleistung an England. Formell war sie bei der Schiffsmaklerfirma J. Couil & Sons in Newcastle am Tyne registriert. Tatsächlich hatte man aber keine Verwendung für sie, weil sie als reines Schulschiff nicht für Frachtfahrten geeignet war. 1922 kaufte die »Bergenske Dampskibsselskab« das Schiff und schenkte es im Jahre 1923 dem Verband »Bergens Skoleskib«. Es erhielt den neuen Namen STATSRAAD LEHMKUHL und wurde Ersatz für die ausgemusterte Korvette ALFEN.

Bis 1939 machte die Bark regelmäßig ihre Ausbildungsreisen, die gewöhnlich von April bis September dauerten. 1940 beschlagnahmten deutsche Truppen den Segler in Bergen. Unter dem Namen WESTWÄRTS war er bis zur Rückgabe an den Eigner im

ex WESTWÄRTS
ex STATSRAAD LEHMKUHL
ex GROSSHERZOG FRIEDRICH AUGUST

Art: Bark, Stahl

Nation: Norwegen

Eigner: Stiftung Seilskip STATS-RAAD LEHMKUHL, Bryggen, Bergen (N)

Heimathafen: Bergen
Baujahr: 1914

Werft: J. C. Tecklenborg, Geestemünde (Bremerhaven)

Vermessung: 1701 BRT

Abmessungen:
Länge über alles	98,00 m
Länge Rumpf	87,50 m
Länge zwischen den Loten	75,50 m
Breite	12,60 m
Raumtiefe	7,10 m
Tiefgang	5,10 m

Segelfläche: 2200 qm

Besegelung: 21 Segel; 4 Vorsegel, Doppel-Marssegel, einfache Bramsegel, Royals; Besanmast nur Besansegel

Masten: Höhe Großmast über Wasserlinie 50 m; Fock- und Großmast mit Mars- und Bramstenge, Besanmast mit einer Stenge

Hilfsmotor: Diesel-Motor, 450 PS

Besatzung: 24 Personen Stammbesatzung, 150 Trainees und Segelbegeisterte

Verwendung: »Abenteuer-Schulschiff«

Jahre 1945 Depotschiff der Marine. Das Schiff erhielt sofort seinen alten Namen zurück. Die Reparatur- und Grundüberholungs-Arbeiten dauerten bis April 1946. Drei Jahre lang wurden dann wieder die normalen Ausbildungsreisen fortgesetzt.

In der Saison 1949 waren die Unterhaltskosten für das Schiff so hoch geworden, daß der Verband beschloß, es nicht in Fahrt zu setzen. Für ein Jahr wurde STATSRAAD LEHMKUHL stationäres Ausbildungsschiff der »Norwegischen Fischereischule«. Danach diente sie der »Bergens Skoleskib«, ebenfalls als stationäres Schulschiff. 1952 kam sie erneut in Fahrt und ist es bis Ende 1967 geblieben. Die norwegische Regierung zog mit Ende des Jahres 1967 ihre Unterstützung zurück, weil die Kosten für das große Schiff zu hoch geworden waren und weil genügend andere Ausbildungsstätten vorhanden sind. Der Reeder Hilmar Reksten aus Sjøsanger bei Bergen setzte sich als Gönner für das Schiff ein und kaufte es, damit es der Stadt Bergen erhalten bleibt, nachdem Pläne bekannt wurden, die Bark ins Ausland zu verkaufen. Reksten ließ 1969 das Schiff grundüberholen und modernisieren. Inzwischen ist der Schulbetrieb wieder in vollem Umfang aufgenommen. Die Poop ist wie bei vielen Schulseglern auch hier bis zum Großmast vorgezogen. Das große Deckshaus steht hinter dem Fockmast. Die Bark fährt neun Beiboote und an beiden Seiten Stockanker. Das Hauptruderrad steht auf der Poop vor dem Kartenhaus, das Notruderrad dahinter, dicht an der Achterkante. Beide sind Doppelräder. Als GROSSHERZOG FRIEDRICH AUGUST hatte der Segler eine volle Galionsfigur. Heute schmückt ein farblich sehr geschmackvoll gehaltenes Rankenwerk mit den Wappen Norwegens und der Stadt Bergen Bug und Heck.

Seit 1979 gehört die Bark einer Stiftung. Für zahlende Gäste, vor allem Jungen und Mädchen, steht sie heute wieder als Ausbildungsschiff zur Verfügung. Sie ist die größte segelnde Bark der Welt. Bei Windjammerparaden wird sie immer mit großer Aufmerksamkeit bedacht. Da die Gäste aus vielen Nationen kommen, dient sie in ganz besonderem Maße der Völkerverständigung.

Svanen

ex SMART
ex AINA
ex JASON

Art: 3-Mast-Gaffelschoner, Holz

Nation: Norwegen

Eigner: Norsk Sjøfartsmuseum, Oslo

Heimathafen: Kristiansand

Baujahr: 1916
Werft: J. Ring-Andersen, Svendborg, Dänemark

Vermessung: 102 BRT

Abmessungen:
Länge über alles	33,00 m
Länge Rumpf	28,50 m
Länge zwischen den Loten	26,10 m
Breite	6,70 m
Tiefgang	2,50 m

Segelfläche: 350 qm
Besegelung: 11 Segel

Masten: Höhe Großmast über Deck 22 m

Hilfsmotor: General Motors-Diesel, 240 PS

Besatzung: 5 Personen Stammbesatzung, 25 Schüler

Verwendung: Museumsschiff, Schulschiff unter Segeln, Forschungsschiff

Als JASON gebaut, erhielt der Schoner bald danach den Namen SMART. Während dieser Zeit fuhr das Schiff für verschiedene norwegische Eigner als Handelssegler.
1921 wurde SMART nach Schweden verkauft und erhielt seinen jetzigen Namen SVANEN. 1964 kehrte sie nach Norwegen zurück und gehörte bis 1972 der Selskapet Skonnerten Svanen in Kristiansand, seit 1972 dem Norsk Sjøfartsmuseum in Oslo.

Während der Sommermonate können ganze Schulklassen 6-tägige Fahrten mit ihr machen. Dabei sollen die Jugendlichen erste Erfahrungen beim Leben auf See sammeln. In der übrigen Zeit steht sie dem Museum zur Verfügung, wobei von Bord aus mit Tauchern küstennahe Wracks untersucht werden.

Oman

Shabab Oman

Shabab Oman

Das Schiff wurde als CAPTAIN SCOTT für den Dulverton Trust im schottischen Buckie gebaut. Als noch die alten heimatlichen Gewässer befahren wurden, galt die Ausbildung nicht nur nautischen Belangen. Expeditionsartige Ausflüge in das bergige Land sollten den Geist des Antarktisforschers Robert Scott aufleben lassen, nach dem das Schiff seinen Namen bekommen hatte.

1977 wurde der Schoner an den Sultan Qaboos bin Said von Oman verkauft. Die Übersetzung des Schiffsnamens lautet »Jugend von Oman«.

Die Galionsfigur zeigt den jungen Sultan von Oman.

Als Kapitän und Offiziere wurden deutsche und britische Nautiker, darunter der spätere Kommandant der GORCH FOCK, Immo von Schnurbein, mit Großsegler-Erfahrung eingestellt, die von omanischen Marineoffizieren unterstützt wurden.

Neben den Marine-Trainees werden Plätze für junge Zivilisten aus dem omanischen Volk freigehalten, die vom Ministerium für Jugendangelegenheiten gesponsert werden.

1984 wurde das Schiff umgetakelt. Aus dem Schoner entstand mit Focksegel und ohne Schonersegel eine Barkentine.

ex YOUTH OF OMAN
ex CAPTAIN SCOTT

Art: 3-Mast-Barkentine, Holz

Nation: Sultanat Oman

Eigner: Marine

Heimathafen: Maskat

Baujahr: 1971, Stapellauf 7. 9. 1971

Werft: Herd & Mackenzie, Buckie, Banffshire, Schottland

Vermessung: 380 ts Deplacement; 264,35 BRT; 54,97 NRT

Abmessungen:
Länge über alles 52,10 m
Länge Rumpf 44,00 m
Länge zwischen den Loten 36,60 m
Breite 8,50 m
Seitenhöhe 4,70 m
Raumtiefe 4,10 m
Tiefgang (achtern) 4,50 m

Segelfläche: 1020 qm

Besegelung: 14 Segel; 4 Vorsegel; Fockmast: Focksegel, Untermarssegel, Obermarssegel, Bramsegel; Großmast: Großsegel, Großgaffeltoppsegel, Großstengestagsegel; Besanmast: Besansegel, Besangaffeltoppsegel, Besanstengestagsegel

Masten: Höhe Großmast über Deck 30,20 m; Untermasten: Aluminiumlegierung; Stengen und Spieren: Rottanne-Schichtholz

Hilfsmotor: Zwei Gardner-Dieselmotoren, je 230 PS

Besatzung: 6 Personen Stammbesatzung, 3 wechselnde Ausbilder, 36 »Trainees« (Unter britischer Flagge)

Verwendung: Schulschiff unter Segeln

Polen

Dar Mlodziezy	General Zaruski	Oceania
Dar Pomorza	Henryk Rutkowski	Pogoria
Fryderyk Chopin	Iskra II	Zawisza Czarny II

Dar Mlodziezy

DAR MLODZIEZY (= »Geschenk der Jugend«) löst die altgediente DAR POMORZA ab, die jetzt Museumsschiff geworden ist. Das neue Schiff wurde so ausgelegt, daß das ganze Jahr über der Schulbetrieb durchgeführt werden kann. Neben dem Oberdeck besitzt das Schiff drei durchlaufende Decks. In drei Großräumen für je 50 Personen schlafen die Kadetten in Hängematten.

Große Aufmerksamkeit wurde den Außeneinrichtungen geschenkt, wobei weitgehend witterungsbeständiges Material verwendet wurde, z. B. synthetisches Tauwerk beim laufenden Gut oder nichtrostender Stahl bei den Belegnägeln. Sehr eigenwillig ist das Heck gestaltet – im ungewohnten Plattgatt sind vier Fenster des Salons durchbrochen. Eine steuerbords und backbords angebrachte Backnock erleichtert Manöver in Hafengewässern. Neben den beiden gefahrenen Patentankern liegt ein Reservestockanker auf der Back.

Ein großer Teil der Mittel für den Bau des neuen Schulschiffes wurde von der polnischen Jugend aufgebracht. Die STA-Regatta 1982 von England nach Portugal und zurück fuhr DAR MLODZIEZY als ihre Jungfernreise. Schon wegen ihrer Größe erregte sie überall große Aufmerksamkeit. Um die hohen Unterhaltskosten decken zu können, nimmt das Schiff auch zahlende Personen an Bord. So machte es 1990 Kreuzfahrten im Mittelmeer, und auch bei der Kolumbus-Regatta 1992 hatte das Vollschiff devisenbringende Trainees aus dem westlichen Ausland an Bord.

Art: Vollschiff, Stahl	Werft: Stocznia Gdańska (Danziger Werft), Gdansk	Breite 14,00 m Seitenhöhe 10,00 m Tiefgang 6,00 m	Hilfsmotor: 2x Sulzer 8AL20/24-Diesel, je 750 PS, eine Schraube mit Verstellblättern
Nation: Polen	Vermessung: Ca. 2950 ts Deplacement	Segelfläche: 2780 qm	Besatzung: 42 Personen Stammbesatzung, 4 Lehrer, 150 Kadetten
Eigner: Wyzsza Szkola Morska			
Heimathafen: Gdynia	Abmessungen: Länge über alles 105,40 m Länge Rumpf 91,00 m Länge zwischen den Loten 79,40 m	Besegelung: 4 Vorsegel; alle Masten Doppel-Marssegel, einfaches Bramsegel, Royal	
Baujahr: Stapellauf 4. März 1981, Indienststellung 1982		Masten: Höhe Großmast 49 m	Verwendung: Schulschiff unter Segeln

Dar Pomorza

ex POMORZE ex COLBERT ex PRINZESS EITEL FRIEDRICH	Breite 12,60 m Raumtiefe 6,30 m Tiefgang 5,70 m
Art: Vollschiff, Stahl	Segelfläche: 1900 qm
Nation: Polen	Besegelung: 25 Segel; 4 Vorsegel, Doppel-Marssegel, einfache Bramsegel, Royals
Eigner: Stiftung DAR POMORZA	
Liegehafen: Gdynia	Masten: Mars- und Bramstengen
Baujahr: 1909, Indienststellung 6. April 1910	Hilfsmotor: MAN-Sechszylinder-Dieselmotor, 430 PS
Werft: Blohm & Voss, Hamburg	
Vermessung: 1561 BRT	Besatzung: 30 Personen Stammbesatzung, 150 Jungen
Abmessungen: Länge über alles 91,00 m Länge zwischen den Loten 72,60 m	Verwendung: Museumsschiff in Gdynia

Im Jahre 1909 stellte der Deutsche Schulschiff-Verein sein zweites Segelschulschiff, die PRINZESS EITEL FRIEDRICH in Dienst. Die Baukonzeption entsprach in weiten Teilen der GROSSHERZOGIN ELISABETH (heute DUCHESSE ANNE), die 1901 als erstes Schiff für den Schulschiff-Verein gebaut worden war. Die Ausbildung erfolgte damals für Decksjungen und Offiziersanwärter. Typisch für das Schulschiff ist die lange Poop, die bis zum Großmast vorgezogen wurde. Nach dem Ersten Weltkrieg mußte das Schiff an Frankreich abgegeben werden, obwohl keine Verwendungsmöglichkeit vorhanden war. Bis 1921 blieb der Segler in St. Nazaire aufgelegt. Die Société Anonyme de Navigation »Les Navires Ecoles Français« besaß zu dieser Zeit für ihre Ausbildungszwecke die Viermastbark RICHELIEU. Zusätzlich sollte PRINZESS EITEL FRIEDRICH in den Schuldienst treten. Sie bekam den neuen Namen COLBERT. Aber selbst nach dem Verlust der RICHELIEU durch Brand kam es nicht dazu. Das Schiff blieb weiterhin in St. Nazaire. 1926 wurde es an Baron de Forrest verkauft, der eine Yacht daraus machen wollte. Auch diesmal blieb es bei den Plänen.
Die Staatliche Polnische Seefahrtsschule benutzte damals für ihre Schulzwecke noch die Bark LWOW, die aber wegen ihres Alters bald ausgemustert werden sollte. Ein Ersatzschiff war nötig. COLBERT schien dafür geeignet zu sein. Mit den Mitteln, die durch freiwillige Spenden der Bevölkerung von Pomorze (Pomerellen) zusammenkamen, konnte 1929 das Schiff gekauft werden. Dafür bekam es zunächst den Namen POMORZE und nach seiner Ankunft in Polen den Namen DAR POMORZA (Dar = Gabe, Pomorza = Genitiv von Pomorze). Den Namen POMORZE führte das Schiff nur auf seiner Reise von St. Nazaire nach Nakskov.
Am 26. Dezember 1929 verließ POMORZE mit dem Schlepper POOLZEE St. Nazaire. Am 29. Dezember mußte sie in einem schweren Sturm vor Anker gehen. Die Mannschaft ging in die Boote, weil

Totalverlust befürchtet wurde. Erst mit Hilfe eines zweiten Schleppers gelang es, POMORZE wieder unter Kontrolle zu bekommen. Am 9. Januar 1930 erreichte sie Polen. Der Segler bekam jetzt einen Hilfsmotor und konnte bald darauf der Seefahrtsschule übergeben werden. Bis 1939 folgten regelmäßig Schulreisen, die wiederholt über den Atlantik führten. Bei Ausbruch des Zweiten Weltkrieges suchte DAR POMORZA zum Schutz schwedische Gewässer auf. Sie lag dann während des Krieges in Stockholm interniert. Nach Kriegsende wurde sie an Polen zurückgegeben und fuhr seither wieder regelmäßig im Schuldienst. Dabei wurden immer wieder ausländische Häfen angelaufen. 1972 nahm sie als erstes Schiff aus dem Ostblock am Tall Ships Race teil. Bis zu ihrer Außerdienststellung war sie regelmäßig dabei. 1980 erhielt das Schiff die höchste Auszeichnung der Regatta, die Cutty Sark Trophy. Verliehen wird sie für besondere Pflege der Völkerfreundschaft. Seit der Indienststellung der DAR MLODZIEZY im Sommer 1982 liegt die DAR POMORZA als stationäres Schiff fest.

Fryderyk Chopin

Die für die Größe des Schiffes auffallend hohe Takelung und die eleganten Linien des Rumpfes machen die Brigg zu einem Rahsegler mit den Qualitäten einer Regattayacht.
Wie alle in Polen gebauten Großsegler stammt auch FRYDERYK CHOPIN vom Reißbrett des weltbekannten Konstrukteurs Zygmunt Choren. Sie ist der neunte Rahsegler, den Choren in Gdansk und Gdynia bauen ließ. Die meisten dieser Schiffe sind Vollschiffe, die Rußland bzw. der Ukraine gehören. Den Namen hat sie nach dem polnischen Komponisten bekommen.
Der Kapitän der Brigg, Krzyztof Baranowski, hatte 1983 die Idee, auf Segelschiffen ein schwimmendes Klassenzimmer einzurichten. Zuerst waren es Hochseeyachten, später die POGORIA, die dafür verwendet wurden. Heute ist es FRYDERYK CHOPIN.

Art: Brigg, Stahl

Nation: Polen

Eigner: International Class Aflot Foundation

Heimathafen: Gdansk

Baujahr: 1990, Stapellauf 11. November 1990, Indienststellung November 1991

Werft: Dora-Werft, Gdynia

Vermessung: 400 t dw; 305 BRT; 91 NRT

Abmessungen:
Länge über alles 55,50 m
Länge Rumpf 44,80 m

Breite 8,50 m
Tiefgang 3,80 m

Segelfläche: 1200 qm

Besegelung: 23 Segel; beide Masten neben Untersegel, Doppel-Marssegel, einfache Bramsegel, Royal- und Skysegel

Masten: Höhe Großmast über Deck 37 m

Hilfsmotor: Wola-Diesel, 400 PS

Besatzung: 17 Personen Stammbesatzung, 39 Trainees (Studenten)

Verwendung: Schulschiff unter Segeln

General Zaruski

Bei der schwedischen Werft wurde die Ketsch für polnische Rechnung nach den Plänen der Yacht KAPAREN der »Svenska Segler Skolan« gebaut. Wegen des Krieges war eine Ablieferung an Polen nicht mehr möglich. Schweden benutzte deshalb das Schiff unter dem Namen KRYSSAREN bis 1945, als es von Polen unter dem Namen GENERAL ZARUSKI in den Schuldienst genommen wurde. 1948 bekam die Ketsch den Namen MLODA GWARDIA (»Junge Garde«), der dann 1957 in MARIUSZ ZARUSKI geändert wurde. M. Zaruski war ein Pionier des polnischen See-Segelsports.

ex MARIUSZ ZARUSKI
ex MLODA GWARDIA
ex GENERAL ZARUSKI

Art: Ketsch

Nation: Polen

Eigner: Liga Obrony Kraju

Heimathafen: Gdansk (Danzig)

Baujahr: 1939

Werft: B. Lund in Ekenäs bei Kalmar (Schweden)

Vermessung: 71 BRT

Abmessungen:
Länge über alles 28,00 m
Länge zwischen den Loten 25,30 m
Breite 5,80 m
Tiefgang 3,50 m

Segelfläche: 310 qm

Besegelung: 7 Segel

Hilfsmotor: Zwei 6 Zyl.-Albin-Dieselmotoren, zusammen 150 PS, 2 Schrauben

Besatzung: 3 Personen Stammbesatzung, 25 Jungen

Verwendung: Schulschiff unter Segeln

Henryk Rutkowski

Art: Brigantine, Kompositbau

Nation: Polen

Eigner: Polnische Yachtvereinigung, Trzebiez

Heimathafen: Gdansk (Danzig)

Baujahr: 1944

Werft: Swinemünde

Vermessung: BRZ 99; 24 NRT

Abmessungen:
Länge über alles 29,70 m
Länge Rumpf 24,30 m
Länge in der Wasserlinie 21,40 m

Breite 6,43 m
Tiefgang 3,20 m

Segelfläche: 337 qm

Besegelung: Am Vormast 3 Rahsegel

Masten: Stahl (einteilig), Masthöhe 21 m

Hilfsmotor: Delfin-Diesel, 121 PS

Besatzung: 3 Personen Stammbesatzung, 15 Jungen (Mädchen)

Verwendung: Schulschiff unter Segeln

Das Schiff war als deutsches Vorpostenboot mit reinem Motorantrieb gebaut worden. Als Kriegsbeute fiel es 1945 an Polen.

Seinen jetzigen Namen bekam es nach einem bekannten polnischen Widerstandskämpfer von 1939–1945. 1950–51 erfolgte der Umbau zu einer Gaffelketsch bei der Rybacka Werft in Gdynia. Als Schulschiff mit der Kennung GDY-180 diente das Schiff mit seiner schnittigen Unterwasserform dem Nachwuchs der polnischen Fischereiflotte. Von 1976 bis 1984 war die Ketsch ohne besondere Beschäftigung. 1984 begann der Umbau zur Brigantine mit einer umfassenden Umrüstung des gesamten Schiffes. Seit 1986 segelt HENRYK RUTKOWSKI für die »Polnische Yachtvereinigung«. Die Reisen werden meist von Vereinen und Jugendgruppen gebucht. Eine Altersbeschränkung gibt es nicht. Auch zahlende Gäste aus dem westlichen Ausland werden an Bord genommen. Schon vor der politischen Wende im Ostblock unternahm HENRYK RUTKOWSKI häufig Kreuzfahrten an westeuropäische Küsten.

Iskra II

Art: Barkentine, Stahl

Nation: Polen

Eigner: Marine Wyzsza Szkola Marynarki

Heimathafen: Gdynia

Baujahr: Stapellauf 6. März 1982, Indienststellung 11. August 1982

Werft: Stocznia Gdańska (Danziger Werft), Gdansk; Konstruktion: Zygmunt Choren

Vermessung: 381 ts Deplacement

Abmessungen:
Länge über alles	49,00 m
Länge in der Wasserlinie	42,50 m
Breite	8,00 m
Tiefgang	3,70 m

Segelfläche: 1035 qm

Masten: Höhe Großmast 30,20 m

Hilfsmotor: Dieselmotor

Besatzung: 18 Personen Stammbesatzung, 45 Kadetten

Verwendung: Schulschiff unter Segeln

ISKRA (Funke) gehört zur POGORIA-Klasse (KALIAKRA, OCEANIA). Ein typisches Merkmal dieser Klasse ist das Plattheck. Das Schiff fährt am Besanmast ein Bermudasegel.

Oceania

Das Schiff hat den Rumpf der POGORIA-Klasse mit dem typischen Plattheck. Es fährt kein Bugspriet. Die sich nach unten verjüngenden Rahsegel werden zur im Topp der Masten starr angebrachten Rah vorgeheißt. Das Bergen erfolgt durch Aufrollen nach unten in einen langen »Korb«.

Art: Dreimaster, Stahl

Nation: Polen

Eigner: Polnische Akademie der Wissenschaften

Baujahr: 1985

Werft: Stocznia Gdańska (Danziger Werft), Gdansk

Vermessung: 396 BRT; 550 ts Deplacement

Abmessungen:
Länge über alles 48,50 m
Länge Rumpf 41,00 m
Breite 9,00 m

Segelfläche: 650 qm

Besegelung: Automatisches Rigg. Alle Masten mit einem sehr hohen und verhältnismäßig schmalen Rahsegel

Masten: Alle Masten gleich hoch

Hilfsmotor: Hilfsmaschine

Verwendung: Forschungsschiff

Pogoria

Art: Barkentine, Stahl

Nation: Polen

Eigner: Polish Yachting Association, Warschau (Iron Shackle Fraternity)

Heimathafen: Gdańsk

Baujahr: 1980

Werft: Stocznia Gdańska (Danziger Werft), Gdansk

Vermessung: 342 ts Deplacement

Abmessungen:
Länge über alles 47,00 m
Länge Rumpf 40,00 m
Länge in der Wasserlinie 35,40 m
Breite 8,00 m
Tiefgang 3,50 m

Segelfläche: 1000 qm

Masten: Höhe Großmast 33,50 m

Hilfsmotor: Dieselmotor, 310 PS

Besatzung: 18 Personen Stammbesatzung, 45 Trainees

Verwendung: Schulschiff unter Segeln, Charterschiff

Die POGORIA ist ein Segelschulschiff, das für Jugendliche vom Verein der »Eisernen Schäkel« gebaut wurde. Die vier gekreuzten Schäkel auf den Rahsegeln des Vortopps sind das Wahrzeichen dieses Vereins. Neben den Schulreisen während der großen Ferien von Juni bis September unternimmt das Schiff Charterreisen, die bis in die Karibik führen können.

Im Winter 1980/81 fuhr POGORIA im Auftrag der Akademie der Wissenschaften ins Südpolarmeer, um Wissenschaftler nach Polen zurückzubringen, die dort überwintert hatten. Von September 1983 bis Mai 1984 segelte sie für das Projekt »Schwimmende Klassenzimmer« mit jungen Polen und auch Trainees aus dem Westen rund um Afrika. Von 1985 bis 1991 war das Schiff in fester Charter für die Canadian Educational Alternative aus Ottawa und Montreal als schwimmende Schule im Dienst. Zu der polnischen Crew von neuen Personen gesellten sich 20 bis 40 kanadische Schüler mit ihren Lehrern. Die Mission endete, als die kanadische CONCORDIA in Dienst gestellt wurde. Bei Regattenteilnahmen hat sich die Barkentine hervorragend bewährt. Seinen Namen hat das Schiff nach einem polnischen See bekommen. Ein wesentliches Merkmal des Schiffes ist das Plattheck. Weitere Segler der POGORIA-Klasse sind inzwischen KALIAKRA, OCEANIA und ISKRA II.

Zawisza Czarny II

Art: 3-Mast-Stagsegelschoner, Stahl

Nation: Polen

Eigner: Zwiazek Harcerstwa Polskiego (Verein der polnischen Pfadfinder)

Heimathafen: Kolobrzeg (Kolberg)

Baujahr: 1952

Werft: Stocznia Pólnocna, Gdansk (Danzig)

Vermessung: 164 BRT

Abmessungen:
Länge über alles   42,00 m
Länge Rumpf   35,50 m
Länge zwischen den
Loten   33,00 m
Breite   6,80 m
Tiefgang   4,60 m

Segelfläche: 550 qm (mit Breitfock)

Besegelung: 10 Segel (mit Breitfock); 4 Vorsegel (Vorstagsegel mit Baum); Fockmast: Vor-Treisegel, Breitfock; Großmast: Großstagsegel, Groß-Treisegel; Besanmast: Besanstagsegel, Besan-(Hoch)-Segel; Großstagsegel und Besanstagsegel mit Baum

Masten: Pfahlmasten

Hilfsmotor: DKW-Diesel-Motor, 300 PS

Besatzung: 5 Personen Stammbesatzung, 47 Jungen

Verwendung: Schulschiff unter Segeln

Die jetzige ZAWISZA CZARNY darf nicht verwechselt werden mit dem hölzernen 3-Mast-Gaffelschoner gleichen Namens ex PETREA, der 1902 bei Holm & Gustafsson in Råå, Schweden, gebaut worden war. Seit 1934 fuhr das Schiff unter polnischer Flagge. Nach der Besetzung Polens im August 1939 wurde der Schoner wahrscheinlich nach Lübeck gebracht, in »Schwarzer Husar« umgetauft, schwarz gemalt und wahrscheinlich von der Marine-Hitlerjugend für Schulzwecke verwendet. 1946 kam das Schiff nach Polen zurück. Der Zustand war aber so schlecht, daß es 1947 abgewrackt werden mußte.

ZAWISZA CZARNY II wurde 1952 als Fischereifahrzeug gebaut. 1961 erfolgte der Umbau zu einem Schulschiff des Pfadfindervereins. Im Winter 1967 folgte ein weiterer Umbau, bei dem das Schiff um 3 Meter auf seine jetzige Größe verlängert wurde.

Stagsegeltakelung bei einem Dreimaster ist heute etwas außerordentlich Seltenes. Eine weitere Besonderheit zeichnet das Schiff aus: Die beiden Treisegel stehen zwischen jeweils zwei gebogenen Gaffeln. Damit bekommen diese Segel die günstigste Kurvenstellung. Diese Takelart wird auch als »Wishbone-Rigg« bezeichnet. Stagsegel sparen das Gewicht der Gaffeln ein und sollen außerdem das Setzen der Segel erleichtern. Zawisza ist der Familienname einer Ritterfamilie des 15. Jahrhunderts. »Czarny«, der »Schwarze«, ist der Zuname eines berühmten Mitglieds dieser Familie, das gegen den Ritterorden kämpfte. Seine geharnischte Büste steht auf einem konsolenartigen Träger am Bug des Schiffes.

Portugal

| Boa Esperança | D. Fernando II | Leão Holandês |
| Creoula | e Gloria | Sagres II |

Boa Esperança

Art: Karavelle, 15. Jahrhundert, Nachbau, Holz

Nation: Portugal

Eigner: Associação Portuguesa de Treino de Vela (APORVELA)

Heimathafen: Lissabon

Baujahr: 1989–1990, Stapellauf 28. April 1990

Werft: Samuel & Filhos, Vila do Conde, Portugal

Abmessungen:
Länge über alles 23,20 m
Länge zwischen den Loten 21,72 m

Breite 6,59 m
Seitenhöhe 3,60 m
Tiefgang 3,25 m

Segelfläche: Gesamtsegelfläche 220 qm, Großsegel 150 qm, Besansegel 70 qm

Besegelung: 2 Segel (Lateiner)

Masten: Großmast über Kiel 21 m

Hilfsmotor: Volvo Penta-Dieselmotor

Besatzung: 22 Personen

Verwendung: Schulschiff unter Segeln

Sowohl in Nordeuropa als auch im Mittelmeerraum war das viereckige Segel von Anfang an in Gebrauch. Während es sich bei uns zur Segelfolge der gewaltigen Segeltürme moderner Großsegler entwickelte, verschwand es in den südlichen Breiten ohne erkennbaren Grund. Ab dem 9. Jahrhundert tauchte dort das Lateinersegel auf, das an einer, im Verhältnis zur Schiffsgröße, außerordentlich langen Rute gefahren wurde. Die Blütezeit erlebte diese Segelform bei den Karavellen, den Galeeren und Galeassen. Kolumbus' NIÑA hatte sogar drei Masten mit Lateinertakelung. In Nordeuropa wurde das Lateinersegel noch bis ins 18. Jahrhundert hinein, achtern der rahgetakelten Masten am Besanmast, gefahren. Heute dienen an diesem Mast Baum und Gaffel zum Manövrieren des Besansegels.

Zur Erinnerung an die Pionierleistungen portugiesischer Seefahrer vor 500 Jahren wurde BOA ESPERANÇA gebaut. Im Auftrag Johannes II. von Portugal drang Bartolomeu Dias 1487/88 auf der Suche nach dem Seeweg nach Indien über die afrikanische Westküste nach Süden vor und umsegelte die von ihm »Kap der Stürme« genannte Südspitze Afrikas (Kap der Guten Hoffnung).

Da das Schiff für den Schulbetrieb verwendet wird, konnte auf moderne Navigationshilfen und Motor nicht verzichtet werden. Bei der Atlantiküberquerung im Jahre 1992, zur Erinnerung an die Entdeckungsfahrt Kolumbus' vor 500 Jahren, hat sich der Nachbau der Karavelle bestens bewährt.

Creoula

CREOULA gehörte zur berühmten Flotte der Bankschoner Portugals. Damals gehörte sie der »Parceria Geral de Pescarias«. Bis 1973 fuhr sie insgesamt siebenunddreißig Mal zum Kabeljaufang in die Gewässer vor Neufundland. Die vierundfünfzig Fischer der zweiundsiebzigköpfigen Besatzung fuhren dabei mit ihren Dories zu den eigentlichen Fangplätzen. Oft waren sie dabei außer Sichtweite des Mutterschiffes und den ganzen Tag damit beschäftigt, die vierhundert Meter lange Fangleine mit ihren vierhundert Haken auszulegen und nach dem Fang wieder in das kleine Boot einzuholen.

Die Anforderungen, die dabei an die Fischer gestellt wurden, waren außerordentlich.

Bestes Orientierungsvermögen, vollkommenes Vertrautsein mit Wetter und See, Mut und Besonnenheit waren nur die wichtigsten Voraussetzungen für eine glückliche und erfolgreiche Fangzeit. Das Schulschiff CREOULA wird heute von der »Aporvela« (Associaçáo Portuguesa de Treino de Vela) betreut.

Art: 4-Mast-Gaffelschoner, Stahl	**Vermessung:** 818 ts Deplacement; 1055 BRT	**Masten:** Höhe der Masten über Deck 29 m
Nation: Portugal	**Abmessungen:**	**Hilfsmotor:** 6-Zylinder-Diesel, 480 PS
Eigner: Verteidigungsministerium	Länge über alles 67,40 m Länge in der Wasserlinie 52,70 m	
Heimathafen: Lissabon	Breite 9,90 m Seitenhöhe 5,90 m	**Besatzung:** 37 Personen Stammbesatzung, 50 Trainees
Baujahr: Stapellauf März 1937, Indienststellung Mai 1937 (Bauzeit 62 Tage)	Tiefgang 4,10 m **Segelfläche:** 1364 qm	**Verwendung:** Schulschiff unter Segeln
Werft: Estaleiros Navais de Lisboa (CUF)	**Besegelung:** 11 Segel	

D. Fernando II e Gloria

Art: Fregatte (Vollschifftakelung), Holz

Nation: Portugal

Eigner: Seefahrtsmuseum, Lissabon

Liegeplatz: Lissabon

Baujahr: 1843

Werft: Damão-Werft, Goa

Vermessung: 1849,16 ts Deplacement

Abmessungen:
Länge über alles 86,75 m
Breite 12,8 m
Tiefgang (max.) 6,40 m

Segelfläche: 2052,21 qm

Hilfsmotor: keine Maschine

Besatzung: 145–379 Personen

Bewaffnung: 28 Geschütze auf dem Geschützdeck, 22 Geschütze auf dem Hauptdeck

Verwendung: Museumsschiff

Das Schiff war die letzte Fregatte unter Segeln der portugiesischen Marine. Der Rumpf wurde vollständig aus Teakholz gebaut und zum Schutz gegen Bohrmuschelfraß mit einer Kupferhaut gesichert. Die Jungfernreise führte 1845 von Goa nach Lissabon. Den Namen gab Ferdinand von Sachsen-Gotha, der Mann der Königin Maria I. von Portugal.
D. FERNANDO, wie die Fregatte auch genannt wurde, war ein wichtiges Verbindungsglied zwischen dem Mutterland und den Kolonien. Bei den langen Reisen waren nicht nur Militärpersonen und entsprechende Ausrüstungsgegenstände an Bord, sondern immer wieder auch Kolonisten, so daß sich bis zu 650 Seelen auf dem Schiff befinden konnten. 1878 hatte die Fregatte den aktiven Seedienst beendet. Bis 1938 war sie Artillerie-Schulschiff. Anschließend wurde sie Schul- und Wohnschiff für Jungen armer Familien. 1963 zerstörte ein Feuer teilweise das Schiff. Es ging im Mar da Palha, Tagus , auf morastigen Grund. Im Januar 1992 wurde es gehoben und kam im September des gleichen Jahres in ein Schwimmdock nach Aveiro. Dort begannen die Restaurierungsarbeiten. Nach Beendigung dieser umfangreichen Maßnahmen wird die Fregatte Museumsschiff in Lissabon.

Leão Holandês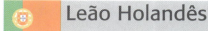

ex SEPHA VOLLAARS
ex IBAEK
ex PETERNA
ex MOJENHÖRN
ex RÖNNDIK
ex MARIE HILCK
ex MARTHA AHRENS
ex AMALIE

Art: 3-Mast-Gaffelschoner, Stahl

Nation: Portugal

Eigner: Dirk Willem Gesink

Heimathafen: Olhao, Portugal

Baujahr: 1910

Werft: Gebr. Bodewes, Martenshoek, Holland

Vermessung: 150 ts Deplacement; 89,8 BRT; 47,0 NRT

Abmessungen:
Länge über alles 44,00 m
Länge Rumpf 31,10 m
Länge in der
Wasserlinie 28,10 m
Breite 6,10 m
Raumtiefe 2,30 m
Seitenhöhe 3,90 m
Tiefgang 2,80 m – 3,20 m

Segelfläche: 507,5 qm

Besegelung: 12 Segel

Masten: Höhe Großmast über Deck 27,00 m

Hilfsmotor: Caterpillar-Diesel, 253 PS

Besatzung: 5 Personen Stammbesatzung, 12–14 Gäste

Verwendung: Charterschiff, Touristenschiff

Es gibt sicher nicht viele Schiffe, die, wenn auch in einem langen Leben, so oft den Eigner und dabei auch den Namen gewechselt haben, wie die LEÃO HOLANDÊS (»Holländischer Löwe«).
Als Zweimastschoner AMALIE war sie für deutsche Rechnung gebaut worden. Als Frachter wurde sie in der Küstenschiffahrt eingesetzt.

1922 bekam das Schiff die erste Maschine, und 1923 wurde der Rumpf um fünf Meter verlängert. Aus dem Zweimaster wurde ein 3-Mast-Gaffelschoner.
Als PETERNA fuhr das Schiff ab 1957 unter dänischer Flagge. Es war zum Motorschoner geworden. 1975 wurde PETERNA nach Holland verkauft. Dort erfolgte die Wiedertakelung zum Dreimaster mit Namen SEPHA VOLLAARS.
Von 1983 bis 1987 war der Segler in Schweizer Händen. Unter gleichem Namen sollte er in Tahiti im Touristengeschäft eingesetzt werden.

Das Unternehmen schlug fehl. Nach der Rückkehr des Schiffes nach Europa kaufte es der jetzige Eigner 1987. Die notwendige Restaurierung erfolgte in Belgien und Portugal.
LEÃO HOLANDÊS befährt heute die portugiesischen Küstengewässer.

Sagres II

Als letztes und modernstes Segelschulschiff der ehemaligen deutschen Kriegsmarine wurde 1937 die ALBERT LEO SCHLAGETER gebaut. Wegen des bald folgenden Krieges konnte die Bark nur noch wenige Reisen machen. Damals zierte den Bug ein großer Adler. Die Besatzung betrug 298 Personen.

Während des Krieges entstand an dem Schiff Maschinenschaden. Bei Kriegsende übernahm die USA die Bark in Bremerhaven. Da sie jedoch keine Verwendung für das Schiff hatten, gaben sie es 1948 an Brasilien ab. Unter dem neuen Namen GUANABARA war es mit Unterbrechungen bis 1961 Schulschiff der brasilianischen Marine.

Im Oktober 1961 kaufte die portugiesische Marine die Bark, als Ersatz für die außer Dienst gestellte SAGRES I. Sie erhielt ebenfalls den Namen SAGRES (II). Sagres ist eine Hafenstadt im Süden Portugals, von der aus die berühmten portugiesischen Entdeckungsfahrten unternommen wurden. Der Ort ist eng mit dem Infanten Heinrich dem Seefahrer verbunden. Dieser errichtete hier die erste Seefahrtsschule der Welt. Seine Büste ziert den Bug der SAGRES.

Am 24. April 1962 begann die erste Reise unter portugiesischer Flagge vom bisherigen Heimathafen Rio de Janeiro nach Lissabon. Kapitän war Kapt. Lt. Henrique Alfonso Silva da Horta. Das Schiff trägt wie seine Vorgängerin ein großes rotes Kreuz auf allen Rahsegeln (nicht mehr auf dem Unterbesan wie SAGRES I). Normalerweise werden zwei Ausbildungsreisen im Jahr unternommen.

SAGRES II nimmt regelmäßig an Großsegler-Regatten teil.

---

ex GUANABARA
ex ALBERT LEO SCHLAGETER

Art: Bark, Stahl

Nation: Portugal

Eigner: Kriegsflotte, Armada Portuguesa

Heimathafen: Alfeite bei Lissabon

Baujahr: 1937, Stapellauf 30. Oktober 1937

Werft: Blohm & Voss, Hamburg

Vermessung: 1869 ts Deplacement

Abmessungen:
Länge über alles   89,48 m
Länge Rumpf   81,28 m
Länge zwischen den
Loten   70,10 m
Breite   12,02 m
Raumtiefe   7,55 m
Tiefgang   5,30 m

Segelfläche: 1796 qm

Besegelung: 23 Segel; 4 Vorsegel, Doppel-Marssegel, einfache Bramsegel, Royals; Besanmast: Unter-Besan, Ober-Besan, Besan-Toppsegel

Masten: Fock- und Großmast mit einer Stenge; Großmast-Flaggenknopf ca. 45 m über der Wasserlinie

Hilfsmotor: MAN-Dieselmotor, 750 PS; Geschwindigkeit mit Maschine ca. 10 kn

Besatzung: 10 Offiziere, 19 Unteroffiziere, 131 Mannschaften, ca. 90 Kadetten

Verwendung: Schulschiff unter Segeln

Rumänien

Mircea

Mircea

Art: Bark, Stahl	Segelfläche: 1748 qm
Nation: Rumänien	Besegelung: 23 Segel; 4 Vorsegel, Doppel-Marssegel, einfache Bramsegel, Royals; Besanmast: Unterbesan, Oberbesan, Besan-Toppsegel
Eigner: Handelsflotte, Seefahrtschule Constanza	
Heimathafen: Constanza	
Baujahr: 1938, Stapellauf September 1938	Masten: Höhe Großmast über Deck 41,38 m; Höhe Großmast über Unterkante Kiel 49,16 m
Werft: Blohm & Voss, Hamburg	Hilfsmotor: MaK-Dieselmotor, 1100 PS
Vermessung: 1760 ts Deplacement (voll ausgerüstet), 1312 BRT	Besatzung: 40 Offiziere und Unteroffiziere, 50 Stamm-Mannschaften, 120 Zöglinge
Abmessungen:	Verwendung: Schulschiff unter Segeln
Länge über alles 82,10 m	
Länge Rumpf 73,70 m	
Länge zwischen den Loten 62,00 m	
Breite 12,00 m	
Seitenhöhe 7,30 m	
Tiefgang 5,20 m	

MIRCEA wurde 1938 mit genau den gleichen Abmessungen wie GORCH FOCK I, der jetzigen TOWARISCHTSCH, für Rumänien gebaut. Sie war das Ersatzschiff für die ausgemusterte Brigg MIRCEA I. Die anderen Segelschiffe der ehemaligen deutschen Kriegsmarine, die HORST WESSEL (1936), jetzt EAGLE, und die ALBERT LEO SCHLAGETER (1938), jetzt SAGRES II, sowie die GORCH FOCK II (1958) der Deutschen Marine, entsprechen genau dem gleichen Typ, sind aber um 8 m verlängert worden. Wenig bekannt ist, daß bei der gleichen Werft noch ein weiteres Segelschulschiff derselben Klasse gebaut worden ist. Das Schiff war zwar in Hamburg am 7. 11. 1939 vom Stapel gelaufen, hatte aber noch keinen offiziellen Namen (vorgesehen war HERBERT NORKUS). Nach Kriegsende kam es nach Kiel, wurde dort mit Gasmunition beladen und anschließend 1947 im Skagerrak versenkt. Insgesamt sind also sechs Segelschulschiffe nach demselben Grundplan bei Blohm & Voss gebaut worden.

Die MIRCEA hat ihren Namen nach dem Herzog Mircea bekommen, der im 14. Jahrhundert nach langen Kämpfen gegen die Türken die Dobrudscha zurückgewann und damit für die Walachei Seehandelswege öffnete. Das Schiff fährt eine prächtige Abbildung des Herzogs als Galionsfigur.

Im April 1939 erfolgte die Überfahrt nach dem Schwarzmeer-Hafen Constanza. Die Jungfernreise führte anschließend ins Mittelmeer. Nach dem Krieg war der Segler vorübergehend in russischen Händen, wurde aber bald wieder an Rumänien zurückgegeben. Von Januar bis September 1966 lag das Schiff für Umbau- und Erneuerungsarbeiten bei seiner Bauwerft in Hamburg. Der Umbau umfaßte: routinemäßige Klassearbeiten, Erneuerung des stehenden und laufenden Guts und der Segel, Einbau eines MaK-Dieselmotors, Lieferung neuer Rettungs- und Dienstboote, Erneuerung der gesamten Wohneinrichtung (einschließlich Decksbelägen, Kammerwänden etc.), Erneuerung und Modernisierung der Navigations- und elektrischen Anlagen, Änderungen in der Tankeinteilung zur Erhöhung der Sicherheit im Leckfalle.

Rußland

Alevtina und Tuy	Kronwerk	Pallada
Alpha	Kruzenshtern	Sedov
Courier	Meridian / Sekstant /	Sviatitel Nikolai
Elena Maria Barbara	Tropik	Yunyi Baltiets
	Mir	Zarja
Horisont	Nadeshda	

Alevtina und Tuy

Art: 2-Mast-Toppsegelschoner, Holz

Nation: Rußland

Eigner: »Erkon« Company

Heimathafen: Sankt Petersburg

Baujahr: 1995

Werft: »Askold«, Petrosawodsk, Onegasee

Vermessung: 58 ts Deplacement

Abmessungen:
Länge über alles 29,50 m
Länge Rumpf 18,70 m
Länge zwischen den
Loten 16,00 m
Breite 4,67 m
Tiefgang 2,25 m

Segelfläche: 240 qm

Besegelung: 7 Segel

Masten: Höhe Großmast über Deck 17,7 m

Hilfsmotor: Volvo Penta TAMD 41HD, 145 PS

Besatzung: 4–5 Personen Stammbesatzung, 5–8 Trainees, 6–8 Gäste, bei Tagesfahrten 20

Verwendung: Schulschiff unter Segeln, Charterschiff

Der Schoner ist der authentische Typ eines Handelsfahrers, wie er in der Mitte des 18. Jahrhunderts in Europa verwendet wurde. Eine Frauenfigur an der Galion und reichhaltiges Schnitzwerk am Spiegel schmücken das Schiff auf besondere Weise. Ein Schwesterschiff ist die ELENA MARIA BARBARA. Weitere Schwesterschiffe sind ANNA (1994) und VOLCHITSA. Sie unterscheiden sich jeweils durch verschiedene Galionsfiguren und verschiedene Heckzier.

Nach einer Kollision mit einem kuwaitischen Frachter in der Außenelbe hatte ALEVTINA in der Nacht zum 8. Juni 1996 so starken Wassereinbruch, daß sie schließlich über Funk mit dem internationalen Notruf »Mayday« (SOS) Seenot meldete. Sofort eilten ihr die deutschen Seenotkreuzer HERMANN HELMS, Station Cuxhaven und WILHELM KAISEN, Station Helgoland zur Hilfe. Unter Pumpenhilfen begleiteten die Seenotkreuzer das erheblich beschädigte Schiff nach Cuxhaven.

Alpha

Wie mehrere andere sowjetische Schulsegler wurde auch ALPHA nach dem Zweiten Weltkrieg als Reparationsleistung von Finnland für die Sowjetunion gebaut. Ihre Unterscheidungsmerkmale sind UOJV (deutsch). Im Sankt Petersburger Hauptschiffsregister ist sie unter der Nummer M-16566 eingetragen.

Art: Barkentine

Nation: Rußland

Eigner: Ministerium der Meeresflotte, Moskau

Heimathafen: Sankt Petersburg

Baujahr: 1948

Werft: Finnische Werft

Vermessung: 322 BRT; 41 NRT; 55 tdw
Abmessungen:
Länge über alles 44,00 m
Breite 8,90 m
Seitenhöhe 4,00 m
Tiefgang 3,30 m

Hilfsmotor: 4-Takt-Dieselmotor, Baujahr 1958 (DDR); Geschwindigkeit mit Maschine 7 kn

Verwendung: Schulschiff unter Segeln (Existenz fraglich)

Courier

Art: Küstenfregatte, 18. Jahrhundert, Holz, Nachbau

Nation: Rußland

Eigner: Avantgarde-Werft, Petrosawodsk, Onegasee

Heimathafen: Sankt Petersburg

Baujahr: 1993

Werft: Avantgarde-Werft, Petrosawodsk

Vermessung: 56,82 ts Deplacement

Abmessungen:
Länge über alles 26,50 m
Breite 5,20 m
Tiefgang 1,80 m, max. 2,56 m

Segelfläche: 260 qm

Besegelung: 6 Segel, Bugspriet mit Blinde

Hilfsmotor: K161M1-Diesel, 100 PS

Besatzung: 5 Personen Stammbesatzung, 8 (11) Passagiere

Verwendung: Charter-, Museumsschiff

COURIER ist der Original-Nachbau einer Kriegsfregatte aus dem zaristischen Rußland zur Zeit Peters des Großen. Das Schiff ist mit Geschützen ausgerüstet und fährt den Zierrat der Fregatten ihrer Zeit. Die Schiffbauer am Onegasee haben ein robustes und handwerklich vorzügliches Segelschiff hergestellt. Bei ersten Reisen in rauher See überraschte es durch Geschwindigkeit und gutes Seeverhalten.

Elena Maria Barbara

Art: 2-Mast-Toppsegelschoner, Holz

Nation: Rußland

Eigner: »STS Elena-Maria-Barbara«, Sankt Petersburg

Heimathafen: Sankt Petersburg

Baujahr: 1995, Stapellauf 16. Juli 1995

Werft: »Askold«, Petrosawodsk, Onegasee

Vermessung: 58 ts Deplacement

Abmessungen:
Länge über alles 29,40 m
Länge Rumpf 19,40 m
Länge zwischen den Loten 16,00 m
Breite 4,60 m

Raumtiefe 2,30 m
Tiefgang 2,30 m

Segelfläche: 234 qm

Besegelung: 7 Segel

Masten: Höhe Großmast über Deck 18,0 m

Hilfsmotor: Volvo Penta TAMD 41HD, 145 PS

Besatzung: 4–5 Personen Stammbesatzung, 5–8 Trainees, 6–8 Gäste, bei Tagesfahrten 20

Verwendung: Schulschiff unter Segeln, Charterschiff

Der Schoner ist der authentische Nachbau eines Handelsfahrertyps, wie er in der Mitte des 18. Jahrhunderts in Europa verwendet wurde. Eine blaugekleidete Frauenfigur an der Galion und reichhaltiges Schnitzwerk am Spiegel schmücken das Schiff auf besondere Weise. Schwesterschiffe sind ALEVTINA und TUI.

Horisont

Art: Barkentine, Holz

Nation: Rußland

Eigner: Handelsflotte

Baujahr: 1948

Werft: Laivateollisuus, Åbo, Finnland

Vermessung: 322 BRT; 41 NRT; 55 tdw

Abmessungen:
Länge über alles	39,40 m
Breite	8,90 m
Seitenhöhe	4,00 m
Tiefgang	3,40 m

Besegelung: 14 Segel; 3 Vorsegel; Fockmast: Focksegel, Doppel-Marssegel, einfaches Bramsegel, Royal; Großmast: Gaffelsegel, Gaffel-Toppsegel, Großstagsegel, Großstengestagsegel; Besanmast: Gaffelsegel, Gaffel-Toppsegel

Hilfsmotor: Dieselmotor

Verwendung: Schulschiff unter Segeln (Existenz fraglich)

Kronwerk

ex SIRIUS

Art: Barkentine, Holz

Nation: Rußland

Liegeplatz: Sankt Petersburg

Baujahr: 1948

Werft: Laivateollisuus, Åbo, Finnland

Vermessung: 322 BRT; 41 NRT

Abmessungen:
Länge über alles 44,0 m
Breite 8,9 m
Tiefgang 3,3 m

Hilfsmotor: entfernt, ursprünglich ostdeutscher Hilfsdiesel

Verwendung: Restaurantschiff

Wie mehrere andere russische Schulsegler wurde auch KRONWERK nach dem Zweiten Weltkrieg als Reparationsleistung von Finnland für die Sowjetunion gebaut. Sie liegt heute als Gaststättenschiff in Sankt Petersburg.

Kruzenshtern

ex PADUA

Art: Viermastbark, Stahl

Nation: Rußland

Eigner: Akademie der Fischereiflotte (Fischereiministerium), Kaliningrad

Heimathafen: Kaliningrad (Königsberg)

Baujahr: 1926, Stapellauf 24. Juni 1926

Werft: J. C. Tecklenborg, Wesermünde

Vermessung: 3545 BRT; 1162 NRT; 1976 tdw

Abmessungen:
Länge über alles   114,50 m
Länge zwischen den
Loten   95,00 m
Breite   14,00 m
Seitenhöhe   8,50 m
Raumtiefe   7,80 m
Segelfläche: 3400 qm

Besegelung: 34 Segel; 4 Vorsegel, Doppel-Marssegel, Doppel-Bramsegel, Royals; Besanmast: Unterbesan, Oberbesan, Besan-Toppsegel

Masten, Spieren: Höhe Großmast über Deck 55,30 m; Großrah 29,10 m; Groß-Royalrah: 14,50 m; Fock-, Groß- und Kreuzmast mit Bramstenge; Besanmast mit Besanstenge

Hilfsmotor: Zwei 2-Takt-4-Zyl.-Dieselmotoren sowjetischer Bauart

Besatzung: Unter deutscher Flagge 74 Personen, davon 40 Jungen

Verwendung: Schulschiff unter Segeln, Gästemitfahrgelegenheit

Als letzte frachtfahrende Viermastbark überhaupt wurde 1926 die PADUA für die Hamburger Reederei F. Laeisz gebaut. Obwohl die Reederei den größten Teil ihrer eigenen Schiffe nach dem Ersten Weltkrieg wieder zurückgekauft hatte, entschloß sie sich zu diesem bemerkenswerten Neubau. Viermastbarken von rund 3000 BRT waren damals die rentabelsten Frachtsegler. Wie die meisten der Laeisz-Segler fuhr auch PADUA in der Salpeter-Fahrt und holte später auch Weizen aus Australien.

Sie hatte damals noch keinen Motor. Das Schiff gehörte zum »Drei-Insel-Typ« der Laeisz-Flotte, wobei die oberen drei Decks wie durch Laufbrücken miteinander verbunden wurden. Besondere Ballast-Tanks waren nicht eingebaut worden. Im zellenartig unterteilten Zwischenboden ist Raum für 437 t Ballastwasser. Dazu kommen 16 t Wasser im Achterpiek-Tank. Laeisz hatte die große Bark von Anfang an als kombiniertes Fracht-Schulschiff einrichten lassen. Unter seiner Flagge waren die vierzig Plätze für die Jungen immer voll belegt. Bei der Jungfernreise brauchte PADUA für die Strecke Hamburg – Talcahuano in Chile 87 Tage; bei der Heimreise von Taltal nach Delfzijl 94 Tage. Die Rekordreise führte 1933/34 von Hamburg nach Port Lincoln, Süd-Australien, in 67 Tagen. Obwohl das Schiff damals noch keinen Hilfsmotor besaß, fuhr es mit auffallend gleichmäßiger Fahrzeit zwischen Europa und Südamerika. 1930 verlor PADUA in einem schweren Sturm am Kap Hoorn vier Mann über Bord. 1932 wurde sie in Hamburg aufgelegt, konnte aber mit Unterstützung der deutschen Regierung wieder in Fahrt gesetzt werden. Die letzte Langreise unter deutscher Flagge machte PADUA 1938/39. Das Kommando hatte Kapitän Richard Wendt. PADUA verließ Bremen am 15. Oktober 1938 und erreichte über Valparaiso am 8. März 1939 Port Lincoln (Australien). Mit einer vollen Ladung Weizen versegelte sie am 3. April 1939. Nach einer Reise von 93 Tagen lief sie am 8. Juli 1939 in den Clyde ein.

Bei Kriegsende lag das Schiff in Flensburg. Im Januar 1946 kam PADUA nach Swinemünde und wurde dort an die UdSSR ausgeliefert. Nach dem berühmten russischen Seemann und Forscher Adam Johann Ritter v. Krusenstern (19. November 1770 bis 24. August 1846) hat sie ihren neuen Namen bekommen. KRUZENSHTERN ist seit Jahren oft gesehener Gast in vielen Häfen der Welt. Sie wird mit ihren gewaltigen Dimensionen immer ein Hauptanziehungspunkt sein, wenn sich Großsegler irgendwo ein Stelldichein geben.

Inzwischen ist es möglich geworden, als zahlender Gast mitzufahren. Die »Freunde der Kruzenshtern« e. V. in Bremerhaven kümmern sich um diese Einschreibungen. Dem Schiff werden dadurch wichtige Devisen zugeführt.

Von 1980 an war das Schiff in Tallinn registriert. Als sich im April 1991 Estland von der Sowjetunion trennte, wurde KRUZENSHTERNS Registrierung nach Kaliningrad (Königsberg) verlegt. Das Fischereiministerium der UdSSR wurde im November 1991 aufgelöst, doch dessen Aufgaben, eingeschlossen die Bereederung der KRUZENSHTERN, wurden im Februar 1992 vom russischen Fischereiministerium übernommen.

Meridian / Sekstant / Tropik

Art: Barkentinen, Holz

Nation: Rußland

Eigner: Ministerium der Fischwirtschaft, Moskau (MERIDIAN auch Seefahrtsschule Kaliningrad)

Heimathafen: MERIDIAN Kaliningrad (Königsberg), TROPIK Riga, SEKSTANT Nachodka (bei Wladiwostok)

Werft: Finnische Werft

Vermessung: 322 BRT; 41 NRT; 55 tdw

Abmessungen:
Länge über alles 39,40 m
TROPIK 44,00 m
Breite 8,90 m
Seitenhöhe 4,00 m
Tiefgang 3,40 m
TROPIK 3,30 m

Hilfsmotor: 2-Takt- und 4-Takt-Dieselmotoren, Geschwindigkeit mit Motor 6,5 kn (TROPIK 7 kn)

Verwendung: Schulschiff unter Segeln

Wie mehrere andere sowjetische Schulsegler wurden auch MERIDIAN, SEKSTANT und TROPIK nach dem Zweiten Weltkrieg als Reparationsleistung von Finnland für die Sowjetunion gebaut. Ihre Unterscheidungsmerkmale sind (deutsch) UTCW, UZUU und UWLZ. Im Sankt Petersburger Hauptschiffsregister sind sie unter den Nummern M-16574, M-16551 und M-16577 eingetragen.

Mir

Art: Vollschiff, Stahl

Nation: Rußland

Eigner: Hochschule für Marineingenieure, Sankt Petersburg

Heimathafen: Sankt Petersburg

Baujahr: Stapellauf 31. März 1987, Indienststellung 30. November 1987

Werft: Stocznia Gdańska (Danziger Werft), Gdansk

Vermessung: 2824 ts Deplacement; 2256 BRT; 677 NRT

Abmessungen:
Länge über alles	109,40 m
Länge Rumpf	94,20 m
Länge in der Wasserlinie	79,40 m
Breite	14,00 m
Seitenhöhe bis Oberdeck	10,60 m
Seitenhöhe bis Hauptdeck	8,40 m
Tiefgang	6,60 m

Segelfläche: 2771 qm

Besegelung: 26 Segel (Dracon)

Masten: Höhe über der Wasserlinie 49,50 m (alle drei Masten)

Hilfsmotor: 2 Cegielski-Sulzer-Dieselmotoren auf einer Welle, Typ 6AL20/24, 2x 570 PS

Besatzung: 55 Personen Stammbesatzung, 144 Kadetten

Verwendung: Schulschiff unter Segeln

MIR (Frieden, Welt) gehört mit ihren Schwesterschiffen DRUZHBA, PALLADA, KHERSONES und der polnischen DAR MLODZIEZY einer neuen Generation von Großseglern an. Typisch am Rumpf ist vor allem das Plattheck. Viele technische Einrichtungen, wie zum Beispiel die Ruderanlage, entsprechen denen moderner Motorschiffe. Für den Schulbetrieb sind alle Navigationssysteme mehrfach vorhanden. Bei einigen Ausbildungsreisen steht das Schiff auch einer bestimmten Anzahl zahlender Gäste zur Verfügung. Auch im Winter wird MIR für Charterzwecke verwendet.

Nadeshda

Art: Vollschiff, Stahl

Nation: Rußland

Eigner: Far Eastern State Maritime Academy (FESMA)

Heimathafen: Wladiwostock

Baujahr: 1989/90

Werft: Stocznia Gdańska (Danziger Werft), Gdansk

Vermessung: ca. 2800 ts Deplacement

Abmessungen:
Länge über alles	109,40 m
Länge Rumpf	94,20 m
Länge in der Wasserlinie	79,40 m
Breite	14,00 m
Seitenhöhe bis Oberdeck	10,60 m
Seitenhöhe	8,40 m
Tiefgang	6,60 m

Segelfläche: ca. 2700 qm

Besegelung: 26 Segel; alle Masten Doppel-Marssegel, einfaches Bramsegel, Royalsegel

Masten: Höhe über der Wasserlinie 49,50 m

Hilfsmotor: 2 Dieselmotoren auf einer Welle, 2x 450 kW

Besatzung: 55 Personen Stammbesatzung, 140 Kadetten (Trainees)

Verwendung: Schulschiff unter Segeln

NADESHDA (»Hoffnung«) ist das fünfte, nach Plänen von Konstrukteur Zygmund Choren gebaute Segelschulschiff. Viele technische Einrichtungen, wie zum Beispiel die Ruderanlage, entsprechen denen moderner Motorschiffe. Für den Schulbetrieb sind alle Navigationssysteme mehrfach vorhanden. Ein blau gemaltes Band auf Deckshöhe ziert den Rumpf. Von weitem ist das Schiff an den Abkürzungsbuchstaben der Schule in Wladiwostock zu erkennen, die an den Rumpfseiten aufgemalt sind.

Pallada

Art: Vollschiff, Stahl

Nation: Rußland

Eigner: Fischereihochschule Wladiwostok

Heimathafen: Wladiwostok

Baujahr: Stapellauf 20. Juli 1988, Indienststellung 30. Juni 1989

Werft: Stocznia Gdańska (Danziger Werft), Gdansk

Vermessung: 2987 ts Deplacement; 2264 BRT; 667 NRT

Abmessungen:
Länge über alles	109,40 m
Länge Rumpf	94,20 m
Länge in der Wasserlinie	79,40 m
Breite	14,00 m
Seitenhöhe bis Oberdeck	10,60 m
Seitenhöhe bis Hauptdeck	8,40 m
Tiefgang	6,60 m

Segelfläche: 2771 qm

Besegelung: 26 Segel

Masten: Höhe über der Wasserlinie 49,50 m (alle drei Masten)

Hilfsmotor: 2 Cegielski-Sulzer Dieselmotoren auf einer Welle, Typ 6AL20/24, 2x 570 PS

Besatzung: 56 Personen Stammbesatzung, 143 Kadetten

Verwendung: Schulschiff unter Segeln

PALLADA ist Schwesterschiff zu den neuen sowjetischen Großseglern MIR, DRUZHBA und KHERSONES. Durch ihren schwarzen Rumpf mit gemaltem weißem Pfortenband unterscheidet sie sich äußerlich ganz erheblich von ihren Schwestern. Ihr Name bedeutet in Russisch »Pallas« (Athene). Bei der langen Reise zu ihrem Heimathafen Wladiwostok besuchte PALLADA im Sommer 1989 Falmouth. 1992 nahm sie an der Kolumbus-Regatta teil.

Sedov

ex Kommodore Johnsen
ex Magdalene Vinnen

Art: Viermastbark, Stahl

Nation: Rußland

Eigner: Staatsfischereiakademie Murmansk

Heimathafen: Murmansk

Baujahr: 1921

Werft: Friedrich Krupp, Germania-Werft, Kiel

Vermessung: 5300 ts Deplacement; 3476 BRT; 3017 NRT (unter deutscher Flagge)

Abmessungen:
Länge über alles 117,50 m
Länge Rumpf 109,00 m
Länge zwischen den
Loten 100,20 m
Breite 14,60 m
Raumtiefe 8,10 m

Segelfläche: 4192 qm

Besegelung: 34 Segel; 4 Vorsegel, Doppel-Marssegel, Doppel-Bramsegel, Royals; Besanmast: Unterbesan, Oberbesan, Besan-Toppsegel

Masten, Spieren: Höhe Großmast über Deck 54,50 m; Großrah 30,40 m; Großroyalrah 14,50 m; Fock-, Groß- und Kreuzmast mit Bramstenge; Besanmast mit Besanstenge; Rahen untereinander austauschbar

Hilfsmotor: Dieselmotor

Besatzung: 64 Personen Stammbesatzung, 180 Trainees

Verwendung: Schulschiff unter Segeln, Gästemitfahrgelegenheit

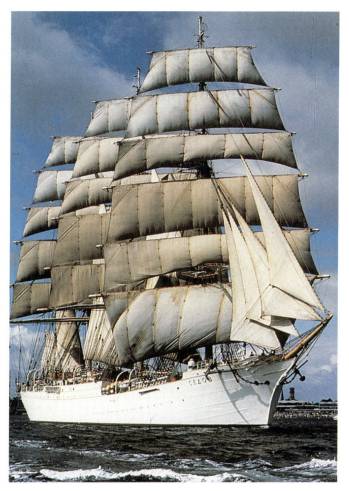

Die Bremer Reederei F. A. Vinnen besaß vor dem Ersten Weltkrieg eine Flotte von zwölf großen Frachtseglern, darunter die Viermastbark MAGDALENE VINNEN I, ex DUNSTAFFNAGE, die nach dem Krieg als Reparationsleistung an Italien abgegeben werden mußte. Die zweite MAGDALENE VINNEN wurde bald nach Kriegsende in Kiel in Auftrag gegeben und als frachtfahrendes Schulschiff mit Hilfsmotor gebaut. Wie die meisten der damaligen Viermastbarken fuhr auch sie in den zwanziger Jahren hauptsächlich in der Salpeterfahrt nach Südamerika. Die synthetischen Verfahren nach Haber-Bosch, Stickstoff zu binden, machten Europa allmählich vom Salpeter-Lieferanten Chile unabhängig. Die großen Salpeter-Segler fuhren daher immer häufiger nach Australien, um Weizen zu holen.

MAGDALENE VINNEN war nach dem »Drei-Insel-Prinzip« (Back-Hochdeck-Poop) gebaut worden. Das Hauptruder steht mittschiffs auf dem Hochdeck vor dem Kartenhaus, das Notruder befindet sich unter der Poop mit einem Skylight zur Beobachtung der Segel. Das Hauptdeck ist mit Stahlplatten belegt. Luke drei öffnet sich auf dem Hochdeck vor dem Hauptruder. (Das ist eine Besonderheit, die beim Drei-Insel-Typ selten auftritt. Normalerweise liegen alle Luken auf dem Hauptdeck.) Das Schiff besitzt keine besonderen Ballast-Tanks. Der Doppelboden kann in drei getrennten Sektionen insgesamt 345 t Ballastwasser aufnehmen. (Wahrscheinlich ist die Stabilitätsfrage heute anders gelöst, weil das Schiff keine Fracht mehr fährt.)

1936 wurde MAGDALENE VINNEN an den Norddeutschen Lloyd, Bremen, verkauft und bekam den neuen Namen KOMMODORE JOHNSEN. Sie fuhr von jetzt an bis zum Ausbruch des Zweiten Weltkrieges nur noch in der Weizenfahrt nach Australien. Bei einem Sturm im Jahre 1937 drohte das Schiff zu kentern, weil die Weizenladung übergegangen war. Bevor die durch SOS gerufenen Schiffe Hilfe bringen konnten, gelang es der Besatzung, durch Trimmen der Ladung die Stabilität wieder herzustellen. Die letzte große Reise machte der Segler 1939. Er verließ Port Lincoln, Australien, am 26. März und erreichte nach 107 Tagen, am 11. Juli, Queenstown. Während des ganzen Krieges fuhr KOMMODORE JOHNSEN in den warmen Monaten in der Ostsee und wurde im Winter in der Flensburger Förde aufgelegt. Dort erlebte sie auch im Mai 1945 das Kriegsende. Auf alliierten Befehl mußte sie nach Hamburg gebracht werden und wurde im Winter 1949 den britischen Behörden übergeben. Später brachte eine deutsch-englische Besatzung sie nach Kiel, wo sie von den Russen übernommen wurde. Eine Zeitlang lag sie dann noch in Swinemünde, ehe sie 1950 wahrscheinlich nach Odessa geschleppt wurde.

Den Namen SEDOV hat sie nach dem russischen Polarforscher Georgij J. Sedov (20. Februar 1877 bis 5. März 1914) bekommen, der 1911 versuchte, zum Nordpol vorzustoßen. Er starb im Eis nach zweimaliger Überwinterung.

Lange Zeit war nicht bekannt, ob SEDOV wieder unter Segeln fährt. Groß war deshalb die Überraschung, als die Viermastbark im Frühjahr 1982 wieder zu Auslandsreisen auslief und im Mai 1982 auch Hamburg besuchte. 1983 war SEDOV beim Windjammer-Treffen in Bremerhaven, wo viele ihrer ehemaligen Offiziere und Mannschaften an Bord eingeladen wurden.

Inzwischen ist sie ein oft gesehener und vielbeachteter Gast bei Hafenbesuchen und Großseglertreffen. Es ist auch möglich geworden, sich als zahlender Gast einzuschreiben. Dem Schiff werden dadurch wichtige Devisen zugeführt.

Sviatitel Nikolai

Art: Nachbau eines Handelsfahrers (Lodya) des 17.–19. Jahrhunderts, Holz

Nation: Rußland

Eigner: Historisches Marine- und Kulturzentrum in Petrosawodsk, Karelien

Heimathafen: Petrosawodsk, Onegasee

Baujahr: 1991

Werft: A/O NPK Karelien TAMP

Vermessung: 45 ts Deplacement; 52,6 BRT

Abmessungen:
Länge über alles 21,00 m
Länge Rumpf 16,00 m
Länge zwischen den Loten 15,00 m
Breite 5,20 m
Tiefgang 1,90 m

Segelfläche: 185 qm

Besegelung: 3 Segel

Masten: Höhe Großmast über Deck 13,8 m

Hilfsmotor: Diesel, 40 PS

Besatzung: 2–6 Personen Stammbesatzung, 10 Gäste

Verwendung: Charterschiff, segelndes Museumsschiff

Die dreimastige »Sankt Nikolaus« zeigt eine wichtige Station in der Entwicklung der Rahsegler. Fock- und Großmast führen jeweils ein Rahsegel, dessen Segelfläche durch Bonnets verändert werden kann. Am Besanmast wird ein Luggersegel gefahren. Bei größer werdenden Schiffen, mit entsprechend größer werdenden Segelflächen, mußte dann die Rahsegelfläche auf mehrere Rahen verteilt werden.

Yunyi Baltiets

Art: 2-Mast-Bermudaschoner, Stahl

Nation: Rußland

Eigner: Palast der Jugend (Marineclub Yunea), Sankt Petersburg

Heimathafen: Sankt Petersburg

Baujahr: 1989

Werft: Baltic Shipyard

Vermessung: 495 ts Deplacement

Abmessungen:
Länge über alles 49,40 m
Breite 8,40 m
Tiefgang 3,17 m

Segelfläche: 506 qm

Besegelung: 6 Segel; Fockmast Gaffelsegel, Großmast Bermudasegel

Masten: Höhe Großmast über Deck 28,30 m

Hilfsmotor: 408-PS-Diesel

Besatzung: 18 Personen Stammbesatzung einschließlich Lehrern, 34 Trainees

Verwendung: Schulschiff unter Segeln

»Junger Balte«, wie das Schiff in der Übersetzung heißt, bietet bei großem Raumangebot ein Höchstmaß an Sicherheit. Es sollte eine schwimmende Schule sein für die Jungen Pioniere der ehemaligen UdSSR. Auch nach der Perestroika hat sich am Einsatz als Schule nichts geändert. Auffallend ist die Untertakelung des schweren Rumpfes. Der verhältnismäßig geringe Tiefgang erlaubt auch das Anlaufen kleinerer Häfen. Um die Finanzierung der Reisen zu sichern, werden in zunehmendem Maße auch Gäste mitgenommen.

Im Rahmen der SAIL '90 und SAIL '95 sah man den Schoner auch in Bremerhaven.

Zarja

Art: 3-Mast-Gaffelschoner, Holz

Nation: Rußland

Eigner: Vermutlich Ozeanographisches Institut Sankt Petersburg

Heimathafen: Vermutlich Sankt Petersburg

Baujahr: 1952

Werft: Finnische Werft

Vermessung: 333 BRT; 580 ts Deplacement

Besegelung: 9 Segel (mit Toppsegel, s. u.); 3 Vorsegel (Vorstagsegel mit Baum); Fockmast: Schonersegel, Breitfock (dieses wird an einer Schiene vorhangartig zur Rahmitte geholt und am Untermast festgemacht); Groß-, Besanmast: Gaffelsegel (Toppsegel werden nicht gefahren, sind aber vorgesehen)

Masten, Spieren: Alle Masten mit einer Stenge; Gaffeln werden gefiert

Hilfsmotor: Dieselmotor, 300 PS; Geschwindigkeit mit Maschine 9 kn

Verwendung: Schulschiff unter Segeln (Existenz fraglich)

ZARJA wurde als Reparationsleistung bei einer finnischen Werft gebaut. Sie fährt mit Zivilbesatzung und dient als nichtmagnetisches Schiff ozeanographischen Untersuchungen.

Schweden

Af Chapman
Älva
Amorina
Baltic Beauty
Blå Marité af Pripps
Blue Clipper
Falken / Gladan
Götheborg III
Gratia of Gothenburg
Gratitude of Gothenburg
Gretel
Hamlet
Jarramas
Lady Ellen
Lady Ellen IV
Najaden
Najaden
Shalom
Vida of Anglian Water
Viking
Wasa

Af Chapman

ex G. D. Kennedy
ex Dunboyne

Art: Vollschiff, Eisen

Nation: Schweden

Eigner: Stadt Stockholm (Svenska Turistföreningen)

Liegehafen: Stockholm, Skeppsholmen

Baujahr: 1888, Kiellegung 1885, Stapellauf März 1888

Werft: Shipbuilding Company, Whitehaven, England (Cty. of Cumberland)

Vermessung: 2300 ts Deplacement; 1425 BRT; 1380 NRT

Abmessungen:
Länge über alles 85,40 m
Länge Rumpf 71,10 m
Länge zwischen den Loten 71,10 m
Breite 11,40 m
Tiefgang 5,60 m

Segelfläche: 2207 qm

Besegelung: 26 Segel, 4 Vorsegel; alle Masten: Doppel-Marssegel, einfaches Bramsegel, Royal

Masten, Spieren: Höhe Großmast über Deck 41,60 m; Länge Großrah 25,70 m

Hilfsmotor: kein Hilfsmotor

Besatzung: Als Marineschulschiff 50 Personen Stammbesatzung und 200 Kadetten

Verwendung: Jugendherbergsschiff

Wegen der damaligen Schiffbaukrise erstreckte sich die Bauzeit über drei Jahre. Erst dann fand das Schiff einen Käufer. Als reiner Handelsfahrer segelte es unter dem ursprünglichen Namen Dunboyne von 1888–1908 für die Dubliner Reederei Charles E. Martin & Co hauptsächlich in der Australienfahrt. 1909 kaufte der norwegische Reeder Leif Gundersen aus Porsgrund das Vollschiff, ohne daß dessen Name geändert wurde. Dunboyne blieb weiterhin Handelsschiff. Vor dem Ersten Weltkrieg gehörte sie noch für kurze Zeit dem Reeder Emil Knutsen aus Lillesand.
Am 30. Juli 1915 wurde der Segler für 8300 Pfund an die schwedische Reederei A.-B. Transatlantik in Göteborg verkauft. Unter dem neuen Namen G. D. Kennedy wurde das Schiff mit Platz für 30 Jungen frachtfahrendes Schulschiff der Reederei. Der Segler war für diesen Zweck mit modernen technischen Hilfsmitteln ausgerüstet worden. Die schwedische Krone erwarb das Schiff im November 1923 für 128000 Kronen. Es sollte reines Schulschiff für die schwedische Marine werden. Für diesen Zweck erfolgte ein vollständiger Innenumbau. Da keine Fracht mehr gefahren wurde, entstanden im Zwischendeck Wohnräume für 200 Kadetten. Licht bekam das Deck durch zahlrei-

che Bullaugen, die in die Seiten geschnitten wurden.
Der Segler erhielt den Namen AF CHAPMAN. Fredrik Henrik af Chapman, 1721–1808, war Schiffbaumeister und Vizeadmiral in Karlskrona. Sein bedeutendstes Werk ist die erstmals 1786 erschienene »Architectura Navalis Mercatoria«.
Bis 1937 machte das Schulschiff zahlreiche Reisen in alle Meere (1934 war die letzte große Überseereise). 1937 wurde AF CHAPMAN als Schulschiff ausgemustert und diente bis 1947 in Stockholm als Marinekaserne. Anschließend kaufte das Stadtmuseum Stockholm den Segler und stellt ihn der Svenska Turistföreningen als Herbergs-Schiff zur Verfügung. Diesem Zweck dient die AF CHAPMAN seit Frühjahr 1949. Der hierfür notwendige Umbau veränderte das Äußere kaum. An Rahen sind noch an jedem Mast geblieben: Unterrah, Untermarsrah und Bramrah.
Das Schiff ist nicht nur Jugendherberge, sondern kann von Gästen aller Altersgruppen benutzt werden.

Älva

Art: 3-Mast-Bermudaschoner, Stahl

Nation: Schweden

Eigner: Rederi AB ALVA (Capt. Claes Stenestad)

Heimathafen: Stockholm

Baujahr: 1939

Werft: Lödöse-Werft (bei Göteborg)

Vermessung: 470 ts Deplacement (inkl. Wasserballast); 286 BRT; 85 NRT

Abmessungen:
Länge über alles   52,00 m
Länge Rumpf   44,00 m
Breite   7,20 m
Raumtiefe   2,56 m
Seitenhöhe   3,62 m
Tiefgang   3,00 m

Segelfläche: 500 qm

Besegelung: 6 Segel

Masten: Höhe Großmast über Deck 27,50 m

Hilfsmotor: Caterpillar-Diesel D-343, 400 PS

Besatzung: 4 Personen Stammbesatzung, 38 Gästekojen, 80 Gäste bei Tagesfahrten

Verwendung: Charterschiff

ÄLVA wurde als Motorschoner für die Handelsfahrt in schwedischen Gewässern und in der Ostsee gebaut. 1951 erfolgte in Bremerhaven eine Verlängerung des Rumpfes um 7,8 m. Beim Einbau eines stärkeren Motors im Jahre 1961 wurde das Rigg abgenommen. Von 1967 bis 1979 gehörte das Motorschiff Rolf Pettersson aus Stockholm und ging dann in das Eigentum der Gebrüder Claes und Håkan Stenestad aus Stockholm über. Das Schiff wurde in Marstal neu getakelt und fuhr bis 1990 als letzter Frachtsegler in nordeuropäischen Gewässern. Die Stahlarbeiten beim anschließenden Umbau zum Schulschiff wurden in Stettin durchgeführt. Dabei wurden die Konstruktionen so verstärkt, daß ein beabsichtigter Umbau zur 4-Mast-Barkentine möglich ist. Im Augenblick steht das Schiff mit seinen großzügigen Innenräumen in erster Linie Charterzwecken zur Verfügung.

Amorina

Art: Barkentine, Stahl

Nation: Schweden

Eigner: Jan Hagenfeldt & Assoc., Örebro, Schweden

Heimathafen: Stockholm

Liegeplatz: Hurghada, Ägypten

Baujahr: 1934; Umbau 1977–81

Werft: Götaverken, Göteborg

Vermessung: 530 ts Deplacement

Abmessungen:
Länge über alles 48,50 m
Länge Rumpf 34,30 m
Länge in der Wasserlinie 30,30 m
Breite 7,70 m
Tiefgang 4,10 m
Segelfläche: 650 qm

Besegelung: 16 Segel (Dacron); Fockmast: Doppel-Marssegel, einfaches Bramsegel, Royal

Hilfsmotor: Deutz-Diesel, 420 PS

Besatzung: 11 Personen Stammbesatzung; insgesamt 59 Kojen in 20 Kabinen für Gäste

Verwendung: Charterschiff

AMORINA wurde als Feuerschiff gebaut. Nach jahrelangem Einsatz wurde das Schiff zwischen 1977 und 1981 in Lissabon umgebaut und aufgetakelt. An seine frühere Verwendung erinnert besonders das bauchige Achterschiff, ebenso das großzügige Raumangebot im Schiffsinnern. Die Sauna auf dem Hauptdeck ist ein skandinavisches »Muß«. Die Karibik und das Mittelmeer sind die Hauptreisegebiete dieses eigenwilligen Schiffes. Auch für Taucherferien im Roten Meer wird das Schiff eingesetzt.

Baltic Beauty

ex DOMINIQUE FREDION
ex SVEN WILHELM
ex HANS II

Art: Gaffelgetakelte Toppsegel-Ketsch, Stahl

Nation: Schweden

Eigner: Kapt. Yngve Victor Gottlow

Heimathafen: Ronneby, Schweden

Baujahr: 1926, Stapellauf 1. August 1926

Werft: N. V. Capello, Zwartsluis, Niederlande

Vermessung: 115 ts Deplacement; 75 BRT; 37 NRT

Abmessungen:
Länge über alles 40,00 m
Länge Rumpf 29,29 m
Länge zwischen den Loten 26,20 m
Breite 4,95 m
Tiefgang 2,50 m

Segelfläche: 345 qm

Besegelung: 7 Segel; Großmast mit Toppsegel

Masten: Höhe Großmast über Deck 19 m

Hilfsmotor: Scania DSI 11, 245 PS

Besatzung: 3 Personen Stammbesatzung, 20 Gäste (Trainees)

Verwendung: Charterschiff

Das Schiff war viele Jahre als Fischereifahrzeug beschäftigt gewesen. 1980 baute der jetzige Eigner die Ketsch für die Gästefahrt um. Ein Pfortenband schmückt den eleganten Rumpf, und eine weibliche Galionsfigur weist dem Schiff seinen Weg.

Blå Marité af Pripps

Art: 3-Mast-Toppsegelschoner, Holz

Nation: Schweden

Eigner: H. B. Ambrått

Heimathafen: Stockholm

Baujahr: 1921

Werft: in Fécamp, Frankreich

Vermessung: 450 ts Deplacement; 170 BRT; 51 NRT

Abmessungen:
Länge über alles 47,00 m
Länge Rumpf 35,00 m
Länge zwischen den Loten 32,50 m
Breite 8,00 m
Raumtiefe 3,60 m
Tiefgang 4,20 m

Segelfläche: 600 qm

Besegelung: 13 Segel

Masten: Höhe Großmast über der Wasserlinie 30 m

Hilfsmotor: Isuzu-Diesel, 460 PS

Besatzung: 12 Personen Stammbesatzung, 24 Gäste

Verwendung: Konferenzschiff, Charterschiff, Schulschiff unter Segeln

Als 3-Mast-Toppsegelschoner wurde MARITÉ für die Neufundlandfischerei entworfen und gebaut. Ihr starker, aus Eiche gebauter Rumpf war der oft rauhen See des Nordatlantiks gewachsen. Sie war Mutterschiff für zehn Dories, deren Fischer in klassischer Weise mit der Langleine Kabeljaus fingen. Bis zur vollen Ladung Fisch konnten bis zu sechs Monate vergehen.

1929 wurde aus Rentabilitätsgründen der Fang unter Segeln eingestellt. MARITÉ wurde nach Dänemark verkauft und abgetakelt. Als Motorschiff war sie dann bis zu ihrer Außerdienststellung im Jahre 1974 wiederum im Fischfang beschäftigt. Tvöroyri auf den Färöer-Inseln war damals ihr Stützpunkt und Heimathafen.

1979 erwarb sie ihr jetziger Eigner. Das Schiff war in einen recht desolaten Zustand geraten. Nur der nackte Rumpf blieb Ausgangspunkt für den Wiederaufbau und die Neutakelung zu einem der letzten noch lebenden Bankschoner.

1992 nahm der Schoner an der Kolumbus-Regatta teil.

Blue Clipper

Art: 3-Mast-Gaffelschoner, Stahl

Nation: Schweden

Eigner: Svenska Skonertkompaniet, Torslanda

Heimathafen: Torslanda

Baujahr: 1990

Werft: Marstrandsverken FEAB, Marstrand

Vermessung: 137 BRT

Abmessungen:
Länge über alles 43,90 m
Länge Rumpf 31,90 m
Länge in der Wasserlinie 27,00 m
Breite 7,40 m
Tiefgang 4,00 m

Segelfläche: 675 qm

Besegelung: 10 Segel

Hilfsmotor: Caterpillar-Diesel, 315 PS

Besatzung: 8 Personen Stammbesatzung, 14 Passagiere, 45 Gäste bei Tagesfahrten

Verwendung: Charterschiff

Der luxuriös ausgestattete Schoner ist identisch mit der SPIRIT OF HENNESSY. 1872 brachte das Schiff ALFRED die erste Ladung Hennessy-Cognac von Frankreich nach Shanghai. Mit entsprechendem Namen und weiß gemalt wiederholte die BLUE CLIPPER 1992 diese denkwürdige Reise.

In der Rumpfkonstruktion mischen sich moderne und traditionelle Elemente wie Klipperbug, elegantes Yachtheck, langer Ballastkiel mit angeschnittenem Vorfuß. Das Teakdeck wurde auf Stahlplatten verlegt. Eine Besonderheit bietet der Hilfsmotor. Weil vor der Schraubenwelle kein Platz für die Maschine war, wurde sie über der Welle montiert. Ein Riemengetriebe verbindet beide Elemente.

Falken / Gladan

Art: 2-Mast-Gaffelschoner, Stahl

Nation: Schweden

Eigner: Königl. Schwedische Marine

Heimathafen: Karlskrona

Baujahr: 1946 (Falken) und 1947 (Gladan)

Werft: Marine-Werft, Stockholm

Vermessung: 22 ts Deplacement

Abmessungen:
Länge über alles 39,30 m
Länge Rumpf 34,40 m
Länge zwischen den Loten 28,30 m
Breite 7,20 m
Tiefgang 4,20 m

Segelfläche: 519 qm (Arbeits-Besegelung); dazu Fischerstagsegel 97 qm, Breitfock 87 qm

Besegelung: Insgesamt 9 Segel; 3 Vorsegel; Fock-, Großmast: Gaffelsegel, Gaffel-Toppsegel; Breitfock, Groß-Fischerstagsegel

Masten: Beide Masten mit einer Stenge; Höhe Großmast über der Wasserlinie 31,40 m

Hilfsmotor: 6-Zyl.-Scania-Vabis-Marinediesel, 128 PS

Besatzung: 15 Personen Stammbesatzung, davon 3 bis 4 Offiziere, 38 Jungen

Verwendung: Schulschiff unter Segeln

FALKEN (= Falke, Segelnr. S 02) wurde zusammen mit dem Schwesterschiff GLADAN (= Weihe, Milan, Segelnr. S 01) als Ersatz für die Vollschiffe JARRAMAS und NAJADEN von der schwedischen Marine gebaut. FALKEN wurde 1952 von der Rydberg-Stiftung für ein halbes Jahr als Schulschiff gechartert. Das vordere Deckshaus enthält bei beiden Schiffen die Kombüse, das achtere hauptsächlich die Offiziersmesse. Die Jungen schlafen in Kojen und Hängematten. Zum Segelbergen werden die Gaffeln gefiert. Etwa 60 t Festballast geben dem Schiff die nötige Stabilität. Außer für die Marine werden auch Offiziersanwärter für die Handelsflotte ausgebildet. Die Reisen führen meist in die Ost- und Nordsee. Normalerweise unternehmen die beiden Schoner Vierwochenreisen mit Kadetten der Marineschule in Karlskrona. Auch für zivile Zwecke können die Schiffe zeitweilig gechartert werden, zum Beispiel für Schülerreisen.

Götheborg III

Die Schwedische Ostindische Kompanie wurde 1731 gegründet und bestand bis 1813. Die wichtigsten Handelsbeziehungen wurden mit China unterhalten. Eines ihrer großen Schiffe, die GÖTHEBORG, die 1738 bei der Terra Nova-Werft in Stockholm gebaut worden war, kehrte am 12. September tiefbeladen in ihren Heimathafen Göteborg zurück. Sie hatte Tee, große Mengen an Porzellan und fünf Tonnen Silber geladen. Kurz vor Erreichen des Hafens rammte das Schiff bei der Älvsborg-Festung einen Felsen und sank. Ein großer Teil der Ladung konnte damals geborgen werden, so daß sich die lange Reise trotzdem bezahlt gemacht hatte.

1984 wurde das Wrack wieder entdeckt. In mehrjähriger Arbeit brachten Taucher große Mengen an wertvollem Porzellan ans Tageslicht, das seither in vielen Ausstellungen besichtigt werden konnte. Bei den Taucharbeiten konnte man aber auch sehr viel über das Aussehen des Schiffes erfahren. Im Oktober 1992 wurde ein Freundschaftskreis gegründet, der sich zum Ziel gemacht hat, das Schiff als GÖTHEBORG III nachzubauen. (Die GÖTHEBORG II trat am 2. Februar 1788 ihre erste Frachtreise an und wurde am 12. Mai 1795 bei den Shetlandinseln wrack).

Der Nachbau entsteht derzeit bei einer eigenen Werft in Göteborg, die auch den Namen »Terra Nova« erhalten hat. Der Stapellauf ist für Juni 1997 vorgesehen. Das Schiff wird mit 1350 ts Deplacement vermessen. Bei einer Rumpflänge von 40,55 Metern, einer Kiellänge von 33,5 Metern hat es eine Breite von 10,7 Metern. Die Mittschiffshöhe des Rumpfes wird mit 9,9 Metern angegeben.

GÖTHEBORG III wird als seegehendes Schiff für Forschungs- und Schulzwecke eingesetzt werden. Neben einem Hilfsmotor wird es 1450 qm Segelfläche bekommen.

Gratia of Gothenburg

ex BLUE SHADOW
ex CINDERELLA

Art: Gaffelschoner, Holz

Nation: Schweden

Eigner: Stiftelsen Svenska Kryssarklubbens Seglarskola, Göteborg

Heimathafen: Göteborg

Baujahr: 1900

Werft: Camper & Nicholsons, Gosport, England

Vermessung: 45,24 BRT; 34,86 NRT

Abmessungen:
Länge über alles	29,85 m
Länge Rumpf	25,63 m
Länge zwischen den Loten	20,48 m
Breite	5,08 m
Raumtiefe	2,77 m
Tiefgang	3,30 m

Segelfläche: 350 qm

Besegelung: 8 Segel

Masten: Höhe Großmast über Wasserlinie 25,80 m

Hilfsmotor: Volvo Penta-Diesel, 164 PS

Besatzung: 6–7 Personen Stammbesatzung, 18 Schüler

Verwendung: Schulschiff unter Segeln

Als Schoner war GRATIA gebaut worden, und als Yacht wurde sie von ihren früheren Eignern gefahren, bis sie 1964 zur Stiftelsen Svenska Kryssarklubbens Seglarskola kam.

Gratitude of Gothenburg

ex ÖSTERVAG

Art: Gaffel-Ketsch, Holz

Nation: Schweden

Eigner: Stiftelsen Svenska Kryssarklubbens Seglarskola, Göteborg

Heimathafen: Göteborg

Baujahr: 1907

Werft: in Portleven, England

Vermessung: 103 ts Deplacement; 60 BRT; 31 NRT

Abmessungen:
Länge über alles 29,10 m
Länge Rumpf 23,00 m
Länge zwischen den Loten 21,10 m
Breite 5,90 m
Tiefgang 2,90 m

Segelfläche: 350 qm

Besegelung: 8 Segel

Masten: Höhe Großmast über Deck 20,50 m

Hilfsmotor: Volvo Penta-Diesel, 184 PS

Besatzung: 6–7 Personen Stammbesatzung, 20 Schüler

Verwendung: Schulschiff unter Segeln

GRATITUDE war als Brixam-Trawler gebaut worden. Heimathafen war bis 1930 Lowestoft, danach fuhr sie unter schwedischer Flagge als Fischereifahrzeug und Frachtmotorschiff. Sie gehört seit 1957 zur damals neugegründeten Stiftelsen Svenska Kryssarklubbens Seglarskola.

Gretel

Der hölzerne 3-Mast-Bermudaschoner wurde kurz nach dem Zweiten Weltkrieg in Finnland gebaut. Er gehört heute schwedischen Eignern. Das Schiff wird für Kreuzfahrten eingesetzt. 1974–75 wurde mit GRETEL eine Weltumsegelung unternommen.

Art: 3-Mast-Bermudaschoner, Holz

Nation: Schweden

Eigner: Per Hagelin & Partners, Schweden

Baujahr: 1946

Werft: Einar Gustafson, Borga, Finnland

Vermessung: 160 ts Deplacement

Abmessungen:
Länge über alles 27,30 m
Länge Rumpf 23,50 m
Breite 6,40 m
Tiefgang 2,10 m

Segelfläche: 230 qm

Hilfsmotor: 1x 120 PS Albin Diesel

Besatzung: 5 Personen Stammbesatzung, 10 Gäste

Verwendung: Charterschiff

🇸🇪 Hamlet

Art: 2-Mast-Gaffelschoner, Kompositbau

Nation: Schweden

Eigner: Trade Wind Cruises

Heimathafen: Skärhamn, Schweden

Baujahr: 1936

Werft: Sjötorp, Schweden

Abmessungen:
Länge über alles 34,00 m
Länge Rumpf 24,70 m
Länge in der Wasserlinie 23,30 m

Breite 6,80 m
Tiefgang 2,70 m

Segelfläche: 320 qm

Besegelung: 8 Segel

Masten: Höhe Großmast über Deck 25 m

Hilfsmotor: Volvo Penta TMD 10A, 220 PS

Besatzung: 4 Personen Stammbesatzung, 14 Kojenplätze, 75 Tagesgäste

Verwendung: Charterschiff

🇸🇪 Jarramas

Art: Vollschiff, Eisen

Nation: Schweden

Eigner: Stadt Karlskrona

Liegeplatz: Karlskrona, Borgmästarekajen

Baujahr: 1899, Kiellegung 18. März 1899, Stapellauf 1. Februar 1900

Werft: Polhamsdocken, Karlskrona

Vermessung: 350 ts Deplacement (voll ausgerüstet)

Abmessungen:
Länge über alles 49,00 m
Länge Rumpf 39,15 m
Länge zwischen den Loten 33,30 m
Breite 8,38 m
Raumtiefe 3,98 m
Tiefgang (nicht ausgerüstet) 3,20 m

Segelfläche: Ursprünglich ca. 800 qm (ohne Leesegel), 1002 qm mit Leesegel

Besegelung: Ursprünglich 17 Segel (ohne Leesegel); 4 Vorsegel; einfache Marssegel, einfache Bramsegel, Royals; Großmast: Gaffelsegel ohne Baum (Spencer); Leesegel an Vor- und Großmast

Masten, Spieren: Mars- und Bramstenge; Bugspriet mit Klüverbaum, gewinkelte Blinderah, Stampfstock; Höhe Großmast über Deck 25,25 m

Hilfsmotor: kein Hilfsmotor

Besatzung: 4 Offiziere, 1 Arzt, 7 Unteroffiziere, 15 Korporale, 92 Jungen im Alter von 13½–15 Jahren

Verwendung: Museumsschiff

Im Jahre 1716 ließ Karl XII. von Schweden in Karlskrona zwei Fregatten bauen, die auf seinen Befehl die Namen ILLERIM und JARRAMAS bekamen. Die Worte sind türkischen Ursprungs (Blitz und Donner). Nachdem Karl XII. im Juli 1709 gegen die Russen die Schlacht bei Poltawa verloren hatte, flüchtete er mit nurmehr 500 Mann nach Bender in der Türkei. Es gelang Karl, die Hohe Pforte in Konstantinopel zu einer Kriegserklärung an Zar Peter zu bewegen. Durch Intrigen entging der Zar der Vernichtung seiner Armee und der Gefangennahme. Im Frieden von Husch wurde Karl freies Geleit durch Rußland zugesichert. Karl jedoch widersetzte sich der Aufforderung, türkisches Gebiet zu verlassen, weil er immer wieder einen türkisch-russischen Krieg auslösen wollte. Der Sultan nötigte ihn schließlich mit Gewalt. Mit 300 Soldaten verschanzte sich Karl in Bender und trotzte einen Tag lang den pausenlosen Angriffen von mehreren tausend Janitscharen. Mit Mühe gelang endlich seine Gefangennahme. Dieses tollkühne Verhalten brachte Karl XII. die türkische Bezeichnung »Illerim und Jarramas« ein, die er dann stolz auf seine Schiffe übertrug.

Die Fregatte JARRAMAS war noch lange nach Karls Tod im Dienst. Ihr späteres Schicksal ist nicht bekannt. Von 1825 bis 1859 diente eine Korvette bei der schwedischen Marine, die ebenfalls JARRAMAS hieß. Als zweites Schulschiff für die schwedische Marine der Jahrhundertwende wurde nach der hölzernen NAJADEN die eiserne JARRAMAS gebaut. Es sind Schwesterschiffe mit weitgehender Übereinstimmung in den Details.

Auch JARRAMAS hatte ursprünglich einen schwarzen Rumpf mit weißem Pfortenband. Bei Änderungen der Takelage in den dreißiger Jahren wurden die Royals weggenommen und die Bramstengen entsprechend gekürzt. Vor- und Großmarssegel hatten drei, das Kreuzmarssegel zwei Reihen Reffbändsel. Das stehende Gut ist mit Taljereeps an Rüsten außenbords festgesetzt. Wegen der Kleinheit des Schiffes wurden die Beiboote außenbords gefahren; je eines auf jeder Seite querab vom Kreuzmast und eines in Davits quer am Heck. Auch die beiden Stockanker blieben wegen des Platzmangels an Deck außen. Wie allgemein bei den Segel-Kriegsschiffen des 19. Jahrhunderts üblich, wurden die Hängematten zwischen dem äußeren und inneren Schanzkleid verstaut.

Im Gegensatz zur NAJADEN hat JARRAMAS ein völlig glattes Hauptdeck. Beide Schiffe fuhren hauptsächlich in der Nord- und Ostsee. Die letzte Reise machte JARRAMAS 1946 rund um Schweden.

1950 kaufte die Stadt Karlskrona den Segler. Er ist heute Museumsschiff mit einem Café an Bord. Beide Vollschiffe wurden 1946/47 durch die beiden Schoner FALKEN und GLADAN ersetzt.

Lady Ellen

Art: 3-Mast-Toppsegelschoner, Stahl

Nation: Schweden

Eigner: Tradewind Cruises AB, Skärhamn

Heimathafen: Skärhamn

Baujahr: 1980, Stapellauf 10. August 1980, Indienststellung 3. Oktober 1982

Werft: Kockums-Werft, Malmö, und Vindö Marin, Schweden

Vermessung: 410 ts Deplacement; 229 BRT; 130 NRT

Abmessungen:
Länge über alles	49,00 m
Länge Rumpf	38,90 m
Länge in der Wasserlinie	36,00 m
Breite	7,80 m
Tiefgang	3,90 m

Segelfläche: 685 qm

Besegelung: 13 Segel; Doppel-Marssegel, einfaches Bramsegel

Masten: Höhe Großmast über Deck 30 m

Hilfsmotor: Iveco-Diesel, 550 PS

Besatzung: 9 Personen Stammbesatzung, 12 Gäste

Verwendung: Charterschiff

Unter den neugebauten großen Charterseglern nimmt LADY ELLEN sicher eine Sonderstellung ein. Der technische Aufbau des Schiffes, seine Einrichtungen, sowie die luxuriöse Ausstattung sind von außergewöhnlicher Qualität. Rigg und Linien des Schiffes lehnen sich an den Handelsschoner ELLEN an, der 1890 für die Familie Johansson gebaut worden war und in der Holzfahrt sowie im Englandhandel fuhr.

Der Schoner ist ein typischer Ostseefahrer mit ausgeprägtem Sprung und Klipperbug. Er ist mit umfangreicher Elektronik und moderner Technik ausgerüstet. Reisen mit diesem eleganten Segler können in alle Meere durchgeführt werden, eingeschlossen auch eine Weltumsegelung.

Lady Ellen IV

Art: 3-Mast-Toppsegelschoner, Stahl

Nation: Schweden

Eigner: Lars Johansson Shipping, Skärhamn

Heimathafen: Skagen, Dänemark

Baujahr: Stapellauf September 1989, Indienststellung Juni 1990

Werft: FEAB Marstrandsverken, Marstrand, Schweden

Vermessung: 580 ts Deplacement; 380 BRT; 220 NRT

Abmessungen:
Länge über alles 62,00 m
Länge Rumpf 51,30 m
Länge in der Wasserlinie 42,40 m
Breite 8,50 m
Tiefgang 4,00 m

Segelfläche: 820 qm

Besegelung: 13 Segel; Fockmast: Schonersegel, Doppel-Marssegel, einfaches Bramsegel

Masten: Höhe Großmast über Deck 36 m

Hilfsmotor: Caterpillar V16, 2000 PS

Besatzung: 12 Personen Stammbesatzung, 14 Gäste in 7 Doppelkabinen

Verwendung: Charterschiff

Najaden

Art: Vollschiff, Kompositbau

Nation: Schweden

Eigner: Stadt Halmstad

Heimathafen: Halmstad, in der Nissan am Schloßkai

Baujahr: 1897, Stapellauf 12. Februar 1897

Werft: Königliche Marinewerft Karlskrona

Vermessung: 350 ts Deplacement (voll ausgerüstet)

Abmessungen:
Länge über alles 48,80 m
Länge Rumpf 40,06 m
Länge zwischen den Loten 33,95 m
Breite 8,38 m
Tiefgang (ausgerüstet) 3,70 m

Segelfläche: Ursprünglich 740 qm (ohne Leesegel)

Besegelung: Ursprünglich 17 Segel (ohne Leesegel); 4 Vorsegel; einfache Marssegel, einfache Bramsegel, Royals; Großmast: Gaffelsegel ohne Baum (Spencer); Leesegel an Vor- und Großmast

Masten, Spieren: Mars- und Bramstenge; Bugspriet mit Klüverbaum, gewinkelte Blinderah, Stampfstock; Höhe Großmast über Deck 25 m (heute sind Bramstengen gekürzt)

Hilfsmotor: kein Hilfsmotor

Besatzung: 3 Offiziere, 1 Arzt, 2 Unteroffiziere, 6 Unteroffizierskorporale, 10 Matrosen, 100 Jungen

Verwendung: Museumsschiff

NAJADEN wurde als Schulschiff für die schwedische Marine gebaut. Das Schiff entspricht dem Typ einer Segel-Fregatte des 19. Jahrhunderts. Es gehört zu den kleinsten Vollschiffen, die je gebaut wurden. Ursprünglich war der Rumpf schwarz mit weißem Pfortenband. Bei Änderungen der Takelage in den dreißiger Jahren wurden die Royals weggenommen und die Bramstengen entsprechend gekürzt. Vor- und Großmarssegel hatten drei, das Kreuzmarssegel zwei Reihen Reffbändsel. Das stehende Gut war mit Taljereeps an Rüsten außenbords festgesetzt. Wegen der Kleinheit des Schiffes wurden die Beiboote außenbords gefahren; je eines auf jeder Seite querab vom Kreuzmast und eines in Davits quer am Heck. Auch die beiden Stockanker blieben wegen des Platzmangels an Deck außen. Wie allgemein üblich bei den Kriegsschiffen des 19. Jahrhunderts, wurden die Hängematten zwischen dem äußeren und dem inneren Schanzkleid verstaut.
Im Jahre 1900 wurde ein Schwesterschiff, die JARRA-

MAS gebaut – im Gegensatz zur NAJADEN aber aus Eisen. NAJADEN machte als Schulschiff aktiven Dienst bis zum Sommer 1938 und wurde im Herbst des gleichen Jahres abgetakelt. Während des Krieges war sie wahrscheinlich Wohnschiff.

1945 lag sie in sehr schlechtem Zustand als Hulk in Torekov und sollte dort abgewrackt werden. Eine Aktion der Stadt Halmstad rettete das Schiff. Bei der Marinewerft in Karlskrona wurde es in großzügiger Weise vollständig restauriert und neu getakelt. Unter großer Anteilnahme der Bevölkerung wurde NAJADEN am 29. Juli 1946 nach Halmstad geschleppt und dort an ihrem Liegeplatz in der Nissan festgemacht. Im Winter befindet sich eine Kunstschule an Bord, im Sommer ein Café.

🇸🇪 Najaden

Nach einer sehr langen Zeit als Handelsfahrer wurde das Schiff 1987–88 neu geriggt und als Charterschiff eingerichtet. Das Segelrevier ist in erster Linie die Ostsee.

ex NORA
ex HARLINGEN
ex MÖEVE
ex VADDER GERRIT
ex INSPE
ex UTSKÄR
ex NORA
ex NAJADEN

Art: 3-Mast-Gaffelschoner, Stahl

Nation: Schweden

Eigner: Baltic Sail Ship AB

Heimathafen: Stockholm

Baujahr: 1918

Werft: J. J. Pattje & Zoon, Waterhuizen, Niederlande

Vermessung: 250 ts Deplacement; 172 BRT; 90 NRT

Abmessungen:
Länge über alles 45,00 m
Länge Rumpf 34,00 m
Länge zwischen den Loten 30,00 m
Breite 7,05 m
Raumtiefe 3,15 m
Tiefgang 2,90 m

Segelfläche: 600 qm

Besegelung: 11 Segel

Masten: Höhe Großmast über Deck 26 m

Hilfsmotor: Caterpillar (1987), 353 PS

Besatzung: 8 Personen Stammbesatzung, 82 Gäste bei Tagesfahrten

Verwendung: Charterschiff

🇸🇪 Shalom

Der heute im schwedischen Oskarshamn beheimatete 2-Mast-Bermudaschoner ist 1896 als Logger BV 8 ST. MAGNUS in Vegesack gebaut worden. 1906/07 wurde der Rumpf verlängert. 1921 erfolgte der Verkauf nach Hamburg, neuer Name BERTHA. 1931 wurde das Schiff nach Schweden verkauft.

Im Verlauf mehrerer Eignerwechsel trug es ab 1949 den Namen THELLEF und fuhr ab 1972 als TV 015 unter der Flagge der schwedischen Küstenwache.

Vida of Anglian Water

ex SPIRIT OF MERSEYSIDE

Art: 3-Mast-Toppsegelschoner, Eisen

Nation: Schweden

Eigner: Vida Shipping AB, Stockholm

Heimathafen: Stockholm

Baujahr: 1916

Werft: in Vlaardingen, Niederlande

Vermessung: ca. 200 ts Deplacement

Abmessungen:
Länge über alles 42,36 m
Breite 6,60 m
Tiefgang 2,70 m

Segelfläche: 660 qm

Besegelung: 10 Segel

Masten: Höhe Großmast über Deck 27 m

Hilfsmotor: Scania-Diesel, 230 PS

Besatzung: keine Angaben

Verwendung: Charterschiff

In den ersten Lebensjahren war das Schiff in der Nordseefischerei eingesetzt worden. 1931 wurde es nach Karlskrona in Schweden verkauft. Trotz stärkerem Motor und damit auch verkleinerter Segelfläche rentierte sich das Frachtgeschäft Mitte der siebziger Jahre nicht mehr. Das Schiff wurde aufgelegt und nachfolgend von seinem jetzigen Eigner für die Charterfahrt umgebaut und eingerichtet.

Viking

Die Viermastbark wurde als frachtfahrendes Schulschiff für die dänische Handelsmarine gebaut. Der damalige Eigner war die A/S »Den Danske Handelsflådes for Befalingsmænd«. Am 18. März 1907 brachte eine starke Bö das Schiff kurz vor der Ablieferung am Ausrüstungskai zum Kentern. Zu diesem Zeitpunkt war noch nicht genügend Wasser in die Ballasttanks gepumpt worden (Wasserballast insgesamt 1390 t, davon 456 im Doppelboden, 864 im Mittschiffs-Tieftank, 44 t im Vorpiektank und 26 t im Achterpiektank). Glücklicherweise legte sich das Schiff auf die dem Kai zugewandte Seite, so daß es nicht auf Grund gehen konnte. Trotzdem verzögerte sich die Indienststellung um Monate. Die Baukosten betrugen 591000 Dänische Kronen.

VIKING wurde für eine große Zahl von Jungen gebaut. Die Verbindung der Poop mit dem Hochdeck ergab eine Gesamtlänge dieses Decks von 61 m. Alle Unterkunftsräume konnten daher über dem Hauptdeck liegen. Dieses Deck besteht aus Stahlplatten, die mit Teakplanken belegt sind. Ein durchgehendes Zwischendeck unterteilte ursprünglich den Laderaum.

Am 16. Juni 1907 wurde eine kurze Probefahrt unternommen. Mit Ballast fuhr VIKING am 19. Juli 1907 im Schlepp nach Hamburg, um dort Koks für Peru zu laden. Die erste Ausreise begann am 29. August 1907. Bis zum Ersten Weltkrieg folgten mehrere Reisen in der Salpeterfahrt. Bei Kriegsbeginn wurde VIKING in Kopenhagen aufgelegt. 1916 kaufte »De forenede Dampskibsselskab« das Schiff für 320000 Kronen, um es weiterhin als Schulschiff zu verwenden. Frachten waren aber nach dem Krieg nur sehr schwer zu bekommen. Ein Schiff dieser Größe mußte als Schulschiff auch damals schon sein Geld selbst verdienen. Dies gelang nur mit großer Mühe, so daß VIKING

Art: Viermastbark, Stahl	Segelfläche: 2850 qm
Nation: Schweden	Besegelung: 31 Segel; 4 Vorsegel, Doppel-Marssegel, Doppel-Bramsegel, Royals; Besanmast: Besansegel, Besan-Toppsegel
Eigner: Utbildningsförvaltningen Göteborg	
Liegehafen: Göteborg	
Baujahr: 1906; Stapellauf 1. Dezember 1906, ausgerüstet März 1907	Masten: Fock-, Groß- und Kreuzmast mit einer Stenge; Besanmast einteilig; Höhe Großmast über Wasserlinie 47 m
Werft: Burmeister & Wain, Kopenhagen	Hilfsmotor: kein Hilfsmotor
Vermessung: 2959 BRT; 2665 NRT	Besatzung: Als Schulschiff bis zu 150 Mann, davon etwa 80 Jungen; bei der letzten Reise 32 Personen
Abmessungen: Länge über alles ca. 105,00 m Länge Rumpf 97,30 m Länge zwischen den Loten 89,20 m Breite 13,90 m Tiefgang (beladen) 7,06 m	Verwendung: Fachschule für Hotel- und Gaststättenausbildung, ihr angeschlossen Hotel und Restaurants

1925 erneut aufgelegt werden mußte. Zwischendurch machte sie kleinere Fahrten.
1929 kaufte der finnische Reeder Gustaf Erikson das Schiff. Der neue Heimathafen wurde Mariehamn. Bei ihren Getreidefahrten nach Australien hatte VIKING immer zahlreiche Jungen an Bord. Als 1939 der Krieg ausbrach, mußten die Fahrten eingestellt werden. Mit anderen Seglern kam das Schiff als Getreidespeicher nach Stockholm.

Nach Kriegsende erhielt Erikson das Schiff zurück. 1946 folgte eine vielbeachtete Ausreise nach Australien mit 32 Mann Besatzung. Der Segler hatte Holz für Südafrika an Bord und brachte 4000 t gesackten Weizen für Europa zurück. Nach der Heimkehr wurde das Schiff für weitere Reisen in Antwerpen überholt. Der Tod von Gustaf Erikson machte diese Pläne jedoch zunichte.

1949 beschloß die Stadt Göteborg, VIKING zu kaufen. Sie sollte als stationäres Schulschiff Teil der Seemannsschule Göteborg werden. Daneben wurde VIKING aber auch zum vielbewunderten »Stadt-Schiff«, wie man es in Skandinavien häufig findet. Am 28. Mai 1951 wurde der Segler mit 2000 t Koks an Bord nach Göteborg geschleppt. Die Einfahrt in den Hafen glich einem Triumphzug. Anschließend folgte der großzügige Ausbau des gesamten Rumpfes in Unterrichtsräume, Werkstätten etc., in denen die Jungen in allen Gebieten der Seefahrt und auch der Schiffsmaschinenkunde unterrichtet wurden. Im Zwischendeck lagen Schlaf- und Wohnräume für 120 Schüler.

Vor wenigen Jahren ist VIKING einer ganz anderen Verwendung zugeführt worden. Sie beherbergt jetzt eine gehobene Schule für das Hotel-, Gaststätten- und Frisörgewerbe (HRS = Hotell-Restaurang- och Frisörskolan). Im Hotel- und Restaurantbereich des Schiffes können die Studenten ihren Ausbildungsstand unter Beweis stellen. Etwa 2500 absolvieren jährlich den Unterricht. Auch Konferenzen können auf dem Schiff stattfinden.

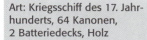

Wasa

Art: Kriegsschiff des 17. Jahrhunderts, 64 Kanonen, 2 Batteriedecks, Holz

Nation: Schweden

Eigner: Statens Sjöhistoriska Museum, Stockholm

Liegeplatz: Stockholm, Wasa-Museum

Baujahr: 1628; Königl. Bauauftrag im Jahre 1625, Stapellauf vermutlich 1627

Werft: Königliche Marinewerft Stockholm (am heutigen Blasieholmen)

Vermessung: 1210 ts Deplacement

Abmessungen:
Länge über alles	69,00 m
Länge Rumpf	57,00 m
Länge zwischen den Loten	47,50 m
Breite	11,70 m
Tiefgang	4,80 m
Höhe Heck	19,30 m

Segelfläche: 1275 qm

Besegelung: 10 Segel; Blinde, Oberblinde; Vor- und Großmast: einfaches Marssegel, einfaches Bramsegel; Besanmast: Lateinersegel, darüber einfaches Marssegel

Masten, Spieren: Höhe Großmast über Kiel 52,5 m; Bugspriet mit Blinderah; Bugsprietstenge mit Oberblinderah

Besatzung: 145 Personen, dazu 300 Seesoldaten

Bewaffnung: 64 Kanonen; 48 24-Pfd., 8 3-Pfd., 3 35-Pfd., 2 62-Pfd., 2 1-Pfd., 1 16-Pfd.; alle Rohre aus Bronze; Gesamtgewicht ca. 80 t

Verwendung: Museumsschiff

Während des Dreißigjährigen Krieges erreichten die kaiserlichen Truppen im Sommer 1628 die Ostsee. Kaiser Ferdinand II. hatte ihren Oberbefehlshaber Wallenstein bereits zum »Großadmiral der Ostsee« ernannt. Die vergebliche Belagerung Stralsunds hemmte dann den Vormarsch nach Norden empfindlich. Stralsund hatte Schweden als Bundesgenossen gewonnen. König Gustav II. Adolf folgte dem Hilferuf mit Interesse, weil er damit einen sicheren Stützpunkt auf deutschem Boden bekam. Für seine weiteren Unternehmungen brauchte er eine starke Flotte. Auf der anderen Seite versuchte aber auch Wallenstein, eine Flotte zu rüsten, die vom spanischen Geschwader noch unterstützt werden sollte.

Eine Reihe großer Kriegsschiffe wurde vom schwedischen König in Auftrag gegeben. Unter diesen Schiffen befand sich auch die WASA, die bereits im Bau war und zunächst NY WASSAN heißen sollte. Mit ihrem Bau wurde der holländische Meister Henrik Hybertsson de Groot beauftragt. Er starb 1627. Sein Nachfolger und Vollender der WASA war Hein Jacobsson. Die Gesamtkosten betrugen etwa 100000 Reichstaler. Am 31. Juli 1628 waren alle Kanonen an Bord, und am 10. August 1628, zwischen 15 Uhr und 16 Uhr, legte die WASA unter dem Kommando von Kapitän Söfring Hansson zu ihrer Jungfernfahrt ab. Anfangs wurde das Schiff gewarpt. Nachdem es etwas vom Land freigekommen war, bekam es auch Wind in die Segel, von denen Vor- und Großmarssegel, die Fock sowie das Lateinersegel bereits standen.

Schon jetzt zeigte die WASA starke Krängung nach Lee. Wenige Minuten später zwang eine einfallende Bö das Schiff auf die Seite. Sofort eingeleitete Trimmversuche blieben ohne Erfolg. Durch die offenen Geschützpforten, von denen die untere Reihe nur etwa 1,20 bis 1,50 m über der Wasserfläche lag, drangen große Wassermassen ein. Bei der Insel Beckholmen ging WASA in 32 m Wassertiefe auf Grund. Von der Besatzung, die ohnehin noch nicht vollzählig an Bord war, sind wahrscheinlich nur 30 Personen ertrunken. Bei der Bergung wurden 15 Skelette im Rumpf gefunden. Am 5. September 1628 begann die Seegerichtsverhandlung. Es gelang aber nicht, einen Schuldigen für den Verlust des Schiffes zu finden.

Als Hauptursache nimmt man an, daß der Rumpf im Schiffsboden zu schmal und scharf war, um Ballast aufnehmen zu können, und daß die unteren Geschützpforten zu nahe am Wasserspiegel lagen. Das Schiff war topplastig.

Die ersten Bergungsversuche begannen am 13. August 1628. Sie brachten die WASA auf ebenen Kiel. 1664 und 1683 wurden mit Hilfe von Taucherglocken vermutlich 54 Kanonen gehoben.

Im August 1956 entdeckte Anders Franzén nach zweijähriger Suche das Wrack erneut. Im Lauf der Jahrhunderte hatten sich 29 große Anker in dem Schiff verfangen. Von den Tauchern der 60 Mann starken Bergungsmannschaft wurden sechs 24 m lange Tunnels unter dem Rumpf gegraben, durch welche die Bergungstrossen durchgeführt werden mußten. Mit Hilfe von zwei Pontons gelang am 20. August 1959 die erste Hebung. In 28 Tagen zog ein Schlepper die WASA 550 m weit in flaches Wasser. Dabei mußte das Schiff 18mal abgesetzt werden, um neu angehoben werden zu können. Unzählige Einzelteile, davon prächtige Skulpturen der

Heckornamente, wurden neben dem Schiff gefunden und geborgen. Der Vor-Untermast stand bei der Wiederentdeckung noch.

Am 24. April 1961 waren alle Vorbereitungsarbeiten soweit abgeschlossen, daß die WASA aus dem Wasser genommen werden konnte. Auf eigenem Kiel schwamm sie am 4. Mai 1961 ins Trockendock. Inzwischen war ein riesiger Beton-Ponton gebaut worden, auf dem das Schiff wenig später seinen endgültigen Liegeplatz fand.

Große Schwierigkeiten bereitete die Konservierung des Holzes. In langwierigen Prozessen wurde das Wasser durch einen hochmolekularen Alkohol ersetzt. Sprühanlagen, die das ganze Schiff benetzten, verhinderten ein zu schnelles Austrocknen. Kleinere Holzteile konnten in Bädern behandelt werden. Bei der Restauration sollten möglichst nur Originalteile verwendet werden. In den 1000 cbm Schlamm, die aus dem Rumpf geholt wurden, fanden die Archäologen 16000 Einzelteile. Nur dem Umstand, daß wegen des kalten Wassers der Ostsee dort keine Bohrmuscheln (Teredo) leben können, ist es zu verdanken, daß die WASA heute noch existiert. Sie ist das älteste erhaltene und völlig identifizierte Schiff, das wir bis jetzt kennen. Heute liegt sie im Wasa-Museum. Über ihr wurde ein Haus errichtet. Es ist eine völlig dichte Betonkonstruktion, die exakte Temperatur und Feuchtigkeit garantiert.

Spanien

America II
Don Juan de Austria

Gefion
Juan Sebastian de Elcano

Niña
Pinta
Santa Maria

America II

Art: 2-Mast-Gaffelschoner, Holz

Nation: Spanien

Eigner: Ramon Mendoza

Heimathafen: keine Angaben

Baujahr: 1967; Stapellauf 3. Mai 1967

Werft: Messrs. Goudy & Stevens, East Boothbay, Maine
Konstruktion: George Steers und William Brown (Original); Sparkman & Stevens (Nachbau)

Vermessung: 149 ts Deplacement; 92,24 BRT; 66,0 NRT

Abmessungen:
Länge über alles	39,50 m
Länge Rumpf	31,90 m
Länge in der Wasserlinie	27,60 m
Länge Kiel	24,60 m
Breite	6,90 m
Tiefgang (max.)	3,50 m

Segelfläche: 500 qm

Besegelung: 4 Segel; 1 Vorsegel (mit Baum); Fockmast: Gaffelsegel; Großmast: Gaffelsegel, Gaffel-Toppsegel

Masten: Höhe Großmast über Deck 22,70 m; Großmast mit Stenge

Hilfsmotor: General Motors 8 V-71-Dieselmotor, 350 PS

Besatzung: 7 Personen

Verwendung: Privatyacht

Die Geschichte des Schoners AMERICA gehört mit zum Erregendsten des ganzen Segelsports. Zur Eröffnung der ersten Weltausstellung im Jahre 1851 sollte vor der Küste Englands eine Regatta ausgetragen werden, zu der auch der neugegründete New York Yacht Club eingeladen worden war. England, die Hochburg des Segelsports, galt von Anfang an als unumstrittener Favorit. Die Amerikaner konnten bestenfalls mit einem Segler teilnehmen, der aber erst gebaut werden mußte. Im Winter 1850 begannen die Arbeiten bei der Werft William Brown in New York City. Alle Erfahrungen im Bau schneller Schiffe wurden ausgewertet und für diesen Neubau genützt. Am 3. Mai 1851 lief das Schiff vom Stapel. Es hatte die Nation zu vertreten und führte deren Namen: AMERICA.

Die Royal Yacht Squadron stiftete eine Silberkanne als Preis, die inzwischen als »America's Cup« Weltruhm erlangt hat.

Das historische Rennen begann am 22. August 1851 vormittags zehn Uhr. Die Royal Yacht Squadron stellte 14 Schoner und Kutter. Die Vereinigten Staaten waren nur durch die AMERICA vertreten. Aber dieses Schiff schaffte das Unglaubliche. Es segelte den Kurs von 58 Seemeilen, der rund um die Insel Wight führte, in 10 Stunden 37 Minuten ab und ging acht Minuten vor seinem nächsten Verfolger über die Ziellinie. Die Königin verfolgte die Regatta von der Staatsyacht VICTORIA AND ALBERT aus. Als sie während des Rennens fragte, wer Zweiter sei, wurde ihr gesagt: »Königliche Hoheit, es gibt keinen Zweiten«.

Der »Cup« ging nach Amerika und ist dort 132 Jahre geblieben. Erst 1983 gewannen ihn die Australier im 26. Pokal-Wettbewerb. Immer wieder hatten die Engländer versucht, den begehrten Pokal heimzuholen. Bis heute ist ihnen das nicht gelungen. Viele Millionen sind für den Bau der Schiffe und die Ausbildung der Mannschaften ausgegeben worden. Dabei hat mancher Mäzen sein Vermögen verloren. Solche enormen Summen können heute nur noch von Millionärs-Syndikaten aufgebracht werden.

Der Schoner AMERICA I hatte damals 80000 Mark gekostet. Er konnte als Nationalheiligtum bis 1944 erhalten werden. Am 3. Mai 1967, genau 116 Jahre nach dem Original, lief der exakte Nachbau, die AMERICA II, in Maine vom Stapel. Mr. R. J. Schaefer, Präsident der T. & M. Schaefer Brauerei in New York, hatte den Schoner für nunmehr zwei Millionen nachbauen lassen. Beim Rennen um den America's Cup vor Newport, Rhode Island, im September 1967 war AMERICA bei der Zuschauerflotte.

Heute gehört die Yacht dem Spanier Ramon Mendoza.

Don Juan de Austria

In der Seeschlacht von Lepanto (Golf von Korinth) am 7. Oktober 1571 besiegte die Flotte der Heiligen Liga, gebildet durch Papst Pius V., Spanien, Venedig und Malta die türkische Flotte entscheidend. Die Schlacht war eine direkte Antwort auf die Eroberung Zyperns durch die Türken. Der Sieg bedeutete das Ende der osmanischen Vorherrschaft im Mittelmeer. Wichtigstes Kriegsschiff der Liga war die Galeere. Angetrieben durch eine Vielzahl an Riemen und durch die großen Lateinersegel, konnten diese Schiffe, eine verhältnismäßig ruhige See vorausgesetzt, schnell und wirkungsvoll eingesetzt werden. Die Flotte, die bei Lepanto den Sieg erringen sollte, wurde geschaffen und befehligt von Don Juan de Austria, geboren am 24. Februar 1547 in Regensburg. Er war der uneheliche Sohn Karls V. und der Barbara Blomberg. Flaggschiff seiner Flotte war die SPHINX, eine zweimastige, königliche Galeere. Sie war 1568 gebaut worden. Auf der gleichen Werft wurde nun 1971 eine genaue Nachbildung dieses Schiffes gebaut. Sie bekam den Namen DON JUAN DE AUSTRIA und ist im Marinemuseum (Museu Marítim) in Barcelona zu sehen. Das Tonnengewölbe, in dem sie untergebracht ist, entspricht den Schiffshallen der damaligen Zeit, wie sie heute noch, z. B. auf Kreta, zu sehen sind.

Der Nachbau hat eine Gesamtlänge von 60 Metern, bei einer Deckslänge von 52,5 Metern und einer Breite von 8,40 Metern. 400 Mann bevölkerten ursprünglich das Schiff. Davon waren 236 Ruderer, die in Vierergruppen an den insgesamt 59 Riemen angekettet arbeiten mußten.

Die Riemen haben eine Länge von 11,4 Metern bei einem Gewicht von 180 kg. Für den Nachbau wurde eine Masthöhe von 22 Metern für den Großmast und 15 Metern für den Fockmast errechnet. Die Lateinische Rah (Rute) des Großmastes hat eine Länge von 50 Metern. Die Rute des Fockmastes mißt 26,8 Meter. Bei diesen Dimensionen könnte die Großrah 565 qm und die Fockrah 126 qm Segelfläche an den Wind bringen. Die Masten und die Ruten mit den eingerollten Segeln wurden wegen ihrer Größe in den Schiffshallen meist umgelegt, können also auch beim jetzigen Nachbau nicht in Arbeitsposition gezeigt werden.

Die Lateinersegel hatten bei den Galeeren ihre größte Segelfläche erreicht, weil sie im Gegensatz zum klassischen Rahsegel nicht mit mehreren Ruten am gleichen Mast unterteilt werden konnten.

Gefion

Art: 2-Mast-Toppsegelschoner, Holz

Nation: Spanien

Eigner: Joop Hooghienstra, Holland

Heimathafen: Registriert in Las Palmas

Baujahr: 1894

Werft: Sölvesborg, Schweden

Vermessung: 92 BRT; 189 ts Deplacement

Abmessungen:
Länge über alles 40,00 m
Breite 7,50 m
Tiefgang 2,90 m

Segelfläche: 500 qm

Besegelung: 10 Segel; 4 Vorsegel; Fockmast: Mars- und Bramsegel

Masten: Höhe Großmast 33 m

Hilfsmotor: Dieselmotor, 120 PS

Besatzung: 6 Personen Stammbesatzung, 12 Gäste

Verwendung: Privatschiff für Passagierkreuzfahrten

GEFION wurde als robuster Frachtensegler aus Eiche gebaut. Stabilität und großer Laderaum waren die Hauptforderungen an das Schiff, das selbst in der Neufundlandfahrt eingesetzt worden war. 1928 wurde die erste Maschine eingebaut. Das Schiff mußte, um konkurrenzfähig zu bleiben, Fahrpläne einhalten können. Während des Krieges fuhr der Schoner mit verkleinerter Segelfläche als Frachter in der Ostsee. 1948 erfolgte eine Grundüberholung. GEFION wurde zum reinen Frachtmotorschiff mit starker Maschine für Güter wie Korn, Zement und Salz.

1970 erwarb die Baltic Schooner Association den Segler. Das Schiff wurde nach Originalzeichnungen neu gerigt. Innerhalb von zwei Jahren entstand wieder ein seetüchtiges Segelfahrzeug. Der Schoner machte für Passagiere Reisen durch die dänische Inselwelt. Heute fährt das Schiff hauptsächlich in der Karibik.

»Gefion« war in der nordischen Göttersage eine jungfräuliche Göttin, die unvermählt verstorbene Mädchen aufnahm.

Juan Sebastian de Elcano

Art: 4-Mast-Toppsegelschoner, Stahl

Nation: Spanien

Eigner: Kriegsflotte, »Buque Escuela De Guardias Marinas«

Heimathafen: San Fernando, Cádiz

Baujahr: 1927, Stapellauf März 1927

Werft: Messrs. Echevarrieta y Larringa, Cádiz; Konstruktion: Camper & Nicholsons Ltd., Naval Architects and Yachtbuilders, Southampton

Vermessung: 3750 ts Deplacement

Abmessungen:
Länge über alles 106,80 m
Länge Rumpf 88,10 m
Länge zwischen den Loten 79,10 m
Breite 13,10 m
Seitenhöhe 9,00 m
Tiefgang 6,90 m

Segelfläche: 2467 qm

Besegelung: 20 Segel; 5 Vorsegel; Fockmast: Fock, Doppel-Marssegel, einfaches Bramsegel, Schonersegel, Vor-Gaffeltoppsegel; die anderen Masten: Gaffelsegel, Gaffel-Toppsegel, Bramstagsegel

Masten, Spieren: Alle Masten gleich hoch; Höhe über Deck 45,60 m; Höhe über Wasserlinie 48,70 m; Untermasten, Bugspriet, Fockrah: Stahl; Stengen und alle übrigen Spieren: Oregon-Kiefer; Besan-Untermast dient zur Ableitung der Auspuffgase; Länge Bugspriet 19,20 m

Hilfsmotor: Sulzer-Bazán (Cartagena)-Dieselmotor, 1500 PS; Geschwindigkeit mit Maschine ca. 9 kn

Bewaffnung: Vier 5,7-cm-Schnellfeuerkanonen

Besatzung: 243 Offiziere, Unteroffiziere und Mannschaften, 89 Seekadetten

Verwendung: Schulschiff unter Segeln

Der Schoner wurde 1927 für die damalige Königlich Spanische Marine gebaut. Seinen Namen trägt das Schiff nach dem spanischen Seefahrer Juan Sebastian de Elcano, der 1526, nach dem Tode Magalhães, die erste Weltumsegelung vollendete.

Das Schiff fährt die alte, »originale« Schonertakelung: Alle Gaffeln werden vorgeheißt und niedergeholt. Die Segel laufen mit Legeln am Mast. Als Schulschiff besitzt es eine sehr lange Poop. Das große, mittschiffs gelegene Deckshaus trägt auf seinem Dach eine kleine Navigationsbrücke. An den Bootsbalken wurde dieses Haus später bis zum Schanzkleid verbreitert. Dadurch, durch die kurze Back und indem die Rahsegel zur Rahmitte aufgegeit werden, unterscheidet sich JUAN SEBASTIAN DE ELCANO in einigen wesentlichen Merkmalen vom Schwesterschiff ESMERALDA. Der Schoner verfügt über modernste Navigationsinstrumente. Insgesamt werden zwölf Beiboote gefahren (2 Motor-Rettungsboote, 4 Riemen-Rettungsboote, 1 Kapitänsbarkasse, 1 Offiziersbarkasse, 1 Kutter, 1 Kadetten-Gig, 2 Dingis). Dazu kommen zehn fertig ausgerüstete Schlauchboote, von denen acht über dem Schanzkleid gelascht sind, und mehrere automatische Rettungsinseln. Eine gekrönte Frauengestalt ziert als Galionsfigur den Bug. Die Ausbildungsreisen führen in viele Meere.

Beim Start zum Race No. 3 der »Operation Sail '76« kollidierte das große Schiff mit der argentinischen LIBERTAD. Klüverbaum, mehrere Klüverstagen und die Toppstenge gingen zu Bruch. Zur Parade, am 4. Juli 1976 in New York, waren die Schäden wieder behoben. Bei der Kolumbus-Regatta 1992 war JUAN SEBASTIAN DE ELCANO Flaggschiff des Geschwaders.

Niña

Art: Karavelle, Nachbau des Kolumbus-Schiffes (1492), Holz

Nation: Spanien

Eigner: Muelle de las Carabelas, La Rabida, Palos de la Frontera

Heimathafen: Palos de la Frontera

Baujahr: 1989/90

Werft: Marinewerft Cartagena

Vermessung: 100,30 ts Deplacement

Abmessungen:
Länge über alles   21,40 m
Länge Kiel   15,55 m
Breite   6,28 m
Seitenhöhe   2,00 m

Segelfläche: 178,85 qm

Besegelung: 3 Segel

Hilfsmotor: kein Hilfsmotor

Besatzung: 1990 – 4 Offiziere, 12 Mannschaften

Verwendung: Museumsschiff

Pinta

Art: Karavelle, Nachbau des Kolumbus-Schiffes (1492), Holz

Nation: Spanien

Eigner: Muelle de las Carabelas, La Rabida, Palos de la Frontera

Heimathafen: Palos de la Frontera

Baujahr: 1989/90

Werft: Reunidos-Werft, Isla Cristina (Huelva)

Vermessung: 115,50 ts Deplacement

Abmessungen:
Länge über alles   22,75 m
Länge Kiel   16,12 m
Breite   6,60 m
Seitenhöhe   2,21 m

Segelfläche: 186,62 qm

Besegelung: 3 Segel

Hilfsmotor: kein Hilfsmotor

Besatzung: 1990 – 4 Offiziere, 13 Mannschaften

Verwendung: Museumsschiff

Santa Maria

Art: Karracke (»Karavelle«), Nachbau des Kolumbus-Schiffes (1492), Holz

Nation: Spanien

Eigner: Muelle de las Carabelas, La Rabida, Palos de la Frontera

Heimathafen: Palos de la Frontera

Baujahr: 1989/90

Werft: Viudes-Werft, Barcelona

Vermessung: 223,88 ts Deplacement

Abmessungen:
Länge über alles 29,60 m
Länge Kiel 16,10 m
Breite 7,96 m
Seitenhöhe 3,24 m

Segelfläche: 269,85 qm

Besegelung: 5 Segel; Bugspriet mit Blinde

Hilfsmotor: kein Hilfsmotor

Besatzung: 1990 – 6 Offiziere, 20 Mannschaften

Verwendung: Museumsschiff

Nach ihrer Fertigstellung besuchten die drei Kolumbusschiff-Nachbauten SANTA MARIA, PINTA und NIÑA 1990 und 1991 zahlreiche Häfen in Spanien, Frankreich und Italien. Dabei wurden 9500 Seemeilen, meist unter Segeln, zurückgelegt.

Im Rahmen der großen Kolumbus-Regatta 1992 fuhren bereits 1990 drei weitere, in Spanien gebaute Nachbauten der Kolumbus-Schiffe über den Atlantik. Sie liegen heute als Museumsschiffe in Corpus Christi, Texas.

Kolumbus hatte bei seiner ersten Reise 1492 versucht, Indien auf dem Seeweg zu erreichen. Im Glauben, diesen Weg gefunden zu haben, ist er gestorben. Auch seine Zeitgenossen haben nicht erkannt, daß in Wirklichkeit Amerika entdeckt worden war.

Mit den drei Schiffen STA. MARIA, PINTA und NIÑA verließ Kolumbus am 3. August 1492 den Hafen von Palos und erreichte am 12. Oktober 1492 die Insel Guanahani, die er San Salvador nannte. Es ist sehr wahrscheinlich die Watlings-Insel der Bahamas. Von keinem dieser Schiffe sind Abbildungen, genauere Größenangaben oder aber Pläne überliefert. Erst im 17. Jahrhundert begann man, Schiffe nach Plänen zu bauen. Kolumbus fuhr als Admiral auf dem Flaggschiff STA. MARIA, das dadurch zu einem der bekanntesten Schiffe der Seefahrtsgeschichte wurde. Zahlreiche Rekonstruktions-Versuche für dieses Schiff wurden bisher unternommen, von denen der jüngste und sicher beste aus dem Jahre 1963 stammt: von Capitan de Corbeta José Maria Martinez-Hidalgo, dem Direktor des Museo Maritimo in Barcelona. Das Schiff ist inzwischen durch Brandstiftung verloren gegangen.

Ein weiterer Nachbau der STA. MARIA wurde 1963 für die Weltausstellung in New York gebaut und auf dem deutschen Frachter NEIDENFELS nach Amerika gebracht. Nach Ende der Weltausstellung kam das Schiff nach Washington, wo es einige Jahre als Kernstück des Museums für Amerikanische Entdeckungsgeschichte im Potomac lag. Auf dem Weg zu einer Ausstellung in St. Louis kenterte und sank dieses Schiff im Jahre 1969 auf dem Mississippi.

Die STA. MARIA war ein normales Handelsschiff, das Kolumbus für seine Reise ausgesucht hatte. Er wollte absichtlich kleine Schiffe, weil sie leichter zu handhaben waren und weil mit ihnen bei stetigen Westwinden leichter gekreuzt werden konnte.

Eigenartigerweise wurde bei vielen Rekonstruktionsversuchen und Beschreibungen außer acht gelassen, daß die STA. MARIA eine Nao war und keine Karavelle. Die daraus entstandenen Irrtümer und Fehldeutungen liegen auf der Hand. Kolumbus nennt diese Schiffsbezeichnungen 81mal und bezeichnet die PINTA und die NIÑA ausdrücklich als Karavellen.

Eine Nao fuhr zur Zeit Kolumbus' die vollständigste Besegelung eines Großschiffes, nämlich fünf Segel. Es standen an Rahsegeln: Blinde, Focksegel, Großsegel, Groß-Marssegel und am Besanmast ein Lateinersegel. Eine Nao hatte ein Rundgatt und ein hohes Vorderkastell. Eine Hütte auf dem Halbdeck ist sehr wahrscheinlich. Das klassische Verhältnis von größter Breite zur Länge im Kiel und zur Länge an Deck hieß zur Zeit der STA. MARIA 1:2:3 (as-dos-tres). Für heutige Begriffe waren das recht schwerfällige Schiffe, wie Kolumbus das auch selbst vermerkt hatte.

Karavellen waren rassiger gebaut, hatten ein Plattgatt und kein Vorderkastell und führten wahrscheinlich zu Anfang nur Lateinersegel an zwei oder drei Masten.

Martinez-Hidalgo ging bei der Festlegung der Vermessung und der Abmessungen davon aus, daß die STA. MARIA in der überlieferten Literatur mehrfach als ein Schiff von etwas über 100 Tonnen (Fässer, toneles) beschrieben wird. Diese Angabe ist ein Raummaß und bezieht sich auf die Anzahl von Weinfässern einer bestimmten Größe, die das Schiff hätte laden können. Eine Tonne entspricht etwa $^5/_6$ Registertonnen. Umfangreiche Modellversuche und die sorgfältige Auswertung überlieferter Abbildungen und Modelle ergaben ein Schiff von 105 Tonnen (toneles) Ladekapazität mit den entsprechenden Abmessungen.

Nach diesen Ergebnissen ließ Martinez-Hidalgo seine Version bauen.

Die STA. MARIA hatte zwei Beiboote an Bord, ein Großboot und eine kleine Jolle. Vier Bombarden für Steinkugeln standen auf dem Halbdeck. Die Geschützpforten hatten keine Pfortendeckel. Die übrige Bewaffnung bestand aus Relingsgeschützen (Falkonetten) und den zeitüblichen Handwaffen für die Besatzung.

Das Marssegel war rechteckig und nicht trapezförmig, wie es oft dargestellt wird. Es wurde zum Krähennest geschotet und nicht zu den Nocken der Großrah. Das Sprietsegel wurde beim Bergen an die Rah geholt und diese dann parallel zum Bugspriet gelascht.

Man darf annehmen, daß auch bei der STA. MARIA große, rote Kreuze auf die Rahsegel gemalt waren, wie es damals bei portugiesischen und spanischen Schiffen üblich gewesen ist.

Ein Schiff mit dieser Besegelung konnte etwa bis 7 Strich an den Wind gehen. Im Logbuch sind Geschwindigkeiten bis zu 9,5 kn vermerkt, und das sogar über lange Strecken. Bei der Großseglerparade 1976 im Hafen von New York nahm ein weiterer Nachbau der STA. MARIA teil, der im selben Jahr in St. Petersburg, Florida, gebaut worden war. Auch dieses Schiff wurde im Mississippi zum Wrack.

St. Vincent / Grenadines

Peace

Peace

ex SWI 180 GOPLO

Art: Barkentine, Stahl

Nation: St. Vincent/Grenadines

Eigner: Kings Lake Shipping Co. Ltd., Malta

Heimathafen: Kingstown, St. Vincent

Baujahr: 1962

Werft: in Gdansk (Danzig)

Vermessung: keine Angaben

Abmessungen:
Länge über alles 79,80 m
Breite 10,60 m
Tiefgang 5,40 m

Segelfläche: 2280 qm

Besegelung: 16 Segel; Fockmast: Focksegel, Doppel-Marssegel, einfaches Bramsegel, Royalsegel

Masten: Höhe Fockmast über Wasserlinie 49,8 m; Besanmast leitet Auspuffgase ab

Hilfsmotor: Klöckner-Humboldt-Deutz-Diesel, 1380 kW

Besatzung: 30 Personen Stammbesatzung, 52 Trainees, Mitsegler

Verwendung: Schulschiff unter Segeln, Kreuzfahrtsegler

Der Rumpf der PEACE wurde als Ozeantrawler für den Fischfang gebaut. Danach war das Schiff für Expeditions- und Forschungszwecke weltweit im Einsatz. 1990 kaufte Kapitän Heinz das Schiff, um es zur Barkentine umzubauen. Diese Arbeiten wurden wiederum in Danzig durchgeführt. Auf Grund der komfortablen Einrichtungen ist der Einsatz als Segelkreuzliner möglich. Ein Restaurant mit 100 Plätzen, Decksbar und großes Sonnendeck sowie 26 Doppelkabinen mit Dusche und WC stehen zur Verfügung.

Ukraine

Druzhba Khersones Towarischtsch

Druzhba

Art: Vollschiff, Stahl

Nation: Ukraine

Eigner: Akademie für Navigation, UKR-Odessa

Heimathafen: Odessa

Baujahr: Indienststellung August 1987

Werft: Stocznia Gdańska (Danziger Werft), Gdansk

Vermessung: 2987 ts Deplacement; 2264 BRT; 677 NRT

Abmessungen:
Länge über alles	109,40 m
Länge Rumpf	94,20 m
Länge in der Wasserlinie	79,40 m
Breite	14,00 m
Seitenhöhe bis Oberdeck	10,60 m
Seitenhöhe bis Hauptdeck	8,40 m
Tiefgang	6,60 m

Segelfläche: 2936 qm

Besegelung: 26 Segel

Masten: Höhe Großmast über Wasserlinie 49,50 m

Hilfsmotor: 2 Cegielski-Sulzer Dieselmotoren auf einer Welle, Typ 6AL20, 420 kW, 2x 570 PS

Besatzung: 50 Personen Stammbesatzung, 144 Kadetten

Verwendung: Schulschiff unter Segeln, touristische Nutzung

DRUZHBA (Freundschaft) gehört mit ihren Schwesterschiffen MIR, PALLADA, KHERSONES und der polnischen DAR MLODZIEZY zu einer neuen Generation von Großseglern. Typisch am Rumpf ist vor allem das Plattheck. Viele technische Einrichtungen, wie zum Beispiel die Ruderanlage, entsprechen denen modener Motorschiffe. Für den Schulbetrieb sind alle Navigationssysteme mehrfach vorhanden.

Nach umfangreichen Renovierungs- und Umbauarbeiten 1996/97 wird das Schiff jetzt auch touristisch genutzt. Träger ist das schweizerische I.C.H., International Cruise and Hotel Management.
Neben den Kabinen für die Gäste gibt es neuerdings auch ein Restaurant mit 75 Plätzen, die Captain's Bar und eine Sonnendeck-Bar.
DRUZHBA bleibt weiterhin Segelschulschiff. Im Sommer kreuzt sie in griechischen und türkischen Gewässern, im Winter im Roten Meer.

Khersones

ex ALEKSANDR GRIN	
Art: Vollschiff, Stahl	
Nation: Ukraine	
Eigner: Marine-Technologisches Institut, Kerch (Kertsch)	
Heimathafen: Kerch (Kertsch)	
Baujahr: Stapellauf 10. Juni 1988, Indienststellung 21. März 1989	
Werft: Stocznia Gdańska (Danziger Werft), Gdansk	
Vermessung: 2987 ts Deplacement; 2264 BRT; 667 NRT	
Abmessungen:	
Länge über alles	109,40 m
Länge Rumpf	94,20 m
Länge in der Wasserlinie	79,40 m
Breite	14,00 m
Seitenhöhe bis Oberdeck	10,60 m
Seitenhöhe bis Hauptdeck	8,40 m
Tiefgang	6,60 m
Segelfläche: 2771 qm	
Besegelung: 26 Segel	
Masten: Höhe über der Wasserlinie 49,50 m (alle drei Masten)	
Hilfsmotor: 2 Cegielski-Sulzer Dieselmotoren auf einer Welle, Typ 6AL20/24, 2x 570 PS	
Besatzung: 40 Personen Stammbesatzung, 48–72 Kadetten, bis 94 Trainees/Mitsegler	
Verwendung: Schulschiff unter Segeln, Gästeschiff	

KHERSONES ist Schwesterschiff zu den Großseglern MIR, DRUZHBA und PALLADA. Ihren Namen hat sie nach der antiken Stadt Chersones bekommen, die auf dem Gelände des heutigen Sewastopol lag. Ursprünglich sollte das Schiff den Namen ALEKSANDR GRIN erhalten.
Als Besonderheit verfügt die KHERSONES über eine zusätzliche, voll ausgerüstete Trainee-Navigationsbrücke, die nur für die Ausbildung gedacht ist. Um die Mitfahrgelegenheit für zahlende Gäste kümmert sich die »Inmaris Perestroika Sailing Maritime Service GmbH«, die auch MIR und SEDOV betreut. Am 27. Oktober 1996 verließ KHERSONES Kiel für eine Reise rund um Südamerika im entgegengesetzten Uhrzeigersinn. Dabei passierte sie am 26. Januar 1997 in 5,2 sm Abstand Kap Hoorn. Erstmalig seit PAMIR und PASSAT 1949 passierte wieder ein Windjammer Kap Hoorn nur unter Segeln von 50° Süd Pazifik bis 50° Süd Atlantik.
Das Vollschiff lief dann im April 1997 auf der Rückreise Rostock an.

Towarischtsch

ex GORCH FOCK I	
Art: Bark, Stahl	
Nation: Ukraine	
Eigner: Handelsflotte	
Heimathafen: Cherson (Schwarzes Meer)	
Baujahr: 1933, Stapellauf 3. Mai 1933	
Werft: Blohm & Voss, Hamburg	
Vermessung: 1392 BRT; 230 NRT; 292 tdw; 1760/1350 ts Deplacement	
Abmessungen:	
Länge über alles	82,10 m
Länge Rumpf	73,70 m
Länge zwischen den Loten	62,00 m
Breite	12,00 m
Seitenhöhe	7,30 m
Tiefgang	5,20 m
Segelfläche: 1750 qm	
Besegelung: 23 Segel; 4 Vorsegel, Doppel-Marssegel, einfache Bramsegel, Royals; Besanmast: Unterbesan, Oberbesan	
Masten: Höhe Großmast über Deck 41,30 m	
Hilfsmotor: Škoda-Diesel, 550 PS	
Besatzung: 51 Personen Stammbesatzung, 134 Kadetten	
Verwendung: Schulschiff unter Segeln	

Für die deutsche Reichsmarine war der Neubau eines Segelschulschiffes nötig geworden, weil das Schulschiff NIOBE am 26. Juli 1932 in einer Gewitterbö im Fehmarnbelt total verloren gegangen war. GORCH FOCK war der erste Schulsegler dieses Typs der Reichsmarine. Er wurde mit den gleichen Abmessungen nur noch einmal als MIRCEA (1939) für Rumänien nachgebaut. Die nachfolgenden Schiffe dieser Art, die jetzige EAGLE ex HORST WESSEL

(1936), die SAGRES II ex ALBERT LEO SCHLAGETER (1938) und die GORCH FOCK II der Bundesmarine entsprechen in der Konstruktion bis in Einzelheiten dem Prototyp, sind aber 8 m länger. Das Schiff wurde für die höchste Klassifizierung des Germanischen Lloyd gebaut. Alle Decks bestehen aus Stahlplatten, die mit 6 cm starken Teakholz-Planken belegt sind. Die Back ist mit dem vorderen Deckshaus verbunden. Als GORCH FOCK fuhr der Segler steuerbords einen Patentanker und backbords einen Stockanker. Die Bugzier bestand damals aus einer Bugschnecke und Bugschild mit Hoheitsabzeichen. (Bis auf das Hoheitsabzeichen heute unverändert.) Der große Adler erschien erst bei den beiden nachfolgenden Schulseglern der Kriegsmarine. Ursprünglich wurden am Besanmast nur Besan- und Besantoppsegel gefahren.

Bis 1939 machte das Schiff ausgedehnte Reisen; kleinere Fahrten oftmals in Gemeinschaft mit den Schwesterschiffen. Im Mai 1945 wurde GORCH FOCK vor Stralsund versenkt. 1948 hob und barg die Sowjetunion das Schiff. Die Wiederherstellungs-Arbeiten dauerten bis 1951. Als TOWARISCHTSCH II wurde es anschließend Schulschiff der sowjetischen Marine. (TOWARISCHTSCH I war die Viermastbark ex LAURISTON.) Am Äußeren des Seglers hat sich fast nichts verändert. Statt des Backbord-Stockankers wird jetzt auch hier ein Patentanker gefahren. Der Heimathafen ist Odessa geworden.

Im Mai 1995 lief das Schiff den Hafen von Newcastle an. Dort sollten die dringend notwendigen und umfangreichen Reparaturen durchgeführt werden. Dabei ist auch der Austausch von Stahlplatten der Außenhaut notwendig. Das Millionenprojekt wurde und wird leider von der ukrainischen Regierung nicht genügend unterstützt. Außer dem Kapitän und vier weiteren Besatzungsangehörigen wurden alle Mann nach Hause entlassen. Ein Freundeskreis in Newcastle und »The Tall Ships Friends e. V.« aus Hamburg versuchen, zusammen mit Zusagen der Bauwerft Blohm & Voss, die Mittel für die Grundüberholung aufzubringen.

Uruguay

Capitan Miranda

Capitan Miranda

Art: 3-Mast-Bermuda-Schoner, Stahl

Nation: Uruguay

Eigner: Armada de Uruguay

Heimathafen: Montevideo

Baujahr: 1930

Werft: Astilleros de Matagorda, Cadiz

Vermessung: 715 ts Deplacement

Abmessungen:
Länge über alles 61,00 m
Länge Rumpf 54,60 m
Breite 8,40 m
Tiefgang 3,20 m

Segelfläche: 722 qm

Besegelung: 8 Segel; alle Masten Bermudatakelung; Vortreisegel

Hilfsmotor: 1x MAN-Diesel, 368 kW

Besatzung: 49 Personen

Verwendung: Schulschiff unter Segeln

Das Schiff wurde als Motorschiff für hydrographische Forschungszwecke gebaut. Vor dem Abwracken gerettet, erfolgte 1977 der Um- und Ausbau zu einem Segelschulschiff der Marine von Uruguay.
Capitan Francisco P. Miranda (1869–1925) war ein bekannter Marineoffizier, der sich vor allem durch die Forschungsarbeiten in den Gewässern um Uruguay einen Namen gemacht hat.

USA

Adventure	Elissa	Perseus
Alvei	Falls of Clyde	Pioneer
America III	Gazela of	Polynesia
Ariel	Philadelphia	Pride of
Balclutha	Half Moon	Baltimore II
Barba Negra	Jamestown-Schiffe	Providence
Beaver II	(Repliken)	Regina Maris
Bill of Rights	Joseph Conrad	Rose
Black Pearl	L. A. Dunton	Sea Lion
Bounty II	Lady Maryland	Shenandoah
Bowdoin	Lady Washington	Star of India
C. A. Thayer	Le Pelican	Swift of Ipswich
Californian	Lettie G. Howard	Tabor Boy
Caribee	Mary Day	Te Vega
Carthaginian II	Maryland Dove	Timberwind
Charles W. Morgan	Mayflower II	Tole Mour
Clipper City	Moshulu	Unicorn
Constellation	Natalie Todd	Victory Chimes
Constitution	New Way	Wavertree
Corwith Cramer	Niagara	Wawona
Deliverance	Ocean Star	Westward
Eagle	Peking	Young America

Adventure

Art: 2-Mast-Gaffelschoner, Holz

Nation: USA

Eigner: Capt. Jim W. Sharp, Camden, Maine

Heimathafen: Camden, Maine

Baujahr: 1926; Kiellegung April 1926, Stapellauf 16. September 1926

Werft: James Yard, Essex, Massachusetts; Entwurf: Thomas F. McManus

Vermessung: 134 BRT; 62 NRT

Abmessungen:
Länge über alles 36,90 m
Länge an Deck 36,20 m
Länge zwischen den Loten 32,50 m
Breite 7,60 m
Raumtiefe 3,40 m
Tiefgang 4,00 m

Segelfläche: 480 qm

Besegelung: 4 Segel; 2 Vorsegel, je 1 Gaffelsegel

Masten: Höhe Großmast über Deck 25,00 m; heute keine Stengen mehr; kein Bugspriet

Hilfsmotor: kein Hilfsmotor

Besatzung: 5 Personen Stammbesatzung

Verwendung: Privatschiff für Passagier-Kreuzfahrten

Die ADVENTURE war einer der erfolgreichsten Bank-Schoner, der je vor Neufundland fischte. Sie ist der letzte Dory-Schoner, der auf einer amerikanischen Werft gebaut wurde. Für ihre Konstruktion verwendete ihr Architekt, Thomas F. McManus, alle Erfahrungen, die man in den langen Jahren jenes speziellen Schiffbaues gesammelt hatte. Der beispiellose Erfolg dieses »Gloucesterman« bestätigte die Richtigkeit der Berechnungen. Die Bank-Schoner mußten wegen der schweren Stürme im Nord-Atlantik nicht nur sehr stark gebaut sein, sondern sie hatten auch ihre verderbliche Fracht mit größter Schnelligkeit zu den Märkten zu bringen. Daneben durfte aber der Laderaum nicht zu klein sein, sonst hätten sich die gefahrvollen Reisen nicht gelohnt. Es gibt nur wenige Zweige der Schiffahrt, bei denen die Werften beim Neubau eines Schiffes diesen extremen Anforderungen entsprechen mußten.

ADVENTURE fuhr anfangs Stengen an beiden Masten. Die Anzahl der Segel erhöhte sich so durch je ein Gaffel-Toppsegel an Fock- und Großmast auf sechs. Der erste Diesel-Hilfsmotor von 120 PS wurde später durch einen 230-PS-Motor ersetzt, dieser aber 1953 ganz herausgenommen, so daß das Schiff heute ein reines Segelfahrzeug ist.

Kapitän Jeff Thomas führte ADVENTURE am 16. Oktober 1926 auf ihre erste Fangreise. Thomas fischte im Sommer Heilbutt und im Winter Schellfisch. Die Reisen gingen entweder von Boston aus oder von Gloucester. Schon von den ersten Fahrten brachte der Schoner Rekordfänge mit. Am 3. Oktober 1927 waren es 100000 Pfund Heilbutt, die einen Erlös von 11770 Dollar einbrachten. An Bord befanden sich 14 Dories, die von 28 Dorymännern bemannt wurden. In einem schweren Sturm, im Dezember 1933, erlitt ADVENTURE sehr starke Beschädigungen. Nur unter Aufbietung der letzten Kräfte konnte sie über Wasser gehalten werden. Dabei mußten 40000 Pfund Fisch über die Seiten.

Am 24. März 1934 erlag Kapitän Thomas an Bord einem Herzschlag, während sämtliche Dories auf See waren. Sein Nachfolger wurde Kapitän Leo Hynes. Im Hafen von Boston rammte ADVENTURE am 20. März 1943 den Auxiliar-Schoner ADVENTURE II ex MARY P. GOULART, der sofort sank. Die Besatzung konnte sich mit Mühe in die Dories retten. Beide Schiffe gehörten demselben Eigner.

Kapitän Hynes hatte meist zwölf Dories und 27 Mann an Bord. Er ließ die Segelfläche verkleinern und einen 230-PS-Dieselmotor einbauen. Unter seiner Führung verzeichnete der Schoner Fangerfolge, die alle bisherigen Rekorde umstießen. Das Rekordjahr war 1943, als ADVENTURE für 364000 Dollar Fisch anlandete. Hynes führte das Schiff 19 Jahre. In dieser Zeit verdiente es etwa 3$^{1}/_{2}$ Millionen Dollar. Dieser Betrag ist von keinem Fischerei-Fahrzeug der gesamten amerikanischen Atlantikküste jemals erreicht worden. Nicht umsonst bekam ADVENTURE das begehrte Prädikat »High Liner«. 1953 war ihre Fischzeit beendet. Keines der Besatzungsmitglieder war damals unter siebzig Jahren.

Jüngere Männer waren nicht mehr bereit, diese anstrengenden Fangreisen mitzumachen. Mit ihrem Ausscheiden ist eine der ruhmreichsten Epochen der Hochseefischerei zu Ende gegangen.

Wie durch ein Wunder blieb der Schoner nach seiner Ausmusterung erhalten. Donald P. Hurd kaufte das Schiff und baute es in einen Passagier-Segler um, wobei man äußerlich gar nichts veränderte. In der ehemaligen Last wurden Salon und Luxuskabinen eingerichtet, die Küche vergrößert. Der Motor mußte herausgenommen werden, dafür wurde aber die Segelfläche wieder vergrößert. Die alte Ausrüstung des Schoners befindet sich noch heute an Bord. Jetzt gehört ADVENTURE Kapitän Jim W. Sharp. Den ganzen Sommer hindurch segelt er von jeweils Montag bis Samstag für zahlende Passagiere in die Gewässer vor Maine. Nachts liegt der Schoner an einem geschützten Platz vor Anker. Die Gäste können sich nach Wunsch an Segel- und Decksarbeiten beteiligen.

 Alvei

ex ROVEDEFJORD
ex VAARVIND
ex MOSTRING
ex BRITH MARITH
ex ALVEI

Art: 3-Mast-Groß-Toppsegelschoner, Stahl

Nation: USA

Eigner: Evan Logan, Albany, Kalifornien

Heimathafen: kein fester Heimathafen

Baujahr: 1920

Werft: in Montrose, Schottland

Vermessung: 140 ts Deplacement; 103 BRT; 51 NRT

Abmessungen:
Länge über alles	35,00 m
Länge Rumpf	28,00 m
Länge zwischen den Loten	26,20 m
Breite	5,80 m
Raumtiefe	2,28 m
Seitenhöhe	2,74 m
Tiefgang vorne	2,00 m
achtern	3,00 m

Segelfläche: 529 qm

Besegelung: 16 Segel; Fockmast: Breitfock, Mars- und Bramsegel; Großmast: Großsegel, Mars- und Bramsegel

Masten: Höhe Großmast über Deck 26 m

Hilfsmotor: Wichmann-Diesel, 2 ACA, 160 PS

Besatzung: 18 Kojen für wechselnde Besatzungszusammenstellung

Verwendung: Privatschiff

Der Taufname dieses Schoners mit der äußerst seltenen Takelungsart ist nicht bekannt. Als Ketsch getakelt war ALVEI (Alvei = jemand, der alle Wege geht) in ihren jungen Jahren als Heringslogger beschäftigt. Typisch für diese Fahrzeuge ist der fast senkrechte Vordersteven. Danach fuhr sie als Küstenmotorschiff.

Ihr jetziger Eigner erwarb das Schiff 1986. In achtjähriger Arbeit wurde es in Portugal völlig umgebaut und als Schoner getakelt. Im Oktober 1995 konnte ALVEI die Werft verlassen und unternimmt derzeit eine fünf Jahre dauernde Weltumsegelung.

America III

Art: 2-Mast-Gaffelschoner, Holz

Nation: USA

Eigner: Schooner AMERICA USA, Inc.

Heimathafen: keiner (ständig unterwegs)

Baujahr: 1995; Stapellauf 30. August 1995

Werft: Scarano Boat Building, Albany, New York

Vermessung: 120 ts Deplacement; 100 BRT

Abmessungen:
Länge über alles 42,40 m
Länge Rumpf 32,00 m
Länge in der Wasserlinie 27,60 m
Breite 7,60 m
Tiefgang 3,00 m

Segelfläche: 595,2 qm

Besegelung: 5 Segel

Masten: Höhe Großmast über Deck 33 m

Hilfsmotor: 2x John Deere-Diesel, 2x 220 PS

Besatzung: 7 Personen Stammbesatzung, 8 Übernachtungsgäste, 49 Tagespassagiere

Verwendung: Botschafterschiff für die USA und die Schiffbauindustrie

Vorbild auch für dieses Schiff war der Schoner AMERICA, der 1851 in einem spektakulären Rennen rund um die Isle of Wight vierzehn britische Konkurrenten hinter sich ließ, und so den »One Hundred Guinea Cup« (America's Cup) nach Amerika brachte. Es war eine einzigartige Demonstration der Technikentwicklung in der Neuen Welt. Das Schiff wurde am Palmsonntag 1942 stark beschädigt, als das Dach seines Schutzhauses unter der Schneelast zusammenbrach.

Auch die neue AMERICA ist ein außerordentlich schnelles Schiff. Mit einer Spitzengeschwindigkeit von 18 Knoten besiegte sie im Oktober 1995 einunddreißig andere Schoner beim »Great Chesapeake Bay Schooner Race« von Baltimore nach Norfolk. Erneut von sich reden gemacht hat sie, als sie am 9. Juli 1996 das olympische Feuer zu den Segelwettbewerben in den Hafen von Savannah, Georgia, brachte.

 Ariel

Art: 2-Mast-Gaffelschoner, Stahl

Nation: USA

Eigner: Walter J. Nacey, Elyria, Ohio

Heimathafen: Bermudas

Baujahr: 1969; Stapellauf: 28. August 1969

Werft: Schlichting-Werft, Lübeck-Travemünde

Vermessung: 150 BRT; 154 ts Deplacement

Abmessungen:
Länge über alles 41,40 m
Länge Rumpf 33,60 m
Länge zwischen den Loten 27,25 m
Breite 7,00 m
Raumtiefe 2,70 m
Tiefgang 2,67 m

Segelfläche: 544 qm, dazu Breitfock mit 90 qm

Besegelung: 11 Segel; typische Schonertakelung mit Breitfock

Masten: Höhe Großmast über Deck 29,50 m; Masten und Stengen Holz

Hilfsmotor: Mercedes-Benz MB 846 A, 240 PS; Geschwindigkeit mit Maschine 10 kn

Besatzung: 5 Personen Stammbesatzung, 10 Gäste

Verwendung: Privatschiff, Charterschiff

Das Zwei-Millionen-Schiff gehört zu den größten Yacht-Neubauten, die nach dem Kriege in Deutschland auf Kiel gelegt wurden. Die Schiffsräume sind modern ausgestattet und luxuriös eingerichtet. Die Segel werden nur von Hand bedient. ARIEL gesellt sich zur Flotte der großen Privatyachten, die in Amerika meist als Charterschiffe für zahlende Gäste Verwendung finden.

Balclutha

ex PACIFIC QUEEN
ex STAR OF ALASKA
ex BALCLUTHA

Art: Vollschiff, Stahl

Nation: USA

Eigner: U.S. Department of the Interior; National Park Service Golden Gate; National Recreation Area

Liegehafen: San Francisco, Pier 43 – Fisherman's Wharf

Baujahr: 1886; Stapellauf 9. Dezember 1886

Werft: Charles Connell & Co., Glasgow

Vermessung: 1689 BRT; 2660 t Tragfähigkeit

Abmessungen:
Länge über alles 91,50 m
Länge Rumpf 78,00 m
Länge zwischen den Loten 74,00 m
Breite 11,70 m
Raumtiefe 6,90 m

Segelfläche: ca. 1900 qm

Besegelung: 25 Segel; Doppel-Marssegel, einfache Bramsegel, Royals

Masten: Alle Masten mit einer Stenge; Höhe Fockmast über Deck 42,80 m; Höhe Großmast über Deck 43,70 m; Höhe Kreuzmast über Deck 39,20 m; Großrah 26,30 m; Großroyalrah 12,20 m

Hilfsmotor: kein Hilfsmotor

Besatzung: Als Handelsfahrer 26 Personen

Verwendung: Museumsschiff

BALCLUTHA wurde in Glasgow für Robert McMillan aus Dumbarton am Clyde gebaut. Das gälische Wort bedeutet »Bal-Stadt am Clutha-Clyde« und ist der alte Name für Dumbarton. Das Schiff wurde im allgemeinen Handel beschäftigt, ein echter »Deepwaterman«, wie die ozeangehenden Segler bezeichnet wurden. Die Jungfernreise führte rund Kap Hoorn nach San Francisco. Im ganzen waren es 17 Kap-Umsegelungen.
Das Schiff brachte Getreide von Kalifornien, Guano von Chile, Wolle von Neuseeland und Reis aus Rangun nach

Europa. Unter britischer Flagge fuhr BALCLUTHA bis 1899. Von 1899 bis 1902 führte sie die Flagge von Hawaii. Für eine Firma in San Francisco brachte sie Holz nach Australien und von Newcastle für die Southern Pacific Railroad Kohle nach den USA.

1902 kaufte Pope & Talbot aus San Francisco das Schiff. Seit dieser Zeit fuhr BALCLUTHA unter amerikanischer Flagge. Sie fand nun Verwendung in der Lachsfahrt. Die Besatzung bestand aus Matrosen, Fischern und Konservenarbeitern, oft bis zu 300 Mann. Die Reisen dauerten von Frühjahr bis Herbst und führten in die Gewässer von Alaska. 1904 hatte sie bei der Kodiak-Insel Grundberührung mit nachfolgendem schweren Wassereinbruch. Die »Alaska Packers Association« erwarb das Schiff für 500 Dollar, organisierte die schwierige Bergung und nahm sie als STAR OF ALASKA in ihre »Star«-Flotte auf. Die Reparaturen erfolgten in San Francisco. Die Poop wurde weit nach vorne verlängert, um Unterkünfte für die große Besatzung zu schaffen.

Sie war eines der schnellsten Schiffe dieser Flotte. Im September 1930 kehrte sie als letztes Schiff zurück. Damit war auch die Zeit der »Alaska Packers« vorüber. Drei Jahre lang lag das Schiff nun in der Bucht von Alameda auf.

1933 übernahm das Schaugeschäft das Schiff. Als PACIFIC QUEEN wurden Filmaufnahmen mit ihr gemacht. In vielen Häfen wurde sie als Piratenschiff vorgeführt. 1952 endete sie auf den Schlickbänken von Sausalito bei San Francisco.

Durch die Initiative von Karl Kortum, dem Direktor des Seefahrtsmuseums von San Francisco, kaufte das Museum 1954 das Schiff für 25 000 Dollar. Zahlreiche Firmen beteiligten sich kostenlos mit Material und Arbeitskräften an den Restaurationsarbeiten. (Die Kosten hätten sich sonst auf 250 000 Dollar belaufen.) Nach einjähriger Arbeit konnte BALCLUTHA (diesen Namen hatte sie wieder bekommen) an ihren Liegeplatz geschleppt werden. Ihr jetziger Zustand entspricht dem der Erbauungszeit. Typisch ist das weiße Pfortenband. Eine Frauengestalt schmückt als Galionsfigur den schönen Bug.

🇺🇸 Barba Negra

Art: Barkentine, Holz

Nation: USA

Eigner: J. Seidl, Savannah, Georgia

Heimathafen: Savannah

Baujahr: 1896

Werft: John Lekve, Hemme, Norwegen

Vermessung: 55,64 BRT; 120 ts TM

Abmessungen:
Länge über alles 33,40 m
Länge zwischen den Loten 21,20 m
Breite 6,40 m
Tiefgang 3,60 m

Segelfläche: 400 qm

Besegelung: 16 Segel; Doppel-Marssegel, einfaches Bramsegel

Masten: Höhe Großmast über Deck 22,80 m

Hilfsmotor: Scania-Diesel, 230 PS

Besatzung: 8 Personen Stammbesatzung

Verwendung: Forschungsschiff für »Save Our SEAS, Inc.«

BARBA NEGRA war als Galeas gebaut worden. Vier Jahre lang fuhr sie als Walfänger in arktischen Gewässern. Sie war eines der ersten Fangschiffe, das mit einer Harpunenkanone ausgerüstet wurde. Ab 1900 fuhr das Schiff als Fischtransporter. 1956 wurde der erste Motor eingebaut. Bis 1971 verdiente BARBA NEGRA im Küstenhandel. Dann erfolgte eine Grundüberholung. Das Schiff sollte von jetzt an nicht mehr Wale fangen, sondern sie vor der Ausrottung schützen. An Bord befindet sich ein komplettes Laboratorium für diesen Zweck, das sich besonders mit der Meeresbiologie beschäftigt.

In vielen Filmen und Fernsehsendungen wirkte BARBA NEGRA bereits mit, wobei sie bei einigen Sendungen auch als Kameraschiff tätig war. Sie fährt auf der Back eine nachträglich eingebaute Harpunenkanone und im Großmast ein Krähennest. Kapitän Seidl ist nicht nur Bootsbauer, sondern auch Marinemaler und nutzt BARBA NEGRA als schwimmendes Atelier. 1992 bekam sie neben umfangreichen Restaurierungsmaßnahmen einen neuen Mast, um wieder unter Segel gehen zu können.

 ## Beaver II

Art: Brigg, Holz	Abmessungen:
	Länge über alles 34,00 m
Nation: USA	Länge Deck 23,10 m
	Breite 6,60 m
Eigner: Boston Tea Party Ship, Inc.	Raumtiefe 1,90 m
	Tiefgang 2,40 m
Liegeplatz: Boston, Congress Street Bridge	Besegelung: 11 Segel
Baujahr: 1973; Stapellauf Mai 1973	Masten: Höhe Großmast über Deck 21,80 m
Werft: G. Clausen, Marstal, Dänemark; Konstruktion: W. A. Baker, Naval Architect	Hilfsmotor: Volvo Penta-Diesel, 120 PS (nach Überfahrt 1974 wieder ausgebaut)
Vermessung: 130 ts Deplacement	Besatzung: 10 Personen
	Verwendung: Museumsschiff

Der Nachbau der BEAVER wurde anläßlich der 200-Jahr-Feier der Boston Tea Party auf eigenem Kiel von Dänemark nach Boston gesegelt.

Das Originalschiff, das Hezikiah Coffin aus Nantucket gehörte und von ihm auch geführt wurde, segelte am 2. Oktober 1773 mit 112 Kisten Tee an Bord von London nach Boston. Am 7. Dezember erreichte sie den Hafeneingang von Boston, mußte aber wegen einer Pockeninfektion an Bord an der Quarantänestation auf Rainsford Island bleiben. Nach der damals möglichen Form der Desinfektion durch Ausräuchern verholte das Schiff am 15. Dezember zur Griffin's Wharf. Am darauffolgenden Abend enterte eine Gruppe von Männern, die sich »Sons of Freedom« nannten und als Indianer verkleidet waren, das Schiff, brachen die Teekisten auf und warfen die Ladung ins Wasser. Es war dies der Protest gegen die hohen Zölle, die England den jungen Kolonien in Amerika auferlegte.

Damit begann der Revolutionskrieg, der 1776 zur Unabhängigkeitserklärung der Vereinigten Staaten von Amerika führte.

Bill of Rights

Art: 3-Mast-Toppsegelschoner

Nation: USA

Eigner: Joseph M. Davis jr., Pawtucket, R. I.

Heimathafen: Pawtucket

Baujahr: 1971

Werft: In Bristol, Maine

Vermessung: 160 BRT

Abmessungen:
Länge über alles 42,90 m
Länge Rumpf 35,00 m
Breite 7,40 m
Tiefgang 3,00 m

Segelfläche: 585 qm

Hilfsmotor: kein Hilfsmotor

Verwendung: Charterschiff

Der Schoner wurde als Handelsschiff gebaut.

Black Pearl

Art: Brigantine, Holz

Nation: USA

Eigner: The Aquaculture Foundation, Bridgeport, Connecticut

Heimathafen: Bridgeport, Connecticut

Baujahr: 1951; Stapellauf 18. April 1951

Werft: C. Lincoln Vaughn-Werft, Wickford, Rhode Island

Vermessung: 36 ts Deplacement; 27 BRT; 23 NRT

Abmessungen:
Länge über alles 22,03 m
Länge Rumpf 17,93 m
Länge zwischen den Loten 11,55 m
Breite 4,71 m
Seitenhöhe 4,86 m
Raumtiefe 2,22 m
Tiefgang 2,50 m

Segelfläche: 185 qm

Besegelung: 10 Segel; 2 Vorsegel; Fockmast: Doppel-Marssegel, einfaches Bramsegel; Großmast: Gaffelsegel, Gaffel-Toppsegel, Großstagsegel, Groß-Stengestagsegel

Masten: Fockmast mit Mars- und Bramstenge; Großmast mit einer Stenge; Höhe Großmast über Deck 17 m

Hilfsmotor: Hercules-Dieselmotor, 150 PS

Besatzung: 6 Personen, davon 4 Jungen

Verwendung: Schulschiff unter Segeln

Die yachtähnliche Brigantine wurde von C. Lincoln Vaughn als Privatyacht gebaut. Ihre Sommerreisen führten meist entlang der mittleren Ostküste der USA. Im August 1959 kaufte Barcley H. Warburton aus Boston den Segler. Unter seiner Führung segelte die Brigantine von den Westindischen Inseln bis Neuschottland. Obwohl weiterhin Privatyacht, wurden zeitweise auch Jungen auf dem Schiff ausgebildet.
Während des Sommers 1962 war BLACK PEARL einen Monat lang in Boy's Harbour, einem Sommerlager für Jungen in East Hampton, Long Island. Als einziger privater Segler nahm die Brigantine offiziell an der Parade der Großsegler bei der »Operation Sail 1964« in New York teil. Damals waren drei Offiziere und fünf Kadetten an Bord. Bei einer Reise von 1160 Seemeilen im Sommer 1965 wurden im Durchschnitt 8,1 kn geloggt. Im Notfall könnte das Schiff unter Segeln von nur zwei Mann bearbeitet werden. Insgesamt bestehen Wohnmöglichkeiten für neun Personen.
BLACK PEARL hat sich als Schiff mit sehr guten Segeleigenschaften bewährt. 1985 erfolgte eine Grundüberholung.

Bounty II

Art: Vollschiff, Holz (Nachbau eines Handelsfahrers des 18. Jahrhunderts)

Nation: USA

Eigner: Metro-Goldwyn-Mayer Inc., New York

Liegehafen: St. Petersburg, Florida, Vinoy Basin

Baujahr: 1960; Kiellegung Februar 1960, Stapellauf 27. August 1960

Werft: Smith & Rhuland Ltd., Lunenburg, Nova Scotia

Vermessung: 415 BRT; 111 NRT

Abmessungen:
Länge über alles	51,40 m
Länge Rumpf	40,50 m
Länge zwischen den Loten	33,60 m
Breite	9,20 m
Seitenhöhe	6,30 m
Raumtiefe	5,40 m
Tiefgang	4,20 m

Segelfläche: ca. 950 qm

Besegelung: 18 Segel; 2 Vorsegel, einfache Marssegel, einfache Bramsegel, Royals

Masten, Spieren: Höhe Großmast über Deck 31,60 m; alle Masten mit Mars- und Bramstenge; Bugspriet mit Klüverbaum

Hilfsmotor: Zwei Caterpillar-Marine-Dieselmotoren, je 220 PS (zwei Schrauben)

Besatzung: Für den Film »Meuterei auf der Bounty« insgesamt 26 Personen; Originalbesatzung 1789 insgesamt 45 Personen

Bewaffnung: Originalbewaffnung der Bounty von 1789: vier 4-Pfünder auf Lafetten, zehn 1/2-Pfünder = Relingsgeschütze

Verwendung: Museumsschiff

Die Geschichte der Seefahrt kennt zahlreiche Meutereien aus allen Epochen. Keine hat jedoch Gemüter und Phantasie der Menschen so bewegt, keine gab so oft Stoff und Vorwurf für Bücher und Filme, wie die Meuterei auf HMS BOUNTY im Jahre 1789. Das mag besonders daran liegen, daß sich die Ereignisse in der Südsee abspielten, daß es den Meuterern möglich war, sich jahrelang der Entdeckung zu entziehen, nicht zuletzt aber daran, daß es Kapitän Bligh gelang, durch ein unerhörtes seemännisches Geschick im offenen Boot mehr als 3600 Seemeilen zu fahren, nach England zurückzukehren und die Bestrafung eines Teiles der Meuterer zu erwirken. Kapitän James Cook beschrieb auf einer seiner Reisen die Früchte des Brotfruchtbaumes (Artocarpus) der polynesischen Inselwelt als ein sehr schmackhaftes und kräftiges Nahrungsmittel. Dies veranlaßte die Siedler der britisch-westindischen Besitzungen, König Georg III. eine Petition vorzulegen, die Pflanze als Nahrung für die Negersklaven in Westindien einzuführen.

Die Britische Admiralität kaufte 1787 für 1950 Pfund den Handelsfahrer BETHIA, der 1785 gebaut worden war und Duncan Campbell gehörte. Für 1456 Pfund wurde das Schiff in Deptford/Themse umgebaut und bewaffnet. Leutnant William Bligh bekam das Kommando und erhielt den Auftrag, nach Tahiti (Otaheite) zu segeln und Jungpflanzen des Brotfruchtbaumes nach Westindien zu bringen. Da dieser Versuch, die Ernährung der Sklaven zu verbessern, als eine besonders menschliche Tat angesehen wurde, bekam das Schiff den Namen BOUNTY (= Güte).

Bligh verließ England am 23. Dezember 1787 von Spithead aus. Der Plan, Kap Hoorn zu umsegeln, mußte wegen anhaltend schlechten Wetters aufgegeben werden. Erst am 26. Oktober 1788 erreichte die BOUNTY Tahiti. Mit 1105 Pflanzen an Bord verließ Bligh am 4. April 1789 die Insel mit Kurs Jamaica. Auf der Höhe der Insel Tofua bei den Tonga-Inseln kam es am 28. April 1789 zur Meuterei. Fletcher Christian, der 24jährige Erste Offizier, übernahm das Kommando und setzte Bligh mit 18 Mann in einem sieben Meter langen Langboot aus. Nach 41 Tagen, bei einer Fahrtstrecke von 3618 Seemeilen, erreichte das Boot Timor.

Bligh kehrte nach England zurück und erreichte, daß die Fregatte PANDORA nach Tahiti segelte, um die Meuterer aufzuspüren. Er selbst kam vor ein Kriegsgericht, das ihn zwar freisprach, seines harten und unmenschlichen Kommandos wegen aber tadelte. Bligh war dann von 1805 bis 1808 Gouverneur von Neusüdwales und wurde später Vizeadmiral. Der ganze Vorfall trug mit dazu bei, daß die Lebensbedingungen der Matrosen auf britischen Kriegsschiffen erheblich verbessert wurden. Fletcher Christian kehrte zunächst nach Tahiti zurück. Mit einigen Eingeborenen und Frauen erreichte er mit der BOUNTY um Januar 1790 die unbewohnte Insel Pitcairn. Erst nach 18 Jahren, im Jahre 1808, entdeckte der amerikanische Robbenfänger TOPAZ aus Boston zufällig die wenigen Überlebenden. Die BOUNTY hatten sie kurz nach ihrer Ankunft auf Pitcairn verbrannt. Direkte Nachkommen der Meuterer leben noch heute auf der Insel. Etwa ein Drittel der ungefähr 150 Bewohner heißt Christian.

Im Jahre 1957 entdeckte Louis Marden von der National Geographic Society die Überreste der BOUNTY und barg einen Anker, Beschlagnägel, Ballasteisen usw. Zur Ironie wurde, daß später die Sklaven Westindiens die Brotfrucht als Nahrungsmittel ablehnten, weil sie ihnen nicht schmeckte.

Für ihren großen Film »Meuterei auf der Bounty« ließ die Metro-Goldwyn-Mayer Inc. das Schiff nach den Londoner Originalplänen nachbauen. Planung und Bau kosteten 700000 Dollar. Das Schiff mußte lediglich um etwas mehr als 9 m länger gebaut werden, um den großen Filmkameras genügend Bewegungsmöglichkeit zu geben. Auch der Einbau eines Hilfsmotors war für die Arbeit nötig. Die Galionsfigur wurde den alten Beschreibungen entsprechend nachgeschnitzt. Sie stellt eine Dame im Reitkostüm dar.

Nach den Filmarbeiten besuchte die BOUNTY eine Reihe amerikanischer Häfen, reiste im Oktober 1962 nach London und segelte im April 1964 zur Weltausstellung nach New York. Überall erregte sie großes Aufsehen und wurde von Hunderttausenden besichtigt. Heute liegt der Segler als Ausstellungsschiff im Hafen von St. Petersburg in Florida. Ein weiterer Nachbau der BOUNTY für Filmzwecke entstand 1978 in Whangarei, Neuseeland (siehe dort). Das mit großem Aufwand gebaute Schiff besitzt einen holzverkleideten Stahlrumpf. Der beabsichtigte Film kam nicht zustande, so daß das Schiff einen anderen Verwendungszweck finden mußte.

Bowdoin

Art: 2-Mast-Gaffelschoner, Holz

Nation: USA

Eigner: Maine Maritime Academy, Castine

Heimathafen: Castine

Baujahr: 1921; Stapellauf 9. September 1921

Werft: Hodgdon Brothers, East Boothbay, Maine; Entwurf: Admiral MacMillan

Vermessung: 66 BRT; 15 NRT

Abmessungen:
Länge über alles 27,63 m
Länge Rumpf 26,44 m
Länge zwischen den Loten 22,97 m
Breite 6,15 m
Seitenhöhe 2,83 m
Raumtiefe 1,90 m
Tiefgang 2,88 m

Segelfläche: 230 qm

Besegelung: 4 Segel; 2 Vorsegel (Vorstagsegel mit Baum); Fock-, Großmast: Gaffelsegel

Masten, Spieren: Höhe Großmast über Deck 19,80 m; Pfahlmasten; kein Bugspriet

Hilfsmotor: Dieselmotor

Besatzung: 4 Personen Stammbesatzung, 10 Kadetten

Verwendung: Schulschiff unter Segeln

Admiral MacMillan hat den Schoner entworfen, als er mit einem Schiff 700 Seemeilen vom Nordpol entfernt im Eis eingeschlossen war. Der Schoner sollte so stark gebaut werden, daß er auch größtem Eisdruck widerstehen konnte. Und tatsächlich hat sich MacMillans Konstruktion in vielen gefährlichen Situationen hervorragend bewährt.

Den Namen hat BOWDOIN nach dem Bowdoin-College in Brunswick, Maine, erhalten, an dem MacMillan einen akademischen Grad erworben hatte. BOWDOIN fuhr bis zum Zweiten Weltkrieg zuverlässig jedes Jahr unter dem Kommando MacMillans in die Nordpolar-Gewässer.

Bei diesen Reisen waren immer Wissenschaftler an Bord, die auf verschiedenen geographischen, geologischen und mineralogischen Gebieten arbeiteten. In den Jahren 1923 – 1924 lag das Schiff 320 Tage lang von Eis eingeschlossen in Refuge Harbor (Nord-Grönland). Auch bei anderen Reisen geriet BOWDOIN mehrmals in Schwierigkeiten, konnte aber dank ihrer Festigkeit immer wieder klarkommen. Gewöhnlich überwinterte sie in Boothbay Harbor.

Während des Zweiten Weltkrieges fuhr der Schoner mit der U.S. Navy Patrouillenfahrten in grönlandischen Gewässern. Der Stützpunkt war damals South Strom Fjord auf Grönland. Nach dem Krieg konnte MacMillan seine Expeditionen fortsetzen. 1947 machte er im Namen der Chicago Geographic Society eine Reise nordwärts, bei der er mit dem Schiff den 79. Breitengrad erreichte. Eine Eisbarriere hielt die Weiterfahrt auf. Noch 1948 führte MacMillan, jetzt 72jährig, das Kommando einer sehr erfolgreichen Expedition, an der Wissenschaftler des Bowdoin Colleges und des Cleveland Museum of Natural History teilnahmen. Bis Ende 1968 gehörte BOWDOIN als Museumsschiff dem berühmten Seefahrtsmuseum in Mystic Seaport, Connecticut.

1986 erfolgte ein Umbau mit Grundüberholung. Seither fährt BOWDOIN wieder als aktives Schulschiff. Die Ausbildungsreisen führen vorwiegend in arktische Gewässer.

C. A. Thayer

Art: 3-Mast-Gaffelschoner, Holz

Nation: USA

Eigner: US National Park System, Golden Gate National Recreation Area, National Maritime Museum, Hyde Street Pier

Liegeplatz: San Francisco, Hyde Street Pier

Baujahr: 1895; Stapellauf 9. Juli 1895

Werft: Hans Bendixsen, Eureka, Kalifornien

Vermessung: 452 BRT; 390 NRT

Abmessungen:
Länge über alles 66,60 m
Länge zwischen den Loten 47,40 m
Breite 11,10 m
Raumtiefe 3,50 m
Tiefgang 2,40 m

Besegelung: 9 Segel; Fock-, Großmast: Gaffelsegel, Gaffel-Toppsegel; Besanmast: Hochsegel

Masten: Höhe Großmast über Deck 28,90 m

Hilfsmotor: kein Hilfsmotor

Besatzung: 8 bis 9 Personen in der Holzfahrt, 30 bis 40 Personen als Fischerei-Fahrzeug

Verwendung: Museumsschiff

Die außerordentlich rasche Besiedlung Kaliforniens zu Ende des vergangenen Jahrhunderts und die Vergrößerung der bereits bestehenden Städte und Siedlungen führten dazu, daß große Mengen Bauholz gebraucht wurden, die das Land selbst nicht stellen konnte. Fast alle Häuser dieser aufblühenden Gemeinden waren damals noch vollständig aus Holz gebaut. Das meiste Holz kam auf dem Wasserweg nach Kalifornien. Die Bäume wurden im Nordwesten der Staaten gefällt und in küstennahen Sägemühlen zu Bauholz geschnitten. Eine Flotte von mehr als hundert Schonern wie die C. A. THAYER besorgte dann den Transport in den Süden.

Das Schiff war ursprünglich für die E. K. Wood Lumber Company gebaut worden und bekam seinen Namen nach deren Sekretär, Clarence A. Thayer. Siebzehn Jahre lang fuhr der Schoner ausschließlich im Holzhandel. 1912 verkaufte ihn die Firma an Mr. Peter Nelson. C. A. THAYER fuhr von nun an im Sommer in der Lachsfahrt nach Alaska. Aus dieser Zeit stammt auch das große, vorn gelegene Deckshaus, das für die vergrößerte Mannschaft gebaut werden mußte.

1925 wechselte der Schoner erneut den Besitzer. Als Kabeljau-Fänger mit Ein-Mann-Dories und Handleinen verbrachte C. A. THAYER einige Jahre lang die Saison im Beringmeer. Als die Preise für gesalzenen Kabeljau zu fallen begannen, mußte sie aufgelegt werden. Von 1942 bis Kriegsende verwendete die Marine sie als Leichter. Noch einmal wurde sie als Fangschiff ausgerüstet. 1950 machte sie ihre letzte Reise in die Beringsee. Nach siebenjähriger Liegezeit konnte die Regierung von der geschichtlichen Bedeutung des Schiffes überzeugt werden. C. A. THAYER wurde vollkommen restauriert und liegt heute als Museumsschiff in San Francisco.

🇺🇸 Californian

Art: 2-Mast-Toppsegelschoner, Holz

Nation: USA

Eigner: Nautical Heritage Society

Heimathafen: Sacramento, Kalifornien

Baujahr: 1983–84; Stapellauf 28. Mai 1984

Werft: in San Diego, Kalifornien (Spanish Landing)

Vermessung: 130 ts Deplacement; 98 BRT

Abmessungen:
Länge über alles 44,00 m
Länge Rumpf 28,40 m
Länge zwischen den Loten 26,20 m
Breite 7,40 m
Tiefgang 2,80 m

Segelfläche: 650 qm

Besegelung: 9 Segel; Fockmast mit einfachem Mars- und Bramsegel

Masten: Höhe Großmast über Deck 30 m

Hilfsmotor: Caterpillar-Dieselmotor, 100 PS

Besatzung: 8 Personen Stammbesatzung, 16 Trainees, 49 Gäste

Verwendung: Schulschiff unter Segeln

CALIFORNIAN ist der exakte Nachbau des Zollkutters C. W. LAWRENCE, der 1848 gebaut worden war. Dieses Schiff war der schnellste und größte Segler dieser Art der damaligen Zeit. Bestechend sind auch beim Nachbau die außerordentlich eleganten Linien des Rumpfes mit dem scharf geschnittenen Bug, der als Galionsfigur die Königin Califia trägt.

Der Schoner ist in erster Linie für Jugendliche aus Kalifornien gedacht. Ihre erste Aufgabe erfüllte CALIFORNIAN als Flaggschiff bei der Großseglerparade während der Olympiade in Los Angeles 1984.

🇺🇸 Caribee

Im 18. und frühen 19. Jahrhundert wurden bei küstennahen Kaperfahrten und im Sklavenhandel sehr häufig scharf geschnittene und deshalb besonders schnelle Segelfahrzeuge verwendet. Diese Schiffe waren trotz oftmals geringer Größe verhältnismäßig schwer bewaffnet. Auf der anderen Seite wurde diese Art Segler aber auch vom Küstenschutz und von den Zollkontrollen benutzt.

CARIBEE ist in ihrem Äußeren und in ihrer Besegelung eine genaue Nachbildung eines solchen Seglers. Die gemalten Geschützpforten geben ihr ein reizvolles Aussehen. Das Schiff gehörte viele Jahre lang zur Windjammer Cruises Inc. in Miami Beach.

Art: 2-Mast-Toppsegelschoner, Holz	Wohnräume (Höhe) 2,40 m Tiefgang 3,60 m
Nation: USA	Segelfläche: 450 qm
Eigner: derzeit nicht bekannt	Besegelung: 9 Segel; 3 Vorsegel; Fockmast: Breitfock, einfaches Marssegel, Vor-Treisegel; Großmast: Groß-Stagsegel, Großsegel, Groß-Gaffel-Toppsegel
Heimathafen: derzeit nicht bekannt	
Baujahr: 1942	
Werft: Werft in Ipswich, Massachusetts; Konstruktion: Howard I. Chapelle	Masten: Höhe Großmast über Deck 30,00 m; beide Masten mit einer Stenge
Vermessung: 20 ts Deplacement; 180 BRT; 102 NRT	Hilfsmotor: 6–71 Benzinmotor, 180 PS
Abmessungen: Länge über alles 36,50 m Länge zwischen den Loten 29,80 m Breite 7,40 m	Besatzung: 8 Personen Stammbesatzung, Wohnräume und Unterkünfte für 20 Personen Verwendung: nicht bekannt

🇺🇸 Carthaginian II

ex KOMET ex FAMILIENS HAAB ex MARY	Vermessung: 140 BRT
Art: Brigg, Stahl-genietet	Abmessungen: Länge Rumpf 29,00 m Breite 6,70 m Tiefgang 2,10 m
Nation: USA	
Eigner: Lahaina Restoration Foundation, Lahaina, Maui, Hawaii	Masten: Beide Masten dreiteilig. Höhe Großmast 26,40 m; beide Masten Doppel-Marssegel, einfaches Bramsegel, Royal
Liegeplatz: San Francisco, Hyde Street Pier	
Baujahr: 1920	Hilfsmotor: Scania-Vabis-Diesel, 275 PS
Werft: Fr. Krupp Germaniawerft, Kiel	Verwendung: Museumsschiff

Das Schiff wurde bei Krupp als Motorschoner MARY für einen Eigner in Høruphav, Dänemark, gebaut. Nach den Bestimmungen der Alliierten durfte die Werft nach dem Ersten Weltkrieg keine Schiffe bauen, die länger als 30 m waren. MARY wurde bald darauf an Schweden verkauft und fuhr als Zementfrachter in der Ostsee.

1972 kaufte die Lahaina Restoration Foundation das Schiff. Nach 105tägiger Fahrt erreichte CARTHAGINIAN, wie das Schiff von jetzt an hieß, Lahaina. Dort sollte sie die erste CARTHAGINIAN ersetzen, die zum Wrack wurde. In vieljähriger Arbeit wurde das Schiff als Brigg getakelt. Dieser Schiffstyp wurde viel von Walfängern benutzt, die

Lahaina zu ihrem Stützpunkt machten. Die Walfänger aus New Bedford und Mystic Seaport mußten damals Kap Hoorn umrunden, wollten sie zu den Fanggründen im Nördlichen Eismeer. Lahaina auf Maui war die erste Hauptstation, bei der Frischwasser und Proviant ergänzt werden konnten. Von hier aus ging dann die Reise weiter nach Norden. Im Winter, wenn die Witterungsverhältnisse zur Fangruhe zwangen, kehrten viele Schiffe nach Lahaina zurück, um im nächsten Jahr wieder nordwärts zu segeln.

Da die Walfänger auf See nur ihre eigenen Gesetze gelten ließen, kam es oft zu Schwierigkeiten zwischen ihnen und den Missionaren auf den Hawaii-Inseln. Davon erzählt auch die Novelle »Hawaii« von James Michener. Einmal ließ ein Walfänger-Kapitän das Haus eines Missionars mit Bordgeschützen beschießen, weil dieser den hawaiianischen Mädchen das Betreten des Schiffes verboten hatte. CARTHAGINIAN beherbergt ein Walfangmuseum, in dem den Besuchern neben Ausstellungsstücken auch Filme über Wale gezeigt werden.

Charles W. Morgan

Art: Vollschiff, Holz	Baujahr: 1841; Stapellauf 21. Juli 1841; 1. Fangreise 4. September 1841	Abmessungen: Länge über alles 51,30 m Länge zwischen den Loten 32,00 m Breite 8,40 m Seitenhöhe 5,30 m	Masten: Alle Masten mit Mars- und Bramstenge
Nation: USA			Hilfsmotor: Auch später kein Hilfsmotor
Eigner: Marine Historical Association Inc., Mystic, Connecticut	Werft: Gebr. Jethro & Zachariah Hillmann, Fairhaven bei New Bedford, Mass.		Besatzung: Im Durchschnitt 28 Personen
Liegehafen: Mystic Seaport	Vermessung: 313 BRT; 298 NRT	Besegelung: 20 Segel; einfache Marssegel, einfache Bramsegel, Royals	Verwendung: Museumsschiff

CHARLES W. MORGAN ist der einzige der berühmten hölzernen Walfänger, der uns erhalten geblieben ist. Ihr erster Eigner war der Quäker-Kaufmann Ch. W. Morgan. Die nachfolgenden Eigner waren Edward Mott Robinson; I. Howland & Co.; J. & W. R. Cleveland; John A. Cook and »Whaling Enshrined«. Das Schiff hat ein gemaltes Pfortenband, das zur Erbauungszeit und auch noch später die Aufgabe hatte, Piraten von einem Überfall abzuhalten. Während ihrer 80jährigen Fangtätigkeit befuhr CH. W. MORGAN auf 37 Fangreisen alle Meere. Diese Reisen dauerten oft mehrere Jahre. Erst bei voller Ladung segelte man in den Heimathafen zurück. Über eintausend Walfänger fanden auf der CHARLES W. MORGAN eine Heimat. Im ganzen wurden mehr als 2500 Wale von ihren Booten harpuniert und gefangen.

An Bord befanden sich bis zu sieben Boote, die gewöhnlich mit sechs Mann besetzt waren – vier Mann an den Riemen, Harpunier und Steuermann. Von 1841 bis 1866 war ihr Heimathafen New Bedford, von 1867 bis 1906 San Francisco. Anschließend kehrte sie nach New Bedford zurück. Von hier aus machte das Schiff bis 1921 seine letzten sieben Fangreisen. 1921 wurde es für den Film »Down to the Sea in Ships« noch einmal in Fahrt gesetzt.

Im November 1941 wurde CH. W. MORGAN von Round Hills, Dartmouth, Mass. nach Mystic geschleppt. In Mystic Seaport ist sie heute eine der Hauptsehenswürdigkeiten. Sie war fast immer als Vollschiff getakelt gewesen. Noch heute steht an Deck der gemauerte Ofen mit den Trankesseln, in denen der Walspeck ausgelassen wurde.

Clipper City

Art: 2-Mast-Toppsegelschoner, Stahl	Loten 18,54 m Breite 8,39 m Tiefgang 1,70 m–4,20 m
Nation: USA	Segelfläche: 916 qm
Eigner: Clipper City, Inc., Baltimore	Besegelung: 9 Segel; Fockmast mit Mars- und Bramsegel
Heimathafen: Baltimore	Masten: Höhe Großmast über Deck 38 m
Baujahr: 1985; Stapellauf 11. September 1985	Hilfsmotor: Diesel-Cat-3208, 210 PS
Vermessung: 210 ts Deplacement	Besatzung: 7 Personen Stammbesatzung, 143 Gäste bei Tagesfahrten
Abmessungen: Länge über alles 48,00 m Länge Rumpf 39,21 m Länge zwischen den	Verwendung: Charterschiff

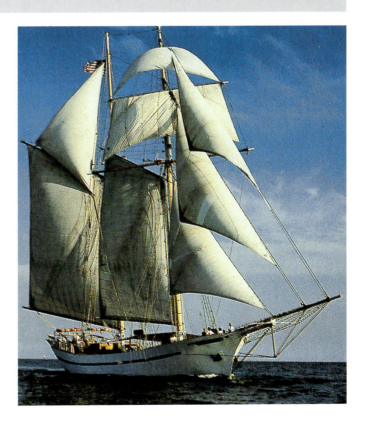

Vorbild für den Neubau war ein Toppsegelschoner aus dem Jahre 1854. CLIPPER CITY ist das größte Segelschiff der Vereinigten Staaten, das Passagiere an Bord nehmen darf. Es wird vor allem für große Gesellschaften bei Fahrten im Hafenbereich von Baltimore und in der Chesapeake Bay eingesetzt.

Constellation

Art: Fregatte, Holz (Vollschiff)

Nation: USA

Eigner: U. S. Navy (Dauer-Leihgabe an die »Star Spangled Banner Flag House Association of Baltimore«)

Liegeplatz: Baltimore, Pier 4

Baujahr: 1797; Stapellauf 7. September 1797

Werft: David Stodders Shipyard, Baltimore; Konstrukteur: Joshua Humphreys

Vermessung: 1960 long tons Deplacement

Abmessungen:
Länge über alles ca. 79,20 m
Länge Rumpf 61,90 m
Länge zwischen den
Loten 53,50 m
Breite 12,70 m
Seitenhöhe
(bis Schandeck) 9,40 m
Raumtiefe
(bis Geschützdeck) 6,50 m

Segelfläche: 1870 qm (ohne Groß- und Kreuzstagsegel und ohne Leesegel); Großsegel: 295 qm

Besegelung: 15 Segel (ohne Groß- und Kreuzstagsegel und ohne Leesegel); 2 Vorsegel, einfache Marssegel, einfache Bramsegel, Royals

Masten, Spieren: Höhe Großmast über Deck 47,50 m; alle Masten mit Mars- und Bramstenge; Länge Großrah 28,10 m; Länge Großroyalrah 8,40 m; Bugspriet mit Klüverbaum und Außenklüverbaum zusammen ca. 27,00 m; Sprietsegelrah

Besatzung: 313 Personen (1797) mit Seesoldaten

Bewaffnung: 38 Geschütze (1797); Geschützdeck 24 18-Pfd., Spardeck 12 24-Pfd. (Carronaden), Vor-Spardeck 2 18-Pfd.; Breitseitengewicht: 378 Pfd.

Verwendung: Museumsschiff

Nach dem Ende des Unabhängigkeitskrieges, 1783, gelang es den jungen Vereinigten Staaten von Amerika, sich allmählich die Seewege für eine eigene Handelsflotte zu öffnen. Im Mittelmeer wurden die Schiffe aber immer wieder von den Seeräubern der Barbaresken-Staaten angegriffen und die Besatzungen gefangengenommen. Zum Schutz dieser Segler und zum Schutz der neuen Nation beschloß 1794 der Kongreß, sechs Fregatten bauen zu lassen. Drei davon wurden sofort in Auftrag gegeben. Von diesen Schiffen existieren heute noch zwei, die CONSTITUTION in Boston und die CONSTELLATION in Baltimore. CONSTELLATION war als erste seefertig ausgerüstet und ging am 26. Juni 1798 erstmals unter Segel. Sie war das zweite Schiff der U. S. Navy und ist somit das älteste noch lebende Schiff dieser Flotte. Als erstes amerikanisches Schiff besiegte sie einen Gegner auf offener See, und als erstes amerikanisches Kriegsschiff befuhr sie die engeren chinesischen Gewässer. Ihr Kapitän Thomas Truxtun benützte an Bord das erste Signalbuch der amerikanischen Marine, das er selbst erstellt hatte.
Kein amerikanisches Kriegsschiff hat eine längere Dienstzeit hinter sich als die CONSTELLATION. Sie ist das einzige noch lebende größere Schiff, das aktiv am Bürgerkrieg teilgenommen hat. Endlich sei noch erwähnt, daß sie das älteste Schiff der Welt ist, das ununterbrochen schwimmt – seit 1797.
Ihren Namen hat CONSTELLATION nach dem »Sternbild« der amerikanischen Flagge bekommen.
CONSTELLATION erwies sich bei ihren Einsätzen als überragend schnell, was ihr den Namen »Yankee Race Horse« einbrachte. Ihre scharfen Unterwasser-Linien waren letztlich wegweisend für den Bau der berühmten Baltimore-Klipper.
Im Frühling 1802 stieß die Fregatte zum amerikanischen Mittelmeer-Geschwader und nahm im erneut entflammten Krieg mit den Barbaresken an der Blockade von Tripolis teil. Von 1805 bis zum Ausbruch des Krieges von 1812 lag sie als Stationsschiff in Washington. Während des Krieges mit England vereitelte das Schiff erfolgreich britische Invasionsversuche an der Küste Virginias. Die Barbaresken nützten diesen Konflikt. CONSTELLATION wurde wieder ins Mittelmeer befohlen, wo sie bis 1817 blieb. Im Juni 1815 war sie an der Wegnahme der algerischen 48-Kanonen-Fregatte MASHUDA beteiligt.
Von 1819 bis 1821 sicherte die Fregatte die Handelswege nach Südamerika und später amerikanische Handelsfahrer an der Küste Perus. Nachdem sie von 1825 bis 1826 das

Piraten-Unwesen in der Karibischen See bekämpft hatte, fuhr sie 1831 in politischer Mission nach England und Frankreich. Anschließend gehörte CONSTELLATION vier Jahre lang wieder zum Mittelmeer-Geschwader. 1835 kehrte sie in den Golf von Mexiko zurück und unterstützte die Niederwerfung des Seminolen-Aufstandes in Florida.

Am 9. Dezember 1840 begann eine Weltumsegelung, bei der die Fregatte im Opium-Krieg besonders amerikanische Schiffe im Pazifik kontrollierte. Als Flaggschiff des Ost-Indien-Geschwaders befuhr CONSTELLATION als erstes amerikanisches Kriegsschiff chinesische Inland-Gewässer. Der Geschwader-Kommodore Lawrence Kearny schloß bei dieser Reise den ersten amerikanischen Handelsvertrag mit China ab. Auf der Heimreise verhinderte Kearny die britische Annexion der Sandwich-Inseln (Hawaii). Die Weltreise dauerte bis zum 30. April 1844. Von 1845 bis 1852 lag der Segler als Stationsschiff in Norfolk. 1853 wurde die CONSTELLATION umgebaut und um 3,5 m verlängert. Die Bewaffnung bestand nun aus 22 Geschützen. Nachdem sie noch einmal drei Jahre lang im Mittelmeer gekreuzt hatte, wurde sie im August 1858 außer Dienst gestellt.

Bei Ausbruch des Zweiten Weltkrieges lag das Schiff fast vergessen und in einem sehr schlechten Zustand in Newport. Präsident Franklin Delano Roosevelt war es, der 1940 CONSTELLATION zum Flaggschiff der Atlantik-Flotte bestimmte. Das war ihr letztes großes Kommando.

Das Traditionsbewußtsein der Marine hat die Fregatte zu einem Nationalheiligtum gemacht (»National Historic Shrine«). 1955 wurde CONSTELLATION offiziell außer Dienst gestellt und im Schwimmdock von Boston nach Baltimore gebracht.

Sie gehört weiterhin der U.S.-Flotte. Die Restauration hat die patriotische Organisation »Star Spangled Banner Flag House Association of Baltimore« übernommen. Die Kosten dafür wurden mit 250000 Dollar veranschlagt. Ein Teil davon wurde durch den Verkauf von Medaillen gedeckt, die aus dem Kupfer der ausgetauschten Schiffsnägel geschlagen worden sind. CONSTELLATION sollte wieder so erstehen, wie sie zu ihrer Erbauungszeit ausgesehen hat. Dabei wurde die Länge des Rumpfes natürlich nicht mehr verändert; auch wurde das jetzige Rundheck nicht gegen das 1829 umgebaute Plattheck ausgetauscht.

Bis 1994 lag das Schiff vollgetakelt im Hafen von Baltimore. Erneute Untersuchungen deckten einen Kielbruch auf, so daß aus Sicherheitsgründen Rahen, Masten und das Bugspriet abgenommen werden mußten. Erneut ist die Kontroverse aufgetreten, ob es sich tatsächlich um die Fregatte von 1797 handelt.

Wieder sind schwere Schäden am Rumpf festgestellt worden. Im November 1996 wurde das vollständig abgetakelte Schiff in ein Trockendock in Baltimore geschleppt. Dort werden verrottete Planken durch Leimbinderlagen ersetzt. Diese Reparaturart hat sich als preisgünstiger erwiesen, als mit Vollholz zu arbeiten. Auch Spanten müssen ausgewechselt werden. Trotzdem belaufen sich die geschätzten Restaurierungsarbeiten auf 9 Millionen Dollar.

Constitution

Über die Gründe, die zum Bau von CONSTITUTION und CONSTELLATION führten, haben wir bei der CONSTELLATION berichtet. Im Krieg mit England (1812 bis 1814) führte CONSTITUTION ein siegreiches Gefecht mit der 38-Kanonen-Fregatte GUERRIERE, ebenso mit der Fregatte JAVA. Weil das Geschützdeck hoch über der Wasserlinie liegt (ca. 2,5 m), konnte CONSTITUTION auch bei grober See hart gesegelt werden. Das brachte ihr in vielen Situationen Feind-Überlegenheit. Es wurden Geschwindigkeiten bis zu 13 1/2 kn gelogt.

Im Februar 1815 machte sie ihre letzte Kriegsfahrt. Am 20. Februar 1815 bestritt das Schiff ein siegreiches Gefecht mit der britischen Fregatte CYANE und der Kanonen-Schaluppe LEVANT. Von 1815 bis 1821 lag das Schiff in Boston auf. Es folgten großangelegte Reparaturen. Am 13. Mai 1821 wurde CONSTITUTION Flaggschiff des Mittelmeer-Geschwaders. Im Juli 1828 sollte ihre Dienstzeit vorläufig zu Ende sein. Eine Kommission erklärte das Schiff für seeuntüchtig. Daraufhin bestimmte die Regierung den Abbruch. Ein Gedicht, »Old Ironsides« von Oliver W. Holmes, das in vielen Zeitungen erschien, bewirkte dann aber doch die Erhaltung der Fregatte. (Eine Erzählung berichtet, ein Matrose habe gesehen, wie die feindlichen Kugeln von den harten Seiten der CONSTITUTION wieder abprallten. Daraus entstand der Namen »Ironsides«.)

Die Grundüberholungsarbeiten bei einer Werft in Boston dauerten von 1833 bis 1834. Im Jahre 1835 wurde das Schiff erneut beim Mittelmeer-Geschwader eingesetzt. 1839 machte die Fregatte eine Reise rund Kap Hoorn in den Südpazifik, 1844 nach China. 1848 folgte eine Fahrt ins Mittelmeer.

1852 kreuzte die Fregatte vor der Westküste Afrikas, um den Sklavenhandel zu überwachen und zu bekämpfen. Von 1855 bis 1860 wurde das Schiff in Portsmouth, New Hampshire, weitgehend erneuert. Am 1. Juli 1860 übernahm die Marine-Akademie in Annapolis CONSTITUTION. Diese Akademie mußte 1861 wegen des Bürgerkrieges aus Sicherheitsgründen nach Newport, Rhode Island, verlegt werden. Die Fregatte wurde Schulschiff und kehrte 1865 nach Annapolis zurück. 1871 lag der Segler in Philadelphia im Dock. Im Jahre 1878 brachte das Schiff Handelsware für die Pariser Weltausstellung nach Frankreich. In den achtziger Jahren war CONSTITUTION Empfangsschiff in Portsmouth. Durch den Einfluß von John F. Fitzgerald, dem Großvater Präsident Kennedys, wurde die schwer beschädigte Fregatte zu ihrem hundertsten Geburtstag im Jahre 1897 restauriert. Ein

Teil der früheren Reparaturen war unsachgemäß ausgeführt worden.

1905 war der Zustand des Schiffes erneut bedenklich schlecht. CONSTITUTION sollte deshalb Zielschiff der Flotte werden. Wieder war es die Öffentlichkeit, die gegen eine Zerstörung protestierte und die Erhaltung durchsetzte. Die Kosten für die Wiederherstellung beliefen sich 1906 auf 100000 Dollar.

Zwanzig Jahre lang war die Fregatte dann Museumsschiff. Der weitere Verfall konnte aber nicht aufgehalten werden. 1925 beschloß der Kongreß die vollkommene Wiederherstellung, stellte aber zunächst keine Mittel zur Verfügung. Die Kosten wurden zu einem großen Teil durch Bürgerinitiativen aufgebracht. Später kamen auch Staatsmittel dazu. Am 16. Juni 1927 begannen die Arbeiten im »Constitution Trockendock« in Boston. Douglastannen für die Masten kamen sogar von der Westküste. Die Gesamtkosten betrugen diesmal 92100 Dollar.

Bis zum 16. März 1931 lag die Fregatte im Dock. Dann, am 2. Juli 1931, begann eine dreijährige Reise im Schlepp, die sie in 90 amerikanische Häfen brachte. Während dieser Zeit kamen 4614792 Besucher an Bord. Insgesamt wurden dabei rund 22000 Seemeilen zurückgelegt. Seit 1934 liegt CONSTITUTION im Hafen von Boston festgemacht. Sie ist Flaggschiff des Kommandanten vom »First Naval District« und damit das älteste aktive Kriegsschiff der Welt. Einmal im Jahr wird die Fregatte im Bostoner Hafen feierlich gewendet, um die Wetterseite zu wechseln.

Für die im Jahre 2018 anstehende Grundüberholung wurden bereits die Eichen ausgesucht.

Art: Fregatte, Holz (Vollschiff)

Nation: USA

Eigner: Kriegsflotte (U. S. Navy)

Liegehafen: Boston

Baujahr: 1797; Stapellauf 21. Oktober 1797

Werft: Hartt's Shipyard, Boston, Mass.; Konstruktion: Joshua Humphreys

Vermessung: 2200 ts Deplacement

Abmessungen:
Länge über alles 93,00 m
Länge Rumpf 62,00 m
Länge zwischen den Loten 53,50 m
Breite 14,00 m
Breite Hauptdeck 11,70 m
Seitenhöhe 11,00 m
Tiefgang 6,00 m

Segelfläche: 3970 qm (mit Leesegeln); Groß-Marssegel 315 qm

Besegelung: 36 Segel (mit Leesegeln, ursprüngliche Besegelung); einfache Marssegel, einfache Bramsegel, Royals, Skysegel, Leesegel

Masten, Spieren: Höhe Großmast über Deck 52,00 m; Länge Großrah 28,00 m; Länge Großroyalrah 9,00 m; Bugspriet mit Klüverbaum 29,00 m

Besatzung: Etwa 475 Personen (mit Seesoldaten)

Bewaffnung: Bau-Bestückung: 44 Geschütze; im Krieg 1812: Geschützdeck 30 24-Pfd., Spardeck 16 32-Pfd., Vor-Spardeck 2 24-Pfd., 1 16-Pfd., 6 32-Pfd.; insgesamt 55 Geschütze

Verwendung: Stationäres Flaggschiff, Museumsschiff

Corwith Cramer

Art: Brigantine, Stahl

Nation: USA

Eigner: Sea Education Association, Woods Hole, Mass.

Heimathafen: Woods Hole, Mass.

Baujahr: 1987

Werft: ASTACE-Werft, Bilbao, Spanien

Vermessung: 280 ts Deplacement

Abmessungen:
Länge über alles 40,70 m
Länge Rumpf 29,70 m
Breite 7,90 m
Tiefgang 3,90 m

Segelfläche: 725 qm

Besegelung: 8 Segel mit Focksegel

Hilfsmotor: Cummins-Diesel, 500 PS

Besatzung: 11 Personen Stammbesatzung, einschließlich Wissenschaftler, 25 Studenten (Trainees)

Verwendung: Schulschiff unter Segeln

Der Gründer der »Sea Education Association« hat dem Schiff seinen Namen gegeben. Neben Ausbildung in Seemannschaft und Nautik stehen besonders Naturwissenschaften und Ozeanographie auf dem Stundenplan. Während des Sommersemesters zum Beispiel verbringen die Studenten vier Wochen in ihren Klassenzimmern und anschließend vier Wochen auf See. Dabei werden bis zu zweitausend Seemeilen zurückgelegt.

Eagle

ex HORST WESSEL

Art: Bark, Stahl

Nation: USA

Eigner: Department of Transportation, U.S. Coast Guard, Washington, D.C.

Heimathafen: New London, Connecticut

Baujahr: 1936; Stapellauf 30. Juni 1936

Werft: Blohm & Voss, Hamburg

Vermessung: 1634/1816 ts Deplacement

Abmessungen:
Länge über alles 89,70 m
Länge Rumpf 80,70 m
Länge zwischen den Loten 70,20 m
Breite 11,90 m
Tiefgang (ausgerüstet) 5,20 m
Freibord 2,70 m

Segelfläche: 2064 qm

Besegelung: 22 Segel; 4 Vorsegel, Doppel-Marssegel, einfache Bramsegel, Royals; Besanmast: Besansegel, Besan-Toppsegel

Masten, Spieren: Fock- und Großmast-Flaggenknopf 45,70 m; Besanmast-Flaggenknopf 40,10 m über der Wasserlinie; Länge Fock- und Großrah 23,90 m

Hilfsmotor: MAN.-8-Zyl.-Viertakt-Dieselmotor, 750 PS; Geschwindigkeit mit Maschine 10 kn

Besatzung: 5 Offiziere, 30 Mannschaften, etwa 150 Kadetten, auch Frauen

Verwendung: Schulschiff unter Segeln

Im Jahre 1790 gründete der damalige erste Sekretär des U.S.-Schatzamtes, Alexander Hamilton, die Coast Guard. Er forderte mehrere Boote, die hauptsächlich die Küstenschmuggelei überwachen sollten. Bis 1798 war die Flotte der Coast Guard die einzige Marine der Vereinigten Staaten. Heute überwacht die Coast Guard den gesamten Küstenschutz einschließlich der Navigationshilfen (Leuchttürme, Feuerschiffe, Tonnen etc.). Im Frieden ist sie dem Schatzamt unterstellt, während eines Krieges gehört sie zur Marine.

Im Zweiten Weltkrieg verwendete die Coast Guard das dänische Vollschiff DANMARK als Schulschiff für ihre Kadetten. Die DANMARK wurde bei einem Amerika-Besuch vom Krieg überrascht und konnte nicht mehr zurückkehren. Bei Kriegsende übernahm die »Küstenwache« als Reparationsleistung von Deutschland die jetzige EAGLE. Diese Bark wurde mit dem Namen HORST WESSEL als zweites Schulschiff für die ehemalige deutsche Kriegsmarine gebaut. Bis zum Ausbruch des Krieges konnten nur noch wenige Ausbildungsreisen unternommen werden. Dafür wurde das Schiff um so mehr während der ersten Kriegsjahre für den Transport von Menschen und Versorgungsgütern im Ostseegebiet verwendet.

Die USA übernahmen die Bark 1946 in Bremerhaven. Das ursprünglich unterteilte obere Besansegel in Ober-Besan und Besan-Toppsegel wurde durch ein einfaches Besan-Toppsegel ersetzt. Beide Anker sind heute Patentanker. HORST WESSEL fuhr als Backbord-Anker einen Stockanker.

Der ursprünglich große Adler als Bugzier wurde anfangs durch einen kleineren Adler ersetzt, der sich besser in die Bug-Linienführung einfügt. Das Original befindet sich heute im Museum von Mystic Seaport, Conn. Inzwischen ist ein Adler der ursprünglichen Größe wieder angebracht worden.

Die jährliche Hauptreise der EAGLE führt von Juni bis August mit der 1. und 3. Klasse der Akademie in europäische oder mittelamerikanische Gewässer. Daran schließt sich eine kleinere Reise mit der 2. und 4. Klasse in den Westatlantik an. Alle Kadetten schlafen in Hängematten. 344 ts Eisenbarren als Ballast geben dem Schiff die nötige Stabilität. Drei 75-kW-Dieselaggregate liefern den Strom.

1981 bis '82 wurde EAGLE mit zusätzlichen wasserdichten Schotten ausgerüstet. Gleichzeitig bekam sie auch eine neue Maschine, die Hängematten der Kadetten wurden durch festeingebaute Kojen ersetzt und die Messe vom Schlafraum getrennt.

An zahlreichen Regatten und Windjammertreffen hat sie teilgenommen. Leicht zu erkennen ist sie durch die aufsteigenden Farbstreifen der U.S. Coast Guard-Schiffe.

Elissa

ex PIONEER
ex ACHAIOS
ex CHRISTOPHOROS
ex GUSTAF
ex FJELD
ex ELISSA

Art: Bark, Eisen

Nation: USA

Eigner: Galveston Historical Foundation, Inc., Galveston, Texas

Heimathafen: Galveston, Texas

Baujahr: 1877

Werft: Alexander Hall & Co., Aberdeen, Schottland

Vermessung: 430 BRT

Abmessungen:
Länge über alles 61,40 m
Länge über Deck 45,40 m
Breite 8,50 m
Seitenhöhe 4,80 m

Segelfläche: 1115 qm

Besegelung: 19 Segel; Doppel-Marssegel, einfache Bramsegel, Royals

Masten: Höhe Großmast über Deck 31 m

Hilfsmotor: kein Hilfsmotor

Besatzung: nicht festgelegt

Verwendung: Museums-, Schul- und Charterschiff

Für Henry F. Watt, den ersten Eigner, befuhr ELISSA alle Handelswege der damaligen Frachtsegler mit den verschiedensten Ladungen, teilweise auch als Trampschiff. 1897 wurde sie an die norwegische Fa. Bugge & Olsen verkauft und erhielt den Namen FJELD. 1919 bekam der Segler eine Hilfsmaschine und aus Ersparnisgründen das Rigg einer Barkentine. Die Flagge war jetzt schwedisch geworden und der neue Name GUSTAF (Reeder: Carl Johansson). In den 1920er Jahren wurde das Rigg weiter verkleinert. Als GUSTAF schließlich 1930 in finnische Hände überging, war aus der Bark ein Gaffelschoner geworden, dem auch noch der Seglerbug weggenommen worden war.

Mit neuer Maschine, Deckshaus und Brücke, nach einem weiteren Umbau, war dann das reine Motorschiff komplett. Als CHRISTOPHOROS gehörte das Schiff jetzt einem griechischen Reeder und war in Piräus beheimatet. Der Amerikaner George Throckmorton entdeckte 1961 die ELISSA bei der Suche nach einem alten Segler und kaufte sie schließlich 1970 – sie sollte wieder ihr altes Aussehen bekommen.

Zuvor aber wechselte sie noch zweimal ihren Namen. Als ACHAIOS fuhr sie in der legalen Handelsfahrt, während sie mit dem Namen PIONEER als Schmuggelschiff tätig war. ELISSA kam 1979 im Schlepp über Gibraltar, wo sie den Winter verbrachte, nach Galveston. Mit großem Aufwand und viel Sachkenntnis wurde das Schiff grundüberholt und erneut als Bark getakelt. Rund 1 Million Dollar hat die Wiedergeburt dieses schönen Schiffes gekostet. Seit 1982 werden wieder Segel gesetzt.

Falls of Clyde

Art: 4-Mast-Vollschiff, Eisen

Nation: USA

Eigner: Hawaii Maritime Center, Honolulu

Liegeplatz: Honolulu, Pier 4

Baujahr: 1878

Werft: Russel & Co., Port Glasgow, Schottland

Vermessung: 1195 ts Deplacement; 1809 BRT; 1748 NRT

Abmessungen:
Länge über alles   ca. 98,00 m
Länge Rumpf   ca. 85,00 m
Länge zwischen den
Loten   80,10 m
Breite   12,20 m
Seitenhöhe   7,10 m
Raumtiefe   7,00 m
Tiefgang (voll beladen) 6,40 m

Besegelung: 32 Segel (als Vollschiff); Doppel-Marssegel, einfache Bramsegel, Royals

Masten: Höhe Großmast über Deck 41 m

Hilfsmotor: kein Hilfsmotor

Verwendung: Museumsschiff

Die Firma Wright & Breakenridge (später Wright, Graham & Co.) bereederte 1878 eine Flotte von neun großen Rahschiffen: die weithin bekannte »Glasgow Falls Line«. Sechs dieser Segler waren Viermast-Vollschiffe. Heute lebt davon nur noch die FALLS OF CLYDE.

Noch vor der Jahrhundertwende fuhr das Schiff zeitweise unter hawaiianischer Flagge. Im Jahre 1900 kaufte Capt. William Matson den Segler und ließ ihn in eine Viermastbark umtakeln. Sieben Jahre lang fuhr FALLS OF CLYDE dann mit Ladung und Passagieren zwischen Kalifornien und Hilo (Hawaii). 1907 ging sie in den Besitz der Associated Oil (jetzt Tidewater Oil Company) über und wurde in einen windgetriebenen Tanker umgebaut. Die nächsten fünfzehn Jahre fuhr das Schiff zwischen der amerikanischen Westküste und Honolulu mit jeweils 19 000 Barrels Öl an Bord.

Von 1926 bis 1959 lag FALLS OF CLYDE ohne Masten als Brennstoff-Depotschiff der General Petroleum Company im Hafen von Ketchikan, Alaska. Ein privater Käufer ließ sie anschließend nach Seattle schleppen, in der Hoffnung, daß irgendeine Organisation sich für die Erhaltung des Schiffes einsetzen würde. Mehrere große Städte der Westküste versuchten vergeblich, die nötigen Mittel aufzubringen. Schließlich bestimmte eine Bank in Alaska, die das Geld für den letzten Kauf geliehen hatte, daß der Rumpf am 31. Mai 1963 für 18 950 Dollar verkauft werden solle, um als Wellenbrecher vor Vancouver versenkt zu werden. Kurz vor diesem Termin nahm Karl Kortum, der Direktor des San Francisco Maritime Museum, Verbindung mit Honolulu auf. Unmittelbar danach begann auf ganz Hawaii eine Sammlung, an der sich Industrielle, Zeitungsleute, verschiedene Handelsdelegationen, vor allem aber die Bevölkerung beteiligten, um das Schiff zu retten, das in der jüngeren Geschichte dieser Inseln keine unbedeutende Rolle gespielt hatte. Der Matson Navigation Company gelang inzwischen bei der Bank ein dreißigtätiger Aufschub des Termins. Die Sammlung erbrachte nicht nur die geforderte Summe von 18 950 Dollar, sondern weitere 5000 Dollar für die Überführung der FALLS OF CLYDE nach Hawaii. Das Schiff gehörte dann in Treuhänderschaft dem B. P. Bishop Museum in Honolulu, wurde aber inzwischen dem Hawaii Maritime Center in Honolulu übergeben.

Die Restaurierungsarbeiten sind inzwischen weitgehend abgeschlossen. Trotz hoher Kosten wurde das Vollschiff neu getakelt. Bodenuntersuchungen im Trockendock, in das die FALLS OF CLYDE im Juli 1981 geschleppt worden war, zeigten, daß die Außenhaut in einem relativ guten Zustand war. Allerdings mußte das Ruderblatt wegen Rostschäden erneuert werden. FALLS OF CLYDE ist das einzige noch existierende Viermast-Vollschiff.

🇺🇸 Gazela of Philadelphia

ex Gazela Primeiro

Art: Barkentine, Holz

Nation: USA

Eigner: Philadelphia Marine Museum

Heimathafen: Philadelphia (Penn's Landing, Delaware River)

Baujahr: 1883

Werft: In Cacilhas, Portugal

Vermessung: 323,89 BRT; 220,96 NRT; als Banker: 5193 Quintals (311580 kg) Fischladekapazität (1 Quintel = 60 kg)

Abmessungen:
Länge über alles 54,00 m
Länge Rumpf 47,40 m
Länge zwischen den Loten 41,10 m
Breite 8,20 m
Tiefe im Raum 5,00 m
Tiefgang 5,20 m

Segelfläche: 828 qm

Besegelung: 13 Segel; 3 Vorsegel; Fockmast: Fock, Doppelmarssegel, Bramsegel

Masten, Spieren: Höhe Fockmast über Deck 28,30 m; Fockmast mit Mars- und Bramstenge; Groß- und Besanmast mit einer Stenge

Hilfsmotor: 4-Zylinder-Mannheim-Diesel, 180 PS

Besatzung: Als Banker 42 Personen, 31 Dories

Verwendung: Schulschiff unter Segeln und Museumsschiff

Gazela Primeiro gehörte seit ihrer Erbauung zur Flotte der Bank-Schoner Portugals. Sie ist damit das älteste Schiff, das von Europa aus vor Neufundland Kabeljau gefischt hat. Im Mai 1971 verließ sie unter Segeln Europa, um in die USA überzusiedeln. Sie gehört heute dem Philadelphia Marine Museum.

🇺🇸 Half Moon

Art: Handelsfahrer, 17. Jahrhundert, Holz, Nachbau (Barktakelung)

Nation: USA

Eigner: Holland Village Inc. of Princeton, New Jersey

Heimathafen: Croton-on-Hudson, New York

Baujahr: 1988/89; Stapellauf 10. Juni 1989

Werft: Snow Dock, Albany, New York
Konstruktion: Nick Benton

Vermessung: 130 ts Deplacement; 112 BRT

Abmessungen:
Länge über alles 28,80 m
Länge Rumpf 25,50 m
Breite 5,30 m
Raumtiefe 2,40 m
Tiefgang 2,50 m

Segelfläche: 256 qm

Besegelung: 6 Segel

Masten: Höhe Großmast über Wasserlinie 23,7 m

Hilfsmotor: Cummins-Diesel, 250 PS

Bewaffnung: 6 kleine Kanonen

Verwendung: Museumsschiff, Touristenfahrten, Filmschiff

Die originale Halve Maan (Half Moon) wurde 1608 von der Holländischen Ostindischen Kompanie gebaut. Sie war das Schiff Henry Hudsons, mit dem er zwischen 1609 und 1611 vier Reisen unternahm. Er suchte nach einer kürzeren Seeverbindung nach China durch das Nordpolarmeer. Dabei entdeckte er den Hudson River und die Chesapeake Bay. 1610 erreichte er die Hudsonstraße und die Hudsonbai. Zusammen mit seinem Sohn und sieben Gefährten wurde er im Juni 1611 von der meuternden Mannschaft ausgesetzt und blieb verschollen.

Der Nachbau basiert auf Plänen eines Schwesterschiffes, die im niederländischen Marinearchiv in Den Haag aufbewahrt werden. Nach der Fertigstellung besuchte das Schiff zahlreiche Häfen an der amerikanischen und kanadischen Küste, ebenso die Großen Seen. Darstellerin war HALF MOON in den Filmen »Pocohantas: The Legend«, »The Scarlet Letter« und im Disney-Film »Squanto«.

Jamestown-Schiffe (Repliken)

In Jamestown liegt eine Gruppe hervorragender Nachbauten, die 1956/57 entstanden. Mit den Originalen fuhren 1606/07 englische Siedler nach Amerika und gründeten die erste, ständig englisch sprechende Kolonie. 1984 wurden GODSPEED und DISCOVERY durch Neubauten ersetzt, weil die ersten Repliken weitgehend verrottet waren.

SUSAN CONSTANT II		GODSPEED II		DISCOVERY II	
Länge über alles	33,40 m	Länge über alles	20,60 m	Länge über alles	15,00 m
Länge zwischen den Loten	24,00 m	Länge zwischen den Loten	15,10 m	Länge zwischen den Loten	11,50 m
Breite	7,20 m	Breite	4,70 m	Breite	3,40 m
Tiefgang (achtern)	3,00 m	Tiefgang (achtern)	2,10 m	Tiefgang (achtern)	1,60 m
Segelfläche: 240 qm		Segelfläche: 71 qm		Segelfläche: 36 qm	
Masten: Höhe Großmast über Wasserlinie 26,00 m		Masten: Höhe Großmast über Wasserlinie 17,00 m		Masten: Höhe Großmast über Wasserlinie 10,90 m	
Besatzung: 17 Personen (wahrscheinlich); Passagiere: 54 Personen (wahrscheinlich)		Besatzung: 13 Personen (wahrscheinlich); Passagiere: 39 Personen (wahrscheinlich)		Besatzung: 9 Personen (wahrscheinlich); Passagiere: 12 Personen (wahrscheinlich)	

Joseph Conrad

ex GEORG STAGE I

Art: Vollschiff, Eisen

Nation: USA

Eigner: Marine Historical Association Inc., Mystic, Connecticut

Liegehafen: Mystic Seaport

Baujahr: 1882

Werft: Burmeister & Wain, Kopenhagen

Vermessung: 203 BRT; 187 NRT; 400 tdw

Abmessungen:
Länge über alles	46,80 m
Länge Rumpf	36,00 m
Länge zwischen den Loten	30,60 m
Breite	7,60 m
Seitenhöhe	4,50 m
Tiefgang	3,60 m

Besegelung: 20 Segel; 4 Vorsegel, tiefe, einfache Marssegel, einfache Bramsegel, Royals; Leesegel an Fock- und Großmast

Masten, Spieren: Höhe Großmast vom Kiel bis zum Flaggenknopf 30 m; Masten, Rahen und Spieren: Holz; Bugspriet mit Klüverbaum

Hilfsmotor: Dieselmotor, 265 PS

Besatzung: Als Schulsegler in Fahrt: Kapitän, 1. und 2. Offizier, 1 Lehrer, 5 Unteroffiziere, Koch, etwa 80 Jungen

Verwendung: Museumsschiff, stationäres Übungsschiff

Der dänische Reeder Frederik Stage ließ 1882, in Erinnerung an seinen verstorbenen Sohn Georg, den Vollrigger GEORG STAGE bauen. Mit Unterstützung dieses Reeders entstand die »Stiftelsen Georg Stages Minde« in Kopenhagen, die noch heute das Vollschiff GEORG STAGE II bereedert. GEORG STAGE hatte als damalige Besonderheit eine Hilfs-Dampfmaschine mit stehendem Kessel sowie eine abnehmbare Schraube. Dies erklärt sich daraus, daß zu ihrer Zeit ein großer Teil der Segel-Kriegsschiffe eine Hilfsmaschine besaß. Die Jungen mußten mit diesen Schiffseinrichtungen schon während der Ausbildungszeit vertraut gemacht werden.

Das Schiff wurde und wird häufig als ex-Dampfer bezeichnet. Diese Benennung ist falsch. Der Segler war als Vollschiff getakelt und machte von der Maschine nur in besonderen Fällen Gebrauch. GEORG STAGE wurde mit einer kleinen, hohen Back gebaut. Das Anker-Bratspill stand auf dem Hauptdeck und wurde durch »Pumphandle«-Bewegung bedient (Auf- und Abbewegungen der Schwengel). Das Schanzkleid wurde über der Schanzkleid-Nagelbank gedoppelt. So entstand der klassische Stauraum für die gerollten Hängematten der Jungen. Die Wohnräume für die Jungen lagen im Zwischendeck, daher Oberlichter und Niedergänge im Hauptdeck. Die ursprünglich hölzerne Galions-Büste Georg Stages mußte im Laufe der Zeit durch eine Bronze-Büste ersetzt werden, weil die Jungen sich daran im Schnitzen übten. Auf der Poop stehen noch heute zwei kleine Messing-Kanonen, die zu jener Zeit für Salute verwendet wurden.

Das Schiff war nur für Reisen in der Nord- und Ostsee gedacht. Am Ende der Saison wurde es von den Jungen selbst abgetakelt. Während des Winters war es in Kopenhagen aufgelegt. Am 25. Juni 1905 wurde GEORG STAGE nachts im Øresund von dem britischen Dampfer ANCONA OF LEITH gerammt. Das Schiff hatte keine Querschotte und sank in weniger als drei Minuten. 22 Jungen fanden dabei den Tod.

Nach der Hebung erfolgten Reparatur und Umbau. Die alte Dampfmaschine mit der abnehmbaren Schraube wurde ausgebaut, vier wasserdichte Querschotte eingezogen. Nach Abschluß der Arbeiten setzte sie als reiner Segler die Ausbildung fort. Erst 1916 erhielt sie für Hafenfahrten wieder einen Motor von 52 PS. 1922 wurde ein neues Deck gelegt und das Anker-Bratspill durch ein Gangspill auf der Back ersetzt. Mit der Zeit war der Segler aber für das Ausbildungsprogramm zu klein geworden. Der Neubau GEORG STAGE II war in Vorbereitung. Am 29. August 1934 wurde GEORG STAGE an den bekannten See-Schriftsteller Alan Villiers verkauft.

Villiers ließ sie anschließend für eine Weltumsegelung ausrüsten und einrichten. Da sie keine Ladung fuhr, war sie kein Handelsschiff, und obwohl auf ihr zahlende Kadetten fuhren, war sie kein offizielles Schulschiff. Deshalb wurde sie beim Royal Harwich Yacht Club registriert. Der Segler bekam den neuen Namen JOSEPH CONRAD.

Am 22. Oktober 1934 begann die große Reise. In New York wäre das Schiff durch Havarie fast verloren gegangen. Der Segler kehrte am 16. Oktober 1936 wieder nach New York zurück. Villiers segelte insgesamt 57000 Seemeilen. Am 10. November 1936 wurde JOSEPH CONRAD an Mr. Huntington Hartford verkauft. Er ließ sie als eine Yacht mit allem Komfort einrichten. Neben vielen Veränderungen der Inneneinrichtung bekam das Schiff einen 265-PS-Diesel-Motor. 1939 schenkte Hartford das Schiff der U. S. Maritime Commission.

JOSEPH CONRAD war bis 1945 seegehendes Schulschiff der Handelsmarine, mit Heimathafen St. Petersburg in Florida. Von 1945 bis 1947 lag sie dort als Geschenk an die Marine Historical Association. Seit Sommer 1948 liegt sie als Museumsschiff in Mystic Seaport. Außerdem finden auf dem Vollrigger Ausbildungskurse für Jungen und Mädchen der Sea Scouts statt.

L. A. Dunton

Art: 2-Mast-Gaffelschoner, Holz

Nation: USA

Eigner: Marine Historical Association Inc., Mystic, Connecticut

Liegehafen: Mystic Seaport

Baujahr: 1921; Stapellauf 23. März 1921

Werft: Arthur Story, Essex, Massachusetts; Konstruktion: Thomas F. McManus

Vermessung: ca. 175 BRT (ungenau)

Abmessungen:
Länge über alles 48,20 m
Länge Rumpf 37,70 m
Länge in der Wasserlinie 31,60 m
Breite 7,60 m
Raumtiefe 3,50 m
Tiefgang 4,20 m

Segelfläche: 800 qm

Besegelung: 8 Segel; 3 Vorsegel; Fockmast: Focksegel, Vor-Gaffeltoppsegel; Großmast; Großsegel, Groß-Gaffeltoppsegel, Fisherman's Stagsegel

Masten: Höhe Großmast über Deck 34,30 m; Durchmesser Großmast an Deck 0,45 m; beide Masten mit einer Stenge

Hilfsmotor: Fairbanks-Morse-Dieselmotor, 160 PS

Besatzung: Als Fischerei-Schoner 22 Personen

Verwendung: Museumsschiff

Zu den berühmtesten Seglern der amerikanischen Küste gehörten die Fischerei-Schoner aus Neuengland. Ihre Fahrten zu den Neufundlandbänken und die ungemein hart geführten Rennen gehörten mit zum Packendsten des Hochsee-Fischfangs unter Segeln. Einer der wenigen Überlebenden dieser Epoche ist der Schoner L. A. DUNTON der Fischer von Gloucester. Die Kühnheit, mit der diese Schiffe gesegelt wurden, brachte den Schiffen und Fischern den gemeinsamen Namen »Gloucestermen« ein – ein Wertbegriff, der stets höchste Anerkennung und Beachtung fand. Trotz ihres rein kommerziellen Verwendungszweckes waren diese Schoner immer mehr verbessert worden. Die Schnelligkeit, mit der der Fang heimgesegelt werden konnte, war das Hauptanliegen der Konstrukteure, die teilweise reine Yachtbauer waren. Immer mehr bekamen schließlich diese Rennen sportlichen Charakter.

L. A. DUNTON erhielt ihren Namen nach einem bekannten Segelmacher aus Boothbay, Maine, Louis A. Dunton. Anfangs fuhr der Schoner wie üblich ohne Motor. Der Heimathafen war Gloucester, Mass. Gefischt wurde von zehn 4 m langen Dories aus, die während der Fangpausen in »Nestern« an Deck gesta-

pelt wurden. An über 500 m langen Fangleinen waren 300 Kabeljauhaken mit Ködern befestigt. Während der täglichen Fangzeit blieben nur der Kapitän und der Koch an Bord des Schoners. Jedes Dory war mit zwei Mann besetzt. Der gefangene Fisch wurde gesalzen oder – seltener – auch gefroren gestaut.

Am Ende der zwanziger Jahre wurden der L. A. DUNTON die Stengen abgenommen und ein Benzin-Hilfsmotor eingebaut. Bis 1935 fuhr sie unter amerikanischer Flagge zu den Bänken, danach verkaufte man sie an Kanada. Die Zahl der »Banker« nahm immer mehr ab. Nach weiterem Besitzerwechsel kauften 1960 J. B. Foote & Sons das Schiff. Es wurde zum Frachtschiff für Massengüter in amerikanisch-kanadischen Küstengewässern. Das Bugspriet verschwand, der Großmast wurde erheblich verkürzt. Der Benzinmotor wich einem 160-PS-Dieselmotor. Aus dem Schoner war ein Motorschiff mit Hilfssegeln geworden.

Am 8. Oktober 1963 übernahm die »Marine Historical Association« den Schoner. Inzwischen wurde der Originalzustand wieder hergestellt. Das Schiff gehört heute dem berühmten Seefahrtsmuseum in Mystic Seaport.

🇺🇸 Lady Maryland

Art: 2-Mast-Gaffelschoner, Holz

Nation: USA

Eigner: The Living Classrooms Foundation, Baltimore

Heimathafen: Baltimore, Maryland

Baujahr: 1986; Stapellauf 4. Juni 1986

Werft: Lee Street Shipyard, Baltimore

Vermessung: 75 ts Deplacement; 60 BRT; 40 NRT

Abmessungen:
Länge über alles   31,60 m
Länge Rumpf   21,80 m
Breite   6,60 m
Tiefgang   2,10 m

Segelfläche: 278 qm

Besegelung: 4 Segel

Masten: Höhe Großmast über Deck 25,5 m

Hilfsmotor: 2 Cummins-Diesel, 2x 85 PS

Besatzung: 6–8 Personen Stammbesatzung, 12–14 Trainees

Verwendung: Schulschiff unter Segeln

Der Schoner verkörpert den Schiffstyp eines »Pungy«, wie er 150 Jahre lang in der Chesapeake verwendet wurde. Charakteristisch ist der tropfenförmige Rumpf, der ein leichtes Gleiten durch das Wasser ermöglicht. Pungies wurden hauptsächlich für den Transport leichtverderblicher Lebensmittel verwendet. Studenten aus allen Teilen Marylands werden in kleinen Gruppen auf dem Schiff in verschiedenen Fächern unterrichtet.

Lady Washington

Art: Brigg, Holz, Nachbau eines Handelsfahrers von 1787

Nation: USA

Eigner: Grays Harbor Historical Seaport

Heimathafen: Grays Harbor, Washington

Baujahr: 1989; Stapellauf 7. März 1989

Werft: Aberdeen, Washington

Vermessung: 170 ts Deplacement

Abmessungen:
Länge über alles 34,00 m
Länge zwischen den Loten 21,80 m
Breite 6,60 m
Tiefgang 3,30 m

Segelfläche: 408 qm

Besegelung: 12 Segel; Bugspriet mit Blinde

Masten: Höhe Großmast über Deck 27 m

Hilfsmotor: kein Hilfsmotor

Besatzung: 45 Passagiere bei Tagesfahrten

Verwendung: Botschafterschiff des Staates Washington, Charterschiff, Schulschiff unter Segeln

Capt. Robert Gray fuhr 1787 mit der LADY WASHINGTON, die damals noch als Slup getakelt war, rund Kap Hoorn zur Westküste Nordamerikas. Boston war der Ausgangspunkt dieser Reise gewesen. Er bereitete damit die Besiedelung des späteren Staates Washington vor. Das Schiff war auch im Pelzhandel mit China beschäftigt gewesen. In Macao wurde es zur Brigg umgetakelt. Die Brigg war danach das erste amerikanische Schiff, das einen japanischen Hafen anlief. Der Nachbau ist bei allen Hafenbesuchen ein bestauntes Schmuckstück.

Le Pelican

Vorbild für den Nachbau, der nicht gesegelt werden kann, war das Kriegsschiff des französischen Freibeuters Pierre Le Moyne d'Iberville, der an der nordamerikanischen Ostküste gegen die Engländer kämpfte. 1697 versenkte er zwei britische Kriegsschiffe vor Baffin Island. Aufgrund seiner Erfolge beauftragte ihn König Ludwig XIV. mit einer Expedition in das Mississippigebiet. Le Moyne d'Iberville wurde damit zu einem Mitbegründer des Staates Louisiana. Sein Bruder war einer der ersten Gouverneure. Zwei Jahre lang war der Nachbau in Montreal zu besichtigen, 1995 kam er nach New Orleans.

Art: Nachbau eines 44-Kanonenschiffes des 17. Jahrhunderts, Holz

Nation: USA

Eigner: New Orleans Treasure Inc.

Liegeplatz: New Orleans

Baujahr: 1992

Abmessung:
Länge über alles   45,00 m

Masten: 3 Masten (Barktakelung) mit Bugsprietstenge

Verwendung: Museumsschiff

Lettie G. Howard

Der Auftraggeber und erste Eigner des ehemaligen Fischereischoners, Mr. Fred Howard aus Beverly, Massachusetts, benannte sein Schiff nach dem Namen seiner Tochter Lettie, weil sie im Monat der Kiellegung ihren 22. Geburtstag feierte. Nach dreiundsiebzig Jahren aktiver Dienstzeit im Fischfang wurde der Schoner im August 1968 Eigentum des South Street Seaport Museums in New York. Er lag anschließend fast zwanzig Jahre lang als Museumsschiff der Fischereigeschichte im Hafen von New York.
Umfangreiche Restaurierungsarbeiten waren notwendig, um

das Fahrzeug mit seinen eleganten Linien für den jetzigen Zweck einsetzen zu können. Der Charakter des ehemaligen Fischereischiffes ist weitgehend erhalten geblieben.

ex CAVIARE
ex MYSTIC C.
ex LETTIE HOWARD

Art: 2-Mast-Gaffelschoner, Holz

Nation: USA

Eigner: South Street Seaport Museum, New York, N. Y.

Heimathafen: New York

Baujahr: 1893; Stapellauf 22. März 1893

Werft: Arthur D. Story, Essex, Massachusetts

Vermessung: 110 ts Deplacement; 59,74 BRT; 56,76 NRT

Abmessungen:
Länge über alles 39,20 m
Länge Rumpf 26,75 m
Länge zwischen den Loten 22,55 m
Breite 6,40 m
Raumtiefe 2,55 m
Tiefgang 3,20 m

Segelfläche: 466 qm

Besegelung: 7 Segel

Masten: Höhe Großmast über Deck 27 m

Hilfsmotor: Zwillingsdiesel, 2 Schrauben, 2x 84 PS

Besatzung: 5 Personen Stammbesatzung, 2 Ausbilder, 13 Trainees

Verwendung: Schulschiff unter Segeln

Mary Day

Nach etwa dreißig Jahren war es 1962 das erste Mal, daß in Maine wieder ein Segler dieser Art und Größe gebaut wurde. Die Pläne stammten vom Eigner, Capt. H. S. Hawkins, selbst, dem vorher die ALICE S. WENTWORTH gehörte. Äußerlich gleicht die MARY DAY den früher üblichen Küstenschonern. Ihre Innenausstattung war aber von Anfang an für den Passagierverkehr eingerichtet worden. An Bord befinden sich zwei Einbett-, sechs Doppelbett-, zwei Dreibett- und vier Vierbett-Kabinen. Als Gemeinschaftsraum dient der achtern gelegene große »Salon«. Den Namen hat der Schoner nach der Ehefrau Hawkins bekommen.

Ein größeres Motor-Beiboot, das auch zum Schleppen des motorlosen Seglers dient, hängt in Davits quer über dem Plattheck. Während des Sommers macht MARY DAY einwöchige Reisen, die jeweils montags in Camden, Maine, beginnen.

Art: 2-Mast-Gaffelschoner, Holz

Nation: USA

Eigner: Capt. Havilah S. Hawkins, Sedgwick, Maine

Heimathafen: Sedgwick, Maine

Baujahr: 1962; Stapellauf 20. Januar 1962

Werft: South Bristol, Maine

Vermessung: ca. 100 ts Deplacement; 86 BRT

Abmessungen:
Länge zwischen den Loten 25,20 m
Breite 7,10 m
Raumtiefe 1,80 m
Tiefgang 1,90 m

Segelfläche: 335 qm

Besegelung: 4 Segel; 2 Vorsegel, je 1 Gaffelsegel

Masten: Höhe Großmast über Deck 19,50 m; Stengen sind vorgesehen, werden aber nicht gefahren

Hilfsmotor: kein Hilfsmotor

Besatzung: 4 Personen Stammbesatzung: Kapitän, Steuermann, Koch, Kochsgehilfe; 28 Passagiere

Verwendung: Privatschiff für Passagier-Kreuzfahrten

Maryland Dove

Art: Pinaß, Holz (Barktakelung), Nachbau eines Rahseglers des 17. Jahrhunderts

Nation: USA

Eigner: US-Bundesstaat Maryland, Historic St. Mary's City

Heimathafen: St. Mary's City, Maryland

Baujahr: 1978; Stapellauf 14. August 1978

Werft: James K. Richardson-Bootswerft, Cambridge, Maryland

Vermessung: 42 ts Deplacement

Abmessungen:
Länge über alles 23,10 m
Länge Rumpf 17,02 m
Länge zwischen den
Loten 15,50 m
Breite 5,16 m
Tiefgang 2,10 m

Segelfläche: 182 qm

Besegelung: 6 Segel; Bugspriet mit Blinde; Besanmast mit Lateinersegel

Masten: Höhe Großmast über Deck 18 m

Hilfsmotor: 2 Lehmann-Super 90-Diesel 4-Zylinder

Besatzung: 7 Personen Stammbesatzung

Verwendung: Museumsschiff; gelegentlich Fahrten mit freiwilligen Trainees

Vorbild für diesen Nachbau war die Pinaß DOVE, die 1634 Versorgungsgüter für die Siedler nach Maryland brachte. Kostümierte Besatzungsmitglieder demonstrieren im Hafenmuseum das Leben der damaligen Zeit. Als Botschafterschiff des Staates Maryland besucht die Pinaß auch die Häfen an der Chesapeake Bay.

Mayflower II

Art: Bark (Galeone), Holz, Nachbau

Nation: USA

Eigner: Plimoth Plantation Inc., Plymouth, Massachusetts

Liegehafen: Plymouth, Mass.

Baujahr: 1955/56; Kiellegung Juli 1955, Stapellauf September 1956

Werft: Stuart Uphams' Werft, Brixham, Devonshire; Konstruktion: William Avery Baker, Naval Architect

Vermessung: 260,12 BRT; 223,29 NRT; 365 ts Deplacement (Reise 1957); 181 ts burden (von 1620)

Abmessungen:
Länge über alles ca. 40,10 m
Länge Rumpf 32,40 m
Länge in der
Wasserlinie 24,25 m
Breite (Berghölzer) 7,85 m
Raumtiefe 3,31 m
Seitenhöhe 5,57 m
Tiefgang (Reise 1957) 3,87 m
Freibord (Reise 1957)
ca. 2,00 m

Segelfläche: 470 qm

Besegelung: 6 Segel; Bugspriet mit Blinde (Sprietsegel); Fock-, Großmast: Untersegel, tiefes einfaches Marssegel; Besanmast: Lateinersegel

Masten: Fock und Großmast mit einer Stenge

Besatzung: 33 Personen (Reise 1957)

Verwendung: Museumsschiff

Im Jahre 1620 verließen 105 Puritaner, die »Pilgerväter«, Plymouth in England, um sich in Neuengland anzusiedeln. Zusammen mit der Schiffsbesatzung waren es etwa 125 bis 130 Personen. Die MAYFLOWER, das Schiff, das ihnen zur Verfügung stand, war eine normale Frachtgaleone der Elisabethanischen Zeit, die nicht erst für diesen Zweck gebaut worden war.
Die Plimoth Plantation, ein Verein in Plymouth, Mass., hatte seit 1947 großes Interesse an einem Nachbau der

MAYFLOWER, um sie als Museumsschiff und Denkmal im Hafen von Plymouth festzumachen. Zwei Engländer, Warwick Charlton und John Lowe, beschlossen und ermöglichten den Nachbau. Dabei wurde das Schiff nach erfolgreicher Überfahrt der Plimoth Plantation versprochen. Originalpläne waren nicht vorhanden. Bekannt war nur der Schiffstyp und die ungefähre Vermessung. Der Neubau mußte höher werden, weil der originale Schiffbau nicht einmal Stehhöhe zugelassen hätte. Dies waren Umstände, die für die Verwendung als Museumsschiff mit Publikumsbesuch natürlich berücksichtigt werden mußten.

MAYFLOWER II wurde nur bis zum Zwischendeck auf der Helling gebaut. Die Vollendung erfolgte im Trockendock der Werft. Bauholz für den gesamten Rumpf war englische Eiche. Für die Masten und Rahen wurde kanadische Kiefer verwendet. Taue und Segelleinwand stammten aus schottischen Werkstätten. 135 ts Eisenballast machten das Schiff stabil, bei der Überfahrt aber auch etwas steif. Der größeren Sicherheit wegen wurde mit dem Rad und nicht mit der Pinne gesteuert.

Große Belastungen für das stehende Gut und für die Masten entstanden dadurch, daß das Bugspriet wegen der Blinde nicht verstagt werden konnte und daß die Brassen zu den Stagen geführt wurden. Anders kannte man es aber zur Zeit der Pilgerväter nicht. Erst später wurden Stag- und Klüversegel bekannt. Die Rahen der Untersegel konnten an Deck gefiert werden; eine Reffmöglichkeit der Segel bestand nicht.

1620 fuhr MAYFLOWER unter Führung von Kapitän Christopher Jones in 67 Tagen über den Atlantik. 1957 schaffte es Kapitän Alan Villiers in 53 Tagen (siehe: Alan Villiers, Ein Königreich für ein Schiff, Hamburg 1960). Die Reise dauerte vom 20. April 1957 bis 12. Juni 1957. Dabei wurden bei einer mittleren Geschwindigkeit von 7,7 Knoten und bei einem Durchschnittsetmal von 106 Seemeilen 5420 Seemeilen zurückgelegt. Nach der triumphalen Ankunft in Plymouth am Pilgerfelsen fuhr MAYFLOWER II nach New York und machte anschließend noch eine Rundreise in einige amerikanische Häfen der Ostküste. Ende Juni 1958 kehrte sie zu ihrem endgültigen Liegeplatz im Hafen von Plymouth, Mass., zurück.

Moshulu

Ein erheblicher Teil der großen Viermastbarken wurde um die Jahrhundertwende als Drei-Insel-Typ gebaut, mit Backdeck, Poopdeck und etwa mittschiffs dazwischen liegendem Hochdeck. Dieses Deck und die Laufbrücken zwischen Back und Poop dienten der Sicherheit der Besatzung, besonders bei grober See. Die Räume darunter waren Wohn- und Betriebsräume. Der gesamte Mittelaufbau teilte die sonst außerordentlich große Fläche des Hauptdecks. Der Vorteil lag darin, daß bei Schräglagen des Schiffes keine lebensbedrohenden Wassermengen übergenommen werden konnten. Als solcher Schiffstyp war auch MOSHULU, ex KURT, für die deutsche Reederei G. J. H. Siemers & Co. aus Hamburg gebaut worden. Den Namen bekam sie nach Dr. Kurt Siemers, der die Firma bis zum Zweiten Weltkrieg leitete. Das Schiff wurde unter deutscher Flagge nur in der Salpeterfahrt verwendet. Bei ihren neun Reisen brachte KURT Kohlen nach Südamerika oder Mexiko und kam mit Salpeter an Bord nach Deutschland zurück. Die zehnte Reise führte nach Santa Rosalia, Mexico. Nachdem die Kohle gelöscht war, fuhr das Schiff Ballast nach Portland, Oregon, USA, um dort Weizen zu laden. Während dieser Fahrt brach der Erste Weltkrieg aus, und KURT lief Astoria, Oregon, als Schutzhafen an. Sie wurde interniert und der US Shipping Board Emergency Fleet Corporation übergeben. Alle auf diese Weise erbeuteten Schiffe sollten weiterhin in Fahrt bleiben und bekamen neue Namen nach berühmten amerikanischen Klippern. KURT wurde in DREADNOUGHT umgetauft und fuhr einige Zeit im Pazifik zwischen den Philippinen, Australien und den USA. Bald stellte sich aber heraus, daß ein großer Teil dieser Klipper-Namen schon für andere Schiffe vergeben worden war. Ein neuer Namenswechsel stand bevor. Die Präsidentengattin, Mrs. Woodrow Wilson, die selbst indianischer Abstammung war, wählte für die einzelnen Schiffe Namen aus den Indianersprachen. DREADNOUGHT hieß dann seit dem 18. September 1917 MOSHULU, was etwa dasselbe bedeutet, nämlich »Fürchtenichts«.

1922 kaufte die Reederei Charles Nelson Co. aus San

Francisco für 40000 Dollar das Schiff und beschäftigte es in der Holzfahrt nach Australien und Afrika. Die letzte Reise unter amerikanischer Flagge machte MOSHULU 1927-28 mit einer Ladung Bauholz nach Melbourne und Geelong, Australien. Anschließend lag der Segler sieben Jahre lang ohne Arbeit zuerst in Union Lake, Seattle, Washington, und später in Winslow, Washington. Im Februar 1935 kaufte der finnische Reeder Gustaf Erikson aus Mariehamn, Åland, die MOSHULU für 20000 Dollar. Kapitän Gunnar Boman, der Leiter des Seefahrt-Museums in Mariehamn, reiste nach Winslow, übernahm die MOSHULU, führte sie nach Port Victoria, Australien, und kehrte im Juli 1936 mit einer Ladung Weizen nach Europa zurück.

Erikson besaß damals die größte Handelssegler-Flotte der Welt. Es waren mit der neuerworbenen MOSHULU insgesamt 25 Schiffe (3 Schoner – davon 2 Vier-Mast-Schoner –, 3 Barkentinen – davon 2 Vier-Mast-Barkentinen –, 8 Barken und 11 Vier-Mast-Barken) mit zusammen 44728 BRT. Ein großer Teil dieser Schiffe, so auch die MOSHULU, fuhr in der Getreidefahrt nach Australien. Am 22. Mai 1940 kehrte sie von ihrer fünften und letzten Weizenfahrt unter der Erikson-Flagge zurück. In Kristiansand, Norwegen, wurde die Ladung gelöscht.

Von März bis Juli 1942 war das Schiff von deutschen Truppen beschlagnahmt. Im November des gleichen Jahres wurde MOSHULU nach Horten, Oslo-Fjord, geschleppt und dort abgetakelt. Danach kam sie nach Kirkenes. Nachdem sie im September 1947 gestrandet, gekentert und wieder gehoben worden war, wurde sie von Frau Gisken Jacobsen aus Narvik für rund 20000 Dollar gekauft. Ihre Pläne, aus dem ehemaligen Segler ein reines Motorschiff zu machen, konnten nicht verwirklicht werden. Sie verkaufte MOSHULU 1948 an Trygve Sommerfeldt aus Oslo, der sie nach Bergen bringen ließ. In Stockholm diente das Schiff dann die nächsten vier Jahre als Getreidespeicher.

Im Sommer 1952 verkaufte T. Sommerfeldt sein Schiff an den deutschen Reeder Heinz Schliewen aus Lübeck. MOSHULU kam nach Deutschland. Sie sollte unter dem Namen OPLAG neben PAMIR und PASSAT das dritte windgetriebene Frachtschiff der Schliewen-Flotte werden. Schliewen mußte bald darauf seine Zahlungen einstellen. Damit scheiterten auch alle Vorbereitungen für eine Neutakelung der MOSHULU. Sie wurde nach Stockholm zurückgebracht. 1961 kaufte die finnische Regierung das Schiff, um es in Naantali als Getreidespeicher zu verwenden. 1970 ging MOSHULU in amerikanischen Besitz über. Im Schlepp erreichte sie Amsterdam.

1972 wurde sie nach New York geschleppt. Dort erfolgte die Weiterführung der Neutakelung.

1975 kam MOSHULU nach Philadelphia. An Penn's Landing wurde sie als Restaurantschiff festgemacht. Ein Feuer verursachte 1989 schwere Zerstörungen. Nachdem Rahen und Stengen abgenommen waren, kam das Schiff in sehr schlechtem Zustand zur Reparatur nach Camden, New Jersey. 1994 übernahm es der jetzige Eigner. Seit Juli 1996 liegt die neu getakelte Viermastbark wieder in Philadelphia. Das Interieur gleicht dem eines Luxusliners der Jahrhundertwende.

ex OPLAG
ex MOSHULU
ex DREADNOUGHT
ex KURT

Art: Viermastbark, Stahl

Nation: USA

Eigner: HMS Ventures, Inc., Philadelphia

Liegeplatz: Pier 34, Columbus Boulevard, Philadelphia

Baujahr: 1904; Stapellauf 20. April 1904

Werft: William Hamilton & Co. Ltd., Port Glasgow, Schottland

Vermessung: 3116 BRT; 2911 NRT

Abmessungen:
Länge über alles 122,00 m
Länge Rumpf 111,00 m
Länge zwischen den
Loten 101,90 m

Breite 14,20 m
Seitenhöhe 8,50 m
Raumtiefe 8,00 m

Segelfläche: 4180 qm

Besegelung: Ehemaliges Rigg 34 Segel; 4 Vorsegel, Doppel-Marssegel, Doppel-Bramsegel, Royals; Besanmast: Unterbesan, Oberbesan, Besan-Toppsegel

Masten, Spieren: Höhe Großmast über Deck 50,10 m; Länge Großrah 29,40 m; Länge Groß-Royalrah 14,80 m

Hilfsmotor: Dieselmotor

Besatzung: Bei einer Reise im Jahre 1937 19 Personen Stammbesatzung, 6 Jungmänner, 8 Decksjungen

Verwendung: Restaurant- und Museumsschiff

Natalie Todd

ex Lady in Blue
ex St. Catherine
ex Alaho
ex Virginia

Art: 3-Mast-Gaffelschoner, Holz

Nation: USA

Eigner: Capt. Steven F. Pagels, Cherryfield, Maine

Heimathafen: Addison, Maine

Baujahr: 1941

Werft: Muller Boat Works, Brooklyn, New York

Vermessung: 200 ts Deplacement; 98,9 BRT

Abmessungen:
Länge über alles 39,20 m
Länge Rumpf 30,70 m
Breite 6,40 m
Tiefgang 2,90 m

Segelfläche: 362 qm

Besegelung: 6 Segel

Masten: Höhe Großmast über Deck 25 m

Hilfsmotor: General Motors-Diesel 671, 150 PS

Besatzung: 4 Personen Stammbesatzung, 38 Kojenplätze, 100 Tagesgäste

Verwendung: Charterschiff, Passagierdienst

Kaum jemand wird vermuten, daß dieser Dreimaster einst ein zweimastiges Fischereifahrzeug gewesen ist. Als ursprüngliche Virginia fischte sie mit Schleppnetzen vor der Ostküste der Vereinigten Staaten. Nach vierzigjähriger aktiver Dienstzeit kaufte sie 1986 ihr jetziger Eigner in Gloucester. In traditioneller Bauweise wurde das Schiff von erfahrenen Schiffszimmerleuten in Thomaston, Maine, umgebaut. Diese Arbeiten dauerten ein Jahr.
Nur der völlig leere Rumpf war vor dem eigentlichen Umbau zum elegant geformten Schoner mit viel Atmosphäre übriggeblieben.

New Way

ex Western Union
ex La Amistad

Art: Gaffelschoner, Holz

Nation: USA

Eigner: Vision Quest National, Exton, Pennsylvania

Baujahr: 1939

Werft: In Key West, Florida

Vermessung: 91,91 BRT

Abmessungen:
Länge über alles 39,50 m
Länge in der
Wasserlinie 26,10 m
Breite 7,20 m
Tiefgang 2,40 m

Segelfläche: 460 qm

Masten: Höhe Großmast über Wasserlinie 36 m

Hilfsmotor: 2 General Motors-Diesel, je 110 PS

Besatzung: ca. 20 Personen

Verwendung: Schulschiff unter Segeln

Das Schiff wird zur Resozialisierung straffällig gewordener Jugendlicher verwendet.

Niagara

Art: Brigg, Holz, Nachbau des Schiffes von 1813

Nation: USA

Eigner: US-Staat Pennsylvania (The Pennsylvania Historical and Museum Commission)

Heimathafen: Erie, Pennsylvania

Baujahr: 1988; Stapellauf 10. September 1988

Werft: Erie (Sonderwerft)

Vermessung: 297 long tons Deplacement

Abmessungen:
Länge über alles	60,19 m
Länge Rumpf	37,39 m
Länge in der Wasserlinie	33,59 m
Breite	9,72 m
Tiefgang	3,19 m

Segelfläche: 1176 qm

Besegelung: 15 Segel; beide Masten Untersegel, Marssegel, Bramsegel, Royalsegel (fakultativ)

Masten: Höhe Großmast über Wasserlinie 35,6 m; Bugspriet mit Klüverbaum

Hilfsmotor: 2 Dieselmotoren, 2x 180 PS

Besatzung: 1813: 155 Offiziere und Mannschaften; heute: 40 Personen Stammbesatzung (16 Berufsseeleute, 24 Freiwillige)

Bewaffnung: 1813: 2 12-Pfünder, 18 32-Pfünder Carronaden; heute: 2 12-Pfünder, 18 32-Pfünder

Verwendung: Botschafterschiff des Staates Pennsylvania, Museumsschiff

Im Krieg von 1812–1814 zwischen den USA und England trachteten beide Mächte danach, die Kontrolle über die Großen Seen zu gewinnen. Für die USA ging es in erster Linie darum, ein weiteres Vordringen der Engländer nach Süden zu verhindern, auf der anderen Seite aber zu versuchen, selbst in Kanada einzudringen. Der Friede von Gent am 24. Dezember 1814 beendete den Krieg. Gleich zu Anfang des Krieges begannen die USA eine kleine Flotte für den Eriesee zu bauen, deren größte Schiffe die NIAGARA und ihr Schwesterschiff LAWRENCE waren. Die Flotte stand unter dem Kommando von Captain Oliver Hazard Perry.

Am 10. September 1813 kam es zum Gefecht in der Put-in-Bay, Ohio, in dem die Engländer besiegt wurden. Auf amerikanischer Seite kämpften zwei Briggs, vier Kanonenboote und vier weitere kleine, bewaffnete Einheiten. Die Engländer führten zwei Vollschiffe, zwei Briggs, einen Schoner und eine Slup ins Gefecht. NIAGARA war das Flaggschiff von Captain Perry. Während des Kampfes hatte er das Signal »Don't give up the Ship« setzen lassen.
Die Original-NIAGARA blieb bis 1820 im Dienst und wurde danach in der Misery Bay im Eriesee versenkt. Im Jahre 1913, hundert Jahre nach dem Gefecht, hoben Bürger von Erie das Schiff und begannen mit der Restaurierung. Damals konnten viele der alten Hölzer noch verwendet werden. Weitere Restaurierungen erfolgten 1931 bis 1963. Die letzten Arbeiten an diesem Schiff begannen 1980.
NIAGARA wurde als Denkmal in einer festen Bettung im Niagara Park in Erie aufgestellt. 1987 erfolgte die Abwrackung, wobei originale Holzteile konserviert blieben. Einige davon konnten im jetzigen Neubau wieder verwendet werden.

🇺🇸 Ocean Star

Art: 2-Mast-Gaffelschoner, Stahl

Nation: USA

Eigner: Greg Walsh, »Ocean Navigator« Magazine

Heimathafen: Portland, Maine

Baujahr: 1990; Stapellauf April 1991

Werft: Marine Metals, Inc., Norfolk, Virginia, Howdy Bailey Custom Yachts

Vermessung: 60 ts Deplacement; 68 BRT

Abmessungen:
Länge über alles 26,70 m
Länge Rumpf 22,40 m
Breite 5,70 m
Tiefgang keine Angaben

Segelfläche: keine Angaben

Besegelung: 7 Segel (Vollzeug); Fockmast mit Gaffelsegel; Großmast mit Bermudasegel

Hilfsmotor: Caterpillar-Diesel 3208N, 210 PS

Besatzung: 6 Personen Stammbesatzung, 6 Trainees

Verwendung: Privatschiff, Schulschiff unter Segeln

🇺🇸 Peking

PEKING wurde als Schwesterschiff der PASSAT für die Reederei F. Laeisz, Hamburg, gebaut. Sie war ursprünglich 85 BRT kleiner als ihre Schwester. Obwohl auch sie den »Drei-Insel-Typ« (Back-Hochdeck-Poop) repräsentiert, wurde sie vom Hauptdeck aus gesteuert. Der Rudergänger stand am Rad vor der Poop. Charakteristisch für die Laeisz-Schiffe, wie auch für viele andere deutsche Segler, waren die unterteilten Besansegel.

Von 1911 bis 1921 war PEKING unter der Laeisz-Flagge in der Salpeterfahrt beschäftigt. Nach dem Ersten Weltkrieg mußte sie am 10. Mai 1921 als Reparationsleistung an Italien abgeliefert werden. Dort hatte man jedoch keine Verwendung für das Schiff. Laeisz kaufte 1923 sein Schiff für 8500 Pfund zurück. Bis 1932 fuhr es dann wieder in der Salpeterfahrt. 1926 erfolgte der Umbau in ein frachtfahrendes Schulschiff der Reederei.

Ab 1932 war die Salpeterfahrt nicht mehr rentabel. Laeisz verkaufte sein Schiff an »The Shaftesbury Homes and Training Ship«. PEKING wurde als ARETHUSA Ersatz für das 1849 gebaute hölzerne Kriegsschiff ARETHUSA. Eine Werft in Rochester baute das Schiff für etwa 40000 Pfund um. Es diente seitdem als stationäres Schulschiff in Lower Upnor am Medway bei Rochester. Der alte Liegeplatz der ARETHUSA bei Greenhithe, Themse, war wegen des zunehmenden Schiffsverkehrs auf dem Fluß nicht mehr geeignet.

Die offizielle Eröffnung fand am 25. Juli 1933 durch den späteren König Georg VI. statt. Das Schiff bot Platz für 200 bis 300 Jungen im Alter von 13 bis 15 Jahren. Die Schüler wurden halbmilitärisch erzogen und ausgebildet. Wegen der starken Schiffsbewegung beim Tidenkentern waren fast alle Rahen abgenommen worden. Am Ort waren nur noch: Fock-, Untermars- und Unterbramrah am Fockmast. Ein Teil der abgenommenen Rahen befand sich am Schulschiff WORCESTER, das bei Greenhithe in der Themse verankert war. Trotz des Umbaues wurden keine wesentlichen, zusätzlichen Decksaufbauten errichtet. Das ehemalige Deckshaus zwischen Luke I und Luke II wurde über Luke II hinweg zum Hochdeck verlängert. Das Deckshaus zwischen Luke III und Luke IV sowie Luke IV selbst wurden entfernt und geschlossen. Dadurch entstand ein großflächiger Appell- und Ausbildungsplatz. Der Tradition entsprechend trug ARETHUSA ein weißes Pfortenband.

ex ARETHUSA
ex PEKING

Art: Viermastbark, Stahl

Nation: USA

Eigner: South Street Seaport Museum, New York

Liegeplatz: South Street Seaport Museum, New York

Baujahr: 1911

Werft: Blohm & Voss, Hamburg

Vermessung: 3100 BRT; 2883 NRT

Abmessungen:
Länge über alles 115,00 m
Länge Rumpf 106,00 m
Länge zwischen den Loten 97,80 m
Breite 14,30 m
Raumtiefe 8,00 m

Segelfläche: 4100 qm

Besegelung: 32 Segel; 4 Vorsegel, Doppel-Marssegel, Doppel-Bramsegel, Royals; Besanmast: Unterbesan, Oberbesan, Besan-Toppsegel

Masten: Fock-, Groß- und Kreuzmast mit einer Stenge

Verwendung: Museumsschiff

»Arethusa« hießen im Altertum mehrere Quellen. Die bekannteste von ihnen floß auf der vor Syrakus gelegenen Insel Ortigia. In der Mythologie ist die Nymphe Arethusa eine Tochter des Nereus und der Doris. Sie wurde vom Flußgott Alpheus verfolgt und floh durch das Meer. Auf Sizilien kam sie als Quelle wieder hervor.

1974 wurde die Unterhaltung der ARETHUSA zu teuer. Für etwa 400 000 DM fand sie im South Street Seaport Museum in New York einen Käufer und neuen Eigentümer. Im Juli 1975 wurde sie in die USA geschleppt.

Gerade rechtzeitig zur großen »Operation Sail '76« waren die Takelarbeiten weitgehend abgeschlossen. Ihr alter Name PEKING steht jetzt wieder an Bug und Heck.

Perseus

Art: 3-Mast-Toppsegelschoner, Holz

Nation: USA

Eigner: Marc A. Schützer, Olympia, Washington

Heimathafen: Olympia, Washington

Baujahr: 1907

Werft: J. Ring-Andersen, Svendborg

Vermessung: 180 BRT

Abmessungen:
Länge über alles 38,00 m
Länge Rumpf 32,00 m

Länge zwischen den
Loten 29,80 m
Breite 6,80 m
Raumtiefe 2,70 m
Tiefgang 2,70 m

Besegelung: 12 Segel (evtl. Breitfock)

Masten: Höhe Großmast über Deck 24 m

Hilfsmotor: Caterpillar-Diesel, 6 Zyl., 290 PS

Besatzung: 12 Personen Stammbesatzung, 15 Kadetten oder Gäste

Verwendung: Privatschiff (Schulschiff unter Segeln)

PERSEUS verkörpert den klassischen Typ eines Ostsee-Schoners. Um 1970 wurde das Rigg überholt. Bis dahin war sie in der Handelsfahrt eingesetzt. Nach einem Aufenthalt in Los Angeles kaufte sie Mitte der siebziger Jahre ihr jetziger Eigner. Perseus, das Schwert in der Rechten, schmückt als Galionsfigur den Bug.

Pioneer

Art: 2-Mast-Gaffelschoner, Stahl

Nation: USA

Eigner: South Street Seaport Museum, New York, N. Y.

Heimathafen: New York

Baujahr: 1885

Werft: Pioneer Iron Works, Marcus Hook, Pennsylvania

Vermessung: 43 BRT

Abmessungen:
Länge über alles 31,00 m
Länge Rumpf 19,40 m
Länge in der
Wasserlinie 17,30 m
Breite 6,40 m
Tiefgang 1,40 m

Segelfläche: 254 qm

Masten: Höhe Großmast über Wasserlinie 24 m

Hilfsmotor: Diesel, 85 PS

Verwendung: Schulschiff unter Segeln, Charterschiff

Der ehemalige Handelsschoner wurde 1966–68 vollständig umgebaut und modernisiert. Dabei wurde die alte Außenhaut durch Stahlplatten ersetzt. PIONEER segelt von April bis Oktober mit Schülern der Pioneer Marine School. Daneben wird sie auch für zahlende Gäste in Gewässern um New York eingesetzt.

Polynesia

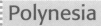

ex ELK

Art: 2-Mast-Stagsegelschoner, Stahl

Nation: USA

Eigner: Windjammer Cruises Inc., Miami Beach, Florida, Capt. Mike Burke

Heimathafen: Miami Beach, Florida

Baujahr: 1928

Werft: Scott Shipbuilding

Vermessung: 350 ts Deplacement; 180 BRT; 108 NRT

Abmessungen:
Länge über alles	46,00 m
Länge Rumpf	39,80 m
Breite	7,60 m
Wohnraumhöhe	3,10 m
Tiefgang	4,90 m

Segelfläche: 890 qm

Besegelung: 6 Segel; 3 Vorsegel; Fockmast: Vor-Treisegel; Großmast: Groß-Stagsegel, Großsegel (hochgetakelt)

Masten: Höhe Großmast über Deck 33,50 m

Hilfsmotor: Zwei Benzinmotoren, je 180 PS

Besatzung: 12 Personen Stammbesatzung, Wohnräume und Unterkünfte für 46 Personen

Verwendung: Privatschiff für Passagier-Kreuzfahrten

POLYNESIA wurde als ELK für Sir Oliver Simmonds gebaut. Sie ist einer der größten Stagsegelschoner der Welt. Wie YANKEE CLIPPER und CARIBEE gehört auch sie dem Unternehmen »Windjammer Cruises«, das Capt. Mike Burke nach dem Zweiten Weltkrieg aufgebaut hat. Das ganze Jahr über fährt das Schiff mit zahlenden Feriengästen zehntägige Reisen von Miami Beach zu den Bahamas.

Pride of Baltimore II

Art: 2-Mast-Toppsegelschoner, Holz	Baujahr: 1988; Stapellauf 30. April 1988, Indienststellung 23. Oktober 1988	Abmessungen: Länge über alles 47,70 m Länge Rumpf 32,80 m Breite 7,90 m Tiefgang 3,70 m	Masten: Höhe Großmast über Deck 31,30 m
Nation: USA			Hilfsmotor: 2 Diesel, 2 x 140 PS
Eigner: US-Bundesstaat Maryland	Werft: Bauplatz: Inner Harbour, Baltimore		Besatzung: 12 Personen Stammbesatzung, 6 Gäste
	Konstrukteur: Thomas C. Gillmer	Segelfläche: 970 qm	
Heimathafen: Baltimore		Besegelung: 10 Segel	Verwendung: Botschafterschiff
	Vermessung: 185,5 Long Tons; 97 BRT; 67 NRT		

Schiffe wie die PRIDE OF BALTIMORE waren das Rückgrat der jungen amerikanischen Handels- und Kriegsflotte des angehenden 19. Jahrhunderts. Im Krieg gegen England lag ihre einzige Chance, sich mit der überlegenen britischen Flotte messen zu können, in der Schnelligkeit, die bewundert und gefürchtet war. Nach der siegreichen Heimkehr Kapitän Thomas Boyles im Jahre 1814 nach Baltimore, der mit seinem Klipper CHASSEUR eine Seeblockade gegen England errichtet hatte, gab die Bevölkerung Baltimores diesem Schiff den Namen PRIDE OF BALTIMORE.

Die Baltimore-Klipper waren außergewöhnlich scharf geschnitten und führten ein Höchstmaß an Segelfläche. Ein typisches Merkmal ist zudem der starke Fall der Masten.

Da aus der damaligen Zeit kein Schiff dieser Art überkommen ist, wurde in Baltimore, dem Zentrum des damaligen Klipperbaus, eine Replika gebaut. Das Schiff entstand in der klassischen Manier des Holzschiffbaus. Von einer Tribüne aus konnte die Bevölkerung den Fortgang der Arbeiten beobachten.

Neun Jahre lang reiste der Klipper zu vielen amerikanischen und auch europäischen Häfen, um auf das Erbe der Seefahrtsgeschichte Amerikas aufmerksam zu machen. Im Mai 1986 kam es während eines Sturmes nördlich von Puerto Rico zum tragischen Verlust des Schiffes.

Wieder in Baltimore entstand danach unter gleichen Voraussetzungen die PRIDE OF BALTIMORE II, die allerdings etwa ein Drittel größer ist als ihre Vorgängerin. Ganz besonderer Wert wurde dabei auf die Sicherheit des Schiffes gelegt. Der Klipper bekam wasserdichte Schotten und einen schwereren Ballast. Die Aufgabe, als Goodwill-Schiff Flagge zu zeigen, ist die gleiche geblieben.

Providence

Art: Slup (Rumpf Glasfiber), Nachbau

Nation: USA

Eigner: Seaport '76 Foundation Ltd., Newport, Rhode Island

Heimathafen: Newport, R. I.

Baujahr: 1975; Indienststellung 24. Oktober 1976

Werft: In Newport, R. I.

Vermessung: 67,5 ts Deplacement

Abmessungen:
Länge Rumpf 18,00 m
Breite 6,00 m
Tiefgang 1,80 m

Segelfläche: 320 qm

Hilfsmotor: General Motors-Diesel, 170 PS

Besatzung: 35 Personen (Original)

Verwendung: Museumsschiff, Ausstellungsschiff, Charterschiff, Schulschiff unter Segeln

Das Original der PROVIDENCE, eine 12-Kanonen-Slup (4-Pfünder), wurde am 13. Oktober 1775 das erste Schiff der U.S.-Marine und deren erstes Flaggschiff. John Paul Jones bekam auf ihr sein erstes Kommando. Auf ihr schiffte sich die erste Marineinfanterie ein, die schließlich 1776 Nassau eroberte.

Der Nachbau lehnt sich genau an zeitgenössische Darstellungen an, selbst die Geschütze an Bord sind für Salutschüsse feuerbereit.

Regina Maris

ex REGINA

Art: Barkentine, Holz

Nation: USA

Eigner: The Ocean Research and Education Society, Inc.

Heimathafen: Boston

Baujahr: 1908

Werft: J. Ring-Andersen, Svendborg

Vermessung: 186 BRT

Abmessungen:
Länge über alles	42,50 m
Länge Rumpf	35,00 m
Länge zwischen den Loten	30,50 m
Breite	7,60 m
Tiefgang	3,30 m

Segelfläche: 550 qm

Besegelung: 16 Segel (dazu 6 Leesegel); 4 Vorsegel; Fockmast: Doppel-Marssegel, einfaches Bramsegel, Royal; Groß- und Besanmast: Gaffelsegel, Gaffel-Toppsegel

Masten, Spieren: Fockmast mit Mars- und Bramstenge; Groß- und Besanmast mit einer Stenge; alle Masten Pitchpine-Holz; Bugspriet mit Klüverbaum; Höhe Großmast über Deck 33 m

Hilfsmotor: Dieselmotor, 242 PS

Besatzung: 16 Personen

Verwendung: Forschungsschiff

Im Jahre 1908 war die REGINA als Dreimastschoner mit Breitfock für P. Reinhold aus Råå in Schweden gebaut worden. Da sie besonders für die Eismeerfahrt vorgesehen war, wurde sie entsprechend stark gebaut. Später beschäftigte man das Schiff auch in der Salpeterfahrt. 1931 gehörte es dem Reeder O. B. Bengtson aus Råå. Etwa seit 1932/33 fährt der Segler mit Hilfsmotor.

Ein Brand im Maschinenraum beschädigte 1962 das Schiff erheblich. Die beiden norwegischen Reeder und Brüder Siegfried und John Aage Wilson (Ocean Transport Lines) aus Arendal kauften 1963 die in Ystadt aufgelegte REGINA und ließen sie bei Høivolds Mek. Verksted A/S in Kristiansand für 299000 Dollar umbauen. Aus dem Schoner entstand eine sehr gut gelungene Barkentine. Wegen des hohen Alters wollte kein nordeuropäisches Land das Schiff ins Schiffsregister eintragen lassen. In Malta war dies möglich. Dadurch erklärt sich, daß das norwegische Schiff in Valletta registriert war.

Wohl einmalig ist, daß bei einem Segler dieser Größe das gesamte laufende Gut aus Perlon besteht. Das stehende Gut ist mit Spannschrauben auf Rüsten außenbords festgesetzt. Eine gekrönte Frauengestalt schmückt als Galionsfigur den Bug. Das Schiff fährt zwei Stockanker. Der Auspuff wird durch den Besan-Untermast abgeleitet, der als einziger Mast aus Stahl ist.

Die Umbauarbeiten waren bis Sommer 1966 abgeschlossen. Im August des gleichen Jahres begann eine Reise, die in einem Jahr rund um die Erde führte.

Heute gehört das Schiff der Ocean Research and Education Society. Auf den Fahrten werden vor allem meeresbiologische Beobachtungen gesammelt.

Rose

Art: Fregatte, Holz, Nachbau

Nation: USA

Eigner: Mr. Kaye Williams, Groton, Conn.

Liegehafen: Bridgeport, Conn.

Baujahr: 1970; Kiellegung 1. August 1969, Stapellauf 28. März 1970

Werft: Smith & Rhuland, Lunenburg, Nova Scotia

Vermessung: 500 ts Deplacement; 380 BRT

Abmessungen:
Länge über alles	51,80 m
Länge Rumpf	38,10 m
Länge zwischen den Loten	33,20 m
Breite	9,30 m
Tiefgang	3,90 m

Segelfläche: ca. 1200 qm

Besegelung: Ursprünglich 17 Segel; 2 Spritsegel, 2 Vorsegel; Fockmast: Focksegel, Marssegel, Bramsegel; Großmast: 3 Stagsegel, Großsegel, Marssegel, Bramsegel; Kreuzmast: 2 Stagsegel, Marssegel, Besansegel

Masten: Höhe Großmast über Deck 36,50 m

Hilfsmotor: Kein Hilfsmotor

Bewaffnung: Ursprünglich 26 9-Pfünder, 6 3-Pfünder

Besatzung: Kriegsbesatzung 18. Jahrhundert: 160 Personen, Friedensbesatzung 18. Jahrhundert: 80 Personen, heute unter Segeln: 30 Personen

Verwendung: Museums- und Filmschiff, Schulschiff unter Segeln

1976 feierten die USA den 200. Jahrestag ihrer Unabhängigkeitserklärung. Aus diesem Anlaß wurde nach Originalplänen des National Maritime Museum in Greenwich die zweite Fregatte ROSE gebaut. Das Originalschiff hatte entscheidenden Anteil bei den damaligen Ereignissen.
Am 5. Juni 1756 bei Hugh Blaydes Shipyard in Hull auf Kiel gelegt, lief es am 8. März 1757 vom Stapel.
Geführt von einem gekrönten Löwen, der auch heute wieder den Bug ziert, kämpfte ROSE im siebenjährigen Krieg Englands gegen Frankreich und Spanien.
1768 sollte sie James Cooks' Expeditionsschiff für seine Weltumsegelung werden. Kurzfristig entschied sich Cook aber für die ENDEAVOUR. ROSE wurde nach Boston befohlen und von 1774–1776 nach Newport, R. I. Sie wurde Flaggschiff eines kleinen Geschwaders, das die Schmuggelei bekämpfen sollte. Die Schmuggler, die die englischen Zölle zu umgehen versuchten, verhinderten mit Waffengewalt die Lebensmittelversorgung der englischen Schiffe. Daraufhin verhängte der Geschwaderkommodore Sir James Wallace die vollständige Blockade der gesamten Bucht von Newport. Das gab den Amerikanern den Anstoß, im Oktober 1775 ihre eigene Flotte, die U.S. Navy, zu gründen. Als ROSE die Bucht verlassen mußte, um sich Nahrungsmittel zu beschaffen, erklärte die Generalversammlung von Rhode Island am 4. Mai 1776 als erste die Unabhängigkeit von der englischen Krone. Zwei Jahre lang deckte ROSE anschließend britische Handelsschiffe entlang der amerikanischen Küste. 1779 brachte sie nach Savannah die Nachricht von der Ankunft einer französischen Invasionsflotte. Es wurde Befehl gegeben, ROSE mit anderen Schiffen vor der Hafeneinfahrt von Savannah zu versenken. Damit war eine Landung der Franzosen an dieser Stelle nicht mehr möglich. ROSE war demnach nie amerikanisches Schiff gewesen. Aber ihre Anwesenheit bestärkte das junge Amerika derart in seinen Freiheitsbestrebungen, daß sie zu einem Symbol für diesen Teil der amerikanischen Geschichte wurde.
Bei Baggerarbeiten wurden viele Teile der Fregatte gefunden, die heute im Bordmuseum gezeigt werden.
Der Nachbau der ROSE ist seit 1991 von der U.S. Coast Guard lizenziertes Schulschiff.

Sea Lion

Nach einem anregenden Besuch der MAYFLOWER II beschloß der Amerikaner Ernest Cowan, ein segeltüchtiges Handelsschiff der gleichen Epoche nachzubauen. Etwa 70000 Arbeitsstunden waren notwendig, um das Schiff herzustellen. In England gefundene Originalpläne aus dem Jahre 1586 gaben die entsprechende Arbeitsgrundlage für das handgefertigte Fahrzeug. C. E. Lyon, Cowans Freund, hat dem Schiff seinen Namen geliehen. Es fährt nur auf dem Lake Chautauqua im Staate New York.

Art: Nachbau eines britischen Handelsfahrers des 16. Jahrhunderts, Holz

Nation: USA

Eigner: Sea Lion Project Ltd., Mayville, New York

Heimathafen: Mayville, New York (Lake Chautauqua)

Baujahr: Kiellegung 1977, Stapellauf 1984

Vermessung: 90 ts Deplacement

Abmessungen:
Länge über alles 19,00 m
Länge Rumpf 12,00 m

Segelfläche: 120 qm

Masten: Höhe Großmast über Deck 17 m

Verwendung: Touristen- und Museumsschiff

Shenandoah

Art: 2-Mast-Toppsegelschoner, Holz

Nation: USA

Eigner: Capt. Robert S. Douglas, Coastwise Packet Co., Vineyard Haven, Massachusetts

Heimathafen: Vineyard Haven/ Martha's Vineyard, Mass.

Baujahr: 1964; Stapellauf 15. Februar 1964

Werft: Harvey F. Gamage, South Bristol, Maine

Vermessung: 172 ts Deplacement; 85 BRT

Abmessungen:
Länge über alles 46,20 m
Länge Rumpf 34,60 m

Länge zwischen den
Loten 30,40 m
Breite 7,00 m
Raumtiefe 2,10 m
Tiefgang 3,30 m

Segelfläche: 630 qm

Besegelung: 8 Segel; 3 Vorsegel; Fockmast: Doppel-Marssegel, Schonersegel; Großmast: Gaffelsegel, Gaffel-Toppsegel

Masten, Spieren: Höhe Großmast über Deck 27,50 m; beide Masten mit Marsstenge; Bugspriet mit Klüverbaum

Hilfsmotor: kein Hilfsmotor

Besatzung: 8 Personen, dazu Wohnräume für Gäste

Verwendung: Privatschiff für Passagierkreuzfahrten

In den Vereinigten Staaten ist es in den letzten Jahren sehr beliebt geworden, Urlaub auf einem größeren Segelschiff zu buchen. Daher steigt auch die Nachfrage nach geeigneten Schiffen. Das gab den Anlaß für den Bau des rassigen Schoners SHENANDOAH, der neben den 8 Besatzungsmitgliedern noch 37 Feriengäste aufnehmen kann. Die monatlichen Kreuzfahrten führen in die Gewässer von Cape Cod.
Als Bauvorlage für das Schiff dienten Pläne des schnellen amerikanischen Zollkutters JOE LANE, der 1849 gebaut worden war.
Die Schiffe der Küstenschmuggler waren keine einheitlichen Fahrzeuge. Allen gemeinsam aber waren große Wendigkeit, Schnelligkeit und beste Schiffsführung. Da die »heiße« Ware meist keinen großen Schiffsraum verlangte, wurden kleinere Schiffe bevorzugt. Mit ihnen konnte auch in engen Fahrwassern gesegelt werden. Wollte man sie fangen, mußte man ihnen Schiffe entgegenstellen, die alle diese Eigenschaften auch besaßen, die aber zudem groß und stark genug waren, eine entsprechende Bewaffnung zu führen. In der SHENANDOAH haben wir einen klassischen Vertreter dieses hervorragenden Schiffstyps.

Star of India

ex EUTERPE

Art: Bark, Eisen

Nation: USA

Eigner: Maritime Museum Association of San Diego, California

Liegehafen: San Diego, Embarcadero

Baujahr: 1863; Stapellauf 14. November 1863

Werft: Gibson, McDonald & Arnold, Ramsey, Isle of Man

Vermessung: 2200 ts Deplacement, 1197 BRT

Abmessungen:
Länge über alles	84,50 m
Länge Rumpf	65,70 m
Länge zwischen den Loten	62,40 m
Breite	11,80 m
Raumtiefe	6,70 m
Tiefgang (beladen)	6,60 m

Segelfläche: 2050 qm

Besegelung: 19 Segel; 3 (4) Vorsegel, Doppel-Marssegel, einfache Bramsegel, Royals; Besanmast: Besansegel, Besan-Toppsegel

Masten, Spieren: Fock- und Großmast mit Mars- und Bramstenge; Besanmast mit einer Stenge; Höhe Großmast über Deck 38,00 m; Länge Großrah 22,00 m; Länge Großroyalrah 12,00 m

Hilfsmotor: kein Hilfsmotor

Besatzung: Ursprünglich 38 Personen

Verwendung: Museumsschiff unter Segeln

Die britische Reederei Wakefield, Nash & Co. aus Liverpool ließ 1863 die EUTERPE als Vollschiff bauen. Unter dieser Flagge fuhr das Schiff zwei Reisen nach Kalkutta, bei denen es jedoch jedesmal schwere Schäden durch Kollision und Sturm hinnehmen mußte. Bei der letzten Heimreise starb der Kapitän an Bord. Wegen der unrentablen Reisen entschloß sich deshalb die Firma, den Segler 1867 an den Ostindien-Kaufmann David Brown aus London zu verkaufen. Auch jetzt war EUTERPE wieder im Indien-Handel beschäftigt, bis sie 1871 an die Reederei Shaw, Savill & Albion verkauft wurde. 27 Jahre fuhr sie von jetzt an unter der gleichen Flagge. Die meisten Reisen führten um das Kap der Guten Hoffnung nach Süd-Australien und Neuseeland, oft noch an die pazifische Küste der USA und rund Kap Hoorn nach Europa zurück. Einer der Kapitäne der Reederei, Mr. Th. E. Phillips, hat diese Weltumsegelung zehnmal hintereinander gefahren.

Neben den Frachtgütern waren sehr oft Auswanderer nach Australien und Neuseeland an Bord. Das Schiff erwies sich bei keiner Reise als besonders schnell. 1899 kaufte J. J. Moore (Pacific Colonial Ship Co.) aus San Francisco den Segler. Zwei Jahre lang fuhr EUTERPE anschließend unter hawaiianischer Flagge im Holzhandel zwischen den USA (Puget Sound) und Australien; für die langen Stämme und Balken mußten im Heck zwei Ladepforten eingeschnitten werden. Meist brachte sie Kohle aus Australien zurück.

Im Winter 1901 kam das Schiff zu einer Werft. Umfangreiche Umbauarbeiten mußten vorgenommen werden, weil die »Alaska Packers Association« EUTERPE als STAR OF INDIA in ihre »Star«-Flotte aufgenommen hatte. Aus dem Vollschiff wurde eine Bark. Für die oft bis zu 200 Personen starke Besatzung mußten Wohnräume geschaffen werden. Dazu wurde die Poop bis fast zum Großmast verlängert und das vordere Deckshaus erweitert. Die Bruttotonnage vergrößerte sich dadurch auf 1318 Tonnen.

Mit der »Star«-Flotte segelte die Bark jedes Jahr zu den großen Fischkonserven-Fabriken an der Bristol Bay in Alaska. An Bord befanden sich jeweils Seeleute, Fischer und Konserven-Arbeiter. 1923 fuhr sie zum letzten Mal unter der Flagge der »Alaska Packers«. Mr. J. Wood Coffroth erwarb das Schiff 1926 für die Zoological Society von San Diego. Er wollte es zum Kernstück eines meereskundlichen Museums und Aquariums in San Diego machen. Die Weltwirtschaftskrise der zwanziger Jahre machte diese Pläne aber zunichte.

Bis zum Ende des Zweiten Weltkrieges war das Schiff in einen sehr schlechten Zustand geraten. Die oberen Stengen und Rahen mußten wegen des starken Flugverkehrs über San Diego abgenommen werden. Diese Arbeit wurde leider völlig unsachgemäß durchgeführt, so daß bei der späteren Restauration fast nichts mehr vom stehenden Gut verwendet werden konnte.

1959 beschloß eine Gruppe von Bürgern, das Schiff endgültig als Zeugnis einer entscheidenden Epoche der Segelschiffahrt wiederherstellen zu lassen. So entstand die »Star of India Auxiliary«. Die Restaurationsarbeiten waren bis zum 100. Geburtstag des Schiffes weitgehend abgeschlossen. »Euterpe« als Galionsfigur ist seit der Erbauung erhalten geblieben. Heute liegt das Schiff am Embarcadero in San Diego. Im Zwischendeck wird ein meereskundliches Museum eingerichtet. Seit 1976 fährt die Bark von Zeit zu Zeit wieder unter Segeln.

Nach einer Generalüberholung des ältesten aktiven Rahseglers der Welt lud das Maritime Museum 1997 die freiwilligen Helfer zu einem Törn auf das 134 Jahre alte Schiff.

Swift of Ipswich

Die Konstruktion des Schiffes gründet sich auf den amerikanischen Kaperer SWIFT, eine Brigantine, die 1778 in Baltimore gebaut worden war. Der ganze Aufbau und die Ornamente entsprechen dem Zeitgeschmack des Vorbildes. Das Schiff hat Heckfenster, seine Wanten werden mit Jungfern und Taljereeps an Rüsten außenbords festgesetzt. Typisch ist auch die achtern gelegene große Kabine. Die Galionsfigur stellt heute die Frau des Erbauers, Mrs. Robinson, dar. Von 1940 bis 1958 gehörte die SWIFT OF IPSWICH dem Filmschauspieler James Cagney. Damals lag sie gegenüber dem Haus des Schauspielers in Newport Beach. Cagney verkaufte das Schiff an die Newport Dunes Inc. Von dort kaufte im Jahre 1963 die Swift Associates Ltd. das Schiff und ließ es für Passagier-Reisen einrichten. Seither segelt der Schoner auf kleineren Reisen in den Gewässern vor Kalifornien.

Art: 2-Mast-Toppsegelschoner, Holz	Werft: William A. Robinson Inc., Ipswich, Massachusetts; Konstruktion: Howard I. Chapelle, Naval Architect	Breite 5,50 m Seitenhöhe 5,30 m Raumtiefe 4,10 m Tiefgang 2,70 m	Masten, Spieren: Höhe Großmast über Deck 21,30 m; Bugspriet mit Klüverbaum
Nation: USA			
Eigner: Swift Associates Ltd., Santa Barbara, California	Vermessung: 64 long tons Deplacement	Segelfläche: 530 qm	Hilfsmotor: General Motors-Dieselmotor 671, 165 PS
Heimathafen: Santa Barbara, California	Abmessungen: Länge über alles 31,40 m Länge Rumpf 21,00 m Länge zwischen den Loten 19,20 m	Besegelung: 7 Segel; 3 Vorsegel; Fockmast: Focksegel, Toppsegel, Schonersegel; Großmast: Gaffelsegel	Besatzung: 4 Personen Stammbesatzung, 42 Passagiere, 12 Schlafplätze
Baujahr: 1937; Stapellauf Frühjahr 1937			Verwendung: Privatschiff für Passagierkreuzfahrten

🇺🇸 Tabor Boy

ex BESTEVAER ex LOTSENSCHONER II	Raumtiefe 3,30 m Seitenhöhe 4,80 m Tiefgang 3,20 m	
Art: 2-Mast-Toppsegelschoner	Segelfläche: 620 qm	
Nation: USA	Besegelung: 7 Segel; 3 Vorsegel (Vorstagsegel mit Baum); Fockmast: Focksegel, Topp-(Mars-)Segel, Schonersegel; Großmast: Bermudasegel	
Eigner: Tabor Academy, Marion, Mass.		
Heimathafen: Marion, Mass.		
Baujahr: 1914	Masten, Spieren: Höhe Großmast über Deck 26,80 m; Pfahlmasten; Bugspriet mit Klüverbaum	
Werft: Amsterdam		
Vermessung: 265 ts Deplacement; 99 BRT; 82 NRT	Hilfsmotor: General Motors-Dieselmotor, 175 PS	
Abmessungen: Länge über alles 35,90 m Länge Rumpf 28,30 m Länge zwischen den Loten 26,50 m Breite 6,60 m	Besatzung: 28 Personen Verwendung: Schulschiff unter Segeln	

Als LOTSENSCHONER II wurde der Segler für holländische Dienste in Amsterdam gebaut. 1923 übernahm ihn die holländische Handelsmarine für die Ausbildung ihres Offiziers-Nachwuchses. Der Name änderte sich in BESTEVAER. Im Jahre 1939 erbeutete die deutsche Kriegsmarine das Schiff und setzte es bis Kriegsende für ihre Zwecke ein. Dann kam der Schoner für kurze Zeit in russische Hände und wurde schließlich von Holland zurückgefordert. Nach seiner Rückkehr ging er in Privatbesitz über. 1950 richteten die Eigner die BESTEVAER als Yacht ein, obwohl sie dann nie richtig als Yacht gesegelt wurde. Wenig später kaufte R. C. Allen von den »R. C. Allen Business Machines« in Holland, Michigan, USA das Schiff und schenkte es 1954 der »Tabor Academy« in Marion, Massachusetts. Als TABOR BOY ist der Schoner das vierte Schiff der Akademie, das diesen Namen führt. Die »Tabor Academy« ist eine »College Preparatory Boarding School« für Jungen. Sie wurde 1876 gegründet und hat ihren Namen nach dem Mount Tabor in Israel, der einst eine berühmte christliche Kultstätte war. Nach der Überlieferung soll er der Berg der Verklärung Christi sein. Ruder- und Segelsport nehmen an der Akademie eine Sonderstellung ein. Während der Schulzeit unternimmt die TABOR BOY Wochenendfahrten entlang der Küste Neuenglands. An diesen Fahrten kann jeder Student teilnehmen. In den Frühlings- und Sommerferien macht der Schoner Kreuzfahrten nach South Carolina, Florida, zu den Bermudas oder nach Nassau auf den Bahamas.

Te Vega

ex VEGA
ex ETAK

Art: 2-Mast-Gaffelschoner, Stahl

Nation: USA

Eigner: Landmark School of Pride's Crossing, Mass.

Heimathafen: unbekannt

Baujahr: 1930

Werft: Fr. Krupp Germaniawerft, Kiel

Vermessung: 400 ts Deplacement; 243 BRT; 113 NRT

Abmessungen:
Länge über alles 47,40 m
Länge Rumpf 41,30 m
Länge zwischen den Loten 30,40 m
Breite 8,50 m
Tiefgang 5,20 m

Segelfläche: 966 qm

Besegelung: 7 Segel; 3 Vorsegel, Gaffelsegel, Gaffeltoppsegel

Masten: Höhe Großmast über Deck 39,20 m; beide Masten mit einer Stenge

Hilfsmotor: Mirrless-Dieselmotor, 225 PS

Besatzung: 17 Mädchen, 28 Jungen

Verwendung: Schule und Schulschiff unter Segeln

Der Entwurf für diese einstige Privatyacht stammt von Cox und Evens. Ihr Auftraggeber und erster Eigner war Walter G. Ladd. Nach dessen Frau Kate bekam sie den Namen ETAK. Bis zum Kriege wechselte sie einige Male den Besitzer und war dann Eigentum der Marine. Bei Aufnahmen für den Film »South Seas Adventures« zeigte sie oftmals ihre hervorragenden Segeleigenschaften. Etmale von 270 Seemeilen waren keine Seltenheit. Das brachte ihr im Pazifik den bewunderungsvollen Zusatznamen »Te« ein, was soviel heißt wie »groß« oder »wunderbar«.
Diese Rekordfahrten wurden im übrigen auch in neuester Zeit wiederholt. 1958 wurde der Schoner gründlich überholt und segelte einige Jahre als Yacht, bis er 1962 von der Stanford Universität als ozeanographisches Forschungsschiff übernommen wurde. Seit dem Verkauf an ihren jetzigen Eigner fährt der Schoner meist im Mittelmeer.

Timberwind

ex PORTLAND PILOT

Art: 2-Mast-Gaffelschoner, Holz

Nation: USA

Eigner: Bill, Julie & Dan Alexander, Albion, Maine

Heimathafen: Rockport, Maine

Baujahr: 1932; Stapellauf 10. März 1931

Werft: Brown's Wharf, Portland, Maine

Vermessung: 85 ts Deplacement; 85 BRT; 49 NRT

Abmessungen:
Länge über alles 30,40 m
Länge Rumpf 21,30 m
Breite 5,70 m
Raumtiefe 2,70 m
Tiefgang 3,00 m

Segelfläche: 223 qm

Besegelung: 5 Segel

Masten: Höhe Großmast über Deck 25 m

Hilfsmotor: kein Hilfsmotor

Besatzung: 5 Personen Stammbesatzung, 20 Gäste

Verwendung: Ferienreisen an der Küste von Maine

PORTLAND PILOT war Lotsenschiff in den Gewässern vor Portland von 1931 bis 1969. Während der Kriegsjahre war sie zusätzlich dazu eingesetzt, die U-Boot-Netze vor der Hafeneinfahrt von Portland in Ordnung zu halten. Damals besaß das Schiff einen Hilfsmotor. Für zahlende Gäste fährt TIMBERWIND, wie sie heute heißt, während der warmen Jahreszeit in den Gewässern vor Maine.

🇺🇸 Tole Mour

Art: 3-Mast-Toppsegelschoner, Stahl

Nation: USA

Eigner: Marimed Foundation, Honolulu und Majuro, Marshall Islands

Heimathafen: Honolulu

Baujahr: Stapellauf 14. Juli 1987, Indienststellung 4. Oktober 1988

Werft: Nichols Bros. Boatbuilders, Freeland, Washington

Vermessung: 340 ts Deplacement (einsatzfähig); 229 BRT; 151 NRT

Abmessungen:
Länge über alles	47,40 m
Länge Rumpf	37,20 m
Breite	8,80 m
Raumtiefe	3,60 m
Tiefgang	4,10 m

Segelfläche: 790 qm

Besegelung: 15 Segel

Masten: Höhe Großmast über Deck 33,40 m

Hilfsmotor: Deutz SBA 8M816, 564 PS

Besatzung: 11 Personen Stammbesatzung, dazu 15 Personen ärztliches Personal

Verwendung: Medizinische Unterstützung, Schulschiff unter Segeln

In der Landessprache der Marshallinseln bedeutet Tole Mour »Lebens- und Gesundheitsgeschenk«. Das Schiff ist wohl einmalig in der Flotte der Großsegler. Es dient ausschließlich der medizinischen Versorgung der Bevölkerung der Marshallinseln. Aus Gründen der Treibstoffersparnis wurde der Windantrieb gewählt. In flachen und riffreichen Küstengewässern kann natürlich auf Motorhilfe nicht verzichtet werden.

TOLE MOUR hat sämtliche medizinischen Einrichtungen an Bord, die für diesen Dienst notwendig sind. Das Versorgungsprogramm umfaßt: Mutter-und-Kind-Gesundheitsvorsorge, Zahngesundheitsdienst, Vorbeugung und Behandlung von Krankheiten Erwachsener. Eine weitere wichtige Aufgabe ist zudem die kulturelle Betreuung der Menschen auf den meist weit auseinanderliegenden Inseln und Atollen.

🇺🇸 Unicorn

Als Brigg getakelt ist UNICORN einer der ganz wenigen Segler dieser Art. Sie wurde in Finnland als Frachtschoner LYRA gebaut und transportierte nach dem Krieg vor allem Sand und Bauholz für die zerstörten Städte des Landes. Später wurde sie abgetakelt und fuhr als Sandfrachter. 1971 kaufte der Amerikaner Jaques Thiry das Schiff. Nach Plänen des 1867 in Frankreich gebauten Seglers ADOLPH ET LAURA takelte er den Rumpf als traditionelle Brigg. Eine Kupferhaut schützt den Schiffskörper vor Bohrmuschelfraß.

Nach einem weiteren Wechsel des Eigners, der das Schiff auch für Filmaufnahmen zur Verfügung stellte (»Roots«, »Ghost of Cape Horn«), kaufte es 1980 der englische Hotelier Robert Elliot. Castries auf St. Lucia wurde der neue Heimathafen. Von dort fährt UNICORN mit Passagieren und einer Steelband an Bord in der Karibik.

ex LYRA

Art: Brigg, Holz

Nation: USA

Eigner: Robert Elliot, St. Lucia

Heimathafen: Castries, St. Lucia

Baujahr: 1948

Werft: Helge Johansson, Sibbo, Finnland

Vermessung: 190 ts TM
Abmessungen:
Länge über alles 39,20 m
Breite 7,40 m
Tiefgang 2,80 m

Besegelung: 13 Segel

Masten: Höhe Großmast über Deck 22,90 m

Hilfsmotor: Caterpillar-Diesel, 335 PS

Besatzung: 22 Personen

Verwendung: Charterschiff

🇺🇸 Victory Chimes

ex EDWIN AND MAUD

Art: 3-Mast-Gaffelschoner, Holz

Nation: USA

Eigner: Captain Frederik B. Guild, »Maine Coast Cruises«, Castine, Maine

Heimathafen: Castine, Maine

Baujahr: 1900; Stapellauf April 1900

Werft: J. M. C. Moore, Bethel Shipyard, Bethel, Delaware

Vermessung: 208,48 BRT; 178 NRT

Abmessungen:
Länge über alles 51,70 m
Länge an Deck 40,10 m
Länge zwischen den Loten 38,30 m
Breite 7,30 m
Raumtiefe 2,60 m
Tiefgang 2,30 m

Segelfläche: 695 qm

Besegelung: 6 Segel; 3 Vorsegel; alle Masten nur mit Gaffelsegel

Masten: Höhe Großmast über Deck 25,20 m (alle Masten gleich hoch); Pfahlmasten, d. h. ohne Stengen

Hilfsmotor: kein Hilfsmotor

Besatzung: 9 Personen, 43 Passagiere

Verwendung: Privatschiff für Passagierkreuzfahrten

Das Schiff wurde als EDWIN AND MAUD im Jahre 1900 gebaut. Es war anfangs ein reiner Frachtsegler, der besonders als Holztransporter verwendet wurde. Schiffe dieses Typs waren als Pfahlmast-Schoner getakelt, d. h. sie fuhren keine Stengen und deshalb auch nur Gaffelsegel. Ihre Breite durfte 7,5 m nicht überschreiten, und sie hatten einen Plattboden – beides, damit sie den Chesapeake- und Delaware-Kanal passieren konn-

ten. Diese Schiffe waren aber durchaus hochseetüchtig und konnten ohne weiteres den Atlantik überqueren.

1954 wurde EDWIN AND MAUD zum Passagier-Segler umgebaut. Sie kam nach Rockland, Maine und erhielt den Namen VICTORY CHIMES. Anfangs wurde sie bei den Kreuzfahrten von Frank Elliott geführt. Heute gehört sie Captain F. B. Guild aus Castine, Maine. VICTORY CHIMES ist einer der größten amerikanischen Passagier-Segler und der einzige Dreimastschoner, der heute noch ohne Motor fährt. Den Passagieren stehen dreizehn Zweibett-, eine Dreibett- und drei Vierbett-Kabinen zur Verfügung. Von Mitte Juni bis Mitte September unternimmt der Schoner an jedem Montag von Rockland aus eine einwöchige Kreuzfahrt in die Gewässer vor Maine.

Wie verlautet, soll das Schiff inzwischen an die Firma Domino's Pizza Inc. verkauft worden sein.

🇺🇸 Wavertree

ex SOUTHGATE

Art: Vollschiff, Eisen

Nation: USA

Eigner: South Street Seaport Museum, New York, N. Y.

Liegeplatz: South Street Seaport Museum, New York

Baujahr: 1885

Werft: Oswald, Mordaunt & Co., Southampton, England

Vermessung: 2170 BRT; 2118 NRT

Abmessungen:
Länge über alles 99,10 m
Länge Rumpf 89,40 m
Länge zwischen den Loten 81,80 m
Breite 12,20 m
Seitenhöhe 8,10 m
Raumtiefe 7,40 m
Tiefgang (beladen) 6,20 m

Segelfläche: 2926 qm

Besegelung: 28 Segel; Doppel-Marssegel, einfache Bramsegel, Royals

Masten: Höhe Großmast über Deck 42,80 m; Mars- und Bramstengen

Hilfsmotor: kein Hilfsmotor

Besatzung: 29 Personen

Verwendung: Museumsschiff

Der Frachtsegler wurde ursprünglich als SOUTHGATE von der Liverpooler Reederei R. W. Leyland & Co. in Auftrag gegeben. Schon während des Baues wechselte das Schiff den Besitzer. Nach der Fertigstellung fuhr SOUTHGATE von 1886 bis 1888 für die Reederei Chadwick & Pritchard im Indienhandel. Danach kaufte R. W. Leyland sie zurück. Unter Leylands »hungry goose«-Flagge reiste das Schiff meist über weite

Entfernungen. Sie brachte hauptsächlich Salpeter, Schnittholz, Kistenöl und Jute in alle Teile der Welt. Im September 1910 wurde SOUTHGATE während eines Sturmes am Kap Hoorn schwer beschädigt. Zur Reparatur kehrte sie nach Montevideo zurück.

Bereits im November des gleichen Jahres verlor sie beim Kap Hoorn ihren Großmast; er war über Deck gebrochen. Zum Schutz lief sie die Falkland-Inseln an. Eine erneute Reparatur lohnte offenbar nicht mehr, denn man brachte sie im April 1911 nach Punta Arenas, wo sie als Woll-Lagerschiff Verwendung fand. Im Januar 1948 wurde sie nach Buenos Aires geschleppt. Dort sollte sie abgewrackt werden. Inzwischen hatte aber Senor Alfredo Numeriani das Schiff gekauft und ließ es als Sand-Lastkahn umbauen.

Das 1966 gegründete South Street Seaport Museum erwarb 1968 das mastenlose Schiff. Im August 1970 kam WAVERTREE im Schlepp nach New York. Seither wird an der Restaurierung gearbeitet, die bis auf den Rumpf einem Neubau gleichkommt.

Wawona

Art: 3-Mast-Gaffelschoner, Holz

Nation: USA

Eigner: Northwest Seaport, Seattle, Washington

Liegehafen: Seattle, Washington

Baujahr: 1897

Werft: Hans Bendixsen, Fairhaven, California

Vermessung: 630 ts Deplacement; 468 BRT; 413 NRT

Abmessungen:
Länge zwischen den
Loten 47,50 m
Breite 10,90 m
Seitenhöhe 3,70 m

Besegelung: 7 Segel; 4 Vorsegel (Vorstagsegel mit Baum), je ein Gaffelsegel

Masten, Spieren: Alle Masten sind gleich hoch; Höhe über Deck 34,50 m; keine Stengen; Gaffeln werden gefiert

Hilfsmotor: kein Hilfsmotor

Besatzung: 8 Personen als Holztransporter; über 30 Personen als Kabeljau-Schoner

Verwendung: Museumsschiff

Seit einigen Jahren bemühen sich interessierte Kreise in Seattle um die Erhaltung und Wiederherstellung der WAWONA. Da eine Grundüberholung mit Erneuerung der Masten notwendig ist, sind erhebliche Mittel erforderlich.

Der Schoner wurde 1897 für Dolbeer & Carson, Eureka und San Francisco, gebaut und war speziell für den Transport von Schnittholz eingerichtet worden. Noch heute erinnert die große »Holzpforte« unterhalb der Steuerbord-Ankerklüse an die damalige Verwendung zum Laden langer Balken. Das Schiff konnte 630000 board feet (etwa 1500 cbm) Holz laden.

Im Jahre 1913 wurde WAWONA für den Kabeljaufang umgebaut. Es mußten vor allem Staurräume für den Fisch und zusätzliche Wohnräume für die jetzt größere Besatzung eingebaut werden. Sehr wahrscheinlich ist, daß der Schoner den Weltrekord an Fangergebnissen für diese Art Schiffe hält. 1947 fuhr WAWONA das letzte Mal auf Fangreise. Während des Krieges war sie von der Regierung für Holztransporte gechartert worden.

Das Wort »Wawona« stammt aus dem Indianischen und bezeichnet einen Baum, der in Kalifornien beheimatet ist.

Westward

Art: 2-Mast-Stagsegelschoner, Stahl

Nation: USA

Eigner: Sea Education Association, Woods Hole, Massachusetts

Heimathafen: Woods Hole, Mass.

Baujahr: 1961

Werft: Abeking & Rasmussen, Lemwerder (Bau-Nr. 5619)

Konstrukteur: Elredge McInnis

Vermessung: 138 BRT; 98 NRT

Abmessungen:
Länge über alles	38,00 m
Länge Rumpf	31,00 m
Länge zwischen den Loten	25,20 m
Breite	6,53 m
Seitenhöhe	5,10 m
Tiefgang	3,90 m

Segelfläche: 650 qm

Besegelung: 8 Segel

Masten: Höhe Großmast über Deck 30 m

Hilfsmotor: Cummins-Diesel, 500 PS

Besatzung: 10 Personen Stammbesatzung, 24 Studenten

Verwendung: Ozeanographisches Forschungs- und Ausbildungsschiff

Ihr erster Eigner, Mr. Drayton Cochran aus Oyster Bay, New York, segelte WESTWARD als Privatyacht rund um die Welt. Ende der sechziger Jahre kaufte das »Oceanic Institute of Makapuu« auf Hawaii den Schoner. Das Schiff wurde Forschungsschiff des Institutes und war besonders bei der Beobachtung von Fischpopulationen im Pazifik eingesetzt worden. 1971 kaufte die »Sea Education Assoc.« das Schiff. Während sechs Reisen im Jahr unterrichten Wissenschaftler aus Universitäten und Forschungsinstituten die Studenten in Meeresbiologie und Ozeanographie.

Young America

ex ENCHANTRESS

Art: Brigantine, Eisenzement

Nation: USA

Eigner: Young America Marine Education Society

Heimathafen: Atlantic City, New Jersey

Baujahr: Stapellauf 20. Mai 1975

Werft: David M. Kent, Port Jefferson; Konstruktion: Charles Wittholz

Vermessung: 196 BRT; 76 NRT

Abmessungen:
Länge über alles 39,50 m
Länge Rumpf 29,80 m
Länge zwischen den Loten 26,60 m
Breite 7,40 m
Tiefe im Raum 2,40 m
Tiefgang 2,80 m

Besegelung: 10 Segel

Segelfläche: 489 qm

Masten: Höhe Großmast über Deck 28,50 m

Hilfsmotor: Dieselmotor, 200 PS

Besatzung: 5 Personen Stammbesatzung, 30–40 Jungen

Verwendung: Schulschiff unter Segeln

Wir haben es hier mit dem größten in Eisenzement gebauten Segler zu tun. Die Bauweise bedeutet schichtartige Verarbeitung von Drahtgeflecht (chicken wire) und Zementlagen und bietet vor allem Schutz gegen Korrosion und Bohrmuschelfraß. Ursprünglich wurde ex ENCHANTRESS (»Zauberin«) für private Passagierkreuzfahrten benutzt. Wie bei allen amerikanischen Schiffen schreibt auch hier die United States Coast Guard die Sicherheitsbestimmungen vor.

Venezuela

Simon Bolivar

Simon Bolivar

Art: Bark, Stahl

Nation: Venezuela

Eigner: Kriegsflotte, Marina de Guerra de Venezuela

Heimathafen: La Guaira

Baujahr: Stapellauf 21. November 1979, Indienststellung 12. August 1980

Werft: Astilleros y Talleres Celaya S. A., Bilbao, Spanien

Vermessung: 1260 ts Deplacement

Abmessungen:
Länge über alles 82,40 m
Breite 10,60 m
Tiefgang 4,35 m

Segelfläche: 1650 qm

Besegelung: 23 Segel; Doppel-Marssegel, einfache Bramsegel, Royals

Hifsmotor: General Motors-Diesel, 750 PS

Besatzung: 92 Personen Stammbesatzung, 102 Kadetten (männlich), 18 Kadetten (weiblich)

Verwendung: Schulschiff unter Segeln

Das Schiff hat seinen Namen nach Simon Bolivar (1783–1830) bekommen, dem bedeutendsten Führer im Unabhängigkeitskampf der südamerikanischen Kreolen gegen die spanische Herrschaft. Die Galionsfigur symbolisiert die Freiheit. Sie trägt die phrygische Mütze der französischen Revolution. In der rechten Hand trägt sie ein Schwert, in der linken Hand die Flagge, die Bolivar während des Krieges führte.
SIMON BOLIVAR unternimmt pro Jahr eine lange Ausbildungsreise. Immer wieder ergibt es sich dabei, daß sie an Großsegler-Regatten sowie Windjammertreffen teilnehmen kann.

Glossar

A

Abmessungen – Größenangaben des Schiffes in seinen Ausdehnungen (Längenmaße).

achtern – Auf dem Schiff hinten

Ahmings – Tiefgangsmarken an Vor- oder Achtersteven. Angegeben in Dezimetern oder englischen Fuß.

Anderthalbmaster – Zweimastiges Segelschiff, bei dem der kleinere Mast hinten steht. Der erste Mast heißt Großmast, der zweite Besanmast.

aufgeien – Ein Segel mit den Geitauen an die Rah holen.

aufliegen – Vorübergehendes Stillegen eines Schiffes.

Awningsdeck – s. Sturmdeck.

B

Back – Vorderer, von Seite zu Seite reichender Aufbau eines Schiffes.

Backbord – Die linke Seite des Schiffes.

Baldheader – »Kahlkopf«, Rahschiff, meist Viermaster, ohne Royals.

Ballast – Zuladung eines Schiffes, um eine optimale Stabilität zu erreichen (z. B. Sand, Steine, Wasser). Besonders wichtig bei Fahrten ohne Ladung.

Bark – Ursprünglich nur ein dreimastiges Rahschiff mit zwei volltakelten Masten und dem letzten Mast mit Schratsegeln. Daneben vier- oder fünfmastige Rahsegler, die außer dem Schratsegelgetakelten letzten Mast (Besanmast) nur volltakelte Masten fahren.

Baum – Rundholz, an das die Unterkante eines Schratsegels (z. B. Gaffelsegel) festgemacht wird.

Bergholz – Besonders starker Plankengang hölzerner Schiffe. Er überragt die Außenhaut, stabilisiert und verhindert Verletzungen der Schiffswand beim Anlegen des Schiffes.

Bermudarigg – Die Hochtakelung, besonders bei den heutigen Yachten. Nach den hohen Segeln der auf den Bermudas beheimateten Boote benannt.

Besanbaum – Baum des Besansegels. Er überragt bei einem großen Schiff meist die Heckreling.

Besanmast – Letzter Mast auf allen drei- oder mehrmastigen Schiffen sowie Ketsch und Yawl. Er fährt nur Schratsegel.

Besansegel – Segel des Besanmastes sowie letztes Schratsegel auf allen mehr als zweimastigen Schiffen sowie auf Ketsch und Yawl.

Bilge – Die tiefste Stelle im Schiff, an der sich alles eingedrungene Wasser oder durch Kondensation gebildete Schwitzwasser sammeln können.

Blinderah – Auf alten Segelschiffen eine Rah, die unter dem Bugspriet gefahren wurde.

Bodenwrange – Querschiffs liegende Bodenverstärkung.

Bonnet – Segelstreifen, der am Fußliek des Rahsegels angeheftet wird, um die Segelfläche zu vergrößern.

Bramsegel – Einfaches oder doppeltes Rahsegel, das an einem rahgetakelten Mast über dem Marssegel (oder den Marssegeln) gefahren wird.

Brasse – Tau, mit dem die Stellung der Rah zur Schiffslängsachse verändert wird. Es greift jeweils am Rahende (Rahnock) an.

Bratspill – Spill mit waagerechter Achse.

Brigantine – Zweimastiges Rahschiff, das am Fockmast nur Rahsegel, am Großmast nur Schratsegel fährt.

Brigg – Rahschiff mit zwei volltakelten Masten.

Bug – Vorderes Ende des Schiffsrumpfes.

Bugspriet – Fest mit dem Schiffskörper verbundene Spiere, die über den Steven nach vorne hinausragt. Zu ihr führen die Vorstage, an denen die Stagsegel laufen.

Bugspriet-Topprah – s. Oberblinderah.

Bugzier – Wenn keine Galionsfigur gefahren wird, zieren häufig geschnitztes Rankenwerk oder barocke Schnecken (englisch: fiddle-head = Geigenkopf) den Bug.

D

Davit – Galgenähnlicher, drehbarer Kran, an dem die Beiboote aufgehängt sind. Er wird für Boote immer paarig gefahren.

Deadweight – Die Tragfähigkeit eines Schiffes (deadweight all told), wobei Bunkerinhalte, die Vorräte usw., die das Schiff für die Reise braucht, mitgerechnet sind.

Decksbalken – Querliegende Balken, die auf den Spantenköpfen ruhen und auf denen das Deck liegt.

Deplacement – Englisch: displacement = Verdrängung. Hier: Wasserverdrängung des Schiffes.

Dhau – Bezeichnung für zwei- oder mehrmastige arabische Segelfahrzeuge mit Lateinersegeln. Der Name »Dhau« ist in der arabischen Welt selbst allerdings unbekannt.

Dingi – Kleines Beiboot, von einer Person bedienbar.

Donkey – (Englisch = Esel, soviel wie Lasttier) Dampfkessel für Hilfsmaschinen auf Segelschiffen für schwere Arbeiten.

Dory – Ruderboot für ein oder zwei Personen, mit dem vor Neufundland Kabeljau gefangen wird. Das Wort leitet sich ab von »pescadores« = Fischer.

Dromone – Byzantinisches Kriegsschiff mit wenigstens zwei Ruderdecks.

dwars – Genau querab.

E

Eishaut – Besondere, äußerste Beplankung bei Schiffen, die arktische Gewässer befahren.

Eistonne – Faßähnlicher Stand am Mast. Möglichst hochgelegen, zur Beobachtung von Eisbewegungen in arktischen Gewässern.

Ende – Seemännische Bezeichnung für jede Art von Tau.

Eselshaupt – Brillenförmiger Beschlag an der Verbindungsstelle von Untermast und Stenge oder zwischen den Stengen.

Etmal – Zurückgelegte Fahrtstrecke eines Schiffes von 12 Uhr Mittag bis wieder 12 Uhr Mittag.

F

fahren – 1. Ein Schiff fährt Segel und Ausrüstungsgegenstände.
2. Das Schiff fährt von einem Ort zu einem anderen. Aber: Es läuft soundsoviel Knoten.

Fall – Tau, mit dem die Rahen oder Segel vorgehießt werden.

Fall – Hier „Fall" der Masten. Neigung der Masten nach achtern. Es entsteht dadurch eine Vorspannung, so daß die Masten einen größeren Winddruck aushalten können.

Fallwinde – Winde, mit der Rahen oder Segel geheißt oder gefiert werden.

fieren – Herunterlassen einer Rah, einer Last. Einem Tau »Lose« geben.

Fischermann-Stagsegel – (Englisch: Fisherman's staysail) Leichtes Segel, dessen Kopf zum Großstengetopp geholt wird und dessen Hals

372

am Fockmast-Eselshaupt fest ist. Große Zugwirkung!
Fleute – Wichtigstes, vor allem niederländisches Handelsschiff des 17./18. Jahrhunderts. Flachbodig und ziemlich schmal. Stark eingezogene, bauchige Seiten bei großer Länge.
Fockmast – Erster Mast bei allen mehrmastigen Seglern (nicht beim Anderthalbmaster!).
Focksegel – Bei Rahschiffen das erste Untersegel. Bei Yachten das nächst dem Mast gefahrene Vorsegel (Stagfock).
Fregatte – Älterer Schiffstyp mit drei vollgetakelten Masten (besonders Kriegsschiffe).
Fuß – Längenmaß. Für Schiffsmaße wird meist der englische Fuß mit 304 mm zugrunde gelegt.

G
Gaffel – Obere Spiere (Rundholz) eines Gaffelsegels. Das untere Ende umgreift gabelartig (daher der Name) den Mast von achtern.
Galeas – Als Anderthalbmaster getakelter Küsten-Frachtsegler.
Galionsfigur – Eine Figur, die unter dem Bugspriet angebracht ist und die organisch aus dem Vorschiff bzw. Vorsteven „herauswächst". Sie steht meist in Beziehung zum Schiffsnamen.
Gangspill – Winde mit senkrechter Achse. Das Gangspill wird bewegt durch die Spillspaken, an denen die Bedienung um das Spill herumgeht.
Gatt – 1. Hinterende eines Schiffes (Rundgatt, Plattgatt usw.).
2. Loch, z. B. umnähtes Loch im Segel. Öffnung in der Außenhaut auf Deckshöhe für das ablaufende Wasser (Speigatt).
Geitau – Die beiden Gordinge, die zu den Schothörnern (untere Segelecken) eines Rahsegels führen.
Genua – Überlappendes Vorsegel, das am Vorstag gefahren wird.
Geschützpforte – Öffnung in der Außenhaut des Schiffes zum Ausrennen der Geschützrohre.
Gig – Kleines, schlankes Beiboot für rasche Fortbewegung.
Glattdeck – Durchlaufendes Oberdeck ohne Aufbauten.
Gordings – Alle laufenden Taue, die dazu dienen, Segel zur Rah oder zur Gaffel aufzuholen.
Großmast – Zweiter Mast bei einem zwei- und mehrmastigen Schiff (nicht beim Anderthalbmaster!).
Großsegel – Das Untersegel am vollgetakelten Großmast oder das Segel am Großmast bei Schratsegel-Takelung.

H
Hals – Beim dreieckigen Schratsegel die vordere bugwärtige Ecke des Segels. Beim Rahsegel, je nach Rahenstellung, die vordere untere Ecke.
Heck – Hinteres Ende des Schiffes.
Heckgalerie – Zum Teil reich ornamentierter, balkonartiger Umgang rund um das Heck, das bei vielen alten Kriegsschiffen und auch bei Handelsseglern zu finden war.
heißen – Das Aufziehen eines Segels oder einer Flagge.
hieven – Anheben einer Last.
Hochsegel – Auch Bermudasegel genannt. Hohes Schratsegel ohne Gaffel, dessen Kopf bis zum Masttopp reicht.
Hulk – Ausgemusterter, abgetakelter Schiffsrumpf, der oft als Lagerraum dient.

J
Jakobsleiter – Leiter zum Topp der Bramstenge.
Jolle – Flaches Beiboot mit Spiegelheck.
Jungfer – Dreifach gelochte, am Rand gekehlte Scheibe. Zwei Jungfern mit geschorenem Tau (Reep) ergeben eine Talje.

K
kalfatern – Das Abdichten von Decks- und Außenhautnähten, meist mit geteertem Werg.
Karweel-Bauweise – Hier liegen die Außenhautplanken so nebeneinander, daß eine glatte Oberfläche entsteht.
Ketsch – Anderthalbmaster. Der kleinere Besanmast steht hinten, aber vor dem Ruder des Schiffes.
Kiel – Rückgrat des Rumpfes. Bei Holzschiffen ein Balken, der zentral im Schiffsboden liegt. Auf ihm stehen quer die Bodenwrangen, die in die Spanten übergehen.
Kimm – 1. Sichtbarer Horizont auf See.
2. Am Schiffsquerschnitt stärkste Krümmung im Spant.
Kimmkiel – (Auch Schlingerkiel genannt.) Große, flachbodige Schiffe haben häufig an der Kimm des Rumpfes einen wulstartigen Kiel, um Schlingerbewegungen zu verhindern.
Klampe – Nach der Bootsform geschnittene Haltevorrichtung an Deck zum Hineinstellen der Beiboote. Auch zum Belegen von Tauwerk.
Klassifizierung – Jedes größere Schiff wird »geklaßt«. Aus dieser Beurteilung geht hervor, in welchem Bau- bzw. Sicherheitszustand sich das Schiff nach seiner Fertigstellung befindet oder in welchem Zustand es gehalten wird.
Klinker-Bauweise – Hier liegen die Außenhautplanken dachziegelartig übereinander.
Klipper – Scharfgebauter Schnellsegler ursprünglich amerikanischer Herkunft. Später und heute ganz allgemein die Bezeichnung für einen schnellen Großsegler. Selbst Viermastbarken wurden Klipper genannt.
Klüse – Runde oder ovale Öffnung in der Außenhaut oder im Deck zum Durchführen von Leinen oder Ketten (z. B. Ankerklüse).
Klüverbaum – Verlängerung des Bugspriets. Im Gegensatz zu diesem abnehmbar, häufig zum vorübergehenden Einrennen eingerichtet. In manchen Fällen noch durch einen Außenklüverbaum verlängert. Dadurch stehen die Stagsegel weiter auseinander und ergeben »am Wind« eine bessere Zugleistung.
Knoten – 1 Knoten (kn) gleich 1 Seemeile (sm) pro Stunde. An der ablaufenden Logleine sind Knoten als Marken angebracht.
Kompositbau – Schiffsbauweise, bei der die Spanten und der Kiel aus Eisen oder Stahl und die Planken aus Holz sind.
Korvette – Kleiner als die Fregatte. Meist als Vollschiff getakelt. Geschütze auf dem Oberdeck. Für Aufklärung, Konvoi-Schutz und Kaper.
Krähennest – Geschützter Stand am Mast für den Ausguck.
Kreuzmast – Der letzte vollgetakelte Mast aller drei- und mehrmastigen Segelschiffe.
Kreuzsegel – Das Untersegel am vollgetakelten Kreuzmast (auch Bagien genannt).
Kutter – Arbeitsboot der Marine mit Spiegelheck, das gepullt und gesegelt werden kann.

L
Langboot – Großes Rettungsboot, das immer an Deck oder auf dem Deckshaus festgelascht war.
Lateinersegel – Dreieckiges Segel, das an einer Rute (Mittelding zwischen Rah und Gaffel) gefahren wird. Wahrscheinlich stammt es aus dem Mittelmeerraum.

Laufendes Gut – Alles Tauwerk, das zum Bedienen der Segel und zum Bewegen der Rahen, Gaffeln und anderen Spieren dient.
Lee – Die dem Wind abgewandte Seite.
Leesegel – Segel, die Rahsegler bei leichtem, raumen Wind setzen. Die Rahen dafür werden durch Hinausschieben der Leesegelspieren verlängert, an diesen werden die Leesegel gesetzt. Heute sehr selten.
Legel – Eiserne oder hölzerne Ringe, die um Masten oder Stagen herumgelegt sind und an denen Schratsegel befestigt werden.
Liek – Durch ein Tau verstärkte Kante eines Segels, die um das ganze Tuch herumführt.
loggen – Messen der Geschwindigkeit eines Schiffes von Bord aus.
loten – Messen der Wassertiefe.
Luv – Die dem Wind zugewandte Seite.

M
Mars – Plattform im Mast, die auf den Salings ruht.
Marssegel – Einfaches oder doppeltes Rahsegel, das an einem rahgetakelten Mast über dem Untersegel gefahren wird.
Messe – Wohn- und Speiseraum auf Handels- oder Kriegsschiffen.
Mondgucker – Dreiecksegel über der höchsten Rah mit der Spitze nach oben.

N
Nagelbank – Bankartige Vorrichtung am Schanzkleid an den Wanten und um die Masten herum, zu der das laufende Gut geführt wird, um dort an Belegnägeln festgesetzt (belegt) zu werden.
Nock – Ende einer Spiere (Rah, Gaffel, Baum). Auch seitliche Ausdehnung der Brücke (Brückennock).

O
Oberblinderah – Kleine Rah, die an der Bugsprietstenge gefahren wird, einem kleinen Mast, der vorne auf dem Bugspriet oder dem Klüverbaum steht. Hauptsächlich bei alten Kriegsschiffen.

P
Pardunen – Verstagungen der Masten und Stengen, die achterlich der Wanten stehen.
Patentanker – Stockloser Klappanker, der teilweise in die Klüse eingeholt werden kann.
Pfahlmast – Ein Mast, der aus einem Stück besteht, also keine Stengen trägt.
Pfortenband – Um das Schiff laufendes, meist weißes Band auf der Höhe der Geschützpforten-Reihe am sonst schwarz gemalten Rumpf, das die Pforten demonstrieren oder vortäuschen soll.
Pfortendeckel – Klappen, die von außen die Geschützpforten auf alten Kriegsschiffen schließen.
Piek – Spitze, Ecke. Die äußersten spitzen Räume an den Enden des Schiffes sind die Piekräume (Vorpiek, Achterpiek).
Pinaß – Kleineres, vollgetakeltes Handels- oder Kriegsschiff mit Plattgatt. Vorwiegend 17. Jahrhundert.
Pinne – Ruderpinne. Längsschiffs und horizontal gelegener Hebel, mit dem der Ruderschaft gedreht wird. Bei großen Schiffen durch Ruderrad ersetzt.
Planken – Mehr oder weniger breite Bretter, die auf den Spanten (Außenhaut) oder auf den Decksbalken (Deck) befestigt sind.
Plattgatt – s. Spiegelheck.
Poop – Der hintere, von Seite zu Seite reichende Aufbau eines Schiffes.
Prahm – Kastenförmiges Transport- oder Arbeitsboot.
Pütting – (auch Rüsteisen) Der Beschlag, mit dem die Wanten mit der Außenhaut verbunden sind.
pullen – Seemännischer Ausdruck für »rudern«.

Q
Quarterdeck – Erhöhung des Hauptdecks im hinteren Teil des Schiffes.

R
Rah – Am Mast quer zur Längsachse des Schiffes gefahrene Spiere, an der ein Rahsegel untergeschlagen ist.
raum – »schräg von hinten«. Der Wind kommt raum ein, wenn er achterlicher als dwars ist.
Raumtiefe – Ein senkrechtes Maß, im Raume gemessen. Oberkante Bodenwrange bis Unterkante Decksbalken (oberstes durchlaufendes Deck) mittschiffs.
Reeder – Eigner eines oder mehrerer Handelsschiffe.
Reff – Teil des Segels, der zum Verkleinern (Kürzen, Reffen) vorgesehen und eingerichtet ist. Das Reff liegt parallel zur Rah oder zum Baum.
Reffbändsel – Kurze Leinen, die in einer oder mehreren Reihen am unteren Teil eines Segels befestigt sind. Mit ihnen wird ein Segel eingebunden.
Reling – Der »Zaun«, der um ein offenes Deck läuft.
Riemen – Das »Ruder« (wie der Nichtseemann es nennt), mit dem gepullt wird.
Rigg – Die gesamte Takelage oder die Takelart eines Segelschiffes.
Riß – Die Gesamtheit der Konstruktionslinien (Spantenriß, Seitenriß etc.).
Royal(-segel) – Einfaches Rahsegel, das über dem oder den Bramsegel(n) gefahren wird.
Rudergast – s. Rudergänger.
Rudergänger – Der Mann, der am Ruderrad steht und das Schiff steuert.
Rundgatt – Abgerundetes Schiffsende.
Rüste – Bankartige Planke unterhalb der Wanten in der Außenhaut, über die die Rüsteisen zur Außenhaut geführt werden.
Rüsteisen – Flacheisen, mit dem die Wanten an der Außenhaut festgemacht sind.

S
Salinge – Auf Rahschiffen und großen Schonern längs- und querschiffs gestellte hölzerne oder eiserne dünne Balken am Mast, auf denen der Mars ruht. Sie dienen gleichzeitig zum Ausspreizen der Wanten und Pardunen.
Salon – Wohnraum des Kapitäns.
Schaluppe – Einmastiges, kleines Frachtfahrzeug.
schamfilen – Scheuern, besonders von Segeln an den Stagen.
Schandeck – Abschließende Decksplanke, die an den Seiten über der Außenhaut und den Spanten liegt.
Schanzkleid – Feste Wand um ein freiliegendes Deck.
Schnaumast – Leichter Untermast, der zur Segelführung hinter dem Hauptmast steht.
Schoner – Zwei- oder mehrmastiges Segelfahrzeug, das keinen vollgetakelten Mast fährt. Häufig nur Schratsegel. Bei Zweimastern steht der größere Mast hinten.
Schonersegel – Das Schratsegel des Fockmastes, auch dann, wenn dieser Mast noch zusätzlich Rahsegel fährt.
Schott – Trennwand, die einen Teil des Schiffsinneren von einem anderen abteilt.
Schratsegel – Alle Segel, die längsschiffs stehen.
Schweinsrücken – Keilförmiger Kasten, auf dessen schräger Oberseite der Anker liegt (zum selbsttätigen Abrutschen).

Seemeile – Der 60. Teil eines Meridiangrades = 1852 m.
Seitenhöhe – Gemessen auf halber Schiffslänge von der Waagerechten durch Unterkante Spantwinkel bis Oberkante Decksbalken des obersten durchlaufenden Decks.
Skylight – Oberlicht. Fenster im Deck zur Lichtführung nach unten.
Skysegel – Einfaches Rahsegel, das über dem Royalsegel gefahren wird.
Slup – 1. Takelung eines Bootes mit einem Mast, Großsegel und Stagfock. Die verbreitetste Takelung der Sportboote. 2. Einmastiges Frachtfahrzeug (auch „Schaluppe").
Spake – Speiche, die in Öffnungen einer Trommel (z. B. Spill) eingesetzt wird, um diese damit zu drehen.
Spanten – Die »Rippen« des Rumpfes. Sie stehen quer auf dem Kiel und gehen aus den Bodenwrangen hervor.
Spencer – Gaffelsegel ohne Baum.
Spiegelheck – Flacher, platter Abschluß eines Schiffes (im Gegensatz zum Rundheck).
Spiere – Alle Rundhölzer an Bord außer Masten und Stengen.
Spill – Winde an Deck, z. B. Ankerspill.
Spinnaker – Großes, leichtes ballonsegelähnliches Beisegel, das auf Kursen von raum-vorlich bis vor dem Wind gesetzt wird.
Sponung – An den Steven und am Kiel beiderseits längs verlaufende Aussparungen, in die die Planken einlaufen.
Süll – Erhöhter Rand um Luken herum und in Türen (Schwelle), um das Eindringen von Wasser zu verhindern.
S.T.A. – »Sail Training Association«. Englische Gesellschaft zur Förderung von Großsegler-Regatten und Segelausbildung.
S.T.A.G. – »Sail Training Association Germany«

Stabilität – Standfestigkeit eines Schiffes, seine Möglichkeit, sich aus Schräglage wieder aufzurichten.
Stage – Taue des stehenden Gutes, die Masten und Stengen nach vorne abstützen.
Stagsegel – Alle Segel, die an Stagen laufen.
Stagsegelschoner – Ein Schoner, der am Fockmast anstelle des Schonersegels Stagsegel fährt.
Stampfstock – Eiserner oder hölzerner Stock, der unter dem Bugspriet nach unten weist und die Verstagung des Klüverbaums spreizt.
Stehendes Gut – Alles Tauwerk, das zum Stützen der Masten und Stengen dient und nicht bewegt wird.
Stell – Ein »Satz« (z. B. ein Satz Segel).
Stenge – Fierbare Verlängerung des Untermastes nach oben. Große Segler fahren oft zwei Stengen, Mars- und Bramstenge.
Steuerbord – Die rechte Seite des Schiffes.
Steven – Mehr oder weniger senkrecht stehende Weiterführung des Kiels am vorderen und hinteren Schiffsende.
Stockanker – Sehr alte Ankerform. An seinem Schaft ist der quergestellte Stock fest angebracht.
streichen – Niederholen einer Flagge (Aufgeben des Kampfes).
Sturmdeck – Durchgehendes Deck über dem Hauptdeck. Das Schanzkleid ist bis zu diesem Deck hochgezogen. Dadurch entsteht ein durchlaufender Aufbau.

T
Takelage – Die Gesamtheit der Besegelung und der dazu nötigen Einrichtungen.
Talje – Flaschenzug aus zwei ein- oder mehrscheibigen Blöcken, die durch den Taljenläufer (Taljereep) miteinander verbunden sind.

Tausendbein – Bürstenartige Knüpfarbeit aus kurzen Taustücken, die zum Schutz gegen das Schamfilen der Segel an Stagen und Wanten angebracht wird.
Topp – Das obere Ende des Mastes (Vortopp, Großtopp etc.). Daneben oft auch Bezeichnung für den ganzen getakelten Mast.
Toppsegel – Bei Rahschonern (Toppsegelschonern) allgemein die Rahsegel. Bei Gaffelschonern die Segel, die über den Gaffelsegeln stehen (Gaffeltoppsegel).
Toppsegelschoner – Ein Schoner, der am Fockmast neben dem Schonersegel auch ein oder mehrere Rahsegel (Toppsegel) fährt.
Treisegel – Ein Schratsegel, das bei Stagsegelschonern in dem Dreieck zwischen Stag und vorstehendem Mast gefahren wird.
Tramp – Kauffahrer, der seine Ladung dort holt, wo sie gerade angeboten wird (Gegensatz: Linienschiffahrt).
trimmen – 1. Das Schiff wird durch Trimmen (gutes Setzen der Segel, richtiges Stauen der Ladung usw.) in einen guten Zustand gebracht. 2. Beförderung von Ladung von einer Stelle an Bord zu einer anderen.
Trireme – Auch Triere. Griechische Galeere mit drei Ruderbänken.

U
unterschlagen – Anbringen eines Segels an Rahen, Gaffeln, Bäumen usw.
Untersegel – Unterstes Rahsegel an einem vollgetakelten Mast (Focksegel, Großsegel usw.).

V
Vermessung – Bestimmung der Schiffsgröße nach dem Rauminhalt, der Lade- und Tragfähigkeit (Raum- und Gewichtsmaße).

Vermessungslänge – Für die Vermessung meist die Länge zwischen den Loten.
vollgetakelt – Der Mast fährt einen vollständigen Satz Rahsegel.
Vollschiff – Ursprünglich nur ein dreimastiges Rahschiff, bei dem alle Masten voll getakelt sind. Daneben jedes mehr als dreimastige Schiff mit der gleichen Takelart. Genauere Bezeichnung: Vier- oder Fünfmastvollschiff.
Vollzeug – Ein Segelschiff fährt unter Vollzeug, wenn es alle verfügbaren Segel gesetzt hat.
Vorsegel – Alle Segel, die vor dem Fockmast bzw. Mast gefahren werden. Es sind Stagsegel.

W
Wanten – Taue des stehenden Gutes, die den Mast und die Stengen nach der Seite abstützen.
warpen – Fortbewegung eines Schiffes, bei der mit Hilfe eines Bordankers und des kleineren Warpankers das Schiff von einer Ankerstelle zur anderen gezogen wird.
Winsch – Winde.
Wrange – Querliegende Bodenverstärkung des Rumpfes. Aus ihr geht der Spant hervor.
Wurmhaut – Äußerste Umkleidung des Schiffsrumpfes unterhalb der Wasserlinie, meist aus Kupferplatten. Gegen Bohrmuschelfraß.

Y
Yacht – Wasserfahrzeug, das nicht für wirtschaftliche Zwecke genutzt wird, sondern nur zum Sport, zur Erholung oder als Liebhaberei Verwendung findet.

Z
Zoll – Gemeint sind meist englische Zoll. 1" = 25,41 mm.
Zwischendeck – Auf Großseglern meist nur ein einziges Deck zwischen dem Hauptdeck und dem Schiffsboden.

Museumshafen Oevelgönne

Im Hamburger Stadtteil Oevelgönne an der Elbe befindet sich der genannte Museumshafen. Dort unterhält die gemeinnützige Vereinigung »Museumshafen Oevelgönne e. V.« einen kleinen Hafen, in dem segelnde und dampfende ehemalige Berufsfahrzeuge beheimatet sind. Die Schiffe, überwiegend in privatem Eigentum von Mitgliedern der Vereinigung, sind alle unter Segel (oder Dampf/Motor) in Fahrt und unternehmen gelegentlich Reisen auf der Elbe, der Nord- oder Ostsee. Oft waren umfangreiche und kostspielige Restaurierungsarbeiten notwendig, um die Schiffe so originalgetreu wie nur möglich wieder herzurichten. Im Museumshafen liegen u. a.:

PRÄSIDENT FREIHERR VON MALTZAHN (HF 294) von Oevelgönne, ein 1929 in Cranz bei Hamburg auf der Werft J. Sietas aus Holz gebauter Finkenwerder Hochseekutter, getakelt als Anderthalbmaster mit 210 qm Segelfläche. Der Kutter gehört der Vereinigung und wurde auf der Werft Joachim Behrens in Finkenwerder restauriert. Länge: 22,55 m (30 m ü. a.), Breite: 6,60 m, Tiefgang: 1,90 m, 50,96 BRT.

CATARINA von Hamburg (ALT 287), hölzerner Kutterewer gebaut 1889 auf der Werft Johann Brandt in Neuhof bei Hamburg für den Fischer H. Rübke aus Altenwerder. Das Schiff wurde 1976–1978 auf der Werft von Joachim Behrens in Finkenwerder vollständig originalgetreu restauriert. Getakelt als Besanewer mit 120 qm Segelfläche, Länge: 16,10 m, Breite: 5,25 m, Tiefgang: 1,20 m, 13,3 BRT.

JOHANNA von Neumühlen, stählerner Besanewer mit Holzboden. 1903 bei J. Thormählen in Elmshorn gebaut. Als typisches Elbfrachtschiff war sie bis 1960 im Dienst. 1974–1978 auf der Werft Günter Muche in Allermöhe/Hamburg originalgetreu restauriert. Länge: 18,62 m (24 m ü. a.), Breite: 4,86 m, Tiefgang: 1,20 m, 36,75 BRT.

GRETA VON FINKENWERDER, Hamburg. Als kleiner Elbfischkutter 1904 auf der Werft von Joachim Behrens in Finkenwerder bei Hamburg aus Holz gebaut. Bis 1975 von einer Familie als Fischereifahrzeug auf der Elbe genutzt. Von 1975 bis 1980 wurde die GRETA in Eigenarbeit von Grund auf neu verzimmert und originalgetreu wieder aufgebaut. Länge: 10,50 m, Breite: 3,55 m, Tiefgang: 0,80 m, Gaffelkutter mit 75 qm Segelfläche.

MOEWE von Hamburg, stählerner Frachtewer, 1907 auf der Werft von Heinrich Fack in Itzehoe gebaut für einen Elbschiffer aus Wilster. Das Schiff ist in den Abmessungen ein sogenannter »Lägerdorfer Ewer«, weil es genau durch die Schleusen und Brücken des Lägerdorfer Kanals paßte, um von der dortigen Fabrik Zement nach Hamburg zu segeln. 1977–1980 restauriert. Länge: 17,86 m (24 m ü. a.), Breite: 4,10 m, Tiefgang: 1 m, 31,84 BRT, getakelt als Besanewer mit 150 qm Segelfläche.

FORTUNA von Oevelgönne, ein holländisches »Skûtsje« (kleine Tjalk), gebaut 1914 als Frachtsegler aus Stahl, 1974 in Holland umfangreich restauriert, Länge: 15,79 m, Breite: 3,35 m, Tiefgang: 0,60 m, getakelt als Gaffelslup mit 100 qm Segelfläche, 17,79 BRT.

AURORA von Altona, pommerscher Ostsee-Fischkutter, 1934 auf der Werft Franz Götz in Rügenwalde aus Holz für einen Fischer aus Kolberg gebaut. 1974–1976 in Eigenarbeit vom Eigner in Friedrichskoog vollständig neu verzimmert und neu aufgerigt. Länge: 13 m (17,50 m ü. a.), Breite: 4,50 m, Tiefgang: 1,70 m, 15,95 BRT, getakelt als Gaffelkutter mit 120 qm Segelfläche.

DELPHIN von Hamburg, friesische Torfmutte, gebaut 1930 als hölzerner Lastensegler auf der Werft Wiese in Rhauderfehn/Ostfriesland, diente zum Torftransport. Länge: 14,30 m (16,30 m ü. a.), Breite: 3,66 m, Tiefgang: 1 m, 100 qm Segelfläche.

FAHREWOHL von Hamburg (SH 5342), hölzerner Krabbenkutter, 1912 auf der Werft von Gustav Junge in Wewelsfleth für einen Fischer aus Büsum gebaut. Das Schiff war – zuletzt als Moorkutter – bis 1976 in der Krabbenfischerei der Nordseeküste beschäftigt. 1981 nach den Originalplänen auf der Werft von Jürgen Hatecke in Freiburg/Elbe restauriert und wieder aufgerigt. Länge: 9,30 m, Breite: 3,50 m, Tiefgang: 1,20 m, 8,18 BRT, getakelt als Gaffelkutter mit 75 qm Segelfläche.

ROSINANTE von Hamburg, stählerne IJsselaak, 1909 in Holland gebaut, diente ursprünglich als Sandtransporter, 1974–1978 in Eigenarbeit restauriert und originalgetreu wieder aufgerigt, Länge: 14,65 m, Breite: 4 m, Tiefgang: 0,60 m, Segelfläche: 100 qm.

ELBE 3 von Hamburg, ehemaliges Feuerschiff, siehe dort.

TIGER von Hamburg, Dampfschlepper.

CLAUS D von Hamburg, Dampfschlepper.

OTTO LAUFFER von Hamburg, Dampfbarkasse.

WALTER HÄVERNICK von Hamburg, ehemaliges Feuerlöschboot für den Hamburger Hafen.

VALDIVIA von Altona, 2-Mast-Gaffelschoner, siehe dort.

Die Sail Training Association (STA)

Zu den Rennen der STA versammeln sich regelmäßig zahlreiche Windjammer aus aller Welt, hier KAISEI, AMERIGO VESPUCCI, GUAYAS *und* CHRISTIAN RADICH.

Anfang 1954 machte der Engländer Bernard Morgan den Vorschlag, die noch fahrenden Segelschulschiffe zu einer Regatta zusammenzuführen, um damit das Verständnis der internationalen Jugend zu fördern. Captain John Illingworth gründete daraufhin ein Sail Training Ships International Race Committee, das eine Regatta für 1956 vorbereiten sollte. Dieses Rennen führte dann von der Tor Bay bei Torquay nach Lissabon. Zugelassen waren aber nicht nur die großen Rahsegler, sondern auch Schoner und andere kleinere Segelfahrzeuge. Voraussetzung für die Teilnahme war, daß wenigstens die Hälfte der Besatzung junge Leute zwischen 16 und 25 Jahren waren, die keine oder nur sehr geringe Segelerfahrung besaßen – es mußten Schulschiffe sein. Bei dieser ersten Regatta nahmen zwanzig Schiffe teil, von denen sieben größer als 250 ts waren. Vorausgegangen waren Wettbewerbe in Rudern, Schwimmen und Segeln mit Kleinfahrzeugen.

Die Veranstaltung fand ein so großes Echo, daß sich das Komitee entschloß, die Regatta alle zwei Jahre zu wiederholen. Das nächste Rennen fand 1958 statt; es führte von Brest zu den Kanarischen Inseln. Die Sail Training Association, in der sich jetzt die Verantwortlichen zusammengeschlossen hatten, wurde zur bleibenden Einrichtung, und sollte fortan die Regatten organisieren. Da England damals kein eigenes größeres Segelschulschiff besaß, wurde 1965 als erstes Schiff die SIR WINSTON CHURCHILL gebaut. Ihr folgte 1968 die MALCOLM MILLER.

Die Teilnehmer der Regatten werden in drei Klassen eingeteilt. Rahsegler finden sich in der A-Klasse, Schoner in der B-Klasse und kleinere Fahrzeuge wie Ketsch oder Kutter in der C-Klasse. Zusätzlich wird für jedes Schiff eine eigene Formel errechnet, bei der neben anderen Faktoren vor allem Segelfläche, Verdrängung und Länge berücksichtigt werden. Einen »absoluten« Sieger kann es demnach nicht geben.

Da sich die Teilnehmerzahl ständig erhöhte, stiegen auch die Kosten für die Ausrichtung der Regatten. 1971 befand sich die STA in einer finanziellen Notlage, die das Rennen für 1972 in Frage stellte. Die britische Firma Berry Bros. & Rudd Ltd., Inhaberin der Cutty Sark Scotch Whisky, sprang als Sponsor ein. Es war und ist nicht nur die finanzielle Unterstützung, die der STA den nötigen »Wind« gab, sondern die Firma stiftete zusätzlich die Cutty Sark Trophy. Es ist dies ein in Silber gearbeitetes Modell des berühmten Klippers CUTTY SARK, der heute noch in London-Greenwich zu sehen ist.

Diesen Preis erhält nach Ende einer Regatta nicht das schnellste Schiff, sondern das, dessen Besatzung sich am meisten für die internationale Verständigung eingesetzt hat. Die Kapitäne aller teilnehmenden Schiffe wählen diesen Sieger, der den Preis dann zwei Jahre lang behalten darf. Das erste Schiff, das die Trophäe an Bord nehmen durfte, war 1974 die russische Viermastbark KRUZENSHTERN, die damals zusammen mit der TOWARISCHTSCH als erstes sowjetisches Schiff an einer internationalen Regatta teilgenommen hatte. Gastfreundschaft an Bord und Hilfsbereitschaft bei jeder Gelegenheit brachten der KRUZENSHTERN den Preis.

Heute haben mehrere Länder ihre eigene »STA«, die der ISTA (International Sail Training Association) zugeordnet sind.

Zu den größten Treffen von Großseglern kam es 1976 anläßlich der 200-Jahrfeier der USA in New York und 1992 in Cadiz, anläßlich der 500-Jahrfeier der Entdeckung Amerikas durch Kolumbus.

Pamir und Passat

Mit erheblichen Schwierigkeiten und gerade noch rechtzeitig war es dem Reeder Heinz Schliewen und Kapitän Helmut Grubbe gelungen, die beiden großen Viermastbarken in Antwerpen vor dem Abwracken zu bewahren. Die Segler erreichten im Schlepp Travemünde am 20. Juni 1951. Von dort aus kamen sie wenig später nach Kiel. Schliewen ließ hier bei den Howaldtswerken mit hohem Aufwand die Schiffe als frachtfahrende Schulschiffe einrichten und ausbauen. Ein Hilfsmotor wurde eingebaut, dazu wasserdichte Schotts, zwei Deckshäuser, Laufbrücken u. a.

Aus Sicherheitsgründen wurden die Braß- und Fallwinden auf das Hochdeck verlegt. Der Umbau war Ende 1951 beendet. Die Klassifizierung danach brachte das beste Ergebnis.

Passat

Pamir

Die Viermastbark PAMIR verließ Hamburg am 10. Januar 1952 zu ihrer ersten Nachkriegsreise unter deutscher Flagge. Sie hatte für Brasilien 4000 t Zement an Bord; das entspricht etwa 400 Güterwagen. PASSAT folgte ihr am 12. Februar 1952 von Brake/Weser aus. Auch sie hatte Zement für Brasilien geladen. Mit Unterbrechungen fuhren die beiden Rahschiffe bis 1957 auf dieser Route. Sie waren die letzten großen Frachtsegler, welche die Weltmeere befuhren.

Nach dem tragischen Verlust der PAMIR am 21. September 1957 wurde die PASSAT, die zu gleicher Zeit auf der Heimreise war, nach ihrer Rückkehr außer Dienst gestellt. Sie liegt heute am Priwall in Travemünde.

Die freundlichen Helfer

Ohne die außerordentlich großzügige Hilfe aus allen Teilen der Welt wäre es nicht annähernd möglich gewesen, diese Arbeit fertigzustellen. Nur so konnte wirklich authentisches Material verwendet werden. Ich möchte mich an dieser Stelle sehr herzlich für die großartige Unterstützung bedanken. O. Sch.

Argentinien
Botschaft der Bundesrepublik Deutschland, Buenos Aires
Botschaft der Republik Argentinien, Bonn
Generalkonsulat der Republik Argentinien, Hamburg

Australien
The Adelaide Steamship Company, Ltd., Adelaide
Graeme K. Andrews, Sydney
Albany Travel Centre, Albany
I. Hawrylow, Melbourne
Australian Outward Bound Foundation
HM Bark ENDEAVOUR Foundation Pty. Ltd.
Cees Koeman, Thredbo Village
Tim & Jillian Lloyd, Sydney
National Trust of Australia (Victoria), Melbourne
Queensland Sail Training Association Inc.
Mr. Bruce Reid, »Bounty Cruises«, Sydney
Sail & Adventure Ltd., Victoria
Stadt Albany, Western Australia
Sydney Maritime Museum

Bahamas
West Island College International Inc., Montreal

Belgien
A.S.B.L. »Vent Debout«, Lüttich
Philippe Vanthournout, Gullegem
walk about nv, Deerlijk

Brasilien
Ministerio Da Marinha, Rio de Janeiro

Bundesrepublik Deutschland
»Alferra«, Allgemeine Verwaltungsgesellschaft mbH & Co., Hamburg
»Amphitrite« Schiffahrts-KG
»Ariadne« Windjammer S. A., Hamburg
Baltic Schooner Association, Lübeck
M. Beil
Blohm & Voss AG, Hamburg
Christliches Jugenddorfwerk e. V., Göppingen
CLIPPER – Deutsches Jugendwerk zur See e.V., Bremen
Deutscher Schulschiff-Verein, Bremen
Der Hafenkapitän im Wasser- und Schiffahrtsamt, Emden
Der Kommandant des Segelschulschiffs GORCH FOCK
Kapitän Harry Freidank, Berlin
Germania Schiffahrt GmbH, Hamburg
Hanse-Koggewerft e. V., Bremerhaven
Howaldtswerke, Kiel
Hygrapha GmbH, Hamburg
Verein »Jugend in Arbeit Kiel e. V.«
Verein Jugendschiff Corsar e. V., Beverstedt
Horst Krumke Verwaltungs-GmbH & Co., Berlin
Kings Lake Shipping Co. Ltd.
Harald Koppisch, Neu-Ulm
»LebenLernen auf Segelschiffen e. V.«, Hamburg
Segeltouristik Meyer zur Heyde »Mary-Anne« GmbH & Co. KG, Laboe
Museumshafen Oevelgönne
Morgenstern-Museum, Bremerhaven
Reederei Zerssen & Co., Rendsburg
Hans Edwin Reith, Hamburg
Der Senat der Hansestadt Lübeck
Schleswig-Holsteinische Seemannsschule, Lübeck-Travemünde
Schlichting-Werft, Lübeck-Travemünde
SSD Segelschiffahrtsgesellschaft Deilmann GmbH & Co.
Stadt Wolgast
Stiftung Deutsches Schiffahrtsmuseum, Bremerhaven
Schiffergilde Bremerhaven
»Verein Segelschiff F. Nansen e. V.«, Wolgast

Chile
Armada De Chile, Buque Escuela ESMERALDA, Talcahuano
Ministerio De Defensa Nacional, Santiago

Dänemark
Amba Thomas Brocklebank
FDF Aalborg Søkreds
Svend + Gitte Hansen, Helsingør
Herning-Holstebro Kommuner & Ringkjøbing
Holbæk Skibs- & Baadebyggeri, Holbæk
Kogtved Søfartsskole, Kogtved
Reederei J. Lauritzen, Kopenhagen
Otto Bjørn Leth, Århus
Kaj Lund, Kopenhagen
Kristian Lund, Svendborg
Mercandia Rederniere, Kopenhagen
National Museet, Kopenhagen
Navigations-Uddannelsesradet
Statens Skoleskib DANMARK
Orlogsmuseet, Kopenhagen
J. Ring-Andersen, Skibsværft, Svendborg
Sømandshøjskolen, Svendborg
Stiftelsen GEORG STAGE MINDE, Kopenhagen
O. Stoltenberg, Kalundborg
Per K. Thuesen, Holte

Dominikanische Republik
Botschaft der Dominikanischen Republik, Bonn
Secretaria De Estado de Las Fuerzas Armadas, Santo Domingo

Ecuador
Armada del Ecuador

Finnland
Ålands Sjöfarts Museum, Mariehamn
The ALBANUS Association
Lars Grönstrand, Åbo
Christian Johansson, Helsinki
Rederi AB LINDEN
Sail Training Association
Valtion Merimie-Sammattikoulu, Åbo

Frankreich
Association Goélette »La Recouvrance«
Association Pour Un Grand Volier-Ecole Français, Paris
Ateliers et Chantiers du Havre
Club Méditerranée et Societé Havraise Services et Transports
Marine National, Ecole Navale, Lanveoc-Poulmic (Brest)
Ministère Des Armées, Paris

Griechenland
Messrs. A. Lusi, Ltd., London
Ministry of Merchant Marine, Seamen's Training Division, Piräus
Niarchos (London) Ltd.

Großbritannien
Baltic Schooner Company Ltd., Guernsey
Bristol '96 Ltd.
Camper & Nicholsons Ltd., Dockyard, Southampton
The Cirdan Trust, Maldon
Drusberg Investments Ltd.
The Dulverton Trust, London
Training Ship FOUDROYANT, Gosport
General Register and Record Office of Shipping and Seamen, Cardiff
J. Hinks & Son, Yacht and Boat Builders, Appledore
Capt. Stephen Gibb, N. Ferriby, E. Yorks
F. P. V. Latham, Arcadian Restaurant, Morecambe
Lawrie D. Johns, Emsworth
Lloyd's Register of Shipping, London
The »Marques« Sailing Society
Ministry of Defence (Naval),

379

Royal Naval Reserve, Dundee
National Maritime Museum, Greenwich
Outward Bound Moray Sea School, Burghead
Outward Bound Trust, London
John Reid
The Sail Training Association, Gosport
S. S. »Great Britain« Project, Bristol
The Schooner Office, Achdalieu, Fort William
Commander H. F. M. Scott, Tunbridge Wells
R. Simper, Ramsholt
Salztrust Ltd., Guernsey
The Small School at Winestead Hall, Hull
Thames Nautical Training College, Greenhithe
Ulster Folk and Transport Museum, Cultra Manor

Indien
Goa Shipyard Ltd.
Sea Cadet Council, Bombay

Indonesien
Indonesische Marine

Italien
Adriatic Mercantile & Trading, Trieste
Italienisches Konsulat, Stuttgart
Marina Militare, Accademia Navale, Livorno
Ministero Della Difesa-Marina, Ufficio Storico M. M., Rom

Japan
Industrial Bank of Japan Leasing Co. Ltd.
Capt. K. Sano, Tokyo
Nagasaki Holland Village Corporation
Kaoru Ogimi, Shogakukan Inc.
Keicho Diplomatic Mission Ship Association
Stadt Osaka

Kanada
Brigantine Incorporated, Kingston, Ontario
Oland & Son Ltd., Halifax
Toronto Brigantine Incorporated, Adelaide, Toronto
Albert J. Seidl, Vancouver

Kolumbien
Embajada de Columbia, Bonn

Luxemburg
Reederei White Star Clipper N. V., Brüssel

Malta
Captain Morgan Leisure, Ltd.

Neuseeland
New Zealand Information Service, Wellington

Niederlande
L. N. Baars & Co.
A. van der Cingel, Lemmer
Martin Duba
Fred & Nell Franssen, Drimmelen
F. Goldenbeld, Franeker
Reederei Halfland, Rotterdam
Hanzestad Compagnie BV, Kampen
Holland Zeilcharters
H. J. Hoogendoorn
Koninklijk Instituut voor de Marine, Den Helder
Peter Lazet, Amsterdam
Maritiem Museum »Prins Hendrik«, Rotterdam
Matrozen-Opleidingsschip POLLUX, Amsterdam
H. Müter, IJmuiden
N. V. Oostindiëvaarder
Peter de Groote, Amsterdam
Erik Querngester, Harlingen
V. O. F. Rederij Fokkelina-Linde
BV Rederij Oosterschelde, Rotterdam
Reederei Vlaun
Jaap van de Rest
Ribro BV
Willem F. Sligtin
Smit Tall Ship BV
Stichting Het Vaarend Museumschip
Stichting Het Zeilende Zeeschip, s'Gravenhage
Stichting Nederland bouwt V. O. C. retourschip
Swan-Compagnie-Holland
Claes Tolman, Monnickendam
A. Valk, Groningen
C. W. Velthuys
Marnix van der Wel
Gert van Wijk
Zeilrederij Friesland de Zeilvaart Enkhuizen
Zeilvloot Lemmer-Stavoren
Zuiderzee-Museum, Enkhuizen

Norwegen
Bergens Skoleskipet, Bergen
Fram Museum, Bygdøy
Hardanger Jakt Sailing Ltd.
Norsk Sjøfartsmuseum, Oslo
Østlandets Skoleskip, Oslo
Sørlandets Seilende Skoleskips Institution, Kristiansand
Wilson Shipping Company, Arendal

Polen
International Class Aflot Foundation
Maritime Branch of Polish Chamber of Foreign Trade, Gdynia
Wydawnictwo Morskie, Gdynia

Portugal
Associacao Portuguesa de Treino de Vela (APORVELA)
Comissao Consultiva National Das Pescarias Do Noroeste Do Atlântico, Lissabon
Grémio Dos Armadores De Navios Da Pesca Do Bacalhau, Lissabon
Ministério Da Marinha, Lissabon
Pascoal & Filhos, Lda., Aveiro

Rußland
Avantgarde-Werft, Petrosawodsk
Kapitän Boris Krishtal
»STS Elena-Maria-Barbara«, Sankt Petersburg
Marineclub Yunea, Sankt Petersburg

Schweden
Baltic Sail Ship AB
Broströms Tekniska AB, Göteborg
K. Carlsson, Karlskrona
Halmstads Stad, Fastighetskontoret, Halmstad
Jan Hagenfeld & Assoc., Örebro
Kapitän Yngve Victor Gottlow
Pederiaktiebolaget CLIPPER, Malmö
Sjömansskolan VIKING, Göteborg
Statens Sjöhistoriska Museum, Wasavarvet, Stockholm
Capt. Claes Stenestad
Svensk Sjöfarts Tidning, Göteborg
Svenska Skonarkompaniet, Torslanda
Vandrarhemmet »af Chapman«, Stockholm
Stiftelsen Svenska Kryssarklubbens Seglarskola, Göteborg
Vida Shipping AB, Stockholm

Spanien
Astilleros Talleres Celaya S.A., Bilbao
ELCANO De La Marina Mercante, Madrid
Escuela Maniobra GALATEA, Comandancia, El Ferrol de Caudillo
Museo Maritimo, Barcelona
JUAN SEBASTIAN DE ELCANO, Buque Escuela De Guardias Marinas, Comandante

Südafrika
Dias-Museum, Mosselbai

Tahiti
W. A. Robinson, Papeete

Uruguay
Botschaft der Bundesrepublik Deutschland, Montevideo

USA
Schooner AMERICA USA, Inc.
W. A. Baker, Naval Architect, Hingham, Mass.
Bounty Exhibit, St. Petersburg, Florida
Boston Tea Party Ship, Inc.
Capt. M. Burke, Windjammer Cruises Inc., Miami Beach
The City of Baltimore
Clipper City, Inc., Baltimore
U. S. Frigate CONSTELLATION, Mr. Leon D. Polland, Baltimore, MD
Commanding Officer U. S. S. CONSTITUTION, Boston, Mass.
U. S. Coast Guard Academy, New London, Conn.

Thomas J. Coughlin, Boston
Department of Commerce, Harrisburg, Penn.
Department of Conservation and Economic Development, Trenton, NJ
R. S. Douglas, Coastwise Packet Co., Vineyard Haven
Mr. Hary Dring, San Francisco Maritime State Historic Park
Goudy & Stevens, Dockyard, East Boothbay, Maine
Grays Harbor Historical Seaport
Capt. F. B. Guild, Maine Coast Cruises, Castine, Maine
Capt. Richard Headley, Santa Barbara, CA
Capt. H. S. Hawkins, Coastal Cruises, Edgwick, Maine
Historic St. Mary's City, MD
Holland Village, Inc. of Princeton, New Jersey
Jamestown Foundation, Williamsburg, Virginia
Mr. Gordon Jones, Seattle
Capt. A. M. Kimberly, Kimberly Cruises, St. Thomas, U. S. Virgin Islands
Lahaina Restoration Foundation, Lahaina, Maui, Hawaii
Mills B. Lane jr., Bank-President, Atlanta, Georgia
Larmont Geological Observatory, Pallisades, NY
The Living Class Rooms Foundation, Baltimore, MD
Evan Logan, Albany, Cal.
Long Beach Island Board of Trade, Ship Bottom, NJ
Marine Historical Association, Inc. Mystic Seaport, Mystic, Conn.
The Maritime Museum Association, San Diego, Calif.
Metro-Goldwyn-Mayer International Inc., New York, NY
J. F. Millar, Newport, RI
The Mirish Corporation, Hollywood, Calif.
Jerry Mac Mullen, San Diego
National Geographic Society, Washington, DC
National Maritime Historical Society, Washington, DC
Nautical Heritage Society
Pennsylvania Historical and Museum Commission, Harrisburg, Penn.
The Golden Hinde Corporation of San Francisco
Plimoth Plantation, Plymouth
The Flint School, Sarasota
San Francisco Maritime Museum, San Francisco
F. & M. Schaefer Brewing Company, New York, NY
Capt. Jim Sharp, Camden
Sea Education Association, Woodshole, Mass.
Seaport '76 Foundation Ltd., Newport, Rhode Island
Smithsonian Institution, Washington, DC
South Street Seaport Museum, New York, NY
The Pennsylvania Historical and Museum Commission
STAR OF INDIA, San Diego
Tabor Academy, Marion
Port Jefferson Packet Co.
Unicorn Inc., Fort Lauderdale
Philadelphia Maritime Museum
The Penn's Landing Corporation, Philadelphia
United States Merchant Marine Academy, Kings Point
Lawrence H. M. Vineburgh, Washington, DC
Greg Walsh, »Ocean Navigator« Magazine, Portland, ME
B. H. Warburton, Nassau
Yachting Magazine, New York

V. A. R.
Boys Marine Training Establishment Ras-El-Tin, Alexandria
The United Arab Company For Maritime Transport, Kairo

Venezuela
Marina de Guerra de Venezuela

Die Fotografen

I. Aaserud Billedsentralen, Oslo
Abeking & Rasmussen, Lemwerder
Erik Abranson
Ålandia, Mariehamn
Stadt Albany, Western Australia
Albany Travel Centre, Albany
Frédéric Allain
ALMA DOEPEL Supporter's Club, Lower Plenty
Amba Thomas Brocklebank
Graeme K. Andrews, Sydney
Anthony's Pier 4 Restaurant, Boston, Mass.
Archiv Edition Maritim, Hamburg
Armada de Argentinia
Armada de Chile
Armada de Colombia
Armada del Ecuador
Armada Portuguesa, Lissabon
E. M. Da Armanda, Servicio De Fotografia, Lissabon
Association Maritime Belge, Oostende
»Astace« Celaya, Bilbao
A.S.B.L. »Vent Debout«, Lüttich
Avantgarde-Werft, Petrosawodsk

Baltic Sail Ship AB, Stockholm
Jappie Bandstra, Stavoren
G. Barkowsky, Berlin
William Bartz
M. Beil, Lübeck
Beken of Cowes Maritime Services Ltd., Cowes
Bergens Skoleskip
Hansjörg Beyer, Berlin
J. Bichard, Harlingen
Palle Blinkenberg
Blohm & Voss AG, Hamburg
John Blue
Herbert H. Böhm, Hamburg
Robert Boehme, Seattle, WA
Karsten Börner, Lemmer
Boston Tea Party Ship, Inc., Boston, Mass.
Bounty Cruises, Sydney
Kenneth Brack, Forked River
Catherine Braem, Brüssel
Brigantine Incorporated, Kingston
Brita Leth, Århus
Norman Brouwer, New York
Buque Escuela »Esmeralda«
Buque-Museo Fragata A. R. A.

Christliches Jugenddorfwerk e. V., Göppingen
A. van der Cingel, Lemmer
The Cirdan Trust, Maldon
The City of Baltimore, Baltimore, MD
Clipper City Inc., Baltimore
CLIPPER – Deutsches Jugendwerk zur See e. V., Bremen
Club Méditerranée et Societé Havraise Services et Transports, Le Havre
Coastwise Packet Company, Vineyard Haven, Mass.
Comissao Consultiva National Das Pescarias Do Noreste Do Atlantico, Lissabon
Maurice Crosby Photography Ltd., Halifax
Crowley Maritime Corporation of San Francisco, CA

Davies Brothers Ltd.
De Fotoboot, Rotterdam
De Zeilvaart, Enkhuizen
Peter Deilmann Reederei, Neustadt
Deutscher Schulschiff-Verein, Bremen
Deutsches Schiffahrtsmuseum, Bremerhaven
Jos Le Doaré, Chateaulin
Helmut Dose, Kiel
A. Duncan, Gravesend, Kent
Paul Dziuban, Toronto

Gerhard Eckardt, Bremen
Erwin Ehlers
Joachim Eicke, Barkelsby
Basil G. Emmerson
Escuela De Maniobra, El Ferrol de Caudillo

Anton Fercher
The Flint School, Sarasota, CA
Gert Fopma, Harlingen
Fotoboat Company, Santa Barbara, CA

Fototeca Uff. Propaganda, Stato Maggiore Marina, Rom
The Foudroyant Trust, Portsmouth
Fram-Museum, Oslo
Fred & Nell Franssen, Drimmelen
Arved Fuchs, Bad Bramstedt

Galveston Historical Foundation, Inc., Galveston, Texas
Georg Stage-Stiftung, Kopenhagen
Germania Schiffahrt GmbH, Hamburg
H.-J. Gersdorf, Hamburg
Capt. J. S. Gibb
Hanny & Leo van Ginderen, Antwerpen
Segelschulschiff »Gorch Fock«, Kiel
Dr. L. Gosse
Peter Grage, Hamburg
S. S. GREAT BRITAIN Project, Bristol
Kai Greiser, Hamburg
Gremio Dos Armadores De Navios Da Pesca Do Bacalhau, Lissabon
Lars Grönstrand, Åbo
Capt. Frederick B. Guild

Jan Hagenfeldt, Orebro
Hanse-Koggewerft e. V., Bremerhaven
Hanze Charter Holland, Groningen
Hanzestad Compagnie BV, Kampen
Hardanger Jakt Sailing Ltd.
Harmstorf-Werften – Flensburger Schiffbau-Gesellschaft, Flensburg
C. W. Hawkins, Auckland
Hawrylow, Melbourne
Per Henriksen, Kopenhagen
Historic St. Mary's City, Maryland
Holland Zeilcharters, Monnickendam
H. J. Hoogendoorn, Hoorn
Howaldtswerke – Deutsche Werft AG, Kiel
Howell's Photo Studio, Vineyard Haven, Mass.
Huis Ten Bosch Co., Ltd./ J-1812, Amsterdam
Hygrapha GmbH, Hamburg

Indonesische Marine, Jakarta
Industrial Bank of Japan Leasing Co., Ltd., Yokohama
Industrie-Photo Schilling, Lübeck
Institut for Seatraining, Tokio
Häkan Isefjord, Oskarshamn

Chr. Jensen, Jamestown Foundation, Williamsburg, Virginia
Ove Jensen, Struer
Christian Johansson, Helsinki
Rita Jokiranta, Mariehamn
Richard de Jonge, Sneek
Gordon Jones, Seattle, WA

Henry Kabot, Gdynia
Todd N. Kamp
Theo Kampa, Vågåmo
Kenter, Neu-Ulm
A. F. Kersting, London
Capt. Arthur Kimberly, Woodmont
Monika Kludas, Hamburg
F. u. G. Köhler, Weinheim
G. F. de Kok, Dordrecht
Koninklijk Instituut voor de Marine, Den Helder
Koninklijke Marine, Den Haag
Karl Kortum, San Francisco
Kapt. Boris Krishtal, St. Petersburg

F. A. Mac Lachlan, Kingston
Lahaina Restoration Foundation, Lahaina, Maui, Hawaii
Lamont Geological Observatory, New York, NY
John Lancaster, Sydney
Landesbildstelle Schleswig-Holstein, Kiel
H. M. Lawrence, Vineburgh, Washington DC
»LebenLernen auf Segelschiffen e. V.«, Wolgast
A. C. Littlejohns, Bideford
The Living Classrooms Foundation, Baltimore, MD
Lloyd's Register of Shipping, London
Loch Eil Trust
Løtvedt
Evan Logan, Albany, CA
Mike Louagie, Oostende
Kaj Lund, Kopenhagen
Kristian Lund, Svendborg
Foto-Lusarte, Lissabon
A. Lusi Ltd., London

Lynn-Photo-Service, Ship Bottom

Maine Coast Cruises, Castine
Jerry Mac Mullen, San Diego
Chris McLuckie, Kailua, Oahu, Hawaii
Manitoba-Museum, Winnipeg
Volkwin Marg, Hamburg
Marina de Guerra de Venezuela
Marine-Foto, Schweden
Marineministerium Athen
Maritime Museum, Vancouver
Maritime Museum Assoc. of San Diego, CA
The Maritime Trust, London
Jan Mark Marinfoto
The MARQUES Sailing Society
L. S. Martel, Mystic Seaport, Mystic, Conn.
MAX Photographer, Lymington, Hants
MCS Film KG, München
Lex de Meester, Middelburg
Metro Goldwyn Mayer Inc., New York, NY
MGM's »Bounty« Exhibit, St. Petersburg
Miche LE COZ, Brest
Ministère Des Armées, Paris
Ministerio Da Marinha, Rio de Janeiro
Ministerio De Defensa Nacional, Santiago, Chile
Ministero Difesa Marina, Centro Fotografico dell Ufficio Documentazione, Rom
Miyagi Prefectural Govt., Ishinomaki City
T. Morgan
Rosemary Mudie, Lymington
Muelle de las Carabelas, Palos de la Frontera
Museo Maritimo, Barcelona
Mystic Seaport Museum, Mystic, Conn.

National Maritime Historical Society, Washington, DC
National Maritime Museum, Greenwich
Nautical Heritage Society, Sacramento, CA
Navigations-Uddannelsesradet Statens Skoleskib »Danmark«
Nederlands Scheepvaartmuseum, Amsterdam

Reinhard Nerlich, Hamburg
New Zealand Information Service, Wellington
Niarchos (London) Ltd., London
Pieter Nijdeken, Amsterdam
Thomas R. de Nijs, Amsterdam
Kapt. J. P. Nørgaard
Norsk Sjøfartsmuseum, Oslo
Norway Yacht Charter A/S, Oslo

»Ocean Navigator« Magazine, Portland, ME
The Ocean Research and Education Society, Inc., Boston
Ocean Wide Film and TV Productions, Berlin
Østlandets Skoleskip, Oslo
Official Plimoth Plantation Photo, Plymouth, Mass.
Oland & Son, Halifax
Operation Drake, Round the World, London
G. A. Osbon
Flor van Otterdyk, Burcht
Outward Bound Foundation, Australien
Outward Bound Moray Sea School
L. B. Owen, Georgetown, Maine

Franco Pace, Triest
Parceria Geral de Pescarias, Lissabon
Ted Parrish, Grays Harbor, WA
Pascal & Filhos, Aveiro
Pennsylvania Historical And Museum Commission, Harrisburg, Penn.
Andrew Pine, Savannah, Georgia
Pressebureau APN, Kopenhagen

Queensland Sail Training Association, Inc., Brisbane
Erik Querngester, Harlingen

Bo Rasmussen, Nørresundby
BV Reederij Oosterschelde, Rotterdam
Reederij Vlaun, Amsterdam
John Reid, Leith
Hans-Edwin Reith, Hamburg
Jaap van der Rest, Amsterdam
W. A. Robinson, Papeete

Sail Training Association, Gosport
Salztrust Ltd., Guernsey
San Francisco Maritime Museum, San Francisco, CA
F. u. M. Schaefer Brewing Co., New York, NY
Otmar Schäuffelen, Ulm
Wolfhard Scheer, Bremerhaven
Schooner AMERICA Inc.
Marc Schützer, Olympia, WA
Schulschiffverein »Großherzogin Elisabeth« e. V., Elsfleth
Königl. Schwedische Marine
Les Scott, Virgin Islands Tourist Bureau
Sea Cadet Corps
Sea Cadet Council, Bombay
Sea Education Assoc., Woodshole, Mass.
Seaport '76 Foundation
Segeltouristik Meyer zur Heyde »Mary-Anne« GmbH & Co. KG, Laboe
Albert J. Seidl, Vancouver
Capt. J. Sharp
Shogakukan Inc., Yasunori Kobayashi
Sjöhistoriska Museet vid Åbo, Ålandsinseln
Skyfotos, Lympne Airport, Kent
The Small School at Winestead Hall, Hull
The Small School/The Sailors, Nyborg
South Street Seaport Museum, New York, NY
Sozialwerk für Seeleute e. V., Hamburg
STA-Finnland, Helsinki
Statens Sjöhistoriska Museum, Stockholm
Star Clipper Kreuzfahrten, Brüssel
Star Spangled Banner Flag House Association of Baltimore, Baltimore, MD
Stato Maggiore della Marina, Ufficio Propaganda, Rom
Capt. Claes Stenestad, Stockholm
Stichting Het Vaarend Museumschip
Stichting Het Zeilende Zeeschip

Stiftelsen Fullriggeren SØRLANDET, Kristiansand
Stiftung für Ausbildungsschiffe – Lübeck, Hamburg
Tony Stone Assoc., London
sTs Foto, Amsterdam
Stülcken-Werft, Hamburg
Studio Michel Sieurin, Le Havre
Stuurman Druckwerk, Lemmer
Success-Treuhand GmbH
Svenska Turistföreningen, Stockholm
Swift Associates Ltd., Santa Barbara, CA

Tabor Academy, Marion
Tall Ship Cruising, Hamburg
Per K. Thuesen, Holte
Claes Tolman, Monnickendam

Ulster Folk and Transport Museum, Cultra Manor
Universität für Fischerei-Wissenschaften, Tokio
U. S. Coast Guard Official Photo
U. S. Navy Photo

A. Valk, Groningen
Philippe Vanthournout, Gullegem
»Verein Segelschiff F. Nansen e. V.«, Wolgast
Victory-Museum, Portsmouth
Vida Shipping AB, Stockholm
Alan Villiers, Oxford
V&S Charters, Noordwijk

Barclay H. Warburton, Boston
Hagen Weihe, Alt-Duvenstedt
Marnix van der Wel, Rotterdam
Wilhelm Werst, Bremen
West Island College, Montreal
Windjammer Cruises Inc., Miami Beach, Florida
Malcolm J. Wood & Associates, Antibes
WWF/Ch. Eggers

YPS/Seefotografie, Hamburg

Sten Zackrisson, Ronneby
Zeilvloot Hollands Glorie, Franeker
Zeilvloot Lemmer – Stavoren

Schiffsregister

A. Fabricius 243
Aaltje en Willem 118
Aaron 51
Abel Tasman 222
Abraham Rydberg 126
Achaios 337
Activ 128
Adele Raap 244
Adelheit 221
Adelheit van Enkhuizen 221
Adella 149
Adix 128
Adolf 38
Adolph et Laura 366
Adriana-Johanna 234
Adventure 172
Adventure (USA) 318
Adventure II 318
Älva 290
Aeolus 204
Af Chapman 289, 290
Afaneti 74
Agnete 56
Aina 259
Akogare 180
Alaho 350
Albanus 113
Albatros 70, 90
Albert Johannes 216
Albert Leo Schlageter 84, 99, 273, 274, 315
Albin Köbis 70
Aleksandr Grin 314
Alevtina 275, 277
Alexander von Humboldt 71
Alf 243
Alfen 257
Alfred 293
Alice S. Wentworth 346
Allan Juel 83
Allerton 50
Alma Doepel 28
Alpha 276
Alta 56
Alvei 319
Amalie 271
Amazone 216
America 305, 320
America II 305
America III 320
Amerigo Vespucci 176, 177
Amity 29
Amorina 291
Amphitrite 72
Amsterdam 217
Ancona of Leith 342
Anette S. 119
Angelita 206
Anna 244
Anna (Großbrit.) 149
Anna (Rußland) 275
Anna Elisabeth 83
Anna Kristina 251
Anna Marta (Martha) 242
Anne-Marie 144
Anne-Marie Grenius 144
Annelies 106
Annemarie Grenius 78
Anny 24
Antarctic 27
Antarna 206
Antigua 218
Antje Adelheit 221
Aphrodite 218
Aquarius 73
Arctic Explorer 144

Arethusa 352, 353
Argus 54, 150
Ariadne 88
Ariel 321
Arny Maud 73
Artic Freezer 59
Aschanti IV 74
Aschanti IV of Vegesack 74
Aschanti of Saba 74
Asgard a Do 174
Asgard II 174
Assen 48
Assen II 48
Astarte 75
Astrid 129
Atalanta 75
Atlantic Tramp 76
Atlantide 47
Atlantis 203
Atlantis (Niederlande) 219
FS Außenjade 109
Avontuur 247
Baboon 130
Balclutha 321, 322
Baltic Beauty 291
Bandi 102
Barba Negra 322, 323
Barmnes 36
Bartele Rensink 219
Batavia 220, 221
Beaver II 323
Bel Espoir II 119
Belem 120, 137
Belle Blonde 181
Bent 38
Bent Flinot 243
Berendina 234
Berge 83
Bestevaer 363
Bethia 30, 325
Bielefeld 155
Bill of Rights 324
Birgitte 77
Bisshop von Arkel 221
Blå Marité af Pripps 292
Black Douglas 73
Black Opal 204
Black Pearl 204
Black Pearl (USA) 324
HMS Black Prince 164
Blue Clipper 293
Blue Shadow 295
Blue Sirius 77
Bluenose I 192
Bluenose II 191, 192
Boa Esperança 268
Bonaire 222
Bonavista 52
HMS Bounty 325, 326
Bounty II 325
Bounty III 30
Bowdoin 326
Brabander 222
Breeze 209
Bremen 208
Brita 53
Brita Leth 53
Brith Marith 319
British Governor 96
Buddi 88
FS Bürgermeister Abendroth 80
FS Bürgermeister Bartels 203
BV 8 St. Magnus 300
Bygda 100
C. A. Thayer 327
C. W. Lawrence 328

383

C77 164
Californian 328
Cap Nor 27
Capitan Miranda 316
Capitana 208
Capitone 208
Captain Scott 260
Carene 54
Carene Star 54
Caribee 165, 328, 355
Carita 125
Carlsö LL 324 241
Carmelan 78
Carola 78
Carrick 131
Carrie 132
Carthaginian II 329, 330
Caviare 346
Centurion 132
Challenge of Outward Bound 31
Charles W. Morgan 330, 331
Charlotte Louise 204
Chasseur 357
Christian Bach 158
Christian Radich 252, 253
Christiana 253
Christophoros 337
Cinderella 295
Cito 243
City of Adelaide 131
Clan Macleod 33
Clarastella 138
Clipper City 331
Club Med I 121
Club Med II 121
Colbert 262
Commandant Louis Richard 178
Comte de Smet Naeyer 43
Concordia 41, 267
Confidentia 71
Constellation 332, 333
Constitution 332, 333, 334
Copernicus 210
Cornelia 228
Corwith Cramer 335
Courier 276
Creole 46
Creoula 268, 269
Cressida 165
HMS Cressy 161
Cristoforo Colombo 177
Croce del Sud 178
Cuauhtémoc 199, 207
Cutty Sark 57, 131, 133, 134
Cuxhaven 75, 76
D. Fernando II e Gloria 270
Dagmar 64
Dagmar Aaen 79
Dagmar Larssen 70
Danmark 54, 61, 206, 253, 337
Daphne 96
Dar Mlodziezy 261, 282, 313
Dar Pomorza 122, 261–263
De Liefde 181
Den Lille Bjørn 158
Den Store Bjørn 56
Dewarutji 101
Dirk KW 44 241
Discovery 134, 135
Discovery II 340
Dolfyn 229
Dolores 72
Dominique Fredion 291
Don Juan de Austria 306
Dora av Raa 80
Dorothea 93
Dove 347
Dreadnought 348, 349
Drittura 244
Drochtersen 241

Druzhba 282, 284, 313, 314
Duchesse Anne 122, 262
Dunay 177
Dunboyne 289
Dunstaffnage 285
Dyrafjeld 251
Eagle 55, 274, 314, 336, 337
Earl of Pembroke 32
Edith 82
Edvord Hansen 62
Edwin and Maud 366, 367
Edwin Fox 210
Eendracht 90, 224
Eendracht II 90, 223, 224
Eenhorn 162
Eiland 216
El Pequina Camisola 133, 134
Elbe 2 226
Elbe 3 80
Elbe 3 (FS Weser) 80
Elbe 3 (Senator Brockes) 226
Elbe 4 226
Elena Maria Barbara 275, 277
Eleonore 244
Elinor 56
Elisabeth Bandi 102
Elisabeth Louw 225
Elisabeth Smit 225
Elise 229
Elissa 337
Elizabeth 224
Elk 165, 355
Ellen 298
Else 151
Else Dorothea Bager 66
Else of Thisted 151
Enchantress 370
Endeavour 359
Endeavour (Australien) 31, 32
Endurance 157
Ene 78
Ennie & Appie 231
Esmeralda 49, 50, 309
Esther Lohse 70
Etak 364
Eugenios Eugenides 125, 126
Europa 226
Euterpe 361, 362
Evermore 122
Eye of the Wind 136
Falado 81
Falie 32
Falken 294, 298
Falls of Clyde 338
Familiens Haab 329
Fantome II 120, 121
Fantome III 137, 150
Ferreira 133, 134
Feuerschiff Nr. 18 56
Finkampen 73
Fjeld 337
FS Flensburg 236
Flevo 248
Flores 98
Flying Clipper 126
Flying Cloud 137, 150, 168
Fortuna 78
Fraennenaes 143
Fram 144, 254
Franziska 106
Frederik Fischer 82
Freedom 81
Freia 57
Freia (Niederlande) 227
Frem 67
Fremad 93
Fri 241
Fridtjof Nansen 82, 99
Friederike 83

Friedrich 136
Frisius van Adel 226
Frisk 241
Frya 227
Fryderyk Chopin 263
Fuglen 237, 238
Fulton 58
Fulvia af Anholt 83
Fürst Felix Schwarzenberg 64
Fuur 56
Fylla 59
Fyn 59
Fyrskib XIX 153
G. D. Kennedy 289
Gabriel 149
Galatea 138, 139
Galeon 243
Gazela of Philadelphia 339
Gazela Primeiro 339
Gdynia 16 81
Gefion 307
General Zaruski 264
Georg Stage I 60, 341, 342
Georg Stage II 54, 60, 341, 342
Georgette 208
Gerd-Ute 106
Gerlando 151
Gertrud II 82
Gesine von Papenburg 84
Giorgio Cini 121, 137
Gladan 294, 298
Glenlee 138, 139
Gloire 164
Gloria 112, 199
Godewind 169
Godspeed II 340
Götheborg II 295
Götheborg III 295
Golden Hinde 139
Golden Plover 32
Gorch Fock I 84, 274, 314
Gorch Fock II 84, 101, 122, 260, 274, 315
Gorianin 48
Grampian Fame 240
Gratia of Gothenburg 295
Gratitude of Gothenburg 296
Great Britain 140
Great Eastern 140
Great Western 140
Greif 86
Greta 219
Gretel 296
Gribb II 243
Grönland 87, 95
Grootvorst 228
Großherzog Friedrich August 122, 257, 258
Großherzogin Elisabeth 88
Großherzogin Elisabeth (Frankreich) 122, 257, 262
Guanabara 99, 273
Guayas 112, 199
Gudrun 83
Gustaf 337
H. C. Andersen 36
Half Moon 339, 340
Halmø 61
Halve Maan 339
Hamlet 297
Hanna 24
Hanne Hansen 54
Hans II 291
Hansekogge-Kiel 89, 105
Happy Mammoth 188
Happy Mariner 135
Harlingen 300
Havet 62

Havet (Deutschland) 103
HD 99-Relinquenda 246
Hector 192
Heinz Helmut 219
Helena 113
Helga 141
Helga (Finnland) 253
Helge 67
Helmut 233
Hendrika Bartelds 228
Henryk Rutkowski 264, 265
Herbert Norkus 274
Hermann Helms 275
Herzogin Ilse Irene 229
Hilfred 53
Hinemoa 72
Hollands Frouw 32
Hoop 234
Hoop doet Leven 229
Horisont 278
Horizon 230
Horst Wessel 55, 84, 274, 314, 336, 337
Huascar 50
Hussar 147
Hussar II 206
Hydrographer 165, 166
Ibaek 271
Ida 63
Ide Min 230
Illerim 297
HMS Implacable 160
Inspe 300
Iris 124
Irithy 70
Isefjord 62
Iskra II 265, 267
Islamount 138
Jachara 90
Jacob Meindert 231
Jacqueline 66
Jadran 173, 200
James Craig 33
Jantje 231
Japan 184
Jarramas 294, 297–300
Jason 259
Jaweg 229
Jean de la Lune 142
Jean Marc Aline 178
Jens Krogh 63
Jessica 128, 129
Jette Jan 143
Ji Fung 143
Jødnafjell 94
Jørgen Peter 149
Joe Lane 360
Johan Last 228, 229
Johann Smidt 90, 224
Johanna 255
Johanna Jacoba 67
Johanna Maria 231
John Howard 144
Jola 91
Joseph Conrad 60, 61, 341, 342
Joy Farer 72
Juan D'Austria 49, 50
Juan Sebastian de Elcano 26, 49, 308, 309
Julia 143
Jütlandia 143
Jylland 64, 65
Kaisei 35, 182
Kaiwo Maru I 186, 187
Kaiwo Maru II 183, 188
Kaliakra 48, 265, 267
Kanko Maru 184, 185
Kanrin Maru 184, 185
Kaparen 264

Karis 66
Karma 149
Karna 54
Kaskelot 144
Kathleen 94
Kathleen & May 144
Kenavo 132
Khersones 282, 284, 313, 314
FS Kiel 71
Kinnekulle 243
Klaus D. 242
København 54
Komet 329
Kommodore Johnsen 97, 285
Kon-Tiki 104
KRI Arung Samudera 172
KRI Dewarutji 173
Kristian 78
Kronwerk 279
Kruzenshtern 280, 281
Kurt 348, 349
Kurt Both 24
L. A. Dunton 342, 343
L'Amie 175
L'Avenir 43
L'Etoile 123
L'Oiseau Blanc 208
La Amistad 350
La Argentina 26, 27
La Belle Poule 123
La Recouvrance 124
La Sirena 50
Lady Ellen 298
Lady Ellen IV 299
Lady in Blue 350
Lady Maryland 343
Lady Nelson 33, 34
Lady Washington 344
Laennec 117
Laksen 73
Landkirchen 169
Landsort fa de Vriendschap 249
Lars 54
Lasca II 47
Lawedua 38
Lawrence 351
Le Pelican 345
Leão Holandês 271
Leentje 228
Leeuwin 34, 35
Leo 111
Lettie G. Howard 345
Libertad 25, 26, 27, 199, 309
Liberté 208
Lili 108
Lili Marleen 92, 94
Lilla Dan 65
Lilleholm 93
Lilli 108
Linde 232
Linden 114
Linlithgowshire 43
Linquenda 247
Lizzie May 144
Lord Nelson 145, 148
Los Andes 27
Loth Loriën 232
Lotsenschoner II 363
Lotte Nagel 219
Luchtstraal 219
LV 88 181
Lwow 262
Lyra 366
M. A. Flyvbjerg 53
Maartinus 233
Madonna 66
Magdalene Vinnen 285
Meiji Maru 185, 190
Malcolm Miller 146, 147, 157
Mandalay 147, 150

384

Marco Polo 200
Mare Frisium 233
Marga Henning 104
Maria Becker 249
Maria do Amparo 133, 134
Marie af Sæby 61
Marie Hilck 271
Marie Pierre 74
Marij 227
Marilyn Anne 67
Mariusz Zaruski 264
Martana 93
Martha 216
Martha Ahrens 271
Martin 93
Mary 329
Mary Day 346
Mary P. Goulart 318
Mary-Anne 93
Maryland Dove 347
Mashuda 332
Mathilde 36
Matthew 148
Maverick 238
Max 98
Mayflower 347, 348
Mayflower II 347, 348, 360
Meiji Maru 185, 190
Mercantic II 66
Mercator 43, 44
HMS Mercury 138
Meridian 281
Merry 136
Meteor III 47
Meyert Menno 216
Midsommer 67
Milka 48
Minde 242
Minerva 234
Minna 62
Minnow 104
Minstrel 197
Mir 282, 284, 313, 314
Mira II 244
Mircea 84, 274, 314
Mistral 46
Mistralen 54
Mloda Gwardia 264
Mneme 115
Möeve 300
Mojenhörn 271
Mon Desir 234
Mona 54, 128
Mondrian 235
Monika Harssen 108
Moshulu 348, 349
Mostring 319
Mystic C. 346
N. I. Vaptsarov 48
Nadeshda 283
Najaden 294, 298, 299, 300
Natalie Todd 350
Nausikaa 44
Neptun Baroness 94
Neptun Princess 94
Nette S. 119
New Endeavour 36, 39
New Way 350
Niagara 351
Nil Desperandum 236
Niña 268, 309, 310
Niobe 200
Nippon Maru I 186, 187, 188
Nippon Maru II 187, 190
Njord 232
Nobile 94, 95
Nonsuch 192, 193
Noona Dan 103
Noorderlicht 236
Nora 300

Nordboen 68
Norden 95
Nordstrand 1 106
Nostra 108
Ny Wassan 303
Oceaan II 250
Ocean Star 352
Oceania 265, 266, 267
Östervag 296
Oiseau des Iles 168
Olaf Petersen 227
Oldenburg 117
Oldeoog 231
Onderneming 228
Oosterschelde 237, 238
Oplag 349
One and All 35
Otaru Maru 187
Our Svanen 36
Outlaw 91
P8 109, 110
Pacific 36
Pacific Queen 321, 322
Pacific Swift 36
Pacific Swift 193, 194
Padua 280, 281
Palinuro 178, 179
Pallada 282, 284, 313, 314
Palmeto 149
Palmyra 106
Pamir 96, 97, 349
Pandora 325
Passat 96, 97, 349, 352
Pathfinder 194
Patria 205, 206
Patriot 48
Peace 312
Peder Most 119
Pedro Doncker 238
Peking 96, 352, 353
Perseus 354
Peterna 271
Petrea 267
Petsmo 227
Phoenix 149
Pieter Albrecht Koerts 102, 103
Pieternella 228
Pinta 309, 310
Pioneer 337
Pioneer (Schoner) 354
Plover 32
Pogoria 48, 263, 265, 266, 267
Pol IV 243
Polar Freeze 59
Pollux 239
Polly Woodside 37
Polynesia 165, 355
Polynesia II 150
Pommern 115, 116
Pool 243
Poolzee 262
Portland Pilot 364
HMS President 138
Presidente Sarmiento 26, 27
Pride of Baltimore II 356, 357
Prince Louis I 119
Prince Louis II 119
Prins Willem 188
Prinzess Eitel Friedrich 100, 122, 257, 262
Privateer 197
Providence 357
Puritan 179
Queen Galadriel 151
Quo Vadis 232
R. Tucker Thompson 211
Radiant 208
Ragnborg 45
Rainbow Warrior 155, 240

Rakel 97, 98
Raphaelo 151, 152
Rara Avis 124
Rauna 78
Regina 358
Regina Chatarina 241
Regina Maris 241
Regina Maris (USA) 358
Rembrandt van Rijn 242
FS Reserve Holtenau 71
FS Reserve Sonderburg 71
Result 152
Return of Marco Polo 153, 158
Richelieu 262
Rickmer Rickmers 98, 99
Ring-Andersen 154
Ringö 24
Rival 232
Roald Amundsen 99
Robert 242
Robertson II 195
Rönndik 271
Rona 37
Rosborough 197
Rose 359
Rose Marie 136
Rovedefjord 319
Royalist 148, 154, 171
Sælør 100
Sagres I 98 273
Sagres II 99, 272–274, 315
Saint John The Baptist 189
Saint Kilda 155
Sam 136
San Antonio 88
San Juan Bautista 189
Sansibar 36
Santa Maria 310, 311
Santo André 98
Santoni 88
Saracen 144
Schulschiff Deutschland 100, 103
Sea Cloud 205, 206
Sea Lion 360
Sea Wolf 211
Sedov 97, 285, 286
Sekstant 281
Senator Brockes 226
Sepha Vollaars 271
Seute Deern 102, 103
Seute Deern II 103
Shabab Oman 260
Shalom 300
Shenandoah (Bermuda) 47
Shenandoah (USA) 360
Sigyn 116
Silke 104
Simon Bolivar 199, 371
Sir Francis Drake 169
Sir Robert Baden-Powell 242
Sir Winston Churchill 146, 156, 157
Skagen 62
Skarvholmen 90
Skibladner 149
Smart 259
Soembing 184
Sörkyst 56
Solvang 104
Solway Lass 38
Sophie Theresia 118
Søren Larsen 157
Sørlandet 256, 257
South Passage 39
Southgate 367, 368
Spica 241
Spirit of Adventure 212
Spirit of Chemainus 196
Spirit of Hennessy 293

Spirit of Merseyside 301
Spirit of New Zealand 212
Spirit of Winestead 153, 158
St. Barbara Ann 158
St. Catherine 350
HMS St. Lawrence 197
St. Lawrence II 194, 196
St. Roch 197
Stanislaw 230
Star Clipper 201
Star Flyer 201
Star of Alaska 321, 322
Star of India 361, 362
Starfish 155
Statsraad Erichsen 253
Statsraad Lehmkuhl 122, 257, 258
Stedemaeght 243
Stina 38, 159
Store Baelt 244
Strela 48
Sunbeam 125, 126
Sunbeam II 125, 126
Sundeved 38
Suomen Joutsen 117
Susan Constant II 340
Svanen 36
Svanen (Norwegen) 259
Sven Wilhelm 291
Svendborg 128
Sviatitel Nikolai 286
Swaensborgh 244
Swan fan Makkum 245
SWI 180 Goplo 312
Swift 362
Swift of Ipswich 362
Sylvan 237, 238
Syveren 52
T/W Ems 109
Tabor Bøy 363
Taisei Maru 187
Taitu 151
Talata 66
Tarangini 170
Te Quest 73
Te Vega 364
Tecla 246
Terje Viken 36
Terra Nova 144
Thalassa 246
Thellef 300
Theodore 246
Thermopylae 133
Thomas 52
Thor 159
Thor Heyerdahl 104
Timberwind 364
Tinka 104
Tole Mour 365
Tonijn 225
Topaz 326
Towarischtsch 274, 314
Tradewind 118
HMS Trincomalee 160
Tromp 247, 248
Tropik 281
Tsjerk Hiddes 247
Tui 214
Tui-Na-Savu Savu 38
Tunas Samudera 40, 148, 170, 202
Tuxtla 168
Tuy 275, 277
TV 015 300
Ubena 105
Ubena von Bremen 105
Ulla Vita 63
Undine 106
HMS Unicorn 161
HMS Unicorn II 161

Unicorn 162
Unicorn (USA) 366
Unyo Maru 190
Urania 247, 248
Ursel Beate 219
Uruguay 27
Utskär 300
Uwe Ursula 234
Vaarvind 319
Vadder Gerrit 300
Valdivia 107
Vanadis 107
Vanessa 44
Vanessa Ann 158, 159
Varuna 148, 171
Vega 364
Vegesach BV2 108
Vema 147
HMS Vernon 164
Vertrouwen 234
Veslets 48
Vest 67
Vestvåg 67
Victoria and Albert 305
HMS Victory 162, 163
Victory Chimes 366, 367
Vida of Anglian Water 301
Vidar 109
Viking 54, 301, 302
Vilm 99
Virginia 350
Viskan 243
Vola 48
Volchitsa 275
Vrouwe Geertruida Magdalena 248
HMS Warrior 164
Wasa 303, 304
Wavertree 367, 368
Wawona 368
FS Weser 80
Weser Nr. 3 248
Western Union 350
Westwärts 257, 258
Westward 369
White Shark 109, 110
Wilhelm Kaisen 275
Wilhelm Pieck 86
Willem 249
Willem Barentsz 249
Wind Song 42
Wind Spirit 42
Wind Star 42
Windeward Bound 39
Worcester 352
Wuta 129
Wytske Eelkje 249
Wyvern 110
Wyvern von Bremen 110
Xarifa 208
XXXX 128, 129
Yankee Clipper 150, 165, 355
Yankee Trader 165, 166
Young America 370
Young Endeavour 40, 148, 170, 202
Youth of Oman 260
Yunyi Baltiets 287
Z. M. Dordrecht 239
Z. S. Marken 225
Zamoura 166
Zarja 288
Zawisza Czarny II 267
Zebu 167
Zeelandia 250
Zeven Provincien 221
Zew 182
Ziba 169
Zuversicht 111
Zwarte Rat 231

385